이패스 소방사관 동영상 강의
www.kfs119.co.kr

2025
소방승진
시험대비

소방승진 교재의 패러다임을 바꾸다

소방 공무원법

저자 박이준

- 법령원문 및 조문 출처 수록
- 법률·시행령·시행규칙의 입체적 기술
- 효율적인 학습전략 제시

epasskorea

머리말

지난 한 해 동안 소방공무원법령의 내용에 상당히 많은 변화가 있었습니다. 이에 따라 2025년 시험대비 개정판은 법령 개정 사항들을 철저히 검토하고 반영해서 오류가 없도록 하였습니다

※ 2025. 1. 5. 이후 개정사항은 이패스소방사관 홈페이지(www.kfs119.co.kr)에 게재

소방공무원법은 소방교 승진시험의 「소방법령Ⅰ」과 소방위 승진시험의 「소방법령Ⅳ」의 대상입니다. 공고된 출제범위는 소방공무원법과 하위법령 10여 개로 되어 있으나 상위법인 국가공무원법, 그리고 행정규칙(훈령·예규)까지 고려하면 훨씬 많은 법령들의 복합체라 할 수 있어 그 전모를 쉽게 파악할 수 있는 과목은 아닙니다.

2024년도의 기출문제를 보면, 새로운 소재들이 등장한 것은 아니나 점차 난이도가 상승하고 있음을 알 수 있습니다. 2022년 승진시험 문제가 공개된 이후 시험실시기관이 출제과정에서 무척 공을 들이고 있음이 엿보이며, 추론 또는 어림짐작으로 접근할 수 있는 문제는 거의 없고 시험일까지 반복해서 눈에 담아두지 않으면 정답을 맞히기 어려운 문제들입니다.

따라서 이 책은 독자 여러분께서 여하히 법령의 미로에서 길을 잃지 않고 효율적으로 이 과목을 정복할 수 있도록 하는 방법을 고민하며 최대한 수험적합한 교재가 될 수 있도록 노력하였습니다. 교재 전체에서 대·중·소목차를 적절히 구성함으로써 논리의 흐름과 법구조를 이해하기 쉽도록 하였습니다.

소방공무원법은 「대한민국 헌법」 제7조의 "공무원은 국민전체에 대한 봉사자이며, 국민에 대하여 책임을 진다"(제1항), "공무원의 신분과 정치적 중립성은 법률이 정하는 바에 의하여 보장된다"(제2항), 그리고 제25조의 "모든 국민은 법률이 정하는 바에 의하여 공무담임권을 가진다"에 표방된 가치와 기본원리를 구체화한 행정법의 영역입니다. 그리고 행정법이 행정조직, 행정작용, 행정구제에 관한 법이라고 할 때, 소방공무원법은 그 중 행정조직법의 영역이고 또 그 하위법으로서 공무원의 임용, 복무, 신분보장 등에 관하여 규정한 「공무원법」에 속합니다.

위와 같은 법원(法源)의 단계적 구조 속에서 소방공무원법이 차지하는 위치와 그 제정목적을 고려하면서 적극적이고 재미있는 공부를 하시기 바랍니다. 각 법조문이 왜 그렇게 규정되었을까 생각해 보고, 그리고 각 제도가 담고 있는 소방공무원의 '권리와 의무'에 포인트를 두어 공부하시면 무난할 것으로 사료됩니다. 각 소단원 말미에 그동안의 출제경향을 반영한 예상문제들을 수록하였으니 본문의 내용을 학습한 후 문제로 확인을 하면 지식의 정확도가 높아지고 공부방향을 잘 설정할 수 있을 것입니다.

국민의 안전을 위해 불철주야 업무를 수행하면서 승진시험까지 준비하느라 무척 고단하시겠으나, 이 책을 보시는 여러분 모두 영광의 합격증을 꼭 거머쥐시기를 간절히 소원하며 정진하시기를 빌겠습니다.

2025. 1.

편저자 박이준

이책의 구성

소방승진 소방공무원법 구성

PART 01 총론
PART 02 신규채용
PART 03 보직관리
PART 04 승진
PART 05 소방공무원의 행동규범
PART 06 공무원법관계의 변동
PART 07 소방공무원의 유지관리

소방공무원법 필수 이론 구성

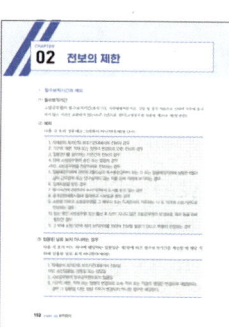
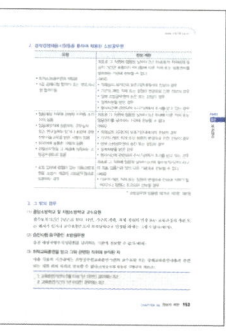

최신 경향을 반영한 출제 예상문제 수록

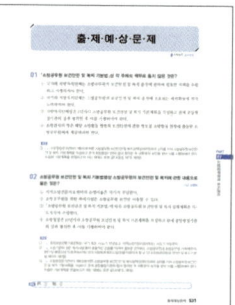

소방공무원법령 체계도

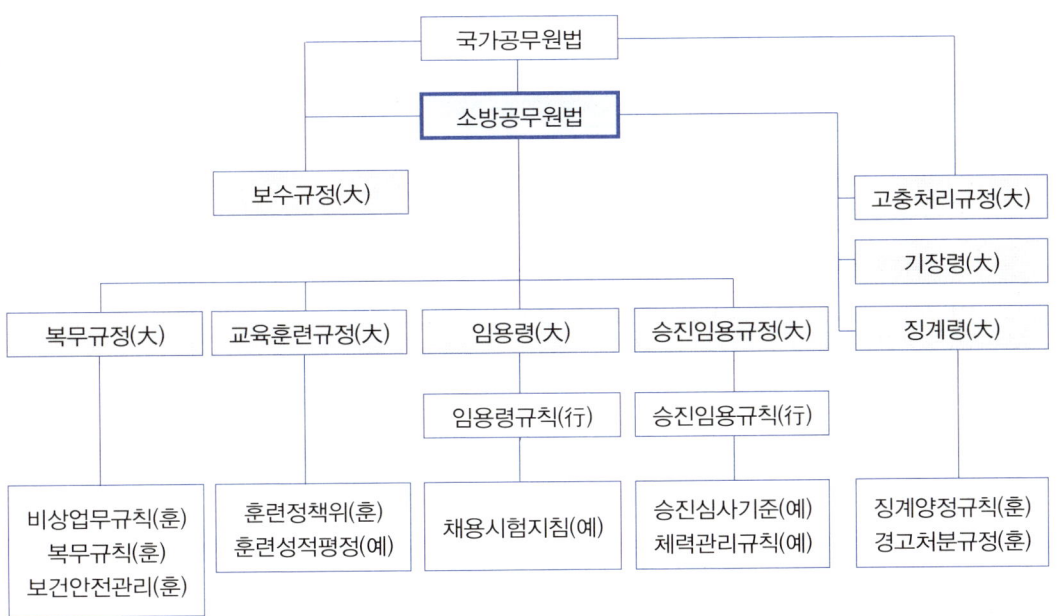

보기

- (大): 대통령령, (行): 행안부령,
  (예): 소방청예규, (훈): 소방청훈령
- 임용령 : 소방공무원 임용령
- 임용령규칙 : 소방공무원 임용령 시행규칙
- 승진임용규정 : 소방공무원 승진임용 규정
- 교육훈련규정 : 소방공무원 교육훈련규정
- 복무규정 : 소방공무원 복무규정
- 징계령 : 소방공무원 징계령
- 고충처리규정 : 공무원고충처리규정
- 보수규정 : 공무원보수규정
- 기장령 : 소방공무원 기장령
- 채용시험지침 : 소방공무원 채용시험 처리지침
- 승진임용규칙 : 소방공무원 승진임용 규정 시행규칙
- 훈련정책위 : 소방교육훈련정책위원회 운영규정
- 훈련성적평정 : 소방공무원 교육훈련성적 평정규정
- 체력관리규칙 : 소방공무원 체력관리 규칙
- 승진심사기준 : 소방공무원 승진심사기준
- 비상업무규칙 : 소방공무원 당직 및 비상업무규칙
- 복무규칙 : 현장 소방공무원 복무규칙
- 징계양정규칙 : 소방공무원 징계양정 등에 관한 규칙
- 경고처분규정 : (소방) 경고 등 처분에 관한 규정
- 보건안전관리 : 소방공무원 보건안전관리 규정

출제경향분석

최근 5개년 출제빈도 분석

구분	소방교 승진						소방위 승진					
	2024	2023	2022	2021	2020	계	2024	2023	2022	2021	2020	계
PART 01 총론												
01 소방공무원의 의의												
02 공무원제도의 기본원리												
03 소방공무원법 일반	2	3		1		6	2	1	2	2	1	8
PART 02 신규채용												
01 공개경쟁채용시험			1			1						
02 소방공무원시험의 응시자격												
03 경력경쟁채용시험 등	1	1			1	3						
04 시험의 방법 및 구분 등												
05 시험과목												
06 시험의 관리												
07 합격자의 결정 등	1	1	1		1	4						
08 시험의 사후조치	1					1						
09 채용후보자의 등록 등	1	1				2						
10 시보임용	1		1	1		3						
PART 03 보직관리												
01 보직관리의 원칙 등		1	1		1	3				1		1
02 전보의 제한				1		1			1			1
03 인사교류	1					1					1	1
04 파견근무			1		1	2					1	1
05 육아휴직 등	1					1						
06 별도정원의 범위		1				1						
07 인사기록	1		1	2	2	6				1	1	2
PART 04 승진												
01 승진임용의 구분 및 요건	1	2	2	2	1	8		2	1	1	2	6
02 근무성적 평정 등	2	3	3	5	5	18	2	3		2	1	8
03 승진대상자명부 등		1	2	2	1	6	1		1			2
04 승진심사	2	1			1	4	1	1	1		1	4
05 승진시험												
06 특별승진					1	1		1				1
07 근속승진	1		1	2		4					1	1
08 대우공무원제도	1		1	1		3			1		1	2

구분	소방교 승진						소방위 승진					
	2024	2023	2022	2021	2020	계	2024	2023	2022	2021	2020	계
PART 05 소방공무원의 행동규범												
01 소방공무원 복무규정	1	2	1	1	2	7			1	2		3
02 교육훈련	4	3	1	3	1	12		1	1		1	3
03 징계		2	3	1	2	8	2	2	1	1	1	7
PART 06 공무원법관계의 변동												
01 무직위 변경과 강임											1	1
02 공무원법관계의 소멸			2	1	1	4	1					1
PART 07 소방공무원의 유지관리												
01 보수청구권			1			1	1					1
02 고충처리제도		1	1	2	1	5	1	1		1		3
03 보훈 및 특별위로금		1			1	2						
04 보건안전 및 복지 기본법					1	1			1			1
05 소방공무원 기장령		1	1			2			1	1		2

객관식 시험은 전영역에서 고르게 출제하는 것을 원칙으로 한다. 그럼에도 불구하고 빈출되는 단원이나 주제가 있으므로 넓은 시야를 갖되 강약을 두어서 공부할 필요가 있다. 종래부터 자주 등장했거나 향후 출제가능성 높은 주제들은 다음과 같다.

용어 정의(★), 임용권자(★), 인사위원회(★), 임용시기, 응시자격, 경력경쟁채용시험등(★), 시험의 방법, 합격자 결정, 채용후보자등록, 임용순위, 임용유예, 시보임용(★), 보직관리원칙, 전보제한, 인사교류, 파견근무, 별도정원, 위탁교육, 인사기록, 징계처분말소(★), 승진예정인원수, 승진소요최저근무연수, 승진임용제한, 근무성적평정(★), 가점평정(★), 승진대상자명부(★), 승진심사, 특별승진, 근속승진(★), 대우공무원, 복무규정(★), 교육훈련규정(★), 징계종류(★), 징계절차(★), 징계불복(★), 정년, 직위해제, 면직, 고충처리제도(★), 보훈(★), 특별위로금, 보건안전 및 복지 기본법, 기장령(★)

좀 더 자세한 내용 및 수험정보 등은 당사 홈페이지 (www.kfs119.co.kr) 참조

학습전략

「소방공무원법」의 효율적 학습방법

1. 객관식 시험의 공부 순서

(1) 대전제

주관식 또는 논술식 시험은 단어 또는 문장을 그대로 암기해야 해서 어려운 편이다. 반면 객관식 시험은 대개 지문의 옳고 그름을 판단할 수 있으면 되는 것이어서 함정을 빨리 찾아내는 연습을 하면 된다.

(2) 단계별 학습

【1단계】 한 단원씩 기본교재를 통으로 1차 읽기

기본교재는 보통 큰 주제를 중심으로 장(章, Chapter)별로 편제하고 있으므로 한 장씩 숙독한다. 이때 이해되는 부분도 있고 그렇지 않은 부분도 있을 것이나 개의치 말고 부담감 없이 읽으면 된다.

【2단계】 문제 파트에서 해당 부분 문제 풀어보기

기본교재에서 읽은 부분에 해당하는 곳을 문제 파트에서 찾아 문제를 풀어본다. 2단계 학습의 목적은 정답을 맞히는 것이 아니라 어떤 식으로 출제가 되는지 확인하여 공부의 방향과 범위를 가늠하고자 함이다.

【3단계】 문제의 지문을 기본교재에서 찾아 대조·확인하기(★★)

가장 중요한 과정이다. 각 문제의 지문을 하나하나씩 기본교재에서 찾는다. 옳은 지문은 옳은 지문대로 마음속에 각인하려 노력하고, 틀린 지문은 어느 부분을 틀리게 출제했는지 확인한다. 그리고 틀린 단어나 어구에 밑줄을 긋고 오답 지문을 기재한다. 이 3단계 작업은 매우 지난하며 에너지가 무척 소모되는 과정이다. 그러나 이 과정을 해내야 지식이 '정확'해지며, 어떠한 부분이 자주 출제되고 어디에 함정을 파는지 알게 되는 것이다.

> 예 • 채용후보자의 <u>피부양가족</u>이 거주하고 있는 지역에 근무할 …
>   (×) 부양가족
> • 발생한 <u>비위에 대한 사후조치</u>에 최선을 다해 원상회복에 기여 …
>   (×) 비리를 발견해 사전보고

【4단계】 기본교재를 반복해 읽기

앞 단계에서 표시된 부분에 유의하면서 기본교재를 반복해 읽어본다. 합격으로 갈 수 있는지는 누가 한 번이라도 더 보느냐에 달려 있다.

【5단계】 모의시험

전체를 범위로 한 모의고사를 실제 시험상황에 맞도록 여러 차례 치러본다. 자꾸 틀리는 부분은 아직 학습이 미진한 것이니 확인·보완하여 정답률을 높여간다.

2. 비교·분류·종합

공부할수록 두뇌에 축적되는 정보량이 많아지므로 적절하게 비교·분류·종합하는 작업, 즉 구슬을 꿰어가는 공부가 필요하다. 완전히 이해하고 있어서 시험일까지 충분히 기억할 만한 것들을 제외하고, 자꾸 헷갈리는 것들은 별도로 정리를 하는 것이 좋다. 시험일에 임박했을 때 타인이 제공해주는 정리자료에 의존하는 것보다, 평소 본인이 능동적으로 정리해두는 것이 바람직하고 옳은 공부자세라고 본다. 아래에 몇 가지 예를 들어본다.

예시 1 동점자 처리 방법

선발시험	모두 합격자(동점자의 결정은 총득점을 기준으로 하되, 소수점 이하 둘째자리까지 계산)
채용후보자명부	취업보호대상자 ⇨ 필기시험 성적 우수자 ⇨ 연령이 많은 사람
승진대상자명부	근무성적평정점이 높은 사람 ⇨ 해당 계급에서 장기근무한 사람 ⇨ 해당 계급의 바로 하위 계급에서 장기근무한 사람 ⇨ 소방공무원으로 장기근무한 사람
승진시험 최종합격자	승진대상자명부 순위가 높은 순서에 따름

예시 2 기준일

근무성적 평정	매년 3월 31일, 9월 30일
경력평정	매년 3월 31일, 9월 30일
교육훈련성적평정	매년 3월 31일, 9월 30일
승진대상자명부	매년 4월 1일과 10월 1일
정년퇴직 발령	6월 30일, 12월 31일

예시 3 보훈 보상금과 유족

보상금을 받을 유족의 지급순위	배우자 ⇨ 자녀 ⇨ 부모 ⇨ 성년인 직계비속이 없는 조부모 ⇨ 60세 미만의 직계존속과 성년인 형제자매가 없는 미성년 제매
같은 순위자가 2명 이상인 경우	유족 간 협의에 의하여 같은 순위 유족 중 1명을 보상금을 받을 사람으로 지정 ⇨ 국가유공자를 주로 부양하거나 양육한 사람 ⇨ 나이가 많은 사람
다음 순위의 유족에게 승계	1. 사망한 경우 2. 위 "1순위(배우자)~5순위(미성년 제매)"의 어느 하나에 해당하지 아니하게 된 경우 3. 1년 이상 계속하여 행방불명인 경우

법령 독해에서 유의할 사항

소방공무원법령이 인사(人事)와 관련된 것이어서 유난히 다음과 같은 경우가 많으니 참고로 기재한다.

1. 법조문의 논리구조

> **소방공무원법 제34조(벌칙)** 다음 각 호의 어느 하나에 해당하는 자는 5년 이하의 징역 또는 금고에 처한다.
> 1. 화재 진압 업무에 동원된 소방공무원으로서 제21조 제1항을 위반하여 거짓 보고나 통보를 하거나 같은 조 제2항을 위반하여 직무를 게을리하거나 유기한 자

위 조문의 논리구조를 잘못 파악하면 오답을 고르게 된다. 아래와 같이 분석할 수 있다. 만일 화재 진압 업무에 동원되지 않은 소방공무원 甲이 직무를 게을리하거나 유기했다면 징계사유는 될 수 있을지언정 제34조에 따라 형사처벌의 대상은 아닌 것이다.

> [(화재 진압 업무에 동원된 소방공무원) & (제21조 제1항을 위반하여 거짓 보고나 통보를 한 경우)] + [(화재 진압 업무에 동원된 소방공무원) & (제21조 제2항을 위반하여 직무를 게을리하거나 유기한 자)] ⇒ (5년 이하의 징역 OR 금고)

2. "각호의 1" / "각 호의 요건"

(1) "각호의 1" 또는 "각 호의 어느 하나"

열거된 각 호에 1개라도 해당하면 요건을 갖춘 것으로 본다.

> **소방공무원 임용령 제23조(시보임용의 면제 및 기간단축)** ② 다음 <u>각호의 1</u>에 해당하는 경우에는 시보임용을 면제한다.
> 1. 소방공무원으로서 소방공무원승진임용규정에서 정하는 상위계급에의 승진에 필요한 자격요건을 갖춘 자가 승진예정계급에 해당하는 계급의 공개경쟁채용시험에 합격하여 임용되는 경우
> 2. 정규의 소방공무원이었던 자가 퇴직당시의 계급 또는 그 하위의 계급으로 임용되는 경우

(2) "각 호의 요건"

열거된 각 호의 내용을 모두 충족해야 요건을 갖춘 것으로 본다.

> **소방공무원 교육훈련규정 제17조(수료 및 졸업)** ② 제1항에도 불구하고 신임교육의 교육훈련과정은 교육훈련대상자가 <u>다음 각 호의 요건</u>을 모두 갖추고 교육훈련기관의 장이 정하는 별도의 졸업사정 절차를 통과하면 졸업요건을 갖춘 것으로 한다.
> 1. 전체 교육훈련성적이 100점 만점에 70점 이상인 사람일 것
> 2. 교육훈련기관의 장이 지정하는 각 과목의 교육훈련성적이 100점 만점에 60점 이상인 사람일 것

3. "이내" / "이상"과 "이하" / "일 전(前)"

(1) "이내"

"이내"의 앞에 언급된 시점도 포함한다. 아래처럼 "3시간 이내"라면 3시간도 포함한다.

> **소방공무원 복무규정 제4조(여행의 제한)** 소방공무원은 휴무일이나 근무시간 외에 공무(公務)가 아닌 사유로 3시간 이내에 직무에 복귀하기 어려운 지역으로 여행하려는 경우에는 소속 소방기관의 장에게 신고하여야 한다.
> **소방공무원 임용령 시행규칙 제6조(전력조회)** ② 제1항의 규정에 의하여 전력조회서를 받은 기관의 장은 별지 제2호서식의 전력조사회보서에 의하여 20일 이내에 회보하여야 한다.

(2) "이상"과 "이하"

"이상"이나 "이하"의 앞에 언급된 사항도 포함한다. 아래에서 "소방령 이상 소방준감 이하"라면 소방령, 소방정, 소방준감을 의미한다.

> **소방공무원법 제6조(임용권자)** ① 소방령 이상의 소방공무원은 소방청장의 제청으로 국무총리를 거쳐 대통령이 임용한다. 다만, 소방총감은 대통령이 임명하고, 소방령 이상 소방준감 이하의 소방공무원에 대한 전보, 휴직, 직위해제, 강등, 정직 및 복직은 소방청장이 한다.

(3) "일 전(前)"

만일 5월 10일로부터 "3일 전"이라면 민법의 초일불산입 원칙에 따라 5월 10일 오전 0시부터 역산하여 5월 7일 오전 0시까지를 의미한다.

> **소방공무원 징계령 제12조(징계등 혐의자의 출석)** ① 징계위원회가 징계등 혐의자의 출석을 요구할 때에는 별지 제3호서식의 출석 통지서로 하되, 징계위원회 개최일 3일 전까지 그 징계등 혐의자에게 도달되도록 하여야 한다.

4. "또는" / "및"

(1) "또는"

"또는"은 '그렇지 않으면'의 뜻으로, 어느 것을 선택해도 될 때에 쓴다. 아래에서 중징계란 파면이거나 해임이거나 강등이거나 정직을 의미한다.

> **소방공무원 징계령 제1조의2(정의)** 이 영에서 사용하는 용어의 정의는 다음과 같다.
> 1. "중징계"란 파면, 해임, 강등 또는 정직을 말한다.
> 2. "경징계"라 함은 감봉 또는 견책을 말한다.

(2) "및"

"및"은 '그리고', '그 밖에', '또'의 뜻으로, 문장에서 같은 종류의 성분을 나열할 때 쓴다. 보통 '~와/과'로 바꾸어 읽을 수 있다. 아래에서 청구서에는 주소와 성명과 생년월일을 모두 기재한다는 의미이다.

> **공무원고충처리규정 4조(고충심사청구)** ①공무원이 고충심사를 청구할 때에는 설치기관의 장에게 다음 각호의 사항을 기재한 고충심사청구서를 제출하여야 하며, 재심을 청구하는 경우에는 당해 고충심사위원회의 고충심사결정서 사본을 첨부하여야 한다.
> 1. 주소·성명 및 생년월일
> 2~3. 생략

(3) "또는"과 "및"이 복합적으로 씌여진 경우

아래와 같은 경우는 "(휴직기간) & (직위해제기간) & (징계에 의한 정직처분 기간) & (징계에 의한 감봉처분 기간)"을 의미한다.

> **소방공무원법 제10조(시보임용)** ② 휴직기간, 직위해제기간 및 징계에 의한 정직처분 또는 감봉처분을 받은 기간은 제1항의 시보임용 기간에 포함하지 아니한다.

소방공무원 승진 시행요강 [소방청예규]

1. 시험위원
① 시험위원을 임명 또는 위촉할 때의 시험위원 수 : 필기시험위원의 경우는 매과목별 3인 이상, 면접시험의 경우는 3인 이상
② 공무원을 시험위원으로 임명할 때에는 소방위 이상의 소방공무원 및 6급 이상의 일반직공무원으로 하되, 승진시험 예정계급보다 상위계급자로 하여야 한다.
③ 시험위원의 명단을 공개하여서는 아니 된다.

2. 출제의뢰
① 출제시 유의사항

> 1. 과목 전반에 걸쳐 고르게 출제하며, 정답은 확실한 것 하나를 선택할 수 있도록 한다.
> 2. 문제상호간 정답을 암시하는 것과 유사(중복)문제는 출제하지 않는다.
> 3. 주관적인 내용, 학설에 관한 내용은 가급적 피하고 객관적이고 타당성 있게 출제한다.
> 4. 정답의 위치는 선택항목(1~4)에 고르게 분포시킨다.
> 5. 난이도·중요도는 각각 **상20%, 중50%, 하30%**의 분포로 출제한다.

② 시험위원이 출제할 문제의 총 수는 실제로 시험에 출제할 문제의 2배 이상이 되도록, 각 위원별로 배분하여 출제 의뢰하여야 한다.
③ 시험시행 17일 전에 의뢰하고 시험시행 2일 전까지 회수한다.

3. 시험문제의 선정
각 출제위원이 제출한 시험문제 중 실제로 출제할 문제는 시험문제 인쇄직전에 시험실시기관의 장이 지정하는 책임관이 선정한다.

4. 응시번호 부여
① 응시번호를 부여할 때에는 동일 소방기관 소속 응시자가 서로 연속되지 아니하도록 혼합한 후 부여하여야 한다. 다만, 혼합한 후 부여하는 것이 타당하지 않을 경우에는 그러하지 아니하다.
② 응시번호는 응시표 교부전에 일체 이를 공개하지 아니 한다.

이 책 편집의 기본방향

1. 법률과목 학습에 최적화

법령을 잘 기억할 수 있도록 공부하는 방법은 당연히 법령을 조문 그대로 읽어서 머리 속에 각인하는 것이다. 실제 시험문제도 대부분 법령 조문의 문구 그대로 출제된다.

그러나 A법이 가령 제1조에서 제100조까지 있다면 의외로 입법자가 체계적인 논리순서로 작성하지 않아 무척 혼란스럽고 파이 조각들처럼 단편적으로 다가올 것이다. 「대한민국 헌법」처럼 수려한 문장으로 되어 있지도 않아 독파하기엔 시간도 많이 걸린다. 더욱이 이 과목은 소방공무원법(법률)을 필두로 대통령령, 행정안전부령, 소방청훈령, 소방청예규의 매우 복잡한 구조로 이루어져 있어 수험생활에 큰 인내심을 필요로 한다.

따라서 소방공무원법을 비롯한 하위법령 10여개를 논리체계적으로 막힘 없이 읽어나갈 수 있도록 친절하게 서술된 교재가 필요하다. 수험교재를 만든다는 강박관념에 법령의 어미나 조사, 형용 문구를 지나치게 생략하면서 조문을 자의적으로 분절하여 수록하면 전후 맥락을 파악하기 어려워 살아 있는 문헌이 되지 못하고 그저 암기를 강요하는 데에 머물게 된다. 시험과목으로서의 법률학은 암기과목이라고 선입견을 가질 필요가 없다.

2. 교재 서술 방식

아래에 똑같은 내용에 대한 일반적인 수험교재(A형식)와 본서(B형식)의 서술 구조를 비교해본다. 소방공무원 신규채용의 한 유형인 경력경쟁채용시험에 관한 일부 내용이다. A형식의 서술로는 안타까우나 甲이라는 공무원이 어떤 법적 근거와 경로로 퇴직하였다가 다시 경력경쟁채용방식으로 공무원이 되는 것인지 그 Story의 전말을 보여주지 못한다.

(1) 일반적인 수험교재(A형식)

> (1) 퇴직한 소방공무원의 재임용
> 직제와 정원의 개폐 또는 예산의 감소 등에 따라 폐직 또는 과원이 됨에 따라 직권면직되었거나 신체·정신상의 장애로 장기 요양이 필요하여 휴직하였다가 휴직기간이 만료되어 퇴직한 소방공무원을 퇴직한 날부터 3년 이내에 퇴직 시에 재직하였던 계급 또는 그에 상응하는 계급의 소방공무원으로 재임용하는 경우

(2) 본서(B형식)

(1) 퇴직한 소방공무원의 재임용 (소방공무원법 제7조 제2항 제1호)

「국가공무원법」 제70조 제1항 제3호(註: 직제와 정원의 개폐 또는 예산의 감소 등에 따라 폐직 또는 과원이 되었을 때)에 따라 직권면직된 소방공무원이나 같은 법 제71조 제1항 제1호(註: 신체·정신상의 장애로 장기 요양이 필요할 때)에 따라 휴직하였다가 휴직기간이 만료되어 퇴직한 소방공무원을 퇴직한 날부터 3년(「공무원 재해보상법」에 따른 공무상 부상 또는 질병으로 인한 휴직의 경우에는 5년) 이내에 퇴직 시에 재직하였던 계급 또는 그에 상응하는 계급의 소방공무원으로 재임용하는 경우

본서는 독자 여러분께서 소방공무원법령을 체계적으로 습득할 수 있도록 하는 것을 목적으로 한다. 따라서 법령 원문을 그대로 싣고 조문 출처를 철저히 했으며, 논리의 흐름을 유지하기 위해 조문 순서에 얽매이지 않고 법률, 시행령, 시행규칙들을 넘나들며 입체적으로 기술하였다. 그리고 적절한 소목차들을 달아 눈에 잘 들어올 수 있도록 구성하였다. 따라서 소방공무원법령 전체를 효과적으로 이해하는 데에 도움이 될 것이다.

차례

PART 01 총론

CHAPTER 01. 소방공무원의 의의 ········· 22
CHAPTER 02. 우리나라 공무원제도의 기본원리 ········· 24
CHAPTER 03. 소방공무원법 일반 ········· 26
❖ 출제예상문제 ········· 40

PART 02 신규채용

CHAPTER 01. 공개경쟁채용시험 ········· 62
❖ 출제예상문제 ········· 64
CHAPTER 02. 소방공무원시험의 응시자격 ········· 66
❖ 출제예상문제 ········· 70
CHAPTER 03. 경력경쟁채용시험 등 ········· 76
❖ 출제예상문제 ········· 81
CHAPTER 04. 시험의 방법 및 구분 등 ········· 89
❖ 출제예상문제 ········· 91
CHAPTER 05. 시험과목 ········· 94
❖ 출제예상문제 ········· 98
CHAPTER 06. 시험의 관리 ········· 100
❖ 출제예상문제 ········· 104
CHAPTER 07. 합격자의 결정 등 ········· 107
❖ 출제예상문제 ········· 111

CHAPTER 08. 시험의 사후조치 ·· 116
    ❖ 출제예상문제 ·· 119
CHAPTER 09. 채용후보자의 등록 등 ·· 122
    ❖ 출제예상문제 ·· 125
CHAPTER 10. 시보임용 ·· 132
    ❖ 출제예상문제 ·· 135

PART 03   보직관리

CHAPTER 01. 보직관리의 원칙 등 ·· 142
    ❖ 출제예상문제 ·· 145
CHAPTER 02. 전보의 제한 ·· 152
    ❖ 출제예상문제 ·· 154
CHAPTER 03. 인사교류 ·· 160
    ❖ 출제예상문제 ·· 162
CHAPTER 04. 파견근무 ·· 167
    ❖ 출제예상문제 ·· 169
CHAPTER 05. 육아휴직 등 ·· 175
    ❖ 출제예상문제 ·· 178
CHAPTER 06. 별도정원의 범위 ·· 182
    ❖ 출제예상문제 ·· 185
CHAPTER 07. 인사기록 ·· 190
    ❖ 출제예상문제 ·· 196

차례

PART 04 승진

CHAPTER 01. 승진임용의 구분 및 요건 ·········· 208
- ❖ 출제예상문제 ·········· 215

CHAPTER 02. 근무성적·경력 및 교육훈련성적의 평정 ·········· 228
- ❖ 출제예상문제 ·········· 248

CHAPTER 03. 승진대상자명부 등 ·········· 274
- ❖ 출제예상문제 ·········· 280

CHAPTER 04. 승진심사 ·········· 289
- ❖ 출제예상문제 ·········· 298

CHAPTER 05. 승진시험 ·········· 310
- ❖ 출제예상문제 ·········· 313

CHAPTER 06. 특별승진 ·········· 317
- ❖ 출제예상문제 ·········· 321

CHAPTER 07. 근속승진 ·········· 328
- ❖ 출제예상문제 ·········· 332

CHAPTER 08. 대우공무원제도 ·········· 338
- ❖ 출제예상문제 ·········· 341

PART 05 소방공무원의 행동규범

CHAPTER 01. 소방공무원 복무규정 ·········· 348
- ❖ 출제예상문제 ·········· 354

CHAPTER 02. 교육훈련 ·········· 361
- ❖ 출제예상문제 ·········· 377

CHAPTER 03. 징계 ··· 392
　　❖ 출제예상문제 ·· 425

PART 06 공무원법관계의 변동

CHAPTER 01. 무직위 변경(휴직, 직위해제)과 강임 ····················· 462
　　❖ 출제예상문제 ·· 467
CHAPTER 02. 공무원법관계의 소멸(당연퇴직 등, 면직) ··············· 473
　　❖ 출제예상문제 ·· 478

PART 07 소방공무원의 유지관리

CHAPTER 01. 보수청구권 ·· 484
　　❖ 출제예상문제 ·· 491
CHAPTER 02. 고충처리제도 ·· 494
　　❖ 출제예상문제 ·· 505
CHAPTER 03. 보훈 및 특별위로금 ·· 514
　　❖ 출제예상문제 ·· 520
CHAPTER 04. 소방공무원 보건안전 및 복지 기본법 ··················· 526
　　❖ 출제예상문제 ·· 534
CHAPTER 05. 소방공무원 기장령 ··· 539
　　❖ 출제예상문제 ·· 541

소방승진은 이패스 소방사관
www.kfs119.co.kr

PART 01

총론

CHAPTER 01　소방공무원의 의의
CHAPTER 02　우리나라 공무원제도의 기본원리
CHAPTER 03　소방공무원법 일반

CHAPTER 01 소방공무원의 의의

1. 공무원의 개념

공무원이란 행정조직의 인적 구성요소로서 사법상 근로자와는 다른 공무원법상의 특별한 권한을 갖고 특별한 의무를 부담하는 사람을 말한다. 공무원은 국가 또는 지방자치단체와는 별개의 법인격체로서, 국가 또는 지방자치단체와의 사이에서 일정한 법률관계를 형성한다.

공무원의 의의나 범위는 실정법상 그 내용이 매우 다르므로(예 헌법, 형법, 국가공무원법, 국가배상법, 공직선거법) 일반적으로 획정할 수 없고, 개별법에 따라 구체적으로 정할 수밖에 없다.

2. 소방공무원의 지위

공무수행자	소방공무원은 공무를 수행하므로 근무관계에서는 사법상의 근무관계와 다른 공법적 특수성이 인정된다. 헌법 제7조 제1항은 "공무원은 국민 전체에 대한 봉사자이며 국민에 대하여 책임을 진다"라고 규정하고 있다.
근로자	소방공무원도 근로자이므로 헌법상 노동기본권의 주체이며, 성질에 반하지 않는 한 근로기준법 등 노동관계법의 적용을 받는다. 다만 소방공무원에 대한 임면 등의 인사와 복무 등에 관하여는 소방공무원법과 그 위임에 따라 제정된 소방공무원 임용령 등 특별한 규정이 있다.
인간	소방공무원도 인간으로서 사생활의 자유, 행복추구권 등 인간으로서의 권리가 존중되고 보장된다. 다만 공무수행을 보장하기 위해 일정한 범위에서 제한된다.

3. 국가공무원의 유형(국가공무원법 제2조)

(1) 경력직공무원

실적과 자격에 따라 임용되고 그 신분이 보장되며 평생 동안(근무기간을 정하여 임용하는 공무원의 경우에는 그 기간 동안을 말한다) 공무원으로 근무할 것이 예정되는 공무원을 말한다. 소방공무원은 경력직공무원 가운데 특정직공무원에 속한다.

일반직공무원	기술·연구 또는 행정 일반에 대한 업무를 담당하는 공무원
특정직공무원	법관, 검사, 외무공무원, 경찰공무원, **소방공무원**, 교육공무원, 군인, 군무원, 헌법재판소 헌법연구관, 국가정보원의 직원, 경호공무원과 특수 분야의 업무를 담당하는 공무원으로서 다른 법률에서 특정직공무원으로 지정하는 공무원

(2) 특수경력직공무원

경력직공무원 외의 공무원을 특수경력직공무원이라고 한다.

정무직공무원	• 선거로 취임하거나 임명할 때 국회의 동의가 필요한 공무원 • 고도의 정책결정 업무를 담당하거나 이러한 업무를 보조하는 공무원으로서 법률이나 대통령령(대통령비서실 및 국가안보실의 조직에 관한 대통령령만 해당한다)에서 정무직으로 지정하는 공무원
별정직공무원	비서관·비서 등 보좌업무 등을 수행하거나 특정한 업무 수행을 위하여 법령에서 별정직으로 지정하는 공무원

CHAPTER 02 우리나라 공무원제도의 기본원리

1. 민주적 공무원제도

(1) 국민에 대한 봉사와 책임

공무원은 특정 개인이나 집권정당의 봉사자가 아니라 국민전체의 이익을 위하여 근무하는 것이므로, 그 한도 안에서는 일반근로자와 달리 특별한 의무와 책임을 지는 동시에 일정한 기본권의 행사가 제한될 수 있다. 또한 공무원은 직무상 불법행위를 하였을 때에는 민사상·형사상 책임이나 징계책임을 지며, 국무총리나 국무위원은 정치적 책임을 지기도 한다.

(2) 공무담임권의 보장

헌법 제25조는 "모든 국민은 법률이 정하는 바에 의하여 공무담임권을 가진다"고 하여 공무담임권을 기본권으로 보장하고 있다. 공무담임권이란 입법부, 집행부, 사법부는 물론 지방자치단체 등 국가, 공공단체의 구성원으로서 그 직무를 담당할 수 있는 권리를 말한다. 여기서 직무를 담당한다는 것은 모든 국민이 현실적으로 그 직무를 담당할 수 있다고 하는 의미가 아니라, 국민이 공무담임에 관한 자의적이지 않고 평등한 기회를 보장받음을 의미하는바, 공무담임권의 보호영역에는 공직취임의 기회의 자의적인 배제뿐 아니라, 공무원 신분의 부당한 박탈까지 포함되는 것이라고 할 것이다(헌재 2003.10.30. 2002헌마684).

(3) 인사행정의 민주적 통제

공무원의 직급·직위분류·임면·복무·보수·징계 기타 공무원에 관한 사항은 원칙적으로 법률로 정한다(헌법 제25조·제76조, 국가공무원법, 지방공무원법, 소방공무원법 등). 인사행정의 공정성을 위해서는 그 담당기관의 독립성이나 전문성이 특히 요청된다. 인사위원회·징계위원회 등은 이러한 요청에 따른 것이다.

2. 직업공무원제도

(1) 의의

헌법은 "공무원의 신분과 정치적 중립성은 법률이 정하는 바에 의하여 보장된다"고 하여(제7조 제2항), 직업공무원제도를 채택하고 있다. 직업공무원제도란 정권교체와 관계없이 행정의 일관성과 독자성을 유지하기 위해 헌법과 법률에 의해 공무원의 신분이 공무원 개인의 능력이나 업적에 따라 보장되는 공무원제도를 말한다.

(2) 직업공무원제도의 내용

① 신분의 보장

㉠ 국가공무원법 제68조는 "공무원은 형의 선고, 징계처분 또는 이 법으로 정하는 사유에 따르지 아니하고는 본인의 의사에 반하여 휴직·강임 또는 면직을 당하지 아니한다"라고 규정한다. 엽관주의의 폐단을 방지하고, 능력있는 공무원을 확보하고, 공정하고 효율적인

사무처리를 기하기 위하여는 그 사무를 담당하는 공무원에 대한 신분보장이 필수적이다.
ⓒ 신분보장은 경력직공무원에 한하여 보장되며, 1급 공무원, 직업공무원이 아닌 특수경력 직공무원, 시보임용 중인 공무원은 신분보장을 받지 못한다. 그러나 예외적으로 특수경력직이라도 법령에 정하는 바에 따라 신분보장을 받을 수 있다.

② 정치적 중립성

헌법은 "공무원의…정치적 중립성은 법률이 정하는 바에 의하여 보장된다"(제7조 제2항)고 하여 행정에 대한 정치적 영향이나 정권교체에 따른 공무원의 지위의 불안정을 배제하고 능률적인 행정을 확보하려고 하고 있다. 이 원칙에 따라 공무원의 일정한 정치적 행위 및 노동운동 등이 제한 내지 금지되고 있다. 단, 정치적 공무원은 원칙적으로 정치적 중립성이 요구되지 않는다.

③ 성적주의

성적주의(Merit System)란 공무원의 임면에 있어 정치적 고려나 정실을 배제하고 오직 개인의 실적을 기초로 하여 인사행정이 이루어지는 원칙을 말한다. 공무원법은 "공무원의 임용은 시험성적·근무성적·기타 능력의 실증에 의하여 행한다"(국가공무원법 제26조·지방공무원법 제25조)고 규정하여 성적주의를 명시하고 있다. 성적주의는 신규채용뿐만 아니라 승진의 경우에도 적용된다.

④ 직위분류제

직위분류제(position classification)는 직위를 직무의 종류에 따라 직렬로 나누고, 그것을 다시 직무의 곤란성·책임도·자격도의 차이에 따라 직급별로 분류·정리하는 제도이다. 직위분류제는 직위를 체계적으로 분류·표준화하여 행정사무의 능률과 전문화 및 객관화를 도모하기 위한 것이다.

⑤ 능률성의 확보

공무원으로 하여금 그 직무에 필요한 지식·기술·경험을 습득하게 하고 아울러 직무를 의욕적이고 능률적으로 수행케 하기 위하여, 공무원법은 생활보장, 사회보장, 훈련, 근무성적평정, 제안제도, 경력평정, 특별승진, 고충처리 등의 여러 제도를 두고 있다.

3. 공무원의 기본권 제한

(1) 기본권의 보장과 제한

공무원도 일반국민과 마찬가지로 모든 기본권이 보장된다. 그러나 헌법 제7조 제1항은 법률에 의하여 기본권이 제한될 수 있음을 예정하고 있다. 공무원의 기본권 제한은 공무의 온전한 수행을 위하는 것이나, 국가적으로 필수불가결한 법익의 보호와 공무원 개인의 기본권보장의 조화에 그 한계가 있다.

(2) 기본권 제한의 사례

공무원은 법률이 정한 바에 따라 정당가입이나 정치활동이 제한되며(헌법 제7조 제2항), 경찰 등 법률이 정하는 공무원은 국가배상에서 이중배상이 금지되며(제29조 제2항), 법률로 인정된 자를 제외하고는 노동조합결성·단체교섭 및 단체행동을 할 수 없다(제33조 제2항). 그리고 군인과 군무원은 일반법원이 아닌 군사법원의 재판을 받는다(제110조).

CHAPTER 03 소방공무원법 일반

1. 소방공무원법의 변천

종래 국가소방공무원과 경찰공무원을 '경찰관'이라 하여 경찰공무원법이라는 단일신분법으로 규율하였으나, 소방공무원과 경찰공무원은 그 직무가 이질적이고 지휘·감독체계가 서로 다르므로 1977. 12. 31. 국가소방공무원의 신분에 관한 규정을 경찰공무원법에서 분리하여 지방소방공무원법과 통합된 단일신분법을 제정하였다.

소방공무원법은 제정 당시 10개 장(章), 총 60개 조문으로 구성되었는데, 현재는 다수의 하위법령에 세부사항을 위임하면서 장별 구분 없이 총 34개 조문으로 이루어져 있다.

소방공무원법은 그동안 수차례 개정되었는데 그 가운데 주목할 만한 것으로 ① 1982. 12. 31. 국가공무원법 및 지방공무원법과 중복되는 부분을 삭제하여 특별히 소방공무원에게만 적용할 특례규정만을 정하고, 소방공무원의 임용·복무·신분보장 등에 관한 특례규정에 있어서도 국가공무원법 및 지방공무원법과 균형을 이루도록 했던 것, ② 2019. 12. 10. 종래 대통령·소방청장이 임용하는 국가소방공무원과 시·도지사가 임용하는 지방소방공무원으로 이원화되어 지방자치단체별로 재정여건 등에 따라 소방인력, 소방장비 등에서 편차가 발생하고 지역별로 소방사무의 수행능력 차이가 심화되고 있다는 문제제기에 따라 소방공무원의 임용권을 국가로 일원화한 것을 들 수 있다.

2. 소방공무원법의 목적

소방공무원법은 소방공무원의 책임 및 직무의 중요성과 신분 및 근무조건의 특수성에 비추어 그 임용, 교육훈련, 복무, 신분보장 등에 관하여 「국가공무원법」에 대한 특례를 규정하는 것을 목적으로 한다(소방공무원법 제1조).

🔒 **관련 법령의 목적**

국가공무원법	각급 기관에서 근무하는 모든 국가공무원에게 적용할 인사행정의 근본 기준을 확립하여 그 공정을 기함과 아울러 국가공무원에게 국민 전체의 봉사자로서 행정의 민주적이며 능률적인 운영을 기하게 하는 것을 목적으로 한다(제1조).
소방공무원 교육훈련규정	소방공무원 및 소방공무원으로 임용될 자의 교육훈련에 관하여 필요한 사항을 규정함을 목적으로 한다(제1조).
소방공무원 복무규정	「소방공무원법」 제24조에 따라 소방공무원의 복무에 관한 사항을 규정함을 목적으로 한다(제1조).
소방공무원 승진임용 규정	소방공무원의 승진임용에 관한 기준 기타 필요한 사항을 규정함을 목적으로 한다(제1조).

소방공무원 징계령	「소방공무원법」 제28조 및 제29조에 따른 소방공무원의 징계와 「국가공무원법」 제78조의 2에 따른 징계부가금 부과에 필요한 사항을 규정함을 목적으로 한다(제1조).
소방공무원 기장령	소방공무원기장의 수여 및 패용에 관하여 필요한 사항을 규정함을 목적으로 한다(제1조).
공무원고충처리규정	「국가공무원법」 제76조의2 및 제76조의3, 「경찰공무원법」 제31조, 「소방공무원법」 제27조 및 「교육공무원법」 제49조에 따라 공무원의 고충상담 및 고충심사 등의 처리 절차와 그 밖에 고충 해소를 위해 필요한 사항을 규정함을 목적으로 한다(제1조).
공무원보수규정	「국가공무원법」, 「헌법재판소법」, 「외무공무원법」, 「경찰공무원법」, 「의무경찰대 설치 및 운영에 관한 법률」, 「소방공무원법」, 「의무소방대설치법」, 「교육공무원법」, 「군인보수법」, 「군무원인사법」, 「국가정보원직원법」 및 「군법무관 임용 등에 관한 법률」에 따라 국가공무원의 보수에 관한 사항을 규정함을 목적으로 한다(제1조).

3. 소방공무원의 계급(소방공무원법 제3조)

소방공무원은 ① 소방총감(消防總監), ② 소방정감(消防正監), ③ 소방감(消防監), ④ 소방준감(消防准監), ⑤ 소방정(消防正), ⑥ 소방령(消防領), ⑦ 소방경(消防警), ⑧ 소방위(消防尉), ⑨ 소방장(消防長), ⑩ 소방교(消防校), ⑪ 소방사(消防士)로 계급을 구분한다.

🚒 소방공무원의 계급별 직책

소방계급	상당계급	보직
소방총감	차관	소방청장
소방정감	1급	소방청 차장, 서울소방재난본부장, 경기소방재난본부장, 부산소방재난본부장
소방감	2급	• 소방청 : 기획조정관, 화재예방국장, 119대응국장, 장비기술국장, 중앙119구조본부장, 중앙소방학교장 • 소방본부장 : 인천, 충남, 전남, 경북, 경남, 강원
소방준감	3급	• 소방청 : 대변인, 119종합상황실장, 운영지원과장, 화재예방총괄과장, 대응총괄과장, 장비총괄과장, 기획재정담당관 • 소방본부장 : 충북, 대전, 전북, 광주, 대구, 울산, 경기북부, 제주, 세종 • 소방학교장 : 서울, 경기 • 기타 : 서울종합방재센터장, 서울소방재난본부의 각 과장, 경기소방재난본부의 각 과장, 경기재난지휘센터장, 부산소방본부의 과장, 소방서장(수원, 용인, 고양)
소방정	4급	• 소방청 : 소방분석제도과장, 화재예방과장, 화재대응조사과장, 소방산업과장, 119구조과장 119구급과장, 119생활안전과장, 장비기획과장, 항공통신과장, 중앙소방학교 과장(교육지원과, 인재개발과, 교육훈련과), 국립소방연구원 연구지원과장 등 • 지방소방학교장 : 서울, 경기 이외 • 소방본부장 : 창원 • 시·도 소방본부 과장(서울, 부산, 경기본청 제외) • 소방학교의 부장, 과장, 인재팀장(서울, 경기 제외) • 소방서장(수원, 용인, 고양 제외)

> 소방승진 공무원법

소방령	5급	소방서 과장, 소방서 현장지휘대의 장, 119항공대장, 소방학교의 부장·과장·팀장·연구실장, 세종소방본부 현장대응단장 등
소방경	6급	소방서의 팀장, 119안전센터의 센터장, 구조대장, 구급대장, 소방정대장, 현장지휘팀장 등
소방위	6급	119안전센터의 부센터장, 팀장, 지역대장, 소방서 주임 등
소방장	7급	소방서, 119안전센터의 부장, 팀장이나 부센터장 또는 팀원
소방교	8급	소방서 반장, 소방대원
소방사	9급	소방대원

소방청 조직

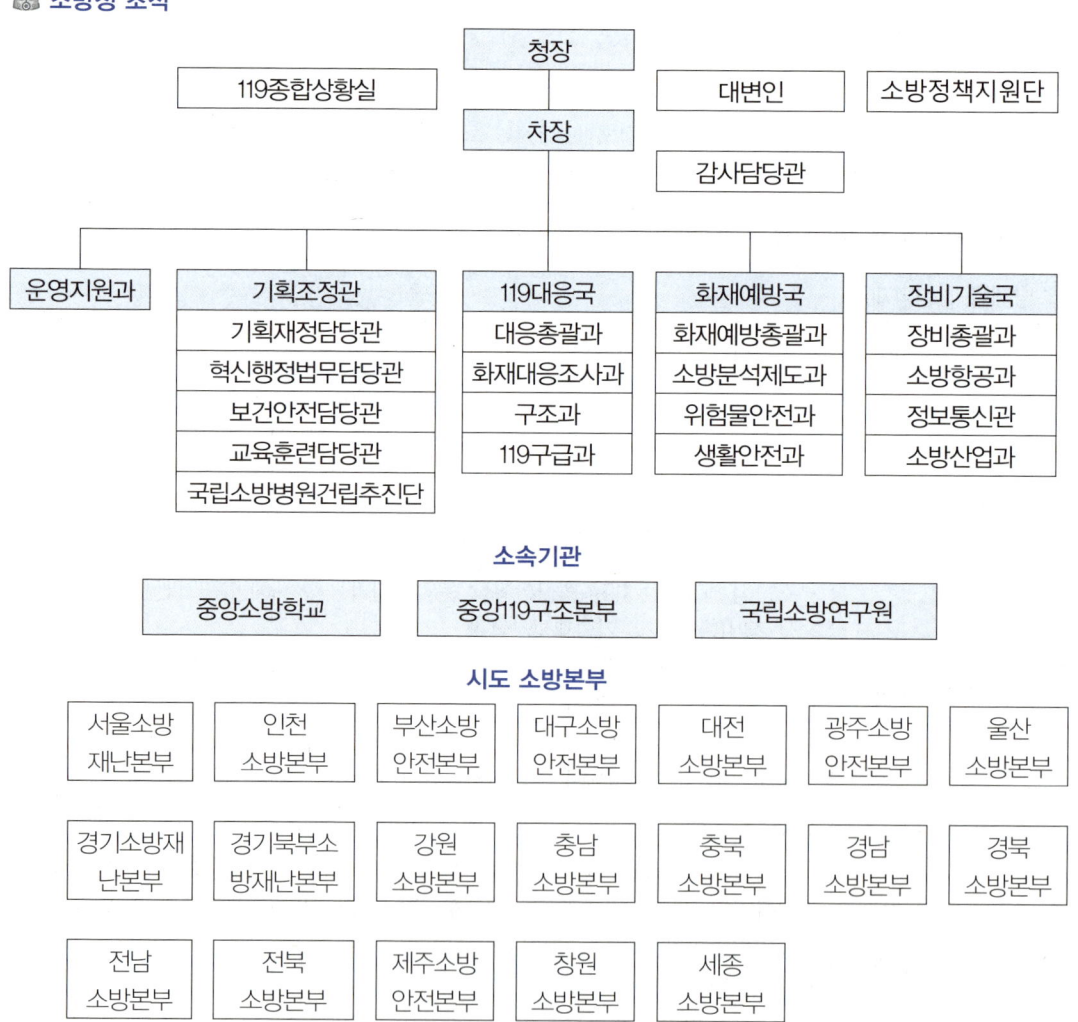

지방소방학교장·소방서장·119특수대응단장 등의 직급

지방소방기관 설치에 관한 규정 제1조(목적) 이 영은 「소방기본법」 제1조에 따른 업무를 수행하기 위하여 「소방기본법」 제3조 제1항 및 「지방자치법」 제126조에 따라 특별시·광역시·특별자치시·도 또는 특별자치도가 설치하는 소방기관의 조직 및 운영 등에 관한 사항을 규정함으로써 소방행정을 통일적이고 체계적으로 수행함을 목적으로 한다.

구분		직급
지방소방학교장	특별시, 경기도	소방준감
	광역시, 그 밖의 도	소방정
지방소방학교의 부장·과장·팀장·연구실장		소방정 또는 소방령
소방서장		소방정
소방서의 과장·단장·담당관		소방령
119출장소장		소방령
119안전센터장·119구조대장·119구급대장·119구조구급센터장·소방정대장		소방경 또는 소방위
119지역대장		소방위
119특수대응단장		소방정
119특수대응단의 과장·팀장		소방령
직할구조대장·테러대응구조대장·119항공대장·특수구조대장		소방령
소방체험관장		소방정
소방체험관의 과장·팀장		소방령

- 비고
  1. 위 표에도 불구하고 인구 100만명 이상의 시(市)에 설치된 소방서장의 직급은 소방준감으로 할 수 있다. 이 경우 해당 시에 2개 이상의 소방서가 설치된 경우에는 그 중 1개의 소방서로 한정하여 그 장의 직급을 소방준감으로 할 수 있다.
  2. 위 표에도 불구하고 119안전센터장의 직급은 소방령으로 할 수 있다. 이 경우 그 대상이 되는 119안전센터의 선정 기준은 소방업무를 수행하는 데에 필요한 인력과 장비 또는 화재, 구조·구급 출동 횟수 등을 고려하여 소방청장이 정한다.

5. 소방공무원의 임용

(1) 임용의 의의

임용(任用)이란 공무원관계를 발생·변경·소멸시키는 모든 행위, 즉 신규채용·승진임용·전직·전보·강임·직위해제·복직·면직행위를 모두 포함하는 개념이다.

임용과 구별할 개념으로 임명(任命)이란 특정인에게 공무원의 신분을 부여하여 공무원관계를 발생시키는 행위를 말한다. 공무원관계의 발생원인에는 선거에 의하는 경우 또는 법률의 규정에 의하는 강제적 설정의 경우도 있으나 임명이 대표적이다.

한편 임명이 공무원신분의 설정행위인데 비하여, 보직(補職)은 일정한 직위를 부여하여 일정한 직무를 담당하도록 명하는 행위를 말한다.

(2) **임용 관련 용어의 정의**(법령상)

임용	신규채용·승진·전보·파견·강임·휴직·직위해제·정직·강등·복직·면직·해임 및 파면(소방공무원법 제2조, 소방공무원 임용령 제2조)
전보	• 소방공무원의 같은 계급 및 자격 내에서의 근무기관이나 부서를 달리하는 임용(소방공무원법 제2조) • 같은 직급 내에서의 보직 변경 또는 고위공무원단 직위 간의 보직 변경(제4조 제2항에 따라 같은 조 제1항의 계급 구분을 적용하지 아니하는 공무원은 고위공무원단 직위와 대통령령으로 정하는 직위 간의 보직 변경을 포함)(국가공무원법 제5조)
강임	• 동종의 직무 내에서 하위의 직위에 임명하는 것(소방공무원법 제2조) • 같은 직렬 내에서 하위 직급에 임명하거나 하위 직급이 없어 다른 직렬의 하위 직급으로 임명하거나 고위공무원단에 속하는 일반직공무원을 고위공무원단 직위가 아닌 하위 직위에 임명하는 것(국가공무원법 제5조)
복직	휴직·직위해제 또는 정직(강등에 따른 정직을 포함한다) 중에 있는 소방공무원을 직위에 복귀시키는 것(소방공무원법 제2조, 소방공무원 임용령 제2조)
소방기관	소방청, 특별시·광역시·특별자치시·도·특별자치도와 중앙소방학교·중앙119구조본부·국립소방연구원·지방소방학교·서울종합방재센터·소방서·119특수대응단 및 소방체험관(소방공무원 임용령 제2조)
필수보직 기간	소방공무원이 다른 직위로 전보되기 전까지 현 직위에서 근무하여야 하는 최소기간(소방공무원 임용령 제2조)
중징계	파면, 해임, 강등 또는 정직(소방공무원 징계령 제1조의2)
경징계	감봉 또는 견책(소방공무원 징계령 제1조의2)
보수	봉급과 그 밖의 각종 수당을 합산한 금액(다만, 연봉제 적용대상 공무원은 연봉과 그 밖의 각종 수당을 합산한 금액)(공무원 보수규정 제4조)
봉급	직무의 곤란성과 책임의 정도에 따라 직책별로 지급되는 기본급여 또는 직무의 곤란성과 책임의 정도 및 재직기간 등에 따라 계급(직무등급이나 직위를 포함한다)별, 호봉별로 지급되는 기본급여(공무원 보수규정 제4조)
수당	직무여건 및 생활여건 등에 따라 지급되는 부가급여(공무원 보수규정 제4조)
승급	일정한 재직기간의 경과나 그 밖에 법령의 규정에 따라 현재의 호봉보다 높은 호봉을 부여하는 것 (공무원 보수규정 제4조)
연봉	매년 1월 1일부터 12월 31일까지 1년간 지급되는 다음 각 목의 기본연봉과 성과연봉을 합산한 금액(다만, 고정급적 연봉제 적용대상 공무원의 경우에는 해당 직책과 계급을 반영하여 일정액으로 지급되는 금액)(공무원 보수규정 제4조) 가. 기본연봉 : 개인의 경력, 누적성과와 계급 또는 직무의 곤란성 및 책임의 정도를 반영하여 지급되는 기본급여의 연간 금액 나. 성과연봉 : 전년도 업무실적의 평가 결과를 반영하여 지급되는 급여의 연간 금액

연봉월액	연봉에서 매월 지급되는 금액으로서 연봉을 12로 나눈 금액(공무원 보수규정 제4조)
직위	1명의 공무원에게 부여할 수 있는 직무와 책임(국가공무원법 제5조)
직급	직무의 종류·곤란성과 책임도가 상당히 유사한 직위의 군(국가공무원법 제5조)
정급	직위를 직급 또는 직무등급에 배정하는 것(국가공무원법 제5조)
전직	직렬을 달리하는 임명(국가공무원법 제5조)
직군	직무의 성질이 유사한 직렬의 군(국가공무원법 제5조)
직렬	직무의 종류가 유사하고 그 책임과 곤란성의 정도가 서로 다른 직급의 군(국가공무원법 제5조)
직류	같은 직렬 내에서 담당 분야가 같은 직무의 군(국가공무원법 제5조)
직무등급	직무의 곤란성과 책임도가 상당히 유사한 직위의 군(국가공무원법 제5조)

주요 임용제도의 강학상 개념

1. 공무원관계의 변경

(1) 의의

공무원관계의 변경이란 공무원으로서의 신분은 유지하면서 공무원관계의 내용을 변경하는 것을 말한다.

(2) 상위직급으로의 변경

승진 (昇進)	하위직급에서 상위직급으로 임용되는 것이다. 승진에는 ① 당해 직급에서 일정기간(승진소요연수) 이상을 근무한 자를 승진시키는 「일반승진」, ② 우수공무원 등에 대하여 승진소요연수와 승진후보자명부상의 순위에 의한 제한을 받지 않고 승진시키는 「특별승진」이 있다.

(3) 동위직급 또는 하위직급에로의 변경

전직 (轉職)	직렬을 달리하는 임용을 말한다. 경찰공무원에서 소방공무원으로 임용되는 것이 그 예인데, 이는 직위분류제의 관점에서 특례가 되는 것이므로 전직시험을 거쳐야 한다. 다만 일정한 경우에는 시험의 전부 또는 일부를 면제할 수 있다.
전보 (轉補)	동일한 직급 내에서 보직변경을 말한다. 예를 들면 소방경 갑을 A과장에서 B과장으로 이동시키는 것이다. 임용권자 또는 임용제청권자는 원칙적으로 소속 공무원을 해당 직위에 임용된 날부터 필수보직기간이 지나야 다른 직위에 전보할 수 있다.
복직 (復職)	휴직 또는 직위해제 중에 있는 공무원을 원래의 직위에 복직시키는 임용행위를 말한다. 휴직 기간 중 그 사유가 없어지면 일정한 기간 이내에 임용권자 또는 임용제청권자에게 신고하여야 하며, 임용권자는 지체 없이 복직을 명하여야 한다.
인사교류 (人事交流)	행정기관 상호간, 행정기관과 교육·연구기관 또는 공공기관 간에 공무원을 담당 업무의 성격이 비슷한 다른 기관에 이동시켜 서로 자리바꿈을 하는 것을 말한다. 소방공무원도 능력을 발전시키고 소방사무의 연계성을 높이기 위하여 기관간에 인사교류가 허용된다.
전입(轉入) 전출(轉出)	전입이란 임명권자를 달리하는 기관간(예 국회, 법원, 헌법재판소, 선거관리위원회 및 행정부 상호 간)에 타 소속공무원을 받아들이는 것을 말한다. 기관간의 전입·전출은 한 기관의 전출명령과 다른 기관의 전입명령으로 행해진다.

강임 (降任)	동일한 직렬 내에서 하위의 직급에 임명하거나, 하위직급이 없어 다른 직렬의 하위 직급으로 임명하는 것을 말한다. 임용권자는 직제 또는 정원의 변경이나 예산의 감소 등으로 직위가 폐직되거나 하위의 직위로 변경되어 과원이 된 경우 또는 본인이 동의한 경우에는 소속 공무원을 강임할 수 있다.

(4) 이중직위의 부여

겸임 (兼任)	직위와 직무 내용이 유사하고 담당 직무 수행에 지장이 없다고 인정하면 대통령령 등으로 정하는 바에 따라 경력직공무원 상호 간에 겸임하게 하거나 경력직공무원과 대통령령으로 정하는 관련 교육·연구기관, 그 밖의 기관·단체의 임직원 간에 서로 겸임하게 할 수 있다.
파견 (派遣)	국가기관의 장은 국가적 사업의 수행 또는 그 업무 수행과 관련된 행정 지원이나 연수, 그 밖에 능력 개발 등을 위하여 필요하면 소속 공무원을 다른 국가기관·공공단체·정부투자기관·국내외의 교육기관·연구기관, 그 밖의 기관에 일정 기간 파견근무하게 할 수 있다.

(5) 무(無)직위에로의 변경

휴직 (休職)	공무원의 신분을 보유하면서 직무담임을 일시적으로 해제하는 행위를 말한다. 휴직에는 임용권자가 행하는 직권휴직과 공무원 본인의 원에 의한 의원휴직이 있다.
정직 (停職)	공무원의 신분은 보유하나 정직기간중 직무에 종사하지 못하게 하는 것을 말한다. 정직은 징계처분의 하나이다.
직위해제 (職位解除)	공무원에게 직무수행을 계속하게 할 수 없는 사유가 발생한 경우, 공무원의 신분은 보유하나 보직을 해제하여 직무담당을 하지 못하게 하는 것을 말한다. 직위해제는 복직이 보장되지 않는다는 점에서 휴직과 구별되고, 휴직과 달리 본인에게 귀책사유가 있는 때에 행하는 것이므로 제재적인 성격을 갖는다.

2. 공무원관계의 소멸

공무원관계의 소멸원인으로 당연퇴직과 면직이 있다.

당연퇴직 (當然退職)	일정한 사유의 발생으로 별도의 행위를 요하지 않고 당연히 공무원관계가 소멸하는 경우이다. 예를 들어 정년퇴직일이 도래하면 당연히 공무원관계가 소멸되며 임용권자의 퇴직결정을 요하지 않는다. 그 외에 공무원이 사망한 때, 국적을 상실한 때, 결격사유가 발생했을 때 등이 있다.
면직 (免職)	특별한 행위에 의하여 공무원관계가 소멸되는 경우를 면직이라 한다. 특별한 행위가 필요하다는 점에서 법정사유로 인한 당연퇴직과 다르다. 면직에는 의원(依願)면직과 강제면직이 있다. 특히 의원면직은 사직원의 제출과 임용권자의 제출된 사직원의 수리에 의해 행해지는 쌍방적 행정행위이다. 강제면직은 다시 ① 공무원법상의 의무위반에 대한 징계로서 내려지는 파면이나 해임과 같은 「징계면직」, ② 법령으로 정해진 일정한 사유(예 직제와 정원의 개폐로 폐직 또는 과원이 되었을 때)가 있는 경우에 임용권자가 직권으로 공무원의 신분을 박탈하는 처분을 말한다.

(3) 소방공무원법령상 임용 총칙
　① 시험 또는 임용 방해 행위의 금지
　　누구든지 소방공무원의 시험 또는 임용에 관하여 고의로 방해하거나 부당한 영향을 미치는 행위를 하여서는 아니 된다(소방공무원법 제8조).
　② 임명장 또는 임용장
　　㉠ 임용권자(임용권을 위임받은 사람을 포함)는 소방공무원으로 신규채용되거나 승진되는 소방공무원에게 임명장을 수여한다. 이 경우 소속 소방기관의 장이 대리 수여할 수 있다(소방공무원 임용령 제3조의2 제1항).
　　　※ 임용권자는 소방공무원으로 신규채용되거나 승진되는 소방공무원에게 임명장을, 전보되는 소방공무원에게 임용장(필요한 경우 인사발령 통지서로 갈음할 수 있다)을 수여한다. 이 경우 소속 소방기관의 장이 대리 수여할 수 있다(시행규칙 제3조).
　　㉡ 임명장에는 임용권자의 직인을 날인한다. 이 경우 대통령이 임용하는 공무원의 임명장에는 국새(國璽)를 함께 날인한다(소방공무원 임용령 제3조의2 제2항).
　　㉢ 대통령이 소방청장 또는 시·도지사에게 임용권을 위임한 소방령 이상의 소방공무원의 임명장에는 임용권자의 직인을 갈음하여 대통령의 직인과 국새를 날인한다(제3항).
　③ 임용시기
　　㉠ 원칙
　　　ⓐ 소방공무원은 임용장 또는 임용통지서에 기재된 일자에 임용된 것으로 보며 임용일자를 소급해서는 아니 된다(소방공무원 임용령 제4조 제1항).
　　　ⓑ 사망으로 인한 면직은 사망한 다음 날에 면직된 것으로 본다(제2항).
　　　ⓒ 임용일자는 그 임용장 또는 임용통지서가 피임용자에게 송달되는 기간 및 사무인계에 필요한 기간을 참작하여 정하여야 한다(제3항).
　　㉡ 특례
　　　소방공무원의 임용은 다음의 어느 하나에 해당하는 경우에는 다음의 구분에 따른 일자에 임용한다(제5조).
　　　ⓐ 순직한 사람을 다음 각 목의 어느 하나에 해당하는 날을 임용일자로 하여 특별승진임용하는 경우
　　　　• 재직 중 사망한 경우 : 사망일의 전날
　　　　• 퇴직 후 사망한 경우 : 퇴직일의 전날
　　　ⓑ 「국가공무원법」 제70조 제1항 제4호(註 : 휴직 기간이 끝나거나 휴직 사유가 소멸된 후에도 직무에 복귀하지 아니하거나 직무를 감당할 수 없을 때)에 따라 직권으로 면직시키는 경우 : 휴직기간의 만료일 또는 휴직사유의 소멸일
　　　ⓒ 시보임용예정자가 소방공무원의 직무수행과 관련한 실무수습 중 사망한 경우 : 사망일의 전날
　④ 인사원칙의 사전공개
　　임용권자 또는 임용제청권자는 소속 소방공무원에 대한 인사원칙 및 기준을 미리 정하여 공지하여야 하고, 정기인사 및 이에 준하는 대규모 인사를 실시할 때에는 1개월 이전에 해당 인

사의 세부기준 등을 미리 소속 소방공무원에게 공지하여야 함을 원칙으로 한다(제5조의2).

⑤ 결원의 적기보충

임용권자 또는 임용제청권자는 해당 기관에 결원이 있는 경우에는 지체 없이 결원보충에 필요한 조치를 하여야 한다(제6조).

⑥ 인사발령을 위한 구비서류

㉠ 소방공무원을 임용 또는 임용 제청할 때에 첨부할 서류는 별표1과 같다. 다만, 시험실시권자와 임용권자가 동일한 경우에는 시험에 응시한 때에 제출한 서류를 첨부하지 않을 수 있다(임용령 시행규칙 제1조 제1항).

㉡ 제1항의 구비서류는 원본을 첨부하되, 특별한 사유로 인하여 사본을 첨부할 때에는 원본과의 대조확인을 하여야 한다. 이 경우에 대조자는 인사담당관이 되며, 그 사본에는 인사담당관의 직위·성명과 그 대조연월일을 기입하고 서명 또는 날인하여야 한다(제2항).

인사발령을 위한 구비서류 (임용령 시행규칙 별표1)

발령구분		구비서류		비고
신규임용		인사기록카드	1통	소방령 이상은 2통
		최종학력증명서	1통	
		경력증명서	1통	
		소방공무원채용신체검사서	1통	종합병원장 발행
		신원조사회보서	1통	
		사진(모자를 쓰지 않은 상반신 명함판)	3장	
승진		인사기록카드 사본	1통	소방령에의 승진임용에는 신규채용 구비서류 첨부
		승진임용후보자 명부 또는		
		승진시험합격통지서	1통	
면직	의원면직	사직원서(자필)	1통	
	직권면직	징계위원회동의서·진단서·직권면직사유설명서 또는 기타직권면직사유를 증빙하는 서류	1통	
	당연퇴직	판결문 사본 또는 기타 당연퇴직사유를 증빙하는 서류	1통	
	정년퇴직	없음		
징계		징계의결서 사본	1통	
강임		강임동의서(자필) 또는 직제 개편·폐지 및 예산감소의 관계서류	1통	
추서		공적조사서	1통	
		사망진단서	1통	
		사망경위서	1통	
휴직 및 복직		진단서, 판결문 사본, 현역증서 사본, 입영통지서 사본 또는 기타 휴직사유를 증명하는 서류	1통	진단서의 경우에는 종합병원장, 보건소장 및 「공무원연금법」에 의하여 지정된 공무원 요양기관 발행

직위해제	직위해제사유서	1통	
전·출입	전·출입동의서	1통	
시보임용	시보임용 단축 기간산출표	1통	법 제10조 제3항 해당자

⑦ 임용 및 임용제청서식
  ㉠ 임용권자가 소방공무원을 임용할 때에는 공무원임용서로써 하며, 신규채용·승진 또는 면직할 때에는 임용조사서를 첨부해야 한다(임용령 시행규칙 제2조 제1항).
  ㉡ 임용제청권자가 소방공무원을 임용제청할 때에는 공무원 임용제청서로써 한다. 다만, 임용제청기관에서의 임용제청 보고는 공무원 임용제청보고서로써 한다(제2항).
  ㉢ 「소방공무원법」 제10조 제3항에 따라 시보임용기간에 산입될 교육훈련을 받은 사람을 임용 또는 임용제청할 때에는 시보임용단축기간 산출표를 첨부해야 한다(제3항).

⑧ 인사발령통지서 및 발령대장
  ㉠ 임용권자는 신규채용, 승진 및 전보 외의 모든 임용과 승급 기타 각종 인사발령을 할 때에는 해당 소방공무원에게 인사발령 통지서를 준다. 다만, 국내외 훈련·국내외 출장·휴가명령 및 승급은 회보로 통지할 수 있다(임용령 시행규칙 제4조 제1항).
  ㉡ 임용권자는 직위해제를 할 때에는 제1항 본문에 따른 인사발령 통지서에 직위해제처분 사유 설명서를 첨부해야 한다(제2항).
  ㉢ 임용권자는 인사발령을 하는 때에는 발령과 동시에 관계기관과 해당 소방공무원의 인사기록을 관리하는 기관의 장에게 통지해야 한다. 다만, 대통령이 행하는 소방령 이상 소방공무원의 인사발령인 경우에는 소방청장이 통지한다(제3항).
  ㉣ 임용권자 또는 임용제청권자는 소속 소방공무원에 대한 인사발령사항을 발령대장에 기재하고 이를 비치·보관해야 한다. 다만, 승급발령을 한 경우에는 그 기재를 생략할 수 있다(제5조 제1항). 발령대장은 필요하다고 인정할 때에는 계급별 또는 발령내용별로 구분하여 비치·보관할 수 있다(제2항).

⑨ 통계보고
  소방청장은 소방공무원의 인사에 관한 통계보고의 제도를 정하여 시·도지사, 중앙소방학교장, 중앙119구조본부장 및 국립소방연구원장으로부터 정기 또는 수시로 필요한 보고를 받을 수 있다(소방공무원 임용령 제7조).

⑩ 소방공무원 인사협의회
  ㉠ 소방청장은 소방공무원의 임용, 인사교류, 교육훈련 등 인사에 관한 중요사항을 시·도와 협의하기 위하여 소방공무원 인사협의회를 구성·운영할 수 있다(제7조의2 제1항).
  ㉡ 소방공무원 인사협의회의 구성 및 운영, 그 밖에 필요한 사항은 소방청장이 정한다(제2항).(註 : 소방청훈령 「소방공무원 인사협의회 운영규정」).

⑪ 전력조회
  ㉠ 임용권자 또는 임용제청권자는 전직공무원이나 「공공기관의 운영에 관한 법률」 제4조에 따른 공공기관에서 근무한 경력을 가진 사람을 임용할 경우에는 전에 근무하였던 기관의 장에게 별지 제1호의2 서식의 전력조회서에 따라 전력을 조회해야 한다. 다만, 소

방공무원의 채용시험에 필요하다고 인정하는 경우에는 시험실시권자가 전력을 조회할 수 있다(임용령 시행규칙 제6조 제1항).

ⓒ 전력조회서를 받은 기관의 장은 별지 제2호 서식의 전력조사회보서에 의하여 20일 이내에 회보하여야 한다(제2항).

⑫ **인사사무의 전산관리서식등**
인사사무를 전산관리하는데 필요한 서식 및 사무절차는 소방청장이 따로 정할 수 있다(제7조).

⑬ **증명서등의 발급**
㉠ 소방기관의 장은 재직 중인 소방공무원이 재직증명서의 발급을 신청한 경우에는 인사기록카드에 따라 재직증명서를 발급해야 한다(제8조 제1항).
ⓒ 소방기관의 장은 퇴직한 소방공무원이 경력증명서의 발급을 신청한 경우에는 발령대장 또는 인사기록카드에 따라 경력증명서를 발급해야 한다. 다만, 최종 퇴직 소방기관 외의 경력이 있는 경우에는 본인의 의사에 따라 제6조에 따른 전력조회를 거쳐 최종 퇴직 소방기관 외의 재직경력에 대해서도 증명서를 발급할 수 있다(제2항).

⑭ **정·현원 대비표**
임용권자는 소속소방공무원에 대한 정원과 현원을 파악하기 위하여 매월 말일을 기준으로 정·현원대비표를 비치·보관하여야 한다. 이 경우 정·현원대비표의 작성단위는 최하기관단위로 한다(제9조).

(4) 임용권자

① 원칙

소방령 이상의 소방공무원	• 소방청장의 제청으로 국무총리를 거쳐 대통령이 임용(소방공무원법 제6조 제1항 본문) • 소방총감은 대통령이 임명하고, 소방령 이상 소방준감 이하의 소방공무원에 대한 전보, 휴직, 직위해제, 강등, 정직 및 복직은 소방청장이 행함(제1항 단서)
소방경 이하의 소방공무원	소방청장이 임용(제2항)

② 임용권의 위임
㉠ **대통령의 권한 위임** : 대통령은 법 제6조 제1항에 따른 임용권의 일부를 대통령령으로 정하는 바에 따라 소방청장 또는 시·도지사에게 위임할 수 있다(소방공무원법 제6조 제3항, 소방공무원 임용령 제3조).

권한	수임기관
소방청과 그 소속기관의 소방정 및 소방령에 대한 임용권과 소방정인 지방소방학교장에 대한 임용권	소방청장
시·도 소속 소방령 이상의 소방공무원(소방본부장 및 지방소방학교장은 제외)에 대한 임용권	특별시장·광역시장·특별자치시장·도지사·특별자치도지사

ⓒ **소방청장의 권한 위임** : 소방청장은 법 제6조 제1항 단서 후단 및 제2항에 따른 임용권의

일부를 대통령령으로 정하는 바에 따라 시·도지사 및 소방청 소속기관의 장에게 위임할 수 있다(소방공무원법 제6조 제4항, 소방공무원 임용령 제3조).

권한	수임기관
중앙소방학교 소속 소방공무원 중 소방령에 대한 전보·휴직·직위해제·정직 및 복직에 관한 권한과 소방경이하의 소방공무원에 대한 임용권	중앙소방학교장
중앙119구조본부 소속 소방공무원 중 소방령에 대한 전보·휴직·직위해제·정직 및 복직에 관한 권한과 소방경 이하의 소방공무원에 대한 임용권	중앙119구조본부장 ※ 중앙119구조본부장은 119특수구조대 소속 소방경 이하의 소방공무원에 대한 해당 119특수구조대 안에서의 전보권을 해당 119특수구조대장에게 다시 위임
• 시·도 소속 소방령 이상 소방준감 이하의 소방공무원(소방본부장 및 지방소방학교장은 제외한다)에 대한 전보, 휴직, 직위해제, 강등, 정직 및 복직에 관한 권한 • 소방정인 지방소방학교장에 대한 휴직, 직위해제, 정직 및 복직에 관한 권한 • 시·도 소속 소방경 이하의 소방공무원에 대한 임용권	시·도지사

- 임용권을 위임받은 중앙소방학교장 및 중앙119구조본부장은 소속 소방공무원을 승진시키려면 미리 소방청장에게 보고하여야 한다(소방공무원 임용령 제3조 제7항).
- 소방청장은 소방공무원의 정원의 조정 또는 소방기관 상호간의 인사교류 등 인사행정 운영상 필요한 때에는 위에도 불구하고 그 임용권을 직접 행사할 수 있다(제8항).

ⓒ **시·도지사의 권한 위임** : 시·도지사는 법 제6조 제3항 및 제4항에 따라 위임받은 임용권의 일부를 대통령령으로 정하는 바에 따라 그 소속기관의 장에게 다시 위임할 수 있다(소방공무원 임용령 제3조 제7항).

권한	수임기관
관할구역안의 지방소방학교·서울종합방재센터·소방서·119특수대응단·소방체험관 소속 소방경 이하(서울소방학교·경기소방학교 및 서울종합방재센터의 경우에는 소방령 이하)의 소방공무원에 대한 해당 기관 안에서의 전보권과 소방위 이하의 소방공무원에 대한 휴직·직위해제·정직 및 복직에 관한 권한	지방소방학교장·서울종합방재센터장·소방서장·119특수대응단장 또는 소방체험관장

6. 소방공무원인사위원회

(1) 의의

소방공무원인사위원회는 소방공무원의 인사(人事)에 관한 중요사항에 대하여 설치된 자문기관이다. 자문기관이란 행정청의 자문신청에 따라 또는 자발적으로 행정청에 대하여 의견을 제시함을 임무로 하는 행정기관이다. 자문기관의 의견은 행정청의 의사를 구속하지 않지만, 법률상 자문절차가 규정되어 있는 경우에 이를 거치지 않으면 절차상 하자 있는 행위가 된다.

(2) 설치장소 등

① 소방청장의 자문에 응하게 하기 위하여 소방청에 소방공무원인사위원회(이하 "인사위원회")를 둔다(소방공무원법 제4조 제1항 본문).
② 법 제6조 제3항 및 제4항에 따라 특별시장·광역시장·특별자치시장·도지사·특별자치도지사가 임용권을 행사하는 경우에는 특별시·광역시·특별자치시·도·특별자치도에 인사위원회를 둔다(제1항 단서).
③ 인사위원회의 구성 및 운영에 필요한 사항은 대통령령으로 정한다(제2항).

(3) 심의사항

인사위원회는 다음 각 호의 사항을 심의한다(소방공무원법 제5조).

> 1. 소방공무원의 인사행정에 관한 방침과 기준 및 기본계획에 관한 사항
> 2. 소방공무원의 인사에 관한 법령의 제정·개정 또는 폐지에 관한 사항
> 3. 그 밖에 소방청장과 시·도지사가 해당 인사위원회의 회의에 부치는 사항

(4) 구성

① 위원과 위원장
  ㉠ 인사위원회는 위원장을 포함한 5명 이상 7명 이하의 위원으로 구성한다(소방공무원 임용령 제8조 제1항).
  ㉡ 소방청에 설치된 인사위원회의 위원장은 소방청차장이, 시·도에 설치된 인사위원회의 위원장은 소방본부장이 되고, 위원은 인사위원회가 설치된 기관의 장이 소속 소방정 이상의 소방공무원 중에서 임명한다(제2항).

② 간사
  ㉠ 인사위원회에 간사 약간인을 둔다(제11조 제1항). 간사는 인사위원회가 설치된 기관의 장이 소속공무원 중에서 임명한다(제2항).
  ㉡ 간사는 위원장의 명을 받아 인사위원회의 사무를 처리한다(제3항).

(5) 운영

① 위원장의 직무
  ㉠ 위원장은 인사위원회의 사무를 총괄하며, 인사위원회를 대표한다(제9조 제1항).

ⓒ 위원장이 부득이한 사유로 직무를 수행할 수 없는 때에는 위원 중에서 최상위의 직위 또는 선임의 공무원이 그 직무를 대행한다(제2항).
② 회의
　　㉠ 위원장은 인사위원회의 회의를 소집하고 그 의장이 된다(제10조 제1항).
　　㉡ 회의는 재적위원 3분의2 이상의 출석과 출석위원 과반수의 찬성으로 의결한다(제2항).
③ 심의사항 보고
　　위원장은 인사위원회에서 심의된 사항을 지체 없이 당해 인사위원회가 설치된 기관의 장에게 보고하여야 한다(제12조).
④ 운영세칙
　　소방공무원 임용령에 규정된 것 외에 인사위원회의 운영에 관하여 필요한 사항은 인사위원회의 의결을 거쳐 위원장이 이를 정한다(제13조).

출·제·예·상·문·제

01 다음 중 소방공무원과 같은 특정직공무원이 아닌 사람은?

① 군인
② 헌법재판소 헌법연구관
③ 국가정보원 직원
④ 경기도지사 비서관

[해설]
④ (×) 특정직공무원은 법관, 검사, 외무공무원, 경찰공무원, 소방공무원, 교육공무원, 군인, 군무원, 헌법재판소 헌법연구관, 국가정보원의 직원, 경호공무원과 특수 분야의 업무를 담당하는 공무원으로서 다른 법률에서 특정직공무원으로 지정하는 공무원을 말한다(국가공무원법 제2조 제2항 제2호). 비서관·비서 등 보좌업무 등을 수행하거나 특정한 업무 수행을 위하여 법령에서 지정하는 공무원으로서 별정직공무원이다.

02 실적과 자격에 따라 임용되고 그 신분이 보장되며 원칙적으로 평생 동안 근무할 것이 예정되는 공무원과 관련이 없는 것은?

① 기술·연구 또는 행정 일반에 대한 업무를 담당하는 공무원은 여기에 해당한다.
② 법관, 검사, 외무공무원, 경찰공무원, 소방공무원 등이 여기에 속한다.
③ 특수 분야의 업무를 담당하는 공무원으로서 다른 법률에서 특정직공무원으로 지정하는 공무원은 여기에 해당한다.
④ 선거로 취임하거나 임명할 때 국회의 동의가 필요한 공무원은 여기에 해당한다.

[해설]
④ (×) 설문은 경력직공무원에 관한 내용이다. ④는 정무직공무원으로서 특수경력직공무원에 속한다.

03 소방공무원제도와 같은 직업공무원제의 특징이라고 할 수 없는 것은?

① 정치적 중립성
② 성적주의
③ 엽관제
④ 신분보장

[해설]
③ (×) 엽관제는 선거에서 승리한 정당이 선거 운동원과 그 정당의 적극적인 지지자에게 승리에 대한 대가로 관직에 임명하거나 다른 혜택을 주는 관행으로 직업공무원제도의 발달을 저해한다.

정답 01. ④ 02. ④ 03. ③

04 대한민국 헌법의 내용으로 옳지 않은 것은?

① 공무원인 근로자는 단결권·단체교섭권 및 단체행동권을 가진다.
② 공무원은 국민전체에 대한 봉사자이며, 국민에 대하여 책임을 진다. 공무원의 신분과 정치적 중립성은 법률이 정하는 바에 의하여 보장된다.
③ 국가유공자·상이군경 및 전몰군경의 유가족은 법률이 정하는 바에 의하여 우선적으로 근로의 기회를 부여받는다.
④ 군인·군무원·경찰공무원 기타 법률이 정하는 자가 전투·훈련등 직무집행과 관련하여 받은 손해에 대하여는 법률이 정하는 보상 외에 국가 또는 공공단체에 공무원의 직무상 불법행위로 인한 배상은 청구할 수 없다.

[해설]
① (×) 공무원인 근로자는 법률이 정하는 자에 한하여 단결권·단체교섭권 및 단체행동권을 가진다(헌법 제33조 제2항).
② (○) 헌법 제7조
③ (○) 헌법 제32조 제6항
④ (○) 헌법 제29조 제2항

05 다음은 지방소방기관의 설치와 관련된 사항이다. 빈칸에 알맞은 숫자를 순서대로 기재한 것은?

> 소방서장의 직급은 소방정으로 한다. 다만, 인구 ( )만 명 이상의 시(市)에 설치된 소방서장의 직급은 소방준감으로 할 수 있다. 이 경우 해당 시에 2개 이상의 소방서가 설치된 경우에는 그 중 ( )개의 소방서로 한정하여 그 장의 직급을 소방준감으로 할 수 있다.

① 100, 1
② 100, 2
③ 50, 1
④ 50, 2

[해설]
지방소방기관 설치에 관한 규정 제6조, [별표 1]의 내용이다.

06 소방공무원법이 정의하는 "임용"의 내용에 해당하지 않는 것은?

* 16 경북 소방교

① 겸임
② 파견
③ 정직
④ 강등

[해설]
"임용"이란 신규채용·승진·전보·파견·강임·휴직·직위해제·정직·강등·복직·면직·해임 및 파면을 말한다(소방공무원법 제2조, 소방공무원 임용령 제2조).

[정답] 04. ① 05. ① 06. ①

소방승진 공무원법

07 「소방공무원법」 제1조의 목적 규정에 관한 용 중 괄호 안에 들어갈 내용으로 옳지 않은 것은?
* 16 통합 소방교

> 소방공무원법은 소방공무원의 (㉠) 및 직무의 중요성과 신분 및 (㉡)의 특수성에 비추어 그 (㉢), 교육훈련, (㉣), 신분보장 등에 관하여 「국가공무원법」에 대한 특례를 규정하는 것을 목적으로 한다.

① ㉠ - 책임
② ㉡ - 자격조건
③ ㉢ - 임용
④ ㉣ - 복무

해설
소방공무원법은 소방공무원의 책임 및 직무의 중요성과 신분 및 근무조건의 특수성에 비추어 그 임용, 교육훈련, 복무, 신분보장 등에 관하여 「국가공무원법」에 대한 특례를 규정하는 것을 목적으로 한다(소방공무원법 제1조).

08 다음 중 소방공무원법이 국가공무원법에 대한 특례를 규정하는 사항이 아닌 것은?
* 14 경기 소방교·16 경북 소방교

① 교육훈련
② 보수
③ 복무
④ 신분보장

해설
소방공무원법은 소방공무원의 임용, 교육훈련, 복무, 신분보장 등에 관하여 「국가공무원법」에 대한 특례를 규정하는 것을 목적으로 한다(소방공무원법 제1조). 보수는 국가공무원법, 공무원보수규정에 따른다.

09 다음 중 소방공무원법상 용어 정의로 틀린 것은?
* 16 서울 소방교

① "임용"이란 신규채용·승진·전보·파견·강임·휴직·직위해제·정직·강등·복직·면직·해임 및 파면을 말한다.
② "전보"란 소방공무원의 같은 계급 및 자격 내에서의 근무기관이나 부서를 달리하는 임용을 말한다.
③ "강임"이란 동종의 직무 내에서 하위의 직위에 임명하는 것을 말한다.
④ "복직"이란 휴직·직위해제 또는 정직(강등에 따른 정직을 제외한다) 중에 있는 소방공무원을 직위에 복귀시키는 것을 말한다.

해설
"복직"이란 휴직·직위해제 또는 정직(강등에 따른 정직을 포함한다) 중에 있는 소방공무원을 직위에 복귀시키는 것을 말한다(소방공무원법 제2조 제4호).

정답 07. ② 08. ② 09. ④

10 소방공무원법 제2조가 규정하는 용어의 정의로 옳지 않은 것은?   *21 소방위

① 임용 : 신규채용·승진·전보·파견·강임·휴직·직위해제·정직·강등·복직·면직·해임 및 파면
② 전보 : 소방공무원의 같은 계급 및 자격 내에서의 근무기관이나 부서를 달리하는 임용
③ 강임 : 동종의 직무 내에서 하위의 직급에 임명하는 것
④ 복직 : 휴직·직위해제 또는 정직(강등에 따른 정직을 포함한다) 중에 있는 소방공무원을 직위에 복귀시키는 것

해설
③ (×) 강임은 "동종의 직무 내에서 하위의 직위에 임명하는 것"이다. 다만, 국가공무원법 제5조는 직위가 아니라 '직급'이라고 표현하고 있다. '직급'은 직무의 종류·곤란성과 책임도가 상당히 유사한 '직위'의 군이다.

11 ㉠1명의 공무원에게 부여할 수 있는 직무와 책임과 ㉡직무의 종류·곤란성과 책임도가 상당히 유사한 직위의 군을 의미하는 용어는?

	㉠	㉡
①	직위	직급
②	직위	직렬
③	보직	직급
④	보직	직렬

해설
① (○) 국가공무원법 제5조에 규정된 내용이다. 직렬은 직무의 종류가 유사하고 그 책임과 곤란성의 정도가 서로 다른 직급의 군을 말하며, 보직은 일정한 직위를 부여하여 일정한 직무를 담당하도록 명하는 행위를 말한다.

12 소방공무원법상 용어 정의로 옳은 것은?   *21 소방교

① "임용"이란 신규채용·승진·전보·파견·강임·휴직·직위해제·정직·강등·복직·면직·해임 및 파면을 말한다.
② "강임"이란 1계급 아래로 직급을 내리는 것을 말한다.
③ "전입"이란 임명권자가 동일한 기관간에 타 소속공무원을 받아들이는 것을 말한다.
④ "복직"이란 휴직·직위해제 또는 정직(강등에 따른 정직을 포함한다) 중에 있는 소방공무원을 직급에 복귀시키는 것을 말한다.

해설
② (×) 강임이 아니라 강등에 대한 설명이다.
③ (×) 전입이나 전출은 임명권자가 다른 기관간에 이루어진다.
④ (×) 직급에 복귀시키는 것이 아니라 직위에 복귀시키는 것이다.

정답 10. ③ 11. ① 12. ①

소방승진 공무원법

13 소방공무원을 무(無)직위로 변경하는 것이 아닌 임용방식은?

① 휴직　　　　　　　　② 정직
③ 전출　　　　　　　　④ 직위해제

해설
무(無)직위로 변경하는 것은 휴직, 정직, 직위해제가 있다. 전출은 임명권자를 달리하는 기관간의 인사이동의 형태이며 직위가 부여된다.

14 임용권자가 임명장을 수여하여야 할 사람은?　*19 소방교*

① 신규채용자, 전보 대상자　　② 승진자, 전보 대상자
③ 강임된 자, 복직된 자　　　　④ 승진자, 신규채용자

해설
임용권자(임용권을 위임받은 사람을 포함)는 소방공무원으로 신규채용되거나 승진되는 소방공무원에게 임명장을 수여한다(소방공무원 임용령 제3조의2 제1항).

15 「소방공무원 임용령 시행규칙」상 ( ) 안에 들어갈 내용으로 옳은 것은?　*23 소방교*

> 가. 임용권자는 소방공무원으로 신규채용되거나 승진되는 소방공무원에게 (ㄱ)을/를, 전보되는 소방공무원에게 (ㄴ)(필요한 경우 (ㄷ)로 갈음할 수 있다)을/를 수여한다. 이 경우 소속 소방기관의 장이 대리 수여할 수 있다.
> 나. 임용권자는 신규채용, 승진 및 전보 외의 모든 임용과 승급 기타 각종 인사발령을 할 때에는 해당 소방공무원에게 (ㄷ)를 준다. 다만, 국내외 훈련·국내외 출장·휴가명령 및 승급은 (ㄹ)로/으로 통지할 수 있다.

	ㄱ	ㄴ	ㄷ	ㄹ
①	인사발령통지서	임용장	회보	임명장
②	임명장	인사발령통지서	회보	임용장
③	임명장	임용장	인사발령통지서	회보
④	임명장	임명장	인사발령통지서	회보

해설
임명장, 임용장, 인사발령통지서(소방공무원 임용령 시행규칙 제3조~제4조)
- 소방공무원의 신규채용자와 승진자 : 임명장
- 전보되는 소방공무원 : 임용장(필요한 경우 인사발령 통지서로 갈음)
- 그 밖의 모든 임용과 각종 인사발령 : 인사발령 통지서(국내외 훈련· 국내외 출장·휴가명령 및 승급은 회보로 통지 가능)

정답 13. ③　14. ④　15. ③

16 소방공무원에 대한 임명장의 내용으로 옳지 않은 것은?

① 임용권자(임용권을 위임받은 사람을 포함)는 소방공무원으로 신규채용되거나 승진되는 소방공무원에게 임명장을 수여한다. 이 경우 소속 소방기관의 장이 대리 수여할 수 있다.
② 임명장에는 임용권자의 직인을 날인한다.
③ 대통령이 임용하는 공무원의 임명장에는 임용권자의 직인 외에 국새를 함께 날인한다.
④ 대통령이 소방청장 또는 시·도지사에게 임용권을 위임한 소방령 이상의 소방공무원의 임명장에는 임용권자의 직인을 날인한다.

해설
④ (×) 대통령이 소방청장 또는 시·도지사에게 임용권을 위임한 소방령 이상의 소방공무원의 임명장에는 임용권자의 직인을 갈음하여 대통령의 직인과 국새를 날인한다(소방공무원 임용령 제3조의2 제3항).

17 「소방공무원 임용령」상 소방공무원의 임용시기에 관한 내용으로 옳지 않은 것은?

*22 소방위

① 사망으로 인한 면직은 사망한 날에 면직된 것으로 본다.
② 소방공무원으로서 순직한 사람을 특별승진임용하는 경우 그 사람이 퇴직 후 사망하였다면 퇴직일의 전날을 임용일자로 한다.
③ 소방공무원으로서 순직한 사람을 특별승진임용하는 경우 그 사람이 재직 중 사망하였다면 사망일의 전날을 임용일자로 한다.
④ 시보임용예정자가 「소방공무원 임용령」에 따른 소방공무원의 직무수행과 관련한 실무수습 중 사망한 경우에는 사망일의 전날을 임용일자로 한다.

해설
① (×) 사망으로 인한 면직은 사망한 다음 날에 면직된 것으로 본다(소방공무원 임용령 제4조 제2항).

18 소방공무원의 임용시기에 관한 내용으로 틀린 것은?

*16 경기 소방교

① 소방공무원은 임용장 또는 임용통지서에 기재된 일자에 임용된 것으로 본다.
② 소방공무원은 임용장 또는 임용통지서에 기재된 일자보다 임용일자를 소급해서는 아니 된다.
③ 사망으로 인한 면직은 사망한 날에 면직된 것으로 본다.
④ 임용일자는 그 임용장 또는 임용통지서가 피임용자에게 송달되는 기간 및 사무인계에 필요한 기간을 참작하여 정하여야 한다.

해설
③ (×) 사망으로 인한 면직은 사망한 다음 날에 면직된 것으로 본다(소방공무원 임용령 제4조 제2항).

정답 16. ④ 17. ① 18. ③

소방승진 공무원법

19 소방공무원 임용령에 따른 임용시기에 관한 내용으로 옳은 것은?

① 소방공무원은 임용장 또는 임용통지서가 송달된 날에 임용된 것으로 본다.
② 사망으로 인한 면직은 사망한 날에 면직된 것으로 본다.
③ 임용일자는 그 임용장 또는 임용통지서가 피임용자에게 송달되는 기간 및 사무인계에 필요한 기간을 참작하여 정하여야 한다.
④ 시보임용예정자가 소방공무원의 직무수행과 관련한 실무수습 중 사망한 경우 사망일에 임용한다.

해설
① (×) 소방공무원은 임용장 또는 임용통지서에 기재된 일자에 임용된 것으로 보며 임용일자를 소급해서는 아니 된다(소방공무원 임용령 제4조 제1항).
② (×) 사망으로 인한 면직은 사망한 다음 날에 면직된 것으로 본다(제4조 제2항).
④ (×) 사망일이 아니라 사망일의 전날이다(제5조).

20 소방공무원의 임용시기에 관한 내용으로 틀린 것은? *21 소방위

① 소방공무원은 임용장 또는 임용통지서에 기재된 일자에 임용된 것으로 보며 임용일자를 소급해서는 아니 된다.
② 사망으로 인한 면직은 사망한 다음 날에 면직된 것으로 본다.
③ 순직한 사람이 재직 중 사망한 경우는 사망일의 전날을 임용일자로 하여 특별승진임용한다.
④ 순직한 사람이 퇴직 후 사망한 경우는 퇴직일을 임용일자로 하여 특별승진임용한다.

해설
④ (×) 퇴직 후 사망한 경우는 퇴직일의 전날을 임용일자로 하여 특별승진임용한다(소방공무원 임용령 제5조).

21 소방공무원의 임용시기의 특례에 관한 내용으로 틀린 것은? *19 소방위

① 순직한 사람의 특별승진임용시, 재직 중 사망한 경우는 사망일의 전날에 임용한다.
② 순직한 사람의 특별승진임용시, 퇴직 후 사망한 경우는 퇴직일에 임용한다.
③ 휴직 기간이 끝나거나 휴직 사유가 소멸된 후에도 직무에 복귀하지 아니하여 직권으로 면직시키는 경우는 휴직기간의 만료일 또는 휴직사유의 소멸일에 면직된다.
④ 시보임용예정자가 소방공무원의 직무수행과 관련한 실무수습 중 사망한 경우는 사망일의 전날에 임용한다.

해설
② (×) 퇴직일의 전날을 임용일자로 한다(소방공무원 임용령 제5조).

정답 19. ③ 20. ④ 21. ②

22 임용권자 또는 임용제청권자가 정기인사 및 이에 준하는 대규모 인사를 실시할 때에는 언제까지 해당 인사의 세부기준 등을 미리 소속 소방공무원에게 공지하여야 하는가?

① 2개월 이전
② 1개월 이전
③ 20일 이전
④ 2주 이전

해설
임용권자 또는 임용제청권자는 소속 소방공무원에 대한 인사원칙 및 기준을 미리 정하여 공지하여야 하고, 정기인사 및 이에 준하는 대규모 인사를 실시할 때에는 1개월 이전에 해당 인사의 세부기준 등을 미리 소속 소방공무원에게 공지하여야 함을 원칙으로 한다(소방공무원 임용령 제5조의2).

23 소방공무원 임용령상 결원의 적기보충에 관한 내용이다. 빈칸에 알맞은 것은?

> 임용권자 또는 임용제청권자는 해당 기관에 결원이 있는 경우에는 (   ) 결원보충에 필요한 조치를 하여야 한다.

① 정원이 따로 있는 것으로 보고
② 직무분야별로
③ 결원이 발생한 날로부터 1개월 이내
④ 지체 없이

해설
④ (O) 임용권자 또는 임용제청권자는 해당 기관에 결원이 있는 경우에는 지체 없이 결원보충에 필요한 조치를 하여야 한다(소방공무원 임용령 제6조).

24 소방청장이 소방공무원의 인사에 관한 통계보고의 제도를 정하여 정기 또는 수시로 필요한 보고를 받을 수 있는 자로 소방공무원 임용령에 규정된 자가 아닌 것은?

① 중앙119구조본부장
② 국립소방연구원장
③ 중앙소방학교장
④ 소방본부장

해설
소방청장은 소방공무원의 인사에 관한 통계보고의 제도를 정하여 시·도지사, 중앙소방학교장, 중앙119구조본부장 및 국립소방연구원장으로부터 정기 또는 수시로 필요한 보고를 받을 수 있다(소방공무원 임용령 제7조).

정답 22. ② 23. ④ 24. ④

> 소방승진 공무원법

25 다음 중 소방공무원 인사협의회의 구성·운영권자와 인사협의회의 그 밖에 필요한 사항을 정하는 자를 바르게 연결한 것은?

① 인사혁신처장 – 소방청장
② 인사혁신처장 – 행정안전부장관
③ 소방청장 – 행정안전부장관
④ 소방청장 – 소방청장

해설
소방청장은 소방공무원의 임용, 인사교류, 교육훈련 등 인사에 관한 중요사항을 시·도와 협의하기 위하여 소방공무원 인사협의회를 구성·운영할 수 있다(소방공무원 임용령 제7조의2 제1항). 소방공무원 인사협의회의 구성 및 운영, 그 밖에 필요한 사항은 소방청장이 정한다(제2항).

26 소방준감인 소방공무원에 대한 승진임용권의 행사자는?

① 대통령
② 행정안전부장관
③ 시·도지사
④ 소방청장

해설
소방령 이상의 소방공무원에 대한 임용권자는 대통령이다(소방공무원법 제6조 제1항). 그런데 소방령 이상 소방준감 이하의 소방공무원에 대한 전보, 휴직, 직위해제, 강등, 정직 및 복직은 소방청장이 행한다(소방공무원법 제6조 제1항 단서). 따라서 소방준감에 대한 승진임용권은 대통령이 행한다.

27 「소방공무원법」 제6조(임용권자) 및 「소방공무원 임용령」 제3조(임용권의 위임) 규정에 따른 소방공무원의 전보에 관한 내용으로 옳지 않은 것은?   *23 소방위

① 시·도 소속 소방감인 소방본부장의 전보는 대통령이 실시한다.
② 시·도 소속 소방준감인 소방공무원(소방본부장과 지방소방학교장은 제외한다)의 전보는 대통령의 위임을 받아 시·도지사가 실시한다.
③ 시·도 소속 소방령인 소방공무원의 전보는 소방청장의 위임을 받아 시·도지사가 실시한다.
④ 시·도 소방서 소속 소방경 이하 소방공무원의 소방서 내에서의 전보는 시·도지사의 위임을 받아 소방서장이 실시한다.

해설
② (×) 소방공무원 임용령 제3조(임용권의 위임) ⑤ 소방청장은 법 제6조 제4항에 따라 다음 각 호의 권한을 시·도지사에게 위임한다.
  1. 시·도 소속 소방령 이상 소방준감 이하의 소방공무원(소방본부장 및 지방소방학교장은 제외한다)에 대한 전보, 휴직, 직위해제, 강등, 정직 및 복직에 관한 권한

정답 25. ④ 26. ① 27. ②

28 시·도지사는 위임받은 임용권의 일부를 그 소속기관의 장에게 다시 위임할 수 있다. 여기에 해당하지 않는 것은?

* 16 경북 소방교

① 소방체험관 소속 소방경 이하의 소방공무원에 대한 해당 기관 안에서의 전보권
② 소방서의 소방위 이하의 소방공무원에 대한 휴직에 관한 권한
③ 서울종합방재센터 소속 소방장에 대한 직위해제에 관한 권한
④ 소방정인 지방소방학교장의 복직에 관한 권한

해설
시·도지사는 법 제6조 제5항에 따라 그 관할구역안의 지방소방학교·서울종합방재센터·소방서·119특수대응단·소방체험관 소속 소방경 이하(서울소방학교·경기소방학교 및 서울종합방재센터의 경우에는 소방령 이하)의 소방공무원에 대한 해당 기관 안에서의 전보권과 소방위 이하의 소방공무원에 대한 휴직·직위해제·정직 및 복직에 관한 권한을 지방소방학교장·서울종합방재센터장·소방서장·119특수대응단장 또는 소방체험관장에게 위임한다(소방공무원 임용령 제3조 제6항). 소방정인 지방소방학교장의 복직에 관한 권한은 소방청장이 시·도지사에게 위임한다.

29 「소방공무원 임용령」상 소방청장의 임용권 위임에 관한 내용으로 옳지 않은 것은?

* 23 소방교

① 중앙소방학교 소속 소방령의 복직에 관한 권한을 중앙소방학교장에게 위임한다.
② 중앙119구조본부 소속 소방령의 휴직에 관한 권한을 중앙119구조본부장에게 위임한다.
③ 시·도 소속 소방령의 정직에 관한 권한을 시·도지사 에게 위임한다.
④ 소방정인 지방소방학교장의 강등에 관한 권한을 시·도 지사에게 위임한다.

해설
④ (×) 소방정인 지방소방학교장에 대한 휴직, 직위해제, 정직 및 복직에 관한 권한을 사·도 지사에게 위임한다. 따라서 강등은 소방청장의 권한이다.

30 소방청장이 시·도지사에게 위임할 수 있는 권한이 아닌 것은?

* 15 서울 소방교

① 경기도소방학교장에 대한 강등, 정직 및 복직에 관한 권한
② 소방정인 지방소방학교장에 대한 휴직, 직위해제, 정직 및 복직에 관한 권한
③ 시·도 소속 소방경 이하의 소방공무원에 대한 임용권
④ 시·도 소속 소방령 이상 소방준감 이하의 소방공무원(소방본부장 및 지방소방학교장은 제외한다)에 대한 전보, 휴직, 직위해제, 강등, 정직 및 복직에 관한 권한

해설
소방청장은 시·도 소속 소방령 이상 소방준감 이하의 소방공무원(소방본부장 및 지방소방학교장은 제외한다)에 대한 전보, 휴직, 직위해제, 강등, 정직 및 복직에 관한 권한을 시·도지사에게 위임한다(소방공무원 용령 제3조 제5항 제1호).

정답 28. ④ 29. ④ 30. ①

소방승진 공무원법

31 「소방공무원 임용령」상 소방청장이 「소방공무원법」 제6조 제4항에 따라 시·도지사에게 위임하는 권한으로 옳지 않은 것은? *22 소방위

① 소방정인 지방소방학교장에 대한 휴직에 관한 권한
② 소방정인 지방소방학교장에 대한 직위해제에 관한 권한
③ 시·도 소속 소방경 이하의 소방공무원에 대한 임용권
④ 시·도 소속 소방준감인 소방본부장에 대한 전보에 관한 권한

> **해설** 소방청장이 시·도지사에게 위임하는 권한(소방공무원 임용령 제3조 제5항)
> • 시·도 소속 소방령 이상 소방준감 이하의 소방공무원(소방본부장 및 지방소방학교장은 제외한다)에 대한 전보, 휴직, 직위해제, 강등, 정직 및 복직에 관한 권한
> • 소방정인 지방소방학교장에 대한 휴직, 직위해제, 정직 및 복직에 관한 권한
> • 시·도 소속 소방경 이하의 소방공무원에 대한 임용권

32 「소방공무원법」 및 「소방공무원 임용령」상 소방청장이 임용권의 일부를 시·도지사에게 위임하는 내용으로 옳은 것은? *24 소방교

① 시·도 소속 소방령 이하의 소방공무원에 대한 임용권
② 소방정인 지방소방학교장에 대한 휴직, 직위해제, 정직 및 복직에 관한 권한
③ 지방소방학교·서울종합방재센터·소방서·119특수대응단·소방체험관 소속 소방위 이하의 소방공무원에 대한 휴직·직위해제·정직 및 복직에 관한 권한
④ 시·도 소속 소방경 이상 소방준감 이하의 소방공무원(소방본부장 및 지방소방학교장은 제외한다)에 대한 전보, 휴직, 직위해제, 강등, 정직 및 복직에 관한 권한

> **해설**
> 앞의 문제 해설 참고

33 「소방공무원 임용령」상 임용권의 위임에 관한 내용으로 옳지 않은 것은? *24 소방위

① 소방청장은 시·도 소속 소방령 이상 소방감 이하의 소방공무원에 대한 전보, 휴직, 직위해제, 강등, 면직, 정직 및 복직에 관한 권한을 시·도지사에게 위임한다.
② 중앙119구조본부장은 119특수구조대 소속 소방경 이하의 소방공무원에 대한 해당 119특수구조대 안에서의 전보권을 해당 119특수구조대장에게 다시 위임한다.
③ 시·도지사는 관할구역 안의 119특수대응단 소속 소방경 이하의 소방공무원에 대한 해당기관 안에서의 전보권을 119특수대응단장에게 위임한다.
④ 소방청장은 중앙소방학교 소속 소방공무원 중 소방경 이하의 소방공무원에 대한 임용권을 중앙소방학교장에게 위임한다.

정답 31. ④ 32. ② 33. ①

> [해설]
> ① (×) 소방청장은 시·도 소속 소방령 이상 소방준감 이하의 소방공무원(소방본부장 및 지방소방학교장은 제외한다)에 대한 전보, 휴직, 직위해제, 강등, 정직 및 복직에 관한 권한을 시·도지사에게 위임한다(소방공무원 임용령 제3조 제5항).

34 소방공무원 임용권자에 대한 설명으로 옳지 않은 것은?

① 중앙소방학교 소속 소방령에 대한 강등에 관한 권한은 중앙소방학교장이 행한다.
② 중앙소방학교 소속 소방위에 대한 임용권자는 중앙소방학교장이다.
③ 중앙119구조본부장은 중앙119구조본부 소속 소방령의 직위해제에 관한 권한을 갖는다.
④ 중앙119구조본부장은 119특수구조대 소속 소방경에 대한 해당 119특수구조대 안에서의 전보권을 해당 119특수구조대장에게 위임한다.

> [해설]
> ① (×) 중앙소방학교장은 중앙소방학교 소속 소방공무원 중 소방령에 대한 전보·휴직·직위해제·정직 및 복직에 관한 권한과 소방경이하의 소방공무원에 대한 임용권을 갖는다.

35 소방공무원 임용권자 및 임용권의 위임에 관한 설명으로 옳지 않은 것은?

① 대통령은 소방청과 그 소속기관의 소방정 및 소방령에 대한 임용권을 소방청장에게 위임한다.
② 소방청장은 중앙소방학교 소속 소방공무원 중 소방령에 대한 전보·휴직·직위해제·정직 및 복직에 관한 권한을 중앙소방학교장에게 위임한다.
③ 소방청장은 시·도 소속 소방령 이상 소방준감 이하의 소방공무원(소방본부장 및 지방소방학교장은 제외)에 대한 전보, 휴직, 직위해제, 강등, 정직 및 복직에 관한 권한을 시·도지사에게 위임한다.
④ 시·도지사는 지방소방학교 소속 소방위 이하(서울소방학교·경기소방학교의 경우에는 소방경 이하)의 소방공무원에 대한 해당 기관 안에서의 전보권을 지방소방학교장에게 위임한다.

> [해설]
> ④ (×) 시·도지사는 관할구역안의 지방소방학교·서울종합방재센터·소방서·119특수대응단·소방체험관 소속 소방경 이하(서울소방학교·경기소방학교 및 서울종합방재센터의 경우에는 소방령 이하)의 소방공무원에 대한 해당 기관 안에서의 전보권과 소방위 이하의 소방공무원에 대한 휴직·직위해제·정직 및 복직에 관한 권한을 지방소방학교장·서울종합방재센터장·소방서장·119특수대응단장 또는 소방체험관장에게 위임한다(소방공무원 임용령 제3조 제6항).

정답 34. ① 35. ④

소방승진 공무원법

36 소방공무원 임용령에 따라 권한을 위임하기 전 원칙적으로 소방경 이하의 소방공무원에 대한 임용권자는?

① 대통령
② 소방청장
③ 시·도지사
④ 소방서장

해설
소방경 이하의 소방공무원은 소방청장이 임용한다(소방공무원법 제6조 제2항).

37 119특수구조대 소속 소방위의 휴직에 대한 권한을 행사하는 사람은?

① 소방청장
② 중앙119구조본부장
③ 119특수구조대장
④ 시·도지사

해설
중앙119구조본부장은 119특수구조대 소속 소방경 이하의 소방공무원에 대한 해당 119특수구조대 안에서의 전보권을 해당 119특수구조대장에게 위임한다. 따라서 전보권 아닌 휴직에 대한 권한은 중앙119구조본부장이 행사한다.

38 경기소방학교 소속 소방령인 소방공무원의 정직에 관한 권한을 행사하는 사람은?

① 소방청장
② 중앙소방학교장
③ 경기도지사
④ 경기소방학교장

해설
경기도지사는 경기소방학교 소속 소방령 이하의 소방공무원에 대한 해당 기관 안에서의 전보권과 소방위 이하의 소방공무원에 대한 휴직·직위해제·정직 및 복직에 관한 권한을 경기소방학교장에게 위임한다. 따라서 소방령의 정직에 관한 권한은 경기도지사가 행한다.

정답 36. ② 37. ② 38. ③

39 소방공무원법의 규정 내용이다. 빈칸에 들어갈 알맞은 용어는?

- 대통령은 법 제6조 제1항에 따른 임용권의 일부를 (㉠)로/으로 정하는 바에 따라 소방청장 또는 시·도지사에게 위임할 수 있다.
- 소방청장은 법 제6조 제1항 단서 후단 및 제2항에 따른 임용권의 일부를 (㉡)로/으로 정하는 바에 따라 시·도지사 및 소방청 소속기관의 장에게 위임할 수 있다.
- 시·도지사는 법 제6조 제3항 및 제4항에 따라 위임받은 임용권의 일부를 (㉢)로/으로 정하는 바에 따라 그 소속기관의 장에게 다시 위임할 수 있다.

① 대통령령, 대통령령, 대통령령
② 대통령령, 대통령령, 행정안전부령
③ 대통령령, 소방청훈령, 조례
④ 대통령령, 행정안전부령, 조례

[해설]
모두 대통령령이 들어간다(소방공무원법 제6조).

40 「소방공무원 임용령」상 소방서장의 임용권이 아닌 것은? * 19 소방교

① 소속 소방위 이하의 소방공무원에 대한 직위해제에 관한 권한
② 소속 소방위 이하의 소방공무원에 대한 정직 및 복직에 관한 권한
③ 소속 소방경인 소방공무원에 대한 해당 기관 안에서의 전보권
④ 소속 소방령인 소방공무원에 대한 휴직에 관한 권한

[해설]
④ (×) 시·도지사의 권한이다(소방공무원법 제6조 제4항, 소방공무원 임용령 제3조).

41 소방공무원의 임용에 대한 설명으로 옳지 않은 것은? * 19 소방위

① 소방총감은 대통령이 임명하고, 소방령 이상 소방준감 이하의 소방공무원에 대한 전보, 휴직, 직위해제, 강등, 정직 및 복직은 소방청장이 행한다.
② 소방령 이상의 소방공무원은 소방청장의 제청으로 국무총리를 거쳐 대통령이 임용한다.
③ 대통령은 소방청과 그 소속기관의 소방정 및 소방령에 대한 임용권과 소방정인 지방소방학교장에 대한 임용권을 소방청장에게 위임한다.
④ 소방청장은 시·도 소속 소방본부장에 대한 전보, 휴직, 직위해제에 관한 권한을 시·도지사에게 위임한다.

[정답] 39. ① 40. ④ 10. ④

해설
④ (×) 소방청장은 시·도 소속 소방령 이상 소방준감 이하의 소방공무원(소방본부장 및 지방소방학교장은 제외한다)에 대한 전보, 휴직, 직위해제, 강등, 정직 및 복직에 관한 권한을 시·도지사에게 위임한다(소방공무원법 제6조 제4항, 소방공무원 임용령 제3조).

42 소방청장이 중앙소방학교장, 중앙119구조본부장, 시·도지사에게 위임한 임용권을 직접 행사할 수 있는 경우가 아닌 것은?

① 소방공무원의 정원의 조정
② 인사위원회의 의결이 있는 경우
③ 소방기관 상호간의 인사교류
④ 인사행정 운영상 필요한 때

해설
소방청장은 소방공무원의 정원의 조정 또는 소방기관 상호간의 인사교류 등 인사행정 운영상 필요한 때에는 위에도 불구하고 그 임용권을 직접 행사할 수 있다(소방공무원 임용령 제3조 제8항).

43 소방공무원인사위원회의 설치에 관한 설명으로 틀린 것은?

① 소방공무원인사위원회는 소방공무원의 인사(人事)에 관한 중요사항에 대하여 설치된 자문기관이다.
② 소방청장의 자문에 응하게 하기 위하여 소방청에 소방공무원인사위원회를 둘 수 있다.
③ 인사위원회의 구성 및 운영에 필요한 사항은 대통령령으로 정한다.
④ 소방공무원의 인사고충 상담에 관한 사항은 인사위원회의 심의사항이 아니다.

해설
② (×) 소방청장의 자문에 응하게 하기 위하여 소방청에 소방공무원인사위원회를 둔다(소방공무원법 제4조 제1항 본문).

44 「소방공무원법」상 소방공무원인사위원회를 설치하는 기관들로만 짝지은 것은?

① 경기도, 인천소방본부, 소방청
② 소방청, 행정안전부, 충청남도
③ 수원시, 세종특별자치시, 전라북도
④ 소방청, 제주특별자치도, 부산광역시

해설
소방청장의 자문에 응하게 하기 위하여 소방청에 소방공무원인사위원회를 둔다(소방공무원법 제4조 제1항 본문). 법 제6조 제3항 및 제4항에 따라 특별시장·광역시장·특별자치시장·도지사·특별자치도지사가 임용권을 행사하는 경우에는 특별시·광역시·특별자치시·도·특별자치도에 인사위원회를 둔다(제1항 단서).

정답 42. ② 43. ② 44. ④

45 「소방공무원 임용령」상 소방공무원인사위원회 구성 인원에 관한 내용으로 옳은 것은?

*24 소방위

① 위원장을 포함한 5명 이상 7명 이하의 위원으로 구성한다.
② 위원장을 제외한 5명 이상 7명 이하의 위원으로 구성한다.
③ 위원장을 포함한 3명 이상 5명 이하의 위원으로 구성한다.
④ 위원장을 제외한 3명 이상 5명 이하의 위원으로 구성한다.

해설
법 제4조에 따른 소방공무원인사위원회(이하 "인사위원회"라 한다)는 위원장을 포함한 5명 이상 7명 이하의 위원으로 구성한다(소방공무원 임용령 제8조 제1항).

46 소방공무원인사위원회의 구성에 관한 내용으로 옳지 않은 것은?

*20 소방위

① 소방청에 설치된 인사위원회의 위원장은 소방청차장이 된다.
② 시·도에 설치된 인사위원회의 위원장은 해당 지방자치단체의 소방본부장이 된다.
③ 위원은 인사위원회가 설치된 기관의 장이 소속 소방정 이상의 소방공무원 중에서 임명한다.
④ 인사위원회는 위원장과 5명 이상 7명 이하의 위원으로 구성한다.

해설
④ (×) 인사위원회는 위원장을 포함한 5명 이상 7명 이하의 위원으로 구성한다(소방공무원 임용령 제8조 제1항).

47 소방공무원인사위원회에 대한 설명으로 옳지 않은 것은?

① 소방공무원의 인사행정에 관한 방침과 기준 및 기본계획에 관한 사항은 소방공무원인사위원회의 심의사항이다.
② 위원장이 부득이한 사유로 직무를 수행할 수 없는 때에는 위원 중에서 최상위의 직위 또는 선임의 공무원이 그 직무를 대행한다.
③ 회의는 재적위원 3분의2 이상의 출석과 출석위원 과반수의 찬성으로 의결한다.
④ 소방공무원 임용령에 규정된 것 외에 인사위원회의 운영에 관하여 필요한 사항은 인사위원회의 의결을 거쳐 소방청장이 정한다.

해설
④ (×) 소방공무원 임용령에 규정된 것 외에 인사위원회의 운영에 관하여 필요한 사항은 인사위원회의 의결을 거쳐 위원장이 이를 정한다(소방공무원법 제13조).

정답 45. ① 46. ④ 47. ④

소방승진 공무원법

48 소방공무원인사위원회의 심의사항이 아닌 것은?

① 소방공무원의 인사에 관한 법령의 제정·개정 또는 폐지에 관한 사항
② 소방공무원 보건안전 및 복지 정책의 목표 및 기본방향에 관한 사항
③ 소방공무원의 인사행정에 관한 방침과 기준 및 기본계획에 관한 사항
④ 소방청장과 시·도지사가 해당 인사위원회의 회의에 부치는 사항

[해설]
② (×) 소방공무원 보건안전 및 복지 정책심의위원회의 심의사항이다.

49 「소방공무원법」 및 「소방공무원 임용령」상 소방공무원인사위원회(이하 "인사위원회")에 관한 내용으로 옳지 않은 것은?   *23 소방교

① 소방공무원의 인사(人事)에 관한 중요사항에 대하여 소방청장의 자문에 응하게 하기 위하여 소방청에 인사위원회를 둔다.
② 인사위원회는 소방공무원의 인사행정에 관한 방침과 기준 및 기본계획에 관한 사항, 소방공무원의 인사에 관한 법령의 제정·개정 또는 폐지에 관한 사항 등을 심의한다.
③ 인사위원회는 위원장을 포함한 5명 이상 7명 이하의 위원으로 구성한다.
④ 소방청에 설치된 인사위원회의 위원장은 소방청장, 시·도에 설치된 인사위원회의 위원장은 소방본부장이 되고, 위원은 인사위원회가 설치된 기관의 장이 소속 소방정 이상의 소방공무원 중에서 임명한다.

[해설]
④ (×) 소방청에 설치된 인사위원회의 위원장은 소방청 차장이, 시·도에 설치된 인사위원회의 위원장은 소방본부장이 되고, 위원은 인사위원회가 설치된 기관의 장이 소속 소방정 이상의 소방공무원 중에서 임명한다(소방공무원 임용령 제8조 제2항).

50 다음의 빈칸에 들어갈 내용을 순서대로 짝지은 것은?

소방공무원인사위원회의 위원은 (㉠)이 소속 (㉡) 이상의 소방공무원 중에서 임명한다.

① 인사위원회 위원장 - 소방정
② 인사위원회 위원장 - 소방준감
③ 인사위원회가 설치된 기관의 장 - 소방정
④ 인사위원회가 설치된 기관의 장 - 소방준감

[정답] 48. ② 49. ④ 50. ③

[해설]
소방청에 설치된 인사위원회의 위원장은 소방청차장이, 시·도에 설치된 인사위원회의 위원장은 「지방자치법 시행령」 제71조에 따른 해당 지방자치단체의 소방본부장이 되고, 위원은 인사위원회가 설치된 기관의 장이 소속 소방정 이상의 소방공무원 중에서 임명한다(소방공무원 임용령 제8조 제2항).

51 「소방공무원법」 및 「소방공무원 임용령」상 소방공무원인사위원회(이하 "인사위원회"라 한다)에 관한 내용으로 옳은 것은?
*24 소방교

① 인사위원회는 위원장을 포함한 3명 이상 5명 이하 위원으로 구성한다.
② 회의는 재적위원 2분의 1 이상의 출석과 출석위원 3분의 2 이상의 찬성으로 의결한다.
③ 위원은 인사위원회가 설치된 기관의 장이 소속 소방정 이상의 소방공무원 중에서 임명한다.
④ 소방청에 설치된 인사위원회의 위원장은 소방청장, 시·도에 설치된 인사위원회의 위원장은 부시장·부지사가 된다.

[해설]
① (×) 소방공무원인사위원회는 위원장을 포함한 5명 이상 7명 이하의 위원으로 구성한다(소방공무원 임용령 제8조 제1항).
② (×) 회의는 재적위원 3분의2 이상의 출석과 출석위원 과반수의 찬성으로 의결한다(제10조 제2항).
③ (○), ④ (×) 소방청에 설치된 인사위원회의 위원장은 소방청 차장이, 시·도에 설치된 인사위원회의 위원장은 소방본부장이 되고, 위원은 인사위원회가 설치된 기관의 장이 소속 소방정 이상의 소방공무원 중에서 임명한다(제8조 제2항).

52 다음 빈칸에 들어갈 용어로서 바른 것은?

- 소방공무원인사위원회의 구성 및 운영에 필요한 사항은 (㉠)으로 정한다.
- 소방공무원 임용령에 규정된 것 외에 인사위원회의 운영에 관하여 필요한 사항은 (㉡)이/으로 정한다.

	㉠	㉡
①	행정안전부령	인사위원회의 의결을 거쳐 위원장
②	행정안전부령	소방청장
③	대통령령	행정안전부령
④	대통령령	인사위원회의 의결을 거쳐 위원장

[해설]
㉠ 소방공무원법 제4조 제2항. ㉡ 소방공무원 임용령 제13조

[정답] 51. ③ 52. ④

소방승진 공무원법

53 소방공무원인사위원회의 간사에 관한 설명으로 옳지 않은 것은?

① 인사위원회에 간사 약간인을 둔다.
② 간사는 인사위원회 위원장이 임명한다.
③ 간사는 인사위원회가 설치된 기관의 소속공무원 중에서 임명한다.
④ 간사는 위원장의 명을 받아 인사위원회의 사무를 처리한다.

[해설]
② (×) 간사는 인사위원회가 설치된 기관의 장이 소속공무원 중에서 임명한다(소방공무원 임용령 제11조 제2항).

54 소방공무원인사위원회에 관한 설명으로 옳지 않은 것은? *19 소방교

① 소방청장의 자문에 응하게 하기 위하여 소방청에 인사위원회를 둔다.
② 소방청장의 위임에 따라 시·도지사가 임용권을 행사하는 경우에는 시·도에 인사위원회를 둔다.
③ 인사위원회의 구성 및 운영에 필요한 사항은 소방청장이 정한다.
④ 인사위원회는 위원장을 포함한 5명 이상 7명 이하의 위원으로 구성한다.

[해설]
③ (×) 인사위원회의 구성 및 운영에 필요한 사항은 대통령령으로 정한다(소방공무원법 제4조 제2항).

55 소방공무원인사위원회에 대한 설명으로 틀린 것은? *16 서울 소방교

① 소방공무원의 인사에 관한 중요사항에 대하여 소방청장과 시·도지사의 자문에 응하게 하기 위하여 소방청과 시·도에 인사위원회를 둔다.
② 인사위원회의 구성 및 운영에 필요한 사항은 소방청장과 시·도지사가 정한다.
③ 소방공무원의 인사에 관한 법령의 제정·개정 또는 폐지에 관한 사항도 심의사항이다.
④ 위원은 인사위원회가 설치된 기관의 장이 소속 소방정 이상의 소방공무원 중에서 임명한다.

[해설]
② (×) 인사위원회의 구성 및 운영에 필요한 사항은 대통령령으로 정한다(소방공무원법 제4조 제2항).

[정답] 53. ② 54. ③ 55. ②

56. 소방공무원법에 따른 소방공무원 인사위원회 설치에 대한 규정사항으로 옳지 않은 것은?

① 소방청장의 자문에 응하게 하기 위하여 소방청에 인사위원회를 둔다.
② 시·도지사가 임용권을 행사하는 경우에는 시·도에 인사위원회를 두되, 특별자치시와 특별자치도의 경우에는 소방청에 인사위원회를 둔다.
③ 위원장이 부득이한 사유로 직무를 수행할 수 없는 때에는 위원 중에서 최상위의 직위 또는 선임의 공무원이 그 직무를 대행한다.
④ 인사위원회의 구성 및 운영에 필요한 사항은 대통령령으로 정한다.

해설
② (×) 특별시장·광역시장·특별자치시장·도지사·특별자치도지사가 임용권을 행사하는 경우에는 특별시·광역시·특별자치시·도·특별자치도에 인사위원회를 둔다(소방공무원법 제4조 제1항 단서).

57. 소방공무원인사위원회의 의결요건으로 옳은 것은?

*20 소방위

① 재적위원 과반수의 출석과 출석위원 과반수의 찬성
② 재적위원 과반수의 출석과 출석위원 3분의2 이상의 찬성
③ 재적위원 3분의2 이상의 출석과 출석위원 과반수의 찬성
④ 재적위원 3분의2 이상의 출석과 출석위원 3분의2 이상의 찬성

해설
회의는 재적위원 3분의2 이상의 출석과 출석위원 과반수의 찬성으로 의결한다(소방공무원 임용령 제10조 제2항).

58. 소방공무원인사위원회에서 심의된 사항을 인사위원회가 설치된 기관의 장에게 누가, 언제까지 보고해야 하는가?

① 위원장, 지체 없이
② 위원장, 3일 이내
③ 간사, 지체 없이
④ 간사, 3일 이내

해설
위원장은 인사위원회에서 심의된 사항을 지체 없이 당해 인사위원회가 설치된 기관의 장에게 보고하여야 한다(소방공무원 임용령 제12조).

정답 56. ② 57. ③ 58. ①

소방승진은 이패스 소방사관
www.kfs119.co.kr

PART 02

신규채용

CHAPTER 01 공개경쟁채용시험
CHAPTER 02 소방공무원시험의 응시자격
CHAPTER 03 경력경쟁채용시험 등
CHAPTER 04 시험의 방법 및 구분 등
CHAPTER 05 시험과목
CHAPTER 06 시험의 관리
CHAPTER 07 합격자의 결정 등
CHAPTER 08 시험의 사후조치
CHAPTER 09 채용후보자의 등록 등
CHAPTER 10 시보임용

CHAPTER 01 공개경쟁채용시험

1. 공개경쟁채용 원칙

공무원은 공개경쟁 시험으로 채용한다(국가공무원법 제28조 제1항)는 원칙에 따라 소방공무원법도 신규채용은 공개경쟁시험으로 한다(제7조 제1항 본문)고 규정하고 있다.

2. 계급별 시험실시의 원칙

소방공무원의 채용시험은 계급별로 실시한다. 다만, 결원보충을 원활히 하기 위하여 필요하다고 인정될 때에는 직무분야별·성별·근무예정지역 또는 근무예정기관별로 구분하여 실시할 수 있다(소방공무원 임용령 제33조).

3. 시험실시기관

(1) 소방공무원의 신규채용시험 및 승진시험과 소방간부후보생 선발시험

소방청장이 실시한다. 다만, 소방청장이 필요하다고 인정할 때에는 대통령령으로 정하는 바에 따라 그 권한의 일부를 시·도지사 또는 소방청 소속기관의 장에게 위임할 수 있다(소방공무원법 제11조).

(2) 시·도 소속 소방경 이하 소방공무원 신규채용

① 소방청장은 그 신규채용시험의 실시권을 시·도지사에게 위임할 수 있다(소방공무원 임용령 제34조 제1항).
② 시·도지사는 소방청장의 위임에 따라 시·도 소속 소방경 이하 소방공무원의 신규채용시험을 실시하는 경우 시험의 문제출제를 소방청장에게 의뢰할 수 있다. 이 경우 시험 문제출제를 위한 비용 부담 등에 필요한 사항은 시·도지사와 소방청장이 협의하여 정한다(제3항).

4. 시험공동관리위원회

(1) 구성·운영권자 및 기능

소방청장은 소방공무원 신규채용시험의 효율적이고 공정한 운영·관리를 위하여 필요한 경우 다음 각 호의 사항을 심의·조정하는 시험공동관리위원회(이하 "공동위원회")를 구성·운영할 수 있다(소방공무원 임용령 제34조의2 제1항).

> 1. 소방청 및 시·도의 소방공무원 신규채용 계획(임용예정계급·분야 및 인원 등에 관한 계획을 말한다) 수립에 관한 사항
> 2. 소방공무원 신규채용시험의 운영·관리 등에 관한 사항
> 3. 그 밖에 소방공무원 신규채용과 관련하여 소방청장과 시·도지사의 협의가 필요한 사항

(2) 구성 및 운영
① 공동위원회는 위원장 1명을 포함한 30명 이내의 위원으로 구성한다(제2항).
② 공동위원회의 위원장은 소방청 기획조정관이 되고, 위원은 다음 각 호의 사람이 된다. 다만, 소방청장이 소방공무원 신규채용과 관련하여 필요하다고 인정하는 경우 채용 분야의 학식과 경험이 풍부한 민간전문가를 위원으로 위촉할 수 있다(제3항).

> 1. 소방청 소속 공무원 중에서 소방청장이 지명하는 사람
> 2. 시·도 소속 공무원 중에서 시·도지사가 지명하는 사람

③ 제3항 각 호 외의 부분 단서에 따른 위원의 임기는 1년으로 한다. 다만, 제6항에 따라 공동위원회가 해산되는 경우에는 그 해산되는 때에 임기가 만료되는 것으로 한다(제4항).
④ 공동위원회의 회의는 재적위원 과반수의 출석으로 개의하고, 출석위원 과반수의 찬성으로 의결한다(제5항).
⑤ 소방청장은 공동위원회의 구성 목적을 달성했다고 인정하는 경우에는 공동위원회를 해산할 수 있다(제6항).
⑥ 제1항부터 제6항까지에서 규정한 사항 외에 공동위원회의 구성·운영에 필요한 사항은 소방청장이 정한다(제7항).

5. 공개경쟁채용시험의 공고

법 제11조 본문에 따른 시험실시기관 또는 같은 조 단서 및 제34조에 따라 시험실시권의 위임을 받은 자(이하 "시험실시권자")는 소방공무원공개경쟁채용시험을 실시하고자 할 때에는 임용예정계급, 응시자격, 선발예정인원, 시험의 방법·시기·장소·시험과목 및 배점에 관한 사항을 시험실시 20일전까지 공고하여야 한다. 다만, 시험 일정 등 미리 공고할 필요가 있는 사항은 시험실시 90일 전까지 공고하여야 한다(소방공무원 임용령 제35조 제1항).

공고내용을 변경하고자 할 때에는 시험실시 7일전까지 그 변경 내용을 공고하여야 한다(제2항).

출·제·예·상·문·제

🚒 소방승진 공무원법

01 소방공무원법의 규정에 따른 소방공무원 신규채용의 원칙으로 옳은 것은?

① 공개경쟁채용을 원칙으로 하고, 계급별로 실시한다.
② 공개경쟁채용을 원칙으로 하고, 계급별 및 직무분야별로 실시한다.
③ 공개경쟁채용과 경력경쟁채용을 원칙으로 하고, 계급별로 실시한다.
④ 공개경쟁채용과 경력경쟁채용을 원칙으로 하고, 계급별 및 직무분야별로 실시한다.

해설
① (○) 공무원은 공개경쟁 시험으로 채용한다(국가공무원법 제28조 제1항)는 원칙에 따라 소방공무원법도 신규채용은 공개경쟁시험으로 한다(제7조 제1항 본문)고 규정하고 있다. 소방공무원의 채용시험은 계급별로 실시한다. 다만, 결원보충을 원활히 하기 위하여 필요하다고 인정될 때에는 직무분야별·성별·근무예정지역 또는 근무예정기관별로 구분하여 실시할 수 있다(소방공무원 임용령 제33조).

02 소방공무원의 채용시험에 있어서 결원보충을 원활히 하기 위하여 필요하다고 인정될 때에 예외적으로 구분하여 실시할 수 있는 방법이 아닌 것은?

① 직무분야별
② 성별
③ 계급별
④ 근무예정기관별

해설
③ (×) 소방공무원의 채용시험은 계급별로 실시함을 원칙으로 한다. 예외적으로 결원보충을 원활히 하기 위하여 필요하다고 인정될 때에는 직무분야별·성별·근무예정지역 또는 근무예정기관별로 구분하여 실시할 수 있다(소방공무원 임용령 제33조).

03 소방공무원법상 시험실시기관에 대한 설명으로 옳지 않은 것은?

① 소방공무원의 신규채용시험 및 승진시험과 소방간부후보생 선발시험은 소방청장이 실시한다.
② 소방청장은 시·도 소속 소방경 이하 소방공무원의 신규채용시험 실시권을 시·도지사에게 위임할 수 있다.
③ 시·도지사는 소방청장의 위임에 따라 시·도 소속 소방경 이하 소방공무원의 신규채용시험을 실시하는 경우 시험의 문제출제를 소방청장에게 의뢰할 수 있다.
④ 소방청장은 시·도 소속 소방공무원의 소방경 이하 계급으로의 시험 실시에 관한 권한을 시·도지사에게 위임한다.

정답 01. ① 02. ③ 03. ④

> **해설**
> ④ (×) 소방청장은 시·도 소속 소방공무원의 소방장 이하 계급으로의 시험 실시에 관한 권한을 시·도지사에게 위임한다(소방공무원 승진임용 규정 제29조 제1항).

04 「소방공무원 임용령」상 시험공동관리위원회에 대한 설명으로 틀린 것은?

① 소방청장은 소방공무원 신규채용과 관련하여 소방청장과 시·도지사의 협의가 필요한 사항을 심의·조정하는 시험공동관리위원회를 구성·운영할 수 있다.
② 공동위원회는 위원장 1명을 포함한 20명 이내의 위원으로 구성한다.
③ 소방청장이 소방공무원 신규채용과 관련하여 필요하다고 인정하는 경우 채용 분야의 학식과 경험이 풍부한 민간전문가를 위원으로 위촉할 수 있다.
④ 공동위원회의 회의는 재적위원 과반수의 출석으로 개의하고, 출석위원 과반수의 찬성으로 의결한다.

> **해설**
> ② (×) 동위원회는 위원장 1명을 포함한 30명 이내의 위원으로 구성한다(소방공무원 임용령 제34조의2 제2항).

05 시·도지사가 소방공무원 신규채용시험을 실시하면서 시험의 문제출제를 소방청장에게 의뢰하는 경우, 시험 문제출제를 위한 비용을 누가 부담하는가?

① 시·도
② 국가
③ 시·도와 국가가 절반씩 부담
④ 시·도지사와 소방청장의 협의로 정함

> **해설**
> 시·도지사는 소방청장의 위임에 따라 시·도 소속 소방경 이하 소방공무원의 신규채용시험을 실시하는 경우 시험의 문제출제를 소방청장에게 의뢰할 수 있다. 이 경우 시험 문제출제를 위한 비용 부담 등에 필요한 사항은 시·도지사와 소방청장이 협의하여 정한다(소방공무원 임용령 제34조 제3항).

06 소방공무원 공개경쟁채용시험의 공고내용을 변경하고자 할 때는 시험실시 며칠 전까지 그 변경 내용을 공고하여야 하는가?

① 3일전
② 7일전
③ 10일전
④ 20일전

> **해설**
> 소방공무원 임용령 제35조 제2항

정답 04. ② 05. ④ 06. ②

CHAPTER 02 소방공무원시험의 응시자격

🏛 임용의 일반적 요건

1. 소극적 요건(결격사유)

공무원법에서 정하는 결격사유에 해당되는 자는 공무원으로 임용될 수 없다. 소방공무원 임용령 시행규칙 제23조 제10항도 이를 명시하고 있다.

> **국가공무원법 제33조(결격사유)** 다음 각 호의 어느 하나에 해당하는 자는 공무원으로 임용될 수 없다.
> 1. 피성년후견인
> 2. 파산선고를 받고 복권되지 아니한 자
> 3. 금고 이상의 실형을 선고받고 그 집행이 끝나거나(집행이 끝난 것으로 보는 경우를 포함한다) 집행이 면제된 날부터 5년이 지나지 아니한 자
> 4. 금고 이상의 형을 선고받고 그 집행유예 기간이 끝난 날부터 2년이 지나지 아니한 자
> 5. 금고 이상의 형의 선고유예를 받은 경우에 그 선고유예 기간 중에 있는 자
> 6. 법원의 판결 또는 다른 법률에 따라 자격이 상실되거나 정지된 자
> 6의2. 공무원으로 재직기간 중 직무와 관련하여 「형법」 제355조(註 : 횡령·배임) 및 제356조(註 : 업무상 횡령·배임)에 규정된 죄를 범한 자로서 300만원 이상의 벌금형을 선고받고 그 형이 확정된 후 2년이 지나지 아니한 자
> 6의3. 다음 각 목의 어느 하나에 해당하는 죄를 범한 사람으로서 100만원 이상의 벌금형을 선고받고 그 형이 확정된 후 3년이 지나지 아니한 사람
>   가. 「성폭력범죄의 처벌 등에 관한 특례법」 제2조에 따른 성폭력범죄
>   나. 「정보통신망 이용촉진 및 정보보호 등에 관한 법률」 제74조 제1항 제2호 및 제3호에 규정된 죄
>   다. 「스토킹범죄의 처벌 등에 관한 법률」 제2조 제2호에 따른 스토킹범죄
> 6의4. 미성년자에 대하여 「성폭력범죄의 처벌 등에 관한 특례법」 제2조에 따른 성폭력범죄 또는 「아동·청소년의 성보호에 관한 법률」 제2조 제2호에 따른 아동·청소년대상 성범죄를 범한 사람으로서 다음 각 목의 어느 하나에 해당하는 날부터 20년이 지나지 아니한 사람
>   가. 금고 이상의 실형을 선고받고 그 집행이 끝나거나(집행이 끝난 것으로 보는 경우를 포함한다) 집행이 면제된 날
>   나. 금고 이상의 형의 집행유예를 선고받고 그 집행유예가 확정된 날
>   다. 벌금 이하의 형을 선고받고 그 형이 확정된 날
>   라. 치료감호를 선고받고 그 집행이 끝나거나 집행이 면제된 날
>   마. 징계로 파면처분 또는 해임처분을 받은 날
> 7. 징계로 파면처분을 받은 때부터 5년이 지나지 아니한 자
> 8. 징계로 해임처분을 받은 때부터 3년이 지나지 아니한 자

2. 성적요건

- 공무원의 임용은 능력요건을 갖춘 자 중에서도 시험성적·근무성적 기타 능력의 실증에 의하여 행한다(국가공무원법 제26조 본문). 경력직공무원의 채용은 공개경쟁시험에 의하나, 예외적으로 경력경

쟁채용시험 등에 의할 수 있다(국가공무원법 제28조).
- 다만 대통령령 등으로 정하는 바에 따라 장애인·이공계전공자·저소득층 등에 대한 채용·승진·전보 등 인사관리상의 우대와 실질적인 양성 평등을 구현하기 위한 적극적인 정책을 실시할 수 있다(국가공무원법 제26조 단서). 지방공무원의 경우도 마찬가지이다(지방공무원법 제25조). 또한 공무원을 임용할 때에 법령으로 정하는 바에 따라 국가유공자를 우선 임용하여야 한다(국가공무원법 제42조 제1항).

1. 응시연령

(1) 공개경쟁채용시험 및 경력경쟁채용시험 등의 응시연령

계급별	공개경쟁채용시험	경력경쟁채용시험 등
소방령 이상	25세 이상 40세 이하	20세 이상 45세 이하
소방경, 소방위		23세 이상 40세 이하
소방장, 소방교		20세 이상 40세 이하
소방사	18세 이상 40세 이하	18세 이상 40세 이하

■ 비고
1. 위 표에도 불구하고 소방경·소방위의 경력경쟁채용시험등 중 사업·운송용조종사 또는 항공·항공공장정비사에 대한 경력경쟁채용시험의 경우에는 그 응시연령을 23세 이상 45세 이하로 한다.
2. 위 표에도 불구하고 소방장·소방교의 경력경쟁채용시험등 중 사업·운송용조종사 또는 항공·항공공장정비사에 대한 경력경쟁채용시험의 경우에는 그 응시연령을 23세 이상 40세 이하로 한다.
3. 위 표에도 불구하고 소방사의 경력경쟁채용시험등 중 의무소방원으로 임용되어 정해진 복무를 마친 것을 요건으로 하는 경력경쟁채용시험의 경우에는 그 응시연령을 20세 이상 30세 이하로 한다.

* 소방공무원 임용령 제43조 제1항, 별표2

(2) 소방간부후보생 선발시험

① 소방간부후보생 선발시험에 응시할 수 있는 사람의 나이는 21세 이상 40세 이하로 한다(소방공무원 임용령 제43조 제2항).
② 소방청장은 제43조 제2항에 따른 소방간부후보생 선발시험의 응시연령에 대하여 2014년 1월 1일을 기준으로 3년마다(매 3년이 되는 해의 1월 1일 전까지를 말한다) 그 타당성을 검토하여 개선 등의 조치를 해야 한다(제63조 : 규제의 재검토).

(3) 적용기준

① 소방공무원의 채용시험에 응시하고자 하는 자는 최종시험예정일이 속한 연도에 영 별표2의 응시연령에 해당하여야 한다. 다만, 영 별표2의 응시상한연령을 1세 초과하는 자로서 1월 1일 출생자는 응시할 수 있다(소방공무원 임용령 시행규칙 제23조 제6항).
② 소방공무원 임용령 제15조 제4항(註 : 근무실적 또는 연구실적이 있는 사람의 경력경쟁채용등)에 따라 소방공무원 외의 공무원으로서 소방기관에서 소방업무를 담당한 경력이 있는 자를 소방공무원으로 임용하는 경우에는 제1항을 적용하지 아니한다(소방공무원 임용령 제43조 제6항).

2. 신체조건 등

소방공무원의 채용시험 및 소방간부후보생 선발시험에 응시할 수 있는 신체조건 및 건강상태와 체력시험의 평가기준 및 방법은 행정안전부령으로 정한다(제43조 제3항).

(1) 신체조건

부분별	합격기준
체격	시험실시권자가 지정한 기관에서 실시한 소방공무원 채용시험 신체검사의 결과 건강상태가 양호하고, 직무에 적합한 신체를 가져야 한다.
시력	두 눈의 시력(교정시력을 포함한다)이 각각 0.8 이상이어야 한다.
색각(色覺)	색맹 또는 적색약(赤色弱)(약도를 제외한다)이 아니어야 한다.
청력	두 귀의 청력(교정청력을 포함한다)이 각각 적어도 40데시벨(dB) 이하의 소리를 들을 수 있어야 한다.
혈압	고혈압(수축기혈압이 145mmHg을 초과하거나 확장기 혈압이 90mmHg을 초과하는 것) 또는 저혈압(수축기혈압이 90mmHg 미만이거나 확장기혈압이 60mmHg 미만인 것)이 아니어야 한다.
운동신경	운동신경이 발달하고 신경 및 신체에 각종 질환의 후유증으로 인한 기능상 장애가 없어야 한다.

* 소방공무원 임용령 시행규칙 별표5

위 별표5에 정하지 아니한 사항은 「공무원 채용신체검사 규정」에 따른다(소방공무원 임용령 시행규칙 제23조 제7항).

(2) 체력시험 종목 및 평가기준

체력시험은 6개의 종목(악력, 배근력, 앉아윗몸앞으로굽히기, 제자리멀리뛰기, 윗몸일으키기, 왕복오래달리기)으로 구성되어 있다.

종목	성별	평가점수									
		1	2	3	4	5	6	7	8	9	10
악력 (kg)	남	45.3~48.0	48.1~50.0	50.1~51.5	51.6~52.8	52.9~54.1	54.2~55.4	55.5~56.7	56.8~58.0	58.1~59.9	60.0 이상
	여	27.6~28.9	29.0~30.2	30.3~31.1	31.2~31.9	32.0~32.9	33.0~33.7	33.8~34.6	34.7~35.7	35.8~36.9	37.0 이상
(이하 생략)												

■ 비고
1. 「소방공무원 임용령」 제46조 제1항 제2호에 따라 총점 60점 중 30점 이상 득점자를 합격자로 한다.
2. 각 종목별 측정 방법 등은 소방청장이 정한다.

*소방공무원 임용령 시행규칙 별표7

3. 학력

소방공무원의 임용을 위한 각종 시험의 경우 학력에 의한 제한을 두지 않는다. 다만, 영 제15조 제5항에 따른 경력경쟁채용시험등은 일정한 학력을 가진 사람이 아니면 응시할 수 없다.

> **소방공무원 임용령 제15조(경력경쟁채용등의 요건 등)** ⑤ 법 제7조 제2항 제3호에 따른 소방에 관한 전문기술교육을 받은 사람의 경력경쟁채용등은 「초·중등교육법」 및 「고등교육법」에 따라 설치된 고등학교·전문대학 또는 대학(대학원을 포함한다)에서 행정안전부령으로 정하는 임용예정분야별 교육과정을 이수한 사람과 법령에 따라 이와 동등 이상의 학력이 있다고 인정되는 사람이어야 한다.
>
> ※ **시행규칙 별표4의 내용** : 임용예정직무분야별로 응시교육과정(학과 졸업 등)의 제한이 있으며, 박사학위 소지자는 소방경 이하의 계급으로, 석사학위 소지자는 소방위 이하의 계급으로, 학사학위 소지자는 소방장 이하의 계급으로, 고등학교 이상 전문대학 이하 졸업자는 소방교 이하의 계급으로 채용한다.

4. 운전면허 조건

(1) 소방간부후보생 선발시험 또는 소방사 공개경쟁채용시험

이에 응시하고자 하는 자는 「도로교통법」 제80조 제2항 제1호에 따른 제1종 운전면허 중 대형면허 또는 보통면허를 받은 자이어야 한다(소방공무원 임용령 제43조 제4항).

(2) 경력경쟁채용시험 등

임용권자는 소방장 이하 소방공무원의 경력경쟁채용시험 등에 응시하려는 사람에 대해서도 제4항에 따른 응시자격을 갖추도록 할 수 있다(제5항).

5. 거주지 제한

소방청장은 원활한 결원보충과 지역적인 특수성을 고려하여 필요하다고 인정할 경우에는 일정한 지역에서 일정한 기간 동안 거주한 사람으로 응시자격을 제한하여 시험을 실시할 수 있다(소방공무원 임용령 시행규칙 제23조 제9항).

6. 전역예정자가 응시할 수 있는 기간의 계산방법

「제대군인 지원에 관한 법률」 제16조 제2항(註: 전역 예정일전 6개월 이내에 채용시험에 응시하는 경우에는 이를 제대군인으로 본다)에 따른 전역 예정일 전 6개월의 기간계산은 응시하고자 하는 소방공무원의 채용시험과 소방간부후보생선발시험의 최종시험시행예정일부터 기산한다(소방공무원 임용령 시행규칙 제25조).

출·제·예·상·문·제

🚒 소방승진 공무원법

01 「국가공무원법」상 임용의 결격사유로 명시되지 않은 것은?

① 미성년자에 대하여 「성폭력범죄의 처벌 등에 관한 특례법」 제2조에 따른 성폭력범죄를 범한 사람으로서 징계로 파면처분 또는 해임처분을 받은 날부터 25년이 지나지 아니한 사람
② 공무원으로 재직기간 중 직무와 관련하여 「형법」 제355조의 횡령·배임 또는 제356조의 업무상 횡령·배임죄를 범한 자로서 300만원 이상의 벌금형을 선고받고 그 형이 확정된 후 2년이 지나지 아니한 자
③ 금고 이상의 실형을 선고받고 그 집행이 종료되거나 집행을 받지 아니하기로 확정된 후 5년이 지나지 아니한 자
④ 금고 이상의 형을 선고받고 그 집행유예 기간이 끝난 날부터 2년이 지나지 아니한 자

해설
① (×) 미성년자에 대하여 「성폭력범죄의 처벌 등에 관한 특례법」 제2조에 따른 성폭력범죄 또는 「아동·청소년의 성보호에 관한 법률」 제2조 제2호에 따른 아동·청소년대상 성범죄를 범한 사람으로서 다음 각 목의 어느 하나에 해당하는 날부터 20년이 지나지 아니한 사람(국가공무원법 제33조 제6의4)
가. 금고 이상의 실형을 선고받고 그 집행이 끝나거나(집행이 끝난 것으로 보는 경우를 함한다) 집행이 면제된 날
나. 금고 이상의 형의 집행유예를 선고받고 그 집행유예가 확정된 날
다. 벌금 이하의 형을 선고받고 그 형이 확정된 날
라. 치료감호를 선고받고 그 집행이 끝나거나 집행이 면제된 날
마. 징계로 파면처분 또는 해임처분을 받은 날

02 소방공무원의 신규채용시험에서 일반적 응시결격 사유에 해당하지 않는 사람은?

*22 소방교 변형

① 징계로 해임처분을 받은 때부터 3년이 지나지 아니한 사람
② 금고 이상의 형의 선고유예를 받은 경우에 그 선고유예 기간 중에 있는 사람
③ 「아동·청소년의 성보호에 관한 법률」 제2조 제2호에 따른 아동·청소년대상 성범죄를 범한 사람으로서 벌금 이하의 형을 선고받고 그 형이 확정된 날부터 20년이 지나지 아니한 사람
④ 공무원으로 재직기간 중 직무와 관련하여 업무상 횡령·배임죄를 범한 자로서 200만 원의 벌금형을 선고받고 그 형이 확정된 후 2년이 지나지 아니한 사람

해설
④ (×) 200만 원이 아니라 300만 원이다(국가공무원법 제33조 6의2호).

정답 01. ① 02. ④

03 「국가공무원법」상 임용의 결격사유로 옳지 않은 것은?

① 금고 이상의 형의 선고유예를 받은 경우에 그 선고유예 기간 중에 있는 자
② 금고 이상의 형을 선고받고 그 집행유예 기간이 끝난 날부터 2년이 지나지 아니한 사람
③ 공무원으로 재직기간 중 직무와 관련하여 「형법」상 횡령·배임죄 및 업무상 횡령·배임죄를 범한 자로서 300만원 이상의 벌금형을 선고받고 그 형이 확정된 후 2년이 지나지 아니한 사람
④ 「성폭력범죄의 처벌 등에 관한 특례법」제2조에 규정된 죄를 범한 사람으로서 100만원 이상의 벌금형을 선고받고 그 형이 확정된 후 5년이 지나지 아니한 사람

[해설]
④ (×) 「성폭력범죄의 처벌 등에 관한 특례법」제2조에 규정된 죄를 범한 사람으로서 100만원 이상의 벌금형을 선고받고 그 형이 확정된 후 3년이 지나지 아니한 사람(국가공무원법 제33조 제6의3호)

04 「국가공무원법」상 임용의 일반적인 결격사유가 아닌 것은?

① 파산선고를 받고 복권되지 아니한 자
② 금고 이상의 실형을 선고받고 그 집행이 종료되거나 집행을 받지 아니하기로 확정된 후 5년이 지나지 아니한 자
③ 종전의 재직기관에서 감봉 이상의 징계처분을 받은 사람
④ 「아동·청소년의 성보호에 관한 법률」제2조 제2호에 따른 아동·청소년대상 성범죄를 저질러 치료감호를 선고받고 그 집행이 끝나거나 집행이 면제된 날부터 20년이 지나지 아니한 사람

[해설]
③ (×) 종전의 재직기관에서 감봉 이상의 징계처분을 받은 사람은 경력경쟁채용등을 할 수 없다(소방공무원 임용령 제15조 제1항).

05 소방공무원채용시험의 원칙적인 응시연령으로 잘못된 것은?

① 소방사의 경력경쟁채용시험 : 20세 이상 40세 이하
② 소방사의 공개경쟁채용시험 : 18세 이상 40세 이하
③ 소방경의 경력경쟁채용시험 : 23세 이상 40세 이하
④ 소방령 이상의 공개경쟁채용시험 : 25세 이상 40세 이하

[해설]
① (×) 소방사의 경력경쟁채용시험의 경우 20세 이상 40세 이하이던 것이 2022. 4. 5. '18세 이상 40세 이하'로 개정되었다.

정답 03. ④ 04. ③ 05. ①

소방승진 공무원법

06 소방공무원시험의 응시자격에 대한 설명으로 옳지 않은 것은?

① 소방교 경력경쟁채용시험의 응시연령은 20세 이상 40세 이하가 원칙이다.
② 경력경쟁채용시험에 있어서 응시연령 기준일은 시험요구일이 속한 연도이다.
③ 소방공무원의 채용시험 및 소방간부후보생 선발시험에 응시할 수 있는 신체조건 및 건강상태와 체력시험의 평가기준 및 방법은 행정안전부령으로 정한다.
④ 소방공무원의 임용을 위한 각종 시험의 경우 학력에 의한 제한을 두지 않으나, 경력경쟁채용시험등은 일정한 학력을 가진 사람이 아니면 응시할 수 없는 경우가 있다.

해설
② (×) 소방공무원의 채용시험에 응시하고자 하는 자는 최종시험예정일이 속한 연도에 영 별표2의 응시연령에 해당하여야 한다. 다만, 영 별표2의 응시상한연령을 1세 초과하는 자로서 1월 1일 출생자는 응시할 수 있다(소방공무원 임용령 시행규칙 제23조 제6항).

07 다음 중 채용시험의 응시연령 하한이 가장 낮은 경우는?

① 소방사의 경력경쟁채용시험
② 소방장의 경력경쟁채용시험
③ 소방령 이상의 공개경쟁채용시험
④ 소방간부후보생 선발시험

해설

계급별	공개경쟁채용시험	경력경쟁채용시험 등
소방령 이상	25세 이상 40세 이하	20세 이상 45세 이하
소방경, 소방위		23세 이상 40세 이하 (사업·운송용조종사 또는 항공·항공공장정비사는 23세 이상 45세 이하)
소방장, 소방교		20세 이상 40세 이하 (사업·운송용조종사 또는 항공·항공공장정비사는 23세 이상 40세 이하)
소방사	18세 이상 40세 이하	18세 이상 40세 이하(의무소방원 경력자는 20세 이상 30세 이하)

08 소방공무원 채용시험의 응시연령에 관한 내용으로 옳지 않은 것은?

① 공개경쟁시험과 경력경쟁채용시험등에 있어서는 최종시험예정일이 속한 연도에 규정 응시연령에 해당하여야 한다.
② 응시상한연령을 1세 초과하는 자로서 1월 1일 출생자는 응시할 수 없다.
③ 소방간부후보생 선발시험에 응시할 수 있는 사람의 나이는 21세 이상 40세 이하로 한다.
④ 소방공무원 외의 공무원으로서 소방기관에서 소방업무를 담당한 경력이 있는 자를 소방공무원으로 임용하는 경우에는 응시연령 규정을 적용하지 아니한다.

정답 06. ② 07. ① 08. ②

해설
① (○), ② (×) 최종시험예정일이 속한 연도에 영 별표2의 응시연령에 해당하여야 한다. 다만, 영 별표2의 응시상한연령을 1세 초과하는 자로서 1월 1일 출생자는 응시할 수 있다(소방공무원 임용령 시행규칙 제23조 제6항).

09 소방공무원 임용령에 따른 소방공무원 신규채용시 응시자격에 대한 설명으로 옳지 않은 것은?

① 소방청장은 원활한 결원보충과 지역적인 특수성을 고려하여 필요하다고 인정할 경우에는 일정한 지역에서 일정한 기간 동안 거주한 사람으로 응시자격을 제한하여 시험을 실시할 수 있다
② 소방간부후보생 선발시험에 응시할 수 있는 사람의 나이는 21세 이상 40세 이하로 한다.
③ 소방장 이하 소방공무원의 경력경쟁채용시험 등에 응시하려는 사람은 제1종 운전면허 중 대형면허 또는 보통면허를 받은 자이어야 한다.
④ 소방공무원 외의 공무원으로서 소방기관에서 소방업무를 담당한 경력이 있는 자를 소방공무원으로 임용하는 경우에는 연령제한 규정을 적용하지 아니한다.

해설
③ (×) 소방간부후보생 선발시험 또는 소방사 공개경쟁채용시험에 응시하고자 하는 사람은 「도로교통법」 제80조 제2항 제1호에 따른 제1종 운전면허 중 대형면허 또는 보통면허를 받은 자이어야 한다(소방공무원 임용령 제43조 제4항). 임용권자는 소방장 이하 소방공무원의 경력경쟁채용시험 등에 응시하려는 사람에 대해서도 제4항에 따른 응시자격을 갖추도록 할 수 있다(제5항).

10 다음 중 근무실적 또는 연구실적이 있는 사람의 경력경쟁채용에 있어서 적용되지 않는 응시자격 규정은?

① 신체조건
② 응시연령
③ 성적요건
④ 결격사유

해설
② (×) 소방공무원 임용령 제15조 제4항(註: 근무실적 또는 연구실적이 있는 사람의 경력경쟁채용등)에 따라 소방공무원 외의 공무원으로서 소방기관에서 소방업무를 담당한 경력이 있는 자를 소방공무원으로 임용하는 경우에는 제1항(註: 응시연령)을 적용하지 아니한다(소방공무원 임용령 제43조 제6항).

정답 09. ③   10. ②

소방승진 공무원법

11 소방공무원의 채용시험에 응시할 수 있는 신체조건으로 옳지 않은 것은?

① 고혈압(수축기혈압이 145mmHg을 초과하거나 확장기 혈압이 90mmHg을 초과하는 것) 또는 저혈압(수축기혈압이 90mmHg 미만이거나 확장기혈압이 60mmHg 미만인 것)이 아니어야 한다.
② 시력은 두 눈의 시력(교정시력을 포함한다)이 각각 0.8 이상이어야 한다.
③ 색맹 또는 녹색약(약도를 제외한다)이 아니어야 한다.
④ 운동신경이 발달하고 신경 및 신체에 각종 질환의 후유증으로 인한 기능상 장애가 없어야 한다.

[해설]
③ (×) 색맹 또는 적색약(赤色弱)(약도를 제외한다)이 아니어야 한다(소방공무원 임용령 시행규칙 별표5). 적색이 다른 색과 섞여 있을 때 구별하지 못하는 것을 적색약이라고 한다.

12 소방에 관한 전문기술교육을 받은 사람을 경력경쟁채용시험으로 채용할 때 박사학위 소지자와 학사학위 소지자는 어느 계급으로 채용할 수 있는가?

① 박사학위 소지자는 소방위 이하, 학사학위 소지자는 소방교 이하
② 박사학위 소지자는 소방경 이하, 학사학위 소지자는 소방장 이하
③ 박사학위 소지자는 소방령 이하, 학사학위 소지자는 소방경 이하
④ 박사학위 소지자는 소방정 이하, 학사학위 소지자는 소방령 이하

[해설]
② (○) 박사학위 소지자는 소방경 이하의 계급으로, 석사학위 소지자는 소방위 이하의 계급으로, 학사학위 소지자는 소방장 이하의 계급으로, 고등학교 이상 전문대학 이하 졸업자는 소방교 이하의 계급으로 채용한다(소방공무원 임용령 시행규칙 별표4).

13 경력경쟁채용시험에 있어서 고등학교·전문대학 또는 대학(대학원을 포함)에서 임용예정분야별 교육과정을 이수한 사람과 이와 동등 이상의 학력이 있다고 인정되는 사람일 것을 요구하는 경우는?

① 임용예정분야별 채용계급에 해당하는 자격증을 소지한 사람
② 소방에 관한 전문기술교육을 받은 사람
③ 임용예정직에 상응하는 근무실적 또는 연구실적이 있는 사람
④ 외국어에 능통한 사람

[해설]
② (○) 법 제7조 제2항 제3호에 따른 소방에 관한 전문기술교육을 받은 사람의 경력경쟁채용등은 「초·중등교육법」 및 「고등교육법」에 따라 설치된 고등학교·전문대학 또는 대학(대학원을 포함한다)에서 행정안전부령으로 정하는 임용예정분야별 교육과정을 이수한 사람과 법령에 따라 이와 동등 이상의 학력이 있다고 인정되는 사람이어야 한다(소방공무원 임용령 제15조 제5항).

[정답] 11. ③ 12. ② 13. ②

14 소방공무원의 신규채용시험에 응시하는 자의 자격요건으로 옳지 않은 것은?

① 소방공무원의 임용을 위한 각종 시험의 경우 학력에 의한 제한을 두지 않는다. 다만, 영 제15조 제5항에 따른 경력경쟁채용시험등은 일정한 학력을 가진 사람이 아니면 응시할 수 없다.
② 소방간부후보생 선발시험에 응시하고자 하는 자는「도로교통법」에 따른 제1종 운전면허 중 대형면허 또는 보통면허를 받은 자이어야 한다.
③ 소방사 공개경쟁채용시험에 응시하고자 하는 자는「도로교통법」에 따른 제1종 운전면허 중 대형면허 또는 보통면허를 받은 자이어야 한다.
④ 임용권자는 소방장 이하 소방공무원의 경력경쟁채용시험 등에 응시하려는 사람에 대해서도 「도로교통법」에 따른 제1종 운전면허 중 대형면허 또는 보통면허를 받은 자이어야 한다는 응시자격을 갖추도록 하여야 한다.

해설
④ (X) 임용권자는 소방장 이하 소방공무원의 경력경쟁채용시험 등에 응시하려는 사람에 대해서도 제4항에 따른 응시자격(註: 제1종 운전면허 중 대형면허 또는 보통면허)을 갖추도록 할 수 있다(소방공무원 임용령 제43조 제5항).

15 임용권자는 어느 계급의 경력경쟁채용시험 등에 응시하려는 사람에 대해서 제1종 운전면허 중 대형면허 또는 보통면허를 소지할 것을 응시자격으로 정할 수 있는가?

① 소방경 이하
② 소방위 이하
③ 소방장 이하
④ 소방교 이하

해설
소방간부후보생 선발시험 또는 소방사 공개경쟁채용시험에 응시하고자 하는 자는「도로교통법」제80조 제2항 제1호에 따른 제종 운전면허 중 대형면허 또는 보통면허를 받은 자이어야 한다(소방공무원 임용령 제43조 제4항). 임용권자는 소방장 이하 소방공무원의 경력경쟁채용시험 등에 응시하려는 사람에 대해서도 제4항에 따른 응시자격을 갖추도록 할 수 있다(제5항).

16 소방청장이 소방공무원시험에 있어서 일정한 지역에서 일정한 기간 동안 거주한 사람으로 응시자격을 제한하여 시험을 실시할 수 있는 경우는?

① 지역별 인력수급과 계급별 인력균형을 고려하여 필요한 경우
② 국토의 균형있는 발전을 위한 인력양성을 고려하여 필요한 경우
③ 지방대학교의 육성과 우수인재 확보를 위해 필요한 경우
④ 원활한 결원보충과 지역적인 특수성을 고려하여 필요한 경우

해설
소방청장은 원활한 결원보충과 지역적인 특수성을 고려하여 필요하다고 인정할 경우에는 일정한 지역에서 일정한 기간 동안 거주한 사람으로 응시자격을 제한하여 시험을 실시할 수 있다(소방공무원 임용령 시행규칙 제23조 제9항).

정답 14. ④ 15. ③ 16. ④

CHAPTER 03 경력경쟁채용시험 등

1. 의의

경력 등 응시요건을 정하여 같은 사유에 해당하는 다수인을 대상으로 경쟁의 방법으로 채용하는 시험(이하 "경력경쟁채용시험")으로 소방공무원을 채용할 수 있다. 다만, 다수인을 대상으로 시험을 실시하는 것이 적당하지 아니하여 대통령령으로 정하는 경우에는 다수인을 대상으로 하지 아니한 시험으로 소방공무원을 채용할 수 있다(소방공무원법 제7조 제2항).

2. 경력경쟁채용시험 등의 자격

(1) 퇴직한 소방공무원의 재임용(소방공무원법 제7조 제2항 제1호)

「국가공무원법」 제70조 제1항 제3호(註 : 직제와 정원의 개폐 또는 예산의 감소 등에 따라 폐직(廢職) 또는 과원(過員)이 되었을 때)에 따라 직권면직된 소방공무원이나 같은 법 제71조 제1항 제1호(註 : 신체·정신상의 장애로 장기 요양이 필요할 때)에 따라 휴직하였다가 휴직기간이 만료되어 퇴직한 소방공무원을 퇴직한 날부터 3년(「공무원 재해보상법」에 따른 공무상 부상 또는 질병으로 인한 휴직의 경우에는 5년) 이내에 퇴직 시에 재직하였던 계급 또는 그에 상응하는 계급의 소방공무원으로 재임용하는 경우

> **소방공무원 임용령 제15조** ② 법 제7조 제2항 제1호에 따른 경력경쟁채용등은 전 재직기관에 전력(前歷)을 조회하여 그 퇴직사유가 확인된 경우로 한정한다.

(2) 임용예정 직무에 관련된 자격증 소지자의 임용(소방공무원법 제7조 제2항 제2호)

공개경쟁시험으로 임용하는 것이 부적당한 경우에, 행정안전부령으로 정하는 임용예정분야별 채용계급에 해당하는 자격증을 소지한 후 해당 분야에서 2년 이상 종사한 경력이 있어야 한다. 다만, 항공 분야 조종사 및 정비사의 경력을 산정할 때에는 해당 자격증을 소지하기 전의 경력을 포함하여 산정한다.

경력경쟁채용시험 등 응시자격구분표(소방공무원 임용령 시행규칙 별표2)

임용예정분야	응시자격
소방 분야	소방기술사, 소방시설관리사, 소방설비기사·소방설비산업기사(기계분야), 소방설비기사·소방설비산업기사(전기분야)
구급 분야	응급구조사(1급·2급), 간호사, 의사
화학 분야	「국가기술자격법 시행규칙」 별표2 「국가기술자격의 직무분야 및 국가기술자격의 종목」중 화학 직무분야 기술사·기능장·기사·산업기사·기능사

임용예정분야	응시자격
기계 분야	「국가기술자격법 시행규칙」 별표2 「국가기술자격의 직무분야 및 국가기술자격의 종목」중 기계 직무분야 기술사·기능장·기사·산업기사·기능사
건축 분야	「국가기술자격법 시행규칙」 별표2 「국가기술자격의 직무분야 및 국가기술자격의 종목」중 건축 중직무분야 기술사·기능장·기사·산업기사·기능사
전기·전자 분야	「국가기술자격법 시행규칙」 별표2 「국가기술자격의 직무분야 및 국가기술자격의 종목」중 전기·전자 직무분야 기술사·기능장·기사·산업기사·기능사
정보통신 분야	「국가기술자격법 시행규칙」 별표2 「국가기술자격의 직무분야 및 국가기술자격의 종목」중 정보통신 직무분야 기술사·기능장·기사·산업기사·기능사
안전관리 분야	「국가기술자격법 시행규칙」 별표2 「국가기술자격의 직무분야 및 국가기술자격의 종목」 중 안전관리 직무분야 기술사·기능장·기사·산업기사·기능사(소방분야 응시자격은 제외)
소방정·항공 분야	「선박직원법」 제4조에 따른 1급 ~ 6급 항해사·기관사, 1급 ~ 4급 운항사, 소형선박 조종사, 「국가기술자격법」에 따른 잠수기능장·잠수산업기사·잠수기능사, 「항공안전법」 제35조에 따른 운송용 조종사, 사업용 조종사, 항공교통관제사, 항공정비사, 운항관리사, 같은 법 제125조에 따른 초경량비행장치 조종자 증명을 받은 사람(제1종 및 제2종 무인동력비행장치에 관한 조종자 증명으로 한정)
자동차 정비분야	「국가기술자격법 시행규칙」 별표2 「국가기술자격의 직무분야 및 국가기술자격의 종목」 중 자동차 중직무분야 기술사·기능장·기사·산업기사·기능사
자동차 운전분야	「도로교통법」 제80조에 따른 제1종 대형면허, 제1종 특수면허

■ 비고 : 채용계급
  1. 의사 : 소방령 이하
  2. 기술사, 기능장, 1급 ~ 4급 항해사·기관사·운항사, 운송용 조종사, 사업용 조종사, 항공교통관제사, 항공정비사, 운항관리사 : 소방경 이하
  3. 기사, 5급 및 6급 항해사·기관사, 소방시설관리사 : 소방장 이하
  4. 제1종 대형면허, 제1종 특수면허 : 소방사
  5. 제1호부터 제4호까지에서 규정한 자격 외의 자격 : 소방교 이하

(3) 임용예정직에 상응하는 근무실적 또는 연구실적이 있거나 소방에 관한 전문기술교육을 받은 사람의 임용(소방공무원법 제7조 제2항 제3호)

① 임용예정직에 상응하는 근무실적 또는 연구실적이 있는 사람(소방공무원 임용령 제15조 제4항)

> 1. 국가기관·지방자치단체·공공기관 그 밖의 이에 준하는 기관의 임용예정직위에 관련있는 직무분야의 근무 또는 연구경력이 3년(소방공무원 외의 공무원으로서 다음 각 목에 해당하는 사람을 해당 부문·분야의 소방공무원으로 경력경쟁채용등을 하는 경우에는 2년) 이상으로서 해당 임용예정계급에 상응하는 근무 또는 연구경력이 1년 이상인 사람
>   가. 소방기관에서 별표1에 따른 특수기술부문에 근무한 경력이 있는 사람
>   나. 국가기관에서 구조업무와 관련있는 직무분야에 근무한 경력이 있는 사람
> 2. 퇴직한 소방공무원으로서 임용예정계급에 상응하는 근무경력이 1년 이상인 사람

3. 의무소방원으로 임용되어 정해진 복무를 마친 사람

특수기술부문(소방공무원 임용령 별표1)

부문별	특수기술
화재조사	화재원인 및 피해재산조사기술
통신	유선·무선 또는 전자통신기술
소방정·소방헬기조종및정비	소방정·소방헬기의 조종기술 또는 소방정·소방헬기의 기관정비 기술
장비	소방차량의 정비 또는 운전기술
전자계산	시스템 관리·조작·분석·설계 또는 프로그래밍기술
구급	응급처치기술
회계	경리·예산편성 또는 회계감사

계급환산기준표(소방공무원 임용령 시행규칙 별표3)

| 계급 | 국가·지방공무원 또는 별정직공무원 | 경찰공무원 | 군인 | 교육공무원 | | | 정부관리기업체 |
				초·중·고등학교 교원	전문대학 교원	4년제대학 교원	
소방령	5급		소령	18~23호봉	13~18호봉	11~16호봉	과장 차장
소방경	6급 (3년 이상)		대위	14~17호봉	11~12호봉	9~10호봉	계장, 대리 (3년 이상)
소방위	6급	경위	중위·소위·준위	11~13호봉	9~10호봉	7~8호봉	계장, 대리
소방장	7급	경사	상사	9~10호봉	8호봉 이하	6호봉 이하	평사원 (3년 이상)
소방교	8급	경장	중사	4~8호봉			평사원
소방사	9급	순경	하사 (병)	3호봉 이하			평사원

■ 비고
1. 경력경쟁채용시험 등에 응시할 수 있는 사람은 위 표에 따른 해당 경력 또는 그 이상의 경력에 달한 후 「소방공무원 임용령」 제15조 제4항 및 제8항에 따른 기간 이상의 근무경력이 있는 사람으로 한정한다.
2. 위 표의 교육공무원란 중 초·중·고등학교 교원의 호봉은 「공무원보수규정」 별표11에 따른 호봉을 말하고, 전문대학 및 4년제대학 교원의 호봉은 같은 영 별표12에 따른 호봉을 말한다.
3. 위 표의 군인란 중 괄호 안에 표시된 계급은 의무소방원을 경력경쟁채용시험 등을 통해 채용하는 경우에만 적용한다.

② 소방에 관한 전문기술교육을 받은 사람(소방공무원 임용령 제15조 제5항)

「초·중등교육법」 및 「고등교육법」에 따라 설치된 고등학교·전문대학 또는 대학(대학원을 포함한다)에서 행정안전부령으로 정하는 임용예정분야별 교육과정을 이수한 사람과 법령에 따라 이와 동등 이상의 학력이 있다고 인정되는 사람

경력경쟁채용시험등 응시자격 교육과정기준표(소방공무원 임용령 시행규칙 별표4)

임용예정직무분야	응시교육과정
소방 분야	○ 고등학교의 소방 관련 학과를 졸업한 사람 ○ 2년제 이상 대학의 소방학과·소방안전공학과·소방방재학과·소방행정학과·소방안전관리과나 그 밖에 이와 유사한 학과를 졸업한 사람 ○ 4년제 대학의 소방학과·소방안전공학과·소방방재학과·소방행정학과·소방안전관리과나 그 밖에 이와 유사한 학과에 재학 중이거나 재학했던 사람으로서 소방청장이 정하는 소방관련 과목을 45학점 이상 이수한 사람
구급 분야	응급구조학과·간호학과·의학과나 그 밖에 유사한 학과를 졸업한 사람
화학 분야	화학과·응용화학과·화학공학과·정밀공업화학과나 그 밖에 이와 유사한 학과를 졸업한 사람
기계 분야	기계과·기계공학과·기계설계공학나 그 밖에 이와 유사한 학과를 졸업한 사람
전기 분야	전기과·전기공학과나 그 밖에 이와 유사한 학과를 졸업한 사람
건축 분야	건축과·건축학과·건축공학과나 그 밖에 이와 유사한 학과를 졸업한 사람

■ 비고
1. 박사학위 소지자는 소방경 이하의 계급으로, 석사학위 소지자는 소방위 이하의 계급으로, 학사학위 소지자는 소방장 이하의 계급으로, 고등학교 이상 전문대학 이하 졸업자는 소방교 이하의 계급으로 채용한다.
2. 유사한 학과의 범위에 대해서는 소방청장이 따로 정한다.
3. 고등학교의 소방 관련 학과의 인정기준은 소방청장이 따로 정한다.

(4) **5급공채시험 또는 변호사시험 등에 합격한 사람의 채용**(소방공무원법 제7조 제2항 제4호)

「국가공무원법」 또는 「지방공무원법」에 따른 5급 공무원의 공개경쟁채용시험이나 「사법시험법」(법률 제9747호로 폐지되기 전의 것)에 따른 사법시험 또는 「변호사시험법」에 따른 변호사시험에 합격한 사람을 소방령 이하의 소방공무원으로 임용하는 경우

(5) **외국어에 능통한 사람의 채용**(소방공무원법 제7조 제2항 제6호)

외국어에 능통한 사람의 경력경쟁채용등은 소방위 이하 소방공무원으로 채용하는 경우로 한정하며, 그 외국어 능력은 해당 외국어를 모국어로 사용하는 국가의 국민이 고등학교교육 또는 이에 준하는 학교교육을 마치고 작문이나 회화를 할 수 있는 수준이어야 한다(소방공무원 임용령 제15조 제7항).

(6) **경찰공무원의 채용**(소방공무원법 제7조 제2항 제7호)

경위 이하의 경찰공무원으로서 최근 5년 이내에 화재감식 또는 범죄수사업무에 종사한 경력이

2년 이상인 사람이어야 한다(소방공무원 임용령 제15조 제8항). 이 경우 시험에 응시할 수 있는 사람은 계급환산기준표(소방공무원 임용령 시행규칙 별표3)의 구분에 따른 채용예정 계급상당 경력기준 이상이어야 한다(제23조 제2항).

(7) **의용소방대원으로 계속하여 근무하고 있는 사람의 채용**(소방공무원법 제7조 제2항 제8호)

다음 각 호의 어느 하나에 해당하는 지역에서 이미 5년 이상 의용소방대원으로 계속하여 근무하고 있는 사람을 그 지역에 소방서·119지역대 또는 119안전센터가 처음으로 설치된 날로부터 1년 이내에 그 지역의 소방공무원으로 임용하는 경우로 한정한다. 이 경우 경력경쟁채용등을 할 수 있는 인원은 처음으로 설치되는 소방서·119지역대 또는 119안전센터의 공무원의 정원 중 소방사 정원의 3분의 1 이내로 한다(소방공무원 임용령 제15조 제9항).

> 1. 소방서를 처음으로 설치하는 시·군지역
> 2. 소방서가 설치되어 있지 아니한 시·군지역에 119지역대 또는 119안전센터를 처음으로 설치하는 경우 그 관할에 속하는 시지역 또는 읍·면지역

3. 결격사유

종전의 재직기관에서 감봉 이상의 징계처분을 받은 사람은 경력경쟁채용등을 할 수 없다. 다만, 「공무원 인사기록·통계 및 인사사무 처리 규정」 제9조 제1항 및 그 밖의 인사 관계 법령에 따라 징계처분의 기록이 말소된 사람(해당 법령에 따라 징계처분 기록의 말소 사유에 해당하는 사람을 포함한다)은 그러하지 아니하다(소방공무원 임용령 제15조 제1항).

4. 경력경쟁채용시험등의 요구

(1) **임용권자의 시험실시 요구**

임용권자와 시험실시권자가 다른 경우에, 임용권자는 소방공무원을 경력경쟁채용등을 하려는 경우에는 임용예정직위의 내용·임용예정자의 학력·경력·연구실적과 그 밖에 필요한 사항을 첨부하여 시험실시권자에게 시험을 요구하여야 한다(소방공무원 임용령 제40조 제1항).

(2) **시험실시권자의 의무**

제1항에 따른 요구를 받은 시험실시권자는 경력경쟁채용시험등을 통한 채용이 타당하다고 인정될 때에는 시험을 실시하여야 한다(제2항).

출·제·예·상·문·제

소방승진 공무원법

01 소방공무원법상 경력 등 응시요건을 정하여 같은 사유에 해당하는 다수인을 대상으로 경쟁의 방법으로 채용하는 시험을 무엇이라고 하는가?

① 제한경쟁채용시험
② 경력경쟁채용시험
③ 공개경쟁선발시험
④ 공개경쟁채용시험

[해설]
경력 등 응시요건을 정하여 같은 사유에 해당하는 다수인을 대상으로 경쟁의 방법으로 채용하는 시험으로 소방공무원을 채용할 수 있다(소방공무원법 제7조 제2항 본문). 이를 경력경쟁채용시험이라 한다.

02 소방공무원의 경력경쟁채용의 요건에 관하여 옳은 것은? *15 소방교

① 외국어에 능통한 사람의 채용은 소방경 이하 소방공무원으로 채용하는 경우로 한정한다.
② 경위 이하의 경찰공무원으로서 최근 5년 이내에 화재감식 또는 범죄수사업무에 종사한 경력이 1년 이상인 사람이어야 한다.
③ 퇴직한 소방공무원으로서 소방사 근무경력이 1년인 사람은 소방사로 임용할 수 있다.
④ 5년 이상 의용소방대원으로 계속하여 근무하고 있는 사람을 그 지역에 소방서·119지역대 또는 119안전센터가 처음으로 설치된 날로부터 2년 이내에 그 지역의 소방공무원으로 임용하는 경우로 한정한다.

[해설]
① (×) 외국어에 능통한 사람의 경력경쟁채용등은 소방위 이하 소방공무원으로 채용하는 경우로 한정한다(소방공무원임용령 제15조 제7항).
② (×) 경위 이하의 경찰공무원으로서 최근 5년 이내에 화재감식 또는 범죄수사업무에 종사한 경력이 2년 이상인 사람이어야 한다(제8항).
③ (○) 퇴직한 소방공무원으로서 임용예정계급에 상응하는 근무경력이 1년 이상인 사람은 임용예정직에 상응하는 근무실적 또는 연구실적이 있는 사람으로서 채용이 가능하다(제4항).
④ (×) 5년 이상 의용소방대원으로 계속하여 근무하고 있는 사람을 그 지역에 소방사·119지역대 또는 119안전센터가 처음으로 설치된 날로부터 1년 이내에 그 지역의 소방공무원으로 임용하는 경우로 한정한다(제9항).

[정답] 01. ② 02. ③

소방승진 공무원법

03 「소방공무원법」상 경력경쟁채용시험을 통해 소방공무원으로 채용이 가능한 경우로 옳지 않은 것은?
*23 소방교

① 「국가공무원법」에 따라 신체·정신상의 장애로 장기 요양이 필요하여 휴직하였다가 휴직기간이 만료되어 퇴직한 소방위 계급의 소방공무원을 퇴직한 날부터 2년 후에 소방위 계급의 소방공무원으로 재임용하는 경우
② 소방 업무에 경험이 있는 의용소방대원을 소방교 계급의 소방공무원으로 임용하는 경우
③ 경위 계급의 경찰공무원을 소방위 계급의 소방공무원으로 임용하는 경우
④ 「변호사시험법」에 따른 변호사시험에 합격한 사람을 소방령 계급의 소방공무원으로 임용하는 경우

해설
② (×) 소방 업무에 경험이 있는 의용소방대원을 소방사 계급의 소방공무원으로 임용하는 경우이다(소방공무원법 제7조 제2항 8호).

04 경력경쟁채용시험의 한 유형에 관한 설명이다. 빈칸에 알맞은 숫자는?

> 신체·정신상의 장애로 장기 요양이 필요할 때에 해당하여 휴직하였다가 휴직기간이 만료되어 퇴직한 소방공무원을 퇴직한 날부터 (　)년[다만, 「공무원 재해보상법」에 따른 공무상 부상 또는 질병으로 인한 휴직의 경우에는 (　)년] 이내에 퇴직 시에 재직하였던 계급 또는 그에 상응하는 계급의 소방공무원으로 재임용하는 경우

① 3년, 5년　　② 5년, 3년
③ 2년, 3년　　④ 3년, 2년

해설
「국가공무원법」 제70조 제1항 제3호(註: 직제와 정원의 개폐 또는 예산의 감소 등에 따라 폐직(廢職) 또는 과원(過員)이 되었을 때)에 따라 직권면직된 소방공무원이나 같은 법 제71조 제1항 제1호(註: 신체·정신상의 장애로 장기 요양이 필요할 때)에 따라 휴직하였다가 휴직기간이 만료되어 퇴직한 소방공무원을 퇴직한 날부터 3년(「공무원 재해보상법」에 따른 공무상 부상 또는 질병으로 인한 휴직의 경우에는 5년) 이내에 퇴직 시에 재직하였던 계급 또는 그에 상응하는 계급의 소방공무원으로 재임용하는 경우(소방공무원법 제7조 제2항 제1호)

05 임용예정 직무에 관련된 자격증 소지자를 경력경쟁채용시험등의 방식으로 임용하는 경우, 임용예정분야별 채용계급에 해당하는 자격증을 소지한 후 해당 분야에서 얼마나 종사한 경력이 있어야 하는가?

① 1년 이상　　② 2년 이상
③ 3년 이상　　④ 5년 이상

정답 03. ②　04. ①　05. ②

해설

② (○) 소방공무원법 제7조 제2항 제2호

06 「소방공무원법」상 경력경쟁채용시험으로 소방공무원을 채용할 수 있는 경우로 옳지 않은 것은?

*24 소방교

① 외국어에 능통한 사람을 임용하는 경우
② 공개경쟁시험으로 임용하는 것이 부적당한 경우에 임용예정 직무에 관련된 자격증 소지자를 임용하는 경우
③ 임용예정직에 상응하는 근무실적 또는 연구실적이 있거나 소방에 관한 전문기술교육을 받은 사람을 임용하는 경우
④ 「국가공무원법」 또는 「지방공무원법」에 따른 5급 공무원의 공개경쟁채용시험에 합격한 사람을 소방정 이하의 소방공무원으로 임용하는 경우

해설

④ (×) 「국가공무원법」 또는 「지방공무원법」에 따른 5급 공무원의 공개경쟁채용시험이나 「사법시험법」(법률 제9747호로 폐지되기 전의 것을 말한다)에 따른 사법시험 또는 「변호사시험법」에 따른 변호사시험에 합격한 사람을 소방령 이하의 소방공무원으로 임용하는 경우(소방공무원법 제7조 제2항 제4호)

07 경력경쟁채용시험에 의한 신규채용과 관련하여 다음의 빈칸에 알맞은 숫자를 순서대로 나열하면?

- 직제와 정원의 개폐 또는 예산의 감소 등에 따라 폐직 또는 과원이 된 사유로 퇴직한 소방공무원을 퇴직한 날부터 ( )년 이내에 채용할 수 있다.
- 신체·정신상의 장애로 장기 요양이 필요하여 휴직하였다가 휴직기간이 만료되어 퇴직한 소방공무원을 퇴직한 날부터 ( )년 이내에 채용할 수 있다.
- 경위 이하의 경찰공무원으로서 최근 5년 이내에 화재감식 또는 범죄수사업무에 종사한 경력이 ( )년 이상인 사람을 채용할 수 있다.

① 3, 3, 2
② 2, 3, 3
③ 3, 2, 3
④ 2, 3, 2

해설

순서대로 3, 3, 2이다(소방공무원법 제7조 제2항).

정답 06. ④ 07. ①

소방승진 공무원법

08 임용예정 직무에 관련된 자격증 소지자의 경력경쟁채용시험에 의해 채용하는 경우 채용계급으로 옳지 않은 것은?

① 구급분야의 의사 : 소방령 이하
② 기술사, 기능장, 5급~6급 항해사, 소방시설관리사 : 소방경 이하
③ 기사, 소방시설관리사 : 소방장 이하
④ 제1종 대형면허, 제1종 특수면허 : 소방사

해설
② (×) 기술사, 기능장, 1급~4급 항해사·기관사·운항사, 운송용 조종사, 사업용 조종사, 항공교통관제사, 항공정비사, 운항관리사: 소방경 이하

09 임용예정직에 상응하는 근무실적 또는 연구실적이 있거나 소방에 관한 전문기술교육을 받은 사람에 대한 경력경쟁채용등의 경우로 옳지 않은 것은?

① 퇴직한 소방공무원으로서 임용예정계급에 상응하는 근무경력이 6개월 이상인 사람
② 소방공무원 외의 공무원으로서 국가기관에서 구조업무와 관련있는 직무분야에 근무한 경력이 있는 사람인 경우에는 경력이 2년 이상으로서 해당 임용예정계급에 상응하는 근무경력이 1년 이상인 사람
③ 의무소방원으로 임용되어 정해진 복무를 마친 사람
④ 국가기관·지방자치단체·공공기관 그 밖의 이에 준하는 기관의 임용예정직위에 관련있는 직무분야의 근무 또는 연구경력이 3년 이상으로서 해당 임용예정계급에 상응하는 근무 또는 연구경력이 1년 이상인 사람

해설
① (×) 6개월 이상이 아니라 1년 이상이다(소방공무원 임용령 제15조 제4항).

10 경력경쟁채용시험을 통해 임용될 수 있는 계급의 설명으로 옳지 않은 것은?

① 임용예정 직무에 관련된 의사 자격증 소지자의 임용 - 소방령 이하
② 임용예정직에 상응하는 근무실적이 있는 소령인 군인의 임용 - 소방령
③ 소방에 관한 전문기술교육을 받은 박사학위 소지자의 임용 - 소방령 이하
④ 의용소방대원으로 5년 이상 계속하여 근무하고 있는 사람의 임용 - 소방사

해설
③ (×) 박사학위 소지자는 소방경 이하의 계급으로, 석사학위 소지자는 소방위 이하의 계급으로, 학사학위 소지자는 소방장 이하의 계급으로, 고등학교 이상 전문대학 이하 졸업자는 소방교 이하의 계급으로 채용한다.

정답 08. ② 09. ① 10. ③

11 경찰공무원을 경력경쟁채용시험으로 임용하는 기준으로서 옳은 것은?

① 경사 이하의 경찰공무원으로서 최근 3년 이내에 화재감식 또는 범죄수사업무에 종사한 경력이 2년 이상인 사람
② 경위 이하의 경찰공무원으로서 최근 3년 이내에 화재감식 또는 범죄수사업무에 종사한 경력이 2년 이상인 사람
③ 경사 이하의 경찰공무원으로서 최근 5년 이내에 화재감식 또는 범죄수사업무에 종사한 경력이 2년 이상인 사람
④ 경위 이하의 경찰공무원으로서 최근 5년 이내에 화재감식 또는 범죄수사업무에 종사한 경력이 2년 이상인 사람

해설
④ (O) 소방공무원 임용령 제15조 제8항의 내용으로 타당. 이 경우 시험에 응시할 수 있는 사람은 계급환산기준표[소방공무원 임용령 시행규칙 별표3]의 구분에 따른 채용예정 계급상당 경력기준 이상이어야 한다(제23조 제2항).

12 경력경쟁채용시험으로 소방공무원을 임용할 수 있는 경우로서 소방기관에서 근무한 경력이 있는 특수기술부문으로 인정되지 않는 것은?

① 회계 부문
② 전자계산 부문
③ 기계 부문
④ 통신 부문

해설
화재조사, 통신, 소방정·소방헬기조종 및 정비, 장비, 전자계산, 구급, 회계 부문이 있다(소방공무원 임용령 별표1).

13 다음 중 경력경쟁채용등에 대한 설명으로 맞는 것은?   *20 소방교

① 종전의 재직기관에서 징계처분을 받은 사람은 경력경쟁채용등을 할 수 없다.
② 소방정 이하의 소방공무원을 경력경쟁채용등으로 채용하려는 경우 체력시험을 반드시 실시한다.
③ 임용예정 직무에 관련된 자격증 소지자를 임용하는 경우 자격증을 소지한 후 해당 분야에서 2년 이상 종사한 경력이 있어야 한다.
④ 직위가 없어지거나 과원이 되어 퇴직한 소방공무원을 퇴직한 날부터 5년 이내에 퇴직 시에 재직하였던 계급 또는 그에 상응하는 계급의 소방공무원으로 재임용할 수 있다.

해설
① (×) 종전의 재직기관에서 감봉 이상의 징계처분을 받은 사람은 경력경쟁채용등을 할 수 없다. 다만, 「공무원 인사기록·통계 및 인사사무 처리 규정」 제9조 제1항 및 그 밖의 인사 관계 법령에 따라 징계처분의 기록이 말소된 사람(해당 법령에 따라 징계처분 기록의 말소 사유에 해당하는 사람을 포함한다)은 그러하지 아니하다(소방공무원 임용령 제15조 제1항).

정답 11. ④   12. ③   13. ③

소방승진 공무원법

② (×) 소방정 이하의 소방공무원을 경력경쟁채용등으로 채용하려는 경우로서 시험실시권자가 업무 내용의 특수성 등을 고려하여 필요하다고 인정하는 경우에는 체력시험을 실시하지 아니할 수 있다(제39조 제1항).
④ (×) 5년이 아니라 3년이다(소방공무원법 제7조 제2항 제1호).

14 경력경쟁채용시험등에 응시할 수 있는 사람의 채용예정 계급상당 경력기준으로서 옳지 않은 것은?

① 소방교에 응시할 수 있는 경력기준은 국가지방공무원 또는 별정직 공무원으로서 8급 이상의 경력으로 근무한 자로 한다.
② 소방위에 응시할 수 있는 경력기준은 정부관리업체에서 계장, 대리(3년 이상) 이상의 경력으로 근무한 자로 한다.
③ 소방위에 응시할 수 있는 경력기준은 경찰공무원으로서 경위 이상의 경력으로 근무한 자로 한다.
④ 소방령에 응시할 수 있는 경력기준은 군인으로서 소령 이상의 경력으로 근무한 자로 한다.

[해설]
② (×) 소방위에 응시할 수 있는 경력기준은 정부관리업체에서 계장, 대리 이상의 경력으로 근무한 자로 한다(계급환산기준표: 소방공무원 임용령 시행규칙 별표3).

15 변호사시험에 합격한 사람을 경력경쟁채용시험으로 임용할 수 있는 계급은?

① 소방준감 이하
② 소방정 이하
③ 소방령 이하
④ 소방경 이하

[해설]
「국가공무원법」 또는 「지방공무원법」에 따른 5급 공무원의 공개경쟁채용시험이나 「사법시험법」(법률 제9747호로 폐지되기 전의 것)에 따른 사법시험 또는 「변호사시험법」에 따른 변호사시험에 합격한 사람을 소방령 이하의 소방공무원으로 임용하는 경우(소방공무원법 제7조 제1항 제4호)

16 경력경쟁채용시험등 응시자격에서 교육과정기준으로 가장 옳지 않은 것은?

① 기계분야의 경우 기계과·기계공학과·기계설계공학나 그 밖에 이와 유사한 학과를 졸업한 사람
② 전기분야의 경우 전기과·전기공학과나 그 밖에 이와 유사한 학과를 졸업한 사람
③ 화학분야의 경우 화학과·응용화학과·화학공학과·정밀공업화학과나 그 밖에 이와 유사한 학과를 졸업한 사람
④ 소방분야의 경우 4년제 대학의 소방학과·소방안전공학과·소방방재학과·소방행정학과·소방안전관리과나 그 밖에 이와 유사한 학과를 졸업한 사람

정답 14. ② 15. ③ 16. ④

해설
④ (×) 소방분야의 경우 ⊙ 고등학교의 소방 관련 학과를 졸업한 사람, ⓒ 2년제 이상 대학의 소방학과·소방안전공학과·소방방재학과·소방행정학과·소방안전관리과나 그 밖에 이와 유사한 학과를 졸업한 사람, ⓒ 4년제 대학의 소방학과·소방안전공학과·소방방재학과·소방행정학과·소방안전관리과나 그 밖에 이와 유사한 학과에 재학 중이거나 재학했던 사람으로서 소방청장이 정하는 소방관련 과목을 45학점 이상 이수한 사람이다(소방공무원 임용령 시행규칙 별표4).

17 외국어에 능통한 사람의 경력경쟁채용등에 관한 내용으로 옳은 것은?

① 소방경 이하 소방공무원으로 채용하는 경우로 한정한다.
② 외국어 능력은 해당 외국어를 모국어로 사용하는 국가의 국민이 고등학교교육 또는 이에 준하는 학교교육을 마치고 작문이나 회화를 할 수 있는 수준이어야 한다.
③ 외국어 능력은 해당 외국어를 모국어로 사용하는 국가의 국민이 전문대학교육 또는 이에 준하는 학교교육을 마치고 작문을 할 수 있는 수준이어야 한다
④ 외국어 능력은 해당 외국어를 모국어로 사용하는 국가의 국민이 대학교육 또는 이에 준하는 학교교육을 마치고 유창한 회화를 할 수 있는 수준이어야 한다.

해설
외국어에 능통한 사람의 경력경쟁채용등은 소방위 이하 소방공무원으로 채용하는 경우로 한정하며, 그 외국어 능력은 해당 외국어를 모국어로 사용하는 국가의 국민이 고등학교교육 또는 이에 준하는 학교교육을 마치고 작문이나 회화를 할 수 있는 수준이어야 한다(소방공무원 임용령 제15조 제7항).

18 의용소방대원으로 근무하고 있는 사람을 경력경쟁채용등의 방법으로 채용할 수 있는 요건으로 옳지 않은 것은?

① 소방서를 처음으로 설치하는 시·군지역인 경우, 그 시·군지역에서 5년 이상 의용소방대원으로 계속하여 근무하고 있는 사람일 것
② 소방서가 설치되어 있지 아니한 시·군지역에 119지역대 또는 119안전센터를 처음으로 설치하는 경우, 그 관할에 속하는 시지역 또는 읍·면지역에서 5년 이상 의용소방대원으로 계속하여 근무하고 있는 사람일 것
③ 소방서·119지역대 또는 119안전센터가 처음으로 설치된 날로부터 1년 이내에 그 지역의 소방공무원으로 임용하는 경우일 것
④ 경력경쟁채용등을 할 수 있는 인원은 처음으로 설치되는 소방서·119지역대 또는 119안전센터의 공무원의 정원 중 소방사 정원의 2분의 1 이내일 것

해설
④ (×) 2분의 1이 아니라 3분의 1이내이다(소방공무원 임용령 제15조 제9항).

정답 17. ② 18. ④

소방승진 공무원법

19 경력경쟁채용시험등의 응시자격에 대한 설명으로 옳지 않은 것은?

① 금고 이상의 형의 선고유예를 받은 경우에 그 선고유예 기간 중에 있는 사람은 응시할 수 없다.
② 종전의 재직기관에서 감봉 이상의 징계처분을 받은 사람은 응시할 수 없다.
③ 인사관계 법령에 따라 징계처분의 기록이 말소된 사람은 응시할 수 있다.
④ 해당 법령에 따라 징계처분 기록의 말소 사유에 해당하나 아직 말소되지 않은 사람은 응시할 수 없다.

해설
종전의 재직기관에서 감봉 이상의 징계처분을 받은 사람은 경력경쟁채용등을 할 수 없다. 다만, 「공무원 인사기록·통계 및 인사사무 처리 규정」 제9조 제1항 및 그 밖의 인사 관계 법령에 따라 징계처분의 기록이 말소된 사람(해당 법령에 따라 징계처분 기록의 말소 사유에 해당하는 사람을 포함한다)은 그러하지 아니하다(소방공무원 임용령 제15조 제1항).

정답 19. ④

CHAPTER 04 시험의 방법 및 구분 등

1. 시험의 방법(소방공무원 임용령 제36조 제1항)

필기시험	교양부문과 전문부문으로 구분하되, 교양부문은 일반교양 정도를, 전문부문은 직무수행에 필요한 지식과 그 응용능력을 검정
체력시험	직무수행에 필요한 민첩성·근력·지구력 등 체력을 검정
신체검사	직무수행에 필요한 신체조건 및 건강상태를 검정. 이 경우 신체검사는 시험실시권자가 지정하는 기관에서 발급하는 신체검사서로 대체
종합적성검사	직무수행에 필요한 적성과 자질을 종합적으로 검정
면접시험	직무수행에 필요한 능력, 발전성 및 적격성을 검정
실기시험	직무수행에 필요한 지식 및 기술을 실기 등의 방법에 따라 검정
서류전형	직무수행에 관련되는 자격 및 경력 등을 서면으로 심사

2. 시험의 구분

(1) 공개채용시험

① 소방공무원의 공개경쟁채용시험은 다음의 단계에 따라 순차적으로 실시한다. 다만, 시험실시권자는 업무내용의 특수성이나 기타의 사유로 특히 필요하다고 인정될 때에는 그 순서를 변경하여 실시할 수 있으며, 소방사의 경우에는 제2차시험을 실시하지 않는다(소방공무원 임용령 제37조 제1항).

제1차시험	선택형 필기시험. 다만, 기입형을 가미할 수 있다.
제2차시험	논문형 필기시험. 다만, 과목별로 기입형을 가미할 수 있다.
제3차시험	체력시험
제4차시험	신체검사
제5차시험	종합적성검사
제6차시험	면접시험. 다만, 실기시험을 병행할 수 있다.

② 시험실시권자가 필요하다고 인정할 때에는 제1차시험과 제2차시험을 동시에 실시할 수 있다(제2항).
③ 제1항에 따른 시험에 응시하는 사람은 전(前) 단계의 시험에 합격하지 않으면 다음 단계의 시험에 응시할 수 없다. 다만, 시험실시권자가 필요하다고 인정하는 경우에는 전 단계의 시험의 합격 결정 전에 다음 단계의 시험을 실시할 수 있으며, 전 단계의 시험에 합격하지 않은 사람의 다음 단계의 시험은 무효로 한다(제3항).

④ 제2항의 규정에 의하여 제1차시험과 제2차시험을 동시에 실시하는 경우에 제1차시험 성적이 제46조의 규정에 의한 합격기준 점수에 미달된 때에는 제2차시험은 이를 무효로 한다(제4항).

(2) 경력경쟁채용시험등

신체검사와 다음 각 호의 구분에 따른 방법에 따른다. 다만, 소방준감 이상의 소방공무원을 경력경쟁채용등으로 채용하려는 경우에는 서류전형의 방법으로 해야 하며, 제2호의 방법으로 소방정 이하의 소방공무원을 경력경쟁채용등으로 채용하려는 경우로서 시험실시권자가 업무 내용의 특수성 등을 고려하여 필요하다고 인정하는 경우에는 체력시험을 실시하지 않을 수 있다(소방공무원 임용령 제39조 제1항).

1. 법 제7조 제2항 제1호 및 제4호(註 : 퇴직공무원의 재임용, 5급공무원 공개경쟁채용시험이나 사법시험등에 합격한 자의 임용)에 따른 경력경쟁채용시험등

서류전형·종합적성검사와 면접시험. 다만, 시험실시권자가 필요하다고 인정하는 경우에는 체력시험을 병행 가능

2. 법 제7조 제2항 제2호·제3호 및 제6호부터 제8호(註 : 자격증 소지자, 임용예정에 상응한 근무실적이나 소방에 관한 전문기술교육을 받은자, 외국어능통자, 경찰공무원, 의용소방대원)까지의 규정에 따른 경력경쟁채용시험등

서류전형·체력시험·종합적성검사·면접시험과 필기시험 또는 실기시험. 다만, 업무의 특수성 등을 고려하여 필요하다고 인정되는 경우에는 필기시험과 실기시험을 모두 병행하여 실시 가능

- 제1항에 따른 신체검사는 시험실시권자가 지정하는 기관에서 발급하는 신체검사서에 따른다. 다만, 사업용 또는 운송용 조종사의 경우에는 「항공안전법」 제40조에 따른 항공신체검사증명에 따른다(제2항).
- 제1항 제2호에 따른 필기시험은 선택형으로 하되, 기입형 또는 논문형을 추가할 수 있다(제3항).

(3) 소방간부후보생 선발시험 및 검정

① 소방공무원 임용령 제35조(공개경쟁채용시험의 공고), 제36조 제1항(시험의 방법) 및 제37조(시험의 구분; 단 제2차시험은 제외)를 준용한다(제38조).
② 교육훈련을 마친 소방간부후보생에 대한 소방위로의 신규채용은 그 교육훈련과정에서 이수한 과목을 검정하는 것으로 한다(제36조 제2항).
③ 제2항에 따른 검정의 방법·합격자의 결정등에 관하여 필요한 사항은 소방청장의 승인을 얻어 중앙소방학교의 장이 정한다(제3항).

출·제·예·상·문·제

소방승진 공무원법

01 소방공무원 신규채용시험의 방법으로 옳지 않은 것은?

① 체력시험은 직무수행에 필요한 민첩성·근력·지구력 등 체력을 검정한다.
② 필기시험의 전문부문은 직무수행에 필요한 지식과 그 응용능력을 검정한다.
③ 면접시험은 인성 또는 적성검사, 정밀신원 조회 등에 의하여 직무수행에 필요한 적성과 자질, 능력·발전성 및 적격성을 검정한다.
④ 실기시험은 직무수행에 필요한 지식 및 기술을 실기 등의 방법에 따라 검정한다.

[해설]
③ (×) 면접시험은 직무수행에 필요한 능력, 발전성 및 적격성을 검정한다(소방공무원 임용령 제36조 제1항).

02 소방공무원 신규채용 시험방법 등에 대한 설명으로 옳지 않은 것은?

① 종합적성검사는 직무수행에 필요한 적성과 자질을 종합적으로 검정하는 것으로 한다.
② 신체검사는 직무수행에 필요한 민첩성·근력·지구력 등 체력을 검정하는 것으로 한다.
③ 소방사의 경우에는 제2차시험을 실시하지 아니한다.
④ 소방준감 이상의 소방공무원을 경력경쟁채용등으로 채용하려는 경우에는 서류전형의 방법으로 해야 한다.

[해설]
② (×) 신체검사는 직무수행에 필요한 신체조건 및 건강상태를 검정한다(소방공무원 임용령 제36조 제1항). 지문의 내용은 체력시험에 관한 것이다.

정답 01. ③ 02. ②

소방승진 공무원법

03 소방공무원의 신규채용시험의 방법에 관한 설명으로 옳지 않은 것은?

① 공개경쟁채용시험은 6차시험까지 단계에 따라 순차적으로 실시한다. 다만, 시험실시권자는 업무내용의 특수성 기타 사유로 특히 필요하다고 인정될 때에는 그 순서를 변경하여 실시할 수 있다.
② 소방사 공개경쟁채용시험과 소방간부후보생선발시험은 제2차시험을 실시하지 아니한다.
③ 제1차시험과 제2차시험을 동시에 실시하는 경우에는 각 시험의 득점을 합산한 점수를 기준으로 합격자를 정한다.
④ 시험에 응시하는 사람은 전(前) 단계의 시험에 합격하지 않으면 다음 단계의 시험에 응시할 수 없다. 다만, 시험실시권자가 필요하다고 인정하는 경우에는 전 단계의 시험의 합격 결정 전에 다음 단계의 시험을 실시할 수 있으며, 전 단계의 시험에 합격하지 않은 사람의 다음 단계의 시험은 무효로 한다.

해설
③ (✕) 제1차시험과 제2차시험을 동시에 실시하는 경우에 제1차시험 성적이 제46조의 규정에 의한 합격기준 점수에 미달된 때에는 제2차시험은 이를 무효로 한다(소방공무원 임용령 제37조 제4항). 즉 동시에 실시하더라도 합격자 결정은 단계적으로 한다.

04 면접시험의 평정요소로 규정된 것이 아닌 것은?

① 문제해결 능력
② 협업 능력
③ 전문지식·기술과 그 응용능력
④ 침착성 및 책임감

해설
면접시험의 합격자 결정은 다음 각 호의 평정요소에 대한 시험위원의 점수를 합산하여 총점의 50퍼센트 이상을 득점한 사람으로 한다. 다만, 시험위원의 과반수가 어느 하나의 평정요소에 대하여 40퍼센트 미만의 점수를 평정한 경우 불합격으로 한다(소방공무원 임용령 제46조 제4항).
1. 문제해결 능력
2. 의사소통 능력
3. 소방공무원으로서의 공직관
4. 협업 능력
5. 침착성 및 책임감

정답 03. ③ 04. ③

05 소방공무원의 경력경쟁채용시험등에 대한 설명으로 옳지 않은 것은?

① 소방준감 이상의 소방공무원을 경력경쟁채용등으로 채용하려는 경우에는 서류전형의 방법으로 한다.
② 경찰공무원을 소방정 이하의 소방공무원으로 채용하는 경우 업무내용의 특수성 등을 고려하여 필요하다고 인정하는 경우에는 체력시험을 실시한다.
③ 퇴직공무원을 재임용하려는 경우 서류전형·종합적성검사와 면접시험을 실시하되, 시험실시권자가 필요하다고 인정하는 경우에는 체력시험을 병행 가능하다.
④ 외국어능통자를 채용하는 경우 서류전형·체력시험·종합적성검사·면접시험과 필기시험 또는 실기시험을 실시하되, 업무의 특수성 등을 고려하여 필요하다고 인정되는 경우에는 필기시험과 실기시험을 모두 병행하여 실시 가능하다.

해설

② (×) 자격증 소지자, 임용예정에 상응한 근무실적이나 소방에 관한 전문기술교육을 받은자, 외국어능통자, 경찰공무원, 의용소방대원을 경력경쟁채용시험등으로 채용하려는 경우로서 시험실시권자가 업무 내용의 특수성 등을 고려하여 필요하다고 인정하는 경우에는 체력시험을 실시하지 아니할 수 있다(소방공무원 임용령 제39조 제1항).

06 경력경쟁시험으로 자격증 소지자를 임용하는 경우 시험 방법은?

① 서류전형·종합적성검사와 면접시험. 다만, 시험실시권자가 필요하다고 인정하는 경우에는 체력시험을 병행 가능
② 서류전형, 체력시험, 종합적성검사, 면접시험, 필기시험, 실기시험을 모두 실시
③ 서류전형·체력시험·면접시험. 다만, 업무의 특수성 등을 고려하여 필요하다고 인정되는 경우에는 필기시험과 실기시험을 병행하여 실시 가능
④ 서류전형·체력시험·종합적성검사·면접시험과 필기시험 또는 실기시험. 다만, 업무의 특수성 등을 고려하여 필요하다고 인정되는 경우에는 필기시험과 실기시험을 모두 병행하여 실시 가능

해설

자격증 소지자, 임용예정에 상응한 근무실적이나 소방에 관한 전문기술교육을 받은자, 외국어능통자, 경찰공무원, 의용소방대원에 대한 경력경쟁채용시험등은 지문 ④와 같이 시행한다(소방공무원 임용령 제39조). 지문 ①은 퇴직공무원의 재임용, 5급공무원 공개경쟁채용시험이나 사법시험등에 합격한 자의 임용의 경우에 해당한다.

정답 05. ② 06. ④

CHAPTER 05 시험과목

1. 공개경쟁채용시험의 필기시험과목 (소방공무원 임용령 별표3)

(1) 소방령 공개경쟁채용시험

제1차 시험과목	제2차 시험과목	
	필수과목	선택과목
한국사, 헌법, 영어	행정법, 소방학개론	물리학개론, 화학개론, 건축공학개론, 형법, 경제학 중 2과목

(2) 소방사 공개경쟁채용시험

제1차 시험과목(필수)
소방학개론, 소방관계법규, 행정법총론, 한국사, 영어

■ 비고
1. 소방학개론은 소방조직, 재난관리, 연소·화재이론, 소화이론 분야로 하고, 분야별 세부내용은 소방청장이 정한다.
2. 소방관계법규
   가. 「소방기본법」 및 그 하위법령
   나. 「소방의 화재조사에 관한 법률」, 같은 법 시행령 및 같은 법 시행규칙
   다. 「소방시설공사업법」, 같은 법 시행령 및 같은 법 시행규칙
   라. 「소방시설 설치 및 관리에 관한 법률」 및 그 하위법령
   마. 「화재의 예방 및 안전관리에 관한 법률」 및 그 하위법령
   바. 「위험물안전관리법」, 같은 법 시행령 및 같은 법 시행규칙

2. 경력경쟁채용시험등의 필기시험 과목 (소방공무원 임용령 별표5)

(1) 일반 분야

구분 \ 과목별	필수과목	선택과목
소방정·소방령	한국사, 영어, 행정법, 소방학개론	물리학개론, 화학개론, 건축공학개론, 형법, 경제학 중 2과목
소방경·소방위	한국사, 영어, 행정법, 소방학개론	물리학개론, 화학개론, 건축공학개론, 형법, 경제학 중 2과목
소방장·소방교	한국사, 영어, 소방학개론, 소방관계법규	
소방사	한국사, 영어, 소방학개론, 소방관계법규	

(2) 항공 분야

구분 \ 과목별	필수과목	선택과목
소방경·소방위 소방장·소방교	항공법규, 항공영어	비행이론, 항공기상, 항공역학, 항공기체, 항공장비, 항공전자, 항공엔진 중 1과목

(3) 구급·화학·정보통신 분야

계급 \ 분야		구급	화학	정보통신
소방장· 소방교	필수	한국사, 영어, 소방학개론, 응급처치학개론	한국사, 영어, 소방학개론, 화학개론	한국사, 영어, 소방학개론, 컴퓨터일반
소방사	필수	한국사, 영어, 소방학개론, 응급처치학개론	한국사, 영어, 소방학개론, 화학개론	한국사, 영어, 소방학개론, 컴퓨터일반

■ 비고
1. 각 과목의 배점은 100점으로 한다.
2. 필수과목 중 소방학개론, 소방관계법규 및 응급처치학개론의 시험 범위는 다음 각 목과 같다.
    가. 소방학개론 : 소방조직, 재난관리, 연소·화재이론, 소화이론 분야로 하고, 분야별 세부 내용은 소방청장이 정한다.
    나. 소방관계법규 : 「소방기본법」, 「소방의 화재조사에 관한 법률」, 「소방시설공사업법」, 「화재예방 및 안전관리에 관한 법률」, 「소방시설의 설치 및 관리에 관한 법률」, 「위험물안전관리법」과 각 법률의 하위법령
    다. 응급처치학개론 : 전문응급처치학총론, 전문응급처치학개론 분야로 하고, 분야별 세부 내용은 소방청장이 정한다.
3. 항공분야의 경력경쟁채용시험등은 행정안전부령으로 정하는 항공분야 자격증 소지자를 대상으로 한다.

3. 소방간부후보생 선발시험의 필기시험과목 (소방공무원 임용령 별표4)

계열별 \ 구분	시 험 과 목	
	필수과목(4)	선택과목(2)
인문사회계열	헌법, 한국사 영어, 행정법	행정학, 민법총칙, 형사소송법, 경제학, 소방학개론
자연계열	헌법, 한국사 영어, 자연과학개론	화학개론, 물리학개론, 건축공학개론, 전기공학개론, 소방학개론

■ 비고 : 소방학개론은 소방조직, 재난관리, 연소·화재이론, 소화이론 분야로 하고, 분야별 세부내용은 소방청장이 정한다.

4. 영어, 한국사의 대체시험

(1) **영어능력검정시험** (소방공무원 임용령 별표6)

시험의 종류		기준점수		
		소방정 소방령	소방경 소방위 (소방간부후보생)	소방장 소방교 소방사
토익 (TOEIC)	아메리카합중국 이.티.에스.(ETS : Education Testing Service)에서 시행하는 시험(Test of English for International Communication)을 말한다.	700점 이상	625점 이상	550점 이상
토플 (TOEFL)	아메리카합중국 이.티.에스.(ETS : Education Testing Service)에서 시행하는 시험(Test of English as a Foreign Language)으로서 그 실시방식에 따라 피.비.티.(PBT : Paper Based Test) 및 아이.비.티.(IBT : Internet Based Test)로 구분한다.	PBT 530점 이상 IBT 71점 이상	PBT 490점 이상 IBT 58점 이상	PBT 470점 이상 IBT 52점 이상
텝스 (TEPS)	서울대학교 영어능력검정시험 (Test of English Proficiency developed by Seoul National University)을 말한다.	340점 이상	280점 이상	241점 이상
지텔프 (G-TELP)	아메리카합중국 국제테스트연구원 (International Testing Services Center)에서 주관하는 시험(General Test of English Language Proficiency)을 말한다.	Level 2의 65점 이상	Level 2의 50점 이상	Level 2의 43점 이상
플렉스 (FLEX)	한국외국어대학교 어학능력검정시험 (Foreign Language Examination)을 말한다.	625점 이상	520점 이상	457점 이상
토셀 (TOSEL)	국제토셀위원회에서 주관하는 시험 (Test of the Skills in the English Language)을 말한다.	Advanced 690점 이상	Advanced 550점 이상	Advanced 510점 이상

- 비고 : 위 표에서 정한 시험은 해당 채용시험의 최종시험 시행예정일부터 거꾸로 계산하여 3년이 되는 해의 1월 1일 이후에 실시된 시험으로서 해당 채용시험의 필기시험 시행예정일 전날까지 점수 또는 등급이 발표된 시험 중 기준점수가 확인된 시험으로 한정한다. 이 경우 그 확인방법은 시험실시권자가 정하여 고시한다.

(2) 한국사능력검정시험 (소방공무원 임용령 별표9)

시험의 종류		기준등급	
		소방정, 소방령, 소방경, 소방위 (소방간부후보생)	소방장, 소방교, 소방사
한국사능력 검정시험	국사편찬위원회에서 주관하여 시행하는 시험(한국사능력검정시험)을 말한다.	2급 이상	3급 이상

- 비고 : 위 표에서 정한 시험은 해당 채용시험의 최종시험 시행예정일부터 거꾸로 계산하여 4년이 되는 해의 1월 1일 이후에 실시된 시험으로서 해당 채용시험의 필기시험 시행예정일 전날까지 등급이 발표된 시험 중 기준등급이 확인된 시험으로 한정한다. 이 경우 그 확인방법은 시험실시권자가 정하여 고시한다.

출·제·예·상·문·제

🚒 소방승진 공무원법

01 소방공무원 공개경쟁채용시험의 필기시험과목에 대한 설명으로 옳지 않은 것은?

① 소방령과 소방사의 공개경쟁채용시험 과목은 1차 시험과목과 2차 시험과목으로 구분한다.
② 소방령 공개경쟁채용시험의 2차 필수과목은 행정법, 소방학개론이다.
③ 소방학개론은 소방조직, 재난관리, 연소·화재이론, 소화이론 분야로 한다.
④ 소방관계법규는 「소방기본법」, 「소방의 화재조사에 관한 법률」, 「소방시설공사업법」, 「소방시설 설치 및 관리에 관한 법률」, 「화재의 예방 및 안전관리에 관한 법률」, 「위험물안전관리법」 및 각 법률의 시행령과 시행규칙으로 한다.

[해설]
① (×) 소방령 공개경쟁채용시험 과목은 1차 시험과목과 2차 시험과목으로 구분하나, 소방사의 경우는 1차 시험과목으로만 구성되어 있다.

02 다음 중 소방사 공개경쟁채용시험의 과목에는 포함되나 소방사 경력경쟁채용시험의 과목에는 포함되지 않는 것은?

① 소방학개론
② 소방관계법규
③ 행정법총론
④ 한국사

[해설]
소방사 공개경쟁채용시험의 과목은 소방학개론, 소방관계법규, 행정법총론, 한국사, 영어이고, 소방사 경력경쟁채용시험의 과목은 한국사, 영어, 소방학개론, 소방관계법규이다.

03 소방간부후보생 선발시험 자연계열의 필수과목이 아닌 것은?

① 헌법
② 영어
③ 소방학개론
④ 자연과학개론

[해설]
소방학개론은 선택과목이다.

정답 01. ① 02. ③ 03. ③

04 소방공무원 임용령에 따른 시험과목, 시험구분 등에 대한 설명으로 옳지 않은 것은?

① 소방공무원의 공개경쟁채용시험은 제1차 시험, 제2차 시험, 제3차 시험, 제4차 시험, 제5차 시험, 제6차 시험의 구분에 의한 단계에 따라 순차적으로 실시한다.
② 시험에 응시하는 사람은 전 단계의 시험에 합격하지 않으면 다음 단계의 시험에 응시할 수 없다.
③ 제1차시험과 제2차시험을 동시에 실시하는 경우에 제1차시험 성적이 합격기준 점수에 미달된 때에는 제2차시험은 이를 무효로 한다.
④ 소방령 공개경쟁채용시험의 필기시험은 제2차 시험을 실시하지 않는다.

[해설]
④ (×) 소방령 공개경쟁채용시험의 필기시험은 제1차 과목으로 한국사, 헌법, 영어, 제2차 과목으로 필수과목(행정법, 소방학개론)과 선택과목(2과목)이 있다.

05 다음의 소방공무원 채용시험 필기시험 가운데 헌법 과목이 없는 것은?

① 소방령 공개경쟁채용시험
② 소방정 경력경쟁채용시험 필기시험
③ 소방간부후보생 인문사회계열 선발시험
④ 소방간부후보생 자연계열 선발시험

[해설]
② (×) 필수과목으로 한국사, 영어, 행정법, 소방학개론이 있고, 선택과목(2과목)으로 물리학개론, 화학개론, 건축공학개론, 형법, 경제학이 있다.

06 소방공무원 시험의 필수과목 중 영어를 대체하는 기준점수를 잘못 짝지은 것은?

① 소방정 – 토플 IBT – 71점 이상
② 소방위 – 토익 – 550점 이상
③ 소방장 – 텝스 – 241점 이상
④ 소방교 – 지텔프 Level2 – 43점 이상

[해설]
② (○) 소방공무원 임용령 별표6 참고. 소방위는 토익 625점 이상, 토플 IBT 58점·PBT 490점 이상, 텝스 280점 이상, 지텔프 Level2 50점 이상이다.

정답 04. ④ 05. ② 06. ②

CHAPTER 06 시험의 관리

1. 시험위원

(1) 임명 또는 위촉

① 시험실시권자는 소방공무원의 채용시험 및 소방간부후보생선발시험의 출제·채점·면접시험·실기시험·서류전형 기타 시험의 실시에 관하여 필요한 사항을 담당하게 하기 위하여 다음 각호의 1에 해당하는 자를 시험위원으로 임명 또는 위촉할 수 있다(소방공무원 임용령 제50조 제1항).
　1. 당해 직무분야의 전문적인 학식 또는 능력이 있는 자
　2. 임용 예정직무에 관한 실무에 정통한 자

② 시험위원을 임명 또는 위촉하는 경우에는 필기시험, 면접시험 및 실기시험 위원을 각각 2명 이상으로 한다. 이 경우 시험위원으로 임명 또는 위촉된 사람의 명단은 공개하지 않는다(임용령 시행규칙 제27조).

(2) 시험위원의 준수사항 등

① 시험위원으로 임명 또는 위촉된 자는 시험실시권자가 요구하는 시험문제 작성상의 유의사항 및 서약서 등에 의한 준수사항을 성실히 이행하여야 한다(임용령 제50조 제2항).

② 시험실시권자는 제2항의 규정을 위반함으로써 시험의 신뢰도를 크게 떨어뜨리는 행위를 한 시험위원이 있을 때에는 그 명단을 다른 시험실시권자에게 통보하고 당해 시험위원이 소속하고 있는 기관의 장에게 당해인에 대한 징계등 적절한 조치를 할 것을 요청하여야 한다(제3항).

③ 시험실시권자는 제3항의 규정에 의한 통보를 받은 자에 대하여는 그로부터 5년간 당해인을 소방공무원 채용시험 및 소방간부후보생 선발시험의 시험위원으로 임명 또는 위촉하여서는 아니된다(제4항).

2. 출제수준

소방위 이상 및 소방간부후보생선발시험	소방행정의 기획 및 관리에 필요한 능력·지식을 검정할 수 있는 정도
소방장 및 소방교	소방업무수행에 필요한 전문적 능력·지식을 검정할 수 있는 정도
소방사	소방업무수행에 필요한 기본적인 능력·지식을 검정할 수 있는 정도

＊ 소방공무원 임용령 제45조

3. 응시수수료

(1) 수수료 기준

소방공무원의 채용시험 및 소방간부후보생 선발시험의 응시자는 다음의 구분에 의한 응시수수료를 납부하여야 한다(소방공무원 임용령 제49조 제1항).
1. 소방령 이상 소방공무원의 채용시험 : 일반직 5급이상 국가공무원의 채용시험 응시수수료
2. 소방경, 소방위 및 소방장 채용시험 : 일반직 6·7급 국가공무원의 채용시험 응시수수료
3. 소방교 이하 소방공무원의 채용시험 : 일반직 8·9급 국가공무원의 채용시험 응시수수료
4. 소방간부후보생선발시험 : 일반직 6·7급 국가공무원의 채용시험 응시수수료

(2) 납부 방법

응시수수료의 납부 방법은 다음 각 호의 구분에 따른다. 다만, 인터넷으로 응시원서를 제출하는 경우에는 정보통신망을 이용한 전자화폐·전자결제 등의 방법으로 내야 한다(제2항).
1. 소방청장이 실시하는 시험에 응시하는 경우 : 수입인지
2. 시·도지사가 실시하는 시험에 응시하는 경우 : 해당 지방자치단체의 수입증지

(3) 수수료 반환 및 면제

① 응시수수료는 다음 각 호의 어느 하나에 해당하는 경우에는 해당 금액을 반환하여야 한다(제3항).
    1. 응시수수료를 과오납한 경우에는 과오납한 금액
    2. 시험실시권자의 귀책사유로 시험에 응시하지 못한 경우에는 납부한 응시수수료의 전액
    3. 시험실시일 3일 전까지 응시의사를 철회하는 경우에는 납부한 응시수수료의 전액
② 시험실시권자는 제1항에도 불구하고 응시원서 접수 당시 「국민기초생활 보장법」에 따른 수급자 또는 차상위계층에 속하는 사람이거나 「한부모가족지원법」에 따른 지원대상자인 사람에 대해서는 소방청장이 정하는 바에 따라 응시수수료를 면제할 수 있다(제4항).
③ 시험실시권자는 제4항에 따라 응시수수료를 면제하려는 경우에는 「전자정부법」 제36조 제1항에 따른 행정정보의 공동이용(이하 "행정정보의 공동이용")을 통하여 면제대상인지를 확인해야 한다. 다만, 응시자가 확인에 동의하지 않거나 행정정보의 공동이용을 통하여 서류를 확인할 수 없는 경우에는 시험실시권자가 정하는 기간 내에 응시수수료 면제대상자임을 증명할 수 있는 자료를 제출하도록 해야 한다(제5항).

4. 응시서류의 제출 등

(1) 공개경쟁채용시험 또는 소방간부후보생 선발시험

소방공무원의 공개경쟁채용시험 또는 소방간부후보생 선발시험에 응시하려는 사람은 시험실시권자가 정하는 응시원서 1통을 제출해야 하며, 필기시험에 합격한 사람은 다음의 서류를 제출해야 한다(소방공무원 임용령 시행규칙 제28조 제1항).

- 소방공무원채용신체검사서 1통
- 한국사능력검정시험 성적표 1통
- 영어능력검정시험 성적표 1통
- 자격증 사본(「국가기술자격법」에 따른 국가기술자격이 아닌 경우에 한함) 1통

필기시험 합격자로부터 제1항에 따른 서류를 제출받은 담당 공무원은 필요한 경우에는 「전자정부법」 제36조 제1항에 따른 행정정보의 공동이용(이하 "행정정보의 공동이용")을 통하여 다음의 행정정보를 확인해야 한다. 다만, 합격자가 확인에 동의하지 않거나 행정정보의 공동이용을 통하여 서류를 확인할 수 없는 경우에는 그 서류(국가기술자격증의 경우에는 그 사본)를 제출하도록 해야 한다(제2항).

- 가족관계증명서
- 병적사항이 기재된 주민등록표 초본 또는 병적증명서
- 국가보훈부장관이 발급하는 취업지원 대상자 증명서
- 「국가기술자격법」에 따른 국가기술자격증(소지자에 한함)
- 「의사상자 등 예우 및 지원에 관한 법률」에 따른 의사상자 증명서

(2) 경력경쟁채용시험등

소방공무원의 경력경쟁채용시험등에 응시하려는 사람은 제1항에 따른 서류와 다음의 서류 중 해당 응시자격을 확인할 수 있는 서류를 제출해야 한다(제3항).

- 최종학력증명서 1통
- 경력증명서 1통
- 자격증 사본(「국가기술자격법」에 따른 국가기술자격이 아닌 경우만 해당) 1통
- 외국어성적증명서 1통
- 그 밖에 임용권자가 자격확인을 위하여 필요하다고 공고한 서류

제3항에 따른 서류를 제출받은 경력경쟁채용시험등 실시권자는 필요한 경우에는 행정정보의 공동이용을 통하여 다음의 행정정보를 확인해야 한다. 다만, 시험응시자가 확인에 동의하지 않거나 행정정보의 공동이용을 통하여 서류를 확인할 수 없는 경우에는 그 서류(국가기술자격증의 경우에는 그 사본)를 제출하도록 해야 한다(제4항).

- 병적사항이 기재된 주민등록표 초본, 병적증명서 또는 군복무확인서
- 「국가기술자격법」에 따른 국가기술자격증(소지자에 한함)
- 국가보훈부장관이 발급하는 취업지원 대상자 증명서
- 「의사상자 등 예우 및 지원에 관한 법률」에 따른 의사상자 증명서

(3) 서류심사후 처리 사항

시험실시권자는 제1항부터 제4항까지의 서류를 심사한 결과 미비사항이 있는 경우에는 즉시 그 내용을 지적하여 서류를 반려하거나 보완을 요구할 수 있다(제5항).

5. 시험위원 등에 대한 수당 지급

시험위원 및 채용시험의 운영·관리 등의 업무를 수행하는 시험관리관 등에게는 예산의 범위에서 수당을 지급한다(소방공무원 임용령 제50조의2).

출·제·예·상·문·제

01 소방공무원 채용시험의 시험위원에 관한 내용으로 옳지 않은 것은?

① 시험실시권자는 당해 직무분야의 전문적인 학식 또는 능력이 있고, 임용 예정직무에 관한 실무에 정통한 사람을 시험위원으로 임명 또는 위촉하여야 한다.
② 시험위원으로 임명 또는 위촉된 자는 시험실시권자가 요구하는 시험문제 작성상의 유의사항 및 서약서 등에 의한 준수사항을 성실히 이행하여야 한다.
③ 시험실시권자는 준수사항을 위반함으로써 시험의 신뢰도를 크게 떨어뜨리는 행위를 한 시험위원이 있을 때에는 그 명단을 다른 시험실시권자에게 통보하여야 한다.
④ 시험실시권자는 준수사항을 위반함으로써 시험의 신뢰도를 크게 떨어뜨리는 행위를 한 시험위원이 있을 때에는 당해 시험위원이 소속하고 있는 기관의 장에게 당해인에 대한 징계등 적절한 조치를 할 것을 요청하여야 한다.

[해설]
① (×) 시험실시권자는 '당해 직무분야의 전문적인 학식 또는 능력이 있는 자' 또는 '임용 예정직무에 관한 실무에 정통한 자'를 시험위원으로 임명 또는 위촉할 수 있다(소방공무원 임용령 제50조 제1항).

02 시험위원으로서 준수사항을 위반함으로써 시험의 신뢰도를 크게 떨어뜨리는 행위를 하여 명단이 통보된 사람에 대하여는 시험실시권자가 몇 년간 소방공무원 채용시험 및 소방간부후보생 선발시험의 시험위원으로 임명 또는 위촉하여서는 아니되는가?

① 2년　　　　　　　　　　　② 3년
③ 5년　　　　　　　　　　　④ 10년

[해설]
시험실시권자는 제2항의 규정을 위반함으로써 시험의 신뢰도를 크게 떨어뜨리는 행위를 한 시험위원이 있을 때에는 그 명단을 다른 시험실시권자에게 통보하고 당해 시험위원이 소속하고 있는 기관의 장에게 당해인에 대한 징계등 적절한 조치를 할 것을 요청하여야 한다(제3항). 시험실시권자는 제3항의 규정에 의한 통보를 받은 자에 대하여는 그로부터 5년간 당해인을 소방공무원 채용시험 및 소방간부후보생 선발시험의 시험위원으로 임명 또는 위촉하여서는 아니된다(제4항).

정답 01. ①　02. ③

03 다음 중 소방공무원 채용시험의 출제수준을 소방업무수행에 필요한 기본적인 능력·지식을 검정할 수 있는 정도로 하는 계급으로 옳은 것은?

① 소방령 이하
② 소방위 이상
③ 소방장 및 소방교
④ 소방사

해설

소방위 이상 및 소방간부후보생선발시험	소방행정의 기획 및 관리에 필요한 능력·지식을 검정할 수 있는 정도
소방장 및 소방교	소방업무수행에 필요한 전문적 능력·지식을 검정할 수 있는 정도
소방사	소방업무수행에 필요한 기본적인 능력·지식을 검정할 수 있는 정도

04 소방위 이상을 대상으로 한 시험의 출제수준은?

① 소방행정의 관리에 필요한 능력·발전성 및 적격성을 검정할 수 있는 정도
② 소방행정의 기획 및 관리에 필요한 능력·지식을 검정할 수 있는 정도
③ 소방업무수행에 필요한 전문적 능력·지식을 검정할 수 있는 정도
④ 소방업무수행에 필요한 기본적인 능력·지식을 검정할 수 있는 정도

해설
② (○) 소방공무원 임용령 제45조

05 소방청장이 정하는 바에 따라 소방공무원의 채용시험 및 소방간부후보생 선발시험의 응시수수료를 면제할 수 있는 사람은?

① 「고용보험법」에 따른 실업급여수급자, 자활사업 참여자
② 「장애인복지법」에 따른 장애인, 「의료급여법」에 따른 수급자
③ 불의의 재난으로 피해를 당한 사람, 본인 외에는 가족을 부양할 사람이 없는 사람
④ 「국민기초생활 보장법」에 따른 수급자, 「한부모가족지원법」에 따른 보호대상자

해설
④ (○) 소방공무원 임용령 제49조 제4항

정답 03. ④ 04. ② 05. ④

소방승진 공무원법

06 소방공무원시험의 응시수수료에 대한 설명으로 옳지 않은 것은?

① 소방경, 소방위 및 소방장 채용시험의 경우 일반직 6·7급 국가공무원의 채용시험 응시수수료를 납부하여야 한다.
② 응시수수료를 과오납한 경우에는 과오납한 금액 모두를 반환하여야 한다.
③ 소방청장이 실시하는 시험에 응시하는 경우 수입증지로 납부하되, 인터넷으로 응시원서를 제출하는 경우에는 정보통신망을 이용한 전자화폐·전자결제 등의 방법으로 내야 한다.
④ 시험실시권자는 응시원서 접수 당시 「국민기초생활 보장법」에 따른 수급자 또는 「한부모가족지원법」에 따른 보호대상자인 사람에 대해서는 소방청장이 정하는 바에 따라 응시수수료를 면제할 수 있다.

[해설]
③ (×) 소방청장이 실시하는 시험에 응시하는 경우 수입인지로 납부하고, 시·도지사가 실시하는 시험에 응시하는 경우 수입인지로 납부한다(소방공무원 임용령 제49조 제2항).

07 소방공무원 채용시험 응시수수료는 시험실시일 며칠 전까지 응시의사를 철회하는 경우에는 납부한 응시수수료의 전액을 반환하는가?

① 2일　　　　　　　　　　② 3일
③ 7일　　　　　　　　　　④ 10일

[해설]
응시수수료는 다음 각 호의 어느 하나에 해당하는 경우에는 해당 금액을 반환하여야 한다(소방공무원 임용령 제49조 제3항).
1. 응시수수료를 과오납한 경우에는 과오납한 금액
2. 시험실시권자의 귀책사유로 시험에 응시하지 못한 경우에는 납부한 응시수수료의 전액
3. 시험실시일 3일 전까지 응시의사를 철회하는 경우에는 납부한 응시수수료의 전액

08 소방공무원 공개경쟁채용시험의 필기시험에 합격한 사람이 제출해야 하는 서류가 아닌 것은?

① 가족관계증명서　　　　　　② 소방공무원채용신체검사서
③ 한국사능력검정시험 성적표　　④ 자격증 사본(국가기술자격증 이외)

[해설]
가족관계증명서는 담당 공무원이 필요한 경우 행정정보의 공동이용을 통하여 확인하는 서류이다.

정답　06. ③　07. ②　08. ①

CHAPTER 07 합격자의 결정 등

1. 채용시험의 가점

(1) 가점 대상

소방사 공개경쟁채용시험이나 소방간부후보생선발시험에 다음 각 호의 사람이 응시하는 경우에는 그 사람이 취득한 점수에 행정안전부령으로 정하는 가점비율에 따른 점수를 제2항 각 호의 방법에 따라 가산한다(소방공무원 임용령 제42조 제1항).

1. 소방업무 관련 분야 자격증 또는 면허증을 취득한 사람
2. 사무관리 분야 자격증을 취득한 사람
3. 한국어능력검정시험에서 일정 기준점수 또는 등급 이상을 취득한 사람
4. 외국어능력검정시험에서 일정 기준점수 또는 등급 이상을 취득한 사람

자격증 등 소지자 가점비율(소방공무원 임용령 시행규칙 별표6)

분야 \ 가점비율	5퍼센트	3퍼센트	1퍼센트
소방업무 관련 분야	1. 소방 관련 국가기술자격 중 기술사·기능장 2. 1급~4급 항해사·기관사·운항사 3. 운송용 조종사, 사업용 조종사, 항공교통관제사, 항공정비사, 운항관리사 4. 잠수기능장 5. 의사, 변호사 6. 소방시설관리사 7. 초경량비행장치 실기평가 조종자 증명을 받은 사람	1. 소방 관련 국가기술자격 중 기사 2. 5급 또는 6급 항해사·기관사 3. 응급구조사(1급), 간호사 4. 소방안전교육사 5. 초경량비행장치 지도조종자 증명을 받은 사람	1. 소방 관련 국가기술자격 중 산업기사·기능사 2. 소형선박 조종사, 잠수산업기사, 잠수기능사 3. 「도로교통법」에 따른 제1종 대형면허, 제1종 특수면허 중 대형견인차면허 4. 응급구조사(2급) 5. 초경량비행장치 조종자 증명을 받은 사람(제1종 및 제2종 무인동력비행장치에 관한 조종자 증명으로 한정)
사무관리분야		컴퓨터활용능력 1급	컴퓨터활용능력 2급
한국어 능력검정시험	1. 한국실용글쓰기검정 750점 이상 2. KBS한국어능력시험 770점 이상 3. 국어능력인증시험 162점 이상	1. 한국실용글쓰기검정 630점 이상 2. KBS한국어능력시험 670점 이상 3. 국어능력인증시험 147점 이상	1. 한국실용글쓰기검정 550점 이상 2. KBS한국어능력시험 570점 이상 3. 국어능력인증시험 130점 이상

소방승진 공무원법

외국어 능력 검정 시험	영어	1. TOEIC 800점 이상 2. TOEFL IBT 88점 이상 3. TOEFL PBT 570점 이상 4. TEPS 720점 이상 5. New TEPS 399점 이상 6. TOSEL(advanced) 780점 이상 7. FLEX 714점 이상 8. PELT(main) 304점 이상 9. G-TELP Level 2 75점 이상	1. TOEIC 600점 이상 2. TOEFL IBT 57점 이상 3. TOEFL PBT 489점 이상 4. TEPS 500점 이상 5. New TEPS 268점 이상 6. TOSEL(advanced) 580점 이상 7. FLEX 480점 이상 8. PELT(main) 242점 이상 9. G-TELP Level 2 48점 이상
	일본어	1. JLPT 2급(N2) 2. JPT 650점 이상	1. JLPT 3급(N3, N4) 2. JPT 550점 이상
	중국어	1. HSK 8급 2. 신(新) HSK 5급 (210점 이상)	1. HSK 7급 2. 신(新) HSK 4급 (195점 이상)

■ 비고

1. 위 표에서 소방 관련 국가기술자격이란 「국가기술자격법 시행규칙」 별표 2의 중직무분야 중 다음 기술·기능 분야의 자격을 말한다.
   - 건축, 건설기계운전, 기계장비설비·설치, 철도, 조선, 항공, 자동차, 화공, 위험물, 전기, 전자, 정보기술, 방송·무선, 통신, 안전관리, 비파괴검사, 에너지·기상, 채광(기술·기능 분야 화약류관리에 한정)
2. 위 표에서 한국어능력검정시험·외국어능력검정시험의 경우 해당 채용시험의 면접시험일을 기준으로 2년 이내의 성적에 대해서만 가점을 인정한다.
3. 가점을 위하여 필요한 자료의 제출기한은 해당 채용시험의 면접시험일까지로 한다.

(2) 점수 가산 방법

제1항에 따른 점수의 가산은 다음 각 호의 방법에 따른다(제2항).

> 1. 시험 단계별 득점을 각각 100점으로 환산한 후 제46조 제5항 제1호 각 목에 따른 비율을 적용하여 합산한 점수의 5퍼센트 이내에서 가산한다.
> 2. 제1항 각 호에 따른 동일한 분야에서 가점 인정대상이 두 개 이상인 경우에는 각 분야별로 본인에게 유리한 것 하나만을 가산한다.

2. 합격자 결정

(1) 공개경쟁채용시험 및 소방간부후보생 선발시험의 합격자 결정(제46조 제1항)

1. 필기시험 : 각 과목 40퍼센트 이상을 득점하고, 전 과목 총점의 60퍼센트 이상을 득점한 사람 중에서 선발예정인원의 3배수 범위에서 고득점자순으로 결정
2. 체력시험 : 전 종목 총점의 50퍼센트 이상을 득점한 사람
3. 신체검사 : 제43조 제3항에 따른 신체조건 및 건강상태에 적합한 사람

(2) 경력경쟁채용시험등의 필기시험 또는 실기시험(제46조 제2항)

매 과목 40퍼센트 이상, 전 과목 총점의 60퍼센트 이상의 득점자 중에서 선발예정인원의 3배수의 범위에서 시험성적을 고려하여 점수가 높은 사람부터 차례로 합격자를 결정하고, 체력시험과 신체검사의 합격자 결정에 관하여는 제1항 제2호 및 제3호를 준용

(3) **면접시험의 합격자 결정** (제46조 제4항)

면접시험의 합격자 결정은 다음 각 호의 평정요소에 대한 시험위원의 점수를 합산하여 총점의 50퍼센트 이상을 득점한 사람으로 한다. 다만, 시험위원의 과반수가 어느 하나의 평정요소에 대하여 40퍼센트 미만의 점수를 평정한 경우 불합격으로 한다.

1. 문제해결 능력
2. 의사소통 능력
3. 소방공무원으로서의 공직관
4. 협업 능력
5. 침착성 및 책임감

※ 종합적성검사의 결과는 면접시험에 반영한다(제46조 제3항).

(4) **최종합격자의 결정**(제46조 제5항)

면접시험의 합격자 중에서 다음 각 호의 방법에 따라 산정한 성적의 순위에 따름

1. 공개경쟁채용시험 및 소방간부후보생 선발시험
 다음 각 목의 시험 단계별 성적을 해당 목에서 정하는 비율을 적용하여 합산한 점수에 제42조에 따른 가점을 반영한 성적
- 필기시험 성적(제1차시험과 제2차시험을 구분하여 실시할 때에는 이를 합산한 성적) : 50퍼센트
- 체력시험 성적 : 25퍼센트
- 면접시험 성적(실기시험을 병행할 때에는 이를 포함한 점수) : 25퍼센트

2. 경력경쟁채용시험등

- 면접시험만을 실시하는 경우 : 면접시험성적 100퍼센트
- 필기시험과 면접시험을 실시하는 경우 : 필기시험성적 75퍼센트 및 면접시험성적 25퍼센트의 비율로 합산한 성적
- 체력시험과 면접시험을 실시하는 경우 : 체력시험 성적 25퍼센트 및 면접시험 성적 75퍼센트의 비율로 합산한 성적
- 실기시험과 면접시험을 실시하는 경우 : 실기시험성적 75퍼센트 및 면접시험성적 25퍼센트의 비율로 합산한 성적
- 필기시험·체력시험 및 면접시험을 실시하는 경우 : 필기시험 성적 50퍼센트, 체력시험 성적 25퍼센트 및 면접시험 성적 25퍼센트의 비율로 합산한 성적
- 체력시험·실기시험 및 면접시험을 실시하는 경우 : 체력시험 성적 25퍼센트, 실기시험 성적 50퍼센트 및 면접시험 성적 25퍼센트의 비율로 합산한 성적
- 필기시험·체력시험·실기시험 및 면접시험을 실시하는 경우 : 필기시험 성적 30퍼센트, 체력시험 성적 15퍼센트, 실기시험 성적 30퍼센트 및 면접시험 성적 25퍼센트의 비율로 합산한 성적

(5) 추가합격자 결정

① 임용권자는 공개경쟁채용시험·경력경쟁채용시험등 및 소방간부후보생 선발시험의 경우 최종합격자가 임용을 포기하는 등의 사정으로 결원을 보충할 필요가 있을 때에는 최종합격자 발표일부터 6개월 이내에 제5항에 따라 추가 합격자를 결정할 수 있다(제6항).

② 임용권자는 공개경쟁채용시험·경력경쟁채용시험등 및 소방간부후보생 선발시험의 최종합격자가 제51조에 따른 부정행위로 인해 합격이 취소되어 결원을 보충할 필요가 있다고 인정하는 경우 최종합격자의 다음 순위자를 특정할 수 있으면 제6항에도 불구하고 최종합격자 발표일부터 3년 이내에 다음 순위자를 추가 합격자로 결정할 수 있다(제7항).

(6) 동점자의 합격결정

공개경쟁채용시험·경력경쟁채용시험등 및 소방간부후보생 선발시험의 합격자를 결정할 때 선발예정인원을 초과하여 동점자가 있는 경우에는 그 선발예정인원에 불구하고 모두 합격자로 한다. 이 경우 동점자의 결정은 총득점을 기준으로 하되, 소수점 이하 둘째자리까지 계산한다(제47조).

출·제·예·상·문·제

소방승진 공무원법

01 소방공무원 채용시험 가운데 자격증 등 소지자에 대한 가점 대상인 것은?

① 소방사 경력경쟁채용시험, 소방사 공개경쟁채용시험
② 소방사 공개경쟁채용시험, 소방간부후보생선발시험
③ 소방령 공개경쟁채용시험, 소방간부후보생선발시험
④ 소방사 경력경쟁채용시험, 소방령 공개경쟁채용시험, 소방간부후보생선발시험

[해설]
② (○) 소방공무원 임용령 제42조 제1항

02 소방사 공개경쟁채용시험이나 소방간부후보생선발시험에 응시하는 자격증 소지자의 가점 비율로 옳은 것은?

① 컴퓨터활용능력 1급 : 1%
② 응급구조사(1급), 간호사 : 5%
③ 소방관련 국가기술자격 중 산업기사·기능사 : 3%
④ 소방시설관리사 : 5%

[해설]
① (×) 3%, ② (×) 3%, ③ (×) 1% (소방공무원 임용령 시행규칙 별표6)

03 「소방공무원 임용령」및 「소방공무원 임용령 시행규칙」상 자격증 등 소지자의 가점비율이 다른 것은?

*24 소방교

① 간호사
② 응급구조사 1급
③ 소방안전교육사
④ 소형선박 조종사

[해설]
소형선박 조종사는 1퍼센트이고, 나머지는 3퍼센트이다(소방공무원 임용령 시행규칙 [별표 6]).

[정답] 01. ② 02. ④ 03. ④

> 소방승진 공무원법

04 소방공무원 채용시험에 있어 자격증 소지자의 가점에 관한 설명으로 틀린 것은?

① 소방사 공개경쟁채용시험이나 소방간부후보생선발시험에 적용된다.
② 소방업무 관련 분야 자격증 또는 면허증이나 사무관리 분야 자격증을 취득한 사람에게 적용된다.
③ 필기시험의 각 과목별 득점에 그 시험 만점의 5퍼센트 이내를 최고점으로 한다.
④ 동일한 분야에서 가점 인정대상이 두 개 이상인 경우에는 각 분야별로 본인에게 유리한 것 하나만을 가산한다.

해설
③ (×) 지문은 2023.1.1. 이전에 적용되는 내용이다. 소방공무원 임용령의 개정 내용은, 시험 단계별 득점을 각각 100점으로 환산한 후 제46조 제4항 제1호 각 목에 따른 비율(註: 필기시험 성적 50%, 체력시험 성적 25%, 면접시험 성적 25%)를 적용하여 합산한 점수의 5퍼센트 이내에서 가산한다(소방공무원 임용령 제42조 제2항).

05 소방공무원의 신규채용에 있어 면접시험의 평정요소가 아닌 것은?

① 의사발표의 정확성과 논리성
② 문제해결 능력
③ 소방공무원으로서의 공직관
④ 협업 능력

해설
① (×) 문제해결 능력, 의사소통 능력, 소방공무원으로서의 공직관, 협업 능력, 침착성 및 책임감이다.

06 소방공무원 공개경쟁채용시험에 관한 내용으로 옳은 것은? *22 소방교

① 시험실시에 관한 공고내용을 변경하고자 할 때에는 시험실시 5일 전까지 변경내용을 공고하여야 한다.
② 소방사 채용시험의 출제수준은 소방업무수행에 필요한 전문적 능력·지식을 검정할 수 있는 정도로 한다.
③ 공개경쟁채용시험의 합격자를 결정할 때 선발예정인원을 초과하여 동점자가 있는 경우에는 그 선발예정인원에 불구하고 모두 합격자로 한다.
④ 필기시험은 각 과목 40퍼센트 이상을 득점하고, 전 과목 총점의 60퍼센트 이상을 득점한 사람 중에서 선발예정인원의 5배수 범위에서 고득점자순으로 결정한다.

해설
① (×) 공고내용을 변경하고자 할 때에는 시험실시 7일전까지 그 변경 내용을 공고하여야 한다(소방공무원 임용령 제35조 제2항).
② (×) 소방사 채용시험의 출제수준은 소방업무수행에 필요한 기본적인 능력·지식을 검정할 수 있는 정도로 한다(제45조).
④ (×) 선발예정인원의 3배수 범위이다(제46조 제1항).

정답 04. ③ 05. ① 06. ③

07 소방공무원의 공개경쟁채용시 합격자 결정방법으로 틀린 것은? *20 소방교

① 필기시험은 각 과목 40퍼센트 이상을 득점하고, 전 과목 총점의 60퍼센트 이상을 득점한 사람 중에서 선발예정인원의 3배수 범위에서 고득점자순으로 결정한다.
② 체력시험은 전 종목 총점의 50퍼센트 이상을 득점한 사람을 합격자로 한다.
③ 면접시험은 원칙적으로 각 평정요소에 대한 시험위원의 점수를 합산하여 총점의 50퍼센트 이상을 득점한 사람을 합격자로 한다.
④ 최종합격자의 결정은 면접시험의 합격자 중에서 필기시험성적 75퍼센트, 체력시험성적 15퍼센트 및 면접시험성적 10퍼센트의 비율로 합산한 성적의 순위에 따른다.

[해설]
④ (×) 필기시험성적 50퍼센트, 체력시험성적 25퍼센트 및 면접시험성적 25퍼센트로 개정되었다.[시행일: 2023.1.1.] 지문은 소방공무원 임용령 개정 전의 내용이다.
①, ②, ③은 개정 전의 내용도 동일하다.

08 소방공무원의 공개경쟁채용시험 및 소방간부후보생 선발시험의 면접시험 합격자 결정에 관하여 빈칸에 들어갈 숫자는?

> 평정요소에 대한 시험위원의 점수를 합산하여 총점의 ( )퍼센트 이상을 득점한 사람으로 하되, 시험위원의 과반수가 어느 하나의 평정요소에 대하여 ( )퍼센트 미만의 점수를 평정한 경우 불합격으로 한다.

① 50, 50　② 50, 40　③ 60, 50　④ 60, 40

[해설]
② (○) 소방공무원 임용령 제46조 제4항

09 공개경쟁채용시험 및 소방간부후보생 선발시험의 최종합격자 결정에서 가점을 반영하기 전의 기준으로 옳은 것은?

① 필기시험 성적 75퍼센트, 체력시험 성적 15퍼센트, 면접시험 성적 10퍼센트
② 필기시험 성적 60퍼센트, 체력시험 성적 25퍼센트, 면접시험 성적 15퍼센트
③ 필기시험 성적 50퍼센트, 체력시험 성적 25퍼센트, 면접시험 성적 25퍼센트
④ 필기시험 성적 40퍼센트, 체력시험 성적 25퍼센트, 면접시험 성적 35퍼센트

[해설]
③ (○) 소방공무원 임용령 제46조 제5항

[정답] 07. ④　08. ②　09. ③

소방승진 공무원법

10 경력경쟁채용시험등에서 필기시험·체력시험·실기시험 및 면접시험을 실시하는 경우 합격자 결정의 배점 비율은?

① 필기시험 성적 30%, 체력시험 성적 15%, 실기시험 성적 30%, 면접시험 성적 25%
② 필기시험 성적 40%, 체력시험 성적 15%, 실기시험 성적 35%, 면접시험 성적 10%
③ 필기시험 성적 30%, 체력시험 성적 15%, 실기시험 성적 25%, 면접시험 성적 30%
④ 필기시험 성적 40%, 체력시험 성적 15%, 실기시험 성적 25%, 면접시험 성적 20%

해설
① (○) 소방공무원 임용령 제46조 제5항

11 공개경쟁채용시험·경력경쟁채용시험등 및 소방간부후보생 선발시험의 합격자를 결정할 때 선발예정인원을 초과하여 동점자가 있는 경우 등의 처리로 옳은 것은?

① 동점자가 있는 경우에는 취업보호대상자를 우선합격자로 한다.
② 동점자의 결정은 총득점을 기준으로 하되, 소수점 이하 둘째자리까지 계산한다.
③ 동점자의 결정은 필기시험의 고득점자를 우선한다.
④ 동점자의 결정은 면접시험의 고득점자를 우선한다.

해설
공개경쟁채용시험·경력경쟁채용시험등 및 소방간부후보생 선발시험의 합격자를 결정할 때 선발예정인원을 초과하여 동점자가 있는 경우에는 그 선발예정인원에 불구하고 모두 합격자로 한다. 이 경우 동점자의 결정은 총득점을 기준으로 하되, 소수점 이하 둘째자리까지 계산한다(소방공무원 임용령 제47조).

12 공개경쟁채용시험, 경력경쟁채용시험등, 소방간부후보생 선발시험의 합격자 결정에 관한 내용으로 옳지 않은 것은?

① 임용권자는 최종합격자가 임용을 포기하는 등의 사정으로 결원을 보충할 필요가 있을 때에는 최종합격자 발표일부터 3개월 이내에 추가 합격자를 결정할 수 있다.
② 임용권자는 최종합격자가 시험 부정행위로 인해 합격이 취소되어 결원을 보충할 필요가 있다고 인정하는 경우 최종합격자의 다음 순위자를 특정할 수 있으면 최종합격자 발표일부터 3년 이내에 다음 순위자를 추가 합격자로 결정할 수 있다.
③ 공개경쟁채용시험·경력경쟁채용시험등 및 소방간부후보생 선발시험의 합격자를 결정할 때 선발예정인원을 초과하여 동점자가 있는 경우에는 그 선발예정인원에 불구하고 모두 합격자로 한다.
④ 동점자의 결정은 총득점을 기준으로 하되, 소수점 이하 둘째자리까지 계산한다.

해설
① (×) 3개월 이내가 아니라 6개월 이내이다(소방공무원 임용령 제46조 제6항).

정답 10. ① 11. ② 12. ①

13 신규채용에 관한 내용으로 옳지 않은 것은?

*23 소방교

① 경력경쟁채용시험에서 최종합격자의 결정은 면접시험의 합격자 중에서 필기시험·체력시험 및 면접시험을 실시하는 경우 필기시험성적 50퍼센트, 체력시험성적 25퍼센트, 면접시험성적 25퍼센트의 비율로 합산한 성적의 순위에 따른다.
② 채용후보자명부의 유효기간은 2년으로 하되 임용권자는 필요에 따라 1년의 범위에서 그 기간을 연장할 수 있다.
③ 공개경쟁채용시험의 합격자를 결정할 때 선발예정 인원을 초과하여 동점자가 있는 경우에는 그 선발예정 인원에 불구하고 모두 합격자로 하며, 이 경우 동점자의 결정은 총득점을 기준으로 하되, 소수점 이하 첫째자리까지 계산한다.
④ 시험실시권자가 소방공무원 채용시험 부정행위자에 대한 처분을 할 때에는 그 이유를 붙여 처분을 받는 사람에게 알리고, 그 명단을 관보에 게재해야 한다.

해설

③ (×) 제47조(동점자의 합격결정) 공개경쟁채용시험·경력경쟁채용시험등 및 소방간부후보생 선발시험의 합격자를 결정할 때 선발예정인원을 초과하여 동점자가 있는 경우에는 그 선발예정인원에 불구하고 모두 합격자로 한다. 이 경우 동점자의 결정은 총득점을 기준으로 하되, 소수점 이하 둘째자리까지 계산한다(소방공무원 임용령 제47조).

14 공개경쟁채용시험, 경력경쟁채용시험등, 소방간부후보생 선발시험의 최종합격자가 부정행위로 인해 합격이 취소된 경우 최종합격자 발표일부터 추가 합격자를 결정할 수 있는 기간은?

① 1년 이내
② 2년 이내
③ 3년 이내
④ 5년 이내

해설

임용권자는 공개경쟁채용시험·경력경쟁채용시험등 및 소방간부후보생 선발시험의 최종합격자가 제51조에 따른 부정행위로 인해 합격이 취소되어 결원을 보충할 필요가 있다고 인정하는 경우 최종합격자의 다음 순위자를 특정할 수 있으면 제6항에도 불구하고 최종합격자 발표일부터 3년 이내에 다음 순위자를 추가 합격자로 결정할 수 있다(소방공무원 임용령 제46조 제7항).

정답 13. ③ 14. ③

CHAPTER 08 시험의 사후조치

1. 부정행위자에 대한 조치

(1) 시험의 정지·무효, 합격취소, 응시자격 정지 사유

소방공무원의 채용시험 또는 소방간부후보생 선발시험에서 다음 각 호의 어느 하나에 해당하는 행위를 한 사람에 대해서는 그 시험을 정지 또는 무효로 하거나 합격을 취소하고, 그 처분이 있은 날부터 5년간 이 영에 따른 시험의 응시자격을 정지한다(소방공무원 임용령 제51조 제1항).

> 1. 다른 수험생의 답안지를 보거나 본인의 답안지를 보여주는 행위
> 2. 대리 시험을 의뢰하거나 대리로 시험에 응시하는 행위
> 3. 통신기기, 그 밖의 신호 등을 이용하여 해당 시험 내용에 관하여 다른 사람과 의사소통하는 행위
> 4. 부정한 자료를 가지고 있거나 이용하는 행위
> 5. 병역, 가점 또는 영어능력검정시험 성적에 관한 사항 등 시험에 관한 증명서류에 거짓 사실을 적거나 그 서류를 위조·변조하여 시험결과에 부당한 영향을 주는 행위
> 6. 체력시험에 영향을 미칠 목적으로 인사혁신처장이 정하여 고시하는 금지약물을 복용하거나 금지방법을 사용하는 행위
> 7. 그 밖에 부정한 수단으로 본인 또는 다른 사람의 시험결과에 영향을 미치는 행위

(2) 시험의 정지·무효 사유

소방공무원의 채용시험 또는 소방간부후보생 선발시험에서 다음 각 호의 어느 하나에 해당하는 행위를 한 사람에 대해서는 그 시험을 정지하거나 무효로 한다(제2항).

> 1. 시험 시작 전에 시험문제를 열람하는 행위
> 2. 시험 시작 전 또는 종료 후에 답안을 작성하는 행위
> 3. 허용되지 아니한 통신기기 또는 전자계산기기를 가지고 있는 행위
> 4. 그 밖에 시험의 공정한 관리에 영향을 미치는 행위로서 시험실시권자가 시험의 정지 또는 무효 처리기준으로 정하여 공고한 행위

(3) 그 밖의 조치사항

① 다른 법령에 의한 국가공무원 또는 지방공무원의 임용시험에서 부정행위를 하여 당해 시험에의 응시자격이 정지중에 있는 자는 그 기간중 이 영에 의한 시험에 응시할 수 없다(제3항).
② 시험실시권자는 제1항에 따른 처분을 할 때에는 그 이유를 붙여 처분을 받는 사람에게 알리고, 그 명단을 관보에 게재해야 한다(제4항).

③ 부정행위를 한 응시자가 공무원일 경우에는 시험실시권자는 관할 징계위원회에 징계의결을 요구하거나 그 공무원이 소속하고 있는 기관의 장에게 이를 요구하여야 한다(제5항).
④ 시험실시권자는 인사혁신처장이 정하는 바에 따라 제1항 제6호에 해당하는지 여부를 확인할 수 있다(제6항).

2. 채용 비위 관련자의 합격 등 취소

(1) 의의

① 시험실시기관의 장 또는 임용권자는 누구든지 공무원 채용과 관련하여 대통령령등으로 정하는 비위를 저질러 유죄판결이 확정된 경우에는 그 비위 행위로 인하여 채용시험에 합격하거나 임용된 사람에 대하여 대통령령등으로 정하는 바에 따라 합격 또는 임용을 취소할 수 있다. 이 경우 취소 처분을 하기 전에 미리 그 내용과 사유를 당사자에게 통지하고 소명할 기회를 주어야 한다(국가공무원법 제45조의3 제1항).

② 「국가공무원법」 제45조의3 제1항 전단에서 "대통령령등으로 정하는 비위"란 법령을 위반하여 채용시험에 개입하거나 채용시험에 부당한 영향을 주는 행위 등 채용시험의 공정성을 해치는 행위를 말한다(소방공무원 임용령 제51조의2 제1항).

(2) 절차

① 시험실시권자나 임용권자는 「국가공무원법」 제45조의3 제1항 전단에 따라 합격 또는 임용을 취소하려는 경우에는 제51조의3 제1항에 따른 채용비위심의위원회의 심의를 거쳐야 한다(소방공무원 임용령 제51조의2 제2항).

② 시험실시권자나 임용권자는 「국가공무원법」 제45조의3 제1항 후단에 따라 제51조의3 제1항에 따른 채용비위심의위원회의 회의를 개최하기 10일 전까지 다음 각 호의 사항을 당사자에게 통지해야 한다(제3항).

> 1. 합격 또는 임용 취소의 내용과 사유
> 2. 소명 기한
> 3. 소명 방법
> 4. 소명하지 않는 경우의 처리 방법
> 5. 그 밖에 소명에 필요한 사항

③ 시험실시권자나 임용권자는 제3항에 따른 통지를 받은 당사자가 같은 항 제2호의 기한까지 정당한 사유 없이 소명하지 않는 경우에는 추가로 소명기회를 주지 않을 수 있다(제4항).

(3) 채용비위심의위원회의 설치 등

① 「국가공무원법」 제45조의3 제1항 전단에 따른 합격 또는 임용 취소 여부를 심의하기 위하여 시험실시권자나 임용권자 소속으로 채용비위심의위원회(이하 "심의위원회")를 둔다(소방공무원 임용령 제51조의3 제1항).

② 심의위원회는 위원장 1명을 포함하여 5명 이상 8명 이내의 위원으로 성별을 고려하여 구성

한다(제2항).
③ 심의위원회의 위원장은 시험실시권자나 임용권자로 하거나 시험실시권자나 임용권자가 지명하는 소속 공무원으로 한다(제3항).
④ 심의위원회의 위원은 다음 각 호의 사람으로 한다(제4항).

> 1. 합격 또는 임용 취소 당사자의 임용계급 또는 임용예정계급보다 상위계급의 소방공무원(상위계급에 상당하는 공무원 및 고위공무원단에 속하는 공무원을 포함한다) 중에서 시험실시권자나 임용권자가 지명하는 사람
> 2. 인사·법률·노동 분야의 학식과 경험이 풍부한 사람 중에서 시험실시권자나 임용권자가 위촉하는 사람

⑤ 심의위원회의 회의는 재적위원 과반수의 찬성으로 의결한다(제5항).
⑥ 심의위원회는 심의를 위하여 필요한 경우에는 관계인의 출석, 의견의 제시 또는 증거물의 제출을 요구할 수 있다(제6항).
⑦ 제1항부터 제6항까지에서 규정한 사항 외에 심의위원회의 구성 및 운영 등에 필요한 사항은 소방청장이 정한다(제7항).

3. 시험합격자명단의 송부등

시험실시권자가 법 제13조 제1항에 따라 시험합격자명단을 임용권자에게 송부함에 있어서, 2 이상의 임용권자의 요구에 의하여 동시에 시험을 실시한 경우(근무예정지역별로 시험을 실시한 경우를 제외한다)에는 미리 생활연고지·근무희망지 및 시험성적 등을 고려하여 합격자를 배정하고 각 임용권자에게 그 명단을 송부하여야 한다(소방공무원 임용령 제48조 제1항). 시험실시권자는 시험에 합격한 자에 대하여 시험합격의 통지를 하여야 한다(제2항).

4. 시험실시결과의 보고 등

시험실시권자는 시험을 실시한 때에는 그 시험의 실시내용 및 결과를 소방청장에게 보고하여야 한다(소방공무원 임용령 제52조 제1항).
시험실시권자는 경력경쟁채용시험등을 실시하는 경우 최종합격자 발표 전에 소방청장이 정하는 바에 따라 채용과정이 적절하게 이루어졌는지 점검해야 한다(제2항).

5. 합격증명서 등의 발급

시험실시권자는 채용시험 합격자에 대하여 본인의 신청에 따라 합격증명서 등을 발급한다(소방공무원 임용령 제53조 제1항). 합격증명서 등을 발급받으려는 사람은 1통에 200원의 수수료를 수입인지 또는 수입증지로 내야 한다. 다만, 인터넷으로 합격증명서 등의 발급을 신청하는 경우에는 정보통신망을 이용한 전자화폐·전자결제 등의 방법으로 내야 하며, 합격증명서 등을 전자문서로 발급받는 경우에는 무료로 한다(제2항).

출·제·예·상·문·제

소방승진 공무원법

01 소방공무원의 채용시험 또는 소방간부후보생 선발시험에서 그 시험을 정지 또는 무효로 하거나 합격을 취소하고, 그 처분이 있은 날부터 5년간 시험의 응시자격을 정지하는 사유가 아닌 것은?

① 체력시험에 영향을 미칠 목적으로 인사혁신처장이 정하여 고시하는 금지약물을 복용하거나 금지방법을 사용하는 행위
② 병역, 가점 또는 영어능력검정시험 성적에 관한 사항 등 시험에 관한 증명서류에 거짓 사실을 적거나 그 서류를 위조·변조하여 시험결과에 부당한 영향을 주는 행위
③ 시험 시작 전 또는 종료 후에 답안을 작성하는 행위
④ 다른 수험생의 답안지를 보거나 본인의 답안지를 보여주는 행위

해설

③ (×) 소방공무원의 채용시험 또는 소방간부후보생 선발시험에서 다음 각 호의 어느 하나에 해당하는 행위를 한 사람에 대해서는 그 시험을 정지 또는 무효로 하거나 합격을 취소하고, 그 처분이 있은 날부터 5년간 이 영에 따른 시험의 응시자격을 정지한다(소방공무원 임용령 제51조 제1항).

> 1. 다른 수험생의 답안지를 보거나 본인의 답안지를 보여주는 행위
> 2. 대리 시험을 의뢰하거나 대리로 시험에 응시하는 행위
> 3. 통신기기, 그 밖의 신호 등을 이용하여 해당 시험 내용에 관하여 다른 사람과 의사소통하는 행위
> 4. 부정한 자료를 가지고 있거나 이용하는 행위
> 5. 병역, 가점 또는 영어능력검정시험 성적에 관한 사항 등 시험에 관한 증명서류에 거짓 사실을 적거나 그 서류를 위조·변조하여 시험결과에 부당한 영향을 주는 행위
> 6. 체력시험에 영향을 미칠 목적으로 인사혁신처장이 정하여 고시하는 금지약물을 복용하거나 금지방법을 사용하는 행위
> 7. 그 밖에 부정한 수단으로 본인 또는 다른 사람의 시험결과에 영향을 미치는 행위

정답 01. ③

소방승진 공무원법

02 소방공무원 임용령에 따른 소방공무원의 채용시험 또는 소방간부후보생 선발시험에서 그 시험을 정지 또는 무효로 하거나 합격을 취소하고, 그 처분이 있은 날부터 5년간 이 영에 따른 시험의 응시자격을 정지하는 사유는?

① 부정한 자료를 가지고 있거나 이용하는 행위
② 시험 시작 전에 시험문제를 열람하는 행위
③ 허용되지 아니한 통신기기 또는 전자계산기기를 가지고 있는 행위
④ 시험 시작 전 또는 종료 후에 답안을 작성하는 행위

해설
②·③·④는 해당 시험을 정지하거나 무효로 하는 사유이다(소방공무원 임용령 제51조 제1항).

03 시험의 부정행위자에 대한 조치의 내용으로 옳지 않은 것은?

① 시험실시권자는 체력시험에 영향을 미칠 목적으로 인사혁신처장이 정하여 고시하는 금지약물을 복용하거나 금지방법을 사용하는 행위에 해당하는지 여부를 확인할 수 있다.
② 허용되지 아니한 통신기기 또는 전자계산기기를 가지고 있는 행위를 한 사람에게 당해 시험을 정지하거나 무효로 한 처분을 한 경우, 시험실시권자는 그 이유를 붙여 처분을 받는 사람에게 알리고, 그 명단을 관보에 게재해야 한다.
③ 부정행위를 한 응시자가 공무원일 경우에는 시험실시권자는 관할 징계위원회에 징계의결을 요구하거나 그 공무원이 소속하고 있는 기관의 장에게 이를 요구하여야 한다.
④ 다른 법령에 의한 국가공무원 또는 지방공무원의 임용시험에서 부정행위를 하여 당해 시험에의 응시자격이 정지중에 있는 자는 그 기간중 소방공무원 채용시험에 응시할 수 없다.

해설
② (×) 이유를 붙여 처분을 받는 사람에게 알리고 그 명단을 관보에 게재해야 하는 경우는, 시험을 정지 또는 무효로 하거나 합격을 취소하고 그 처분이 있은 날부터 5년간 시험의 응시자격을 정지하는 처분을 한 경우이다(예 다른 수험생의 답안지를 보거나 본인의 답안지를 보여주는 행위 등 7개 사유). ②의 경우는 여기에 해당하지 않는다.

04 「소방공무원 임용령」상 채용비위심의위원회(이하 "심의위원회"라 한다)의 설치 등에 관한 내용으로 옳지 않은 것은?   *24 소방교

① 심의위원회의 회의는 재적위원 과반수의 찬성으로 의결한다.
② 심의위원회는 위원장을 제외한 3명 이상 8명 이내의 위원으로 성별을 고려하여 구성한다.
③ 심의위원회는 심의를 위하여 필요한 경우에는 관계인의 출석, 의견의 제시 또는 증거물의 제출을 요구할 수 있다.
④ 심의위원회의 위원장은 시험실시권자나 임용권자로 하거나 시험실시권자나 임용권자가 지명하는 소속 공무원으로 한다.

정답 02. ①   03. ②   04. ②

해설
② (×) 심의위원회는 위원장 1명을 포함하여 5명 이상 8명 이내의 위원으로 성별을 고려하여 구성한다(소방공무원 임용령 제51조의3 제2항).

05 소방공무원 채용시험의 실시권자가 할 조치내용으로 옳지 않은 것은?

① 시험실시권자는 체력시험에 영향을 미칠 목적으로 인사혁신처장이 정하여 고시하는 금지약물을 복용하거나 금지방법을 사용하는 행위에 해당하는지 여부를 확인할 수 있다.
② 2이상의 임용권자의 요구에 의하여 동시에 시험을 실시한 경우(근무예정지역별로 시험을 실시한 경우를 포함한다)에는 미리 생활연고지·근무희망지 및 시험성적 등을 고려하여 합격자를 배정하고 각 임용권자에게 그 명단을 송부하여야 한다.
③ 부정행위를 한 응시자가 공무원일 경우에는 관할 징계위원회에 징계의결을 요구하거나 그 공무원이 소속하고 있는 기관의 장에게 이를 요구하여야 한다.
④ 시험을 실시한 때에는 그 시험의 실시내용 및 결과를 소방청장에게 보고하여야 한다.

해설
② (×) 시험실시권자가 법 제13조 제1항에 따라 시험합격자명단을 임용권자에게 송부함에 있어서, 2이상의 임용권자의 요구에 의하여 동시에 시험을 실시한 경우(근무예정지역별로 시험을 실시한 경우를 제외한다)에는 미리 생활연고지·근무희망지 및 시험성적 등을 고려하여 합격자를 배정하고 각 임용권자에게 그 명단을 송부하여야 한다(소방공무원 임용령 제48조 제1항).

06 소방공무원 채용시험의 합격증명서 등의 발급에 관한 내용으로 옳지 않은 것은?

① 시험실시권자는 채용시험 합격자에 대하여 본인의 신청에 따라 합격증명서 등을 발급한다.
② 합격증명서 등을 전자문서로 발급받는 경우 1통에 200원의 수수료를 납부한다.
③ 수수료를 수입인지 또는 수입증지로 내야 한다.
④ 인터넷으로 합격증명서 등의 발급을 신청하는 경우에는 정보통신망을 이용한 전자화폐·전자결제 등의 방법으로 내야 한다.

해설
② (×) 합격증명서 등을 전자문서로 발급받는 경우에는 무료로 한다(소방공무원 임용령 제53조 제2항).

정답 05. ② 06. ②

CHAPTER 09 채용후보자의 등록 등

1. 채용후보자 등록

(1) 등록대상자
① 공개경쟁채용시험 또는 경력경쟁채용시험등에 합격한 사람, 소방간부후보생으로서 제24조 제1항에 따른 교육훈련을 마친 사람(소방공무원 임용령 제16조 제1항)
② 채용후보자등록을 하지 아니한 사람은 소방공무원으로 임용될 의사가 없는 것으로 본다(제2항).

(2) 등록절차
① 채용후보자등록을 하려는 사람은 채용후보자등록원서에 다음의 서류를 첨부하여 지정된 기한까지 임용권자 또는 임용제청권자에게 등록해야 한다. 다만, 시험실시권자와 임용권자 또는 임용제청권자가 동일한 경우에는 시험에 응시한 때에 제출한 서류를 첨부하지 않을 수 있다(소방공무원 임용령 시행규칙 제29조 제1항).

- 최종학력증명서 2통
- 자격증 사본(「국가기술자격법」에 따른 국가기술자격이 아닌 경우에 한함) 2통
- 경력증명서 2통
- 소방공무원채용신체검사서 2통
- 민간인신원진술서 3통
- 사진(모자를 쓰지 않은 상반신 명함판) 5장

※ 본서 발행일 현재 [입법예고] 중 : 민간인신원진술서 2통, 사진 3장, 기타 1통씩

② 임용권자 또는 임용제청권자는 제1항에 따른 서류를 심사하여 임용적격자에 한하여 채용후보자 명부에 등재하고 등록확인증을 본인에게 보내야 한다. 다만, 교육훈련통지서로 등록확인증을 갈음할 수 있다(제2항).
③ 임용권자 또는 임용제청권자는 채용후보자가 「국가공무원법」 제33조 또는 영 제15조 제1항에 따른 결격사유에 해당되는 경우에는 등록을 거부하거나 이를 취소하고 지체 없이 그 사유를 본인에게 통지해야 한다(제3항).
④ 채용후보자등록서류는 1통을 임용서류에 첨부하고 1통은 인사기록서류로 보존한다(시행규칙 제31조).

(3) 채용후보자명부의 작성
① 채용후보자명부는 임용예정계급별로 작성하되, 채용후보자의 서류를 심사하여 임용적격자만을 등재한다(소방공무원 임용령 제17조 제1항).
② 임용권자 또는 임용제청권자는 제1항의 규정에 의한 채용후보자명부에의 등재여부를 본인

에게 알려야 한다(제2항).
③ 채용후보자명부는 시험성적순위에 의하여 작성하되 시험성적이 같을 경우에는 다음 순위에 따라 작성하여야 한다(소방공무원 임용령 시행규칙 제30조).

> 1. 취업보호대상자   2. 필기시험 성적 우수자   3. 연령이 많은 사람

(4) 채용후보자명부의 유효기간

① 채용후보자명부의 유효기간은 2년으로 하되, 임용권자는 필요에 따라 1년의 범위에서 그 기간을 연장할 수 있다(소방공무원 임용령 제18조 제1항).
② 임용권자는 제1항의 규정에 의하여 채용후보자명부의 유효기간을 연장한 때에는 이를 즉시 본인에게 알려야 한다(제2항).

(5) 채용후보자의 자격상실

채용후보자가 다음 각 호의 어느 하나에 해당하는 경우에는 채용후보자의 자격을 상실한다. 다만, 제5호에 해당하는 경우에는 제22조의2에 따른 임용심사위원회의 의결을 거쳐야 한다(제21조).

> 1. 채용후보자가 임용 또는 임용제청에 응하지 않은 경우
> 2. 채용후보자로서 받아야 할 교육훈련에 응하지 않은 경우
> 3. 채용후보자로서 받은 교육훈련과정의 졸업요건을 갖추지 못한 경우
> 4. 채용후보자로서 교육훈련을 받는 중 질병, 병역 복무 또는 그 밖에 교육훈련을 계속할 수 없는 불가피한 사정 외의 사유로 퇴교처분을 받은 경우
> 5. 채용후보자로서 품위를 크게 손상하는 행위를 함으로써 소방공무원으로서의 직무를 수행하기 곤란하다고 인정되는 경우
> 6. 법 또는 법에 따른 명령을 위반하여 「소방공무원 징계령」 제1조의2 제1호에 따른 중징계(이하 "중징계") 사유에 해당하는 비위를 저지른 경우
> 7. 법 또는 법에 따른 명령을 위반하여 「소방공무원 징계령」 제1조의2 제2호에 따른 경징계(이하 "경징계") 사유에 해당하는 비위를 2회 이상 저지른 경우

2. 임용순위 및 임용유예

(1) 임용순위

임용권자는 채용후보자명부의 등재순위에 따라 임용하여야 한다. 다만, 채용후보자가 소방공무원으로 임용되기 전에 임용과 관련하여 소방공무원 교육훈련기관에서 교육훈련을 받은 경우에는 그 교육훈련성적 순위에 따라 임용하여야 한다(소방공무원 임용령 제19조 제1항).

(2) 임용순위의 예외

① 제1항에도 불구하고 임용권자는 다음 각 호의 어느 하나에 해당하는 경우에는 그 순위에 관계없이 임용할 수 있다(제2항).

> 1. 임용예정기관에 근무하고 있는 소방공무원 외의 공무원을 소방공무원으로 임용하는 경우
> 2. 6개월 이상 소방공무원으로 근무한 경력이 있거나 임용예정직위에 관련된 특별한 자격이 있는 사람을 임용하는 경우
> 3. 도서·벽지·군사분계선 인접지역 등 특수지역 근무희망자를 그 지역에 배치하기 위하여 임용하는 경우
> 4. 채용후보자의 피부양가족이 거주하고 있는 지역에 근무할 채용후보자를 임용하는 경우
> 5. 제5조 제3호(註 : 소방학교 또는 각급 공무원교육원 기타 소방기관에의 위탁교육)에 따라 소방공무원의 직무수행과 관련한 실무수습 중 사망한 시보임용예정자를 소급하여 임용하는 경우

② 임용권자는 채용후보자명부에 등재된 사람 중 채용후보자명부의 유효기간이 만료될 때까지 임용되지 아니한 사람(제20조에 따라 그때까지 임용 또는 임용제청이 유예된 사람은 제외)에 대하여는 해당 기관에 그 직급에 해당하는 정원이 따로 있는 것으로 보고 임용할 수 있다. 이 경우 따로 있는 것으로 보는 정원은 그 신규임용후보자가 임용된 후 해당 직급에 이에 상응하는 결원이 발생한 때에 소멸한 것으로 본다(제3항).

(3) 임용의 유예

① 임용권자 또는 임용제청권자는 채용후보자가 다음 각호의 1에 해당하는 경우에는 채용후보자명부의 유효기간의 범위안에서 기간을 정하여 임용 또는 임용제청을 유예할 수 있다. 다만, 유예기간중이라도 그 사유가 소멸하는 경우에는 임용 또는 임용제청을 하여야 한다(제20조 제1항).

> 1. 학업의 계속
> 2. 6월이상의 장기요양을 요하는 질병이 있는 경우
> 3. 「병역법」에 따른 병역의무복무를 위하여 징집 또는 소집되는 경우
> 4. 임신하거나 출산한 경우
> 5. 그 밖에 임용 또는 임용제청의 유예가 부득이하다고 인정되는 경우

② 제1항의 규정에 의한 임용 또는 임용제청의 유예를 받고자 하는 자는 그 사유를 증명할 수 있는 자료를 첨부하여 임용권자 또는 임용제청권자가 정하는 기간내에 유예신청을 하여야 한다. 이 경우 유예를 원하는 기간을 명시하여야 한다(제2항).

출·제·예·상·문·제

소방승진 공무원법

01 소방공무원 채용후보자 등록에 관한 설명으로 옳지 않은 것은?

① 등록대상자는 공개경쟁채용시험 또는 경력경쟁채용시험등에 합격한 사람, 소방간부후보생 선발시험에 합격한 사람이다.
② 임용권자 또는 임용제청권자는 제출서류를 심사하여 임용적격자에 한하여 채용후보자 명부에 등재하고 등록확인증을 본인에게 보내야 한다.
③ 임용권자 또는 임용제청권자는 채용후보자가 국가공무원법령상 결격사유에 해당되는 경우에는 등록을 거부하거나 이를 취소하고 지체 없이 그 사유를 본인에게 통지해야 한다.
④ 임용권자 또는 임용제청권자는 채용후보자명부에의 등재여부를 본인에게 알려야 한다.

해설
① (×) 법 제7조에 따른 공개경쟁채용시험 또는 경력경쟁채용시험등에 합격한 사람과 같은 조 제1항 단서에 따른 소방간부후보생으로서 제24조제1항에 따른 교육훈련을 마친 사람은 행정안전부령으로 정하는 바에 따라 임용권자 또는 임용제청권자에게 채용후보자등록을 하여야 한다(소방공무원 임용령 제16조 제1항). 소방간부후보생 선발시험의 합격자가 교육훈련을 마쳐야 등록대상자가 된다.

02 소방공무원 채용후보자명부에 관한 설명으로 옳은 것은?

① 채용후보자명부는 시험성적순위에 의하여 작성하되 시험성적이 같을 경우에는 취업보호대상자, 연령이 많은 사람, 필기시험 성적 우수자의 순위에 따라 작성하여야 한다.
② 채용후보자명부의 유효기간은 3년으로 한다.
③ 임용권자는 필요에 따라 1년의 범위에서 채용후보자명부의 유효기간을 연장할 수 있다.
④ 임용권자 또는 임용제청권자는 채용후보자명부에의 등재여부를 본인에게 알릴 필요는 없다.

해설
① (×) 채용후보자명부는 시험성적순위에 의하여 작성하되 시험성적이 같을 경우에는 취업보호대상자, 필기시험 성적 우수자, 연령이 많은 사람의 순위에 따라 작성하여야 한다(소방공무원 임용령 시행규칙 제30조).
② (×), ③ (○) 채용후보자명부의 유효기간은 2년으로 하되, 임용권자는 필요에 따라 1년의 범위에서 그 기간을 연장할 수 있다(제18조 제1항).
④ (×) 임용권자 또는 임용제청권자는 채용후보자명부에의 등재여부를 본인에게 알려야 한다(제17조 제1항).

정답 01. ① 02. ③

소방승진 공무원법

03 소방공무원 공개경쟁채용시험 또는 경력경쟁채용시험등에 합격한 사람, 소방간부후보생으로서 교육훈련을 마친 사람이 채용후보자 등록시 첨부할 서류가 아닌 것은?

① 경력증명서
② 민간인신원진술서
③ 소방공무원채용신체검사서
④ 자격증 사본(「국가기술자격법」에 따른 국가기술자격)

해설
④ (×) 자격증 사본은 「국가기술자격법」에 따른 국가기술자격이 아닌 경우에 한한다(소방공무원 임용령 시행규칙 제29조 제1항).

04 채용후보자명부는 시험성적순위에 의하여 작성하되 시험성적이 같을 경우에 다음 중 최우선순위가 있는 사람은?

① 취업보호대상자
② 연령이 많은 사람
③ 소방공무원 경력자
④ 필기시험 성적 우수자

해설
취업보호대상자, 필기시험 성적 우수자, 연령이 많은 사람의 순이다(소방공무원 임용령 시행규칙 제30조).

05 「소방공무원 임용령 시행규칙」상 채용후보자명부를 시험성적 순위에 의하여 작성할 때 시험성적이 같은 경우에 우선순위 순서로 옳은 것은? *23 소방교

가. 취업보호대상자
나. 연령이 많은 사람
다. 필기시험 성적 우수자

① 다 → 가 → 나
② 다 → 나 → 가
③ 가 → 다 → 나
④ 가 → 나 → 다

해설
소방공무원 임용령 시행규칙 제30조(채용후보자명부의 작성)에 따르면 ③의 순서에 따른다.

정답 03. ④ 04. ① 05. ③

06 채용후보자명부의 유효기간으로 옳은 것은?

① 2년 원칙 – 1년의 범위에서 연장 가능 ② 2년 원칙 – 2년의 범위에서 연장 가능
③ 3년 원칙 – 1년의 범위에서 연장 가능 ④ 3년 원칙 – 2년의 범위에서 연장 가능

해설
채용후보자명부의 유효기간은 2년으로 하되, 임용권자는 필요에 따라 1년의 범위에서 그 기간을 연장할 수 있다(소방공무원 임용령 제18조 제1항).

07 소방공무원 채용후보자의 자격상실 사유로 틀린 것은?

*20 소방교

① 채용후보자로서 받은 교육훈련과정의 졸업요건을 갖추지 못한 경우
② 채용후보자로서 받아야 할 교육훈련에 응하지 않은 경우
③ 신체적·정신적 사유로 1년 이상의 장기요양을 요하는 경우
④ 채용후보자로서 교육훈련을 받는 중 질병, 병역 복무 또는 그 밖에 교육훈련을 계속할 수 없는 불가피한 사정 외의 사유로 퇴교처분을 받은 경우

해설 채용후보자의 자격상실 사유(소방공무원 임용령 제21조)
1. 채용후보자가 임용 또는 임용제청에 응하지 않은 경우
2. 채용후보자로서 받아야 할 교육훈련에 응하지 않은 경우
3. 채용후보자로서 받은 교육훈련과정의 졸업요건을 갖추지 못한 경우
4. 채용후보자로서 교육훈련을 받는 중 질병, 병역 복무 또는 그 밖에 교육훈련을 계속할 수 없는 불가피한 사정 외의 사유로 퇴교처분을 받은 경우
5. 채용후보자로서 품위를 크게 손상하는 행위를 함으로써 소방공무원으로서의 직무를 수행하기 곤란하다고 인정되는 경우
6. 법 또는 법에 따른 명령을 위반하여 「소방공무원 징계령」 제1조의2 제1호에 따른 중징계(이하 "중징계"라 한다) 사유에 해당하는 비위를 저지른 경우
7. 법 또는 법에 따른 명령을 위반하여 「소방공무원 징계령」 제1조의2 제2호에 따른 경징계(이하 "경징계"라 한다) 사유에 해당하는 비위를 2회 이상 저지른 경우

08 소방공무원 채용후보자의 자격상실 사유 가운데 임용심사위원회의 의결을 거쳐야 하는 것은?

① 채용후보자로서 품위를 크게 손상하는 행위를 함으로써 소방공무원으로서의 직무를 수행하기 곤란하다고 인정되는 경우
② 소방공무원법 또는 소방공무원법에 따른 명령을 위반하여 중징계 사유에 해당하는 비위를 저지른 경우
③ 채용후보자로서 교육훈련을 받는 중 질병, 병역 복무 또는 그 밖에 교육훈련을 계속할 수 없는 불가피한 사정 외의 사유로 퇴교처분을 받은 경우
④ 채용후보자로서 받아야 할 교육훈련에 응하지 않은 경우

정답 06. ① 07. ③ 08. ①

> 소방승진 공무원법

> [해설]
> 채용후보자가 다음 각 호의 어느 하나에 해당하는 경우에는 채용후보자의 자격을 상실한다. 다만, 제5호(* 채용후보자로서 품위를 크게 손상하는 행위를 함으로써 소방공무원으로서의 직무를 수행하기 곤란하다고 인정되는 경우)에 해당하는 경우에는 제22조의2에 따른 임용심사위원회의 의결을 거쳐야 한다(소방공무원 임용령 제21조). ☞ 상세한 자격상실 사유는 앞의 문제 해설 참고

09 소방공무원 채용후보자의 자격상실 사유가 아닌 것은?

① 채용후보자로서 교육훈련을 받는 중에 퇴교처분을 받은 경우
② 채용후보자로서 받아야 할 교육훈련에 응하지 않은 경우
③ 채용후보자로서 받은 교육훈련과정의 졸업요건을 갖추지 못한 경우
④ 채용후보자가 임용 또는 임용제청에 응하지 않은 경우

> [해설]
> ① (×) 채용후보자로서 교육훈련을 받는 중에 질병·병역복무 또는 그 밖에 교육훈련을 계속 받을 수 없는 불가피한 사유 외의 사유로 퇴교처분을 받은 경우(소방공무원 임용령 제21조 제4호)

10 채용후보자명부와 임용에 관한 설명으로 옳지 않은 것은?

① 임용권자가 채용후보자명부의 유효기간을 연장한 때에는 이를 7일 이내에 본인에게 알려야 한다.
② 임용권자는 채용후보자명부의 등재순위에 따라 임용하여야 한다.
③ 채용후보자가 소방공무원으로 임용되기 전에 임용과 관련하여 소방공무원 교육훈련기관에서 교육훈련을 받은 경우에는 그 교육훈련성적 순위에 따라 임용하여야 한다.
④ 임용권자는 채용후보자명부에 등재된 사람 중 채용후보자명부의 유효기간이 만료될 때까지 임용되지 아니한 사람(임용 또는 임용제청이 유예된 사람은 제외)에 대하여는 해당 기관에 그 직급에 해당하는 정원이 따로 있는 것으로 보고 임용할 수 있다.

> [해설]
> ① (×) 채용후보자명부의 유효기간은 2년으로 하되, 임용권자는 필요에 따라 1년의 범위에서 그 기간을 연장할 수 있다(소방공무원 임용령 제18조 제1항). 임용권자는 제1항의 규정에 의하여 채용후보자명부의 유효기간을 연장한 때에는 이를 즉시 본인에게 알려야 한다(제2항).

정답 09. ①   10. ①

11 소방공무원 신규채용시의 임용순위에 관한 설명으로 옳지 않은 것은?

① 채용후보자명부의 등재순위에 따라 임용하여야 한다.
② 채용후보자명부의 유효기간이 만료될 때까지 임용되지 아니한 사람에 대하여 별도정원으로 임용한 경우, 그 별도정원은 해당 직급에 다른 신규채용이 있을 때 소멸한 것으로 본다.
③ 6개월 이상 소방공무원으로 근무한 경력이 있거나 임용예정직위에 관련된 특별한 자격이 있는 사람을 임용하는 경우에는 임용순위와 관계없이 임용할 수 있다.
④ 채용후보자가 소방공무원으로 임용되기 전에 임용과 관련하여 소방공무원 교육훈련기관에서 교육훈련을 받은 경우에는 그 교육훈련성적 순위에 따라 임용하여야 한다.

해설
② (×) 그 정원은 그 신규임용후보자가 임용된 후 해당 직급에 이에 상응하는 결원이 발생한 때에 소멸한 것으로 본다(소방공무원 임용령 제19조 제3항).

12 소방공무원 채용후보자명부의 등재순위에 의하지 않고 임용할 수 있는 경우가 아닌 것은?

① 임용예정기관에 근무하고 있는 소방공무원 외의 공무원을 소방공무원으로 임용하는 경우
② 채용후보자의 피부양가족이 거주하고 있는 지역에 근무할 채용후보자를 임용하는 경우
③ 도서·벽지·군사분계선 인접지역 등 특수지역 출신자를 그 지역에 배치하기 위하여 임용하는 경우
④ 소방공무원의 직무수행과 관련한 실무수습 중 사망한 시보임용예정자를 소급하여 임용하는 경우

해설
③ (×) 도서·벽지·군사분계선 인접지역 등 특수지역 근무희망자를 그 지역에 배치하기 위하여 임용하는 경우(소방공무원 임용령 제19조 제2항)

13 채용후보자명부의 등재순위에 관계없이 임용할 수 있는 경우가 아닌 것은? *16 소방위

① 임용예정기관에 근무하고 있는 소방공무원 외의 공무원을 소방공무원으로 임용하는 경우
② 채용후보자의 부양가족이 거주하고 있는 지역에 근무할 채용후보자를 임용하는 경우
③ 6개월 이상 소방공무원으로 근무한 경력이 있거나 임용예정직위에 관련된 특별한 자격이 있는 사람을 임용하는 경우
④ 소방기관에의 위탁으로 직무수행과 관련한 실무수습 중 사망한 시보임용예정자를 소급하여 임용하는 경우

해설
② (×) 채용후보자의 피부양가족이 거주하고 있는 지역에 근무할 채용후보자를 임용하는 경우(소방공무원 임용령 제19조 제2항 제4호)

정답 11. ② 12. ③ 13. ②

소방승진 공무원법

14 채용후보자명부의 등재순위에 관계없이 임용할 수 있는 경우가 아닌 것은? *19 소방교

① 채용후보자의 피부양가족이 거주하고 있는 지역에 근무할 채용후보자를 임용하는 경우
② 6개월 이상 소방공무원으로 근무한 경력이 있거나 임용예정직위에 관련된 특별한 자격이 있는 사람을 임용하는 경우
③ 소방기관에의 위탁교육에 따라 소방공무원의 직무수행과 관련한 실무수습 중 사망한 시보임용예정자를 소급하여 임용하는 경우
④ 도서·벽지·군사분계선 인접지역 등 특수지역 출신자를 그 지역에 배치하기 위하여 임용하는 경우

[해설]
④ (×) 특수지역 출신자가 아니라 '특수지역 근무희망자'이다(소방공무원 임용령 제19조 제2항).

15 채용후보자명부에 등재된 사람 중 채용후보자명부의 유효기간이 만료될 때까지 임용되지 아니한 사람에 대한 조치 또는 효과로 옳은 것은?

① 해당 기관에 그 직급에 해당하는 정원이 따로 있는 것으로 보고 임용할 수 있다.
② 임용제청이 유예된 사람은 기간만료시 자격을 상실한다.
③ 채용후보자명부의 유효기간이 연장된 것으로 본다.
④ 채용후보자 명부에서 삭제한다.

[해설]
임용권자는 채용후보자명부에 등재된 사람 중 채용후보자명부의 유효기간이 만료될 때까지 임용되지 아니한 사람(제20조에 따라 그때까지 임용 또는 임용제청이 유예된 사람은 제외)에 대하여는 해당 기관에 그 직급에 해당하는 정원이 따로 있는 것으로 보고 임용할 수 있다(소방공무원 임용령 제19조 제3항).

16 채용후보자명부에 등재된 사람 중 채용후보자명부의 유효기간이 만료될 때까지 임용되지 아니한 사람에 대하여는 별도정원으로 임용할 수 있다. 이 경우 그 별도정원은 어떻게 처리되는가?

① 그 신규임용후보자가 임용된 후 해당 직급에 신규채용자가 있을 때에 소멸한 것으로 본다.
② 그 신규임용후보자가 임용된 후 해당 직급에 이에 상응하는 결원이 발생한 때에 소멸한 것으로 본다.
③ 그 신규임용후보자가 임용된 후 해당 직급에 신규채용자가 있을 때에 추가된 것으로 본다.
④ 그 신규임용후보자가 임용된 후 해당 직급에 이에 상응하는 결원이 발생한 때에 추가된 것으로 본다.

정답 14. ④ 15. ① 16. ②

[해설]
임용권자는 채용후보자명부에 등재된 사람 중 채용후보자명부의 유효기간이 만료될 때까지 임용되지 아니한 사람(제20조에 따라 그때까지 임용 또는 임용제청이 유예된 사람은 제외)에 대하여는 해당 기관에 그 직급에 해당하는 정원이 따로 있는 것으로 보고 임용할 수 있다. 이 경우 따로 있는 것으로 보는 정원은 그 신규임용후보자가 임용된 후 해당 직급에 이에 상응하는 결원이 발생한 때에 소멸한 것으로 본다((소방공무원 임용령 제19조 제3항).

17 「소방공무원 임용령」상 임용권자 또는 임용제청권자가 채용후보자의 임용 또는 임용제청을 유예할 수 있는 경우로 옳지 않은 것은?   *17 소방교, 24 소방교

① 학업의 계속
② 임신하거나 출산한 경우
③ 3월 이상의 장기요양을 요하는 질병이 있는 경우
④ 「병역법」에 따른 병역의무복무를 위하여 징집 또는 소집되는 경우

[해설] 임용의 유예 사유(소방공무원 임용령 제20조 제1항)
1. 학업의 계속
2. 6월 이상의 장기요양을 요하는 질병이 있는 경우
3. 「병역법」에 따른 병역의무복무를 위하여 징집 또는 소집되는 경우
4. 임신하거나 출산한 경우
5. 그 밖에 임용 또는 임용제청의 유예가 부득이하다고 인정되는 경우

18 소방공무원 임용의 유예대상으로 규정되어 있지 않은 것은?   *19 소방교

① 6월 이상의 장기요양을 요하는 질병이 있는 경우
② 천재지변 등의 사유로 생사 또는 소재가 불명확하게 된 때
③ 「병역법」에 따른 병역의무복무를 위하여 징집 또는 소집되는 경우
④ 임신하거나 출산한 경우

[해설]
② (×) 생사 또는 소재가 불명확한 것은 규정되어 있지 않다. 공무원의 휴직사유이기는 하다.

[정답] 17. ③   18. ②

CHAPTER 10 시보임용

1. 시보임용의 의의

공무원을 정식으로 신규 임용하기 전에 일정 기간 실무를 익히게 하고, 공무원이 근무성적·교육훈련성적이 나쁘거나 법령에 따른 명령을 위반하여 공무원으로서의 자질이 부족하다고 판단되는 경우에는 면직시키거나 면직을 제청할 수 있다. 국가공무원법상으로는 5급 공무원을 신규 채용하는 경우에는 원칙적으로 1년, 6급 이하의 공무원을 신규 채용하는 경우에는 원칙적으로 6개월간 시보로 임용한다.

2. 시보임용 기간

(1) 원칙

소방공무원을 신규채용할 때에는 소방장 이하는 6개월간 시보로 임용하고, 소방위 이상은 1년간 시보로 임용하며, 그 기간이 만료된 다음 날에 정규 소방공무원으로 임용한다(소방공무원법 제10조 제1항).

(2) 시보임용의 기간단축 및 면제

① 소방공무원 임용령 제24조에 따라 시보임용예정자가 받은 교육훈련기간은 이를 시보로 임용되어 근무한 것으로 보아 시보임용 기간을 단축할 수 있다(제23조 제1항).
② 다음 각호의 1에 해당하는 경우에는 시보임용을 면제한다(제2항).

> 1. 소방공무원으로서 소방공무원승진임용규정에서 정하는 상위계급에의 승진에 필요한 자격요건을 갖춘 자가 승진예정계급에 해당하는 계급의 공개경쟁채용시험에 합격하여 임용되는 경우
> 2. 정규의 소방공무원이었던 자가 퇴직당시의 계급 또는 그 하위의 계급으로 임용되는 경우

(3) 시보임용 기간의 불포함

휴직기간, 직위해제기간 및 징계에 의한 정직처분 또는 감봉처분을 받은 기간은 제1항의 시보임용 기간에 포함하지 아니한다(소방공무원법 제10조 제2항).

3. 교육훈련

(1) 위탁교육 실시

임용권자 또는 임용제청권자는 시보임용소방공무원 또는 시보임용예정자에 대하여 소방학교 또는 각급 공무원교육원 기타 소방기관에 위탁하여 일정한 기간 직무수행에 필요한 교육훈련(실무수습을 포함한다)을 시킬 수 있다(소방공무원 임용령 제24조 제1항).

(2) 성적 반영

임용권자 또는 임용제청권자는 시보임용예정자가 제1항에 따른 교육훈련과정의 졸업요건을 갖추지 못한 경우에는 시보임용을 하지 않을 수 있다(제2항).

(3) 금액 지급

제1항의 규정에 의하여 교육을 받는 시보임용예정자에 대하여는 예산의 범위안에서 임용예정 계급의 1호봉에 해당하는 봉급의 80퍼센트에 상당하는 금액 등을 지급할 수 있다(제3항).

4. 지도·감독 및 면직조치

(1) 지도·감독

임용권자 또는 임용제청권자는 시보임용기간 중의 소방공무원에 대하여 근무상황을 항상 지도·감독하여야 한다(제22조 제1항).

(2) 면직·면직제청

임용권자 또는 임용제청권자는 시보임용소방공무원이 다음 각 호의 어느 하나에 해당하여 정규소방공무원으로 임용하는 것이 부적당하다고 인정되는 경우에는 제22조의2에 따른 임용심사위원회의 의결을 거쳐 면직시키거나 면직을 제청할 수 있다(제2항).

> 1. 제24조 제1항에 따른 교육훈련과정의 졸업요건을 갖추지 못한 경우
> 2. 제24조 제1항에 따른 교육훈련을 받는 중 질병, 병역 복무 또는 그 밖에 교육훈련을 계속할 수 없는 불가피한 사정 외의 사유로 퇴교처분을 받은 경우
> 3. 근무성적 또는 교육훈련 성적이 매우 불량하여 성실한 근무수행을 기대하기 어렵다고 인정되는 경우
> 4. 소방공무원으로서 품위를 크게 손상하는 행위를 함으로써 소방공무원으로서의 직무를 수행하기 곤란하다고 인정되는 경우
> 5. 법 또는 법에 따른 명령을 위반하여 중징계 사유에 해당하는 비위를 저지른 경우
> 6. 법 또는 법에 따른 명령을 위반하여 경징계 사유에 해당하는 비위를 2회 이상 저지른 경우

5. 임용심사위원회

(1) 개요

다음 각 호의 어느 하나에 해당하는 경우 그 적부(適否)를 심사하게 하기 위하여 임용권자 또는 임용제청권자 소속으로 임용심사위원회를 둔다(제22조의2 제1항).

> 1. 제21조 제5호의 사유(註: 채용후보자로서 품위를 크게 손상하는 행위를 함으로써 소방공무원으로서의 직무를 수행하기 곤란하다고 인정되는 경우)로 채용후보자 자격상실 여부를 결정하려는 경우
> 2. 시보임용소방공무원을 정규소방공무원으로 임용 또는 임용 제청하려는 경우
> 3. 시보임용소방공무원을 면직 또는 면직 제청하려는 경우

제1항에 따른 임용심사위원회의 구성 및 운영에 필요한 사항은 행정안전부령으로 정한다(제2항).

(2) 임용심사위원회의 구성 및 운영
① 임용심사위원회는 위원장 1명을 포함하여 5명 이상 8명 이하의 위원으로 구성한다(소방공무원 임용령 시행규칙 제2조의2 제1항).
② 위원장은 위원 중에서 임용권자 또는 임용제청권자가 지명하고, 위원은 심사대상자보다 상위 계급인 소속 소방공무원 중에서 임용권자 또는 임용제청권자가 지명한다(제2항).
③ 위원회는 재적위원 3분의 2 이상 출석과 출석위원 과반수 찬성으로 의결한다(제3항).
④ 위원회는 시보임용소방공무원을 정규소방공무원으로 임용 또는 임용 제청하려는 경우에는 다음 각 호의 사항을 고려하여 그 적부(適否)를 심사해야 한다(제4항).

> 1. 근무성적, 교육훈련성적
> 2. 근무태도, 공직관
> 3. 그 밖에 소방공무원으로서의 자질 등

⑤ 위원회는 회의 결과에 따라 별지 제1호 서식의 임용심사위원회 의결서를 작성하여 회의일부터 10일 이내에 임용권자 또는 임용제청권자에게 제출해야 한다(제5항).
⑥ 임용권자 또는 임용제청권자는 채용후보자에 대한 자격상실을 결정하거나 시보임용소방공무원에 대한 면직 또는 면직 제청을 결정한 경우에는 제5항에 따른 의결서의 사본을 첨부하여 해당 채용후보자 또는 시보임용소방공무원에게 통보해야 한다(제6항).

출·제·예·상·문·제

🚒 소방승진 **공무원법**

01 소방공무원을 신규채용할 때의 원칙적인 시보임용 기간으로 옳은 것은?

① 소방위 이하는 6개월간 시보로 임용하고, 소방경 이상은 1년간 시보로 임용하며, 그 기간이 만료된 날에 정규 소방공무원으로 임용한다
② 소방장 이하는 6개월간 시보로 임용하고, 소방위 이상은 1년간 시보로 임용하며, 그 기간이 만료된 날에 정규 소방공무원으로 임용한다.
③ 소방위 이하는 1년간 시보로 임용하고, 소방경 이상은 6개월간 시보로 임용하며, 그 기간이 만료된 날에 정규 소방공무원으로 임용한다
④ 소방장 이하는 6개월간 시보로 임용하고, 소방위 이상은 1년간 시보로 임용하며, 그 기간이 만료된 다음 날에 정규 소방공무원으로 임용한다.

해설
④ (○) 소방공무원법 제10조 제1항

02 「소방공무원법」 및 「소방공무원 임용령」상 시보임용 및 시보임용의 면제에 관한 내용으로 옳지 않은 것은? *24 소방교

① 휴직기간, 직위해제기간 및 징계에 의한 정직처분 또는 감봉처분을 받은 기간은 시보임용 기간에 포함하지 아니한다.
② 소방공무원으로 임용되기 전에 그 임용과 관련하여 소방공무원 교육훈련기관에서 교육훈련을 받은 기간은 시보임용 기간에 포함한다.
③ 시보임용 기간 중에 있는 소방공무원은 근무성적 또는 교육훈련성적이 불량하더라도 「국가공무원법」에 따라 면직시키거나 면직을 제청할 수 없다.
④ 소방공무원으로서 소방공무원승진임용규정에서 정하는 상위계급에의 승진에 필요한 자격요건을 갖춘 자가 승진예정계급에 해당하는 계급의 공개경쟁채용시험에 합격하여 임용되는 경우에는 시보임용을 면제한다.

해설
③ (✕) 시보임용 기간 중에 있는 소방공무원이 근무성적 또는 교육훈련성적이 불량할 때에는 「국가공무원법」 제68조 또는 제70조에도 불구하고 면직시키거나 면직을 제청할 수 있다(소방공무원법 제10조 제4항).

정답 01. ④ 02. ③

소방승진 공무원법

03 다음 중 소방공무원을 신규채용할 때에 시보임용을 면제할 수 있는 경우를 모두 고르면?

> ㉠ 임용권자 또는 임용제청권자가 시보임용예정자에 대하여 소방학교 또는 각급 공무원교육원 기타 소방기관에 위탁하여 직무수행에 필요한 교육훈련을 시킨 경우
> ㉡ 정규의 소방공무원이었던 자가 퇴직당시보다 하위의 계급으로 임용되는 경우
> ㉢ 소방공무원으로서 소방공무원승진임용규정에서 정하는 상위계급에의 승진에 필요한 자격요건을 갖춘 자가 승진예정계급에 해당하는 계급의 공개경쟁채용시험에 합격하여 임용되는 경우
> ㉣ 정규의 소방공무원이었던 자가 퇴직당시의 계급으로 임용되는 경우

① ㉠, ㉡
② ㉠, ㉢
③ ㉡, ㉢, ㉣
④ ㉠, ㉡, ㉢, ㉣

[해설]
② (○) 소방공무원 임용령 제23조 제2항. ㉠은 시보임용의 면제가 아니라 시보임용 기간을 단축할 수 있는 사유이다(제23조 제1항).

04 소방공무원을 신규채용할 때에 시보임용을 면제할 수 있는 경우는?

① 소방공무원으로서 소방공무원승진임용규정에서 정하는 상위계급에의 승진에 필요한 자격요건을 갖춘 경우
② 소방공무원으로서 승진예정계급에 해당하는 계급의 경력경쟁채용시험에 합격하여 임용되는 경우
③ 정규의 소방공무원이었던 자가 퇴직당시의 계급 또는 그 상위의 계급으로 임용되는 경우
④ 소방공무원으로서 소방공무원승진임용규정에서 정하는 상위계급에의 승진에 필요한 자격요건을 갖춘 자가 승진예정계급에 해당하는 계급의 공개경쟁채용시험에 합격하여 임용되는 경우

[해설]
시보임용을 면제하는 경우는 ㉠ 소방공무원으로서 소방공무원승진임용규정에서 정하는 상위계급에의 승진에 필요한 자격요건을 갖춘 자가 승진예정계급에 해당하는 계급의 공개경쟁채용시험에 합격하여 임용되는 경우, ㉡ 정규의 소방공무원이었던 자가 퇴직당시의 계급 또는 그 하위의 계급으로 임용되는 경우이다(소방공무원 임용령 제23조 제2항).

정답 03. ③ 04. ④

05 시보임용에 대한 설명으로 옳지 않은 것은?
*21 소방교

① 소방공무원을 신규채용할 때에는 계급별로 일정 기간 시보로 임용하며, 그 기간이 만료된 다음 날에 정규 소방공무원으로 임용한다
② 시보임용예정자가 받은 교육훈련기간은 이를 시보로 임용되어 근무한 것으로 보아 시보임용 기간을 단축할 수 있다.
③ 징계에 의한 견책처분을 받은 기간은 시보임용 기간에 포함하지 아니한다.
④ 정규의 소방공무원이었던 자가 퇴직당시의 계급 또는 그 하위의 계급으로 임용되는 경우는 시보임용을 면제한다.

해설
③ (×) 휴직기간, 직위해제기간 및 징계에 의한 정직처분 또는 감봉처분을 받은 기간은 제1항의 시보임용 기간에 포함하지 아니한다(소방공무원법 제10조 제2항).

06 소방공무원을 신규채용할 때 시보임용 기간에 포함되는 것은?

① 직위해제기간
② 시보임용예정자가 받은 교육훈련기간
③ 휴직기간
④ 정직처분 또는 감봉처분을 받은 기간

해설
소방공무원 임용령 제24조에 따라 시보임용예정자가 받은 교육훈련기간은 이를 시보로 임용되어 근무한 것으로 보아 시보임용 기간을 단축할 수 있다(소방공무원 임용령 제23조 제1항). 휴직기간, 직위해제기간 및 징계에 의한 정직처분 또는 감봉처분을 받은 기간은 시보임용 기간에 포함하지 아니한다(소방공무원법 제10조 제2항).

07 소방공무원의 시보임용에 대한 설명으로 옳지 않은 것은?

① 임용권자 또는 임용제청권자는 시보임용소방공무원 또는 시보임용예정자에 대하여 소방학교 또는 각급 공무원교육원 기타 소방기관에 위탁하여 일정한 기간 직무수행에 필요한 교육훈련을 시킬 수 있다.
② 임용권자 또는 임용제청권자는 시보임용소방공무원 또는 시보임용예정자에 대하여 소방학교 또는 각급 공무원교육원 기타 소방기관에 위탁하여 일정한 기간 직무수행에 필요한 교육훈련을 시킬 수 있으며, 교육훈련과정의 졸업요건을 갖추지 못한 경우에는 시보임용을 하지 않을 수 있다.
③ 교육을 받는 시보임용예정자에 대하여는 예산의 범위안에서 소방사의 1호봉에 해당하는 봉급의 80퍼센트에 상당하는 금액 등을 지급할 수 있다.
④ 임용권자 또는 임용제청권자는 시보임용기간 중의 소방공무원에 대하여 근무상황을 항상 지도·감독하여야 한다.

정답 05. ③ 06. ② 07. ③

해설
③ (×) 임용권자 또는 임용제청권자는 시보임용소방공무원 또는 시보임용예정자에 대하여 소방학교 또는 각급 공무원교육원 기타 소방기관에 위탁하여 일정한 기간 직무수행에 필요한 교육훈련(실무수습을 포함한다)을 시킬 수 있다(소방공무원 임용령 제24조 제1항). 제1항의 규정에 의하여 교육을 받는 시보임용예정자에 대하여는 예산의 범위안에서 임용예정계급의 1호봉에 해당하는 봉급의 80퍼센트에 상당하는 금액 등을 지급할 수 있다(제3항).

08 임용권자 또는 임용제청권자가 시보임용소방공무원을 정규소방공무원으로 임용하는 것이 부적당하다고 인정되는 경우에는 면직시키거나 면직을 제청할 수 있는 경우가 아닌 것은?

① 비위혐의로 조사수사의 대상이 된 경우
② 경징계 사유에 해당하는 비위를 2회 이상 저지른 경우
③ 중징계 사유에 해당하는 비위를 저지른 경우
④ 교육훈련과정의 졸업요건을 갖추지 못한 경우

해설 면직·면직제청 사유(소방공무원 임용령 제22조 제2항)
1. 제24조 제1항에 따른 교육훈련과정의 졸업요건을 갖추지 못한 경우
2. 제24조 제1항에 따른 교육훈련을 받는 중 질병, 병역 복무 또는 그 밖에 교육훈련을 계속할 수 없는 불가피한 사정 외의 사유로 퇴교처분을 받은 경우
3. 근무성적 또는 교육훈련 성적이 매우 불량하여 성실한 근무수행을 기대하기 어렵다고 인정되는 경우
4. 소방공무원으로서 품위를 크게 손상하는 행위를 함으로써 소방공무원으로서의 직무를 수행하기 곤란하다고 인정되는 경우
5. 법 또는 법에 따른 명령을 위반하여 중징계 사유에 해당하는 비위를 저지른 경우
6. 법 또는 법에 따른 명령을 위반하여 경징계 사유에 해당하는 비위를 2회 이상 저지른 경우

09 「소방공무원 임용령」상 임용심사위원회에 대한 설명으로 옳지 않은 것은?

① 시보임용소방공무원의 면직 또는 면직 제청, 임용유예 등의 적부(適否)를 심사하게 하기 위하여 임용권자 또는 임용제청권자 소속으로 임용심사위원회를 둔다.
② 임용심사위원회는 위원장 1명을 포함하여 5명 이상 8명 이하의 위원으로 구성한다.
③ 위원회는 재적위원 3분의 2 이상 출석과 출석위원 과반수 찬성으로 의결한다.
④ 임용권자 또는 임용제청권자는 채용후보자에 대한 자격상실을 결정하거나 시보임용소방공무원에 대한 면직 또는 면직 제청을 결정한 경우에는 의결서의 사본을 첨부하여 해당 채용후보자 또는 시보임용소방공무원에게 통보해야 한다.

해설
다음 각 호의 어느 하나에 해당하는 경우 그 적부(適否)를 심사하게 하기 위하여 임용권자 또는 임용제청권자 소속으로 임용심사위원회를 둔다(소방공무원 임용령 제22조의2 제1항).
1. 제21조 제5호의 사유(* 채용후보자로서 품위를 크게 손상하는 행위를 함으로써 소방공무원으로서의 직무를 수행하기 곤란하다고 인정되는 경우)로 채용후보자 자격상실 여부를 결정하려는 경우
2. 시보임용소방공무원을 정규소방공무원으로 임용 또는 임용 제청하려는 경우
3. 시보임용소방공무원을 면직 또는 면직 제청하려는 경우

정답 08. ① 09. ①

10 임용심사위원회의 구성 및 운영에 관한 내용으로 옳지 않은 것은?

① 임용심사위원회는 위원장 1명을 포함하여 5명 이상 8명 이하의 위원으로 구성한다.
② 위원장은 위원 중에서 임용권자 또는 임용제청권자가 지명하고, 위원은 심사대상자보다 상위 계급인 소속 소방공무원 중에서 임용권자 또는 임용제청권자가 지명한다.
③ 위원회는 재적위원 3분의 2 이상 출석과 출석위원 과반수 찬성으로 의결한다.
④ 임용권자 또는 임용제청권자는 채용후보자에 대한 자격상실을 결정하거나 시보임용소방공무원을 정규소방공무원으로 임용 또는 임용 제청하려는 경우에는 임용심사위원회 의결서의 사본을 첨부하여 해당 채용후보자 또는 시보임용소방공무원에게 통보해야 한다.

해설
④ (×) 위원회는 회의 결과에 따라 별지 제1호 서식의 임용심사위원회 의결서를 작성하여 회의일부터 10일 이내에 임용권자 또는 임용제청권자에게 제출해야 한다(소방공무원 임용령 시행규칙 제2조의2 제5항).
임용권자 또는 임용제청권자는 채용후보자에 대한 자격상실을 결정하거나 시보임용소방공무원에 대한 면직 또는 면직 제청을 결정한 경우에는 제5항에 따른 의결서의 사본을 첨부하여 해당 채용후보자 또는 시보임용소방공무원에게 통보해야 한다(제6항).

11 임용심사위원회는 임용심사위원회 의결서를 작성하여 회의일부터 며칠 이내에 임용권자 또는 임용제청권자에게 제출해야 하는가?

① 3일
② 5일
③ 7일
④ 10일

해설
소방공무원 임용령 시행규칙 제2조의2 제5항

정답 10. ④ 11. ④

소방승진은 이패스 소방사관
www.kfs119.co.kr

PART 03

보직관리

CHAPTER 01 보직관리의 원칙 등
CHAPTER 02 전보의 제한
CHAPTER 03 인사교류
CHAPTER 04 파견근무
CHAPTER 05 육아휴직 등
CHAPTER 06 별도정원의 범위
CHAPTER 07 인사기록

CHAPTER 01 보직관리의 원칙 등

1. 직위 부여

(1) 원칙

임용권자 또는 임용제청권자는 법령에서 따로 정하거나 소방공무원 임용령 제25조 제1항의 각 호의 경우를 제외하고는 소속 소방공무원을 하나의 직위에 임용해야 한다(제25조 제1항).

(2) 보직 없이 근무하게 할 수 있는 경우 (제1항 각호)

> 1. 「국가공무원법」 제43조에 따라 별도정원이 인정되는 휴직자의 복직, 파견된 사람의 복귀 또는 파면·해임·면직된 사람의 복귀 시에 해당 기관에 그에 해당하는 계급의 결원이 없어서 그 계급의 정원에 최초로 결원이 생길 때까지 해당 계급에 해당하는 소방공무원을 보직 없이 근무하게 하는 경우. 이 경우 해당 기관이란 해당 공무원에 대한 임용권자 또는 임용제청권자를 장으로 하는 기관과 그 소속기관을 말한다.
> 2. 제30조 제1항 제6호(註 : 국제기구, 외국의 정부 또는 연구기관에서의 업무수행 및 능력개발을 위하여 필요한 경우)에 따른 1년 이상의 해외 파견근무를 위하여 특히 필요하다고 인정하여 2주 이내의 기간 동안 소속 소방공무원을 보직 없이 근무하게 하는 경우
> 3. 제31조에 따라 결원보충이 승인된 파견자 중 다음 각 목의 훈련을 위한 파견준비를 위하여 특히 필요하다고 인정하여 2주 이내의 기간 동안 소속 소방공무원을 보직 없이 근무하게 하는 경우
>   가. 「공무원 인재개발법」 제13조(註 : 중앙행정기관의 장이 인사혁신처장과 협의를 거쳐 소속 공무원을 국내외 기관에 위탁하여 일정 기간 교육훈련을 받게 하는 경우)에 따른 6개월 이상의 위탁교육훈련
>   나. 「국제과학기술협력 규정」(註 : 과학기술정보통신부장관이 과학기술의 국제화를 촉진하기 위하여 하는 과학기술국제화사업)에 따른 1년 이상의 장기 국외훈련
> 4. 직제의 신설·개편·폐지 시 2개월 이내의 기간 동안 소속 소방공무원을 기관의 신설준비 등을 위하여 보직 없이 근무하게 하는 경우

2. 보직관리의 고려사항

(1) 원칙

임용권자 또는 임용제청권자는 소속 소방공무원을 보직할 때 해당 소방공무원의 전공분야·교육훈련·근무경력 및 적성 등을 고려하여 능력을 적절히 발전시킬 수 있도록 하여야 한다(소방공무원 임용령 제25조 제2항).

(2) 상위계급의 직위에 하위계급자 보직

이 경우는 해당 기관에 상위계급의 결원이 있고, 「소방공무원 승진임용 규정」에 따른 승진임용

후보자가 없는 경우로 한정한다(제3항).

(3) 특수한 자격증을 소지한 사람

이 사람은 특별한 사정이 없으면 그 자격증과 관련되는 직위에 보직하여야 한다(제4항).

(4) 거주 지역 고려

임용권자 또는 임용제청권자는 소방공무원을 보직하는 경우에는 특별한 사정이 없으면 배우자 또는 직계존속이 거주하는 지역을 고려하여 보직해야 한다(제5항).

(5) 세부기준 설정

임용권자 또는 임용제청권자는 이 영이 정하는 보직관리기준 외에 소방공무원의 보직에 관하여 필요한 세부기준(전보의 기준을 포함)을 정하여 실시하여야 한다(제6항).

3. 소방관서장의 보직관리원칙

(1) 전보의 주기

시·도 소방본부장 또는 소방서장 직위에 임용된 소방공무원이 해당 직위에 2년 이상 근무한 경우에는 다른 직위로 전보해야 한다. 다만, 인사 운영상 필요한 경우에는 제외한다(소방공무원 임용령 시행규칙 제19조의2 제1항). 제1항에도 불구하고 임용권자 또는 임용제청권자는 소방여건과 정기인사 주기 등을 고려하여 1년의 범위에서 전보시기를 조정할 수 있다(제3항).

(2) 소방서장 보직의 횟수 제한

임용권자는 소속 소방공무원을 연속하여 3회 이상 소방서장으로 보직해서는 안 된다. 다만, 인사 운영상 필요한 경우에는 제외한다(제2항).

3. 초임 소방공무원의 보직

(1) 소방간부후보생

소방간부후보생을 소방위로 임용할 때에는 최하급 소방기관에 보직하여야 한다(소방공무원 임용령 제26조 제1항).

> "최하급 소방기관"이란 소방청, 중앙소방학교, 중앙119구조본부, 국립소방연구원, 시·도의 소방본부·지방소방학교 및 서울종합방재센터를 제외한 소방기관을 말한다(소방공무원 임용령 시행규칙 제19조 제1항).

(2) 소방사

신규채용을 통해 소방사로 임용된 사람은 최하급 소방기관에 보직해야 한다. 다만, 행정안전부령으로 정하는 자격증소지자를 해당 자격 관련부서에 보직하는 경우에는 그렇지 않다(제2항).

4. 위탁교육훈련 이수자의 보직

법 제20조 제3항(註 : 소방청장 또는 시·도지사가 교육훈련을 위하여 필요할 때 대통령령으로 정하는 바에 따라 소방공무원을 국내외의 교육기관에 위탁하거나 「지방공무원 교육훈련법」 제8조에 따른 교육훈련기관에서 교육훈련을 받게 하는 것)에 따라 위탁교육훈련을 받은 소방공무원의 최초보직은 소방공무원교육훈련기관의 교수요원으로 하여야 한다. 다만, 교수요원으로 보직할 수 없거나 곤란한 경우에는 그 교육훈련내용과 관련되는 직위에 보직하여야 한다(소방공무원 임용령 제27조).

5. 경력경쟁채용등에서 임용직위 제한

경력경쟁채용시험등을 통하여 채용된 소방공무원을 처음 임용하는 경우에는 그 시험실시 당시의 임용예정 직위 외의 직위에 임용할 수 없다(소방공무원 임용령 제14조).

6. 전문직위의 운영

(1) 전문직위 지정

소방청장은 전문성이 특히 요구되는 직위를 「공무원임용령」 제43조의3(註 : 소속 장관이 해당 기관의 직위 중 전문성이 특히 요구되는 직위를 전문직위로 지정하여 관리)에 따른 전문직위로 지정하여 관리할 수 있다(소방공무원 임용령 제27조의2 제1항). 전문직위의 지정, 전문직위 전문관의 선발 및 관리 등 전문직위의 운영에 필요한 사항은 소방청장이 정한다(제3항).

(2) 전보 제한

전문직위에 임용된 소방공무원은 3년의 범위에서 소방청장이 정하는 기간이 지나야 다른 직위로 전보할 수 있다. 다만, 직무수행에 필요한 능력·기술 및 경력 등의 직무수행요건이 같은 직위 간 전보 등 소방청장이 정하는 경우에는 기간에 관계없이 전보할 수 있다(제2항).

출·제·예·상·문·제

🏛 소방승진 **공무원법**

01 소방공무원 임용령에 따른 소방공무원 보직관리의 원칙 등에 대한 내용으로 옳지 않은 것은?

① 임용권자 또는 임용제청권자는 소속 소방공무원을 보직할 때 해당 소방공무원의 전공분야·교육훈련·근무경력 및 적성 등을 고려하여 능력을 적절히 발전시킬 수 있도록 하여야 한다.
② 상위계급의 직위에 하위계급자를 보직하는 경우는 해당 기관에 상위계급의 결원이 있고, 「소방공무원 승진임용 규정」에 따른 승진임용후보자가 없는 경우로 한정한다.
③ 임용권자 또는 임용제청권자는 소방공무원을 보직하는 경우에는 특별한 사정이 없으면 배우자 또는 직계존속이 거주하는 지역을 고려하여 보직해야 한다.
④ 임용권자 또는 임용제청권자는 소방공무원 임용령이 정하는 보직관리기준 외에 소방공무원의 보직에 관하여 필요한 세부기준(전보의 기준을 포함)을 정하여 실시할 수 있다.

[해설]
④ (×) 임용권자 또는 임용제청권자는 이 영이 정하는 보직관리기준 외에 소방공무원의 보직에 관하여 필요한 세부기준(전보의 기준을 포함)을 정하여 실시하여야 한다(소방공무원 임용령 제25조 제6항).

02 소방공무원 보직관리의 고려사항으로 가장 옳지 않은 것은?

① 특별한 사정이 없으면 배우자 또는 직계비속이 거주하는 지역을 고려하여 보직해야 한다.
② 특수한 자격증을 소지한 사람은 특별한 사정이 없으면 그 자격증과 관련되는 직위에 보직하여야 한다.
③ 상위계급의 직위에 하위계급자를 보직하는 경우에는 해당 기관에 상위계급의 결원이 있고, 승진임용후보자가 없는 경우로 한정한다.
④ 전공분야·교육훈련·근무경력 및 적성 등을 고려한다.

[해설]
① (×) 특별한 사정이 없으면 배우자 또는 직계존속이 거주하는 지역을 고려하여 보직해야 한다(소방공무원 임용령 제25조 제5항).

정답 01. ④ 02. ①

> 소방승진 공무원법

03 다음 중 소방공무원에게 직위를 부여하지 않을 수 있는 경우로 잘못된 것은?

① 별도정원이 인정되는 파면·해임·면직된 사람의 복귀 시에 해당 기관에 그에 해당하는 계급의 결원이 없어서 그 계급의 정원에 최초로 결원이 생길 때까지 해당 계급에 해당하는 소방공무원을 보직 없이 근무하게 하는 경우
② 직제의 신설·개편·폐지 시 3개월 이내의 기간 동안 소속 소방공무원을 기관의 신설준비 등을 위하여 보직 없이 근무하게 하는 경우
③ 결원보충이 승인된 파견자로서「공무원 인재개발법」에 따른 6개월 이상의 위탁교육훈련을 위한 파견준비를 위하여 특히 필요하다고 인정하여 2주 이내의 기간 동안 소속 소방공무원을 보직 없이 근무하게 하는 경우
④ 국제기구, 외국의 정부 또는 연구기관에서의 업무수행 및 능력개발을 위하여 필요한 경우에 1년 이상의 해외 파견근무를 위하여 특히 필요하다고 인정하여 2주 이내의 기간 동안 소속 소방공무원을 보직 없이 근무하게 하는 경우

[해설]
② (×) 직제의 신설·개편·폐지 시 2개월 이내의 기간 동안 소속 소방공무원을 기관의 신설준비 등을 위하여 보직 없이 근무하게 하는 경우

04 소방공무원 임용령에 따른 보직관리에서 '1소방공무원 1직위 부여' 원칙의 예외에 해당하는 것은?

① 직제의 신설·개편·폐지 시 6개월 이내의 기간 동안 소속 소방공무원을 기관의 신설준비 등을 위하여 보직 없이 근무하게 하는 경우
② 국제기구, 외국의 정부 또는 연구기관에서의 업무수행 및 능력개발을 위한 1년 이상의 해외 파견근무를 위하여 특히 필요하다고 인정하여 1개월 이내의 기간 동안 소속 소방공무원을 보직 없이 근무하게 하는 경우
③ 결원보충이 승인된 파견자 중 훈련을 위한 파견준비를 위하여 특히 필요하다고 인정하여 3주 이내의 기간 동안 소속 소방공무원을 보직 없이 근무하게 하는 경우
④ 별도정원이 인정되는 휴직자의 복직, 파견된 사람의 복귀 또는 파면·해임·면직된 사람의 복귀 시에 해당 기관에 그에 해당하는 계급의 결원이 없어서 그 계급의 정원에 최초로 결원이 생길 때까지 해당 계급에 해당하는 소방공무원을 보직 없이 근무하게 하는 경우

[해설]
보직 없이 근무하게 할 수 있는 경우를 말한다(소방공무원 임용령 제25조 제1항). ①은 6개월이 아니라 2개월이고, ②는 1개월이 아니라 2주이며, ③은 3주가 아니라 2주이다.

정답 03. ② 04. ④

05 소방공무원 임용령 제25조 제1항의 각호의 경우에 해당하여 직위를 부여하지 않을 수 있는 기간으로 옳지 않은 것은?

① 과학기술국제화사업에 따른 장기 국외훈련을 위한 파견준비를 위해 필요한 경우 – 2주 이내
② 직제의 신설·개편·폐지 시 기관의 신설준비를 위한 경우 – 2개월 이내
③ 국제기구, 외국의 정부 또는 연구기관에서의 업무수행 및 능력개발을 위한 1년 이상의 해외 파견근무를 위해 필요한 경우 – 2주 이내
④ 별도정원이 인정되는 휴직자의 복직 시에 해당 기관에 그에 해당하는 계급의 결원이 없는 경우 – 2개월 이내

[해설]
④ (×) 「국가공무원법」 제43조에 따라 별도정원이 인정되는 휴직자의 복직, 파견된 사람의 복귀 또는 파면·해임·면직된 사람의 복귀 시에 해당 기관에 그에 해당하는 계급의 결원이 없어서 그 계급의 정원에 최초로 결원이 생길 때까지 해당 계급에 해당하는 소방공무원을 보직 없이 근무하게 하는 경우(소방공무원 임용령 제25조 제1항 제1호).

06 다음의 ㉠에 들어가기에 적당하지 않은 것은?

> 임용권자 또는 임용제청권자는 소속 소방공무원을 보직할 때 해당 소방공무원의 (㉠) 등을 고려하여 능력을 적절히 발전시킬 수 있도록 하여야 한다(소방공무원 임용령 제25조 제2항).

① 전공분야 ② 교육훈련 ③ 근무성적 ④ 적성

[해설]
③ (×) 근무성적이 아니라 근무경력이다.

07 다음의 빈칸에 들어갈 숫자를 순서대로 나열한 것은?

> ㉠ 시·도 소방본부장 또는 소방서장 직위에 임용된 소방공무원이 해당 직위에 ( )년 이상 근무한 경우에는 다른 직위로 전보해야 한다. 다만, 인사 운영상 필요한 경우에는 제외한다.
> ㉡ 임용권자는 소속 소방공무원을 연속하여 ( )회 이상 소방서장으로 보직해서는 안 된다. 다만, 인사 운영상 필요한 경우에는 제외한다.
> ㉢ 위 ㉠에도 불구하고 임용권자 또는 임용제청권자는 소방여건과 정기인사 주기 등을 고려하여 ( )년의 범위에서 전보시기를 조정할 수 있다.

① 1, 2, 3 ② 2, 3, 1 ③ 2, 1, 2 ④ 3, 2, 2

[해설]
② (○) 소방공무원 임용령 시행규칙 제19조의2

[정답] 05. ④ 06. ③ 07. ②

소방승진 공무원법

08 소방관서장의 보직관리 원칙으로 옳지 않은 것은?

① 시·도 소방본부장 직위에 임용된 소방공무원은 해당 직위에 2년 이상 근무한 경우에 인사 운영상 필요한 경우가 아니면 다른 직위에 전보하여야 한다.
② 소방서장 직위에 임용된 소방공무원은 해당 직위에 2년 이상 근무한 경우에 인사 운영상 필요한 경우가 아니면 다른 직위에 전보하여야 한다.
③ 임용권자 또는 임용제청권자는 소방여건과 정기인사 주기 등을 고려하여 1년의 범위에서 전보시기를 조정할 수 있다.
④ 임용권자는 인사 운영상 필요한 경우가 아니면 소방공무원을 연속하여 2회 이상 소방서장으로 보직하여서는 아니 된다.

해설
④ (×) 임용권자는 소속 소방공무원을 연속하여 3회 이상 소방서장으로 보직해서는 안 된다. 다만, 인사 운영상 필요한 경우에는 제외한다(소방공무원 임용령 시행규칙 제19조의2 제2항).

09 소방공무원의 보직관리에 대한 설명으로 틀린 것은?   *19 소방교

① 신규채용을 통해 소방사로 임용된 사람은 최하급 소방기관에 보직해야 하되, 일정한 자격증 소지자를 해당 자격 관련부서에 보직할 수도 있다.
② 소방간부후보생을 소방위로 임용할 때에는 최하급 소방기관에 보직하여야 한다.
③ 임용권자는 승진시험 요구중에 있는 소속 소방공무원을 승진 대상자명부작성단위를 달리하는 기관에 전보할 수 있다.
④ 소방공무원의 필수보직기간은 1년으로 한다. 그러나 형사사건에 관련되어 수사기관에서 조사를 받고 있는 경우는 그러하지 아니하다.

해설
③ (×) 임용권자는 승진시험 요구중에 있는 소속 소방공무원을 승진 대상자명부작성단위를 달리하는 기관에 전보할 수 없다(소방공무원 임용령 제28조 제5항).

10 「소방공무원 임용령」 및 「소방공무원 임용령 시행규칙」상 소방간부후보생을 소방위로 임용할 때 보직할 수 있는 소방기관으로 옳은 것은?   *23 소방교

① 소방체험관
② 중앙소방학교
③ 국립소방연구원
④ 중앙119구조본부

해설
소방간부후보생을 소방위로 임용할 때에는 최하급 소방기관에 보직하여야 한다(소방공무원 임용령 제26조 제1항). 영 제26조 제1항에서 "최하급 소방기관"이란 소방청, 중앙소방학교, 중앙119구조본부, 국립소방연구원, 시·도의 소방본부·지방소방학교 및 서울종합방재센터를 제외한 소방기관을 말한다(시행규칙 제19조 제1항).

정답 08. ④ 09. ③ 10. ①

11 다음 중 소방공무원 임용령 시행규칙에 규정된 "최하급 소방기관"에 해당하지 않는 것을 모두 고르면?

㉠ 소방청	㉡ 소방서	㉢ 중앙119구조본부
㉣ 119안전센터	㉤ 서울종합방재센터	㉥ 119구조구급센터
㉦ 시·도 소방본부	㉧ 119구조대	㉨ 소방체험관
㉪ 테러대응구조대	㉫ 지방소방학교	

① ㉠, ㉦, ㉪, ㉫
② ㉠, ㉡, ㉥, ㉫
③ ㉠, ㉢, ㉤, ㉦, ㉫
④ ㉠, ㉣, ㉤, ㉦, ㉨

해설
"최하급 소방기관"이란 소방청, 중앙소방학교, 중앙119구조본부, 국립소방연구원, 시·도의 소방본부·지방소방학교 및 서울종합방재센터를 제외한 소방기관을 말한다(소방공무원 임용령 시행규칙 제19조 제1항).

12 소방청장은 전문성이 특히 요구되는 직위를 전문직위로 지정하여 관리할 수 있다. 전문직위에 임용된 소방공무원은 몇 년의 범위에서 소방청장이 정하는 기간이 지나야 다른 직위로 전보할 수 있는 것이 원칙인가?

① 1년 ② 2년 ③ 3년 ④ 5년

해설
소방청장은 전문성이 특히 요구되는 직위를 「공무원임용령」 제43조의3(註: 소속 장관이 해당 기관의 직위 중 전문성이 특히 요구되는 직위를 전문직위로 지정하여 관리)에 따른 전문직위로 지정하여 관리할 수 있다(소방공무원 임용령 제27조의2 제1항). 전문직위에 임용된 소방공무원은 3년의 범위에서 소방청장이 정하는 기간이 지나야 다른 직위로 전보할 수 있다. 다만, 직무수행에 필요한 능력·기술 및 경력 등의 직무수행요건이 같은 직위 간 전보 등 소방청장이 정하는 경우에는 기간에 관계없이 전보할 수 있다(제2항).

13 소방공무원의 보직관리에 대한 설명으로 틀린 것은? *20 소방교

① 시·도 소방본부장 또는 소방서장 직위에 임용된 소방공무원은 해당 직위에 2년 이상 근무한 경우에 인사 운영상 필요한 경우가 아니면 다른 직위에 전보하여야 한다.
② 상위계급의 직위에 하위계급자를 보직하는 경우는 해당 기관에 상위계급의 결원이 있고, 승진임용후보자가 없는 경우로 한정한다.
③ 임용권자는 인사 운영상 필요한 경우가 아니면 소방공무원을 연속하여 3회 이상 소방서장으로 보직하여서는 아니 된다.
④ 직제의 신설·개편·폐지 시 3개월 이내의 기간 동안 소속 소방공무원을 기관의 신설준비 등을 위하여 보직 없이 근무하게 할 수 있다.

정답 11. ③ 12. ③ 13. ④

소방승진 공무원법

해설
④ (×) 2개월 이내이다(소방공무원 임용령 제25조 제1항 제4호).

14 소방공무원 임용령에 따른 초임 소방공무원의 보직관리 기준에 대한 설명으로 옳지 않은 것은?

① 소방간부후보생을 소방위로 임용할 때에는 최하급 소방기관에 보직하여야 한다.
② 신규채용을 통해 소방사로 임용된 사람은 최하급 소방기관의 외근부서에 보직해야 한다.
③ "최하급 소방기관"이란 소방청, 중앙소방학교, 중앙119구조본부, 국립소방연구원, 시·도의 소방본부·지방소방학교 및 서울종합방재센터를 제외한 소방기관을 말한다.
④ 변호사 자격증을 소지한 소방사를 해당 자격 관련부서에 근무하게 할 수 있다.

해설
신규채용을 통해 소방사로 임용된 사람은 최하급 소방기관에 보직해야 한다. 다만, 행정안전부령으로 정하는 자격증소지자를 해당 자격 관련부서에 보직하는 경우에는 그렇지 않다(소방공무원 임용령 제26조 제2항).

15 초임 소방공무원의 보직에 관하여 가장 옳지 않은 것은?

① 위탁교육훈련을 받은 소방공무원의 최초보직은 소방공무원교육훈련기관의 교수요원으로 하는 것을 원칙으로 한다.
② 소방간부후보생을 소방위로 임용할 때에는 최하급 소방기관에 보직하여야 한다.
③ 경력경쟁채용시험등을 통하여 채용된 소방공무원을 처음 임용하는 경우에는 그 시험실시 당시의 임용예정 직위에 임용한다.
④ 신규채용을 통해 소방사로 임용된 사람은 자격증소지와 무관하게 항상 최하급 소방기관에 보직해야 한다.

해설
④ (×) 신규채용을 통해 소방사로 임용된 사람은 최하급 소방기관에 보직해야 한다. 다만, 행정안전부령으로 정하는 자격증소지자를 해당 자격 관련부서에 보직하는 경우에는 그렇지 않다(소방공무원 임용령 제26조 제2항).

정답 14. ② 15. ④

16 소방공무원 보직관리의 원칙 등에 관한 내용으로 옳지 않은 것은?

① 상위계급의 직위에 하위계급자 보직하는 경우는 해당 기관에 상위계급의 결원이 있고, 「소방공무원 승진임용 규정」에 따른 승진임용후보자가 없는 경우로 한정한다.
② 위탁교육훈련을 받은 소방공무원의 최초보직은 소방공무원교육훈련기관의 교수요원으로 하는 것을 원칙으로 한다. 다만, 교수요원으로 보직할 수 없거나 곤란한 경우에는 교육훈련 바로 전의 직위에 보직하여야 한다.
③ 경력경쟁채용시험등을 통하여 채용된 소방공무원을 처음 임용하는 경우에는 그 시험실시 당시의 임용예정 직위 외의 직위에 임용할 수 없다.
④ 신규채용을 통해 소방사로 임용된 사람은 최하급 소방기관에 보직해야 한다. 다만, 행정안전부령으로 정하는 자격증소지자를 해당 자격 관련부서에 보직하는 경우에는 그렇지 않다.

[해설]

② (×) 법 제20조 제3항(註: 소방청장 또는 시·도지사가 교육훈련을 위하여 필요할 때 대통령령으로 정하는 바에 따라 소방공무원을 국내외의 교육기관에 위탁하거나 「지방공무원 교육훈련법」 제8조에 따른 교육훈련기관에서 교육훈련을 받게 하는 것)에 따라 위탁교육훈련을 받은 소방공무원의 최초보직은 소방공무원교육훈련기관의 교수요원으로 하여야 한다. 다만, 교수요원으로 보직할 수 없거나 곤란한 경우에는 그 교육훈련내용과 관련되는 직위에 보직하여야 한다(소방공무원 임용령 제27조).

정답 16. ②

CHAPTER 02 전보의 제한

1. 필수보직기간과 예외

(1) 필수보직기간

소방공무원의 필수보직기간(휴직기간, 직위해제처분기간, 강등 및 정직 처분으로 인하여 직무에 종사하지 않은 기간은 포함하지 않는다)은 1년으로 한다(소방공무원 임용령 제28조 제1항 본문).

(2) 예외

다음 각 호의 경우에는 그러하지 아니하다(제1항 단서).

1. 직제상의 최저단위 보조기관내에서의 전보의 경우
2. 기구의 개편, 직제 또는 정원의 변경으로 인한 전보의 경우
3. 임용권자를 달리하는 기관간의 전보의 경우
4. 당해 소방공무원의 승진 또는 강임의 경우
4의2. 소방공무원을 전문직위로 전보하는 경우
5. 임용예정직위에 관련된 2월이상의 특수훈련경력이 있는 자 또는 임용예정직위에 상응한 6월이상의 근무경력 또는 연구실적이 있는 자를 당해 직위에 보직하는 경우
6. 징계처분을 받은 경우
7. 형사사건에 관련되어 수사기관에서 조사를 받고 있는 경우
8. 공개경쟁채용시험에 합격하고 시보임용 중인 경우
9. 소방령 이하의 소방공무원을 그 배우자 또는 직계존속이 거주하는 시·도 지역의 소방기관으로 전보하는 경우
10. 임신 중인 소방공무원 또는 출산 후 1년이 지나지 않은 소방공무원의 모성보호, 육아 등을 위해 필요한 경우
11. 그 밖에 소방기관의 장이 보직관리를 위하여 전보할 필요가 있다고 특별히 인정하는 경우

(3) 임용된 날로 보지 아니하는 경우

다음 각 호의 어느 하나에 해당하는 임용일은 제1항에 따른 필수보직기간을 계산할 때 해당 직위에 임용된 날로 보지 아니한다(제6항).

1. 직제상의 최저단위 보조기관내에서의 전보일
1의2. 승진임용일, 강등일 또는 강임일
2. 시보공무원의 정규공무원으로의 임용일
3. 기구의 개편, 직제 또는 정원의 변경으로 소속·직위 또는 직급의 명칭만 변경하여 재발령되는 경우 그 임용일. 다만, 담당 직무가 변경되지 아니한 경우만 해당한다.

2. 경력경쟁채용시험등을 통하여 채용된 소방공무원

유형	전보 제한
• 퇴직소방공무원의 재임용 • 5급 공채시험 합격자 또는 변호사시험 합격자등	최초로 그 직위에 임용된 날부터 2년 이내(휴직·직위해제 및 정직 기간은 포함하지 아니함)에 다른 직위 또는 임용권자를 달리하는 기관에 전보할 수 없다. 〈예외〉 • 직제상의 최저단위 보조기관내에서의 전보의 경우 • 기구의 개편, 직제 또는 정원의 변경으로 인한 전보의 경우 • 당해 소방공무원의 승진 또는 강임의 경우 • 징계처분을 받은 경우 • 형사사건에 관련되어 수사기관에서 조사를 받고 있는 경우
• 임용예정 직무에 관련된 자격증 소지자의 임용 • 임용예정직에 상응하는 근무실적 또는 연구실적이 있거나 소방에 관한 전문기술교육을 받은 사람의 임용 • 외국어에 능통한 사람의 임용 • 경찰공무원을 그 계급에 상응하는 소방공무원으로 임용	최초로 그 직위에 임용된 날부터 5년 이내에 다른 직위 또는 임용권자를 달리하는 기관에 전보할 수 없다. 〈예외〉 • 직제상의 최저단위 보조기관내에서의 전보의 경우 • 기구의 개편, 직제 또는 정원의 변경으로 인한 전보의 경우 • 당해 소방공무원의 승진 또는 강임의 경우 • 징계처분을 받은 경우 • 형사사건에 관련되어 수사기관에서 조사를 받고 있는 경우
• 소방 업무에 경험이 있는 의용소방대원을 소방사 계급의 소방공무원으로 임용하는 경우	최초로 그 직위에 임용된 날부터 5년의 필수보직기간이 지나야 최초 임용기관 외의 다른 기관으로 전보될 수 있다. 〈예외〉 • 기구의 개편, 직제 또는 정원의 변경으로 인하여 직위가 없어지거나 정원이 초과되어 전보할 경우

* 소방공무원 임용령 제28조 제3항, 제4항

3. 그 밖의 경우

(1) 중앙소방학교 및 지방소방학교 교수요원

필수보직기간은 2년으로 한다. 다만, 기구의 개편, 직제·정원의 변경 또는 교육과정의 개편 또는 폐지가 있거나 교수요원으로서 부적당하다고 인정될 때에는 그렇지 않다(제2항).

(2) 승진시험 요구중인 소방공무원

승진 대상자명부작성단위를 달리하는 기관에 전보할 수 없다(제5항).

(3) 위탁교육훈련을 받고 그와 관련된 직위에 보직된 자

다음 각호의 기간내에는 소방공무원교육훈련기관의 교수요원 또는 당해교육훈련내용과 관련되는 직위 외의 직위로 전보할 수 없다(소방공무원 임용령 시행규칙 제20조).

1. 교육훈련기간이 6월 이상 1년 미만인 경우에는 2년
2. 교육훈련기간이 1년 이상인 경우에는 3년

출·제·예·상·문·제

🚒 소방승진 공무원법

01 소방공무원의 전보제한에 대한 설명으로 옳지 않은 것은? ＊20 소방교

① 임신 중인 소방공무원 또는 출산 후 1년 6개월이 지나지 않은 소방공무원의 모성보호, 육아 등을 위해 필요한 경우는 필수보직기간 1년의 예외 사유이다.
② 소방령 이하의 소방공무원을 그 배우자 또는 직계존속이 거주하는 시·도 지역의 소방기관으로 전보하는 경우는 필수보직기간 1년의 예외 사유이다.
③ 중앙소방학교 및 지방소방학교 교수요원의 필수보직기간은 2년으로 한다.
④ 변호사시험 합격자로서 경력경쟁채용시험등을 통하여 채용된 소방공무원의 전보제한기간은 2년이다.

해설
① (×) 1년 6개월이 아니라 1년이다(소방공무원 임용령 제28조 제1항 단서).

02 소방공무원의 필수보직기간은 1년이다. 이에 대한 예외사유로 옳지 않은 것은? ＊22 소방교

① 전보권자가 같은 기관 내의 전보인 경우
② 당해 소방공무원의 승진 또는 강임인 경우
③ 공개경쟁채용시험에 합격하고 시보임용 중인 경우
④ 임신 중인 소방공무원 또는 출산 후 1년이 지나지 않은 소방공무원의 모성보호, 육아 등을 위해 필요한 경우

해설
① (×) 전보권자를 달리하는 기관간의 전보의 경우이다(소방공무원 임용령 제28조 제1항 3호).

03 소방공무원의 필수보직기간의 예외로서 옳은 것은?

① 전보권자가 동일한 기관간의 전보의 경우
② 임신 중인 소방공무원 또는 출산 후 1년이 지나지 않은 소방공무원의 모성보호, 육아 등을 위해 필요한 경우
③ 형사사건에 관련되어 감사기관에서 조사를 받고 있는 경우
④ 경력경쟁채용시험에 합격하고 시보임용 중인 경우

정답 01. ① 02. ① 03. ②

해설
① (×) 전보권자를 달리하는 기관간의 전보의 경우
③ (×) 형사사건에 관련되어 수사기관에서 조사를 받고 있는 경우
④ (×) 공개경쟁채용시험에 합격하고 시보임용 중인 경우

04 소방공무원의 필수보직기간은 1년이 원칙인바 그 예외가 될 수 있는 경우가 아닌 것은?
*19 소방위

① 임용예정직위에 상응한 3월 이상의 근무경력 또는 연구실적이 있는 자를 당해 직위에 보직하는 경우
② 임신 중인 소방공무원 또는 출산 후 1년이 지나지 않은 소방공무원의 모성보호, 육아 등을 위해 필요한 경우
③ 당해 소방공무원의 승진 또는 강임의 경우
④ 직제상의 최저단위 보조기관내에서의 전보의 경우

해설
① (×) 3월 이상이 아니라 6월 이상이다(소방공무원 임용령 제28조 제1항 단서).

05 「소방공무원 임용령」상 필수보직기간 및 전보의 제한에 관한 내용으로 옳지 않은 것은?
*22 소방위

① 소방공무원의 필수보직기간은 원칙적으로 1년으로 한다.
② 중앙소방학교 및 지방소방학교 교수요원의 필수보직기간은 원칙적으로 2년으로 한다.
③ 임용권자는 승진시험 요구 중에 있는 소속 소방공무원을 승진 대상자명부작성단위를 달리하는 기관에 전보할 수 있다.
④ 임용예정직위에 관련된 2월 이상의 특수훈련경력이 있는 자는 1년 이내에 당해 직위에 보직할 수 있다.

해설
③ (×) 임용권자는 승진시험 요구중에 있는 소속 소방공무원을 승진 대상자명부작성단위를 달리하는 기관에 전보할 수 없다(소방공무원 임용령 제28조 제5항).

정답 04. ① 05. ③

소방승진 공무원법

06 필수보직기간을 계산할 때 해당 직위에 임용된 날로 보지 아니하는 경우로 옳지 않은 것은?

① 승진임용일, 강등일 또는 강임일
② 시보공무원의 정규공무원으로의 임용일
③ 직제상의 최저단위 보조기관내에서의 전보일
④ 기구의 개편, 직제 또는 정원의 변경(담당 직무 변경 포함)으로 재발령되는 경우의 임용일

해설
④ (×) 기구의 개편, 직제 또는 정원의 변경으로 소속직위 또는 직급의 명칭만 변경하여 재발령되는 경우 그 임용일. 다만, 담당 직무가 변경되지 아니한 경우만 해당한다(소방공무원 임용령 제28조 제6항 제3호).

07 경력경쟁채용시험등을 통하여 채용된 다음의 소방공무원 중 전보제한기간이 다른 것은?

① 경찰공무원을 그 계급에 상응하는 소방공무원으로 임용
② 임용예정직에 상응하는 근무실적 또는 연구실적이 있거나 소방에 관한 전문기술교육을 받은 사람의 임용
③ 변호사시험 합격자의 임용
④ 임용예정 직무에 관련된 자격증 소지자의 임용

해설
③은 최초로 그 직위에 임용된 날부터 2년 이내이고, 나머지는 최초로 그 직위에 임용된 날부터 5년 이내이다(소방공무원 임용령 제28조 제3항, 제4항)

08 경찰공무원을 경력경쟁채용시험을 통하여 그 계급에 상응하는 소방공무원으로 임용한 경우 최초로 그 직위에 임용된 날부터 몇 년 이내에 다른 직위 또는 임용권자를 달리하는 기관에 전보할 수 없는가?

① 1년   ② 2년
③ 3년   ④ 5년

해설
전보제한 기간이 5년인 경우는 ㉠ 임용예정 직무에 관련된 자격증 소지자의 임용, ㉡ 임용예정직에 상응하는 근무실적 또는 연구실적이 있거나 소방에 관한 전문기술교육을 받은 사람의 임용, ㉢ 외국어에 능통한 사람의 임용, ㉣ 경찰공무원을 그 계급에 상응하는 소방공무원으로 임용이 있다(소방공무원 임용령 제28조).

정답 06. ④   07. ③   08. ④

09 외국어에 능통한 사람으로서 경력경쟁채용시험등을 통하여 채용된 소방공무원을 전보제한 기간 중에도 다른 직위 또는 임용권자를 달리하는 기관에 전보할 수 있는 경우가 아닌 것은?

① 당해 소방공무원의 승진 또는 강임의 경우
② 기구의 개편, 직제 또는 정원의 변경으로 인한 전보의 경우
③ 외국어에 능통한 여성전문인력을 국제업무분야에 배치하기 위한 경우
④ 형사사건에 관련되어 수사기관에서 조사를 받고 있는 경우

해설
③ (×) 소방공무원 임용령 제28조 제3항의 규정에 부합하지 않는다. ③은 국가공무원법상 5급 공개경쟁 채용시험에 합격한 공무원에 대한 특칙이다.

10 다음 중 소방공무원의 전보제한기간이 5년 이내인 경우가 아닌 것은? *19 소방교

① 임용예정 직무에 관련된 자격증 소지자를 임용하는 경우
② 임용예정직에 상응하는 근무실적 또는 연구실적이 있거나 소방에 관한 전문기술교육을 받은 사람을의 임용하는 경우
③ 소방 업무에 경험이 있는 의용소방대원을 소방사 계급의 소방공무원으로 임용하는 경우
④ 퇴직소방공무원을 재임용하는 경우

해설
④ (×) 퇴직소방공무원을 재임용하는 경우는 2년이다(소방공무원 임용령 제28조 제3항, 제4항).

11 2년간 위탁교육훈련을 받고 그와 관련된 직위에 보직된 자는 몇 년 이내에는 소방공무원교육훈련기관의 교수요원 또는 당해교육훈련내용과 관련되는 직위 외의 직위로 전보할 수 없는가?

① 1년   ② 2년
③ 3년   ④ 4년

해설
영 제27조의 규정에 의하여 위탁교육훈련을 받고 그와 관련된 직위에 보직된 자는 다음 각호의 기간내에는 소방공무원교육훈련기관의 교수요원 또는 당해교육훈련내용과 관련되는 직위외의 직위로 전보할 수 없다(소방공무원 임용령 시행규칙 제20조 제2항).
1. 교육훈련기간이 6월이상 1년미만인 경우에는 2년
2. 교육훈련기간이 1년이상인 경우에는 3년

정답 09. ③   10. ④   11. ③

소방승진 공무원법

12 위탁교육훈련을 받은 자에 관련된 내용으로 옳지 않은 것은?

① 소방공무원교육훈련기관의 교수요원으로 보직할 수 없거나 곤란한 경우에는 그 교육훈련내용과 관련되는 직위에 보직하여야 한다.
② 소방청장 또는 시·도지사는 교육훈련을 위하여 필요할 때에는 소방공무원을 국내외의 교육기관에 위탁하거나 교육훈련기관에서 교육훈련을 받게 할 수 있다.
③ 교육훈련기간이 6월 이상 1년 미만인 경우에는 3년 이내에는 소방공무원교육훈련기관의 교수요원 또는 당해교육훈련내용과 관련되는 직위 외의 직위로 전보할 수 없다.
④ 교육훈련기간이 1년 이상인 경우에는 3년 이내에는 소방공무원교육훈련기관의 교수요원 또는 당해교육훈련내용과 관련되는 직위 외의 직위로 전보할 수 없다.

[해설]
③ (×) 3년이 아니라 2년 이내이다(소방공무원 임용령 시행규칙 제20조).

13 5급 공채시험 합격자 또는 변호사시험 합격자를 경력경쟁채용시험을 통하여 채용한 경우 전보 제한 기간의 예외에 해당하지 않는 것은?

① 형사사건에 관련되어 수사기관에서 조사를 받고 있는 경우
② 직제상의 최저단위 보조기관내에서의 전보의 경우
③ 기구의 개편, 직제 또는 정원의 변경으로 인한 전보의 경우
④ 당해 소방공무원의 승진 또는 강등의 경우

[해설]
④ (×) 퇴직소방공무원의 재임용과 5급 공채시험 합격자 또는 사법시험 합격자등의 경우 전보 제한 기간은 2년이다. 다만 ㉠ 직제상의 최저단위 보조기관내에서의 전보의 경우, ㉡ 기구의 개편, 직제 또는 정원의 변경으로 인한 전보의 경우, ㉢ 당해 소방공무원의 승진 또는 강임의 경우, ㉣ 징계처분을 받은 경우, ㉤ 형사사건에 관련되어 수사기관에서 조사를 받고 있는 경우는 예외이다(소방공무원 임용령 제28조).

정답 12. ③ 13. ④

14 소방공무원의 전보에 관한 내용으로 옳지 않은 것은?

① 중앙소방학교 및 지방소방학교 교수요원의 필수보직기간은 1년으로 한다. 다만, 기구의 개편, 직제·정원의 변경 또는 교육과정의 개편 또는 폐지가 있거나 교수요원으로서 부적당하다고 인정될 때에는 그렇지 않다.
② 승진시험 요구중인 소방공무원은 승진 대상자명부작성단위를 달리하는 기관에 전보할 수 없다.
③ 1년 이상의 위탁교육훈련을 받고 그와 관련된 직위에 보직된 자는 3년 이내에는 소방공무원 교육훈련기관의 교수요원 또는 당해교육훈련내용과 관련되는 직위 외의 직위로 전보할 수 없다
④ 소방 업무에 경험이 있는 의용소방대원을 소방사 계급의 소방공무원으로 임용하는 경우 최초로 그 직위에 임용된 날부터 5년 이내에 최초 임용기관 외의 다른 기관으로 전보될 수 없다.

[해설]
① (×) 1년이 아니라 2년이다(소방공무원 임용령 제28조 제2항).

정답 14. ①

CHAPTER 03 인사교류

1. 의의

인사교류란 행정기관 상호간, 행정기관과 교육·연구기관 또는 공공기관 간에 공무원을 담당 업무의 성격이 비슷한 다른 기관에 이동시켜 서로 자리바꿈을 하는 것을 말한다. 이러한 인사교류를 허용하는 인사제도를 교류형이라고 한다.

소방청장은 소방공무원의 능력을 발전시키고 소방사무의 연계성을 높이기 위하여 소방청과 시·도 간 및 시·도 상호 간에 인사교류가 필요하다고 인정하면 인사교류계획을 수립하여 이를 실시할 수 있다(소방공무원법 제9조 제1항). 인사교류의 대상, 절차, 그 밖에 인사교류에 필요한 사항은 대통령령으로 정한다(제2항).

2. 인사교류의 사유

(1) 시·도 상호 간 인사교류

소방청장은 다음에 해당하는 경우 시·도 상호 간 소방공무원의 인사교류계획을 수립하여 실시할 수 있다(소방공무원 임용령 제29조 제1항).

> 1. 시·도 간 인력의 균형있는 배치와 소방행정의 균형있는 발전을 위하여 시·도 소속 소방령 이상의 소방공무원을 교류하는 경우
> 2. 시·도 간의 협조체제 증진 및 소방공무원의 능력발전을 위하여 시·도 간 교류하는 경우
> 3. 시·도 소속 소방경 이하의 소방공무원의 연고지배치를 위하여 필요한 경우

(2) 소방청과 시·도 간 인사교류

소방청장은 인력의 균형있는 배치와 효율적인 활용, 소방공무원의 종합적 능력발전 기회 부여 및 소방사무의 연계성을 높이기 위하여 소방청과 시·도 간 소방공무원 인사교류계획을 수립하여 실시할 수 있다(제4항).

3. 인사교류의 절차와 기준

(1) 시·도지사의 의견청취 등

① 시·도 상호 간 인사교류의 인원(연고지배치를 위하여 실시하는 인원을 제외)은 필요한 최소한으로 하되, 소방청장은 교류인원을 정할 때에는 미리 해당 시·도지사의 의견을 들어야 한다(소방공무원 임용령 제29조 제2항).

② 소방청장은 인사교류계획을 수립함에 있어서 시·도지사로부터 교류대상자의 추천이 있거나 해당 시·도로 전입요청이 있는 경우에는 이를 최대한 반영하여야 하며, 해당 시·도지사의 동의 없이는 인사교류대상자의 직위를 미리 지정하여서는 아니된다(제3항).

(2) 대상자 본인의 동의나 신청

소방청과 시·도 간 및 시·도 상호 간에 인사교류를 하는 경우에는 인사교류 대상자 본인의 동의나 신청이 있어야 한다. 다만, 소방청과 그 소속기관 소속 소방공무원으로서 시·도 소속 소방공무원으로의 임용예정계급이 인사교류 당시의 계급보다 상위계급인 경우에는 동의를 받지 않을 수 있다(제5항).

(4) 인사교류의 제한 등

① 소방청장은 소방인력 관리를 위해 필요한 경우에는 소방청과 시·도 간 및 시·도 상호 간의 인사교류를 제한할 수 있다(제6항).
② 소방공무원 임용령 제29조에 규정한 사항 외에 인사교류에 필요한 사항은 소방청장이 정한다(제7항).(註 : 소방청훈령 「소방청 소속 소방공무원 보직 및 인사교류 규정」)

4. 전출·전입요구 및 동의

(1) 임용권자의 동의 요청

임용권자는 소방공무원을 전입 또는 전출하려는 경우에는 소방공무원 전입·전출동의요구서에 따라 해당 소방기관의 장의 동의를 받아야 한다. 다만, 법 제9조에 따라 소방공무원의 인사교류계획을 수립하여 전입 또는 전출하는 경우에는 동의를 받지 않을 수 있다(소방공무원 임용령 시행규칙 제21조 제1항).

(2) 소속소방기관장의 회보

제1항의 요구를 받은 소속소방기관의 장은 소방공무원 전출·전입동의회보서에 의하여 특별한 사유가 없는 한 15일 이내에 회보하여야 하며, 동의하는 경우에는 부임일자등을 고려하여 발령예정일자를 서로 같은 일자가 되도록 지정하여야 한다(제2항).

출·제·예·상·문·제

01 소방공무원의 능력을 발전시키고 소방사무의 연계성을 높이기 위하여 인사교류계획을 수립하여 실시할 수 있는 사람은?

① 행정안전부장관 ② 소방청장
③ 시·도지사 ④ 시·도 소방본부장

해설
소방청장은 소방공무원의 능력을 발전시키고 소방사무의 연계성을 높이기 위하여 소방청과 시·도 간 및 시·도 상호 간에 인사교류가 필요하다고 인정하면 인사교류계획을 수립하여 이를 실시할 수 있다(소방공무원법 제9조 제1항).

02 인사교류의 절차와 기준으로서 옳지 않은 것은? *20 소방위

① 소방청장은 시·도 간 인력의 균형있는 배치와 소방행정의 균형있는 발전을 위하여 시·도 소속 소방령 이상의 소방공무원을 교류하는 경우 인사교류계획을 수립하여 실시할 수 있다.
② 시·도 상호 간 인사교류의 인원은 필요한 최소한으로 하되, 소방청장은 교류인원을 정할 때에는 미리 해당 시·도지사의 의견을 들어야 한다.
③ 소방청과 그 소속기관 소속 소방공무원으로서 시·도 소속 소방공무원으로의 임용예정계급이 인사교류 당시의 계급보다 상위계급인 경우에는 동의를 받아야 한다.
④ 소방청장은 소방인력 관리를 위해 필요한 경우에는 소방청과 시·도 간 및 시·도 상호 간의 인사교류를 제한할 수 있다

해설
③ (×) 소방청과 그 소속기관 소속 소방공무원으로서 시·도 소속 소방공무원으로의 임용예정계급이 인사교류 당시의 계급보다 상위계급인 경우에는 동의를 받지 않을 수 있다(소방공무원 임용령 제29조 제5항).

정답 01. ② 02. ③

03 다음 중 소방청장이 시·도 상호 간 소방공무원의 인사교류계획을 수립하여 실시할 수 있는 경우를 모두 고르면?

> ㄱ. 시·도 간 인력의 균형있는 배치와 소방행정의 균형있는 발전을 위하여 시·도 소속 소방령 이하의 소방공무원을 교류하는 경우
> ㄴ. 시·도 간의 협조체제 증진 및 소방공무원의 능력발전을 위하여 시·도 간 교류하는 경우
> ㄷ. 시·도 소속 소방경 이하의 소방공무원의 연고지배치를 위하여 필요한 경우

① ㄱ, ㄴ
② ㄴ, ㄷ
③ ㄱ, ㄷ
④ ㄱ, ㄴ, ㄷ

해설
ㄱ. (×) 시·도 간 인력의 균형있는 배치와 소방행정의 균형있는 발전을 위하여 시·도 소속 소방령 이상의 소방공무원을 교류하는 경우(소방공무원 임용령 제29조 제1항 제1호)

04 소방공무원법에 따른 인사교류에 의한 임용에 대한 설명으로 옳지 않은 것은?

① 소방청장은 소방공무원의 능력을 발전시키고 소방사무의 연계성을 높이기 위하여 소방청과 시·도 간 및 시·도 상호 간에 인사교류가 필요하다고 인정하면 인사교류계획을 수립하여 실시하여야 한다.
② 시·도 상호 간 인사교류의 인원(연고지배치를 위하여 실시하는 인원을 제외)은 필요한 최소한으로 하되, 소방청장은 교류인원을 정할 때에는 미리 해당 시·도지사의 의견을 들어야 한다.
③ 소방청장은 소방인력 관리를 위해 필요한 경우에는 소방청과 시·도 간 및 시·도 상호 간의 인사교류를 제한할 수 있다.
④ 임용권자는 소방공무원을 전입 또는 전출하려는 경우에는 소방공무원 전입·전출동의요구서에 따라 해당 소방기관의 장의 동의를 받아야 한다.

해설
① (×) 소방청장은 소방공무원의 능력을 발전시키고 소방사무의 연계성을 높이기 위하여 소방청과 사도 간 및 사도 상호 간에 인사교류가 필요하다고 인정하면 인사교류계획을 수립하여 이를 실시할 수 있다(소방공무원법 제9조 제1항).

정답 03. ② 04. ①

소방승진 공무원법

05 다음의 빈칸에 공통적으로 들어갈 수 있는 사람은?

> • ( )은 인력의 균형있는 배치와 효율적인 활용, 소방공무원의 종합적 능력발전 기회 부여 및 소방사무의 연계성을 높이기 위하여 소방청과 시·도 간 소방공무원 인사교류계획을 수립하여 실시할 수 있다.
> • ( )은 소방인력 관리를 위해 필요한 경우에는 소방청과 시·도 간 및 시·도 상호 간의 인사교류를 제한할 수 있다.

① 행정안전부장관
② 인사혁신처장
③ 소방청장
④ 시·도지사

[해설]
소방공무원 임용령 제29조 제4항, 제6항

06 「소방공무원법」 및 「소방공무원 임용령」상 소방공무원의 인사교류에 관한 내용으로 옳지 않은 것은?　*24 소방교

① 소방청장은 소방인력 관리를 위해 필요한 경우에는 소방청과 시·도 간 및 시·도 상호 간의 인사교류를 제한할 수 있다.
② 소방청장은 소방공무원의 능력을 발전시키고 소방사무의 연계성을 높이기 위하여 소방청과 시·도 간 및 시·도 상호 간에 인사교류가 필요하다고 인정하면 인사교류계획을 수립하여 이를 실시할 수 있다.
③ 소방청장은 인사교류계획을 수립함에 있어서 시·도지사로부터 교류대상자의 추천이 있거나 해당 시·도로 전입요청이 있는 경우에는 이를 최소한 반영하여야 하며, 해당 시·도지사의 동의 없이도 인사교류대상자의 직위를 미리 지정할 수 있다.
④ 소방청과 시·도 간 및 시·도 상호 간에 인사교류를 하는 경우에는 인사교류 대상자 본인의 동의나 신청이 있어야 한다. 다만, 소방청과 그 소속기관 소속 소방공무원으로서 시·도 소속 소방공무원으로의 임용예정계급이 인사교류 당시의 계급보다 상위계급인 경우에는 동의를 받지 않을 수 있다.

[해설]
③ (×) 소방청장은 인사교류계획을 수립함에 있어서 시·도지사로부터 교류대상자의 추천이 있거나 해당 시·도로 전입요청이 있는 경우에는 이를 최대한 반영하여야 하며, 해당 시·도지사의 동의 없이는 인사교류대상자의 직위를 미리 지정하여서는 아니된다(소방공무원 임용령 제29조 제3항).

[정답] 05. ③　06. ③

07 소방청장이 시·도 상호 간 소방공무원의 인사교류계획을 수립하여 실시할 수 있는 경우를 잘못 설명한 것은?

* 19 소방교

① 시·도 간 인력의 균형있는 배치와 소방행정의 균형있는 발전을 위하여 시·도 소속 소방경 이상의 소방공무원을 교류하는 경우
② 시·도 간의 협조체제 증진을 위하여 시·도 간 교류하는 경우
③ 시·도 소속 소방경 이하의 소방공무원의 연고지배치를 위하여 필요한 경우
④ 소방공무원의 능력발전을 위하여 시·도 간 교류하는 경우

해설
① (×) 시·도 간 인력의 균형있는 배치와 소방행정의 균형있는 발전을 위하여 시·도 소속 소방령 이상의 소방공무원을 교류하는 경우(소방공무원 임용령 제29조 제1항)

08 인사교류의 절차와 기준에 관한 내용으로 옳은 것은?

① 시·도 상호 간 인사교류의 인원(연고지배치를 위하여 실시하는 인원 포함)은 필요한 최소한으로 한다.
② 소방청장은 교류인원을 정할 때에는 미리 해당 시·도지사의 동의를 얻어야 한다.
③ 소방청장은 인사교류계획을 수립함에 있어서 시·도지사로부터 교류대상자의 추천이 있거나 해당 시·도로 전입요청이 있는 경우에는 이를 참작할 수 있다.
④ 소방청과 시·도 간 및 시·도 상호 간에 인사교류를 하는 경우에는 인사교류 대상자 본인의 동의나 신청이 있어야 한다.

해설
① (×), ② (×) 시·도 상호 간 인사교류의 인원(연고지배치를 위하여 실시하는 인원을 제외)은 필요한 최소한으로 하되, 소방청장은 교류인원을 정할 때에는 미리 해당 시·도지사의 의견을 들어야 한다(소방공무원 임용령 제29조 제2항).
③ (×) 소방청장은 인사교류계획을 수립함에 있어서 시·도지사로부터 교류대상자의 추천이 있거나 해당 시·도로 전입요청이 있는 경우에는 이를 최대한 반영하여야 하며, 해당 시·도지사의 동의 없이는 인사교류대상자의 직위를 미리 지정하여서는 아니된다(제3항).

정답 07. ① 08. ④

소방승진 공무원법

09 다음 중 인사교류 대상자 본인의 동의나 신청을 요하지 않는 경우는?

① 시·도 간 인력의 균형있는 배치와 소방행정의 균형있는 발전을 위하여 시·도 소속 소방령 이상의 소방공무원을 교류하는 경우
② 시·도 간의 협조체제 증진 및 소방공무원의 능력발전을 위하여 시·도 간 교류하는 경우
③ 소방청과 소속 소방공무원과 시·도 소속 소방공무원의 인사교류 대상자 간에 합의를 한 경우
④ 소방청과 그 소속기관 소속 소방공무원으로서 시·도 소속 소방공무원으로의 임용예정계급이 인사교류 당시의 계급보다 상위계급인 경우

해설
소방청과 시·도 간 및 시·도 상호 간에 인사교류를 하는 경우에는 인사교류 대상자 본인의 동의나 신청이 있어야 한다. 다만, 소방청과 그 소속기관 소속 소방공무원으로서 시·도 소속 소방공무원으로의 임용예정계급이 인사교류 당시의 계급보다 상위계급인 경우에는 동의를 받지 않을 수 있다(소방공무원 임용령 제29조 제5항).

10 소방공무원의 전출·전입 절차로서 옳지 않은 것은?

① 임용권자는 소방공무원을 전입 또는 전출하려는 경우에는 소방공무원 전입·전출동의요구서에 따라 해당 소방기관의 장의 동의를 받아야 한다.
② 소방공무원의 인사교류계획을 수립하여 전입 또는 전출하는 경우에는 해당 소방기관의 장의 동의를 받지 않을 수 있다.
③ 전입·전출동의 요구를 받은 소속소방기관의 장은 소방공무원 전출·전입동의회보서에 의하여 지체 없이 회보하여야 한다.
④ 전입·전출에 동의하는 경우에는 부임일자등을 고려하여 발령예정일자를 서로 같은 일자가 되도록 지정하여야 한다.

해설
③ (×) 제1항의 요구를 받은 소속소방기관의 장은 소방공무원 전출·전입동의회보서에 의하여 특별한 사유가 없는 한 15일 이내에 회보하여야 한다(소방공무원 임용령 시행규칙 제21조 제2항).

정답 09. ④ 10. ③

CHAPTER 04 파견근무

1. 의의

국가기관의 장은 국가적 사업의 수행 또는 그 업무 수행과 관련된 행정 지원이나 연수, 그 밖에 능력 개발 등을 위하여 필요하면 소속 공무원을 다른 국가기관·공공단체·정부투자기관·국내외의 교육기관·연구기관, 그 밖의 기관에 일정 기간 파견근무하게 할 수 있으며, 국가적 사업의 공동 수행 또는 전문성이 특히 요구되는 특수 업무의 효율적 수행 등을 위하여 필요하면 국가기관 외의 기관·단체의 임직원을 파견받아 근무하게 할 수 있다(국가공무원법 제32조의4).

2. 파견사유 및 파견기간

임용권자 또는 임용제청권자는 다음 각 호의 어느 하나에 해당하는 경우에는 국가공무원법 제32조의4에 따라 소방공무원을 파견할 수 있다(소방공무원 임용령 제30조 제1항, 제2항).

파견사유	파견기간
1. 다른 국가기관 또는 지방자치단체나 그 외의 기관·단체에서 국가적 사업을 수행하기 위하여 특히 필요한 경우	2년 이내 (필요한 경우 총 파견기간 5년의 범위에서 연장 가능) ※ 1~3호 중 "직제상 파견"의 경우 파견기간은 2년을 초과할 수 있고, 총 파견기간은 5년을 초과하여 연장할 수 있음
2. 다른 기관의 업무폭주로 인한 행정지원의 경우	
3. 관련 기관 간의 긴밀한 협조가 필요한 특수업무를 공동수행하기 위하여 필요한 경우	
7. 국내의 연구기관, 민간기관 및 단체에서의 업무수행·능력개발이나 국가정책 수립과 관련된 자료수집 등을 위하여 필요한 경우	
5. 「공무원 인재개발법」에 따른 공무원교육훈련기관의 교수요원으로 선발되거나 그 밖에 교육훈련 관련 업무수행을 위하여 필요한 경우	1년 이내 (필요한 경우 총 파견기간 2년의 범위에서 연장 가능)
4. 「공무원 인재개발법」 또는 법 제20조 제3항(이 영 제3조 제1항 및 같은 조 제5항 제1호·제3호에 따라 시·도지사가 임용권을 행사하는 소방공무원에 한정)에 따른 교육훈련을 위하여 필요한 경우	교육훈련을 위하여 필요한 기간
6. 국제기구, 외국의 정부 또는 연구기관에서의 업무수행 및 능력개발을 위하여 필요한 경우	업무수행 및 능력개발을 위하여 필요한 기간

3. 파견받을 기관장의 사전 요청

제1항 제1호부터 제3호까지 및 제5호에 따라 소속 소방공무원을 파견하려면 파견받을 기관의 장이 임용권자 또는 임용제청권자에게 미리 요청하여야 한다(제3항).

4. 인사혁신처장과의 협의

(1) 협의 대상

소속 소방공무원(임용령 제3조 제1항 및 같은 조 제5항 제1호·제3호에 따라 시·도지사가 임용권을 행사하는 소방공무원은 제외)을 파견하는 경우로서 다음 각 호의 어느 하나에 해당하는 경우에는 임용권자 또는 임용제청권자가 인사혁신처장과 협의하여야 한다(소방공무원 임용령 제30조 제4항 본문).

> 1. 제30조 제1항 제1호부터 제3호까지 및 제6호·제7호에 따라 소속 소방공무원을 파견하는 경우
> 2. 제1호에 따른 파견기간을 연장하는 경우
> 3. 제1호에 따른 파견 중 파견기간이 끝나기 전에 파견자를 복귀시키는 경우로서 인사혁신처장이 정하는 사유에 해당하는 경우

다만, 인사혁신처장이 「행정기관의 조직과 정원에 관한 통칙」 제24조의2에 따라 별도정원의 직급·규모 등에 대하여 행정안전부장관과 협의된 파견기간의 범위에서 소방경 이하 소방공무원의 파견기간을 연장하거나 소방경 이하 소방공무원의 파견기간이 끝난 후 그 자리를 교체하는 경우에는 인사혁신처장과의 협의를 생략할 수 있다(소방공무원 임용령 제30조 제4항 단서).

(2) 예외

① 파견기간이 1년 미만인 경우

임용령 제30조 제4항 본문에도 불구하고 파견기간이 1년 미만인 경우에는 인사혁신처장의 협의를 거치지 아니하고 소방청장의 승인을 받아 파견할 수 있다(제5항).

② 직제상 파견

㉠ 임용령 제30조 제1항 제1호부터 제3호까지의 규정에 따른 파견 중 파견 소방공무원의 정원이 파견받는 기관의 조직과 정원에 관한 법령에 규정되어 있는 경우("직제상 파견")에는 인사혁신처장과 협의 없이 소속 소방공무원을 파견하거나 파견기간을 연장할 수 있으며, 파견기간 종료 전에 파견자를 복귀시킬 수 있다(소방공무원 임용령 제30조의5 제1항).

㉡ 직제상 파견의 파견기간은 2년을 초과할 수 있고, 총 파견기간은 5년을 초과하여 연장할 수 있다(제2항).

㉢ 제1항에 따라 파견하거나 파견기간을 연장한 경우 또는 파견기간 종료 전에 파견자를 복귀시킨 경우에는 그 사실을 인사혁신처장에게 통보해야 한다(제3항).

출·제·예·상·문·제

🚒 소방승진 공무원법

01 소방공무원의 파견기간이 2년 이내이나 필요한 경우 총 파견기간 5년의 범위에서 연장 가능한 사유에 속하지 않는 것은?

① 국내의 연구기관, 민간기관 및 단체에서의 업무수행·능력개발이나 국가정책 수립과 관련된 자료수집 등을 위하여 필요한 경우
② 다른 국가기관 또는 지방자치단체나 그 외의 기관·단체에서 국가적 사업을 수행하기 위하여 특히 필요한 경우
③ 공무원 인재개발법에 따른 공무원교육훈련기관의 교수요원으로 선발되거나 그 밖에 교육훈련 관련 업무수행을 위하여 필요한 경우
④ 관련 기관 간의 긴밀한 협조가 필요한 특수업무를 공동수행하기 위하여 필요한 경우

[해설]
③ (×) 1년 이내이나 필요한 경우 총 파견기간 2년의 범위에서 연장 가능한 파견사유이다(소방공무원 임용령 제30조).

02 다른 국가기관 또는 지방자치단체나 그 외의 기관·단체에서 국가적 사업을 수행하기 위하여 필요한 경우의 파견기간과 연장 가능한 기간의 범위는?

① 1년 이내 - 총 파견기간 3년의 범위
② 2년 이내 - 총 파견기간 5년의 범위
③ 1년 이내 - 총 파견기간 2년의 범위
④ 2년 이내 - 총 파견기간 3년의 범위

[해설]
② (○) 이와 기간이 동일한 경우로 '관련 기관 간의 긴밀한 협조가 필요한 특수업무를 공동수행하기 위하여 필요한 경우' 와 '국내의 연구기관, 민간기관 및 단체에서의 업무수행·능력개발이나 국가정책 수립과 관련된 자료수집 등을 위하여 필요한 경우' 및 '다른 기관의 업무폭주로 인한 행정지원의 경우' 가 있다(소방공무원 임용령 제30조).

[정답] 01. ③ 02. ②

소방승진 공무원법

03 국내의 연구기관, 민간기관 및 단체에서의 업무수행·능력개발이나 국가정책 수립과 관련된 자료수집 등을 위하여 필요한 경우의 파견기간과 연장 가능한 기간의 범위는?

① 1년 이내 – 총 파견기간이 3년을 초과하지 않는 범위에서 연장
② 2년 이내 – 총 파견기간이 5년을 초과하지 않는 범위에서 연장
③ 1년 이내 – 총 파견기간이 5년을 초과하지 않는 범위에서 연장
③ 2년 이내 – 총 파견기간이 3년을 초과하지 않는 범위에서 연장

해설
소방공무원 임용령 제30조 ☞ 앞의 문제 참고

04 소방공무원 甲이 「공무원 인재개발법」에 따른 공무원교육훈련기관의 교수요원으로 선발된 경우 최장 몇 년까지 파견될 수 있는가?

① 2년
② 3년
③ 4년
④ 5년

해설
① (O) 「공무원 인재개발법」에 따른 공무원교육훈련기관의 교수요원으로 선발되거나 그 밖에 교육훈련 관련 업무수행을 위하여 필요한 경우 1년 이내(필요한 경우 총 파견기간이 2년을 초과하지 않는 범위에서 연장 가능) 파견될 수 있다(소방공무원 임용령 제30조).

05 소속 소방공무원을 파견할 때 임용권자 또는 임용제청권자가 원칙적으로 인사혁신처장과 협의하여야 하는 경우가 아닌 것은? *20 소방위

① 공무원교육훈련기관의 교수요원으로 선발되거나 그 밖에 교육훈련 관련 업무수행을 위하여 필요한 경우
② 국제기구, 외국의 정부 또는 연구기관에서의 업무수행 및 능력개발을 위하여 필요한 경우
③ 다른 기관의 업무폭주로 인한 행정지원의 경우
④ 다른 국가기관 또는 지방자치단체나 그 외의 기관·단체에서 국가적 사업을 수행하기 위하여 특히 필요한 경우

해설
인사혁신처장과의 협의가 의무사항이 아닌 것으로 ⅰ) 「공무원 인재개발법」 또는 법 제20조 제3항(이 영 제3조 제1항 및 같은 조 제5항 제1호·제3호에 따라 시·도지사가 임용권을 행사하는 소방공무원에 한정한다)에 따른 교육훈련을 위하여 필요한 경우, ⅱ) 「공무원 인재개발법」에 따른 공무원교육훈련기관의 교수요원으로 선발되거나 그 밖에 교육훈련 관련 업무수행을 위하여 필요한 경우가 있다(소방공무원 임용령 제30조 제4항). 그리고 파견기간이 1년 미만인 경우에는 인사혁신처장의 협의를 거치지 아니하고 소방청장의 승인을 받아 파견할 수 있다(제5항).

정답 03. ② 04. ① 05. ①

06 인사혁신처장과의 협의 의무에도 불구하고, 별도정원의 직급·규모 등에 대하여 행정안전부장관과 협의된 파견기간의 범위에서 소방공무원의 파견기간을 연장하거나 파견기간이 끝난 후 그 자리를 교체하는 경우에 인사혁신처장과의 협의를 생략할 수 있는 직급으로 옳은 것은?

① 소방정 이하
② 소방령 이하
③ 소방경 이하
④ 소방위 이하

해설
③ (○) 소방공무원 임용령 제30조 제4항

07 임용권자 또는 임용제청권자가 특히 필요한 경우 소방공무원을 최대 5년간(파견 연장 기간 포함) 파견할 수 있는 사유에 해당하지 않는 것은? *22 소방교 변형

① 「공무원 인재개발법」에 따른 공무원교육훈련기관의 교수요원으로 선발되거나 그 밖에 교육훈련 관련 업무수행을 위하여 필요한 경우
② 관련 기관 간의 긴밀한 협조가 필요한 특수업무를 공동수행하기 위하여 필요한 경우
③ 다른 국가기관 또는 지방자치단체나 그 외의 기관·단체에서 국가적 사업을 수행하기 위하여 특히 필요한 경우
④ 국내의 연구기관, 민간기관 및 단체에서의 업무수행·능력개발이나 국가정책 수립과 관련된 자료수집 등을 위하여 필요한 경우

해설
①의 경우 파견기간은 1년 이내(필요한 경우 총 파견기간 2년의 범위에서 연장 가능)이다.

08 다음 중 파견근무의 기간이 원칙적으로 2년 이내인 것을 모두 고르면? *20 소방위

> ㉠ 관련 기관 간의 긴밀한 협조가 필요한 특수업무를 공동수행하기 위하여 필요한 경우
> ㉡ 국내의 연구기관, 민간기관 및 단체에서의 업무수행·능력개발이나 국가정책 수립과 관련된 자료수집 등을 위하여 필요한 경우
> ㉢ 다른 기관의 업무폭주로 인한 행정지원의 경우
> ㉣ 공무원교육훈련기관의 교수요원으로 선발되거나 그 밖에 교육훈련 관련 업무수행을 위하여 필요한 경우

① ㉠, ㉡, ㉢
② ㉠, ㉢
③ ㉡, ㉣
④ ㉢, ㉣

정답 06. ③ 07. ① 08. ①

소방승진 공무원법

해설
원칙적으로 2년 이내인 것은 ㉠, ㉡, ㉢, 그리고 '다른 국가기관 또는 지방자치단체나 그 외의 기관·단체에서 국가적 사업을 수행하기 위하여 특히 필요한 경우'가 있다. ㉣은 1년 이내이다.

09 다음 중 파견근무의 기간이 나머지와 원칙적으로 다른 것은?

* 19 소방교

① 다른 국가기관 또는 지방자치단체나 그 외의 기관·단체에서 국가적 사업을 수행하기 위하여 특히 필요한 경우
② 관련 기관 간의 긴밀한 협조가 필요한 특수업무를 공동수행하기 위하여 필요한 경우
③ 국제기구, 외국의 정부 또는 연구기관에서의 업무수행 및 능력개발을 위하여 필요한 경우
④ 국내의 연구기관, 민간기관 및 단체에서의 업무수행·능력개발이나 국가정책 수립과 관련된 자료수집 등을 위하여 필요한 경우

해설
③의 경우는 업무수행 및 능력개발을 위하여 필요한 기간이고, 나머지는 2년 이내(필요한 경우 총 파견기간 5년의 범위에서 연장 가능)이다(소방공무원 임용령 제30조 제1항, 제2항).

10 다음의 빈칸에 들어갈 수 있는 것은?

> 국제기구, 외국의 정부 또는 연구기관에서의 업무수행 및 능력개발을 위하여 소방공무원을 파견하는 경우 임용권자 또는 임용제청권자가 인사혁신처장과 협의하여야 한다. 다만 파견기간이 (　　)인 경우에는 인사혁신처장의 협의를 거치지 아니하고 소방청장의 승인을 받아 파견할 수 있다.

① 1년 미만　　　　　　　　② 1년 이하
③ 2년 미만　　　　　　　　④ 2년 이하

해설
① (○) 소방공무원 임용령 제30조 제4항, 제5항

정답 09. ③　10. ①

11 소방공무원의 파견근무시 인사혁신처장과의 협의와 관련된 내용으로 옳지 않은 것은?

① 관련 기관 간의 긴밀한 협조가 필요한 특수업무를 공동수행하기 위하여 필요한 경우 임용권자 또는 임용제청권자가 인사혁신처장과 협의하여야 한다.
② 국제기구, 외국의 정부 또는 연구기관에서의 업무수행 및 능력개발을 위하여 필요한 경우 임용권자 또는 임용제청권자가 인사혁신처장과 협의하여야 한다.
③ 인사혁신처장과 협의하여야 할 경우일지라도, 파견기간이 1년 미만인 경우에는 인사혁신처장의 협의를 거치지 아니하고 소방청장의 승인을 받아 파견할 수 있다.
④ 인사혁신처장이 「행정기관의 조직과 정원에 관한 통칙」 제24조의2에 따라 별도정원의 직급·규모 등에 대하여 행정안전부장관과 협의된 파견기간의 범위에서 소방령 이하 소방공무원의 파견기간을 연장하거나 소방령 이하 소방공무원의 파견기간이 끝난 후 그 자리를 교체하는 경우에는 인사혁신처장과의 협의를 생략할 수 있다.

해설
④ (×) '소방령 이하 소방공무원'이 아니라 '소방경 이하 소방공무원'이다(소방공무원 임용령 제30조 제4항).

12 소방공무원의 파견근무에 관한 설명으로 틀린 것은? ＊20 소방교

① 관련 기관 간의 긴밀한 협조가 필요한 특수업무를 공동수행하기 위하여 필요한 경우 1년 이내의 기간 파견할 수 있다.
② 다른 기관의 업무폭주로 인한 행정지원의 경우 2년 이내의 기간 파견할 수 있다.
③ 국제기구, 외국의 정부 또는 연구기관에서의 업무수행 및 능력개발을 위하여 필요한 경우 임용권자 또는 임용제청권자가 인사혁신처장과 협의하여야 한다.
④ 다른 국가기관 또는 지방자치단체나 그 외의 기관·단체에서 국가적 사업을 수행하기 위하여 특히 필요한 경우에도 파견기간이 1년 미만인 경우에는 인사혁신처장의 협의를 거치지 아니하고 소방청장의 승인을 받아 파견할 수 있다.

해설
① (×) 2년 이내에 파견 가능하고, 필요한 경우 총 파견기간 5년의 범위에서 연장 가능하다(소방공무원 임용령 제30조 제1항, 제2항 참고).

정답 11. ④ 12. ①

소방승진 공무원법

13 소방공무원의 파견을 위해 파견받을 기관의 장이 임용권자 또는 임용제청권자에게 미리 요청하여야 할 필요가 없는 경우는?

① 국내의 연구기관, 민간기관 및 단체에서의 업무수행·능력개발이나 국가정책 수립과 관련된 자료수집 등을 위하여 필요한 경우
② 「공무원 인재개발법」에 따른 공무원교육훈련기관의 교수요원으로 선발되거나 그 밖에 교육훈련 관련 업무수행을 위하여 필요한 경우
③ 관련 기관 간의 긴밀한 협조가 필요한 특수업무를 공동수행하기 위하여 필요한 경우
④ 다른 국가기관 또는 지방자치단체나 그 외의 기관·단체에서 국가적 사업을 수행하기 위하여 특히 필요한 경우

해설

파견받을 기관의 장이 임용권자 또는 임용제청권자에게 미리 요청하여야 하는 경우는 ②, ③, ④의 경우와 '다른 기관의 업무폭주로 인한 행정지원의 경우'가 있다(소방공무원 임용령 제30조 제3항).

정답 13. ①

CHAPTER 05 육아휴직 등

1. 육아휴직

「국가공무원법」 제71조 제2항 제4호의 사유로 인한 휴직명령은 그 소방공무원이 원하는 경우 이를 분할하여 할 수 있다(소방공무원 임용령 제30조의2).

> **국가공무원법 제71조(휴직)** ② 임용권자는 공무원이 다음 각 호의 어느 하나에 해당하는 사유로 휴직을 원하면 휴직을 명할 수 있다. 다만, 제4호의 경우에는 대통령령으로 정하는 특별한 사정이 없으면 휴직을 명하여야 한다.
> 4. 만 8세 이하 또는 초등학교 2학년 이하의 자녀를 양육하기 위하여 필요하거나 여성공무원이 임신 또는 출산하게 된 때

2. 시간선택제근무

(1) 시간선택제전환소방공무원 지정

임용권자 또는 임용제청권자는 소방공무원이 원할 때에는 「국가공무원법」 제26조의2에 따라 통상적인 근무시간보다 짧은 시간을 근무하는 소방공무원(이하 "시간선택제전환소방공무원")으로 지정할 수 있다. 다만, 상시근무체제를 유지하기 위한 교대제 근무자는 제외한다(소방공무원 임용령 제30조의3 제1항).

(2) 근무시간

① 시간선택제전환소방공무원의 근무시간은 「국가공무원 복무규정」 제9조(註 : 1주당 40시간)에도 불구하고 1주당 15시간 이상 35시간 이하의 범위에서 임용권자 또는 임용제청권자가 정한다(제2항).
② 1일 근무시간은 최소 3시간 이상이어야 한다(소방공무원 임용령 시행규칙 제22조의2 제3항).

(3) 시간선택제임기제공무원 채용

임용권자 또는 임용제청권자는 시간선택제전환소방공무원을 지정한 경우에는 그 공무원의 남은 근무시간의 범위에서 「공무원임용령」에 따른 시간선택제임기제공무원을 채용할 수 있다(소방공무원 임용령 제30조의3 제3항).

(4) 그 밖의 사항

① 시간선택제근무는 그 소방공무원이 원하는 경우에는 분할하여 실시할 수 있다(소방공무원 임용령 시행규칙 제22조의2 제1항).
② 시간선택제전환소방공무원으로 지정하거나 시간선택제근무 기간의 종료, 육아휴직사유 소멸 등으로 시간선택제근무를 해제하는 경우에는 별지 제8호의2 서식의 시간선택제근무명

령서 또는 시간선택제근무해제 명령서를 발급해야 한다(제2항).

3. 업무대행 소방공무원

(1) 업무대행 소방공무원 지정 등

① 임용권자 또는 임용제청권자는 소방공무원이 다음 각 호의 어느 하나에 해당하는 경우에는 그 공무원의 업무를 해당 임용권자 또는 임용제청권자에게 소속된 다른 소방공무원에게 대행하도록 명할 수 있다(소방공무원 임용령 제30조의4 제1항 본문).

> 1. 「국가공무원법」 제71조 제1항 및 제2항에 따른 휴직을 하는 경우(註: 직권휴직 + 청원휴직)
> 2. 「소방공무원 복무규정」 제10조에 따라 준용되는 「국가공무원 복무규정」 제18조 제1항 또는 제2항에 따른 병가를 가는 경우
> 3. 「소방공무원 복무규정」 제10조에 따라 준용되는 「국가공무원 복무규정」 제20조 제2항에 따른 출산휴가 또는 같은 조 제10항에 따른 유산휴가·사산휴가를 가는 경우(「소방공무원 복무규정」 제11조에 따라 시·도 소속 소방공무원이 해당 시·도 조례에 따라 출산휴가 또는 유산휴가·사산휴가를 가는 경우를 포함)
> 4. 시간선택제전환소방공무원으로 지정된 경우. 이 경우 시간선택제전환소방공무원의 근무시간 외의 업무로 한정한다.
> 5. 「재난 및 안전관리 기본법」 제3조 제1호에 따른 재난(註: 자연재난, 사회재난)이나 「자연재해대책법」 제2조 제1호에 따른 재해(註: 「재난 및 안전관리 기본법」 제3조 제1호에 따른 재난으로 인하여 발생하는 피해)에 대응하기 위하여 출장 또는 파견을 가는 경우

② 다만, 해당 소방공무원의 휴직으로 인하여 「국가공무원법」 제43조 제1항(註 : 휴직·파견 등의 결원보충)에 따라 결원을 보충하거나, 시간선택제근무로 인하여 제30조의3 제3항에 따라 시간선택제임기제공무원을 임용하는 경우에는 그러하지 아니하다(제1항 단서).

③ 업무대행 소방공무원은 1명을 지정함을 원칙으로 하고, 업무의 특성상 여러 명을 지정할 필요가 있는 경우에는 최소한의 인원으로 하되, 5명을 초과할 수 없다(소방공무원 임용령 시행규칙 제22조의3 제2항).

④ 업무를 대행하는 소방공무원을 지정하거나 업무대행 기간의 종료, 육아휴직자의 복귀 등으로 업무대행을 해제하는 경우에는 업무대행 명령서 또는 업무대행해제 명령서를 발급하여야 한다(소방공무원 임용령 시행규칙 제22조의3 제1항).

(2) 수당지급

임용권자 또는 임용제청권자는 다음 각 호의 어느 하나에 해당하는 소방공무원에게는 예산의 범위에서 「공무원수당 등에 관한 규정」에서 정하는 바에 따라 수당을 지급할 수 있다(소방공무원 임용령 제30조의4 제2항).

> 1. 제1항 제1호에 따라 다음 각 목의 어느 하나에 해당하는 휴직 중인 소방공무원의 업무를 대행하는 소방공무원

가. 「국가공무원법」 제71조 제1항 제1호에 따른 질병휴직(이하 "질병휴직"이라 한다) 중 같은 법 제72조 제1호 각 목 외의 부분 단서의 공무상 질병 또는 부상으로 인한 휴직
   나. 육아휴직
2. 제1항 제2호 또는 제3호에 따라 병가, 출산휴가, 유산휴가 또는 사산휴가 중인 소방공무원의 업무를 대행하는 소방공무원
3. 제1항 제4호에 따라 시간선택제전환소방공무원의 근무시간 외의 업무를 대행하는 소방공무원
4. 제1항 제5호에 따라 출장 또는 파견 중인 소방공무원의 업무를 대행하는 소방공무원

※ 본서 발행일 현재 [입법예고] 중 : 일부 휴직자의 업무를 대행하는 소방공무원에 대해서만 수당을 지급하도록 하던 것을 휴직 종류에 관계 없이 휴직자의 업무를 대행하는 경우에는 수당을 지급하도록 함

출·제·예·상·문·제

01 소방공무원의 육아휴직, 시간선택제근무 등에 관한 내용으로 옳지 않은 것은?

① 만 8세 이하 또는 초등학교 2학년 이하의 자녀를 양육하기 위하여 필요하거나 여성공무원이 임신 또는 출산하게 된 때의 사유로 인한 휴직명령은 그 소방공무원이 원하는 경우 분할하여 할 수 있다.
② 시간선택제근무는 그 소방공무원이 원하는 경우에는 분할하여 실시할 수 있다.
③ 임용권자 또는 임용제청권자는 소방공무원이 원할 때에는 통상적인 근무시간보다 짧은 시간을 근무하는 소방공무원으로 지정할 수 있다.
④ 임용권자 또는 임용제청권자는 소방공무원이 시간선택제전환소방공무원으로 지정된 때에는 그 공무원의 업무 전부를 그 소속 소방공무원에게 대행하도록 명할 수 있다.

해설
④ (×) 시간선택제전환소방공무원으로 지정된 경우 시간선택제전환소방공무원의 근무시간 외의 업무로 한정한다(소방공무원 임용령 제30조의4 제1항 본문 4호).

02 다음 중 임용권자가 본인의 의사에도 불구하고 휴직을 명하여야 하는 경우에 해당하지 않는 것은?

① 만 8세 이하 또는 초등학교 2학년 이하의 자녀를 양육하기 위하여 필요하거나 여성공무원이 임신 또는 출산하게 된 때
② 천재지변이나 전시·사변, 그 밖의 사유로 생사(生死) 또는 소재(所在)가 불명확하게 된 때
③ 「공무원의 노동조합 설립 및 운영 등에 관한 법률」 제7조에 따라 노동조합 전임자로 종사하게 된 때
④ 신체·정신상의 장애로 장기 요양이 필요할 때

해설
②·③·④는 본인의 의사에도 불구하고 휴직을 명하여야 하는 직권휴직 사유이다. ①은 청원휴직사유로서 본인이 휴직을 원하면 특별한 사정이 없는 한 휴직을 명하여야 한다.

정답 01. ④ 02. ①

03 다음의 빈칸에 들어갈 숫자를 순서대로 바르게 나열한 것은?

> 시간선택제전환 소방공무원의 근무시간은 1주당 ( )시간 이상 ( )시간 이하의 범위에서 임용권자 또는 임용제청권자가 정하며, 1일 근무시간은 최소 ( )시간 이상이어야 한다.

① 15, 35, 3
② 20, 35, 5
③ 15, 30, 3
④ 20, 30, 5

해설
시간선택제전환 소방공무원의 근무시간은 「국가공무원 복무규정」 제9조(註: 1주당 40시간)에도 불구하고 1주당 15시간 이상 35시간 이하의 범위에서 임용권자 또는 임용제청권자가 정한다(소방공무원 임용령 제30조의3 제2항). 1일 근무시간은 최소 3시간 이상이어야 한다(소방공무원 임용령 시행규칙 제22조의2 제3항).

04 시간선택제전환 소방공무원 등에 관한 내용으로 옳지 않은 것은?

① 시간선택제전환 소방공무원의 근무시간은 1주당 15시간 이상 35시간 이하의 범위에서 정한다.
② 상시근무체제를 유지하기 위한 교대제 근무자는 시간선택제전환 소방공무원 지정에서 제외한다.
③ 시간선택제전환 소방공무원을 지정한 경우에는 그 인원수만큼 시간선택제 임기제공무원을 채용할 수 있다.
④ 소방공무원이 병가, 출산휴가 또는 유산휴가·사산휴가를 가는 경우 그 공무원의 업무를 해당 임용권자 또는 임용제청권자에게 소속된 다른 소방공무원에게 대행하도록 명할 수 있다.

해설
③ (×) 임용권자 또는 임용제청권자는 시간선택제전환소방공무원을 지정한 경우에는 그 공무원의 남은 근무시간의 범위에서 「공무원임용령」에 따른 시간선택제임기제공무원을 채용할 수 있다(소방공무원 임용령 제30조의3 제3항).

05 소방공무원의 시간선택제근무에 관한 내용으로 옳지 않은 것은?

① 소방공무원이 원할 때에는 상시근무체제를 유지하기 위한 교대제 근무자를 포함하여 통상적인 근무시간보다 짧은 시간을 근무하는 소방공무원으로 지정할 수 있다.
② 시간선택제전환소방공무원의 근무시간은 1주당 15시간 이상 35시간 이하의 범위에서 임용권자 또는 임용제청권자가 정한다.
③ 시간선택제전환소방공무원의 1일 근무시간은 최소 3시간 이상이어야 한다
④ 임용권자 또는 임용제청권자는 소방공무원이 시간선택제전환소방공무원으로 지정된 때에는 시간선택제전환소방공무원의 근무시간 외의 업무를 그 소속 소방공무원에게 대행하도록 명할 수 있다.

정답 03. ① 04. ③ 05. ①

소방승진 공무원법

해설
① (×) 임용권자 또는 임용제청권자는 소방공무원이 원할 때에는 「국가공무원법」 제26조의2에 따라 통상적인 근무시간보다 짧은 시간을 근무하는 소방공무원(이하 "시간선택제전환소방공무원")으로 지정할 수 있다. 다만, 상시근무체제를 유지하기 위한 교대제 근무자는 제외한다(소방공무원 임용령 제30조의3 제1항).

06 「소방공무원 임용령」 및 「소방공무원 임용령 시행규칙」상 시간선택제근무에 관한 내용으로 옳지 않은 것은?　　*24 소방교

① 임용권자 또는 임용제청권자는 소방공무원이 원할 때에는 「국가공무원법」에 따라 통상적인 근무시간보다 짧은 시간을 근무하는 소방공무원(이하 "시간선택제전환소방공무원"이라 한다)으로 지정할 수 있다.
② 임용권자 또는 임용제청권자는 시간선택제전환소방공무원을 지정한 경우에는 그 공무원의 남은 근무시간의 범위에서 「공무원임용령」에 따른 시간선택제임기제공무원을 채용할 수 있다.
③ 시간선택제근무는 그 소방공무원이 원하는 경우에는 분할하여 실시할 수 있고, 시간선택제근무 시간은 1일 최소 3시간 이상이어야 한다.
④ 시간선택제전환소방공무원의 근무시간은 1주당 10시간 이상 40시간 이하의 범위에서 임용권자 또는 임용제청권자가 정한다.

해설
④ (×) 시간선택제전환소방공무원의 근무시간은 「국가공무원 복무규정」 제9조에도 불구하고 1주당 15시간 이상 35시간 이하의 범위에서 임용권자 또는 임용제청권자가 정한다(소방공무원 임용령 제30조의3 제2항).

정답 06. ④

07 업무대행 소방공무원 지정에 관한 내용으로 옳지 않은 것은?

① 임용권자 또는 임용제청권자는 출산휴가 또는 육아휴직을 하거나 시간선택제전환소방공무원으로 지정된 소방공무원이 원할 때에는 그 공무원의 업무를 그 소속 소방공무원에게 대행하도록 명할 수 있다.

② 해당 소방공무원의 휴직으로 인하여 「국가공무원법」 제43조 제1항에 따라 결원을 보충하거나, 시간선택제근무로 인하여 시간선택제임기제공무원을 임용하는 경우에는 업무대행 소방공무원을 지정할 수 없다.

③ 병가, 출산휴가 또는 유산휴가·사산휴가 또는 육아휴직 중인 소방공무원의 업무를 대행하는 소방공무원 및 시간선택제전환소방공무원의 근무시간 외의 업무를 대행하는 소방공무원에게는 예산의 범위에서 수당을 지급할 수 있다.

④ 업무를 대행하는 소방공무원의 업무대행 기간의 종료, 육아휴직자의 복귀 등으로 업무대행을 해제하는 경우에는 업무대행해제 명령서를 발급하여야 한다.

해설
① (×) 그 공무원의 업무를 해당 임용권자 또는 임용제청권자에게 소속된 다른 소방공무원에게 대행하도록 명할 수 있다 (소방공무원 임용령 제30조의4 제1항 본문). 소방공무원 본인의 요청을 요건으로 하지 아니한다.

08 다음의 빈칸에 들어갈 숫자의 합은?

> 업무대행 소방공무원은 ( )명을 지정함을 원칙으로 하고, 업무의 특성상 여러 명을 지정할 필요가 있는 경우에는 최소한의 인원으로 하되, ( )명을 초과할 수 없다

① 3
② 4
③ 5
④ 6

해설
④ (○) 업무대행 소방공무원은 1명을 지정함을 원칙으로 하고, 업무의 특성상 여러 명을 지정할 필요가 있는 경우에는 최소한의 인원으로 하되, 5명을 초과할 수 없다(소방공무원 임용령 시행규칙 제22조의3 제2항).

정답 07. ① 08. ④

CHAPTER 06 별도정원의 범위

1. 의의

국가공무원법은 다음과 같이 공무원의 휴직, 파견, 파면처분·해임처분·면직처분의 무효·취소, 직위해제의 경우 일정한 요건하에 정원이 따로 있는 것으로 보고 결원을 보충할 수 있도록 하고 있다.

소방공무원법령은 국가공무원법의 내용에 더하여 파견, 위탁교육의 경우에 관한 특별규정을 두고 있다.

> **국가공무원법 제43조(휴직·파견 등의 결원보충 등)**
> ① 공무원이 제71조 제1항 제1호(註 : 신체·정신상의 장애로 장기 요양이 필요할 때)·제3호(註 : 병역복무를 마치기 위하여 징집 또는 소집된 때)·제5호(註 : 법률의 규정에 따른 의무를 수행하기 위하여 직무를 이탈하게 된 때)·제6호(註 : 노동조합 전임자로 종사하게 된 때), 제71조 제2항(註 : 7개의 청원휴직 사유) 또는 제73조의2(註 : 특수경력직공무원의 휴직)에 따라 6개월 이상 휴직하면 휴직일부터 그 휴직자의 직급·직위 또는 상당 계급(고위공무원단에 속하는 공무원은 해당 휴직자의 직위와 곤란성과 책임도가 유사한 직위를 말한다)에 해당하는 정원이 따로 있는 것으로 보고 결원을 보충할 수 있다. 다만, 휴직기간 중에 당초 휴직 사유와 같은 사유로 휴직기간을 연장하는 경우로서 휴직기간 연장을 명한 날부터 최종 휴직기간이 끝나는 날까지의 기간이 6개월 이상인 경우에는 휴직기간 연장을 명한 날부터 결원을 보충할 수 있다.
> ② 제1항에도 불구하고 다음 각 호의 어느 하나에 해당하는 경우 대통령령등으로 정하는 경우에 한정하여 그 휴가 또는 휴직의 시작일부터 결원을 보충할 수 있다.
>   1. 병가와 제71조 제1항 제1호(註: 신체·정신상의 장애로 장기 요양이 필요할 때)에 따른 휴직을 연속하여 6개월 이상 사용하는 경우
>   2. 출산휴가와 제71조 제2항 제4호(註: 만 8세 이하 또는 초등학교 2학년 이하의 자녀를 양육하기 위하여 필요하거나 여성공무원이 임신 또는 출산하게 된 때)에 따른 휴직을 연속하여 6개월 이상 사용하는 경우
> ③ 공무원을 제32조의4(註 : 파견근무)에 따라 파견하는 경우에는 대통령령등으로 정하는 바에 따라 파견 기간 중 그 파견하는 직급(고위공무원단에 속하는 일반직공무원은 그 파견하는 직위와 곤란성과 책임도가 유사한 직위를 말한다. 이하 이 조에서 같다)에 해당하는 정원이 따로 있는 것으로 보고 결원을 보충할 수 있다. 다만, 남은 파견기간이 2개월 이하인 경우에는 그러하지 아니하다.
> ④ 파면처분·해임처분·면직처분 또는 강등처분에 대하여 소청심사위원회나 법원에서 무효나 취소의 결정 또는 판결을 하면 그 파면처분·해임처분·면직처분 또는 강등처분에 따라 결원을 보충하였던 때부터 파면처분·해임처분·면직처분 또는 강등처분을 받은 사람의 처분 전 직급·직위에 해당하는 정원이 따로 있는 것으로 본다.
> ⑤ 제73조의3 제1항 제3호(註 : 파면·해임·강등 또는 정직에 해당하는 징계 의결이 요구 중인 자)·제4호(註 : 형사 사건으로 기소된 자) 또는 제6호(註 : 금품비위, 성범죄 등 비위행위로 인하여

감사원 및 검찰·경찰 등 수사기관에서 조사나 수사 중인 자로서 비위의 정도가 중대하고 이로 인하여 정상적인 업무수행을 기대하기 현저히 어려운 자)에 따라 직위해제를 한 경우로서 <u>직위해제 기간이 6개월을 경과하면</u> 직위해제된 사람의 직급·직위 또는 상당 계급(고위공무원단에 속하는 공무원은 해당 직위해제된 사람의 직위와 곤란성과 책임도가 유사한 직위를 말한다)에 해당하는 정원이 따로 있는 것으로 보고 결원을 보충할 수 있다. 다만, 제78조의4 제3항(註 : <u>비위를 행한 퇴직희망 공무원에 대하여 직위를 부여하지 아니함</u>)에 따라 징계의결이 요구되어 제73조의3 제1항 제3호(註 : <u>파면·해임·강등 또는 정직에 해당하는 징계 의결이 요구 중인 자</u>)에 따른 직위해제 처분을 하는 경우에는 <u>직위해제를 한 때부터</u> 해당 정원이 따로 있는 것으로 보고 결원을 보충할 수 있다.

⑥ 제1항부터 제4항까지의 규정 및 제5항 본문에 따른 정원은 다음 각 호의 어느 하나에 해당하는 사유가 발생한 이후 그 직급·직위에 최초로 결원이 발생한 때에 각각 소멸된 것으로 본다. 다만, 제1항에 따른 특수경력직공무원의 정원은 제1호의 사유가 발생한 때에 소멸된 것으로 본다.
  1. 휴직자의 복직
  2. 파견된 자의 복귀
  3. 파면·해임·면직된 사람의 복귀 또는 강등된 사람의 처분 전 직급 회복
  4. 직위해제된 사람에 대한 직위 부여

2. 파견과 연수

「국가공무원법」 제43조 제3항에 따라 정원이 따로 있는 것으로 보는 경우는 다음 각 호와 같다(소방공무원 임용령 제31조 제1항).

1. 제30조 제1항(제4호는 제외한다)에 따른 1년 이상의 파견

> 〈소방공무원 임용령 제30조 제1항의 파견사유〉
> 1. 다른 국가기관 또는 지방자치단체나 그 외의 기관·단체에서 국가적 사업을 수행하기 위하여 특히 필요한 경우
> 2. 다른 기관의 업무폭주로 인한 행정지원의 경우
> 3. 관련 기관간의 긴밀한 협조가 필요한 특수업무를 공동수행하기 위하여 필요한 경우
> 4. (제외)
> 5. 「공무원 인재개발법」에 따른 공무원교육훈련기관의 교수요원으로 선발되거나 그 밖에 교육훈련 관련 업무수행을 위하여 필요한 경우
> 6. 국제기구, 외국의 정부 또는 연구기관에서의 업무수행 및 능력개발을 위하여 필요한 경우
> 7. 국내의 연구기관, 민간기관 및 단체에서의 업무수행·능력개발이나 국가정책 수립과 관련된 자료수집 등을 위하여 필요한 경우

2. 제30조 제1항 제4호(註 : 「공무원 인재개발법」 또는 소방공무원법 제20조 제3항에 따른 교육훈련을 위하여 필요한 경우)에 따른 소방청과 그 소속기관 소속 소방공무원, 소방본부장 및 지방소방학교장에 대한 6개월 이상의 파견
3. 삭제

> 4. 정년잔여기간이 1년이내에 있는 자의 퇴직후의 사회적응능력배양을 위한 연수(계급정년해당자는 본인의 신청이 있는 경우에 한한다)

위에서 제31조 제1항 제1호 및 제2호에 해당하여 결원을 보충하는 경우에 소방청장은 미리 행정안전부장관과 협의하여야 하며, 시·도지사는 행정안전부장관의 승인을 받아야 한다. 다만, 임용령 제3조 제1항 및 같은 조 제5항 제1호·제3호(註 : 임용권의 위임)에 따라 시·도지사가 임용권을 행사하는 소방령 이하의 소방공무원을 보충하는 경우에는 승인을 받지 않고 보충할 수 있다(소방공무원 임용령 제31조 제2항).

3. 위탁교육

제3조 제1항 및 같은 조 제5항 제1호·제3호(註 : 임용권의 위임)에 따라 시·도지사가 임용권을 행사하는 소방공무원을 대상으로 소방공무원법 제20조 제3항에 따라 국내외 위탁교육을 실시할 때 다음 각 호의 어느 하나에 해당하는 경우에는 그 훈련기간 동안 그 인원에 해당하는 정원이 해당 기관에 따로 있는 것으로 본다(소방공무원 임용령 제31조 제3항).

> 1. 시·도지사가 「소방공무원 교육훈련규정」 제37조에 따라 훈련기간이 6개월 이상인 국외 위탁교육훈련계획을 수립·시행함에 따라 결원 보충이 필요한 경우
> 2. 소방청장이 「소방공무원 교육훈련규정」 제37조에 따라 수립하는 훈련기간이 6개월 이상인 교육훈련계획에 따라 교육훈련대상자의 직급 및 인원이 기관별로 결정된 경우
> 3. 시·도지사가 「소방공무원 교육훈련규정」 제37조에 따라 소속 소방경 이하의 소방공무원을 대상으로 훈련기간이 6개월 이상인 국내 위탁교육훈련계획을 수립·시행함에 따라 결원 보충이 필요한 경우

4. 휴가, 휴직

다음 각 호의 어느 하나에 해당하는 경우에는 「국가공무원법」 제43조 제2항에 따라 정원이 따로 있는 것으로 보고 결원을 보충할 수 있다(소방공무원 임용령 제31조 제4항).

> 1. 병가와 연속되는 질병휴직을 명하는 경우로서 질병휴직을 명한 이후의 병가기간과 질병휴직기간을 합하여 6개월 이상인 경우
> 2. 출산휴가와 연속되는 육아휴직을 명하는 경우로서 육아휴직을 명한 이후의 출산휴가기간과 육아휴직기간을 합하여 6개월 이상인 경우
> 3. 육아휴직과 연속되는 출산휴가를 승인하는 경우로서 출산휴가를 승인한 이후의 육아휴직기간(출산휴가를 승인하면서 이와 연속된 육아휴직을 명하는 경우에는 해당 육아휴직기간을 포함)과 출산휴가기간을 합하여 6개월 이상인 경우

출·제·예·상·문·제

🔔 소방승진 공무원법

01 소방공무원의 별도정원이 인정되는 경우로 옳지 않은 것은?   * 19 소방위

① 출산휴가와 연속되는 육아휴직을 명하는 경우로서 육아휴직을 명한 이후의 출산휴가기간과 육아휴직기간을 합하여 6개월 이상인 경우
② 정년잔여기간이 1년 6개월 이내에 있는 자의 퇴직후의 사회적응능력배양을 위한 연수의 경우
③ 소방청장이 「소방공무원 교육훈련규정」에 따라 수립하는 훈련기간이 6개월 이상인 교육훈련계획에 따라 교육훈련대상자의 직급 및 인원이 기관별로 결정된 경우
④ 국제기구, 외국의 정부 또는 연구기관에서의 업무수행 및 능력개발을 위하여 필요한 경우에 해당하여 1년 이상 파견하는 경우

[해설]
② (×) 정년잔여기간이 1년 이내에 있는 자의 퇴직후의 사회적응능력배양을 위한 연수(소방공무원 임용령 제31조 제1항 제4호)

02 다음의 빈칸에 들어갈 숫자를 순서대로 기재한 것은?

- 관련 기관간의 긴밀한 협조가 필요한 특수업무를 공동수행하기 위하여 필요한 경우 ( )년 이내(필요한 경우 총 파견기간이 5년을 초과하지 않는 범위에서 연장 가능)에 소방공무원을 파견할 수 있다.
- 관련 기관간의 긴밀한 협조가 필요한 특수업무를 공동수행하기 위하여 ( )년 이상 파견시 「국가공무원법」 제43조 제2항에 따라 정원이 따로 있는 것으로 본다

① 1, 1 ② 1, 2
③ 2, 1 ④ 2, 2

[해설]
③ (○) 소방공무원 임용령 제30조, 제31조

정답 01. ② 02. ③

소방승진 공무원법

03 「소방공무원 임용령」상 별도정원으로 인정되는 경우로 옳지 않은 것은? *23 소방교

① 관련기관 간의 긴밀한 협조가 필요한 특수업무의 공동 수행을 위한 1년 이상의 파견
② 다른 기관의 업무폭주로 인한 행정지원을 위한 1년 이상의 파견
③ 정년잔여기간이 1년 이내에 있는 자의 퇴직 후의 사회 적응능력배양을 위한 연수(계급정년해당자는 본인의 신청이 있는 경우에 한한다)
④ 국내외의 교육기관에서 교육훈련을 받게 하기 위한 소방청 소속 소방공무원에 대한 3개월 이상의 파견

해설
④ (✕) 3개월이 아니라 6개월이다(소방공무원 임용령 제31조 제1항 2호).

04 다음 중 정원이 따로 있는 것으로 보는 경우가 아닌 것은?

① 정년잔여기간이 1년이내에 있는 자의 퇴직후의 사회적응능력배양을 위한 연수
② 다른 기관의 업무폭주로 인한 행정지원을 위한 1년 이상의 파견
③ 관련 기관간의 긴밀한 협조가 필요한 특수업무를 공동수행하기 위하여 1년 이상 파견
④ 교육훈련을 위하여 필요한 경우 소방청과 그 소속기관 소속 소방공무원, 소방본부장 및 지방소방학교장에 대한 3개월 이상의 파견

해설
④ (✕) 「공무원 인재개발법」 또는 소방공무원 제20조 제3항에 따른 교육훈련을 위하여 필요한 경우에 소방청과 그 소속기관 소속 소방공무원, 소방본부장 및 지방소방학교장에 대한 6개월 이상의 파견(소방공무원 임용령 제31조 제1항 제2호)

05 별도정원의 범위에 대한 내용으로 옳지 않은 것은?

① 육아휴직과 연속되는 출산휴가를 승인하는 경우로서 출산휴가를 승인한 이후의 육아휴직기간과 출산휴가기간을 합하여 6개월 이상인 경우에는 정원이 따로 있는 것으로 보고 결원을 보충할 수 있다.
② 시·도지사가 「소방공무원 교육훈련규정」에 따라 훈련기간이 6개월 이상인 국외 위탁교육훈련계획을 수립·시행함에 따라 결원 보충이 필요한 경우에는 그 훈련기간 동안 그 인원에 해당하는 정원이 해당 기관에 따로 있는 것으로 본다.
③ 다른 국가기관 또는 지방자치단체나 그 외의 기관·단체에서 국가적 사업을 수행하기 위하여 특히 필요하여 파견하는 경우에 해당하여 결원을 보충하는 경우에 소방청장은 미리 행정안전부장관과 협의하여야 하며, 시·도지사는 행정안전부장관의 승인을 받아야 한다.
④ 다른 기관의 업무폭주로 인한 행정지원을 이유로 파견하는 경우, 시·도지사가 임용권을 행사하는 소방정 이하의 소방공무원을 결원 보충하는 경우에는 행정안전부장관의 승인을 받지 않고 보충할 수 있다.

정답 03. ④ 04. ④ 05. ④

해설
④ (×) '소방정 이하'가 아니라 '소방령 이하'이다(소방공무원 임용령 제31조 제2항).

06 국가공무원법에 따라 소방공무원의 별도정원이 인정되는 다음의 사유 중, 시·도지사가 결원을 보충하기 위해 미리 행정안전부장관의 승인을 받지 않아도 되는 사유는?

① 다른 기관의 업무폭주로 인한 행정지원의 경우
② 국내의 연구기관, 민간기관 및 단체에서의 업무수행·능력개발이나 국가정책 수립과 관련된 자료수집 등을 위하여 필요한 경우
③ 소방공무원법 제20조 제3항에 따른 교육훈련을 위하여 소방청과 그 소속기관 소속 소방공무원에 대한 6개월 이상의 파견의 경우
④ 정년잔여기간이 1년 이내에 있는 자의 퇴직후의 사회적응능력배양을 위한 연수의 경우

해설
④ (×) 별도정원이 인정되기는 하나 시·도지사가 행정안전부장관의 승인을 받아야 할 사유로 규정되어 있지 않다(소방공무원 임용령 제31조 제2항).

07 국제기구, 외국의 정부 또는 연구기관에서의 업무수행 및 능력개발을 위한 소방공무원 파견으로 결원을 보충하는 경우에 시·도지사는 행정안전부장관의 승인을 받아야 하는데, 임용권의 위임에 따라 시·도지사가 임용권을 행사하는 경우에는 승인을 받지 않고 보충할 수 있다. 그 경우의 계급을 바르게 기재한 것은?

① 소방정 이하
② 소방령 이하
③ 소방경 이하
④ 소방위 이하

해설
제31조 제1항 제1호 및 제2호에 해당하여 결원을 보충하는 경우에 소방청장은 미리 행정안전부장관과 협의하여야 하며, 시·도지사는 행정안전부장관의 승인을 받아야 한다. 다만, 임용령 제3조 제1항 및 같은 조 제5항 제1호·제3호(註: 임용권의 위임)에 따라 시·도지사가 임용권을 행사하는 소방령 이하의 소방공무원을 보충하는 경우에는 승인을 받지 않고 보충할 수 있다(소방공무원 임용령 제31조 제2항).

정답 06. ④ 07. ②

소방승진 공무원법

08 다음은 시·도지사가 임용권을 행사하는 소방공무원을 대상으로 위탁교육을 실시할 때 훈련기간 동안 그 인원에 해당하는 정원이 해당 기관에 따로 있는 것으로 보는 경우 중의 하나이다. 빈칸에 들어갈 내용으로 바르게 짝지은 것은?

> 시·도지사가 「소방공무원 교육훈련규정」 제37조에 따라 소속 (   ) 이하의 소방공무원을 대상으로 훈련기간이 (   ) 이상인 국내 위탁교육훈련계획을 수립·시행함에 따라 결원 보충이 필요한 경우

① 소방경 - 6개월
② 소방경 - 1년
③ 소방위 - 6개월
④ 소방경 - 1년

해설
① (○) 소방공무원 임용령 제31조 제3항. 그밖에 ㉠ 시·도지사가 「소방공무원 교육훈련규정」 제37조에 따라 훈련기간이 6개월 이상인 국외 위탁교육훈련계획을 수립·시행함에 따라 결원 보충이 필요한 경우, ㉡ 소방청장이 「소방공무원 교육훈련규정」 제37조에 따라 수립하는 훈련기간이 6개월 이상인 교육훈련계획에 따라 교육훈련대상자의 직급 및 인원이 기관별로 결정된 경우가 있다.

09 다음은 소방공무원의 별도정원의 범위와 관련된 사항이다. ( ) 안에 들어갈 내용은?

> 시·도지사가 임용권을 행사하는 소방공무원을 대상으로 국내외 위탁교육을 실시할 때 다음의 어느 하나에 해당하는 경우에는 그 훈련기간 동안 그 인원에 해당하는 정원이 해당 기관에 따로 있는 것으로 본다.
>
> • 소방청장이 「소방공무원 교육훈련규정」 제37조에 따라 수립하는 훈련기간이 (㉠) 이상인 교육훈련계획에 따라 교육훈련대상자의 직급 및 인원이 기관별로 결정된 경우
> • 시·도지사가 「소방공무원 교육훈련규정」 제37조에 따라 소속 소방경 이하의 소방공무원을 대상으로 훈련기간이 (㉡) 이상인 국내 위탁교육훈련계획을 수립·시행함에 따라 결원 보충이 필요한 경우

	㉠	㉡		㉠	㉡
①	1년	1년	②	1년	6개월
③	6개월	6개월	④	6개월	1년

해설
③ (○) 소방공무원 임용령 제31조 제3항

정답 08. ① 09. ③

10 소방공무원의 병가와 연속되는 질병휴직을 명하는 경우로서 질병휴직을 명한 이후의 병가 기간과 질병휴직기간을 합하여 몇 개월 이상 휴직하는 경우에 정원이 따로 있는 것으로 보고 결원을 보충할 수 있는가?

① 3개월
② 5개월
③ 6개월
④ 9개월

해설
③ (○) 소방공무원 임용령 제31조 제4항

정답 10. ③

CHAPTER 07 인사기록

1. 인사기록의 관리체계

(1) 인사기록의 종류

> 1. 소방공무원 인사기록카드
> 2. 선서문
> 3. 신원조사회보서
> 4. 최종학교졸업증명서 또는 학력을 증명하는 서류
> 5. 면허 또는 자격증명서
> 6. 경력증명서
> 7. 전력조사회보서
> 8. 공무원채용신체검사서
> 9. 그 밖에 인사기록관리자가 필요하다고 인정하는 서류

* 소방공무원 임용령 시행규칙 제11조

(2) 인사기록의 관리주체

① 소방청장, 특별시장·광역시장·특별자치시장·도지사·특별자치도지사, 중앙소방학교장, 중앙119구조본부장, 국립소방연구원장, 지방소방학교장, 서울종합방재센터장, 소방서장, 119특수대응단장 및 소방체험관장(이하 "인사기록관리자")은 소속 소방공무원에 대한 인사기록을 작성·유지·관리해야 한다(소방공무원 임용령 시행규칙 제10조 제1항).
② 인사기록관리자는 인사기록의 적정한 관리를 위하여 관리담당자를 지정하여야 한다(제2항).

(3) 인사기록의 전자적 관리 등

① 인사기록관리자는 제10조 제1항에도 불구하고 소속 소방공무원에 대한 제11조의 인사기록을 「공무원 인사기록·통계 및 인사사무 처리 규정」 제37조의3에 따른 표준인사관리시스템(이하 "표준인사관리시스템")으로 작성·유지·관리할 수 있다. 다만, 제11조 제1호의 소방공무원 인사기록카드는 표준인사관리시스템으로 작성·유지·관리해야 한다(제10조의2 제1항).
② 제1항에 따른 표준인사관리시스템을 통한 인사기록의 작성·유지·관리는 제10조 제1항에 따른 인사기록의 작성·유지·관리로 본다(제2항).
③ 제1항에 따라 인사기록을 표준인사관리시스템으로 작성·유지·관리하는 방법 및 절차 등에 관한 사항은 소방청장이 정한다(제3항).

(4) 인사기록의 보관 및 이관

① 소방공무원 인사기록(표준인사관리시스템으로 작성·유지·관리되는 인사기록은 제외)은 다음 각 호의 구분에 따른 소방기관의 장이 보관한다(제13조 제1항).

> 1. 초임보직 소방기관이 소방청 또는 소방청의 소속기관인 경우 : 소방청장 또는 소방청 소속기관의 장

2. 초임보직 소방기관이 특별시·광역시·특별자치시·도·특별자치도(이하 "시·도") 소속인 경우
: 시·도지사

② 소방공무원의 승진·전출 등으로 인사기록관리자가 변경된 경우 변경 전 인사기록관리자는 변경 후 인사기록관리자에게 지체 없이 해당 소방공무원의 인사기록카드(표준인사관리시스템을 통해 송부한다)와 최근 3년간(소방위 이하의 소방공무원인 경우에는 최근 2년간)의 근무성적평정표 및 경력·교육훈련성적·가점 평정표 사본(전자문서를 포함한다)을 송부해야 한다(제3항).

(5) 인사기록의 열람

① 인사기록은 다음 각호의 자를 제외하고는 이를 열람할 수 없다(제15조 제1항).

1. 인사기록관리자   2. 인사기록관리담당자   3. 본인
4. 기타 소방공무원 인사자료의 보고등을 위하여 필요한 자

② 제1항 제3호 및 제4호의 경우에는 인사기록관리자의 허가를 받아 인사기록관리담당자의 참여하에 정해진 장소에서 열람해야 한다(제2항).
③ 인사기록을 열람한 자는 인사기록의 내용을 누설하여서는 아니된다(제3항).

(6) 인사기록의 편철 등

① 인사기록(표준인사관리시스템으로 작성·유지·관리되는 인사기록은 제외)은 별지 제5호서식의 소방공무원인사기록철에 편철해야 한다(제17조 제1항).
② 퇴직한 소방공무원의 인사기록철은 제13조 제1항에 따라 인사기록을 보관하는 소방기관의 장이 따로 영구 보존한다(제2항).

(7) 교육훈련성적의 보고·통보

중앙소방학교장 및 지방소방학교장은 교육훈련을 받은 자의 교육훈련성적을 교육훈련을 마친 날로부터 10일 이내에 인사기록관리자에게 보고 또는 통보하여야 한다(제18조).

2. 인사기록 내용의 작성과 변경

(1) 인사기록의 작성

① 신규채용된 소방공무원의 인사기록은 초임보직 소방기관의 장이 작성한다(소방공무원 임용령 시행규칙 제12조 제1항).
② 초임보직 소방기관의 장은 제1항에 따라 작성한 인사기록을 제13조 제1항 각 호의 구분에 따라 직접 보관하거나 해당 소방공무원의 인사기록을 보관하는 소방기관의 장에게 송부해야 한다(제2항).
③ 인사기록관리자는 퇴직한 소방공무원을 재임용한 경우에는 제13조 제1항에 따라 인사기록을 보관하고 있는 소방기관의 장에게 해당 소방공무원의 인사기록의 사본의 송부를 요청할 수 있으며, 그 요청을 받은 소방기관의 장은 지체 없이 이를 송부해야 한다(제3항).

④ 제20조(註: 위탁교육훈련을 받고 일정한 기간내에는 소방공무원교육훈련기관의 교수요원 또는 당해 교육훈련내용과 관련되는 직위 외의 직위로 전보할 수 없음)의 규정에 의한 전보제한 사유에 해당되는 자에 대하여는 그 사유를 소방공무원 인사기록카드의 경력사항란에 기재하여야 한다(제4항).

⑤ 인사기록관리자는 다음 각호의 경우에는 인사기록을 재작성할 수 있다(제5항).

> 1. 분실한 때
> 2. 파손 또는 심한 오손으로 사용할 수 없게 된 때
> 3. 정정부분이 많거나 기록이 명확하지 아니하여 착오를 일으킬 염려가 있는 때
> 4. 기타 인사기록관리자가 필요하다고 인정한 때

(2) 인사기록의 정리 및 변경

① 인사기록관리자는 소속 소방공무원에 대한 임용·징계·포상 기타의 인사발령이 있는 때에는 지체 없이 이를 해당 소방공무원의 인사기록카드에 기록해야 한다(제14조 제1항).

② 소방공무원은 성명·주소 기타 인사기록의 기록내용을 변경하여야 할 정당한 사유가 있는 때에는 그 사유가 발생한 날부터 30일 이내에 소속 인사기록관리자에게 신고해야 한다(제2항).

③ 인사기록관리자는 제1항 및 제2항에 따라 인사기록(표준인사관리시스템으로 작성·유지·관리되는 인사기록은 제외)이 변경된 경우에는 제13조 제1항에 따라 인사기록을 보관하는 소방기관의 장에게 별지 제4호서식에 증빙서류를 첨부하여 보고 또는 통보해야 한다(제3항).

(3) 인사기록의 수정

① 인사기록은 다음 각호의 경우를 제외하고는 이를 수정하여서는 아니된다(제16조 제1항).

> 1. 오기한 것으로 판명된 때   2. 본인의 정당한 요구가 있는 때

② 제1항 제2호의 경우 인사기록관리자는 법원의 판결, 국가기관의 장이 발행한 증빙서류 기타 정당한 서류에 의하여 확인한 후 수정하여야 한다(제2항).

(4) 징계 등 처분기록의 말소

① **징계처분의 기록 말소**
인사기록관리자는 징계처분을 받은 소방공무원이 다음 각호의 1에 해당하는 때에는 제14조 제1항의 규정에 의하여 당해소방공무원의 인사기록카드에 등재된 징계처분의 기록을 말소하여야 한다(제14조의2 제1항).

1. 징계처분의 집행이 종료된 날로부터 다음의 기간이 경과한 때. 다만, 징계처분을 받고 그 집행이 종료된 날로부터 다음의 기간이 경과하기 전에 다른 징계처분을 받은 때에는 각각의 징계처분에 대한 해당기간을 합산한 기간이 경과하여야 한다.
   가. 강등 : 9년   나. 정직 : 7년   다. 감봉 : 5년   라. 견책 : 3년
2. 소청심사위원회나 법원에서 징계처분의 무효 또는 취소의 결정이나 판결이 확정된 때
3. 징계처분에 대한 일반사면이 있은 때

예시

1. 말소제한기간의 경과
   (1) 단일처분의 경우
      ○ 징계처분의 집행이 끝난 날로부터 말소제한기간 동안 더 이상의 다른 징계처분이 없을 때, 강등은 9년, 정직은 7년, 감봉은 5년, 견책은 3년이 경과하게 되면 말소함
      예 정직처분의 말소
         – '00. 5. 7. 정직1월 처분시 '00. 6. 7.부터 기산 7년 뒤인 '07. 6. 7. 말소
      예 견책처분의 말소
         – '03. 2. 7. 견책 처분시 3년 뒤인 '06. 2. 7. 말소
      예 국가공무원법 제80조 제6항에 따라 휴직으로 정직처분의 집행이 정지된 경우
         – '24. 7. 1. 휴직 → '24. 12. 1. 정직3월 처분(집행 정지) → '25. 7. 1. 복직 및 정직3월 처분 집행
            ☞ '25. 7. 1.부터 정직3월 처분 집행 시, '25. 10. 1.부터 기산하여 7년 뒤인 '32. 10. 1. 말소

   (2) 중복처분의 경우
      ○ 징계처분의 말소제한기간 내에 또 다른 징계처분을 받은 때는 각각의 징계처분에 대한 해당기간(처분기간+말소제한기간)을 합산한 기간이 경과하여야 하는 바, 선행 징계처분일로부터 기산하여 각각의 징계처분기간과 말소제한기간을 합산한 기간이 경과한 후 전·후 처분을 동시에 말소함
      예 '03. 11. 7. 정직3월 처분 → '03. 12. 5. 견책처분
         ☞ 선행 징계처분일인 '03. 11. 7.부터 기산하여 각각의 징계처분기간(3월+0월)과 말소제한기간(7년+3년)을 합산한 기간인 10년 3월이 경과한 '14. 2. 7.에 정직3월과 견책이 동시에 말소
      예 '02. 2. 1. 견책처분 → '05. 1. 10. 감봉1월 처분 → '06. 9. 25. 정직3월 처분
         ☞ 선행 징계처분일인 '02. 2. 1.부터 기산하여 각각의 징계처분기간(0월+1월+3월)과 말소제한기간(3년+5년+7년)을 합산한 기간인 15년 4월이 경과한 '17. 6. 1.에 견책·감봉1월·정직3월이 동시에 말소

2. 징계처분의 무효·취소
   (1) 소청심사위원회나 법원에서 징계처분의 무효 또는 취소의 결정이나 판결이 확정된 때는 원 징계처분일자로 말소함
   (2) 국가공무원법 제83조의2 제3항에 의거 재징계를 한 경우에는 선행처분은 원처분일자로 말소되고, 후행처분은 후행처분일부터 기산하여 말소제한기간이 경과한 때 말소함

소방승진 공무원법

> 예 '04. 3. 5. 정직3월 처분 → '04. 5.10. 무효 또는 취소 확정 → '04. 7. 7. 감봉3월(재징계) 의결 → '04. 7. 14. 감봉3월 처분
> ☞ 선행처분인 정직3월은 '04. 3. 5.자로 말소하고, 후행처분인 감봉3월은 '04. 10. 14.부터 기산하여 5년이 지난 '09. 10. 14.자로 말소

3. 징계처분에 대한 사면

○ 일정기준 시점 이전의 징계처분에 대하여 사면조치를 단행한 때

> 예 '03. 2. 5. 견책처분 → '05. 1. 10. 감봉1월 처분 → '06. 12. 2. 일반사면
> ☞ 중복처분에 해당되어 각각의 징계처분기간(0월+1월)과 말소제한기간(3년+5년)을 합산한 기간인 8년 1월이 경과한 '11. 3. 5.에 견책과 감봉1월이 모두 말소되어야 하나, 말소예정일 이전에 일반사면이 있었으므로 사면일인 '06. 12. 2.자로 견책과 감봉1월이 모두 말소

> 예 '04. 2. 5. 견책처분 → '06. 8. 15. 특별사면 → '06. 10. 1. 감봉1월 처분
> ☞ 견책은 '06. 8. 15.자로 말소하고, 감봉1월은 '06. 11. 1.부터 기산하여 5년이 지난 '11. 11. 1.자로 말소

> 예 '03. 2. 5. 견책처분(사면대상이 아님) → '05. 1. 10. 감봉1월 처분 → '06. 12. 2. 특별사면
> ☞ 선행처분인 견책은 사면되지 않고 후행처분인 감봉1월만 사면되었을 경우, 사면일 이전에 선행처분이 단일처분으로서의 말소제한기간을 경과하였을 경우에는 사면일인 '06.12. 2.자로 견책과 감봉1월 모두 말소

> 예 '03. 2. 5. 정직3월 처분(사면대상이 아님) → '05. 1. 10. 감봉1월 처분 → '06. 12. 2. 특별사면
> ☞ 선행처분인 정직3월은 사면되지 않고 후행처분인 감봉1월만 사면되었을 경우, 사면된 감봉1월은 사면일인 '06. 12. 2.자로 말소, 사면일 이전에 선행처분이 단일처분으로서의 말소제한기간을 경과하지 아니하였을 경우에는 '03. 5. 5.부터 기산하여 7년이 지난 '10. 5. 5.자로 정직3월 말소

* 출처: 「국가공무원 복무·징계 관련 예규」(인사혁신처 예규)

② **직위해제처분의 기록 말소**

인사기록관리자는 직위해제처분을 받은 소방공무원이 다음 각호의 1에 해당하는 때에는 제14조 제1항의 규정에 의하여 당해소방공무원의 인사기록카드에 등재된 직위해제처분의 기록을 말소하여야 한다(제2항).

> 1. 직위해제처분의 종료일로부터 2년이 경과한 때. 다만, 직위해제처분을 받고 그 집행이 종료된 날로부터 2년이 경과하기 전에 다른 직위해제처분을 받은 때에는 각 직위해제처분마다 2년을 가산한 기간이 경과하여야 한다.
> 2. 소청심사위원회나 법원에서 직위해제처분의 무효 또는 취소의 결정이나 판결이 확정된 때

> **예시**
>
> **1. 말소제한 기간의 경과**
> (1) 단일처분의 경우
> ○ '직위해제처분이 끝난 날'이란 직위해제처분 후 복직명령을 받은 날을 말함
> ○ 직위해제처분의 종료일부터 2년 동안 다른 직위해제처분이 없을 때는 2년이 경과한 때 말소함
> (2) 중복처분의 경우
> ○ 복직된 날로부터 2년 내에 또 다른 직위해제처분을 받은 때에는 선행 직위해제 처분 후 복직된 날로부터 기산하여 각 직위해제 처분마다 2년을 더한 기간이 경과한 때 전·후 처분을 동시에 말소함
> 　예 '02. 5. 9. 직위해제 → '02. 8. 9. 복직 → '04. 2. 27. 직위해제 → '04. 5. 27. 복직
> 　☞ 선행 직위해제 처분의 종료 시점인 '02. 8. 9.부터 기산하여 두 직위해제처분의 말소제한기간을 합한 4년이 경과된 때인 '06. 8. 9.자로 전·후 처분을 동시에 말소
> ○ 다만, 합산한 기간이 경과할 때까지 최종 직위해제처분에 대한 복직이 되지 않을 경우에는 복직된 날을 기준으로 말소함
> 　예 '03. 4. 15. 직위해제 → '03. 7. 15. 복직 → '05. 4. 1. 직위해제 → '10. 7. 4. 복직
> 　☞ '10. 7. 4. 자로 전·후 처분을 동시에 말소
>
> **2. 직위해제처분의 무효·취소**
> ○ 소청심사위원회나 법원에서 직위해제처분의 무효 또는 취소의결정이나 판결이 확정된 때는 원 직위해제처분일자로 말소함
>
> * 출처 : 「국가공무원 복무·징계 관련 예규」(인사혁신처 예규)

③ **기록 말소의 방법**

제1항 및 제2항의 규정에 의한 기록의 말소는 인사기록카드상의 당해처분기록에 말소된 사실을 표기하는 방법에 의한다. 다만, 제1항 제2호(註: 소청심사위원회나 법원에서 징계처분의 무효 또는 취소의 결정이나 판결이 확정된 때) 또는 제2항 제2호(註: 소청심사위원회나 법원에서 직위해제처분의 무효 또는 취소의 결정이나 판결이 확정된 때)에 해당되고 그 해당사유발생일 이전에 징계 또는 직위해제처분을 받은 사실이 없을 때에는 당해사실이 나타나지 아니하도록 인사기록카드를 재작성하여야 한다(제3항).

④ 징계처분 및 직위해제처분의 말소방법, 절차 등에 관하여는 「공무원 인사기록·통계 및 인사사무 처리 규정」에 따른 징계 등 처분기록 말소의 예에 따른다(제4항).

출·제·예·상·문·제

01 소방공무원 임용령상 인사기록의 종류에 해당하지 않는 것은?

① 선서문
② 최종학교졸업증명서 또는 학력을 증명하는 서류
③ 공무원채용신체검사서
④ 민간인신원진술서

해설
④ (×) 인사기록의 종류로 소방공무원 인사기록카드, 선서문, 신원조사회보서, 최종학교졸업증명서 또는 학력을 증명하는 서류, 면허 또는 자격증명서, 경력증명서, 전력조사회보서, 공무원채용신체검사서, 그 밖에 인사기록관리자가 필요하다고 인정하는 서류가 있다(소방공무원 임용령 시행규칙 제11조).

02 소속 소방공무원에 대한 인사기록의 작성·유지·관리자가 아닌 사람은?

① 소방청장
② 소방서장
③ 소방체험관장
④ 시·도 소방본부장

해설
소방청장, 특별시장·광역시장·특별자치시장·도지사·특별자치도지사, 중앙소방학교장, 중앙119구조본부장, 국립소방연구원장, 지방소방학교장, 서울종합방재센터장, 소방서장, 119특수대응단장 및 소방체험관장은 소속 소방공무원에 대한 인사기록을 작성·유지·관리해야 한다(소방공무원 임용령 시행규칙 제10조 제1항).

03 소방공무원의 인사기록 가운데 표준인사관리시스템으로 작성·유지·관리해야 하는 것은?

① 소방공무원 인사기록카드
② 공무원채용신체검사서
③ 전력조사회보서
④ 최종학교졸업증명서

해설
인사기록관리자는 소속 소방공무원에 대한 제11조의 인사기록을 「공무원 인사기록·통계 및 인사사무 처리 규정」 제37조의3에 따른 표준인사관리시스템으로 작성·유지·관리할 수 있다. 다만, 제11조 제1호의 소방공무원 인사기록카드는 표준인사관리시스템으로 작성·유지·관리해야 한다(소방공무원 임용령 시행규칙 제10조의1 제1항).

정답 01. ④ 02. ④ 03. ①

04 초임보직 소방기관이 중앙소방학교인 소방공무원의 인사기록은 누가 보관하는가?

① 소방청장
② 중앙소방학교장
③ 인사혁신처장
④ 행정안전부장관

해설
소방공무원 인사기록은 다음 각 호의 구분에 따른 소방기관의 장이 보관한다(소방공무원 임용령 시행규칙 제13조 제1항).
1. 초임보직 소방기관이 소방청 또는 소방청의 소속기관인 경우 : 소방청장 또는 소방청 소속기관의 장
2. 초임보직 소방기관이 특별시·광역시·특별자치시·도·특별자치도 소속인 경우 : 시·도지사

05 인사기록의 관리에 대한 설명으로 옳지 않은 것은?

*21 소방교

① 인사기록관리자는 소속 소방공무원에 대한 인사기록을 「공무원 인사기록·통계 및 인사사무 처리 규정」에 따른 표준인사관리시스템으로 작성·유지·관리할 수 있다.
② 소방공무원은 성명·주소 기타 인사기록의 기록내용을 변경하여야 할 정당한 사유가 있는 때에는 그 사유가 발생한 날부터 30일 이내에 소속 인사기록관리자에게 신고해야 한다.
③ 신규채용된 소방공무원의 인사기록은 초임보직 소방기관의 장이 작성한다.
④ 소방령인 소방공무원의 전출로 인사기록관리자가 변경된 경우 변경 전 인사기록관리자는 변경 후 인사기록관리자에게 해당 소방공무원의 인사기록카드와 최근 2년간의 근무성적평정표 및 경력·교육훈련성적·가점 평정표 사본을 송부해야 한다.

해설
④ (×) 소방공무원의 승진·전출 등으로 인사기록관리자가 변경된 경우 변경 전 인사기록관리자는 변경 후 인사기록관리자에게 지체 없이 해당 소방공무원의 인사기록카드(표준인사관리시스템을 통해 송부한다)와 최근 3년간(소방위 이하의 소방공무원인 경우에는 최근 2년간)의 근무성적평정표 및 경력·교육훈련성적·가점 평정표 사본(전자문서를 포함한다)을 송부해야 한다(소방공무원 임용령 시행규칙 제13조 제3항).

06 소방위인 소방공무원의 승진·전출 등으로 인사기록관리자가 변경된 경우 인사기록 등의 이관에 관한 내용이다. 빈칸에 알맞은 것은?

변경 전 인사기록관리자는 변경 후 인사기록관리자에게 (　　) 해당 소방공무원의 인사기록카드와 최근 (　)년 간의 근무성적평정표 및 경력·교육훈련성적·가점 평정표 사본을 송부해야 한다.

① 지체 없이, 2
② 지체 없이, 3
③ 3일 이내에, 2
④ 3일 이내에, 3

해설
① (○) 소방공무원 임용령 시행규칙 제13조 제3항

정답 04. ② 05. ④ 06. ①

소방승진 공무원법

07 퇴직한 소방공무원의 인사기록철을 보존하는 사람과 보존 기간은?

① 인사기록을 보관하는 소방기관의 장 – 30년
② 인사기록을 보관하는 소방기관의 장 – 영구
③ 퇴직 당시 소속기관의 장 – 30년
④ 퇴직 당시 소속기관의 장 – 영구

해설
인사기록(표준인사관리시스템으로 작성·유지·관리되는 인사기록은 제외)은 별지 제5호서식의 소방공무원인사기록철에 편철해야 한다(방공무원임용령 시행규칙 제17조 제1항). 퇴직한 소방공무원의 인사기록철은 제13조 제1항에 따라 인사기록을 보관하는 소방기관의 장이 따로 영구 보존한다(제2항).

08 다음 중 소방공무원 임용령에 따른 인사기록 열람권한이 없는 사람은?

① 인사기록관리자
② 인사기록관리담당자
③ 허가 전의 열람 희망자 본인
④ 소방공무원 인사자료의 보고 등을 위하여 필요하여 인사기록관리자의 허가를 받은 사람

해설
③ (×) 본인은 인사기록관리자의 허가를 받아 인사기록관리담당자의 참여하에 정해진 장소에서 열람해야 한다(소방공무원 임용령 시행규칙 제15조 제2항).

09 소방공무원 인사기록 열람에 관한 내용으로 옳지 않은 것은?

① 인사기록을 열람한 자는 인사기록의 내용을 누설하여서는 아니된다.
② 인사기록을 열람할 수 있는 자는 본인, 인사기록관리자, 인사기록관리담당자, 기타 소방공무원 인사자료의 보고 등을 위하여 필요하여 인사기록관리자의 허가를 받은 사람이다.
③ 본인은 인사기록관리자의 허가를 받아 인사기록관리담당자의 참여하에 정해진 장소에서 열람해야 한다.
④ 소방공무원 인사자료의 보고등을 위하여 필요한 자는 인사기록관리담당자의 허가와 참여하에 정해진 장소에서 열람해야 한다.

해설
④ (×) 본인, 그리고 인사자료의 보고등을 위하여 필요한 자는 인사기록관리자의 허가를 받아 인사기록관리담당자의 참여하에 정해진 장소에서 열람해야 한다(소방공무원 임용령 시행규칙 제15조 제2항).

정답 07. ② 08. ③ 09. ④

10 다음 중 ㉠인사기록을 보관하는 소방기관의 장이 퇴직한 소방공무원의 인사기록철을 보존하는 기한, ㉡중앙소방학교장 및 지방소방학교장이 교육훈련을 받은 자의 교육훈련성적을 인사기록관리자에게 보고 또는 통보하여야 기한을 순서대로 연결한 것은?

① 30년간 보존 – 교육훈련을 마친 날로부터 5일 이내
② 30년간 보존 – 교육훈련을 마친 날로부터 10일 이내
③ 영구 보존 – 교육훈련을 마친 날로부터 5일 이내
④ 영구 보존 – 교육훈련을 마친 날로부터 10일 이내

[해설]
④ (○) 소방공무원 임용령 시행규칙 제17조 제2항, 제18조

11 인사기록의 작성에 관한 내용으로 옳은 것은?

① 신규채용된 소방공무원의 인사기록은 임용권자가 작성한다.
② 초임보직 소방기관의 장은 인사기록을 직접 보관하거나 해당 소방공무원의 인사기록을 보관하는 소방기관의 장에게 송부해야 한다.
③ 인사기록관리자는 퇴직한 소방공무원을 재임용한 경우에는 인사기록을 보관하고 있는 소방기관의 장에게 해당 소방공무원의 인사기록의 사본의 송부를 요청하여야 한다.
④ 위탁교육훈련을 받고 그와 관련된 직위에 보직된 자에 해당하여 전보제한 사유가 있는 것은 인사기록카드에 기재사항이 아니다.

[해설]
① (×) 신규채용된 소방공무원의 인사기록은 초임보직 소방기관의 장이 작성한다(소방공무원 임용령 시행규칙 제12조 제1항).
③ (×) 인사기록관리자는 퇴직한 소방공무원을 재임용한 경우에는 제13조 제1항에 따라 인사기록을 보관하고 있는 소방기관의 장에게 해당 소방공무원의 인사기록의 사본의 송부를 요청할 수 있으며, 그 요청을 받은 소방기관의 장은 지체 없이 이를 송부해야 한다(제3항).
④ (×) 제20조의 규정(註: 위탁교육훈련을 받고 그와 관련된 직위에 보직된 자는 일정 기간 소방공무원교육훈련기관의 교관 또는 당해교육훈련내용과 관련되는 직위외의 직위로 전보할 수 없음)에 의한 전보제한 사유에 해당되는 자에 대하여는 그 사유를 소방공무원 인사기록카드의 경력사항란에 기재하여야 한다(제4항).

12 소방공무원 甲이 개명을 하여 인사기록의 내용을 변경하여야 할 정당한 사유가 있는 때에는 그 사유가 발생한 날부터 며칠 이내에 소속 인사기록관리자에게 신고해야 하는가?

① 7일
② 10일
③ 14일
④ 30일

[해설]
소방공무원은 성명·주소 기타 인사기록의 기록내용을 변경하여야 할 정당한 사유가 있는 때에는 그 사유가 발생한 날부터 30일 이내에 소속 인사기록관리자에게 신고해야 한다(소방공무원 임용령 시행규칙 제14조 제2항).

[정답] 10. ④ 11. ② 12. ④

소방승진 공무원법

13 인사기록의 변경 및 수정 등에 관한 내용으로 옳지 않은 것은? *21 소방위

① 소속 소방공무원에 대한 임용·징계·포상 기타의 인사발령이 있는 때에는 지체 없이 이를 해당 소방공무원의 인사기록카드에 기록해야 한다.
② 소방공무원은 성명·주소 기타 인사기록의 기록내용을 변경하여야 할 정당한 사유가 있는 때에는 그 사유가 발생한 날부터 30일 이내에 소속 인사기록관리자에게 신고해야 한다.
③ 정정부분이 많거나 기록이 명확하지 아니하여 착오를 일으킬 염려가 있는 때 인사기록담당자는 인사기록을 재작성할 수 있다.
④ 인사기록관리자는 징계처분에 대한 일반사면이 있은 때에는 인사기록카드에 등재된 징계처분의 기록을 말소하여야 한다.

[해설]
③ (×) 인사기록관리자가 재작성할 수 있다(소방공무원 임용령 시행규칙 제12조 제5항).

14 인사기록관리자가 인사기록을 재작성할 수 있는 사유로 옳지 않은 것은?

① 정정부분이 많거나 기록이 명확하지 아니하여 착오를 일으킬 염려가 있는 때
② 파손 또는 심한 오손으로 사용할 수 없게 된 때
③ 오기한 것으로 판명된 때
④ 분실한 때

[해설]
③ (×) 재작성이 아니라 수정 사유이다(소방공무원 임용령 시행규칙 제16조 제1항).

15 인사기록을 수정할 수 있는 사유끼리 바르게 조합한 것은?

① 파손 또는 심한 오손으로 사용할 수 없게 된 때 – 분실한 때
② 오기한 것으로 판명된 때 – 본인의 정당한 요구가 있는 때
③ 기록이 명확하지 아니하여 착오를 일으킬 염려가 있는 때 – 분실한 때
④ 본인의 정당한 요구가 있는 때 – 정정부분이 많을 때

[해설]
② (○) 인사기록은 ㉠ 오기한 것으로 판명된 때나, ㉡ 본인의 정당한 요구가 있는 때를 제외하고는 이를 수정하여서는 아니된다(소방공무원 임용령 시행규칙 제16조 제1항).

정답 13. ③ 14. ③ 15. ②

16 인사기록관리자가 법원의 판결, 국가기관의 장이 발행한 증빙서류 기타 정당한 서류에 의하여 확인한 후 인사기록을 수정하여야 하는 경우는?

① 본인의 정당한 요구가 있는 때
② 오기한 것으로 판명된 때
③ 파손 또는 심한 오손으로 사용할 수 없게 된 때
④ 정정부분이 많거나 기록이 명확하지 아니하여 착오를 일으킬 염려가 있는 때

해설
① (O) 소방공무원 임용령 시행규칙 제16조 제2항

17 소방공무원에 대한 징계 등 처분기록의 말소 사유에 해당하지 않는 것은? *22 소방교

① 징계처분에 대한 일반사면이 있은 때
② 직위해제처분의 종료일로부터 1년이 경과한 때
③ 감봉처분의 집행이 종료된 날로부터 5년이 경과한 때
④ 소청심사위원회나 법원에서 징계처분의 무효 또는 취소의 결정이나 판결이 확정된 때

해설
② (×) 직위해제처분의 종료일로부터 2년이 경과한 때. 다만, 직위해제처분을 받고 그 집행이 종료된 날로부터 2년이 경과하기 전에 다른 직위해제처분을 받은 때에는 각 직위해제처분마다 2년을 가산한 기간이 경과하여야 한다.

18 인사기록의 관리에 대한 설명으로 틀린 것은? *20 소방교

① 인사기록관리담당자는 인사기록이 파손 또는 심한 오손으로 사용할 수 없게 된 때 재작성할 수 있다.
② 신규채용된 소방공무원의 인사기록은 초임보직 소방기관의 장이 작성한다.
③ 본인의 정당한 요구가 있는 때 인사기록관리자는 법원의 판결, 국가기관의 장이 발행한 증빙서류 기타 정당한 서류에 의하여 확인한 후 수정하여야 한다.
④ 소청심사위원회나 법원에서 징계처분의 무효 또는 취소의 결정이나 판결이 확정된 때에는 징계처분의 기록을 말소하여야 한다.

해설
① (×) 인사기록관리담당자가 아니라 인사기록관리자의 권한이다(소방공무원 임용령 시행규칙 제12조 제5항).

정답 16. ① 17. ② 18. ①

소방승진 공무원법

19 다음 중 소방공무원에 대한 처분의 기록 말소 사유로 옳지 않은 것은?

① 소청심사위원회에서 징계처분의 무효 또는 취소의 결정이 된 때
② 직위해제처분의 종료일로부터 1년이 경과한 때
③ 징계처분에 대한 일반사면이 있은 때
④ 법원에서 직위해제처분의 무효 또는 취소의 판결이 확정된 때

해설
② (×) 직위해제처분의 종료일로부터 2년이 경과한 때(소방공무원 임용령 시행규칙 제14조의2 제2항)

20 「소방공무원 임용령 시행규칙」상 인사기록관리자가 징계처분을 받은 소방공무원의 징계처분의 집행이 종료된 날로부터 인사기록카드에 등재된 징계처분의 기록을 말소하여야 하는 기간으로 옳은 것은?　　*24 소방교

① 견책 : 3년 경과　　② 감봉 : 4년 경과
③ 정직 : 5년 경과　　④ 강등 : 6년 경과

해설
강등은 9년, 정직은 7년, 감봉은 5년, 견책은 3년이다(소방공무원 임용령 시행규칙 제14조의2 제1항).

21 소방공무원 甲에 대한 징계처분 내용이 다음과 같을 때 정직과 견책을 모두 말소하는 일자는?

- 2024년 11월 11일 : 정직 처분(2025년 1월 31 집행종료)
- 2024년 12월 5일 : 견책 처분

① 2034년 1월 31일　　② 2034년 12월 5일
③ 2035년 1월 31일　　④ 2035년 12월 5일

해설
정직에 의한 말소제한기간(7년) + 견책의 말소제한기간(3년)을 합한 10년이 전후 처분의 말소제한기간이 되므로, 선행처분인 정직 처분의 집행종료일인 2025년 1월 31일부터 기산하여 10년이 지난 2035년 1월 31일에 정직과 견책을 모두 말소한다.

정답　19. ②　20. ①　21. ③

22 소방공무원 乙에 대한 징계처분 내용이 다음과 같을 때 견책, 감봉 1월, 정직 3월을 모두 말소하는 일자는?

- 2020년 2월 1일 : 견책 처분
- 2023년 1월 10일 : 감봉 1월 처분
- 2024년 9월 25일 : 정직 3월 처분

① 2035년 2월 1일
② 2035년 12월 25일
③ 2039년 2월 1일
④ 2039년 12월 25일

해설
견책말소제한기간(3년) + 감봉의 말소제한기간(5년) + 정직의 말소제한기간(7년)이 15년이므로 선행처분일인 2020년 2월 1일부터 기산하여 2035년 2월 1일에 견책·감봉 1월, 정직 3월을 모두 말소한다.

23 소방공무원 丙에 대하여 다음과 같은 사유가 발생했을 때 감봉처분과 견책처분의 말소일자를 순서대로 바르게 연결한 것은?

- 2023년 4월 7일, 감봉 3월 처분
- 2025년 2월 6일, 대법원이 재량권 남용(비례원칙 위반)을 이유로 감봉처분 취소 확정 판결
- 2025년 3월 5일, 견책처분

① 2025년 3월 5일 – 2030년 3월 5일
② 2025년 2월 6일 – 2030년 3월 5일
③ 2028년 3월 5일 – 2028년 3월 5일
④ 2023년 4월 7일 – 2028년 3월 5일

해설
감봉 3월 처분은 취소되었으므로 원처분일인 2023년 4월 7일자로 말소하고, 견책은 3년 뒤인 '2028년 3월 5일 말소한다.

정답 22. ① 23. ④

소방승진 공무원법

24 소방공무원 丁에 대하여 다음과 같은 사유가 발생했을 때 정직 처분과 감봉 처분의 말소일자를 순서대로 바르게 연결한 것은?

- 2023년 2월 4일, 정직 1월 처분
- 2024년 3월 5일, 대법원이 재량권 남용(비례원칙 위반)을 이유로 정직처분 취소 확정 판결
- 2024년 5월 7일, 감봉 2월 처분

① 2024년 4월 7일 – 2029년 3월 5일
② 2030년 4월 7일 – 2029년 5월 7일
③ 2023년 2월 4일 – 2029년 7월 7일
④ 2025년 3월 5일 – 2029년 7월 7일

해설
정직 1월 처분은 취소되었으므로 원처분일인 2023년 2월 4일자로 말소하고, 감봉 처분은 집행이 종료되는 2024년 7월 7일로부터 5년 뒤인 2029년 7월 7일 말소한다.

25 소방공무원 戊에 대한 직위해제처분이 다음과 같이 처분사유를 달리하여 2회가 있을 때 두 처분을 모두 말소하는 시점은?

- 2023년 3월 9일 : 직위해제처분
- 2024년 12월 27일 : 직위해제처분
- 2023년 6월 8일 : 복직(직위해제종료)
- 2025년 3월 27일 : 복직(직위해제종료)

① 2027년 3월 9일
② 2026년 12월 27일
③ 2027년 3월 27일
④ 2027년 6월 8일

해설
선행직위해제처분이 종료된 시점인 2023년 6월 8일부터 기산하여 두 직위해제처분의 말소제한기간을 합산한 4년이 지난 2027년 6월 8일 전후처분을 모두 말소한다.

정답 24. ③ 25. ④

26 처분기록의 말소에 관한 내용으로 옳지 않은 것은?

① 징계처분에 대한 일반사면이 있은 때에도 말소한다.
② 오기한 것으로 판명된 때는 말소가 아니라 수정의 방법에 의한다.
③ 직위해제처분을 받고 그 집행이 종료된 날로부터 2년이 경과하기 전에 다른 직위해제처분을 받은 때에는 각 직위해제처분마다 2년을 가산한 기간이 경과하여야 말소한다.
④ 법원에서 직위해제처분의 취소의 판결이 확정된 때에 해당되고 그 해당사유 발생일 이전에 직위해제처분을 받은 사실이 없을 때에는 당해처분기록에 말소된 사실을 표기하는 방법에 의한다.

해설
④ (✕) 그 해당사유발생일 이전에 징계 또는 직위해제처분을 받은 사실이 없을 때에는 당해사실이 나타나지 아니하도록 인사기록카드를 재작성하여야 한다(소방공무원 임용령 시행규칙 제14조의2 제3항).

정답 26. ④

소방승진은 이패스 소방사관
www.kfs119.co.kr

PART 04

승진

CHAPTER 01 승진임용의 구분 및 요건
CHAPTER 02 근무성적·경력 및 교육훈련성적의 평정
CHAPTER 03 승진대상자명부 등
CHAPTER 04 승진심사
CHAPTER 05 승진시험
CHAPTER 06 특별승진
CHAPTER 07 근속승진
CHAPTER 08 대우공무원제도

CHAPTER 01 승진임용의 구분 및 요건

1. 승진의 의의

승진이란 하위직급에서 상위직급으로 임용되는 것을 말한다. 강학상 의미의 승진에는 ① 당해 직급에서 일정기간(승진소요연수) 이상을 근무한 자를 승진시키는 「일반승진」, ② 우수공무원 등에 대하여 승진소요연수와 승진후보자명부상의 순위에 의한 제한을 받지 않고 승진시키는 「특별승진」이 있다. 일반승진은 다시 ① 「승진시험」에 의한 승진, ② 승진시험 없이 「근무경력 및 근무성적등」을 기준으로 심사하여 행하는 승진으로 나뉜다.

승진 실시 여부와 승진결정은 임용권자의 재량에 속한다. 그러나 재량권의 일탈이나 남용이 있으면 공무원의 법적 지위를 침해할 수 있으므로 행정쟁송의 대상인 행정처분이라는 법적 성격을 갖는다.

소방공무원은 바로 아래 하위계급에 있는 소방공무원 중에서 근무성적, 경력평정, 그 밖의 능력을 실증하여 승진임용(소방공무원법 제14조 제1항)하는 것을 원칙으로 한다.

2. 소방공무원법령상 승진임용의 구분

「소방공무원 승진임용 규정」 제3조는 "소방공무원의 승진임용은 심사승진임용, 시험승진임용 및 특별승진임용으로 구분한다"고 규정하고 있다. 아래의 '근속승진'은 심사승진임용에 속한다.

(1) 심사승진

소방준감 이하 계급으로의 승진은 승진심사에 의하여 한다(소방공무원법 제14조 제2항 본문).

(2) 심사와 시험의 병행 승진

소방령 이하 계급으로의 승진은 대통령령으로 정하는 비율에 따라 승진심사와 승진시험을 병행할 수 있다(제2항 단서).

(3) 특별유공자 등의 특별승진

소방공무원으로서 순직한 사람과 직무수행 능력이 탁월하여 행정 발전에 큰 공헌을 한 자 등 일정한 요건에 해당되는 사람에게는 1계급 또는 2계급 특별승진시킬 수 있다(소방공무원법 제17조).

(4) 근속승진

상위직급에 결원이 없어도 근속승진기간을 경과한 경우 승진이 될 수 있는 경우이다. 해당 계급에서 일정한 기간 동안 재직한 사람은 소방교, 소방장, 소방위, 소방경으로 근속승진임용을 할 수 있다(소방공무원법 제15조 제1항).

3. 승진임용 비율과 예정인원수의 책정

(1) 책정권자

승진임용 예정인원수는 당해 연도의 실제결원 및 예상되는 결원을 고려하여 임용권자(「소방공무원 임용령」 제3조에 따라 임용권을 위임받은 사람을 포함)가 정한다(소방공무원 승진임용 규정 제4조 제1항).

(2) 병행 승진시의 임용비율

① 소방공무원법 제14조 제2항 단서에 따라 심사승진임용과 시험승진임용을 병행하는 경우에는 승진임용예정 인원수의 60퍼센트를 심사승진임용예정 인원수로, 40퍼센트를 시험승진임용예정 인원수로 한다(소방공무원 승진임용 규정 제4조 제2항).

② 제2항의 규정에 의한 계급별 승진임용예정인원수를 정함에 있어서 제4항의 규정에 의하여 특별승진임용예정인원수를 따로 책정한 경우에는 당초 승진임용예정인원수에서 특별승진임용예정인원수를 뺀 인원수를 당해 계급의 승진임용예정인원수로 한다(제3항).

(3) 특별승진임용 예정인원수의 별도 책정

① 원칙

제1항에 따라 소방경 이하 계급으로의 승진임용예정 인원수를 정하는 경우에는 해당 계급으로의 승진임용예정 인원수의 30퍼센트 이내에서 특별승진임용예정 인원수를 따로 정할 수 있다(소방공무원 승진임용 규정 제4조 제4항 본문).

② 예외

다음의 특별승진의 경우에는 위 비율을 초과하여 정할 수 있다(제4항 단서).

- 「국가공무원법」 제40조의4 제1항 제1호에 해당하는 경우 : 청렴과 봉사정신으로 직무에 정려하여 다른 공무원의 귀감이 되는 공적이 있다고 인정되는 사람
- 「국가공무원법」 제40조의4 제1항 제4호에 해당하는 경우 : 20년 이상 근속하고 정년퇴직일 전 1년 이상의 기간 중 자진하여 퇴직하는 사람으로서 재직 중 특별한 공적이 있다고 인정되는 사람
- 순직한 경우 : 천재·지변·화재 또는 그 밖에 이에 준하는 재난현장에서 직무수행 중 사망하였거나 부상을 입어 사망한 사람
- 소방위 이하의 소방공무원으로서 2계급 특별승진자 : 천재·지변·화재 또는 그 밖에 이에 준하는 재난에 있어서 위험을 무릅쓰고 헌신 분투하여 현저한 공을 세우고 사망하였거나 부상을 입어 사망한 사람 또는 직무수행 중 다른 사람의 모범이 되는 공을 세우고 사망하였거나 부상을 입어 사망한 사람

4. 승진소요최저근무연수

(1) 원칙

소방공무원이 승진하려면 다음 각 호의 구분에 따른 기간 이상 해당 계급에 재직하여야 한다(소

방공무원 승진임용 규정 제5조 제1항).

> 1. 소방정 : 3년　2. 소방령 : 2년　3. 소방경 : 2년　4. 소방위 : 1년
> 5. 소방장 : 1년　6. 소방교 : 1년　7. 소방사 : 1년

(2) **특별승진시 적용배제**(승진임용 규정 제41조)
   ① 승진소요최저근무연수의 규정을 적용하지 아니하는 경우

> - 직무 수행능력이 탁월하여 소방행정발전에 지대한 공헌실적이 있다고 임용권자가 인정하는 사람(제38조 제1항 제2호 가목)
> - 인사혁신처장이 정하는 포상을 받은 사람(제38조 제1항 제2호 나목)
> - 20년 이상 근속하고 정년퇴직일 전 1년 이상의 기간 중 자진하여 퇴직하는 사람으로서 재직 중 특별한 공적이 있다고 인정되는 사람(제38조 제1항 제4호)
> - 청렴하고 투철한 봉사 정신으로 직무에 모든 힘을 다하여 공무 집행의 공정성을 유지하고 깨끗한 공직 사회를 구현하는 데에 다른 공무원의 귀감이 되는 사람(제38조 제1항 제5호)
> - 천재·지변·화재 또는 그 밖에 이에 준하는 재난에 있어서 위험을 무릅쓰고 헌신 분투하여 현저한 공을 세우고 사망하였거나 부상을 입어 사망한 사람 또는 직무수행 중 다른 사람의 모범이 되는 공을 세우고 사망하였거나 부상을 입어 사망한 사람(제38조 제2항)

   ② 해당 계급에서의 근무기간이 승진소요최저근무연수의 3분의 2 이상이어야 하는 경우

> - 청렴과 봉사정신으로 직무에 정려하여 다른 공무원의 귀감이 되는 공적이 있다고 인정되는 사람(제38조 제1항 제1호)
> - 창안등급 동상 이상을 받은 사람으로서 소방행정발전에 기여한 실적이 뚜렷한 사람(제38조 제1항 제3호)

(3) **승진소요최저근무연수에 제외되는 기간**
   ① 휴직 기간, 직위해제 기간, 징계처분 기간
      원칙적으로 승진소요최저근무연수에 포함되지 않는다(제5조 제2항 본문).
   ② 제6조 제1항 제2호에 따른 승진임용 제한기간
      징계처분의 집행이 끝난 날부터 다음의 기간[「국가공무원법」 제78조의2 제1항 각 호(註 : 금전, 물품, 부동산, 향응 또는 그 밖에 대통령령으로 정하는 재산상 이익을 취득하거나 제공한 경우+공금에 대한 횡령, 배임, 절도, 사기 또는 유용)의 어느 하나에 해당하는 사유로 인한 징계처분과 소극행정, 음주운전(음주측정에 응하지 않은 경우를 포함), 성폭력, 성희롱 또는 성매매로 인한 징계처분의 경우에는 각각 6개월을 더한 기간]이 지나지 않은 사람

> - 강등·정직 : 18개월　- 감봉 : 12개월　- 견책 : 6개월

(4) 승진소요최저근무연수에 포함되는 기간(제5조 제2항~제8항)
① 다음 하나에 해당되는 휴직기간

  ㉠ 「공무원 재해보상법」에 따른 공무상 질병 또는 부상으로 인하여 신체·정신상의 장애로 장기 요양이 필요함에 따라 휴직한 경우에 그 휴직 기간
  ㉡ 「병역법」에 따른 병역 복무를 마치기 위하여 징집 또는 소집됨으로써 휴직한 경우
  ㉢ 그 밖에 법률의 규정에 따른 의무를 수행하기 위하여 직무를 이탈하게 됨으로써 휴직한 경우
  ㉣ 「공무원의 노동조합 설립 및 운영 등에 관한 법률」 제7조에 따라 노동조합 전임자로 종사하게 된 때
  ㉤ 국제기구, 외국 기관, 국내외의 대학·연구기관, 다른 국가기관 또는 대통령령으로 정하는 민간기업, 그 밖의 기관에 임시로 채용되어 휴직한 경우에 그 휴직 기간
  ㉥ 국외 유학을 하게 되어 휴직한 경우에 그 휴직 기간의 50퍼센트에 해당하는 기간
  ㉦ 만 8세 이하 또는 초등학교 2학년 이하의 자녀를 양육하기 위하여 필요하거나 여성공무원이 임신 또는 출산하게 된 때에 해당하여 휴직한 경우에 그 휴직 기간. 다만, 자녀 1명에 대한 총 휴직 기간이 1년을 넘는 경우에는 최초의 1년으로 하되, 다음의 어느 하나에 해당하는 경우에는 그 휴직기간 전부
    ⓐ 첫째 자녀에 대하여 부모가 모두 휴직을 하는 경우로서 각 휴직기간이 「공무원임용령」 제31조 제2항 제1호 다목1)에 따라 인사혁신처장이 정하는 기간 이상인 경우
    ⓑ 둘째 자녀 이후에 대하여 휴직을 하는 경우
  ※ 본서 발행일 현재 [입법예고] 중 : 위 ㉦의 단서 부분 모두 삭제

② 다음 하나에 해당되는 직위해제 기간

  ㉠ '파면·해임·강등 또는 정직에 해당하는 징계 의결이 요구 중인 자'에 해당하여 직위해제처분을 받은 사람의 처분 사유가 된 징계처분이 소청심사위원회의 결정 또는 법원의 판결에 따라 무효 또는 취소로 확정된 경우(징계의결 요구에 대하여 관할 징계위원회가 징계하지 아니하기로 의결한 경우를 포함)
  ㉡ '형사 사건으로 기소된 자(약식명령이 청구된 자는 제외)'에 해당하여 직위해제처분을 받은 사람의 처분 사유가 된 형사사건이 법원의 판결에 따라 무죄로 확정된 경우
  ㉢ '금품비위, 성범죄 등 대통령령으로 정하는 비위행위로 인하여 감사원 및 검찰·경찰 등 수사기관에서 조사나 수사 중인 자로서 비위의 정도가 중대하고 이로 인하여 정상적인 업무수행을 기대하기 현저히 어려운 자'에 해당하여 직위해제처분을 받은 사람의 처분사유가 된 비위행위가 다음의 1) 및 2)에 모두 해당하는 경우

  1) 비위행위에 대한 징계절차와 관련하여 다음의 어느 하나에 해당하는 경우
    가) 소방청장 등이 「소방공무원 징계령」 제9조에 따른 징계의결 요구를 하지 않기로 한 경우
    나) 해당 소방공무원에 대한 징계의결 요구에 대하여 관할 징계위원회가 징계하지 않기로 의결한 경우
    다) 징계처분이 소청심사위원회의 결정이나 법원의 판결에 따라 무효 또는 취소로 확정

> 된 경우
> 2) 비위행위에 대한 조사 또는 수사 결과가 다음의 어느 하나에 해당하는 경우
>   가) 형사사건에 해당하지 않는 경우
>   나) 사법경찰관이 불송치를 하거나 검사가 불기소를 한 경우. 다만, 「형사소송법」 제247조(註: 범인의 연령, 성행, 지능과 환경, 피해자에 대한 관계, 범행의 동기, 수단과 결과, 범행 후의 정황을 참작)에 따라 공소를 제기하지 않는 경우와 불송치 또는 불기소를 했으나 해당 사건이 다시 수사 및 기소되어 법원의 판결에 따라 유죄가 확정된 경우는 제외한다.
>   다) 형사사건으로 기소되거나 약식명령이 청구된 사람이 법원의 판결에 따라 무죄로 확정된 경우

③ 퇴직한 소방공무원이 퇴직 당시의 계급 이하의 계급으로 임용된 경우
   퇴직 전의 재직기간 중 재임용 당시의 계급 이상의 계급으로 재직한 기간은 재임용 당시 계급에 한정하여 승진소요최저근무연수에 포함

④ 다른 법령에 따라 공무원의 신분으로 재직하던 사람이 소방장 이상의 소방공무원으로 임용된 경우
   종전의 신분으로 재직한 기간은 재임용일부터 10년 이내의 경력에 한정하여 행정안전부령으로 정하는 기준(註 : 소방공무원 임용령 시행규칙 별표3의 채용계급상당이상의 계급으로 근무한 기간에 한하되 환산율은 2할로 함)에 따라 환산하여 승진소요최저근무연수에 포함. 다만, 소방공무원으로 임용되어 승진된 사람에 대해서는 승진된 계급 또는 그 이상에 상응하는 다른 공무원으로 재직한 기간은 포함하지 아니함

⑤ 법원조직법 제72조에 따른 사법연수원의 연수생으로 수습한 기간
   소방령 이하 소방공무원의 승진소요최저근무연수에 포함

⑥ 강등되거나 강임된 사람이 강등되거나 강임된 계급 이상의 계급에서 재직한 기간
   강등되거나 강임된 계급에서 재직한 연수에 포함

⑦ 강등되거나 강임되었던 사람이 원(原) 계급으로 승진된 경우
   강등되거나 강임되기 전의 계급에서 재직한 기간은 원 계급에서 재직한 연수에 포함

⑧ 국가공무원법 제26조의2에 따라 통상적인 근무시간보다 짧게 근무하는 시간선택제전환소방공무원

> 1. 해당 계급에서 시간선택제전환소방공무원으로 근무한 1년 이하의 기간은 그 기간 전부
> 2. 해당 계급에서 시간선택제전환소방공무원으로 근무한 1년을 넘는 기간은 근무시간에 비례한 기간
> 3. 해당 계급에서 「국가공무원법」 제71조 제2항 제4호(註 : 만 8세 이하 또는 초등학교 2학년 이하의 자녀를 양육하기 위하여 필요하거나 여성공무원이 임신 또는 출산하게 된 때)의 사유로 인한 휴직을 대신하여 시간선택제전환소방공무원으로 지정되어 근무한 기간은 둘째 자

녀부터 각각 3년의 범위에서 그 기간 전부
※ 본서 발행일 현재 [입법예고] 중 : 둘째 자녀부터 → 대상 자녀별로

(5) 승진소요최저근무연수의 계산

① 영 제5조 제1항에 따른 소방공무원의 승진소요최저근무연수의 계산 기준일은 다음 각 호의 구분에 따른다(소방공무원 승진임용 시행규칙 제3조 제1항).

1. 시험승진 : 제1차 시험일의 전일
2. 심사승진 : 승진심사 실시일의 전일
3. 특별승진 : 승진임용예정일

② 영 제5조 제4항의 규정에 의하여 승진소요최저근무연수에 합산할 다른 법령에 의한 공무원의 신분으로 재직한 기간은 「소방공무원 임용령 시행규칙」 별표3의 채용계급상당이상의 계급으로 근무한 기간에 한하되 환산율은 2할로 한다(제2항).

5. 승진임용의 제한

(1) 승진임용의 제한 사유

다음 각 호의 어느 하나에 해당하는 소방공무원은 승진임용을 할 수 없다(소방공무원 승진임용 규정 제6조 제1항).

1. 징계처분 요구 또는 징계의결 요구, 징계처분, 직위해제, 휴직[「공무원 재해보상법」에 따른 공무상 질병 또는 부상으로 인한 휴직자를 제38조 제1항 제4호(註 : 20년 이상 근속하고 정년퇴직일 전 1년 이상의 기간 중 자진하여 퇴직하는 사람으로서 재직 중 특별한 공적이 있다고 인정되는 사람) 또는 제5호(註 : 순직한 경우)에 해당하여 특별승진임용하는 경우는 제외] 또는 시보임용 기간 중에 있는 사람
2. 징계처분의 집행이 끝난 날부터 다음 각 목의 기간[「국가공무원법」 제78조의2 제1항 각 호(註 : 금전, 물품, 부동산, 향응 또는 그 밖에 대통령령으로 정하는 재산상 이익을 취득하거나 제공한 경우+공금에 대한 횡령, 배임, 절도, 사기 또는 유용)의 어느 하나에 해당하는 사유로 인한 징계처분과 소극행정, 음주운전(음주측정에 응하지 않은 경우를 포함), 성폭력, 성희롱 또는 성매매로 인한 징계처분의 경우에는 각각 6개월을 더한 기간]이 지나지 않은 사람
가. 강등·정직 : 18개월   나. 감봉 : 12개월   다. 견책 : 6개월
3. 징계에 관하여 소방공무원과 다른 법령의 적용을 받는 공무원이 소방공무원으로 임용된 경우, 종전의 신분에서 강등의 징계처분을 받고 그 처분 종료일부터 18개월이 지나지 않은 사람과 근신·군기교육이나 그 밖에 이와 유사한 징계처분을 받고 그 처분 종료일부터 6개월이 지나지 않은 사람
4. 「소방공무원 교육훈련규정」 제5조 및 별표 1 제1호 가목에 따른 신임교육과정을 졸업하지 못한 사람

5. 「소방공무원 교육훈련규정」 제5조 및 별표 1 제1호 나목에 따른 관리역량교육과정을 수료하지 못한 사람
6. 「소방공무원 교육훈련규정」 제5조 및 별표 1 제1호 다목에 따른 소방정책관리자교육과정을 수료하지 못한 사람

(2) 승진임용 제한기간의 계산

승진임용 제한기간 중에 있는 사람이 다시 징계처분을 받은 경우의 승진임용 제한기간은 전 처분에 대한 제한기간이 끝난 날부터 계산하고, 징계처분으로 승진임용 제한기간 중에 있는 사람이 휴직하거나 직위해제처분을 받는 경우 징계처분에 따른 남은 승진임용 제한기간은 복직한 날부터 계산한다(제2항).

(3) 승진임용 제한기간의 단축

소방공무원이 징계처분을 받은 후 해당 계급에서 훈장·포장·모범공무원포상·국무총리이상의 표창 또는 제안의 채택·시행으로 포상을 받은 경우에는 제1항 제2호 및 제3호에 따른 승진임용 제한기간의 2분의 1을 단축할 수 있다(제3항).

6. 순직한 승진후보자의 승진

소방공무원법 제14조에 따른 심사승진후보자명부 또는 시험승진후보자명부에 등재된 사람이 승진임용 전에 순직한 경우 그 사망일 전날을 승진일로 하여 승진 예정 계급으로 승진한 것으로 본다(소방공무원법 제14조의2).

출·제·예·상·문·제

🚒 소방승진 공무원법

01 다음 중 승진심사나 승진시험 절차를 요하지 않고 승진될 수 있는 경우는?

① 소방령 이하 계급으로의 승진임용
② 소방준감 이하 계급으로의 승진임용
③ 소방감 이상 계급으로의 승진임용
④ 소방경 이하 계급으로의 승진임용

해설
소방준감 이하 계급으로의 승진은 승진심사에 의하여 하고, 소방령 이하 계급으로의 승진은 승진심사와 승진시험을 병행할 수 있으나, 소방감 이상 계급으로의 승진임용에 대하여는 그러한 제한이 없다.

02 다음 중 승진심사와 승진시험을 병행할 수 있는 경우는?

① 소방경 계급으로의 승진
② 소방준감 계급으로의 승진
③ 소방감 계급으로의 승진
④ 소방위 계급으로의 특별승진

해설
소방령 이하 계급으로의 승진은 대통령령으로 정하는 비율에 따라 승진심사와 승진시험을 병행할 수 있다(소방공무원법 제14조 제2항 단서).

03 소방공무원의 승진의 원칙으로 옳지 않은 것은?

① 소방정 이하 계급으로의 승진은 대통령령으로 정하는 비율에 따라 승진심사와 승진시험을 병행할 수 있다.
② 소방준감 이하 계급으로의 승진은 승진심사에 의하여 한다.
③ 소방공무원으로서 순직한 사람과 직무수행 능력이 탁월하여 행정 발전에 큰 공헌을 한 자 등 일정한 요건에 해당되는 사람에게는 1계급 또는 2계급 특별승진시킬 수 있다.
④ 소방정 이하의 소방공무원에 대하여는 근무성적을 평정하여야 한다.

해설
① (×) 소방령 이하 계급으로의 승진은 대통령령으로 정하는 비율에 따라 승진심사와 승진시험을 병행할 수 있다(소방공무원법 제14조 제2항 단서).

정답 01. ③ 02. ① 03. ①

소방승진 공무원법

04 「소방공무원법」 및 「소방공무원 승진임용 규정」상 소방령 이하 계급으로 승진심사 시 심사승진임용과 시험승진임용을 병행하는 경우에 승진임용예정 인원수의 임용비율로 옳은 것은?

*24 소방교

	심사승진임용예정 인원수의 임용비율(퍼센트)	시험승진임용예정 인원수의 임용비율(퍼센트)
(가)	40	60
(나)	50	50
(다)	60	40
(라)	70	30

① (가) ② (나)
③ (다) ④ (라)

[해설]
「소방공무원법」(이하 "법"이라 한다) 제14조 제2항 단서에 따라 심사승진임용과 시험승진임용을 병행하는 경우에는 승진임용예정 인원수의 60퍼센트를 심사승진임용예정 인원수로, 40퍼센트를 시험승진임용예정 인원수로 한다(소방공무원 승진임용 규정 제4조 제2항).

05 소방공무원의 승진임용에 관한 내용으로 옳지 않은 것은?

① 심사승진임용과 시험승진임용을 병행하는 경우에는 승진임용예정 인원수의 60퍼센트를 심사승진임용예정 인원수로, 40퍼센트를 시험승진임용예정 인원수로 한다.
② 소방령 이하 계급으로의 승진임용 예정 인원수를 정하는 경우 특별승진임용 예정 인원수를 따로 정할 수 있다.
③ 특별승진임용예정인원수를 따로 책정한 경우에는 당초 승진임용예정인원수에서 특별승진임용예정인원수를 뺀 인원수를 당해 계급의 승진임용예정인원수로 한다.
④ 소방위인 소방공무원이 승진하려면 1년 이상 소방위 계급에 재직하여야 한다.

[해설]
② (×) 소방경 이하 계급으로의 승진임용예정 인원수를 정하는 경우에는 해당 계급으로의 승진임용예정 인원수의 30퍼센트 이내에서 특별승진임용예정 인원수를 따로 정할 수 있다(소방공무원 승진임용 규정 제4조 제4항 본문).

[정답] 04. ③ 05. ②

06 소방공무원의 승진임용 비율과 예정인원수의 책정에 관한 설명으로 옳지 않은 것은?

*21 소방위 변형

① 승진임용 예정인원수는 당해 연도의 실제결원 및 예상되는 결원을 고려하여 임용권자가 정한다.
② 심사승진임용과 시험승진임용을 병행하는 경우에는 승진임용예정 인원수의 60퍼센트를 심사승진임용예정 인원수로, 40퍼센트를 시험승진임용예정 인원수로 한다.
③ 소방경 이하 계급으로의 승진임용예정 인원수를 정하는 경우에는 해당 계급으로의 승진임용예정 인원수의 25퍼센트 이내에서 특별승진임용예정 인원수를 따로 정할 수 있다.
④ 청렴과 봉사정신으로 직무에 정려하여 다른 공무원의 귀감이 되는 공적이 있다고 인정되는 사람의 경우에는 해당 계급으로의 승진임용예정 인원수의 30퍼센트를 초과하여 특별승진임용 예정 인원수를 정할 수 있다.

해설
③ (×) 소방경 이하 계급으로의 승진임용예정 인원수를 정하는 경우에는 해당 계급으로의 승진임용예정 인원수의 30퍼센트 이내에서 특별승진임용예정 인원수를 따로 정할 수 있다(소방공무원 승진임용 규정 제4조 제4항).

07 승진임용 비율과 예정인원수의 책정에 관한 다음 내용에서 빈칸에 들어갈 것이 순서대로 연결된 것은?

*21 소방교 변형

> ㉠ 심사승진임용과 시험승진임용을 병행하는 경우에는 승진임용예정 인원수의 ( )퍼센트를 심사승진임용예정 인원수로, ( )퍼센트를 시험승진임용예정 인원수로 한다
> ㉡ 소방경 이하 계급으로의 승진임용예정 인원수를 정하는 경우에는 해당 계급으로의 승진임용예정 인원수의 ( )퍼센트 이내에서 특별승진임용예정 인원수를 따로 정할 수 있다.

① 50퍼센트, 50퍼센트, 25퍼센트
② 50퍼센트, 50퍼센트, 25퍼센트
③ 40퍼센트, 60퍼센트, 30퍼센트
④ 60퍼센트, 40퍼센트, 30퍼센트

해설
소방공무원 승진임용 규정 제4조 제2항과 제4항의 내용이다.

정답 06. ③ 07. ④

소방승진 공무원법

08 「소방공무원 승진임용 규정」상 승진임용 구분별 비율과 승진임용예정 인원수의 책정에 관한 내용으로 옳지 않은 것은? *23 소방위 변형

① 심사승진임용과 시험승진임용을 병행하는 경우에는 승진임용예정 인원수의 60퍼센트를 심사승진임용예정 인원수로, 40퍼센트를 시험승진임용예정 인원수로 한다.
② 계급별 승진임용예정인원수를 정함에 있어서 특별승진 임용예정인원수를 따로 책정한 경우에는 당초 승진임용 예정인원수에서 특별승진임용예정인원수를 뺀 인원수를 당해 계급의 승진임용예정인원수로 한다.
③ 소방경 이하 계급으로의 승진임용예정 인원수를 정하는 경우에는 해당 계급으로의 승진임용예정 인원수의 20퍼센트 이내에서 특별승진임용예정 인원수를 따로 정할 수 있다.
④ 천재·지변·화재 또는 그 밖에 이에 준하는 재난현장에서 직무수행 중 사망하였거나 부상을 입어 사망한 사람은 해당 계급으로의 승진임용예정 인원수의 30퍼센트를 초과하여 특별승진임용 예정 인원수를 정할 수 있다.

[해설]
③ (×) 20퍼센트가 아니라 30퍼센트이다.

09 소방경 이하 계급으로의 승진임용예정 인원수를 정하는 경우에는 해당 계급으로의 승진임용예정 인원수의 30퍼센트 이내에서 특별승진임용예정 인원수를 따로 정할 수 있으나, 일정한 특별유공자의 특별승진사유인 경우에는 이 비율을 초과하여 정할 수 있다. 이에 해당하지 않는 경우는?

① 직무 수행능력이 탁월하여 소방행정발전에 지대한 공헌실적이 있다고 임용권자가 인정하는 사람
② 20년 이상 근속하고 정년퇴직일 전 1년 이상의 기간 중 자진하여 퇴직하는 사람으로서 재직 중 특별한 공적이 있다고 인정되는 사람
③ 청렴과 봉사정신으로 직무에 정려하여 다른 공무원의 귀감이 되는 공적이 있다고 인정되는 사람
④ 천재·지변·화재 또는 그 밖에 이에 준하는 재난에 있어서 위험을 무릅쓰고 헌신 분투하여 현저한 공을 세우고 사망하였거나 부상을 입어 사망한 사람

[해설]
① (×) 특별유공자의 특별승진 사유 가운데 ②·③·④의 경우와 '천재·지변·화재 또는 그 밖에 이에 준하는 재난현장에서 직무수행 중 사망하였거나 부상을 입어 사망한 사람'의 경우에만 특별승진임용 예정 인원수 제한 규정을 적용하지 않을 수 있다.

정답 08. ③ 09. ①

10 소방공무원법과 소방공무원 승진임용 규정에 따른 승진임용의 설명으로 옳지 않은 것은?

① 휴직 기간, 직위해제 기간, 징계처분 기간은 원칙적으로 승진소요최저근무연수에 포함되지 않는다.
② 소방정 이하의 소방공무원에 대하여는 근무성적을 평정하여야 한다.
③ 소방준감 이하 계급으로의 승진은 승진심사에 의하여 한다.
④ 징계처분의 집행이 끝난 날부터 강등은 18개월, 정직·감봉은 12개월, 견책은 6개월의 승진임용제한 기간이 있다.

[해설]
④ (×) 강등·정직은 18개월, 감봉은 12개월, 견책은 6개월의 승진임용제한 기간이 있다(소방공무원 승진임용 규정 제6조 제1항 제2호).

11 소방공무원의 승진임용방법 등에 관한 설명으로 옳지 않은 것은?

① 소방공무원은 바로 아래 하위계급에 있는 소방공무원 중에서 근무성적, 경력평정, 그 밖의 능력을 실증하여 승진임용함을 원칙으로 한다.
② 소방공무원의 승진임용은 심사승진임용, 시험승진임용 및 특별승진임용으로 구분한다.
③ 상위직급에 결원이 없어도 해당 계급에서 일정한 기간 동안 재직한 사람은 소방교, 소방장, 소방위, 소방경으로 근속승진임용을 할 수 있다.
④ 소방경 이하의 소방공무원으로서 모든 소방공무원의 귀감이 되는 공을 세우고 순직한 사람에 대해서는 2계급 특별승진시킬 수 있다.

[해설]
④ (×) 소방위 이하의 소방공무원으로서 모든 소방공무원의 귀감이 되는 공을 세우고 순직한 사람에 대해서는 2계급 특별승진시킬 수 있다(소방공무원법 제17조 단서). 법 제17조 단서에 따른 특별승진대상자는 천재·지변·화재 또는 그 밖에 이에 준하는 재난에 있어서 위험을 무릅쓰고 헌신 분투하여 현저한 공을 세우고 사망하였거나 부상을 입어 사망한 사람 또는 직무수행 중 다른 사람의 모범이 되는 공을 세우고 사망하였거나 부상을 입어 사망한 사람으로 한다(소방공무원 승진임용 규정 제38조 제2항).

12 소방공무원의 승진임용규정에 대한 설명으로 옳은 것은? *20 소방위

① 소방경 계급의 승진소요최저근무연수는 3년이다.
② 승진소요최저근무연수의 계산 기준일은 심사승진의 경우 승진심사 실시일의 전일이다.
③ 강등 징계처분의 집행이 끝난 날부터 원칙적으로 12개월이 지나지 않은 사람은 승진임용을 할 수 없다.
④ 소방공무원이 징계처분을 받은 후 해당 계급에서 훈장, 포장, 모범공무원포상, 시·도지사 이상의 표창 또는 제안의 채택·시행으로 포상을 받은 경우에는 승진임용 제한기간의 2분의 1을 단축할 수 있다.

[정답] 10. ④　11. ④　12. ②

해설
① (×) 소방경 계급의 승진소요최저근무연수는 2년이다(소방공무원 승진임용 규정 제5조 제1항).
③ (×) 강등의 경우는 원칙적으로 18개월이다.
④ (×) 소방공무원이 징계처분을 받은 후 해당 계급에서 훈장, 포장, 모범공무원포상, 국무총리 이상의 표창 또는 제안의 채택·시행으로 포상을 받은 경우에는 승진임용 제한기간의 2분의 1을 단축할 수 있다(소방공무원 승진임용 제6조 제3항).

13 소방공무원의 승진소요최저근무연수에 대한 설명으로 옳은 것은?
① 징계처분 기간은 원칙적으로 승진소요최저근무연수에 산입하나 예외가 있다.
② 모든 종류의 직위해제 기간은 승진소요최저근무연수에 산입하지 않는다.
③ 순직자의 특별승진은 당해 계급에서의 근무기간이 최저근무연수의 3분의1 이상이 되어야 한다.
④ 국외 유학을 하게 되어 휴직한 경우에 그 휴직 기간의 50퍼센트에 해당하는 기간은 승진소요최저근무연수에 포함된다.

해설
① (×) 휴직 기간, 직위해제 기간, 징계처분 기간은 원칙적으로 승진소요최저근무연수에 포함되지 않는다(소방공무원 승진임용 규정 제5조 제2항 본문).
② (×) 직위해제 기간은 원칙적으로 승진소요최저근무연수에 포함되지 않으나(제5조 제2항 본문), 일정한 경우 승진소요최저근무연수에 포함된다(제5조 제2항 단서).
③ (×) 순직자는 승진소요최저근무연수 규정을 적용하지 않는다(제41조 제1항).

14 「소방공무원 승진임용 규정」상 승진의 요건 중 계급별 승진소요최저근무연수가 바르게 짝지어진 것은?
*23 소방교 변형
① 소방장 : 2년, 소방위 : 3년
② 소방사 : 1년, 소방교 : 1년
③ 소방교 : 1년, 소방경 : 3년
④ 소방경 : 3년, 소방령 : 4년

해설
소방공무원이 승진하려면 소방정은 2년, 소방령은 2년, 소방경은 2년, 소방위는 1년, 소방장은 1년, 소방교는 1년, 소방사는 1년 이상 해당 계급에 재직하여야 한다(소방공무원 승진임용 규정 제5조 제1항).

15 소방공무원의 승진소요최저근무연수 계산에 포함되지 않는 기간은?
① 만 8세 이하의 자녀를 양육하기 위하여 휴직한 경우에 해당하고 자녀 1명에 대한 총 휴직 기간이 1년을 넘는 경우에 그 초과된 기간
② 「병역법」에 따른 병역 복무를 마치기 위하여 징집 또는 소집됨으로써 휴직한 경우
③ 국외 유학을 하게 되어 휴직한 경우에 그 휴직 기간의 50퍼센트에 해당하는 기간
④ 형사 사건으로 기소된 자(약식명령이 청구된 자는 제외)에 해당하여 직위해제처분을 받은 사람의 처분 사유가 된 형사사건이 법원의 판결에 따라 무죄로 확정된 경우 그 직위해제기간

정답 13. ④ 14. ② 15. ①

> **해설**
> ① (×) 자녀 1명에 대한 총 휴직 기간이 1년을 넘는 경우에는 최초의 1년에 해당되는 휴직기간만이 승진소요최저근무연수에 포함된다. 다만 ⊙ 첫째 자녀에 대하여 부모가 모두 휴직을 하는 경우로서 각 휴직기간이 「공무원임용령」에 따라 인사혁신처장이 정하는 기간 이상인 경우이거나, ⓒ 둘째 자녀 이후에 대하여 휴직을 하는 경우에는 그 휴직기간 전부를 포함한다(소방공무원 승진임용 규정 제5조 제2항 제1호).

16 「소방공무원 승진임용 규정」 및 같은 법 시행규칙상 소방공무원의 승진임용에 관한 내용으로 옳지 않은 것은?

*22 소방위 변형

① 소방경으로 승진하기 위해서는 원칙적으로 소방위에서 1년 이상 재직하여야 한다.
② 시험승진 승진소요최저근무연수의 계산 기준일은 제1차 시험일의 전일이다.
③ 심사승진 승진소요최저근무연수의 계산 기준일은 승진심사 실시일의 전일이다.
④ 강등되거나 강임되었던 사람이 원(原) 계급으로 승진된 경우에는 강등되거나 강임되기 전의 계급에서 재직한 기간은 원 계급에서 재직한 연수에 포함하지 아니한다.

> **해설**
> ④ (×) 강등되거나 강임되었던 사람이 원 계급으로 승진된 경우에는 강등 또는 강임 전의 기간은 재직연수에 합산한다(공무원임용령 제31조 제4항).

17 소방공무원의 승진소요최저근무연수에 관한 내용으로 틀린 것은?

① 법률의 규정에 따른 의무를 수행하기 위하여 직무를 이탈하게 됨으로써 휴직한 경우는 승진소요최저근무연수에 포함된다.
② 공무원 재해보상법에 따른 공무상 질병 또는 부상으로 인하여 신체·정신상의 장애로 장기 요양이 필요함에 따라 휴직한 경우에 그 휴직 기간은 승진소요최저근무연수에 포함된다.
③ 사법연수원의 연수생으로 수습한 기간은 소방령 이하 소방공무원의 승진소요최저근무연수에 포함된다.
④ 다른 법령에 따라 공무원의 신분으로 재직하던 사람이 소방장 이상의 소방공무원으로 임용된 경우 종전의 신분으로 재직한 기간은 재임용일부터 5년 이내의 경력에 한정하여 행정안전부령으로 정하는 기준에 따라 환산하여 승진소요최저근무연수에 포함된다.

> **해설**
> ④ (×) 5년 이내가 아니라 10년 이내이다(소방공무원 승진임용 규정 제5조 제4항).

정답 16. ④   17. ④

소방승진 공무원법

18 소방공무원의 승진소요최저근무연수에 포함되는 기간으로 옳은 것은?

① 질병 또는 부상으로 인하여 신체·정신상의 장애로 장기 요양이 필요함에 따라 휴직한 경우에 그 휴직 기간
② 국외 유학을 하게 되어 휴직한 경우에 그 휴직 기간
③ '형사 사건으로 기소된 자(약식명령이 청구된 자는 제외)'에 해당하여 직위해제처분을 받은 사람의 처분 사유가 된 형사사건이 법원의 판결에 따라 무죄로 확정된 경우 그 직위해제 기간
④ 강등 징계처분의 집행이 끝난 날부터 12개월이 지나지 않은 기간

[해설]
① (×)「공무원 재해보상법」에 따른 공무상 질병 또는 부상으로 인하여 신체·정신상의 장애로 장기 요양이 필요함에 따라 휴직한 경우에 그 휴직 기간은 포함된다.
② (×) 국외 유학을 하게 되어 휴직한 경우에 그 휴직 기간의 50퍼센트에 해당하는 기간은 포함된다.
④ (×) 강등 징계처분의 집행이 끝난 날부터 18개월이 지나지 않은 기간은 제외된다.

19 소방공무원 甲은 금품비위행위 인하여 수사기관에서 수사 중인 자로서 비위의 정도가 중대하고 이로 인하여 정상적인 업무수행을 기대하기 현저히 어려운 자에 해당하여 직위해제처분을 받았다. 다음 중 직위해제기간이 승진소요최저근무연수에서 제외되는 경우는?

① 소방청장 등이 징계의결 요구를 하지 않기로 하였고, 형사재판에서 법원의 무죄판결이 확정된 경우
② 징계처분이 법원의 판결에 따라 무효로 확정되었고, 검사가 연령, 성행, 지능과 환경을 참작한 기소편의주의에 따라 불기소한 경우
③ 관할 징계위원회가 징계하지 않기로 의결하였고, 수사 결과 형사사건에 해당하지 않는 경우
④ 징계처분이 소청심사위원회의 결정으로 취소되었고, 사법경찰관이 불송치한 경우

[해설]
② (×) 검사가 불기소를 한 경우에도「형사소송법」제247조[註:「형법」제51조의 사항(범인의 연령, 성행, 지능과 환경 등)을 참작하여 공소를 제기하지 아니할 수 있다.]에 따라 공소를 제기하지 않는 경우는 예외이다(소방공무원 승진임용 규정 제5조 제2항 제2호 다목).

정답 18. ③ 19. ②

20 소방공무원의 승진소요최저근무연수에 포함되는 기간으로 옳지 않은 것은?

① 퇴직한 소방공무원이 퇴직 당시의 계급 이하의 계급으로 임용된 경우, 퇴직 전의 재직기간 중 재임용 당시의 계급 이상의 계급으로 재직한 기간은 재임용 당시 계급에 한정하여 승진소요최저근무연수에 포함된다.
② 다른 법령에 따라 공무원의 신분으로 재직하던 사람이 소방장 이상의 소방공무원으로 임용된 경우, 종전의 신분으로 재직한 기간은 재임용일부터 10년 이내의 경력에 한정하여 행정안전부령으로 정하는 기준에 따라 환산하여 승진소요최저근무연수에 포함된다.
③ 법원조직법 제72조에 따른 사법연수원의 연수생으로 수습한 기간은 소방령 이하 소방공무원의 승진소요최저근무연수에 포함된다.
④ 강등되거나 강임되었던 사람이 원(原) 계급으로 승진된 경우, 강등되거나 강임되기 전의 계급에서 재직한 기간은 강임된 계급에서 재직한 연수에 포함된다.

해설
④ (×) 강등되거나 강임되었던 사람이 원(原) 계급으로 승진된 경우에는 강등되거나 강임되기 전의 계급에서 재직한 기간은 원 계급에서 재직한 연수에 포함한다(소방공무원 승진임용 규정 제5조 제7항).

21 승진소요최저근무연수의 계산에 관한 내용으로 옳은 것은?

① 특별승진은 승진임용예정일이 승진소요최저근무연수의 계산 기준일이다.
② 심사승진은 승진심사를 실시하는 달의 전월 말일이 승진소요최저근무연수의 계산 기준일이다.
③ 시험승진은 제1차 시험일이 승진소요최저근무연수의 계산 기준일이다.
④ 소방공무원 외의 공무원 신분으로 재직하던 사람이 소방장 이상의 소방공무원으로 임용된 경우 종전의 신분으로 재직한 기간은 재임용일부터 10년 이내의 경력에 한정하여 채용계급 상당이상의 계급으로 근무한 기간에 한하되 환산율은 5할로 한다.

해설
① (○), ② (×), ③ (×) 승진소요최저근무연수의 계산 기준일은 다음과 같다(소방공무원 승진임용 시행규칙 제3조 제1항).

> 1. 시험승진 : 제1차 시험일의 전일
> 2. 심사승진 : 승진심사 실시일의 전일
> 3. 특별승진 : 승진임용예정일

④ (×) 5할이 아니라 2할이다(제2항).

정답 20. ④ 21. ①

소방승진 공무원법

22 「소방공무원 승진임용 규정」상 승진임용의 제한에 관한 내용이다. ( ) 안에 들어갈 내용으로 옳은 것은?
* 23 소방위

> 징계에 관하여 소방공무원과 다른 법령의 적용을 받는 공무원이 소방공무원으로 임용된 경우, 종전의 신분에서 (ㄱ)의 징계처분을 받고 그 처분 종료일부터 (ㄴ)이 지나지 않은 사람과 근신·군기교육이나 그 밖에 이와 유사한 징계처분을 받고 그 처분 종료일부터 (ㄷ)이 지나지 않은 사람은 승진임용을 할 수 없다.

	ㄱ	ㄴ	ㄷ
①	정직	18개월	6개월
②	강등	18개월	12개월
③	강등	18개월	6개월
④	감봉	12개월	6개월

해설
소방공무원 승진임용 규정 제6조(승진임용의 제한) ① 다음 각 호의 어느 하나에 해당하는 소방공무원은 승진임용을 할 수 없다.
3. 징계에 관하여 소방공무원과 다른 법령의 적용을 받는 공무원이 소방공무원으로 임용된 경우, 종전의 신분에서 강등의 징계처분을 받고 그 처분 종료일부터 18개월이 지나지 않은 사람과 근신·군기교육이나 그 밖에 이와 유사한 징계처분을 받고 그 처분 종료일부터 6개월이 지나지 않은 사람

23 「소방공무원 승진임용 규정」상 승진임용제한에 관한 내용이다. ( ) 안에 들어갈 숫자로 옳은 것은?
* 22 소방교

> 임용권자는 "징계에 관하여 소방공무원과 다른 법령의 적용을 받는 공무원이 소방공무원으로 임용된 경우, 종전의 신분에서 강등의 징계처분을 받고 그 처분 종료일부터 (㉠)개월이 지나지 않은 사람과 근신·군기교육이나 그 밖에 이와 유사한 징계처분을 받고 그 처분 종료일부터 (㉡)개월이 지나지 않은 사람"을 승진임용할 수 없다.

	㉠	㉡		㉠	㉡
①	12	6	②	12	12
③	18	3	④	18	6

해설
소방공무원 승진임용 규정 제6조 제1항 ☞ 앞의 문제 해설 참고

정답 22. ③ 23. ④

24 소방공무원 승진임용의 제한에 관한 내용으로 옳지 않은 것은?

① 공무상 질병 또는 부상으로 인한 휴직 중에 있으나 재난현장에서 직무수행 중 순직한 사람에 해당되어 특별승진임용하는 경우는 승진임용이 제한되지 아니한다.
② 공무상 질병 또는 부상으로 인한 휴직 중에 있으나 20년 이상 근속하고 정년퇴직일 전 1년 이상의 기간 중 자진하여 퇴직하는 사람으로서 재직 중 특별한 공적이 있다고 인정되는 사람을 특별승진임용하는 경우는 승진임용이 제한되지 아니한다.
③ 소방공무원 이외의 공무원이 소방공무원으로 임용된 경우, 종전의 신분에서 강등의 징계처분을 받고 그 처분 종료일부터 2년이 지나지 않은 사람은 승진임용을 할 수 없다.
④ 감봉의 징계처분의 집행이 끝난 날부터 12개월이 지나지 않은 사람은 승진임용을 할 수 없다.

[해설]
③ (×) 징계에 관하여 소방공무원과 다른 법령의 적용을 받는 공무원이 소방공무원으로 임용된 경우, 종전의 신분에서 강등의 징계처분을 받고 그 처분 종료일부터 18개월이 지나지 않은 사람과 근신·군기교육이나 그 밖에 이와 유사한 징계처분을 받고 그 처분 종료일부터 6개월이 지나지 않은 사람(소방공무원 승진임용 규정 제6조 제1항 제3호)

25 음주운전(음주측정에 응하지 않은 경우를 포함)으로 정직 2개월의 징계처분을 받은 소방공무원은 정직처분일부터 몇 개월 동안 승진임용의 제한을 받게 되는가? *20 소방위

① 14개월
② 18개월
③ 22개월
④ 26개월

[해설]
정직처분의 경우는 정직처분의 집행이 끝난 날부터 18개월[「국가공무원법」 제78조의2 제1항 각 호의 어느 하나에 해당하는 사유로 인한 징계처분과 소극행정, 음주운전(음주측정에 응하지 않은 경우를 포함), 성폭력, 성희롱 또는 성매매로 인한 징계처분의 경우에는 각각 6개월을 더한 기간]이 지나지 않은 사람은 승진임용이 제한된다(소방공무원 승진임용 제6조 제1항 참고). 따라서 정직처분일부터 26개월(=2+18+6)간 승진임용이 제한된다(소방공무원 승진임용 규정 제6조 제1항 참고).

26 소극행정으로 정직 2개월의 징계처분을 받은 소방공무원의 경우 그 처분일로부터 승진제한 기간은? *21 소방교

① 20개월
② 22개월
③ 24개월
④ 26개월

[해설]
정직처분 기간 2개월, 승진임용제한기간 18개월, 소극행정의 경우 가산기간 6개월을 합하여 26개월이다(소방공무원 승진임용 규정 제6조 제1항 참고).

[정답] 24. ③ 25. ④ 26. ④

27 승진임용 제한기간의 계산에 관한 다음의 내용에서 ( ) 안에 적절한 것은?

- 승진임용 제한기간 중에 있는 사람이 다시 징계처분을 받은 경우의 승진임용 제한기간은 (㉠)부터 계산한다.
- 징계처분으로 승진임용 제한기간 중에 있는 사람이 직위해제처분을 받는 경우 징계처분에 따른 남은 승진임용 제한기간은 (㉡)부터 계산한다.

	㉠	㉡
①	전 처분에 대한 제한기간이 끝난 날	직위해제처분을 받은 날
②	다시 징계처분을 받은 날	직위해제처분을 받은 날
③	전 처분에 대한 제한기간이 끝난 날	복직한 날
④	다시 징계처분을 받은 날	복직한 날

[해설]
승진임용 제한기간 중에 있는 사람이 다시 징계처분을 받은 경우의 승진임용 제한기간은 전 처분에 대한 제한기간이 끝난 날부터 계산하고, 징계처분으로 승진임용 제한기간 중에 있는 사람이 휴직하거나 직위해제처분을 받는 경우 징계처분에 따른 남은 승진임용 제한기간은 복직한 날부터 계산한다(소방공무원 승진임용 규정 제6조 제2항).

28 징계처분으로 승진임용 제한기간 중에 있는 사람이 휴직하거나 직위해제처분을 받는 경우 징계처분에 따른 남은 승진임용 제한기간은 언제부터 계산하는가?

① 복직한 날
② 직위해제처분에 대한 제한기간이 끝난 날
③ 휴직한 날 또는 직위해제처분을 받은 날
④ 휴직 또는 직위해제처분일로부터 징계처분에 따른 제한기간이 경과한 날

[해설]
소방공무원 승진임용 규정 제6조 제2항 ☞ 앞의 문제 해설 참고

[정답] 27. ③ 28. ①

29 다음 빈칸에 들어갈 알맞은 내용은?

> 소방공무원은 징계처분의 집행이 끝난 날부터 일정한 기간은 승진임용이 제한된다. 이 경우 징계처분을 받은 후 해당 계급에서 훈장·포장·모범공무원포상·(   ) 이상의 표창 또는 제안의 채택·시행으로 포상을 받은 경우에는 승진임용 제한기간의 (   )을 단축할 수 있다.

① 국무총리, 2분의 1
② 행정안전부장관, 2분의 1
③ 국무총리, 3분의 1
④ 행정안전부장관, 3분의 1

[해설]
① (○) 소방공무원 승진임용 규정 제6조 제1항, 제3항

30 소방공무원이 징계처분을 받은 후 승진임용 제한기간의 2분의 1을 단축할 수 있는 경우가 아닌 것은?

① 훈장을 받은 경우
② 국민추천포상을 받은 경우
③ 국무총리 표창을 받은 경우
④ 제안의 채택·시행으로 포상을 받은 경우

[해설]
② (×) 국민추천포상은 행정안전부가 시행하는 제도인데 여기에 포함되지 않는다. 그밖에 포장을 받은 경우가 포함된다.

정답 29. ① 30. ②

CHAPTER 02 근무성적·경력 및 교육훈련성적의 평정

1. 근무성적평정

(1) 평정대상
소방정 이하의 소방공무원에 대하여는 근무성적을 평정하여야 한다(소방공무원 승진임용 규정 제7조 제1항 전단).

(2) 평정사항
근무성적의 평정은 당해 소방공무원의 근무성적·직무수행능력·직무수행태도 및 발전성 등을 평가하여야 한다(제2항).

근무성적평정표 (소방공무원 승진임용 규정 시행규칙 별지 제1호 서식)

○ 평정대상자	○ 평정기간	○ 평정 분포비율	
소속 :	. . .부터	• 수(55점 이상)	2할
계급 :	. . .까지	• 우(45점 이상 55점 미만)	4할
성명 :		• 양(33점 이상 45점 미만)	3할
		• 가(33점 미만)	1할

평정요소 및 배점	근무실적(10점)			직무수행능력(10점)				직무수행태도(10점)			조정위원회
	①직무의 양 (3점)	②직무수행의 정확성 (4점)	③직무수행의 신속성 (3점)	④지식 및 기술 (3점)	⑤이해력 및 판단력 (2점)	⑥기획력 및 창의력 (2점)	⑦관리능력 및 지휘력 (3점)	⑧성실성 및 규율준수 (3점)	⑨친절성 및 협조성 (3점)	⑩적극성 및 책임성 (4점)	위원장 성명: (인)
평정기준	담당직무를 어느 정도 많이 처리하고 있는가?	담당직무를 어느 정도 우수하고 정확하게 처리하고 있는가?	담당직무를 미결 없이 어느 정도 신속하게 처리하고 있는가?	담당직무수행에 필요한 지식과 기술을 가지고 활용하고 있는가?	담당직무에 대하여 잘 이해하고 정확한 판단을 내리는가?	담당직무를 수행할 때 새로운 방법을 연구하여 개선에 노력하고 있는가?	부하직원과 인화단결하고 민주적인 방법으로 통솔하고 있는가?	담당직무를 성실하게 수행하고 상사의 명령에 복종하며 규율을 준수하고 있는가?	상하동료 간 및 대민(對民)관계에 있어 인화 단결하며 협조하려고 노력하고 있는가?	담당직무를 수행할 때 의욕과 열의 및 책임감과 실천력은 어느 정도인가?	2차 평정자 직위 : 성명: (인) 1차 평정자 직위: 성명: (인)

구분	평정점수										평정점수 합계	조정점수
1차 평정자												
2차 평정자												
비고 (참고사항)										총점	조정 전	조정 후

※ 평정방법
1. 각 평가요소별 평정점수란에 다음 각 목의 점수 구분에 따라 점수를 기재합니다.
   가. 4점 : 수(4.0점), 우(3.75점), 양(3.0점), 가(2.0점)
   나. 3점 : 수(3.0점), 우(2.25점), 양(2.0점), 가(1.75점)
   다. 2점 : 수(2.0점), 우(1.75점), 양(1.5점), 가(0.75점)
2. 평정대상자가 소방장 이하인 경우에는 '⑦관리능력 및 지휘력(부하직원과 인화 단결하고 민주적인 방법으로 통솔하고 있는가?)'을 '집행력(담당직무를 어느 정도로 효율적으로 추진하고 있는가?)'으로 대체하여 평정합니다.
3. '직무수행태도'를 평정할 때 평정대상자의 무단지각, 무단결근, 무단조퇴, 장기간무단이석, 징계·직위해제, 경고, 대민불친절을 반영하여 평정합니다.

(3) 평정시기

근무성적의 평정은 연 2회 실시하되, 매년 3월 31일과 9월 30일을 기준으로 한다(소방공무원 승진임용 규정 시행규칙 제4조).

(4) 평정결과의 활용

근무성적평정의 결과는 승진·전보·특별승급·성과상여금지급·교육훈련 및 보직관리 등 각종 인사관리에 반영하여야 한다(소방공무원 승진임용 규정 제7조 제1항 후단).

(5) 평정결과의 공개 여부

① 근무성적평정의 결과는 공개하지 아니한다. 다만, 「소방공무원 임용령」 제2조 제3호에 따른 소방기관의 장은 근무성적평정이 완료되면 평정 대상 소방공무원에게 근무성적평정 결과를 통보할 수 있다(제4항).
② 소방기관의 장은 근무성적평정이 완료되어 평정 대상 소방공무원에게 근무성적평정 결과를 통보하는 경우에는 제8조 제1항 각 호의 근무성적평정점의 분포비율에 따른 평정등급을 통보한다(소방공무원 승진임용 규정 시행규칙 제9조의2).

(6) 근무성적 평정자

근무성적의 평정자(소방공무원 승진임용 규정 시행규칙 별표1)

소속		계급	1차 평정자	2차 평정자
소방청	관·국	소방정	소속 국장	차장
	관·국 외		소속 과장	
중앙소방학교			중앙소방학교장	차장
중앙119구조본부			중앙119구조본부장	차장
국립소방연구원			국립소방연구원장	차장
시·도 소방본부			소속 시·도 소방본부장	소속 시·도 부시장 또는 부지사. 다만, 지방소방학교장의 경우에는 차장
소방서				
지방소방학교				
서울종합방재센터				
119특수대응단				
소방체험관				

> 소방승진 공무원법

소속		계급	1차 평정자	2차 평정자
소방청	관·국	소방령 및 소방경	소속 과장	소속 국장
	관·국 외			차장
중앙소방학교			중앙소방학교장	차장
중앙119구조본부			중앙119구조본부장	차장
국립소방연구원		소방령	국립소방연구원장	차장
		소방경	소속 과장	국립소방연구원장
시·도 소방본부		소방령 및 소방경	소속 부서장(과장 등)	소속 시·도 소방본부장
소방서			소속 소방서장	
지방소방학교			소속 지방소방학교장	
서울종합방재센터			서울종합방재센터소장	
119특수대응단			119특수대응단장	
소방체험관			소방체험관장	
소방청	관·국	소방위 이하	소속 과장	소속 국장
	관·국 외			차장
중앙소방학교				중앙소방학교장
중앙119구조본부				중앙119구조본부장
국립소방연구원				국립소방연구원장
시·도 소방본부		소방위 이하	소속 부서장(과장 등)	소속 시·도 소방본부장
소방서			소속 부서장(과장, 안전센터장, 구조대장). 다만, 본인이 부서장인 경우에는 해당 소방서의 인사 주무과장(소방행정과장)	소속 소방서장
지방소방학교			소속 부서장(과장 등)	소속 지방소방학교장
서울종합방재센터			소속 부서장(과장 등)	서울종합방재센터소장
119특수대응단			소속 부서장(과장 등)	119특수대응단장
소방체험관			소속 부서장(과장 등)	소방체험관장

■ 비고
1. "관·국 외"란 운영지원과, 대변인실, 119종합상황실, 청장실, 차장실, 감사담당관을 말한다.
2. "소속 국장"에는 기획조정관을, "소속 과장"에는 대변인, 담당관, 실장, 팀장·구조대장·센터장 등 과장급 부서장을 포함한다.
3. 청장실 및 차장실의 경우 운영지원과장을 소속 과장으로 본다.
4. 위 표에도 불구하고 소방청장 또는 특별시장·광역시장·특별자치시장·도지사·특별자치도지사(이하 "시·도지사")는 다음 각 목의 경우에는 평정자를 따로 지정할 수 있다.
   가. 평정자가 누구인지 특정하기 어려운 경우
   나. 위 표에서 정하지 않은 기관에 소속된 소방공무원의 경우
5. 위 표에도 불구하고 시·도지사는 소방정 계급 소방공무원의 1차 평정자를 「지방자치단체의 행정기구와 정원기준 등에 관한 규정」 별표 2 제2호에 따라 소방준감으로 보하는 소방 담당 과장 중에서 지정할 수 있다. 이 경우 2차 평정자는 소속 시·도의 소방본부장이 된다.

(7) 평정의 방법

① 분포비율

근무성적은 평정대상자의 계급별로 평정결과가 다음의 분포비율에 맞도록 평정하여야 한다. 다만, 피평정자의 수가 적어 다음의 분포비율을 적용하는 것이 불합리하거나 "가"에 해당하는 자가 없을 경우에는 이를 적용하지 아니할 수 있으며, 이 경우 "가"의 비율은 "양"에 가산한다(소방공무원 승진임용 규정 제7조 제3항 참고).

(수) 20퍼센트 (우) 40퍼센트 (양) 30퍼센트 (가) 10퍼센트

---

② 평정점

근무성적의 총평정점은 60점을 만점으로 하되, 제1차 평정자와 제2차 평정자는 각각 30점을 최고점으로 하여 평정한다. 제1차 평정자와 제2차 평정자가 근무성적을 평정함에 있어서는 특별한 사정이 없는 한 피평정자의 총평정점이 동일하지 아니하도록 평정하여야 한다. "가"평정을 할 경우에는 평정표에 그 사유를 명확하게 기록해야 한다.

"수·우·양·가"의 구분은 다음과 같은 평정점에 따라 정한다(소방공무원 승진임용 규정 시행규칙 제7조, 제8조 참고).

(수) 55점 이상~60점   (우) 45점 이상~55점 미만
(양) 33점 이상~45점 미만   (가) 33점 미만

---

(8) 근무성적평정조정위원회

① 설치
㉠ 근무성적평정점을 조정하기 위하여 승진대상자명부 작성단위 기관별로 근무성적평정조정위원회를 둘 수 있다(소방공무원 승진임용 규정 시행규칙 제9조 제1항).
㉡ 조정위원회는 피평정자의 상위직급공무원중에서 조정위원회가 설치된 기관의 장이 지정하는 3인 이상 5인 이하의 위원으로 구성하며, 위원장의 선임 기타 위원회의 운영에 관하여 필요한 사항은 당해기관의 장이 정한다(제2항).

② 조정방법
㉠ 조정위원회의 위원장은 제1차평정자와 제2차평정자의 평정결과가 영 제7조 제3항의 분포비율과 맞지 아니할 경우에는 조정위원회를 소집하여 근무성적평정을 영 제7조 제3항의 분포비율에 맞도록 조정할 수 있다(제3항).
㉡ 분포비율의 조정결과 조정전의 평정등급에서 아래등급으로 조정된 자의 조정점은 그 조정된 아래등급의 최고점으로 한다(제4항).

③ 재조정 요구
조정위원회가 설치된 기관의 장은 근무성적평정의 조정결과가 심히 부당하다고 인정되는 경우에는 당해조정위원회의 위원장에게 이의 재조정을 요구할 수 있다(제5항).

(9) 근무성적평정의 예외
  ① 소방공무원이 휴직, 직위해제나 그 밖의 사유로 근무성적평정 대상기간 중 실제 근무기간이 1개월 미만인 경우에는 근무평정을 하지 아니한다(소방공무원 승진임용 규정 제8조 제1항).
  ② 소방공무원이 국외 파견 등 교육훈련으로 인하여 실제 근무기간이 1개월 미만인 경우에는 직무에 복귀한 후 첫 번째 정기평정을 하기 전까지 최근 2회의 근무성적평정결과의 평균을 해당 소방공무원의 평정으로 본다(제2항).
  ③ 소방공무원이 6월 이상 국가기관·지방자치단체에 파견근무하는 경우에는 파견받은 기관의 의견을 참작하여 근무성적을 평정하여야 한다(제3항).
  ④ 소방공무원이 전보된 경우에는 당해 소방공무원의 근무성적평정표를 그 전보된 기관에 이관하여야 한다. 다만, 평정기관을 달리하는 기관으로 전보된 후 1개월 이내에 평정을 실시할 때에는 전출기관에서 전출전까지의 근무기간에 해당하는 평정을 실시하여 송부하여야 하며, 전입기관에서는 송부된 평정결과를 참작하여 평정하여야 한다(제4항).
  ⑤ 정기평정이후에 신규채용 또는 승진임용된 소방공무원에 대하여는 2월이 경과한 후의 최초의 정기평정일에 평정해야 한다. 다만, 강임된 소방공무원이 승진임용된 경우에는 강임되기전의 계급에서의 평정을 기준으로 하여 즉시 평정하여야 한다(제5항).
  ⑥ 소방공무원이 소방청과 특별시·광역시·특별자치시·도·특별자치도 간 또는 시·도 상호 간에 인사교류된 경우에는 인사교류 전에 받은 근무성적평정을 해당 소방공무원의 평정으로 한다(제6항).

2. 경력평정

(1) 평정대상

경력평정은 승진소요최저근무연수가 경과된 소방정 이하의 소방공무원을 대상으로 한다(소방공무원 승진임용 규정 제9조 제2항).

(2) 평정시기
  ① 경력평정 : 연 2회 실시하되, 매년 3월 31일과 9월 30일을 기준으로 한다(소방공무원 승진임용 규정 시행규칙 제4조).
  ② 재평정 : 경력평정을 실시한 후에 평정된 사실과 다른 사실이 발견된 때에는 이를 재평정해야 한다(제12조).

(3) 평정자와 확인자

경력평정을 하는 경우 평정자는 피평정자가 소속된 기관의 소방공무원 인사 담당 공무원이, 확인자는 평정자의 직근 상급 감독자가 된다(제11조).

(4) 평정방법
  ① 경력평정은 당해 계급에서의 근무연수를 평정하여 승진대상자 명부작성에 반영한다(소방공무원 승진임용 규정 제9조 제1항).

② 경력평정은 당해 소방공무원의 인사기록에 의하여 실시하며, 필요하다고 인정될 때에는 인사기록의 정확성 여부를 조회·확인할 수 있다(제3항).
③ 경력평정은 평정표에 의하여 평정하되, 경력평정표는 평정자와 확인자가 서명 날인한다(소방공무원 승진임용 규정 시행규칙 제13조 제1항).
④ 경력평정의 평정점은 25점(소방정은 30점)을 만점으로 하되, 기본경력평정점은 22점(소방정은 26점)을, 초과경력평정점은 3점(소방정은 4점)을 각각 만점으로 하고, 계산은 소수점 이하 셋째자리에서 반올림한다(제2항).

(5) **경력기간의 계산**
① 경력평정대상기간의 산정기준은 영 제5조에 규정된 승진소요최저근무연수 계산방법에 따른다. 다만, 영 제6조 제1항 제2호(註: 징계처분의 집행이 끝난 날부터 일정한 기간)에 따른 승진임용제한기간 및 소방공무원으로 신규임용될 사람이 받은 교육훈련기간은 경력평정대상기간에 포함한다(소방공무원 승진임용 규정 시행규칙 제10조 제1항).
② 경력평정대상기간은 경력월수를 단위로 하여 계산하되, 15일 이상은 1월로 하고, 15일 미만은 경력에 산입하지 아니한다(제3항).

(6) **기본경력 및 초과경력**
경력은 기본경력과 초과경력으로 구분하며, 계급별 기본경력과 초과경력은 다음 각 호와 같다(소방공무원 승진임용 규정 제9조 제4항).

	기본경력	초과경력
소방정	평정기준일부터 최근 3년간	기본경력 전 2년간
소방령	평정기준일부터 최근 3년간	기본경력 전 4년간
소방경	평정기준일부터 최근 3년간	기본경력 전 3년간
소방위	평정기준일부터 최근 2년간	기본경력 전 3년간
소방장	평정기준일부터 최근 2년간	기본경력 전 1년
소방교	평정기준일부터 최근 1년 6개월간	기본경력 전 6개월간
소방사	평정기준일부터 최근 1년 6개월간	기본경력 전 6개월간

기본경력 및 초과경력 평정점수표(소방공무원 승진임용 규정 시행규칙 별표3)

구분	계급	기간	월별 점수	기간별 점수		
기본경력	소방정	3년	0.722점	기간: 1년 / 점수: 8.66	기간: 2년 / 점수: 17.33	기간: 3년 / 점수: 26.00
	소방령, 소방경	3년	0.611점	기간: 1년 / 점수: 7.33	기간: 2년 / 점수: 14.66	기간: 3년 / 점수: 22.00
	소방위, 소방장	2년	0.917점	기간: 1년 / 점수: 11.00	기간: 2년 / 점수: 22.00	

소방승진 공무원법

				기간	1년	1년 6개월		
초과 경력	소방교, 소방사	1년 6개월	1.222점	점수	14.66	22.00		
	소방정	2년	0.167점	기간	1년	1년 6개월		
				점수	2.00	4.00		
	소방령	4년	0.062점	기간	1년	2년	3년	4년
				점수	0.74	1.49	2.23	3.00
	소방경, 소방위	3년	0.083점	기간	1년	2년	3년	
				점수	1.00	1.99	3.00	
	소방장	1년	0.250점	기간	1년			
				점수	3.00			
	소방교, 소방사	6개월	0.500점	기간	6개월			
				점수	3.00			

■ 비고 : 월별 점수에 근무한 기간(월)을 곱하여 소수점 셋째자리에서 반올림

3. 교육훈련성적평정

(1) 평정대상

소방공무원의 교육훈련성적의 평정은 소방정 이하의 소방공무원을 대상으로 실시한다(소방공무원 승진임용규정 제10조 제1항).

(2) 교육훈련성적의 평점(제2항)

소방정	소방정책관리자교육성적 10점
소방령·소방경·소방위	관리역량교육성적 3점, 전문교육훈련성적 3점, 직장훈련성적 4점, 체력검정성적 5점
소방장 이하	전문교육훈련성적 3점, 직장훈련성적 4점, 체력검정성적 5점, 전문능력성적 3점

※ 소방위 계급의 경우는 2026년 1월 1일 이후 교육훈련성적평정을 하는 경우부터 적용한다(2023.3.31. 개정 부칙). 즉 2025년 12월 31일까지 소방위 계급의 경우는 위 표에서 '소방장 이하'의 경우와 같다.

(3) 평정시기 등

① 교육훈련성적평정 : 연 2회 실시하되, 매년 3월 31일과 9월 30일을 기준으로 한다(소방공무원 승진임용 규정 시행규칙 제4조).
② 재평정 : 교육훈련성적평정을 실시한 후에 평정된 사실과 다른 사실이 발견된 때에는 이를 재평정해야 한다(제12조).

(4) 평정자와 확인자

교육훈련성적평정을 하는 경우 평정자는 피평정자가 소속된 기관의 소방공무원 인사 담당 공무원이, 확인자는 평정자의 직근 상급 감독자가 된다(제11조).

(5) 평정제외

「소방공무원 교육훈련규정」 제17조에 따른 수료요건 또는 졸업요건을 갖추지 못한 사람에 대한 교육훈련성적은 평정하지 않는다(소방공무원 승진임용 규정 제10조 제3항).

(6) 성적 의제

시보임용이 예정된 사람 또는 시보임용된 사람이 「소방공무원 교육훈련규정」 별표 1 제1호 가목에 따른 신임교육과정을 졸업한 경우에는 이를 임용예정 계급에서 받은 전문교육훈련성적으로 보아 평정한다(제4항).

(7) 교육훈련성적평정의 기준

① 전문교육훈련성적

다음 각 호의 교육과정을 졸업 또는 수료한 자에게 부여하는 총 3점 이하의 평정점(제2항)

1. 「소방공무원 교육훈련규정」 제2조 제2호에 따른 교육훈련기관에서 실시하는 다음 각 목의 교육훈련과정
   가. 「소방공무원 교육훈련규정」 별표 1 제1호 가목에 따른 신임교육과정
   나. 「소방공무원 교육훈련규정」 별표 1 제2호에 따른 전문교육훈련과정
2. 공무원교육훈련기관의 직무관련 교육과정 및 임용권자가 인정하는 외부 교육기관의 직무관련 교육과정(해당 계급에서 1.0점을 초과할 수 없다)
3. 소방공무원 교육훈련기관 및 공무원교육훈련기관에서 실시하는 사이버교육 과정(해당 계급에서 1.0점을 초과할 수 없다)

② 직장훈련성적

「소방공무원 교육훈련규정」 제2조 제3호에 따른 직장훈련의 성적 중 평정 기준일 이전 6개월간의 평정점(제3항)

③ 체력검정성적

소방공무원의 체력증진을 위하여 소방청장이 정하는 체력관리에 관한 기준(註 : 소방청예규인 「소방공무원 체력관리 규칙」)에 따라 평가한 평정점(제4항)

④ 전문능력성적

소방공무원의 업무수행에 필요한 전문 자격 취득·보유에 대한 평정점(제5항)

(8) 직장훈련성적 평정

① 직장훈련성적의 평정항목 등(소방공무원 교육훈련성적 평정규정 제3조)

㉠ 직장훈련성적의 평정은 소방관서(소방청, 중앙소방학교, 중앙119구조본부, 국립소방연구원, 소방본부, 소방서, 소방항공대, 소방정대 등을 말하며, 이하 같다)에서 실시하는 교육훈련에 대하여 평가하는 것으로 「소방공무원 승진임용 규정 시행규칙」 제4조의 정기평정일을 기준으로 상·하반기 평정 단위 기간별로 연 2회 실시한다(제1항).

㉡ 평정항목은 전술훈련평가와 직장교육평가로 구분하되 각 2점을 만점으로 한다. 다만, 다음 각 호의 사유에 해당하는 사람은 직장교육평가를 4점 만점으로 할 수 있다(제2항).

> 1. 임신 중이거나 출산·유산 후 1년이 경과하지 않은 사람
> 2. 질병, 부상 또는 신체적·정신적 장애 등으로 전술훈련평가가 불가능하다고 소속 소방관서장이 인정하는 사람
> 3. 파견·교육·기타 공무수행 등 부득이한 사유로 전술훈련평가가 불가능하다고 소속 소방관서장이 인정하는 사람
> 4. 공무상 요양 승인 기간 중 이거나 공무상 질병휴직, 육아휴직, 병역휴직, 특별휴가 중인 사람
> 5. 휴직(제4호에 따른 휴직은 제외한다), 직위해제, 정직 중인 사람
> 6. 그 밖에 특별한 사유로 전술훈련평가가 불가능하다고 소속 소방관서장이 인정하는 사람

　　ⓒ 평정항목을 달리하는 기관·부서로의 전보 시에는 3개월 이상 근무한 기관·부서에서 평가한 직장훈련성적으로 평정한다. 다만, 전술훈련평가(업무수행역량 등 평가 포함) 성적이 없는 경우에는 평정일 현재 근무부서에서 평정을 할 수 있으며, 평정 직전 전보 등으로 평가가 곤란한 경우에는 현재 근무하는 부서의 평균점으로 평정점을 부여한다(제3항).

② **전술훈련평가**(소방공무원 교육훈련성적 평정규정 제4조)
　　㉠ 전술훈련평가는 화재진압, 구조, 구급 등 소방활동에 필요한 팀별 또는 개인별 전술 및 기술 능력에 대하여 평가한다(제1항).
　　㉡ 전술훈련평가는 소방관서별로 전술훈련평가위원회를 구성하여 평가하고, 별표1에 따라 등급별로 평정점을 부여한다(제2항).
　　㉢ 119안전센터, 구조대, 항공대 등 전술훈련평가를 실시하는 각 부서의 장에 대한 전술훈련평가는 소속직원의 평가결과를 반영할 수 있다(제3항).
　　㉣ 평가에 참여하지 아니한 자는 0점으로 평정한다(제4항).
　　㉤ 소방위 이하 소방공무원의 전술훈련평가는 직장교육에 대한 시험 등의 평가결과로 대체할 수 있다(제5항).
　　㉥ 소방관서장은 전술훈련평가 시 평가분야에 관련된 자격을 갖춘 소방공무원을 평가자로 지정하여야 한다(제6항).

전술훈련평가 등급 및 등급별 평정기준(별표1)

취득점수	등급	평정점
90점 이상	1등급	2
80점 이상 ~ 90점 미만	2등급	1.8
70점 이상 ~ 80점 미만	3등급	1.6
60점 이상 ~ 70점 미만	4등급	1.4
50점 이상 ~ 60점 미만	5등급	1.2
40점 이상 ~ 50점 미만	6등급	1
30점 이상 ~ 40점 미만	7등급	0.8
20점 이상 ~ 30점 미만	8등급	0.6

| 10점 이상 ~ 20점 미만 | 9등급 | 0.4 |
| 10점 미만 | 10등급 | 0.2 |

- 비고. 취득점수는 소수점 셋째 자리에서 반올림한다.

③ **직장교육평가**(소방공무원 교육훈련성적 평정규정 제5조)
  ㉠ 직장교육평가는 소방관서의 장이 지정하는 각종 교육·회의·행사 등(이하 "교육등")에 참석한 실적에 대하여 평가한다(제1항).
  ㉡ 제1항의 평가는 다음 각 호의 계산방식에 따라 점수를 산정하되, 소수점 이하는 셋째자리에서 반올림한다(제2항).

  > 1. 전술훈련을 실시하는 부서 근무자 : 2점 × 교육등 참석횟수/교육등 실시 횟수
  > 2. 전술훈련을 실시하지 않는 부서 근무자 : 4점 × 교육등 참석횟수/교육등 실시 횟수

  ㉢ 소방관서의 장은 전술훈련을 실시하지 않는 부서근무자에 대해 업무수행 능력, 직장훈련을 위한 교관으로서의 자질(소방경 계급에 한함), 직장교육 내용 등을 평가하여 직장훈련성적에 반영할 수 있다(제3항).
  ㉣ 제2항에도 불구하고 제3조 제2항 단서에 따라 제3조 제2항 제1호에서부터 제6호까지의 사유에 해당하는 사람은 다음 각 호와 같이 직장교육평가 점수를 산정한다(제4항).

  > 1. 제3조 제2항 제1호 및 제2호의 사유에 해당하는 사람은 제5조 제2항 제2호에 따라 평정한다.
  > 2. 제3조 제2항 제3호 및 제4호의 사유에 해당하는 사람은 제5조 제2항 제2호에 따라 평정하되, 같은 사유로 인하여 교육등에 참석하지 못한 경우에는 해당 교육등에 참석한 것으로 하여 평정한다.
  > 3. 제3조 제2항 제5호 및 제6호의 사유에 해당하는 사람은 제5조 제2항 제2호에 따라 평정하되, 같은 사유로 인하여 교육등에 참석하지 못하여 평정점이 2.8점 미만인 경우에는 2.8점으로 평정한다.

  ㉤ 소방관서장은 연가·병가·공가 등 부득이한 사유로 전술훈련평가와 직장교육을 받지 못한 사람에게 평가와 교육을 받을 수 있는 기회를 부여할 수 있다(제5항).

④ **직장훈련성적 평가결과 관리**(소방공무원 교육훈련성적 평정규정 제6조)
  ㉠ 소방관서의 장은 개인별로 직장훈련성적의 평가결과를 직장훈련성적 평가카드에 작성·관리하여야 한다(제1항).
  ㉡ 소방관서의 장은 소속 직원이 평가단위를 달리하는 기관·부서로 전보시에 직장훈련성적 평가카드를 인사기록카드와 함께 송부하여야 한다(제2항).

⑤ **직장훈련 계획의 수립**
  소방관서의 장은 「소방공무원 교육훈련규정」 제24조·제25조에 따른 직장훈련 계획에 전술훈련평가와 직장교육평가에 관한 사항을 포함하여야 한다(소방공무원 교육훈련성적 평정규정 제7조).

(9) 체력검정성적 평정

체력검정성적은 「소방공무원 체력관리 규칙」에 따라 평정한다(소방공무원 교육훈련성적 평정규정 제8조).

① **용어의 정의**(소방공무원 체력관리 규칙 제3조)

> 1. "체력단련"이란 소방공무원의 신체적 운동능력을 향상시키기 위하여 기초적 운동시설 및 기구를 갖추고 필요한 교육훈련을 실시하는 것을 말한다.
> 2. "체력검정"이란 소방공무원 개개인의 신체적 운동능력을 측정하여 별표의 체력검정 점수 기준표에 따라 평가하는 것을 말한다.
> 3. "체력관리기관"이란 「소방공무원 임용령」 제2조 제3호(註 : 소방청, 특별시·광역시·특별자치시·도·특별자치도와 중앙소방학교·중앙119구조본부·국립소방연구원·지방소방학교·서울종합방재센터·소방서·119특수대응단 및 소방체험관)에 따른 소방기관을 말한다.

② **체력관리계획의 수립**(제4조)
  ㉠ 체력관리기관의 장은 연도 개시 전까지 소속 소방공무원에 대한 체력검정을 포함한 체력관리계획을 수립하여야 한다(제1항).
  ㉡ 제1항의 체력관리계획에는 다음 각 호의 사항이 포함되어야 한다(제2항).

> 1. 체력단련의 시간, 장소, 내용
> 2. 체력검정의 일시, 방법 등 제반 절차
> 3. 기타 체력단련 및 체력검정에 필요한 사항

③ **체력관리담당관 및 체력교관의 지정**(제5조)

체력관리기관의 장은 소속 소방공무원에 대한 체력단련과 체력검정에 필요한 사항을 관리·운영하게 하기 위하여 체력관리담당관과 체력교관을 지정하여야 한다.

④ **체력관리담당관 및 체력교관의 직무**(제6조)
  ㉠ 체력관리담당관은 다음의 직무를 수행한다(제1항).

> 1. 소속 소방공무원의 체력단련 및 체력검정계획 수립과 지도·감독
> 2. 체력검정 결과에 대한 평가 및 확인
> 3. 기타 체력증진에 필요한 사항

  ㉡ 체력교관은 다음의 직무를 수행한다(제2항).

> 1. 소속 소방공무원의 체력단련 및 체력검정 시행
> 2. 체력단련시간을 이용한 체력단련 이론 및 실습교육·훈련
> 3. 기타 체력증진 및 체육활동에 필요한 사항

⑤ 체력검정 및 체력단련의 실시(제7조)
  ㉠ 체력관리기관의 장은 소속 소방공무원에 대한 체력검정을 매년 4~5월중 실시한다. 다만, 특별한 사정이 있는 경우에는 실시 시기를 조정할 수 있다(제1항).
  ㉡ 체력관리기관의 장은 미실시자에 대하여 개인별 1회에 한하여 추가로 체력검정을 실시할 수 있다(제2항).
  ㉢ 체력관리기관의 장은 「현장 소방공무원 복무규칙」 제27조(註: 근무시간)의 일부를 이용하거나 또는 「소방공무원 직장훈련 시간 총량 목표 설정 및 관리 규정」 제6조(註: 직장훈련)에 따라서 소속 소방공무원에 대하여 체력단련을 시킬 수 있다(제4항).
  ㉣ 체력관리기관의 장은 「재난 및 안전관리 기본법」 제3조 제1호(註 : 자연재난, 사회재난)의 사유로 체력검정을 실시하기 곤란한 경우에 소속 소방공무원의 전체 또는 일부에 대하여 체력검정을 실시하지 않을 수 있다(제7조의2).

⑥ 체력검정시설 및 설비(제8조)
  ㉠ 체력관리기관의 장은 소속 소방공무원에 대한 체력단련과 체력검정에 필요한 시설과 기구를 확보하여야 한다(제1항).
  ㉡ 자체 시설 및 설비가 확보되지 못한 기관의 장은 인근 시설을 지정하여 체력검정에 대비하여야 한다(제2항).

⑦ 체력검정대상자 등(제9조)
  ㉠ 체력관리기관의 장은 소방공무원에 대한 체력검정을 실시한다. 다만, 연령정년 5년 미만의 소방공무원(이하 "자율실시자")은 자율 실시할 수 있다(제1항).
  ㉡ 체력검정 기간 중 다음 각 호의 어느 하나에 해당하는 사람은 체력검정을 실시하지 아니할 수 있다(제2항).

  1. 파견·교육·기타 공무수행 등으로 해당연도 체력검정 기간 중 평가가 불가능한 사람
  2. 공상(공무상 요양승인 기간 중에 있는 사람) 또는 소방활동 중 공상이 원인이 되어 「장애인복지법」 제32조에 따라 장애인 등록증 발급을 받았거나, 「국가유공자 등 예우 및 지원에 관한 법률」 제6조의4에 따라 상이등급 판정을 받은 사람
  3. 병역휴직 및 육아휴직 중인 사람, 임신 중이거나 출산·유산 후 1년이 경과되지 않은 사람
  4. 질병, 신체장애 등 사유로 체력검정이 불가능한 사람
  5. 휴직(제3호에 따른 휴직은 제외), 직위해제, 정직 중인 사람
  6. 경조사, 난임치료시술을 받은 사람
  7. 그 밖에 특별한 사유로 소속 체력관리기관의 장이 검정이 불가능하다고 인정하는 사람

  ㉢ 다음 각 호의 사유로 체력검정을 실시하지 않는 경우 해당 증빙자료를 제12조 제1항의 체력검정성적 평정카드에 첨부하여야 한다(제3항).

  1. 제2항 제3호(임신 중, 출산·유산)와 제4호의 사유에 해당하는 경우 의사 진단서(치료 또는 요양 기간을 포함한다) 또는 장애를 증빙할 수 있는 자료를 첨부하여야 한다. 다만, 명백하게 체력검정 측정이 곤란하다고 판단되는 경우에는 그러하지 아니할 수 있다.
  2. 제2항 제6호의 난임치료시술을 받은 사람은 관련된 증빙자료를 첨부하여야 한다.

⑧ **체력검정 종목 등**(제10조)
　㉠ 체력검정은 다음 각 호의 6개 종목에 대하여 실시하며, 평가 방법은 「소방공무원 채용시험 시행규칙」 별표4에 따라 실시한다(제1항).

1. 악력(kg)	2. 배근력(kg)	3. 앉아윗몸앞으로굽히기(cm)
4. 제자리멀리뛰기(cm)	5. 윗몸일으키기(회/분)	6. 왕복오래달리기(회)

　㉡ 체력관리기관의 장은 체력검정위원회를 구성하거나 외부 전문기관에 위탁하여 공정한 평가가 이루어지도록 하여야 한다(제2항).

⑨ **체력검정성적의 평정점 부여**(제11조)
　㉠ 소방공무원 체력검정 점수 기준표는 다음과 같다(제1항). 체력검정은 6개 종목에 70점 만점(각 10점, 왕복오래달리기는 20점)으로 구성되어 있다.

종목	성별	측정 점수									
		1	2	3	4	5	6	7	8	9	10
악력 (kg)	남	34.0 이하	34.1~ 36.8	36.9~ 39.6	39.7~ 42.4	42.5~ 45.2	45.3~ 49.2	49.3~ 52.4	52.5~ 55.4	55.5~ 58.0	58.1 이상
	여	20.6 이하	20.7~ 22.3	22.4~ 24.0	24.1~ 25.7	25.8~ 27.5	27.6~ 29.7	29.8~ 31.7	31.8~ 33.7	33.8~ 35.7	35.8 이상
(이하 생략)											

　㉡ 체력검정성적 평정점은 체력검정 점수를 다음 각 호의 방법으로 환산하여 부여하되, 점수 산정시 소수점 이하는 셋째자리에서 반올림한다(제2항).

> 1. 체력검정 취득점수 / 14
> 2. 체력검정 취득점수가 70점을 넘는(연령대 보정치 가산) 경우에는 5점

　㉢ 제7조의2 및 제9조 제2항에 따라 현 계급에서 체력검정을 실시하지 않는 자에 대하여는 다음 각 호와 같이 체력검정성적 평정점을 부여한다(제3항).

> 1. 제7조의2 또는 제9조 제2항 제6호에 해당하는 사람 : 최근 2년 6월 이내의 체력검정 점수 중 가장 최근의 성적을 해당연도 체력검정 점수로 하되, 최근 2년 6월 이내의 실적이 없는 경우 체력검정 점수는 임용권자별 가장 최근에 실시(제7조의2에 따라 일부만 실시한 경우 제외)한 계급별 평균점수(연령대별 보정지수 포함)로 한다.
> 2. 제9조 제1항 자율실시자 중 불참한 사람은 최근 1년 6월 이내의 체력검정 점수 중 가장 최근의 성적을 해당연도 체력검정 점수로 하되, 최근 1년 6월 이내의 실적이 없는 경우 체력검정 점수는 35점(평정점 2.5점)으로 한다.
> 3. 제9조 제2항 제1호에 해당하는 사람 : 최근 2년 6월 이내의 체력검정 점수 중 가장 최근의 성적을 해당연도 체력검정 점수로 하되, 최근 2년 6월 이내의 실적이 없는 경우 체력검정 점수는 49점(평정점 3.5점)으로 한다.
> 4. 제9조 제2항 제2호 또는 제3호에 해당하는 사람: 5점

5. 제9조 제2항 제4호 또는 제5호에 해당하는 사람 : 최근 1년 6월 이내의 체력검정 점수 중 가장 최근의 성적의 70%를 해당연도 체력검정 점수로 하되, 최근 1년 6월 이내의 실적이 없는 경우 체력검정 점수는 35점(평정점 2.5점)으로 한다. 다만, 제9조 제2항 제4호·제5호에 해당하는 사람이 해당연도 체력검정 이후 「공무원 재해보상법 시행령」 제28조에 따른 공무상 요양 승인이 결정 되었거나, 「장애인복지법」 제32조에 따라 장애인으로 등록된 경우 해당 평정단위기간의 체력검정성적 평정점을 임용권자별 해당 평정단위기간을 기준으로 가장 최근에 실시(희망자만 실시한 경우는 제외)한 계급별 평균점수(연령대별 보정지수 포함)로 소급하여 부여한다.
6. 제9조 제2항 제7호에 해당하는 사람은 최근 1년 6월 이내의 체력검정 점수 중 가장 최근의 성적의 70%를 해당연도 체력검정 점수로 하되, 최근 1년 6월 이내의 실적이 없는 경우 체력검정 점수는 35점(평정점 2.5점)으로 한다. 다만, 제9조 제2항 각 호에 준하는 사유로 미실시한 경우의 평정점은 체력검정위원회에서 정할 수 있다.

ㄹ) 정당한 이유 없이 체력검정에 응하지 않은 사람은 체력검정성적 평정점을 0점으로 부여한다(제4항).
ㅁ) 신규임용 또는 승진임용으로 체력검정을 실시하지 못한 경우에는 체력검정성적 평정점은 없음으로 한다(제5항).

⑩ **체력검정성적 평정결과 관리**(제12조)

체력관리기관의 장은 개인별로 체력검정성적 평정결과를 별지서식의 체력검정성적 평정카드에 기록하고, 그 내용을 전자인사시스템에 입력·관리한다.

⑪ **체력검정 결과의 인사관리 반영**(제13조)

체력검정 결과를 소방정 이상 소방공무원에 대하여는 인사관리의 참고자료로 활용하고, 소방령 이하 소방공무원에 대하여는 「소방공무원 승진임용 규정 시행규칙」 제15조 제4항에 따라 해당연도 교육훈련성적 평정에 반영한다.

(10) **전문교육 평정**(소방공무원 교육훈련성적 평정규정 제11조)

① 전문교육 평정은 다음 각 호의 기준에 따른다(제1항).

교육과정	평정기준
1. 신임교육(소방간부후보생 및 신규임용자 교육)과정	2.5점으로 평정
2. 소방공무원 교육훈련기관(중앙119구조본부의 구조 관련 교육훈련과정 포함)에서 행하는 전문교육과정	반일(4시간) 이상의 교육과정에 대하여 시간당 0.04점 이내로 평정
3. 소방업무 수행과 관련된 교육훈련으로 외부기관에 위탁하는 직무전문교육과정 중 임용권자가 인정하는 교육과정, 공무원교육훈련기관의 직무전문교육과정, 소방청에서 외부기관에 위탁하는 직무전문교육과정	반일(4시간) 이상의 교육과정에 대하여 시간당 0.04점 이내로 평정하되, 총 평정점은 1점을 초과할 수 없음 ※ '응급구조사양성반'을 외부위탁하는 경우에는 제2호에 준함

4. 소방공무원교육훈련기관 및 공무원교육훈련기관에서 실시하는 사이버교육과정(집합교육과 혼합된 사이버교육과정 제외)	과정당 0.25점으로 평정하되, 평정점은 1.0점을 초과할 수 없음
5. 시·도 소방교육대에서 행하는 전문교육과정 중 「소방공무원 교육훈련규정」 제2조의 소방교육훈련정책위원회에서 인정하는 교육과정	반일(4시간) 이상의 교육과정에 대하여 시간당 0.04점 이내로 평정

② 해당 계급에서 동일하거나 내용이 유사한 전문교육과정을 2개 이상 수료한 경우에는 평가대상자에게 유리한 과정 1개에 대해서만 평정한다(제2항).

③ 퇴직한 소방공무원이 재임용된 경우 퇴직 전 받은 전문교육은 재임용된 계급에서 받은 교육으로 인정하여 평정할 수 있다(제3항).

④ 임용권자는 전문교육을 실시하거나 위탁함에 있어서 「소방공무원 승진임용 규정 시행규칙」 제15조 제2항 제2호(註 : 공무원교육훈련기관의 직무관련 교육과정 및 임용권자가 인정하는 외부교육기관의 직무관련 교육과정)에 따른 평정대상 전문교육과정에 해당여부를 공지하여야 한다(제4항).

⑤ 교육과정을 집합교육과 사이버교육을 혼합하여 편성한 경우에는 사이버교육을 집합교육 7시간으로 평정한다(제5항).

⑥ 소방공무원 교육훈련기관의 장은 교육대상자 소속기관의 장에게 전문교육 결과를 통보할 때 교육시간을 명시하여야 한다(제6항).

(11) 전문능력 평정(소방공무원 교육훈련성적 평정규정 제12조)

① 「소방공무원 승진임용 규정 시행규칙」 제15조 제5항에 따른 각 계급별 전문능력평정 대상 자격증과 평정점 및 평정방법은 다음 각 호와 같다. 다만, 신규임용예정자가 신임교육과정 중 취득한 자격증은 현 계급에서 취득한 것으로 본다(제1항).

1. 소방사
   가. 제1종 대형운전면허 : 1.5점
   나. 응급구조사 2급(또는 1급) 또는 간호사 : 1.5점
   다. 취득시점에 관계없이 자격증 보유 여부로 평정
2. 소방교, 소방장, 소방위
   가. 응급구조사 2급, 소방설비산업기사(기계), 소방설비산업기사(전기), 위험물기능사(또는 위험물산업기사), 자동차정비산업기사(또는 자동차정비기사), 화재대응능력평가(1급), 인명구조사(2급), 화재감식평가산업기사, 초급현장지휘관 : 각 자격증 별 1.5점
   나. 응급구조사 1급, 간호사, 소방설비기사(기계), 소방설비기사(전기), 위험물기능장, 자동차정비기능장, 소방안전교육사, 화재조사관, 소방시설관리사, 소방기술사, 인명구조사(1급), 화재감식평가기사 : 각 자격증 별 3점
   다. 해당 계급에서 취득한 자격증에 대하여 평정(다만, 승진후보자명부에 등재된 기간 중 취득한 자격증은 승진임용예정계급에서 취득한 것으로 함)
   라. "나"목의 자격증을 보유하고 있는 자가 동종의 하위등급에 해당하는 "가"목의 자격증을 취득한 경우 평정점으로 인정하지 아니한다.

② 제1항 제2호에도 불구하고 소방교, 소방장, 소방위의 계급에서 다음 각 호의 자격증을 보유한 경우에는 다음과 같이 평정할 수 있다(제2항).

> 1. 응급구조사 2급(또는 응급구조사 1급 또는 간호사), 소방설비산업기사(기계 및 전기), 소방설비기사(기계), 소방설비기사(전기), 위험물산업기사(또는 위험물기능장), 자동차정비기사(또는 자동차정비기능장), 화재대응능력평가(1급), 인명구조사(1급 또는 2급), 소방안전교육사, 화재조사관, 소방시설관리사, 소방기술사, 화재감식평가산업기사, 화재감식평가기사, 초급현장지휘관 중 3개는 1.5점, 4개는 2점, 5개는 2.5점, 6개는 3점
> 2. 응급구조사 1급(또는 간호사), 소방설비기사(기계), 소방설비기사(전기), 위험물기능장, 자동차정비기능장, 인명구조사(1급), 소방안전교육사, 화재조사관, 소방시설관리사, 소방기술사, 화재감식평가기사 중 2개는 2점, 3개는 2.5점, 4개는 3점

③ 소방사 중 제1종 대형운전면허 또는 응급구조사(또는 간호사) 자격(면허)소지자가「소방공무원법」제7조 제2항 제2호에 따라 당해 자격(면허)증을 채용요건으로 하여 경력경쟁채용된 경우에는 제1항에도 불구하고 제1종 대형운전면허와 응급구조사(또는 간호사) 자격(면허)증을 보유한 경우 1.5점으로, 제1종 대형운전면허와 응급구조사(또는 간호사) 자격(면허)증에 제1항 제2호의 자격증 중 1개를 소방사 계급에서 취득한 경우 3점으로 평정한다(제3항).

④ 소방헬기 및 소방정 운항을 위하여 해당부서에 배치된 자가 다음 각 호의 자격증을 보유한 경우 1.5점으로 평정한다. 다만, 타 부서 배치 또는 해당자격증을 채용요건으로 경력경쟁채용된 경우 인정하지 아니한다(제4항).

> 1. 소방헬기 조정 및 정비 : 비행기 또는 회전익항공기 운송용조종사·사업용조종사, 항공정비사·항공공장정비사
> 2. 소방정 조정 : 1급~6급 항해사·기관사·운항사

4. 가점평정

(1) **총칙**(소방공무원 승진임용 규정 시행규칙 제15조의2)

① **가점평정 사유와 가점**(제1항~제6항)

가점평정 사유	가점	합계
해당 계급에서「국가기술자격법」등에 따른 소방업무 및 전산관련 자격증을 취득한 경우	0.5점 이내	5점 이내
해당 계급에서 학사·석사 또는 박사학위를 취득하거나 언어 능력이 우수하다고 인정되는 경우	0.5점 이내	
해당 계급에서 격무·기피부서에 근무한 때에는 근무한 날부터	2.0점 이내	
소방업무와 관련한 전국 및 특별시·광역시·특별자치시·도·특별자치도(이하 "시·도") 단위 대회 또는 평가 결과 우수한 성적을 얻은 경우	2.0점 이내	
소방행정의 균형발전을 위하여 소방청장이 실시하는 인사교류의 대상이 된 경우	3.0점 이내	

② 제4항(註 : 격무·기피부서 근무)과 제6항(註 : 인사교류의 대상)에 따른 가산점은 가점대상기간의 월수 단위로 계산하여 평정하되, 15일 이상은 1개월로 계산하고 15일 미만은 산입하지 않는다. 이 경우 가점대상기간 중에 휴직·직위해제 및 징계처분기간이 있으면 그 기간을 가점대상기간에서 제외한다(제7항).

③ 가점평정은 별지 제3호서식에 따르되, 가점평정에 필요한 세부기준은 소방청장이 정한다(제8항).

(2) **평정기준**(소방공무원 가점평정 규정 제2조)

① 가점평정 항목은 원칙적으로 해당 계급에서 근무·취득 또는 이수한 경우에 한한다(신규임용예정자가 신임교육과정 중에 취득한 자격증은 예외적으로 인정). 다만, 전산능력·외국어능력·자격증·학위취득 가점은 승진후보자명부에 등재된 기간 중 받은 가점의 경우 승진임용예정계급에 포함한다(제1항).

② 제1항의 단서규정에 따른 승진후보자명부 등재시점은 심사의 경우 승진심사위원회의 의결일자, 시험의 경우 합격자 발표일자로 본다(제2항).

(3) **전산능력 가점평정**(소방공무원 가점평정 규정 제3조)

「국가기술자격법」에 따른 워드프로세서 및 컴퓨터활용능력 자격증을 취득한 경우에 한한다.

자격증 종류	평정점	
워드프로세서 자격증	0.3	
컴퓨터활용능력 자격증	1급	2급
	0.5	0.3

■ 비 고 : 전산능력 가점평정은 소방경 이하에 한함

(4) **자격증 가점평정**(소방공무원 가점평정 규정 제4조)

자격의 종류	배점
○ 국가기술자격법 시행규칙 별표2 「국가기술자격의 직무분야 및 국가기술자격의 종목」중에서 다음의 중직무분야 기술자격 중 기술사·기능장 　– 건축, 건설기계운전, 기계장비설비·설치, 철도, 조선, 항공, 자동차, 화공, 위험물, 전기, 전자, 정보기술, 방송·무선, 통신, 안전관리, 비파괴검사, 에너지 ○ 1급~4급 항해사·기관사·운항사 ○ 비행기 또는 회전익항공기 운송용조종사·사업용조종사·항공정비사·항공공장정비사 ○ 응급구조사1급, 간호사, 화재조사관, 소방시설관리사, 소방안전교육사, 전문인명구조사, 건축사, 제1종 대형운전면허	0.5
○ 국가기술자격법 시행규칙 별표2 「국가기술자격의 직무분야 및 국가기술자격의 종목」 중에서 다음의 중직무분야 기술자격 중 기사 　– 건축, 건설기계운전, 기계장비설비·설치, 철도, 조선, 항공, 자동차, 화공, 전기, 전자, 정보기술, 방송·무선, 통신, 안전관리, 비파괴검사, 에너지 ○ 5급 또는 6급 항해사·기관사 ○ 응급구조사 2급, 화재대응능력평가 1급, 인명구조사 1급, 소방사다리차 운용사	0.3

○ TS한국교통안전공단 초경량비행장치(무인 비행기, 무인 헬리콥터, 무인 멀티콥터, 무인 비행선) 실기평가조종자 또는 지도조종자	
○ 국가기술자격법 시행규칙 별표2 「국가기술자격의 직무분야 및 국가기술자격의 종목」중에서 다음의 중직무분야 기술자격 중 산업기사, 기능사 – 건축, 건설기계운전, 기계장비설비·설치, 철도, 조선, 항공, 자동차, 화공, 위험물, 전기, 전자, 정보기술, 방송·무선, 통신, 안전관리, 비파괴검사, 에너지 ○ 소형선박조종사, 잠수산업기사, 잠수기능사 ○ 화재대응능력평가 2급, 인명구조사 2급 ○ TS한국교통안전공단 초경량비행장치(무인 비행기, 무인 헬리콥터, 무인 멀티콥터, 무인 비행선) 조종자(1종, 2종)	0.2

■ 비 고 : 제1종대형운전면허, 소형선박조종사, 잠수산업기사, 잠수기능사에 대한 가점평정은 소방장 이하에 한함.

(5) **언어능력 가점평정**(소방공무원 가점평정 규정 제5조)

언어능력 가점평정은 국어·영어·프랑스어·독일어·스페인어·일본어·중국어·러시아어를 대상으로 한다.

배점기준		배점	0.5점	0.3점	0.2점
	국 어	한국실용글쓰기검정	750점 이상	630점 이상	550점 이상
		KBS한국어능력시험	770점 이상	670점 이상	570점 이상
	영 어	TOEIC	900점 이상	800점 이상	600점 이상
		TOEFL IBT	102점 이상	88점 이상	57점 이상
		TOEFL PBT	608점 이상	570점 이상	489점 이상
		TEPS	850점 이상	720점 이상	500점 이상
		New TEPS	488점 이상	399점 이상	268점 이상
		TOSEL(advanced)	880점 이상	780점 이상	580점 이상
		FLEX	790점 이상	714점 이상	480점 이상
		PELT(main)	466점 이상	304점 이상	242점 이상
		G-TELP Level 2	89점 이상	75점 이상	48점 이상
	일본어	JLPT	1급(N1)	2급(N2)	3급(N3, N4)
		JPT	850	650	550
	중국어	HSK	9급 이상	8급	7급
		新 HSK	6급	5급-210점 이상	4급-195점 이상
	제2외국어 (일본어·중국어 포함)	서울대·한국외국어 대 검정	80점 이상	70점 이상	60점 이상

(6) **학위취득 가점평정**(소방공무원 가점평정 규정 제6조)
① 학위를 취득한 자에 대한 가점평정은 국·내외 학사학위 이상을 취득한 사람에 한한다. 다만, 국외에서 취득한 학위는 그 나라 대사관 등 공관에서 증명서 사본이나 공증서를 첨부하여야 한다(제1항).
② 제1항에 따른 학위취득 가점평정은 전문학사학위는 0.1점, 학사학위는 0.2점, 석사학위는 0.3점, 박사학위는 0.5점으로 각각 평정한다. 다만, 전문학사학위 및 학사학위 가점평정은 소방경 이하에 한한다(제2항).

(7) **격무·기피부서 가점평정**(소방공무원 가점평정 규정 제7조)
① 임용권자는 격무·기피부서를 지정하고, 해당 계급에서 격무·기피부서에 근무한 날부터 1개월마다 0.05점 이내에서 가점을 평정할 수 있다(제1항).
② 임용권자는 제1항에 따른 가점을 평정하기 위해 평정대상 기관·부서·직무 등과 월별 평정 점수를 사전에 정하여 공지하여야 한다(제2항).
③ 가점 대상기간의 산정기준은 「소방공무원 승진임용 규정」 제5조에 규정된 승진소요최저근무연수 계산방법에 따르되, 모든 휴직기간은 제외한다(제3항).
④ 제1항에 따른 가점은 정기평정기준일 현재까지의 근무경력에 대하여 경력 월수 단위로 계산하여 평정하되, 15일 이상은 1개월로 계산하고 15일 미만은 산입하지 아니한다(제4항).

(8) **우수실적 가점평정**(소방공무원 가점평정 규정 제8조)
① 소방관련 전국 및 시·도 단위 대회 또는 평가결과 우수한 성적을 얻은 자에 대해서는 가점을 평정할 수 있다. 다만, 부여요건과 기준을 소방청장 또는 시·도지사가 사전에 정하여 공지한 경우에 한하며, 이 경우 해당 기관의 인사부서의 장과 사전 협의하여야 한다(제1항).
② 제1항에 따른 가점을 평정함에 있어 동일한 내용으로 시·도 및 전국 단위에서 우수한 성적을 얻은 경우에는 그중 해당 소방공무원에게 유리한 것 하나만을 가점 평정한다(제2항).
③ 「공무원 제안규정」에 따라 채택된 제안 중 특별승진 및 특별승급을 부여하기 곤란한 제안에 대하여는 우수실적 가점을 평정할 수 있다(제3항).

구 분	우 수 성 적		제안채택	
	전국 단위	시·도 단위	중앙 우수제안	자체 우수제안
배 점	2.0점 이내 / 회	0.5점 이내 / 회	○ 금상 : 1.0 ○ 은상 : 0.8 ○ 동상 : 0.6 ○ 장려·노력상 : 0.5	○ 특별상 : 0.5 ○ 우수상 : 0.3 ○ 우량상 : 0.1

■ 비고
1. 시·도 단위 우수성적은 해당 계급에서 총합 1.0점을 초과할 수 없음.
2. 단체실적은 우수실적 가점을 부여할 수 없음. 다만, 4인 이내의 공동 실적은 배점의 범위 내에서 각각 동일(4인 이내가 합산하여 위 배점을 초과할 수 없음)하게 가점부여 가능.

(9) **인사교류 가점평정**(소방공무원 가점평정 규정 제9조)

① 시행규칙 제15조의2 제6항에 따른 가점은 인사교류로 소방청(소속기관 포함), 중앙부처에 임용되어 근무한 사람이 해당 계급에서 다시 시·도로 복귀하는 경우에만 적용한다(제1항).
② 제1항에 따른 가점은 근무한 경력에 대하여 1개월 마다 0.125점씩 가점 평정한다(제2항).
③ 가점 대상기간의 산정기준은 「소방공무원 승진임용 규정」 제5조에 규정된 승진소요최저근무연수 계산방법에 따르되, 모든 휴직기간은 제외한다(제3항).
④ 제1항에 따른 가점은 정기평정기준일 현재까지의 근무경력에 대하여 경력 월수 단위로 계산하여 평정하되, 15일 이상은 1개월로 계산하고 15일 미만은 산입하지 아니한다(제4항).

⑩ **가점평정의 방법**(소방공무원 가점평정 규정 제10조)
① 전산능력, 언어능력, 자격증·학위취득(이하 "전산능력 등") 가점을 평정함에 있어 동일 또는 동종의 가점대상이 아닌 한 각각에 대하여 평정하며, 「소방공무원 승진임용규정 시행규칙」 제15조 제5항에 따라 전문능력성적으로 평정한 자격증에 대해서는 다시 가점 평정하여서는 아니 된다(제1항).
② 배점을 달리하는 동일 또는 동종의 전산능력 등은 그 중 유리한 것 1개에 대해서만 평정하여야 한다(제2항).
③ 전산능력 등으로 가점을 받은 자는 승진하여 하위계급에서 가점을 받은 전산능력 등과 동일 또는 하위등급의 전산능력 등으로 가점을 받을 수 없다(제3항).

5. 결과의 통보 및 제출

(1) 경력평정·교육훈련성적평정 및 가점평정 결과의 통보 등
① 소방기관의 장은 피평정자의 요구가 있는 때에는 경력평정·교육훈련성적평정 및 가점평정 결과를 본인에게 알려주어야 한다(소방공무원 승진임용 규정 시행규칙 제16조 제1항).
② 피평정자는 제1항의 교육훈련성적평정 결과에 이의가 있는 경우에는 소방기관의 장에게 이의를 신청할 수 있다(제2항).
③ 제2항에 따라 이의신청을 받은 소방기관의 장은 이의신청의 내용이 타당하다고 판단하는 경우에는 해당 소방공무원에 대한 교육훈련성적평정 결과를 조정할 수 있으며, 이의신청을 받아들이지 않는 경우에는 그 사유를 해당 소방공무원에게 설명해야 한다(제3항).

(2) 근무성적평정표 등의 제출
소방기관의 장은 소속 소방공무원에 대한 근무성적평정표 및 경력·교육훈련성적·가점 평정표를 평정일로부터 10일 이내에 승진대상자명부작성권자에게 제출하여야 한다(제18조).

출·제·예·상·문·제

01 소방공무원의 근무성적평정에 대한 내용으로 옳지 않은 것은?

① 승진소요최저연수를 경과한 소방정 이하의 소방공무원에 대하여 근무성적을 평정하여야 한다.
② '직무수행태도'를 평정할 때 평정대상자의 무단지각, 무단결근, 무단조퇴, 장기간무단이석, 징계·직위해제, 경고, 대민불친절을 반영하여 평정한다.
③ 평정대상자가 소방장 이하인 경우에는 '관리능력 및 지휘력(부하직원과 인화 단결하고 민주적인 방법으로 통솔하고 있는가?)'을 '집행력(담당직무를 어느 정도로 효율적으로 추진하고 있는가?)'으로 대체하여 평정한다.
④ 근무성적의 총평정점은 60점을 만점으로 하되, 제1차 평정자와 제2차 평정자는 각각 30점을 최고점으로 하여 평정한다.

해설
① (×) 소방정 이하의 소방공무원에 대하여는 근무성적을 평정하여야 한다(소방공무원 승진임용 규정 제7조 제1항 전단).

02 소방공무원의 근무성적평정에 대한 설명으로 옳지 않은 것은?

① 소방준감 이하의 소방공무원에 대하여는 근무성적을 평정하여야 한다.
② 근무성적평정의 결과는 공개하지 아니하나, 소방기관의 장은 근무성적평정이 완료되면 평정 대상 소방공무원에게 근무성적평정 결과를 통보할 수 있다.
③ 근무성적평정점을 조정하기 위하여 승진대상자명부 작성단위 기관별로 근무성적평정조정위원회를 둘 수 있다.
④ 근무성적의 평정은 당해 소방공무원의 근무성적·직무수행능력·직무수행태도 및 발전성 등을 평가하여야 한다.

해설
① (×) 소방정 이하의 소방공무원에 대하여는 근무성적을 평정하여야 한다(소방공무원 승진임용 규정 제7조 제1항 전단).

정답 01. ① 02. ①

03 소방공무원의 근무성적평정에 대한 설명으로 옳은 것은?

① 근무성적의 평정은 연 1회 실시한다.
② 근무성적평정의 결과는 승진·전보·특별승급·성과상여금지급·교육훈련 및 보직관리 등 각종 인사관리에 반영할 수 있다.
③ 근무성적평정의 결과는 공개하는 것을 원칙으로 한다.
④ 소방기관의 장은 근무성적평정이 완료되어 평정 대상 소방공무원에게 근무성적평정 결과를 통보하는 경우에는 근무성적평정점의 분포비율에 따른 평정등급을 통보한다.

해설
① (×) 근무성적의 평정은 연 2회 실시한다(소방공무원 승진임용 규정 시행규칙 제4조).
② (×) 근무성적평정의 결과는 승진·전보·특별승급·성과상여금지급·교육훈련 및 보직관리 등 각종 인사관리에 반영하여야 한다(소방공무원 승진임용 규정 제7조 제1항 후단).
③ (×) 근무성적평정의 결과는 공개하지 아니한다. 다만, 「소방공무원 임용령」 제2조 제3호에 따른 소방기관의 장은 근무성적평정이 완료되면 평정 대상 소방공무원에게 근무성적평정 결과를 통보할 수 있다(소방공무원 승진임용 규정 제7조 제4항).

04 소방공무원의 근무성적평정 기준일은 언제인가?

① 매년 1월 1일과 7월 1일
② 매년 6월 30일과 12월 31일
③ 매년 3월 31일과 9월 30일
④ 매년 4월 1일과 10월 1일

해설
근무성적의 평정은 연 2회 실시하되, 매년 3월 31일과 9월 30일을 기준으로 한다(소방공무원 승진임용 규정 시행규칙 제4조).

05 「소방공무원 승진임용 규정」 및 같은 법 시행규칙상 근무성적평정에 관한 내용으로 옳지 않은 것은?

*22 소방교

① 평정점 33점 이상~45점 미만은 근무성적 "양"에 해당한다.
② 소방정 이하의 소방공무원에 대한 근무성적의 평정은 당해 소방공무원의 근무성적·직무수행능력·직무수행태도 및 발전성등을 평가하여야 한다.
③ 근무성적평정의 결과는 공개하지 아니하나, 소방기관의 장은 근무성적평정이 완료되면 평정 대상 소방공무원에게 근무성적평정 결과를 통보할 수 있다.
④ 소방공무원이 소방청과 특별시·광역시·특별자치시·도·특별자치도 간 또는 시·도 상호 간에 인사교류된 경우에는 인사교류 후에 받은 근무성적평정만을 해당 소방공무원의 평정으로 한다.

해설
④ (×) 소방공무원이 소방청과 특별시·광역시·특별자치시도·특별자치도 간 또는 시·도 상호 간에 인사교류된 경우에는 인사교류 전에 받은 근무성적평정을 해당 소방공무원의 평정으로 한다(소방공무원 승진임용 규정 제8조 제6항).

정답 03. ④ 04. ③ 05. ④

소방승진 공무원법

06 소방공무원의 근무성적평정에 대한 설명으로 옳은 것은? *21 소방위

① 근무성적의 평정은 연 2회 실시하되, 매년 6월 30일과 12월 31일을 기준으로 한다.
② 지방소방학교 소속 소방경 계급의 소방공무원에 대한 1차 평정자는 소속 부서장이며, 2차 평정자는 지방소방학교장이다.
③ 평정점 33점 이상 ~ 45점 미만은 근무성적 '양'에 해당한다.
④ 근무성적평정의 결과는 공개하지 아니하므로, 소방기관의 장은 평정 대상 소방공무원에게 근무성적평정 결과를 통보할 수 없다.

[해설]
① (×) 근무성적의 평정은 연 2회 실시하되, 매년 3월 31일과 9월 30일을 기준으로 한다(소방공무원 승진임용 규정 시행규칙 제4조).
② (×) 지방소방학교 소속 소방령 및 소방경의 1차 평정자는 지방소방학교장이며, 2차 평정자는 소속 소방본부장이다. 지문은 지방소방학교 소속 소방위 이하에 대한 설명으로는 맞다(소방공무원 승진임용 규정 시행규칙 별표1 참고).
④ (×) 근무성적평정의 결과는 공개하지 아니한다. 다만, 「소방공무원 임용령」제2조 제3호에 따른 소방기관의 장은 근무성적평정이 완료되면 평정 대상 소방공무원에게 근무성적평정 결과를 통보할 수 있다(소방공무원 승진임용 규정 제7조 제4항).

07 소방공무원의 원칙적인 근무성적 평정자로서 옳지 않은 것은? *20 소방위

		〈1차 평정자〉	〈2차 평정자〉
①	지방소방학교장인 소방정	소방본부장	시·도 부단체장
②	소방서의 소방위 이하	부서장	소방서장
③	시·도 소방본부의 소방령	부서장	소방본부장
④	119특수대응단의 소방경	119특수대응단장	소방본부장

[해설]
① (×) 지방소방학교 소속 소방정의 2차 평정자는 소속 사도의 부단체장이나, 다만, 지방소방학교장인 소방정의 경우에는 소방청 차장이다(소방공무원 승진임용 규정 시행규칙 별표1).

08 소방서 소속 소방위이면서 본인이 부서장인 경우에 근무성적평정의 제1차 평정자는?

① 소속 소방서장
② 본인의 직근 상급자
③ 소방본부장
④ 해당 소방서의 인사주무과장

[해설]
④ (○) 소방서 소속의 소방위 이하의 1차 평정자는 소속 부서장(과장, 안전센터장, 구조대장)이고, 2차 평정자는 소속 소방서장이다. 다만, 본인이 부서장인 경우에 1차 평정자는 해당 소방서의 인사주무과장(소방행정과장)이다.

정답 06. ③ 07. ① 08. ④

09 「소방공무원 승진임용 규정 시행규칙」상 소방공무원의 근무성적 1차 평정자와 2차 평정자로 옳은 것은?
*23 소방교

		1차 평정자	2차 평정자
①	중앙소방학교 소속 소방령	소속 과장	중앙소방학교장
②	소방체험관 소속 소방경	소방체험관장	소속 시·도 소방본부장
③	지방소방학교 소속 소방경	소속 부서장	소속 지방소방학교장
④	국립소방연구원 소속 소방경	국립소방연구원장	소방청 차장

해설

	1차 평정자	2차 평정자
① 중앙소방학교 소속 소방령 및 소방경	중앙소방학교장	차장
② 소방체험관 소속 소방령 및 소방경	소방체험관장	소속 시·도 소방본부장
③ 지방소방학교 소속 소방령 및 소방경	지방소방학교장	소속 시·도 소방본부장
④ 국립소방연구원 소속 소방경	소속과장	국립소방연구원장

10 「소방공무원 승진임용 규정」및 「소방공무원 승진임용 규정 시행규칙」상 근무성적평정 분포비율 또는 평정점에 대한 내용으로 옳지 않은 것은?
*24 소방교

① 수 : 근무성적 분포비율은 20퍼센트
② 우 : 근무성적 분포비율은 30퍼센트
③ 수 : 근무성적 평정점은 55점 이상~60점
④ 양 : 근무성적 평정점은 33점 이상~45점 미만

해설
• 평정대상자의 계급별 평정결과 분포비율 : 수 20퍼센트, 우 40퍼센트, 양 30퍼센트, 가 10퍼센트
• 근무성적평정점의 분포비율 : 수(55점 이상~60점), 우(45점 이상~55점 미만), 양(33점 이상~45점 미만), 가(33점 미만)

11 A소방서 소속 소방공무원중 근무성적평정대상은 소방장 30명, 소방교 50명, 소방사 60명이다. 다음 중 분포비율에 따른 평정인원으로 옳지 않은 것은?

① 소방장 '수' 인원 : 6명
② 소방교 '우' 인원 : 20명
③ 소방사 '양' 인원 : 18명
④ 소방사 '가' 인원 : 8명

해설
근무성적평정의 분포비율은 원칙적으로 수 20%, 우 40%, 양 30%, 가 10%이다(소방공무원 승진임용 규정 제7조 제3항 참고).

정답 09. ② 10. ② 11. ④

소방승진 공무원법

12 어느 계급의 근무성적평정대상자가 50명이고 "가"에 해당하는 자가 없다. 이 경우 분포비율에 맞도록 평정할 때 "양"은 몇 명인가?

*19 소방교

① 10명
② 15명
③ 20명
④ 25명

> **해설**
> 근무성적평정의 분포비율은 원칙적으로 수(20%), 우(40%), 양(30%), 가(10%)이다. "가"에 해당하는 자가 없을 경우에는 이를 적용하지 아니할 수 있으며, 이 경우 "가"의 비율은 "양"에 가산한다(소방공무원 승진임용 규정 제7조 제3항). 따라서 "양"은 20명(=50명×0.4)이다.

13 소방서 소속 소방장 이하의 근무성적평정에 관한 설명으로 옳지 않은 것은?

① 1차 평정자는 소속 부서장, 2차 평정자는 소속 소방서장이다.
② 근무성적의 총평정점은 60점을 만점으로 하되, 제1차 평정자와 제2차 평정자는 각각 30점을 최고점으로 하여 평정한다.
③ 직무수행능력의 평정요소로 지식 및 기술, 이해력 및 판단력, 기획력 및 창의력, 성실성 및 규율준수가 있다.
④ 근무실적에 관한 평정요소인 직무의 양, 직무수행의 정확성, 직무수행의 신속성 가운데 직무수행의 정확성의 배점이 가장 크다.

> **해설**
> ③ (×) 직무수행능력의 평정요소로 지식 및 기술, 이해력 및 판단력, 기획력 및 창의력, 집행력이 있다. 성실성 및 규율준수는 직무수행태도의 요소이다.

14 소방공무원 근무성적의 평정점에 대한 설명으로 옳지 않은 것은?

① 근무성적의 총평정점은 60점을 만점으로 하되, 제1차 평정자와 제2차 평정자는 각각 30점을 최고점으로 하여 평정한다.
② 제1차 평정자와 제2차 평정자가 근무성적을 평정함에 있어서는 반드시 피평정자의 총평정점이 동일하지 아니하도록 평정하여야 한다.
③ "가"평정을 할 경우에는 평정표에 그 사유를 명확하게 기록해야 한다.
④ "우"의 평정점은 45점 이상 55점 미만이다.

> **해설**
> ② (×) 제1차 평정자와 제2차 평정자가 근무성적을 평정함에 있어서는 특별한 사정이 없는 한 피평정자의 총평정점이 동일하지 아니하도록 평정하여야 한다(소방공무원 승진임용 규정 시행규칙 제8조 제3항).

정답 12. ③ 13. ③ 14. ②

15 소방공무원의 근무성적평정에 대한 설명으로 옳은 것은?
*21 소방교

① 근무성적의 총평정점은 70점을 만점으로 하되, 제1차 평정자는 30점, 제2차 평정자는 40점을 최고점으로 하여 평정한다.
② 조정위원회는 피평정자의 상위직급공무원중에서 조정위원회가 설치된 기관의 장이 지정하는 5인 이상 7인 이하의 위원으로 구성한다.
③ 분포비율의 조정결과 조정전의 평정등급에서 아래등급으로 조정된 자의 조정점은 그 조정된 아래등급의 평균점으로 한다.
④ 소방기관의 장은 근무성적평정이 완료되어 평정 대상 소방공무원에게 근무성적평정 결과를 통보하는 경우에는 근무성적평정점의 분포비율에 따른 평정등급을 통보한다.

해설
① (×) 근무성적의 총평정점은 60점을 만점으로 하되, 제1차 평정자와 제2차 평정자는 각각 30점을 최고점으로 하여 평정한다(소방공무원 승진임용 규정 시행규칙 제7조).
② (×) 3인 이상 5인 이하의 위원이다(제9조 제2항).
③ (×) 분포비율의 조정결과 조정전의 평정등급에서 아래등급으로 조정된 자의 조정점은 그 조정된 아래등급의 최고점으로 한다(제9조 제4항).

16 「소방공무원 승진임용 규정 시행규칙」상 근무성적등 평정에 관한 내용으로 옳지 않은 것은?
*24 소방위

① 근무성적평정은 수, 우, 양, 가로 구분한다.
② 근무성적의 총평정점은 100점을 만점으로 하되, 제1차 평정자와 제2차 평정자는 각각 50점을 최고점으로 하여 평정한다.
③ 조정위원회가 설치된 기관의 장은 근무성적평정의 조정결과가 심히 부당하다고 인정되는 경우에는 당해 조정위원회의 위원장에게 이의 재조정을 요구할 수 있다.
④ 근무성적평정 조정위원회는 피평정자의 상위직급공무원 중에서 조정위원회가 설치된 기관의 장이 지정하는 3인 이상 5인 이하의 위원으로 구성한다.

해설
② (×) 근무성적의 총평정점은 60점을 만점으로 하되, 제1차평정자와 제2차평정자는 각각 30점을 최고점으로 하여 평정한다(소방공무원 승진임용 규정 시행규칙 제7조).

17 제1차 평정자와 제2차 평정자의 평정결과가 규정된 분포비율과 맞지 아니할 경우에 조정위원회를 소집하여 근무성적평정을 분포비율에 맞도록 조정할 수 있는 사람은?

① 조정위원회 위원장
② 2차 평정자
③ 임용권자
④ 조정위원회가 설치된 기관의 장

정답 15. ④ 16. ② 17. ①

[해설]
조정위원회의 위원장은 제1차평정자와 제2차평정자의 평정결과가 영 제7조 제3항의 분포비율과 맞지 아니할 경우에는 조정위원회를 소집하여 근무성적평정을 영 제7조 제3항의 분포비율에 맞도록 조정할 수 있다(소방공무원 승진임용 규정 시행규칙 제9조 제3항).

18. 「소방공무원 승진임용 규정 시행규칙」상 근무성적평정의 조정에 관한 내용으로 옳지 않은 것은?
*23 소방위

① 근무성적평정점의 분포비율 조정결과, 조정 전의 평정 등급에서 아래등급으로 조정된 자의 조정점은 그 조정된 아래등급의 평균점으로 한다.
② 근무성적평정점을 조정하기 위하여 승진대상자명부 작성단위 기관별로 근무성적평정 조정위원회를 둘 수 있다.
③ 근무성적평정조정위원회는 피평정자의 상위직급 공무원중에서 조정위원회가 설치된 기관의 장이 지정하는 3인 이상 5인 이하의 위원으로 구성한다.
④ 조정위원회가 설치된 기관의 장은 근무성적평정의 조정결과가 심히 부당하다고 인정되는 경우에는 당해 조정위원회의 위원장에게 이의 재조정을 요구할 수 있다.

[해설]
① (×) 제3항의 분포비율의 조정결과 조정전의 평정등급에서 아래등급으로 조정된 자의 조정점은 그 조정된 아래등급의 최고점으로 한다(소방공무원 승진임용 규정 시행규칙 제9조 제4항).

19. 근무성적평정조정위원회에 대한 내용으로 옳지 않은 것은?

① 근무성적평정점을 조정하기 위하여 승진대상자명부 작성단위 기관별로 근무성적평정조정위원회를 둘 수 있다.
② 조정위원회는 피평정자의 상위직급공무원중에서 조정위원회가 설치된 기관의 장이 지정하는 3인 이상 5인 이하의 위원으로 구성한다.
③ 분포비율의 조정결과 조정전의 평정등급에서 아래등급으로 조정된 자의 조정점은 그 조정된 아래등급의 최고점으로 한다.
④ 제2차 평정자는 근무성적평정의 조정결과가 심히 부당하다고 인정되는 경우에는 당해 조정위원회의 위원장에게 이의 재조정을 요구할 수 있다.

[해설]
④ (×) 조정위원회가 설치된 기관의 장은 근무성적평정의 조정결과가 심히 부당하다고 인정되는 경우에는 당해 조정위원회의 위원장에게 이의 재조정을 요구할 수 있다(소방공무원 승진임용 규정 시행규칙 제9조 제5항).

정답 18. ① 19. ④

20 근무성적평정의 예외에 관한 내용으로 옳은 것은? *22 소방교

① 휴직 등의 사유로 실제 근무기간이 2개월 미만인 경우에는 근무평정을 하지 아니한다.
② 정기평정 이후에 신규채용 또는 승진임용된 소방공무원에 대하여는 2월이 경과한 후의 최초의 정기평정일에 평정해야 한다.
③ 소방공무원이 2월 이상 국가기관·지방자치단체에 파견근무하는 경우에는 파견받은 기관의 의견을 참작하여 근무성적을 평정하여야 한다.
④ 소방공무원이 국외 파견 등 교육훈련으로 인하여 실제 근무기간이 2개월 미만인 경우에는 직무에 복귀한 후 첫 번째 정기평정을 하기 전까지 최근 2회의 근무성적평정결과의 평균을 해당 소방공무원의 평정으로 본다.

해설
① (×) 1개월 미만, ③ (×) 6월 이상, ④ (×) 1개월 미만

21 근무성적평정의 예외에 대한 설명으로 틀린 것은? *20 소방교, 21 소방교

① 소방공무원이 휴직, 직위해제나 그 밖의 사유로 근무성적평정 대상기간 중 실제 근무기간이 3개월 미만인 경우에는 근무평정을 하지 아니한다.
② 소방공무원이 국외 파견 등 교육훈련으로 인하여 실제 근무기간이 1개월 미만인 경우에는 직무에 복귀한 후 첫 번째 정기평정을 하기 전까지 최근 2회의 근무성적평정결과의 평균을 해당 소방공무원의 평정으로 본다.
③ 소방공무원이 6월 이상 국가기관·지방자치단체에 파견근무하는 경우에는 파견받은 기관의 의견을 참작하여 근무성적을 평정하여야 한다.
④ 정기평정이후에 신규채용 또는 승진임용된 소방공무원에 대하여는 2월이 경과한 후의 최초의 정기평정일에 평정하는 것을 원칙으로 한다.

해설
① (×) 소방공무원이 휴직, 직위해제나 그 밖의 사유로 근무성적평정 대상기간 중 실제 근무기간이 1개월 미만인 경우에는 근무평정을 하지 아니한다(소방공무원 승진임용 규정 제8조 제1항).

정답 20. ② 21. ①

> 소방승진 공무원법

22 「소방공무원 승진임용 규정」상 근무성적평정의 예외에 대한 내용으로 옳은 것은? *24 소방교

① 정기평정 이후에 신규채용 또는 승진임용된 소방공무원에 대하여는 1월이 경과한 후의 최초의 정기평정일에 평정해야 한다.
② 소방공무원이 휴직, 직위해제나 그 밖의 사유로 근무성적평정 대상기간 중 실제 근무기간이 2개월 미만인 경우에는 근무평정을 하지 아니한다.
③ 소방공무원이 국외 파견 등 교육훈련으로 인하여 실제 근무기간이 1개월 미만인 경우에는 직무에 복귀한 후 첫 번째 정기평정을 하기 전까지 최근 2회의 근무성적평정결과의 평균을 해당 소방공무원의 평정으로 본다.
④ 평정기관을 달리하는 기관으로 전보된 후 2개월 이내에 평정을 실시할 때에는 전출기관에서 전출 전까지의 근무기간에 해당하는 평정을 실시하여 송부하여야 하며, 전입기관에서는 송부된 평정결과를 참작하여 평정하여야 한다.

해설
① (×) 정기평정이후에 신규채용 또는 승진임용된 소방공무원에 대하여는 2월이 경과한 후의 최초의 정기평정일에 평정해야 한다(소방공무원 승진임용 규정 제8조 제5항).
② (×) 소방공무원이 휴직, 직위해제나 그 밖의 사유로 근무성적평정 대상기간 중 실제 근무기간이 1개월 미만인 경우에는 근무평정을 하지 아니한다(제1항).
④ (×) 소방공무원이 전보된 경우에는 당해 소방공무원의 근무성적평정표를 그 전보된 기관에 이관하여야 한다. 다만, 평정기관을 달리하는 기관으로 전보된 후 1개월 이내에 평정을 실시할 때에는 전출기관에서 전출전까지의 근무기간에 해당하는 평정을 실시하여 송부하여야 하며, 전입기관에서는 송부된 평정결과를 참작하여 평정하여야 한다(제4항).

23 「소방공무원 승진임용 규정」및「소방공무원 승진임용규정 시행규칙」상 근무성적평정에 관한 내용으로 옳지 않은 것은? *23 소방위

① 근무성적평정은 당해 소방공무원의 근무성적·직무수행능력·직무수행태도 및 발전성 등을 평가하여야 한다.
② 근무성적평정의 결과는 공개하지 아니하되, 소방기관의 장은 근무성적평정이 완료되면 평정 대상 소방공무원에게 근무성적평정 결과를 통보할 수 있다.
③ 근무성적을 '가' 평정을 할 경우에는 평정표에 그 사유를 명확하게 기록해야 한다.
④ 소방공무원이 휴직, 직위해제나 그 밖의 사유로 근무 성적평정 대상기간 중 실제 근무기간이 2개월 미만인 경우에는 근무성적평정을 하지 아니한다.

해설
④ (×) 2개월 미만이 아니라 1개월 미만이다(소방공무원 승진임용 규정 시행규칙 제8조 제1항).

정답 22. ③ 23. ④

24 소방공무원 경력평정의 대상자로서 가장 옳게 기술된 것은?

① 승진소요최저근무연수가 경과된 소방정 이하의 소방공무원
② 승진소요최저근무연수가 경과된 소방령 이하의 소방공무원
③ 소방정 이하의 소방공무원
④ 소방령 이하의 소방공무원

[해설]
근무성적평정은 소방정 이하의 소방공무원, 경력평정은 승진소요최저근무연수가 경과된 소방정 이하의 소방공무원, 교육훈련성적평정은 소방정 이하의 소방공무원을 대상으로 실시한다.

25 소방공무원 승진임용 규정에 따른 경력평정의 내용으로 옳지 않은 것은?

① 승진소요최저근무연수가 경과된 소방준감 이하의 소방공무원을 대상으로 한다.
② 경력평정은 당해 계급에서의 근무연수를 평정하여 승진대상자 명부작성에 반영한다.
③ 경력평정대상기간의 산정기준은 승진소요최저근무연수 계산방법에 따른다.
④ 경력은 기본경력과 초과경력으로 구분한다.

[해설]
① (×) 경력평정은 승진소요최저근무연수가 경과된 소방정 이하의 소방공무원을 대상으로 한다(소방공무원 승진임용 규정 제9조 제2항).

26 다음 중 평정자는 피평정자가 소속된 기관의 소방공무원 인사 담당 공무원이, 확인자는 평정자의 직근 상급 감독자가 되는 것은?

| ㉠ 근무성적평정 | ㉡ 경력평정 | ㉢ 교육훈련성적평정 |

① ㉡
② ㉢
③ ㉡, ㉢
④ ㉠, ㉡, ㉢

[해설]
경력평정과 교육훈련성적평정이 해당된다. 근무성적평정은 소속기관별로 1차 평정자, 2차 평정자를 정해두고 있다.

정답 24. ① 25. ① 26. ③

소방승진 공무원법

27 경력평정에 대한 설명으로 옳지 않은 것은? *20 소방위

① 승진소요최저근무연수가 경과된 소방정 이하의 소방공무원을 대상으로 한다.
② 연 2회 실시하되, 매년 3월 31일과 9월 30일을 기준으로 한다
③ 경력평정대상기간의 계산에서 15일 미만 부분은 1월로 산정한다.
④ 징계처분의 집행이 끝난 날부터 일정한 기간에 따른 승진임용제한기간 및 소방공무원으로 신규임용될 사람이 받은 교육훈련기간은 경력평정대상기간에 포함한다.

해설
③ (×) 경력평정대상기간은 경력월수를 단위로 하여 계산하되, 15일 이상은 1월로 하고, 15일 미만은 경력에 산입하지 아니한다(소방공무원 승진임용 규정 시행규칙 제10조 제3항).

28 경력평정에 대한 설명으로 옳지 않은 것은? *21 소방위

① 경력평정은 연 2회 실시하되, 매년 3월 31일과 9월 30일을 기준으로 한다.
② 소방령의 기본경력은 평정기준일부터 최근 3년간, 초과경력은 기본경력 전 4년간이다.
③ 경력평정을 하는 경우 평정자는 피평정자가 소속된 기관의 소방공무원 인사 담당 공무원이, 확인자는 평정자의 직근 상급 감독자가 된다.
④ 경력평정을 실시한 후에 평정된 사실과 다른 사실이 발견된 때에는 이를 재평정할 수 있다.

해설
④ (×) 경력평정을 실시한 후에 평정된 사실과 다른 사실이 발견된 때에는 이를 재평정하여야 한다(경력평정을 실시한 후에 평정된 사실과 다른 사실이 발견된 때에는 이를 재평정하여야 한다(소방공무원 승진임용 규정 시행규칙 제12조).

29 계급별 경력평정의 만점으로 옳은 것은?

	〈소방령 이하〉		〈소방정〉	
	기본경력평정점	초과경력평정점	기본경력평정점	초과경력평정점
①	18점	2점	22점	3점
②	21점	4점	25점	5점
③	17점	3점	20점	5점
④	22점	3점	26점	4점

해설
④ (○) 소방공무원 승진임용 규정 시행규칙 제13조. 전체 만점은 소방령 이하 25점, 소방정 30점이다.

정답 27. ③ 28. ④ 29. ④

30 다음 중 경력평정대상기간에 포함되는 것은?

① 징계처분 기간
② 직위해제 기간
③ 휴직 기간
④ 소방공무원으로 신규임용될 사람이 받은 교육훈련기간

해설

경력평정대상기간의 산정기준은 영 제5조에 규정된 승진소요최저근무연수 계산방법에 따른다. 다만, 영 제6조 제1항 제2호(註: 징계처분의 집행이 끝난 날부터 일정한 기간)에 따른 승진임용제한기간 및 소방공무원으로 신규임용될 사람이 받은 교육훈련기간은 경력평정대상기간에 포함한다(소방공무원 승진임용 규정 시행규칙 제10조 제1항). 휴직 기간, 직위해제 기간, 징계처분 기간 및 제6조 제1항 제2호에 따른 승진임용 제한기간은 제1항의 기간(註: 승진소요최저근무연수)에 포함하지 않는다(소방공무원 승진임용 규정 제5조 제2항).

31 소방공무원의 경력은 기본경력과 초과경력으로 구분하는데 계급별 기본경력으로 옳은 것은?

① 소방정 : 평정기준일부터 최근 4년간
② 소방경 : 평정기준일부터 최근 4년간
③ 소방위 : 평정기준일부터 최근 2년간
④ 소방교 : 평정기준일부터 최근 2년간

해설

	기본경력	초과경력
소방정	평정기준일부터 최근 3년간	기본경력 전 2년간
소방령	평정기준일부터 최근 3년간	기본경력 전 4년간
소방경	평정기준일부터 최근 3년간	기본경력 전 3년간
소방위	평정기준일부터 최근 2년간	기본경력 전 3년간
소방장	평정기준일부터 최근 2년간	기본경력 전 1년
소방교	평정기준일부터 최근 1년 6개월간	기본경력 전 6개월간
소방사	평정기준일부터 최근 1년 6개월간	기본경력 전 6개월간

32 다음 중 경력평정에 있어서 기본경력과 초과경력의 기간이 동일한 계급은?

① 소방정
② 소방령
③ 소방경
④ 소방위

해설

③ (○) 소방경의 경우 3년으로 동일하다.

정답 30. ④ 31. ③ 32. ③

소방승진 공무원법

33 소방교 계급의 경력평정 산정기간이다. 순서대로 바른 것은? *20 소방교

> 기본경력은 평정기준일부터 최근 ( )년간, 초과경력은 기본경력 전 ( )년간

① 1년,   1년 6개월   ② 1년,   6개월
③ 1년 6개월,   6개월   ④ 6개월,   1년 6개월

[해설]
소방교의 경우 기본경력은 평정기준일부터 최근 1년 6개월간, 초과경력은 기본경력 전 6개월간으로 한다(소방공무원 승진임용 규정 제9조 제4항 참고).

34 「소방공무원 승진임용 규정 시행규칙」상 근무성적평정등의 시기로 옳은 것은? *23 소방교

① 근무성적, 경력 및 교육훈련성적의 평정은 연 2회 실시하되, 매년 3월 31일과 9월 30일을 기준으로 한다.
② 근무성적, 경력 및 교육훈련성적의 평정은 수시로 실시하되, 매년 6월 30일과 12월 31일을 기준으로 한다.
③ 근무성적의 평정은 매년 3월 31일과 9월 30일, 경력 및 교육훈련성적의 평정은 매년 6월 30일과 12월 31일을 기준으로 각각 연 2회 실시한다.
④ 경력 및 교육훈련성적의 평정은 매년 3월 31일과 9월 30일, 근무성적의 평정은 매년 6월 30일과 12월 31일을 기준으로 각각 연 2회 실시한다.

[해설]
영 제7조·제9조·제10조에 따른 근무성적, 경력 및 교육훈련성적의 평정은 연 2회 실시하되, 매년 3월 31일과 9월 30일을 기준으로 한다(소방공무원 승진임용 규정 시행규칙 제4조).

35 소방공무원의 교육훈련성적에 대한 내용으로 옳지 않은 것은?

① 소방정 이하의 소방공무원을 대상으로 실시한다.
② 소방령 계급의 관리역량교육성적은 5점 이내이다.
③ 교육훈련성적의 평정은 연 2회 실시하되, 매년 3월 31일과 9월 30일을 기준으로 한다.
④ 「소방공무원 교육훈련규정」에 따른 수료요건 또는 졸업요건을 갖추지 못한 사람에 대한 교육훈련성적은 평정하지 않는다.

정답 33. ③   34. ①   35. ②

> **해설** 교육훈련성적의 계급별 평정대상 및 평점

소방정	소방정책관리자교육성적 10점
소방령·소방경·소방위	관리역량교육성적 3점, 전문교육훈련성적 3점, 직장훈련성적 4점, 체력검정성적 5점
소방장 이하	전문교육훈련성적 3점, 직장훈련성적 4점, 체력검정성적 5점, 전문능력성적 3점

36. 「소방공무원 승진임용 규정」상 소방정 이하 소방공무원에 관한 교육훈련성적 평점의 총합 (ㄱ+ㄴ+ㄷ+ㄹ)으로 옳은 것은?

*23 소방교

가	소방정	• 소방정책관리자교육성적 (ㄱ)점
나	소방령 소방경 소방위	• 관리역량교육성적 (ㄴ)점 • 전문교육훈련성적 3점 • 직장훈련성적 (ㄷ)점 • 체력검정성적 5점
다	소방정 이하	• 전문교육훈련성적 3점 • 직장훈련성적 4점 • 체력검정성적 5점 • 전문능력성적 (ㄹ)점

① 15 ② 19
③ 20 ④ 22

> **해설**
> ㄱ-10, ㄴ-3, ㄷ-4, ㄹ-3

37. 다음 중 교육훈련성적의 평점이 가장 큰 것은?

① 소방정의 소방정책관리자교육성적
② 소방경의 체력검정성적
③ 소방교의 직장훈련성적
④ 소방장의 전문능력성적

> **해설**
> (10점) 소방정의 소방정책관리자교육성적 / (5점) 소방령 이하의 체력검정성적 / (4점) 소방장 이하의 직장훈련성적 / (3점) 소방령 이하의 전문교육훈련성적

정답 36. ③ 37. ①

소방승진 공무원법

38 소방공무원의 교육훈련성적의 평정에 대한 설명으로 옳은 것은?

① 소방정책관리자교육을 수료한 소방정에게 부여하는 평정점은 10점이다.
② 소방간부후보생 또는 시보소방공무원이 될 사람이 받은 신임교육훈련성적은 임용예정 계급에서 받은 전문능력성적으로 보아 이를 평정한다.
③ 소방공무원 교육훈련기관의 교육훈련성적이 만점의 60% 이하인 사람에 대하여는 이를 평정하지 아니한다.
④ 직장훈련성적은 정기 또는 수시로 실시한 직장훈련의 성적중 평정 기준일 이전 1년간의 평정점을 말한다.

해설
② (×) '전문능력성적'이 아니라 '전문교육성적'이다(제4항).
③ (×) 「소방공무원 교육훈련규정」 제17조에 따른 수료요건 또는 졸업요건을 갖추지 못한 사람에 대한 교육훈련성적은 평정하지 않는다(소방공무원 승진임용 규정 제10조 제3항). 각 교육훈련과정은 교육훈련대상자가 100점 만점에 60점 이상의 성적을 받으면 수료요건을 갖춘 것으로 한다(소방공무원 교육훈련규정 제17조 제1항).
④ (×) '1년'이 아니라 '6개월'이다(제15조 제3항).

39 소방공무원 교육훈련성적평정 기준에 관한 내용으로 옳지 않은 것은?

① 관리역량교육과정을 수료한 자에게 부여하는 평정점은 소방령의 경우 3점이다.
② 소방공무원 교육훈련기관 및 공무원교육훈련기관에서 실시하는 사이버교육 과정을 수료한 자에게 전문교육성적을 부여한다.
③ 직장훈련성적은 정기 또는 수시로 실시한 직장훈련의 성적중 평정 기준일 이전 3개월간의 평정점으로 한다.
④ 전문능력성적은 업무수행에 필요한 전문 자격 취득·보유에 대한 평정점으로 한다.

해설
③ (×) 3개월이 아니라 6개월이다(소방공무원 승진임용 규정 시행규칙 제15조 제3항).

40 소방공무원의 교육훈련성적의 평정에 대한 설명으로 옳지 않은 것은?　　　＊19 소방교

① 교육훈련성적의 평정은 소방정 이하의 소방공무원을 대상으로 실시한다.
② 공무원교육훈련기관의 직무관련 교육과정 및 임용권자가 인정하는 외부 교육기관의 직무관련 교육과정을 수료한 자에게는 전문능력성적을 부여한다.
③ 교육훈련성적평정을 하는 경우 평정자는 피평정자가 소속된 기관의 소방공무원 인사 담당 공무원이, 확인자는 평정자의 직근 상급 감독자가 된다.
④ 소방간부후보생 또는 시보소방공무원이 될 사람이 받은 신임교육훈련성적은 임용예정 계급에서 받은 전문교육성적으로 보아 이를 평정한다.

정답 38. ① 39. ③ 40. ②

[해설]
② (×) 전문능력성적이 아니라 전문교육훈련성적이다.

41. 전문교육훈련성적의 기준에 관한 규정이다. 빈칸에 들어갈 숫자의 합은? * 19 소방위

[다음 각 호의 교육과정을 수료한 자에게 부여하는 총 (   )점 이하의 평정점]
1. 「소방공무원 교육훈련규정」 제2조 제2호에 따른 교육훈련기관에서 실시하는 다음 각 목의 교육훈련과정
   가. 「소방공무원 교육훈련규정」에 따른 신임교육과정
   나. 「소방공무원 교육훈련규정」에 따른 전문교육훈련과정
2. 공무원교육훈련기관의 직무관련 교육과정 및 임용권자가 인정하는 외부 교육기관의 직무 관련 교육과정 : 해당 계급에서 (   )점을 초과할 수 없다.
3. 소방공무원 교육훈련기관 및 공무원교육훈련기관에서 실시하는 사이버교육 과정 : 해당 계급에서 (   )점을 초과할 수 없다.

① 4.5
② 5
③ 5.5
④ 6

[해설]
순서대로 3점, 1점, 1점이다(소방공무원 승진임용 규정 시행규칙 제15조 제2항).

42. 「소방공무원 승진임용 규정 시행규칙」상 교육훈련성적평정의 기준에 관한 내용으로 옳지 않은 것은? *24 소방위

① 행정안전부령으로 정하는 교육훈련성적에서 공무원교육훈련기관의 직무 관련 교육과정 및 임용권자가 인정하는 외부 교육기관의 직무 관련 교육과정은 해당 계급에서 1.0점을 초과할 수 없다.
② 행정안전부령으로 정하는 교육훈련성적에서 교육훈련기관 및 공무원교육훈련기관에서 실시하는 사이버교육 과정은 해당 계급에서 1.0점을 초과할 수 없다.
③ "행정안전부령으로 정하는 전문능력에 관한 성적"이란 소방공무원의 업무 수행에 필요한 전문 자격 취득·보유에 대한 평정점을 말한다.
④ 직장훈련성적은 「소방공무원 교육훈련규정」에 따른 직장훈련의 성적 중 평정 기준일 이전 12개월간의 평정점을 말한다.

[해설]
④ (×) 영 제10조 제1항 제2호 다목에 따른 직장훈련성적은 「소방공무원 교육훈련규정」 제2조 제3호에 따른 직장훈련의 성적 중 제4조에 따른 평정 기준일 이전 6개월간의 평정점을 말한다(소방공무원 승진임용 규정 시행규칙 제15조 제3항).

정답 41. ② 42. ④

소방승진 공무원법

43 ㉠정기 또는 수시로 소방공무원들에 대한 직장훈련에 대한 평가를 실시하는 사람과 ㉡그 평가방법을 정하는 사람으로 옳은 것은?

	㉠	㉡
①	소방기관의 장	행정안전부장관
②	소방청장	행정안전부장관
③	소방기관의 장	소방청장
④	소방청장	소방청장

해설

소방기관의 장은 정기 또는 수시로 소속공무원들에 대한 직장훈련에 대한 평가를 실시하여야 한다(소방공무원 교육훈련규정 제28조의2 제1항). 제1항의 평가의 방법은 소방청장이 정한다(제2항).(註: 소방청예규 「소방공무원 교육훈련성적 평정규정」)

44 소방공무원 직장훈련의 평정에 관한 내용으로 옳지 않은 것은?

① 평정항목을 달리하는 기관·부서로의 전보 시에는 3개월 이상 근무한 기관·부서에서 평가한 직장훈련성적으로 평정한다.
② 평정항목은 전술훈련평가와 직장교육평가로 구분하되 각 2점을 만점으로 한다.
③ 소방관서에서 실시하는 교육훈련에 대하여 평가하는 것으로 분기별로 연 4회 실시한다.
④ 전술훈련평가 성적이 없는 경우에는 평정일 현재 근무부서에서 평정을 할 수 있으며, 평정 직전 전보 등으로 평가가 곤란한 경우에는 현재 근무하는 부서의 평균점으로 평정점을 부여한다

해설

③ (×) 직장훈련성적의 평정은 소방관서(소방청, 중앙소방학교, 중앙119구조본부, 국립소방연구원, 소방본부, 소방서, 소방항공대, 소방정대 등을 말하며, 이하 같다)에서 실시하는 교육훈련에 대하여 평가하는 것으로 「소방공무원 승진임용 규정 시행규칙」 제4조의 정기평정일을 기준으로 상하반기 평정 단위 기간별로 연 2회 실시한다(소방공무원 교육훈련성적 평정규정 제3조 제1항).

정답 43. ③ 44. ③

45 다음 중 직장훈련성적의 평정항목 중 직장교육평가를 4점 만점으로 할 수 있는 없는 사람은?

① 파견·교육·기타 공무수행 등 부득이한 사유로 전술훈련평가가 불가능하다고 소속 소방관서장이 인정하는 사람
② 임신 중이거나 출산·유산 후 1년이 경과하지 않은 사람
③ 공무상 질병휴직 중인 사람
④ 신체적 운동능력이 낮은 사람

해설
전술훈련평가와 직장교육평가가 각 2점 만점인데 직장훈련평가에 참여할 수 없는 경우에 직장교육평가를 4점 만점으로 할 수 있다. ①·②·③과 '질병, 부상 또는 신체적·정신적 장애 등으로 전술훈련평가가 불가능하다고 소속 소방관서장이 인정하는 사람', '파견·교육·기타 공무수행 등 부득이한 사유로 전술훈련평가가 불가능하다고 소속 소방관서장이 인정하는 사람', '공무상 요양 승인 기간 중 이거나 공무상 질병휴직, 육아휴직, 병역휴직, 특별휴가 중인 사람' 등이 있다(소방공무원 교육훈련성적 평정규정 제3조 제2항).

46 전술훈련평가에 대한 내용으로 옳지 않은 것은?

① 119안전센터, 구조대, 항공대 등 전술훈련평가를 실시하는 각 부서의 장에 대한 전술훈련평가는 소속직원의 평가결과를 반영할 수 있다.
② 소방위 이하 소방공무원의 전술훈련평가는 직장교육에 대한 시험 등의 평가결과로 대체할 수 있다.
③ 육아휴직 중인 사람은 직장교육평가를 4점 만점으로 할 수 있다.
④ 평가에 참여하지 아니한 자는 1점으로 평정한다.

해설
④ (×) 평가에 참여하지 아니한 자는 0점으로 평정한다(소방공무원 교육훈련성적 평정규정 제4조 제4항).

47 소방공무원 전술훈련평가에서 취득점수가 얼마일 때 평정점을 1.8점으로 하는가?

① 50점 이상~60점 미만
② 60점 이상~70점 미만
③ 70점 이상~80점 미만
④ 80점 이상~90점 미만

해설
평정항목은 전술훈련평가와 직장교육평가로 구분하되 각 2점을 만점으로 한다(소방공무원 교육훈련성적 평정규정 제3조 제2항). 80점 이상~90점 미만일 때 1.8점이 평정점이다.

정답 45. ④ 46. ④ 47. ④

소방승진 공무원법

48 직장훈련평가에 대한 내용으로 옳지 않은 것은?

① 직장교육평가는 소방관서의 장이 지정하는 각종 교육·회의·행사 등에 참석한 실적에 대하여 평가한다.
② 소방관서의 장은 소속 직원이 평가단위를 달리하는 기관·부서로 전보시에 직장훈련성적 평가카드를 인사기록카드와 함께 송부하여야 한다.
③ 소방관서의 장은 전술훈련을 실시하지 않는 부서근무자에 대해 업무수행 능력, 직장훈련을 위한 교관으로서의 자질(소방경 계급에 한함), 직장교육 내용 등을 평가하여 직장훈련성적에 반영할 수 있다.
④ 직장교육평가는 전술훈련을 실시하는 부서 근무자는 '4점 × 교육등 참석횟수/교육등 실시 횟수'로 점수를 산정하되, 소수점 이하는 셋째자리에서 반올림한다.

해설
- 전술훈련을 실시하는 부서 근무자 : 2점 × 교육등 참석횟수/교육등 실시 횟수
- 전술훈련을 실시하지 않는 부서 근무자 : 4점 × 교육등 참석횟수/교육등 실시 횟수

49 특별한 사유로 전술훈련평가가 불가능하다고 소속 소방관서장이 인정하는 사람으로서 같은 사유로 인하여 교육등에 참석하지 못하여 직장교육평가 점수가 1.8점인 경우 몇 점으로 평정하는가?

① 1.8점　　　　　　　　　　　② 2.0점
③ 2.8점　　　　　　　　　　　④ 4.0점

해설
제3조 제2항 제5호(註: 휴직(제4호에 따른 휴직은 제외한다), 직위해제, 정직 중인 사람) 및 제6호(註: 그 밖에 특별한 사유로 전술훈련평가가 불가능하다고 소속 소방관서장이 인정하는 사람)의 사유에 해당하는 사람은 제5조 제2항 제2호에 따라 평정하되, 같은 사유로 인하여 교육등에 참석하지 못하여 평정점이 2.8점 미만인 경우에는 2.8점으로 평정한다(소방공무원 교육훈련성적 평정규정 제5조 제4항).

50 체력검정대상자에 대한 내용으로 괄호 안에 알맞은 말을 바르게 연결한 것은?

> 체력관리기관의 장은 (　)에 대한 체력검정을 실시한다. 다만, 연령정년 (　) 미만의 소방공무원은 자율 실시할 수 있다.

① 소방공무원 - 5년　　　　　② 소방공무원 - 3년
③ 소방감 이하의 소방공무원 - 5년　　④ 소방감 이하의 소방공무원 - 3년

정답 48. ④　49. ③　50. ①

해설
체력관리기관의 장은 소방공무원에 대한 체력검정을 실시한다. 다만, 연령정년 5년 미만의 소방공무원은 자율 실시할 수 있다(소방공무원 체력관리 규칙 제9조 제1항).

51 「소방공무원 체력관리 규칙」의 내용으로 옳지 않은 것은?

① 체력관리기관의 장은 소속 소방공무원에 대한 체력단련과 체력검정에 필요한 사항을 관리·운영하게 하기 위하여 체력관리담당관과 체력교관을 지정하여야 한다.
② 체력관리기관의 장은 소속 소방공무원에 대한 체력검정을 매년 5~6월중 실시한다. 다만, 특별한 사정이 있는 경우에는 실시 시기를 조정할 수 있다.
③ 체력관리기관의 장은 소방공무원에 대한 체력검정을 실시한다. 다만, 연령정년 5년 미만의 소방공무원은 자율 실시할 수 있다.
④ 체력관리기관의 장은 체력검정 운영과 이에 필요한 사항을 정하기 위하여 체력검정위원회를 구성·운영 할 수 있다.

해설
② (×) 체력관리기관의 장은 소속 소방공무원에 대한 체력검정을 매년 4~5월중 실시한다. 다만, 특별한 사정이 있는 경우에는 실시 시기를 조정할 수 있다(소방공무원 체력관리 규칙 제7조 제1항).

52 체력검정 기간 중 체력검정을 실시하지 아니할 수 있는 사람으로 옳지 않은 것은?

① 난임치료시술을 받은 사람
② 질병, 신체장애 등 사유로 체력검정이 불가능한 사람
③ 임신 중이거나 출산·유산 후 1년 6개월이 경과되지 않은 사람
④ 공상(공무상 요양승인 기간 중에 있는 사람) 또는 소방활동 중 공상이 원인이 되어 장애인 등록증 발급을 받은 사람

해설
체력검정 기간 중 다음 각 호의 어느 하나에 해당하는 사람은 체력검정을 실시하지 아니할 수 있다(소방공무원 체력관리 규칙 제9조 제2항).

1. 파견·교육·기타 공무수행 등으로 해당연도 체력검정 기간 중 평가가 불가능한 사람
2. 공상(공무상 요양승인 기간 중에 있는 사람) 또는 소방활동 중 공상이 원인이 되어 「장애인복지법」 제32조에 따라 장애인 등록증 발급을 받았거나, 「국가유공자 등 예우 및 지원에 관한 법률」 제6조의4에 따라 상이 등급 판정을 받은 사람
3. 병역휴직 및 육아휴직 중인 사람. 임신 중이거나 출산·유산 후 1년이 경과되지 않은 사람
4. 질병, 신체장애 등 사유로 체력검정이 불가능한 사람
5. 휴직(제3호에 따른 휴직은 제외), 직위해제, 정직 중인 사람
6. 경조사, 난임치료시술을 받은 사람
7. 그 밖에 특별한 사유로 소속 체력관리기관의 장이 검정이 불가능하다고 인정하는 사람

정답 51. ② 52. ③

소방승진 공무원법

53 체력검정을 실시하지 아니하는 경우 중 해당 증빙자료를 체력검정성적 평정카드에 첨부하여야 하는 사람은?

① 질병, 신체장애 등 사유로 체력검정이 불가능한 사람
② 병역휴직 및 육아휴직 중인 사람
③ 직위해제, 정직 중인 사람
④ 파견·교육·기타 공무수행 등으로 해당연도 체력검정 기간 중 평가가 불가능한 사람

해설
다음 각 호의 사유로 체력검정을 실시하지 않는 경우 해당 증빙자료를 제12조 제1항의 체력검정성적 평정카드에 첨부하여야 한다(소방공무원 체력관리 규칙 제9조 제3항).
1. 제2항 제3호(임신 중, 출산·유산)와 제4호(질병, 신체장애 등 사유로 체력검정이 불가능한 사람)의 사유에 해당하는 경우 의사 진단서(치료 또는 요양 기간을 포함한다) 또는 장애를 증명할 수 있는 자료를 첨부하여야 한다. 다만, 명백하게 체력검정 측정이 곤란하다고 판단되는 경우에는 그러하지 아니할 수 있다.
2. 제2항 제6호의 난임치료시술을 받은 사람은 관련된 증빙자료를 첨부하여야 한다.

54 전문교육 평정에 대한 내용으로 옳지 않은 것은?

① 소방령 이하의 전문교육성적 평점은 3점 만점이다.
② 해당 계급에서 동일하거나 내용이 유사한 전문교육과정을 2개 이상 수료한 경우에는 평가대상자에게 유리한 과정 1개에 대해서만 평정한다.
③ 퇴직한 소방공무원이 재임용된 경우 퇴직 전 받은 전문교육은 재임용된 계급에서 받은 교육으로 인정하여 평정할 수 있다.
④ 교육과정을 집합교육과 사이버교육을 혼합하여 편성한 경우에는 사이버교육을 집합교육 4시간으로 평정한다.

해설
④ (×) 4시간이 아니라 7시간이다(소방공무원 교육훈련성적 평정규정 제11조 제5항).

55 교육훈련성적평정 가운데 전문교육 평정은 총 3점 이내이다. 그 중 신임교육(소방간부후보생 및 신규임용자 교육)과정은 몇 점으로 평정하는가?

① 2.5점
② 2.0점
③ 1.5점
④ 1.0점

해설
① (○) 소방공무원 교육훈련성적 평정규정 제11조 제1항

정답 53. ① 54. ④ 55. ①

56 전문능력성적평정에 대한 설명으로 옳지 않은 것은?

① 응급구조사 1급 자격증을 보유하고 있는 자가 응급구조사 2급 자격증을 취득한 경우 평정점으로 인정하지 아니한다.
② 해당 계급에서 취득한 자격증에 대하여 평정하되, 승진후보자명부에 등재된 기간 중 취득한 자격증은 승진임용예정계급에서 취득한 것으로 한다.
③ 신규임용예정자가 신임교육과정 중 취득한 자격증은 현 계급에서 취득한 것으로 본다.
④ 소방헬기 정비를 위하여 항공정비사 자격증을 채용요건으로 경력경쟁채용된 경우 평정점을 1.5점으로 인정한다.

해설
④ (×) 소방헬기 및 소방정 운항을 위하여 해당부서에 배치된 자가 다음 각 호의 자격증을 보유한 경우 1.5점으로 평정한다. 다만, 타 부서 배치 또는 해당자격증을 채용요건으로 경력경쟁채용된 경우 인정하지 아니한다(소방공무원 교육훈련성적 평정규정 제12조 제4항).

57 소방사 계급(경력경쟁채용된 경우 제외)의 자격증별 전문능력 평정 방법으로 옳은 것은?

① 제1종 대형운전면허와 응급구조사(또는 간호사)를 동시 보유한 경우에 한하여 1.5점
② 제1종 대형운전면허와 응급구조사(또는 간호사)를 동시 보유한 경우에 한하여 3점
③ 제1종 대형운전면허 1.5점, 응급구조사 2급(또는 1급) 또는 간호사 1.5점
④ 제1종 대형운전면허와 응급구조사(또는 간호사)에 소방설비산업기사 또는 초급현장지휘관 자격증을 소방사 계급에서 취득한 경우 3점

해설
소방사는 취득시점에 관계없이 자격증 보유 여부로 평정하는데, 제1종 대형운전면허 1.5점, 응급구조사 2급(또는 1급) 또는 간호사 1.5점이다. 다만 경력경쟁채용된 소방사의 경우는 제1종 대형운전면허와 응급구조사(또는 간호사) 자격(면허)증을 보유한 경우 1.5점으로, 제1종 대형운전면허와 응급구조사(또는 간호사) 자격(면허)증에 교육훈련성적 평정규정 제12조 제1항 제2호(註: 소방교,소방장, 소방위에 인정되는 자격증) 중 1개를 소방사 계급에서 취득한 경우 3점으로 평정한다.

58 「소방공무원 승진임용규정 시행규칙」상 가점평정하는 경우 최대 초과할 수 없는 가점에 관한 내용으로 옳은 것은?
*23 소방위

① 소방공무원이 해당 계급에서 학사·석사 또는 박사 학위를 취득하거나 언어 능력이 우수하다고 인정되는 경우 : 0.5점
② 소방공무원이 소방업무와 관련한 전국 및 특별시·광역시·특별자치시·도·특별자치도 단위 대회 또는 평가 결과 우수한 성적을 얻은 경우 : 3.0점
③ 소방행정의 균형발전을 위하여 소방청장이 실시하는 인사교류의 대상이 된 소방공무원의 경우 : 2.0점
④ 소방공무원이 해당 계급에서 격무·기피부서에 근무한 경우 : 0.5점

정답 56. ④ 57. ③ 58. ①

소방승진 공무원법

해설 가점평정 사유와 가점(소방공무원 승진임용 규정 시행규칙 제15조의2)

가점평정 사유	가점	합계
해당 계급에서 「국가기술자격법」 등에 따른 소방업무 및 전산관련 자격증을 취득한 경우	0.5점 이내	5점 이내
해당 계급에서 학사·석사 또는 박사학위를 취득하거나 언어 능력이 우수하다고 인정되는 경우	0.5점 이내	
해당 계급에서 격무·기피부서에 근무한 때에는 근무한 날부터	2.0점 이내	
소방업무와 관련한 전국 및 특별시·광역시·특별자치시·도·특별자치도 단위 대회 또는 평가 결과 우수한 성적을 얻은 경우	2.0점 이내	
소방행정의 균형발전을 위하여 소방청장이 실시하는 인사교류의 대상이 된 경우	3.0점 이내	

59 소방공무원의 가점평정 대상으로 옳지 않은 것은?

① 소방공무원 교육훈련기관에서 행하는 전문교육과정에서 우수한 성적을 얻은 경우
② 소방업무와 관련한 전국 및 특별시·광역시·특별자치시·도·특별자치도 단위 대회 또는 평가 결과 우수한 성적을 얻은 경우
③ 해당 계급에서 학사·석사·박사 학위를 취득하거나 언어능력이 우수한 경우
④ 소방행정의 균형발전을 위하여 소방청장이 실시하는 인사교류 경력이 있는 경우

해설
① (×) 소방공무원 교육훈련기관에서 행하는 전문교육과정을 수료하는 것은 전문교육평정의 대상이다.

60 다음 중 소방공무원의 가점평정이 가장 큰 것은?

① 해당 계급에서 학사·석사 또는 박사학위를 취득하거나 언어 능력이 우수하다고 인정되는 경우
② 소방행정의 균형발전을 위하여 소방청장이 실시하는 인사교류의 대상이 된 경우
③ 소방업무와 관련한 전국 및 특별시·광역시·특별자치시·도·특별자치도 단위 대회 또는 평가 결과 우수한 성적을 얻은 경우
④ 해당 계급에서 「국가기술자격법」 등에 따른 소방업무 및 전산관련 자격증을 취득한 경우

해설
②가 3.0점 이내로 가장 크다. ①과 ④는 0.5점 이내, ③은 2.0점 이내이다.

정답 59. ① 60. ②

61 「소방공무원 승진임용 규정 시행규칙」상 소방공무원의 가점평정에 관한 내용으로 옳지 않은 것은?

*22 소방교

① 가점평정하는 경우 그 가점합계는 5점 이내로 한다.
② 가점평정에 필요한 세부기준은 대통령령으로 정한다.
③ 소방경이 워드프로세서 자격증을 취득한 경우 0.3점을 받는다.
④ 소방위가 1종대형운전면허를 취득한 경우 가점을 받지 못한다.

해설
② (×) 가점평정에 필요한 세부기준은 소방청장이 정한다(소방공무원 승진임용 규정 시행규칙 제15조의2 제8항).

62 소방공무원의 가점평정에 대한 설명으로 옳지 않은 것은?

① 컴퓨터활용능력 자격증 1급을 취득한 경우 가점평정은 소방경 이하에 한한다.
② 전산능력·외국어능력·자격증·학위취득 가점은 승진후보자명부에 등재된 기간 중 받은 가점의 경우 승진임용예정계급에 포함한다. 이 경우 승진후보자명부 등재시점은 합격자 발표일자로 본다.
③ 신규임용예정자가 신임교육과정 중에 취득한 자격증도 인정한다.
④ 격무·기피부서 근무에 따른 가점은 가점대상기간의 월수 단위로 계산하여 평정하되, 15일 이상은 1개월로 계산하고 15일 미만은 산입하지 않는다.

해설
② (×) 이 경우 승진후보자명부 등재시점은 심사의 경우 승진심사위원회의 의결일자, 시험의 경우 합격자 발표일자로 본다(소방공무원 가점평정 규정 제2조 제2항).

63 제1종 대형운전면허, 소형선박조종사, 잠수산업기사, 잠수기능사에 대한 가점평정이 적용되는 계급은?

① 소방경 이하
② 소방위 이하
③ 소방장 이하
④ 소방교 이하

해설
③ (○) 소방공무원 가점평정 규정 제4조

정답 61. ② 62. ② 63. ③

소방승진 공무원법

64 소방공무원의 가점평정에 대한 설명으로 옳지 않은 것은? *21 소방교

① 해당 계급에서 격무·기피부서에 근무한 때의 가점은 1.5점을 초과할 수 없다.
② 해당 계급에서 학사·석사 또는 박사학위를 취득하거나 언어 능력이 우수하다고 인정되는 경우는 0.5점을 초과할 수 없다.
③ 소방행정의 균형발전을 위하여 소방청장이 실시하는 인사교류의 대상이 된 경우는 3.0점을 초과할 수 없다.
④ 소방업무와 관련한 전국 및 특별시·광역시·특별자치시·도·특별자치도 단위 대회 또는 평가 결과 우수한 성적을 얻은 경우는 2.0점을 초과할 수 없다.

해설
해당 계급에서 격무·기피부서에 근무한 때에는 근무한 날부터 가점평정하고 가점은 2.0점 이내이다(소방공무원 승진임용 규정 시행규칙 제15조의2).

65 학위를 취득한 소방공무원에 대한 가점평정의 내용으로 옳지 않은 것은?

① 국·내외 학사학위 이상을 취득한 사람에 한한다.
② 국외에서 취득한 학위는 그 나라 대사관 등 공관에서 증명서 사본이나 공증서를 첨부하여야 한다.
③ 전문학사학위는 0.1점, 학사학위는 0.2점, 석사학위는 0.3점, 박사학위는 0.5점으로 각각 평정한다.
④ 석사학위 및 박사학위 가점평정은 소방경 이하에 한한다.

해설
④ (×) 전문학사학위 및 학사학위 가점평정은 소방경 이하에 한한다(소방공무원 가점평정 규정 제6조 제2항). 석사학위 및 박사학위 가점평정은 계급 제한이 없다.

66 다음 중 가점평정의 평정점이 가장 큰 것은?

① 소방정이 학사학위를 취득한 경우
② 소방위가 중앙 우수제안 은상을 수상한 경우
③ 소방장이 소형선박조종사 자격증을 취득한 경우
④ 소방령이 워드프로세서 자격증을 취득한 경우

해설
① 0.2점이나 전문학사학위 및 학사학위 가점평정은 소방경 이하에 한한다.
② 0.8점. ③ 0.2점. ④ 0.3점이나 전산능력 가점평정은 소방경 이하에 한한다.

정답 64. ① 65. ④ 66. ②

67 각종 평정결과의 통보 및 제출에 관한 내용으로 옳지 않은 것은?

① 소방기관의 장은 피평정자의 요구가 있는 때에는 근무성적평정·경력평정·교육훈련성적평정 및 가점평정 결과를 본인에게 알려주어야 한다.
② 피평정자는 교육훈련성적평정 결과에 이의가 있는 경우에는 소방기관의 장에게 이의를 신청할 수 있으며, 소방기관의 장은 이의신청의 내용이 타당하다고 판단하는 경우에는 해당 소방공무원에 대한 교육훈련성적평정 결과를 조정할 수 있다.
③ 위 ②에서 이의신청을 받아들이지 않는 경우에는 그 사유를 해당 소방공무원에게 설명해야 한다.
④ 소방기관의 장은 소속 소방공무원에 대한 근무성적평정표 및 경력·교육훈련성적·가점 평정표를 평정일로부터 10일 이내에 승진대상자명부작성권자에게 제출하여야 한다.

해설
① (×) 소방기관의 장은 피평정자의 요구가 있는 때에는 경력평정·교육훈련성적평정 및 가점평정 결과를 본인에게 알려주어야 한다(소방공무원 승진임용 규정 시행규칙 제16조 제1항).

정답 67. ①

CHAPTER 03 승진대상자명부 등

1. 승진대상자명부의 작성

(1) 작성대상

승진요건을 갖춘 소방정 이하의 소방공무원

(2) 작성시기

① 승진대상자명부 및 승진대상자통합명부는 매년 4월 1일과 10월 1일을 기준으로 하여 작성한다(소방공무원 승진임용 규정 제11조 제4항).
② 승진대상자명부는 영 제11조 제4항의 규정에 의한 작성기준일로부터 20일 이내에 작성하여야 한다(소방공무원 승진임용 규정 시행규칙 제19조 제1항).

(3) 작성권자(소방공무원 승진임용 규정 제11조 제2항).

> 1. 소방청 소속 소방공무원, 중앙소방학교·중앙119구조본부 소속 소방경 이상의 소방공무원, 국립소방연구원 소속의 소방령 이상인 소방공무원 및 소방정인 지방소방학교장 : 소방청장
> 2. 중앙소방학교·중앙119구조본부 소속 소방위 이하의 소방공무원 또는 국립소방연구원 소속 소방경 이하의 소방공무원 : 중앙소방학교장, 중앙119구조본부장 또는 국립소방연구원장
> 3. 「소방공무원 임용령」 제3조 제1항 및 같은 조 제5항 제1호·제3호에 따라 특별시장·광역시장·특별자치시장·도지사·특별자치도지사가 임용권을 행사하는 소방공무원(제4호에 해당하는 경우는 제외) : 시·도지사
> 4. 지방소방학교, 서울종합방재센터, 소방서, 119특수대응단 또는 소방체험관 소속 소방위 이하의 소방공무원 : 지방소방학교장·서울종합방재센터장·소방서장·119특수대응단장 또는 소방체험관장

(4) 작성기준

승진에 필요한 요건을 갖춘 소방공무원에 대해서는 다음의 비율에 따라 계급별로 승진대상자명부를 작성해야 한다(소방공무원 승진임용 규정 제11조 제1항 1문).

소방정	근무성적평정점 70퍼센트, 경력평정점 20퍼센트, 교육훈련성적평정점 10퍼센트의 비율
소방령 이하	근무성적평정점 70퍼센트, 경력평정점 15퍼센트, 교육훈련성적평정점 15퍼센트의 비율

이 경우 다음 각 호의 어느 하나에 해당하는 경우에는 행정안전부령(註: 소방공무원 승진임용 규정 시행규칙 제15조의2)으로 정하는 바에 따라 가점해야 한다(2문).

> 1. 자격증을 소지한 경우
> 2. 학사·석사·박사 학위를 취득하거나 언어능력이 우수한 경우

3. 격무·기피부서에서 근무한 경력이 있는 경우
4. 우수한 업무실적이 있는 경우
5. 소방행정의 균형발전을 위하여 소방청장이 실시하는 인사교류 경력이 있는 경우

(5) 통합명부의 작성

승진대상자명부의 작성권자와 관할 승진심사위원회가 설치된 기관의 장이 다를 때에는 관할 승진심사위원회가 설치된 기관의 장이 제2항의 작성권자가 작성한 승진대상자명부를 통합하여 선순위자 순으로 승진대상자통합명부를 작성한다(제3항).

(6) 근무성적평정점의 산정 방식

① 계산방식(소방공무원 승진임용 규정 시행규칙 제19조 제3항).

1. 소방정 계급의 소방공무원 : 명부작성 기준일부터 최근 3년 이내에 해당 계급에서 6회 평정한 평정점의 평균
2. 소방령 이하 소방장 이상 계급의 소방공무원 : 명부작성 기준일부터 최근 2년 이내에 해당 계급에서 4회 평정한 평정점의 평균
3. 소방교 이하 계급의 소방공무원 : 명부작성 기준일부터 최근 1년 이내에 해당 계급에서 2회 평정한 평정점의 평균

② 평정단위기간의 평정점이 없는 경우(신규임용 또는 승진임용되어 해당 계급에서 최초로 평정을 하는 경우는 제외 → 해당 평정점을 그 평정단위기간의 평정점 평균으로 함)에는 다음 각 호에 따라 산정한 평정점을 그 평정단위기간의 평정점으로 한다(제4항).

1. 명부작성 기준일부터 가장 최근의 평정단위기간평정점이 없는 경우 : (그 직전에 평정한 평정단위기간평정점 + 45점)/2
2. 명부작성 기준일부터 가장 오래된 평정단위기간평정점이 없는 경우 : (그 직후에 평정한 평정단위기간평정점 + 45점)/2
3. 제1호 및 제2호를 제외한 평정점이 없는 평정단위기간이 있는 경우 : 평정점이 없는 평정단위기간의 직전 및 직후에 평정한 평정단위기간평정점의 평균점
4. 평정점이 없는 평정단위기간이 연속하여 2회 이상 있는 경우(각각의 평정점) : (연속하여 평정점이 없는 평정단위기간에 가장 가까운 최근의 평정단위기간평정점 + 45점)/2

(7) 직장훈련성적 평정점 산정 방식

① 계산방식(제5항 제1호)

가. 소방령 이하 소방장 이상 계급의 소방공무원 : 명부작성 기준일부터 최근 2년 이내에 해당 계급에서 4회 평정한 평정점의 평균

나. 소방교 이하 계급의 소방공무원 : 명부작성 기준일부터 최근 1년 이내에 해당 계급에서 2회 평정한 평정점의 평균

② 평정단위기간의 평정점이 없을 때에는 다음 각 호에 따라 산정한 평정점을 그 평정단위기간의 평정점으로 한다(신규임용 또는 승진임용되어 해당 계급에서 최초로 평정을 하는 경우는 제외→해당 평정점을 그 평정단위기간의 평정점 평균으로 함).(제6항 제1호)

　　　가. 명부작성 기준일부터 가장 최근의 평정단위기간평정점이 없는 경우 : (그 직전에 평정한 평정단위기간평정점 + 2.67점)/2
　　　나. 명부작성 기준일부터 가장 오래된 평정단위기간평정점이 없는 경우 : (그 직후에 평정한 평정단위기간평정점 + 2.67점)/2
　　　다. 가목 및 나목을 제외한 평정점이 없는 평정단위기간이 있는 경우 : 평정점이 없는 평정단위기간의 직전 및 직후에 평정한 평정단위기간평정점의 평균
　　　라. 평정점이 없는 평정단위기간이 연속하여 2회 이상 있는 경우(각각의 평정점) : (연속하여 평정점이 없는 평정단위기간에 가장 가까운 최근의 평정단위기간평정점 + 2.67점)/2

(8) 체력검정성적 평정점 산정 방식

① 계산방식(제5항 제2호)

　　　가. 소방령 이하 소방장 이상 계급의 소방공무원 : 명부작성 기준일부터 최근 2년 6개월 이내에 해당 계급에서 최근 2회 평정한 평정점의 평균
　　　나. 소방교 이하 계급의 소방공무원 : 명부작성 기준일부터 최근 1년 6개월 이내에 해당 계급에서 최근 1회 평정한 평정점의 평균

② 평정단위기간의 평정점이 없을 때에는 다음 각 호에 따라 산정한 평정점을 그 평정단위기간의 평정점으로 한다(신규임용 또는 승진임용되어 해당 계급에서 최초로 평정을 하는 경우는 제외→해당 평정점을 그 평정단위기간의 평정점 평균으로 함).(제6항 제2호)

　　　가. 명부작성 기준일부터 가장 최근의 평정단위기간평정점이 없는 경우 : (그 직전에 평정한 평정단위기간평정점 + 2.5점)/2
　　　나. 명부작성 기준일부터 가장 오래된 평정단위기간평정점이 없는 경우 : (그 직후에 평정한 평정단위기간평정점 + 2.5점)/2
　　　다. 가목 및 나목을 제외한 평정점이 없는 평정단위기간이 있는 경우 : 평정점이 없는 평정단위기간의 직전 및 직후에 평정한 평정단위기간평정점의 평균
　　　라. 평정점이 없는 평정단위기간이 연속하여 2회 이상 있는 경우(각각의 평정점) : (평정점이 있는 평정단위기간평정점 + 2.5점)/2

2. 동점자의 순위

(1) 순위결정 기준

승진대상자명부의 총평정점이 같은 경우에는 다음 각 호의 순서에 따라 선순위자를 결정한다(소방공무원 승진임용 규정 제12조 제1항).

1. 근무성적평정점이 높은 사람
2. 해당 계급에서 장기근무한 사람
3. 해당 계급의 바로 하위 계급에서 장기근무한 사람
4. 소방공무원으로 장기근무한 사람

(2) 승진대상자명부 작성권자의 결정

제1항의 규정에 의하여도 순위가 결정되지 아니한 때에는 승진대상자명부 작성권자가 선순위자를 결정한다(제2항).

3. 승진제외자명부 작성

승진대상자명부 작성기준일 현재 다음 각 호의 어느 하나에 해당되는 사람이 있는 경우에는 승진제외자명부를 별지 제6호 서식에 따라 작성하여 승진대상자명부의 뒷면에 합쳐서 보관해야 한다. 이 경우 승진제외자명부의 비고란에는 현 계급의 임용일자, 징계처분, 휴직 등 그 사유와 사유발생연월일을 적어야 한다(소방공무원 승진임용 규정 시행규칙 제19조 제2항).

1. 소방공무원 승진임용 규정 제5조에 따라 승진소요최저근무연수에 미달된 사람
2. 소방공무원 승진임용 규정 제6조에 따라 승진임용의 제한사유에 해당되는 사람
3. 소방공무원 승진임용 규정 제23조 따라 승진심사대상에서 제외되는 사람(시험부정행위를 하여 5년간 시험에 응시할 수 없는 사람)

4. 승진대상자명부의 조정

(1) 조정사유 및 조정방법

승진대상자명부의 작성자는 승진대상자명부의 작성 후에 다음 각 호의 어느 하나에 해당하는 사유가 있는 경우에는 승진대상자명부를 조정해야 한다(소방공무원 승진임용 규정 제13조 제1항).

1. 전출자나 전입자가 있는 경우
2. 퇴직자가 있는 경우
3. 승진소요최저근무연수에 도달한 자가 있는 경우
4. 제6조에 따른 승진임용의 제한 사유가 발생하거나 소멸한 사람이 있는 경우
5. 제8조 제5항에 따라 정기평정일 이후에 근무성적평정을 한 자가 있는 경우
6. 제23조에 따라 승진심사대상 제외 사유가 발생하거나 소멸한 사람이 있는 경우

> 7. 경력평정 또는 교육훈련성적평정을 한 후에 평정사실과 다른 사실이 발견되는 등의 사유로 재평정을 한 사람이 있는 경우
> 8. 승진임용되거나 승진후보자로 확정된 사람이 있는 경우
> 9. 승진대상자명부 작성의 단위를 달리하는 기관으로 전보된 경우

소방공무원 승진임용 규정 시행규칙 제20조(승진대상자명부의 조정) 영 제13조에 따른 승진대상자명부의 조정은 승진대상자명부 조정일까지 조정 사유가 확인된 경우 다음 각 호에 따른 방법으로 실시한다.
1. 전·출입자가 있는 경우에 전출기관은 승진대상자명부에서 전출자를 삭제하고 그 전출자의 평정관계서류를 전입기관에 이관하며, 전입기관은 이관받은 평정관계서류에 의하여 승진대상자명부의 해당순위에 전입자를 기재한다.
2. 영 제6조에 따른 승진임용의 제한 사유 또는 영 제23조에 따른 승진심사대상 제외 사유가 발생하거나 소멸한 사람의 경우
   가. 해당 사유가 발생한 경우: 승진대상자명부에서 삭제하고, 승진제외자명부에 추가하며, 그 사유를 해당 서식의 비고란에 각각 적는다.
   나. 해당 사유가 소멸한 경우: 승진대상자명부에 추가하고, 승진제외자명부에서 삭제하며, 그 사유를 해당 서식의 비고란에 각각 적는다.
3. 경력평정 또는 교육훈련성적평정을 재평정한 경우에는 승진대상자명부의 비고란에 그 정정사유를 적는다.
4. 퇴직자는 승진대상자명부에서 삭제하고, 해당 서식의 비고란에 퇴직일과 그 사유를 적는다.
5. 승진임용되거나 승진후보자로 확정된 사람은 승진대상자명부에서 삭제하고, 해당 서식의 비고란에 승진임용일 또는 승진후보자로 확정된 날과 그 사유를 적는다.

---

(2) 조정 기한

승진대상자명부의 조정은 승진심사 또는 승진시험을 실시하는 날의 전일까지 할 수 있다(승진임용 규정 제13조 제2항).

5. 승진대상자명부의 효력발생

(1) 원칙

승진대상자명부는 그 작성 기준일 다음날로부터 효력을 가진다(제14조 본문).

(2) 예외

제13조의 규정에 의하여 승진대상자명부를 조정하거나 삭제한 경우에는 조정한 날로부터 효력을 가진다(제14조 단서).

6. 승진대상자명부의 제출

(1) 제출 기한

승진대상자명부 작성기관의 장은 승진대상자명부 작성기준일로부터 30일 이내에 당해 계급의 승진심사를 실시하는 기관의 장에게 승진대상자명부를 제출하여야 한다(제15조 제1항).

(2) 명부 조정·삭제의 경우

제13조의 규정에 의하여 승진대상자명부를 조정하거나 삭제한 경우에는 그 사유를 증명하는 서류를 첨부하여 즉시 제출하여야 한다(제2항).

출·제·예·상·문·제

🚒 소방승진 공무원법

01 소방공무원 승진대상자명부의 작성에 관한 내용으로 옳지 않은 것은?

① 승진대상자명부 및 승진대상자통합명부는 매년 1월 1일과 7월 1일을 기준으로 하여 작성한다.
② 승진요건을 갖춘 소방정 이하의 소방공무원이 작성 대상자이다.
③ 승진대상자명부는 작성기준일로부터 20일 이내에 작성하여야 한다.
④ 소방서 소속 소방위 이하의 소방공무원에 대하여는 소방서장이 작성한다.

해설
① (×) 승진대상자명부 및 승진대상자통합명부는 매년 4월 1일과 10월 1일을 기준으로 하여 작성한다(소방공무원 승진임용 규정 제11조 제4항).

02 「소방공무원 승진임용 규정」상 승진대상자명부의 작성에 관한 내용으로 옳은 것은?

*24 소방위

① 승진에 필요한 요건을 갖춘 소방정에 대해서는 근무성적평정점 70퍼센트, 경력평정점 15퍼센트, 교육훈련성적평정점 15퍼센트의 비율에 따라 승진대상자명부를 작성해야 한다.
② 승진에 필요한 요건을 갖춘 소방령에 대해서는 근무성적평정점 70퍼센트, 경력평정점 20퍼센트, 교육훈련성적평정점 10퍼센트의 비율에 따라 승진대상자명부를 작성해야 한다.
③ 행정안전부령으로 정하는 바에 따라 학사·석사·박사 학위를 취득하거나 언어능력이 우수한 경우 가점해야 한다.
④ 승진대상자명부 및 승진대상자통합명부는 매년 3월 1일과 9월 1일을 기준으로 하여 작성한다.

해설
① (×), ② (×) 승진에 필요한 요건을 갖춘 소방정에 대해서는 근무성적평정점 70퍼센트, 경력평정점 20퍼센트 및 교육훈련성적평정점 10퍼센트의 비율에 따라, 소방령 이하 계급의 소방공무원에 대해서는 근무성적평정점 70퍼센트, 경력평정점 15퍼센트 및 교육훈련성적평정점 15퍼센트의 비율에 따라 계급별로 승진대상자명부를 작성해야 한다(소방공무원 승진임용 규정 제11조 제1항 1문).
④ (×) 승진대상자명부 및 승진대상자통합명부는 매년 4월 1일과 10월 1일을 기준으로 하여 작성한다(소방공무원 승진임용 규정 제11조 제4항).

정답 01. ① 02. ③

03 소방공무원 승진임용 규정에 따른 승진대상자명부에 관한 설명으로 옳은 것은?

① 승진대상자명부 및 승진대상자통합명부는 매년 12월 31일과 6월 30일을 기준으로 하여 작성한다.
② 승진대상자명부는 작성기준일로부터 30일 이내에 작성하여야 한다.
③ 승진대상자명부는 그 작성 기준일 다음날로부터 효력을 가진다.
④ 소방령 이하 계급의 소방공무원에 대해서는 근무성적평정점 60퍼센트, 경력평정점 30퍼센트 및 교육훈련성적평정점 10퍼센트의 비율에 따라 계급별로 승진대상자명부를 작성해야 한다.

해설
① (✕) 승진대상자명부 및 승진대상자통합명부는 매년 4월 1일과 10월 1일을 기준으로 하여 작성한다(소방공무원 승진임용 규정 제11조 제4항).
② (✕) 승진대상자명부는 영 제11조 제4항의 규정에 의한 작성기준일로부터 20일 이내에 작성하여야 한다(소방공무원 승진임용 규정 시행규칙 제19조 제1항).
④ (✕) 소방령 이하 계급의 소방공무원에 대해서는 근무성적평정점 70퍼센트, 경력평정점 15퍼센트 및 교육훈련성적평정점 15퍼센트의 비율에 따라 계급별로 승진대상자명부를 작성해야 한다(소방공무원 승진임용 규정 제11조 제1항).

04 「소방공무원 승진임용 규정」 및 같은 법 시행규칙상 승진대상자명부 작성에 관한 내용으로 옳지 않은 것은?
*22 소방위 변형

① 승진대상자명부는 「소방공무원 승진임용 규정」에 의한 작성기준일부터 30일 이내에 작성하여야 한다.
② 소방경인 소방공무원의 근무성적평정점은 명부작성 기준일부터 최근 2년 이내에 해당 계급에서 4회 평정한 평정점의 평균으로 산정한다.
③ 승진임용되거나 승진후보자로 확정된 사람은 승진대상자명부에서 삭제하고, 해당 서식의 비고란에 승진임용일 또는 승진후보자로 확정된 날과 그 사유를 적는다.
④ 소방위인 소방공무원의 교육훈련성적평정점 중 직장훈련성적은 명부작성 기준일부터 최근 2년 이내에 해당 계급에서 4회 평정한 평정점의 평균으로 산정한다.

해설
① (✕) 승진대상자명부 및 승진대상자통합명부는 매년 4월 1일과 10월 1일을 기준으로 하여 작성한다(소방공무원 승진임용 규정 제11조 제4항). 그리고 작성기준일로부터 20일 이내에 작성하여야 한다(시행규칙 제19조 제1항).

정답 03. ③ 04. ①

소방승진 공무원법

05 다음 중 소방청장이 승진대상자명부를 작성하는 대상이 아닌 것은?

① 중앙소방학교 소속의 소방위인 소방공무원
② 중앙119구조본부 소속의 소방경인 소방공무원
③ 국립소방연구원 소속의 소방령인 소방공무원
④ 소방정인 지방소방학교장

[해설]
① (×) 중앙소방학교 소속의 소방위인 소방공무원은 중앙소방학교장이 작성한다.
• 소방청장이 작성 : 소방청 소속 소방공무원, 중앙소방학교·중앙119구조본부 소속 소방경 이상의 소방공무원, 국립소방연구원 소속의 소방령 이상인 소방공무원 및 소방정인 지방소방학교장

06 소방공무원의 계급별 승진대상자명부의 작성권자로 옳은 것은?

① 지방소방학교 소속 소방위 이하의 소방공무원은 시·도지사가 작성한다.
② 소방정인 지방소방학교장은 시·도지사가 작성한다.
③ 소방체험관 소속 소방위 이하의 소방공무원은 소방체험관장이 작성한다.
④ 국립소방연구원 소속 소방령인 소방공무원은 국립소방연구원장이 작성한다.

[해설]
① (×) 지방소방학교 소속 소방위 이하의 소방공무원은 지방소방학교장이 작성한다.
② (×) 소방정인 지방소방학교장은 소방청장이 작성한다.
④ (×) 국립소방연구원 소속 소방령인 소방공무원은 소방청장이 작성한다.

07 승진대상자명부 근무성적평정의 평정단위기간의 평정점이 없는 경우 평정점의 산정기준으로 옳지 않은 것은?

① 명부작성 기준일부터 가장 최근의 평정단위기간평정점이 없는 경우 : (그 직전에 평정한 평정단위기간평정점 + 45점)/2
② 명부작성 기준일부터 가장 오래된 평정단위기간평정점이 없는 경우 : (그 직후에 평정한 평정단위기간평정점 + 45점)/2
③ 위 ① 및 ②를 제외한 평정점이 없는 평정단위기간이 있는 경우 : 평정점이 없는 평정단위기간의 직전에 평정한 평정단위기간평정점의 평균점
④ 평정점이 없는 평정단위기간이 연속하여 2회 이상 있는 경우(각각의 평정점) : (연속하여 평정점이 없는 평정단위기간에 가장 가까운 최근의 평정단위기간평정점 + 45점)/2

[해설]
③ (×) ① 및 ②를 제외한 평정점이 없는 평정단위기간이 있는 경우 : 평정점이 없는 평정단위기간의 직전 및 직후에 평정한 평정단위기간평정점의 평균점(소방공무원 승진임용 규정 시행규칙 제19조 제4항)

[정답] 05. ① 06. ③ 07. ③

08 「소방공무원 승진임용 규정」 및 「소방공무원 승진임용 규정 시행규칙」상 승진대상자명부의 작성과 관련된 내용으로 옳지 않은 것은?
*23 소방교 변형

① 중앙소방학교 소속 소방위 이하 소방공무원의 승진대상자 명부는 중앙소방학교장이 작성한다.
② 소방령 이하 소방장 이상 계급의 소방공무원의 근무성적평정점은 명부작성 기준일부터 최근 2년 이내 해당 계급에서 4회 평정한 평정점의 평균으로 산정한다.
③ 승진대상자명부 작성 기준일로부터 가장 최근의 평정 단위기간의 직장훈련성적평정이 없는 경우에는 "(그 직전에 평정한 평정단위기간평정점+2.5점)/2"의 계산식으로 산정한 평정점을 그 평정단위기간의 평정점으로 한다.
④ 승진대상자명부 작성 기준일로부터 가장 오래된 평정 단위기간 체력검정성적 평정점이 없는 경우에는 "(그 직후에 평정한 평정단위기간평정점+2.5점)/2"의 계산식으로 산정한 평정점을 그 평정단위기간의 평정점으로 한다.

[해설]
③ (×) (그 직전에 평정한 평정단위기간평정점 + 2.67점)/2이다(소방공무원 승진임용 규정 시행규칙 제19조 제6항 1호).

09 소방교 이하 직장훈련성적 평정점 산정 방식으로 옳은 것은?
*21 소방교 변형

① 명부작성 기준일부터 최근 1년 이내에 해당 계급에서 2회 평정한 평정점의 평균
② 명부작성 기준일부터 최근 2년 이내에 해당 계급에서 4회 평정한 평정점의 평균
③ 명부작성 기준일부터 최근 2년 6개월 이내에 해당 계급에서 4회 평정한 평정점의 평균
④ 명부작성 기준일부터 최근 2년 6개월 이내에 해당 계급에서 6회 평정한 평정점의 평균

[해설]
소방령 이하 소방장 이상 계급의 소방공무원은 명부작성 기준일부터 최근 2년 이내에 해당 계급에서 4회 평정한 평정점의 평균이고, 소방교 이하 계급의 경우는 명부작성 기준일부터 최근 1년 이내에 해당 계급에서 2회 평정한 평정점의 평균이다(소방공무원 승진임용 규정 시행규칙 제19조 제5항 제1호).

정답 08. ③ 09. ①

소방승진 공무원법

10 승진대상자명부의 작성기준 등에 관한 설명으로 옳지 않은 것은?

① 승진대상자명부의 작성권자와 관할 승진심사위원회가 설치된 기관의 장이 다를 때에는 관할 승진심사위원회가 설치된 기관의 장이 작성권자가 작성한 승진대상자명부를 통합하여 선순위자 순으로 승진대상자통합명부를 작성한다.
② 소방교 이하의 근무성적평정점의 산정은 명부작성 기준일부터 최근 1년 이내에 해당 계급에서 2회 평정한 평정점의 평균으로 한다.
③ 소방정은 근무성적평정점 70퍼센트, 경력평정점 20퍼센트, 교육훈련성적평정점 10퍼센트의 비율로 작성한다.
④ 소방령 이하는 근무성적평정점 60퍼센트, 경력평정점 25퍼센트, 교육훈련성적평정점 15퍼센트의 비율로 작성한다.

해설
④ (×) 소방령 이하는 근무성적평정점 70퍼센트, 경력평정점 15퍼센트, 교육훈련성적평정점 15퍼센트의 비율로 작성한다(소방공무원 승진임용 규정 시행규칙 제19조 제3항).

11 소방령 이하 소방장 이상 계급의 승진대상자명부의 작성시 체력검정성적 평정점 산정 방식은?

① 명부작성 기준일부터 최근 3년 이내에 해당 계급에서 6회 평정한 평정점의 평균
② 명부작성 기준일부터 최근 2년 이내에 해당 계급에서 4회 평정한 평정점의 평균
③ 명부작성 기준일부터 최근 2년 6개월 이내에 해당 계급에서 최근 2회 평정한 평정점의 평균
④ 명부작성 기준일부터 최근 3년 6개월 이내에 해당 계급에서 최근 3회 평정한 평정점의 평균

해설
③ (○) 소방공무원 승진임용 규정 시행규칙 제19조 제5항 제2호

12 승진대상자명부의 총평정점이 같은 경우 선순위자 결정시 제1순위는? *21 소방교

① 근무성적평정점이 높은 사람
② 소방공무원으로 장기근무한 사람
③ 해당 계급에서 장기근무한 사람
④ 해당 계급의 바로 하위 계급에서 장기근무한 사람

해설
근무성적평정점이 높은 사람, 해당 계급에서 장기근무한 사람, 해당 계급의 바로 하위 계급에서 장기근무한 사람, 소방공무원으로 장기근무한 사람 순이다(소방공무원 승진임용 규정 제12조 제1항).

정답 10. ④ 11. ③ 12. ①

13 소방공무원 승진대상자명부의 총평정점이 같은 경우에 선순위자 결정순서로 옳은 것은?

19 소방위, 22 소방교

> ㄱ. 근무성적평정점이 높은 사람
> ㄴ. 소방공무원으로 장기근무한 사람
> ㄷ. 해당 계급에서 장기근무한 사람
> ㄹ. 해당 계급의 바로 하위 계급에서 장기근무한 사람

① ㄱ - ㄷ - ㄹ - ㄴ
② ㄱ - ㄹ - ㄷ - ㄴ
③ ㄷ - ㄹ - ㄱ - ㄴ
④ ㄹ - ㄷ - ㄱ - ㄴ

[해설]
승진대상자명부의 총평정점이 같은 경우에는 근무성적평정점이 높은 사람 ⇨ 해당 계급에서 장기근무한 사람 ⇨ 해당 계급의 바로 하위 계급에서 장기근무한 사람 ⇨ 소방공무원으로 장기근무한 사람의 순서에 따라 선순위자를 결정한다(소방공무원 승진임용 규정 제12조 제1항).

---

14 소방공무원의 승진제외자명부 작성에 관한 내용으로 옳은 것은?

① 승진임용의 제한사유에 해당되는 사람은 승진제외자명부를 작성하지 아니한다.
② 승진소요최저근무연수에 미달된 사람은 승진대상자명부와 별도 관리한다.
③ 승진제외자명부의 비고란에는 현 계급의 임용일자, 징계처분, 휴직 등 그 사유와 사유발생연월일을 청색으로 기재하여야 한다.
④ 시험부정행위를 하여 5년간 시험에 응시할 수 없는 사람은 승진제외자명부를 작성한다.

[해설]
① (×), ② (×), ④ (○) 승진제외자명부의 작성 대상자는 승진소요최저근무연수에 미달된 사람, 승진임용의 제한사유에 해당되는 사람, 시험부정행위를 하여 5년간 시험에 응시할 수 없는 사람이다. 승진제외자명부를 승진대상자명부의 뒷면에 합철한다(소방공무원 승진임용 규정 시행규칙 제19조 제2항).
③ (×) 승진제외자명부의 비고란에는 현 계급의 임용일자, 징계처분, 휴직 등 그 사유와 사유발생연월일을 적어야 한다(소방공무원 승진임용 규정 시행규칙 제19조 제2항).

---

15 승진대상자명부의 조정사유가 아닌 것은?

21 소방교

① 전출자나 전입자가 있는 경우
② 승진임용 제한사유가 소멸한 자가 있는 경우
③ 승진소요최저근무연수에 도달한 자가 있는 경우
④ 근무성적평정의 가점사유가 발생 또는 소멸한 자가 있는 경우

정답 13. ① 14. ④ 15. ④

소방승진 공무원법

> [해설]
> 승진대상자명부의 조정 사유(소방공무원 승진임용 규정 제13조 제1항)
> 1. 전출자나 전입자가 있는 경우
> 2. 퇴직자가 있는 경우
> 3. 승진소요최저근무연수에 도달한 자가 있는 경우
> 4. 제6조에 따른 승진임용의 제한 사유가 발생하거나 소멸한 사람이 있는 경우
> 5. 제8조 제5항에 따라 정기평정일 이후에 근무성적평정을 한 자가 있는 경우
> 6. 제23조에 따라 승진심사대상 제외 사유가 발생하거나 소멸한 사람이 있는 경우
> 7. 경력평정 또는 교육훈련성적평정을 한 후에 평정사실과 다른 사실이 발견되는 등의 사유로 재평정을 한 사람이 있는 경우
> 8. 승진임용되거나 승진후보자로 확정된 사람이 있는 경우
> 9. 승진대상자명부 작성의 단위를 달리하는 기관으로 전보된 경우

16 「소방공무원 승진임용 규정」 명문상 소방공무원의 승진대상자명부 조정사유에 해당하지 않는 것은?   *22 소방교

① 전출자나 전입자가 있는 경우
② 교육훈련을 받은 자가 있는 경우
③ 승진소요최저근무연수에 도달한 자가 있는 경우
④ 정기평정일 이후에 근무성적평정을 한 자가 있는 경우

> [해설]
> 소방공무원 승진임용 규정 제13조 제1항 ☞ 앞의 문제 해설 참고

17 소방공무원법상 승진대상자명부의 조정사유가 아닌 것은?

① 경력평정을 한 후에 평정사실과 다른 사실이 발견되는 등의 사유로 경력 재평정을 한 자가 있는 경우
② 승진대상자명부 작성의 단위를 같이하는 기관으로 전보된 경우
③ 정기평정일 이후에 근무성적평정을 한 자가 있는 경우
④ 승진소요최저근무연수에 도달한 자가 있는 경우

> [해설]
> ② (×) 승진대상자명부 작성의 단위를 달리하는 기관으로 전보된 경우이다(소방공무원 승진임용 규정 제13조 제1항 제9호).

[정답] 16. ② 17. ②

18 승진대상자명부의 조정에 대한 설명으로 옳지 않은 것은?

① 승진대상자명부의 조정은 승진심사 또는 승진시험을 실시하는 날의 전일까지 할 수 있다.
② 승진임용제한사유에 해당하는 사람은 승진대상자명부에서 삭제하고, 승진제외자명부에 추가하며, 그 사유를 해당 서식의 비고란에 각각 적는다.
③ 전·출입자가 있는 경우에 전출기관은 승진대상자명부에서 전출자를 삭제하고 그 전출자의 평정관계서류를 전입기관에 이관하며, 전입기관은 이관받은 평정관계서류에 의하여 승진대상자명부의 해당순위에 전입자를 기재한다.
④ 승진대상자명부를 조정한 경우에는 조정한 다음 날로부터 효력을 가진다

[해설]
④ (×) 승진대상자명부를 조정하거나 삭제한 경우에는 조정한 날로부터 효력을 가진다(소방공무원 승진임용 규정 제14조 단서).

19 승진대상자명부 작성기관의 장은 당해 계급의 승진심사를 실시하는 기관의 장에게 승진대상자명부를 언제까지 제출해야 하는가?

① 작성기준일로부터 7일 이내
② 작성기준일로부터 10일 이내
③ 작성기준일로부터 15일 이내
④ 작성기준일로부터 30일 이내

[해설]
승진대상자명부 작성기관의 장은 승진대상자명부 작성기준일로부터 30일 이내에 당해 계급의 승진심사를 실시하는 기관의 장에게 승진대상자명부를 제출하여야 한다(소방공무원 승진임용 규정 제15조 제1항).

20 승진대상자명부 작성기관의 장은 당해 계급의 승진심사를 실시하는 기관의 장에게 작성기준일로부터 30일 이내에 승진대상자명부를 제출해야 한다. 여기서 작성기준일로 옳은 것은?

① 승진심사 또는 승진시험을 실시하는 달의 전월 말일
② 시험승진의 경우에는 제1차 시험일의 전월 말일
③ 매년 4월 1일과 10월 1일
④ 매년 6월 30일과 12월 31일

[해설]
승진대상자명부 및 승진대상자통합명부는 매년 4월 1일과 10월 1일을 기준으로 하여 작성한다(소방공무원 승진임용 규정 제11조 제4항).

[정답] 18. ④ 19. ④ 20. ③

소방승진 공무원법

21 다음 중 승진대상자명부에 관한 내용으로 옳지 않은 것은?

① 승진대상자명부 작성기관의 장은 승진대상자명부 작성기준일로부터 30일 이내에 당해 계급의 승진심사를 실시하는 기관의 장에게 승진대상자명부를 제출하여야 한다.
② 승진대상자명부는 그 작성 기준일 다음날로부터 효력을 가진다.
③ 승진대상자명부를 조정하거나 삭제한 경우에는 조정한 다음 날로부터 효력을 가진다.
④ 승진대상자명부를 조정하거나 삭제한 경우에는 그 사유를 증명하는 서류를 첨부하여 즉시 제출하여야 한다.

해설
③ (×) 승진대상자명부를 조정하거나 삭제한 경우에는 조정한 날로부터 효력을 가진다(소방공무원 승진임용 규정 제14조 단서).

22 승진대상자명부의 효력발생시기에 관한 내용으로 옳은 것은?

① 승진대상자명부는 그 작성 기준일로부터 효력을 가진다.
② 승진대상자명부를 조정한 경우에는 조정한 날로부터 효력을 가진다.
③ 승진대상자명부를 삭제한 경우에는 삭제한 다음 날로부터 효력을 가진다.
④ 승진대상자명부를 조정하거나 삭제한 경우에는 사유 발생일에 효력을 가진다.

해설
승진대상자명부는 그 작성 기준일 다음날로부터 효력을 가진다. 다만, 제13조의 규정에 의하여 승진대상자명부를 조정하거나 삭제한 경우에는 조정한 날로부터 효력을 가진다(소방공무원 승진임용 규정 제14조).

정답 21. ③ 22. ②

CHAPTER 04 승진심사

1. 승진심사 시기

소방공무원의 승진심사는 연 1회 이상 승진심사위원회가 설치된 기관의 장이 정하는 날에 실시한다(소방공무원 승진임용 규정 제16조).

2. 승진심사의 대상

(1) 심사대상자의 수

승진심사는 제11조 제1항에 따른 승진대상자명부 또는 같은 조 제3항에 따른 승진대상자통합명부의 순위가 높은 사람부터 차례로 별표의 구분에 따른 수만큼의 사람을 대상으로 실시한다(제22조).

승진임용예정 인원수	승진심사 대상인 사람의 수
1 ~ 10명	승진임용예정 인원수 1명당 5배수
11명 이상	승진임용예정 인원수 10명을 초과하는 1명당 3배수 + 50명

※ 예 : 승진임용예정인원 12명 ⇨ 승진심사대상 = (2명×3) + 50명 = 56명

(2) 승진심사대상에서의 제외

승진심사위원회는 승진심사대상자로서 다음에 해당하는 자에 대하여는 그 심사대상에서 제외한다(제23조).

> 1. 제6조 제1항 각호의 1에 해당하는 자(註 : 승진임용이 제한되는 자)
> 2. 제36조 제1항의 규정에 의하여 승진시험에 응시할 수 없는 자(註 : 시험부정행위자)

3. 승진심사위원회

(1) 총칙

① 소방공무원법 제14조 제2항에 따른 승진심사를 하기 위하여 소방청에 중앙승진심사위원회를 두고, 소방청 및 대통령령으로 정하는 소속기관에 보통승진심사위원회를 둔다. 다만, 제6조 제3항 및 제4항에 따라 시·도지사가 임용권을 행사하는 경우에는 시·도에 보통승진심사위원회를 둔다(소방공무원법 제16조 제1항).

> **소방공무원 승진임용 규정 제18조(보통승진심사위원회의 구성)** ① 법 제16조 제1항 본문에서 "대통령령으로 정하는 소속기관"이란 중앙소방학교, 중앙119구조본부 및 국립소방연구원을 말한다.

② 제1항에 따라 설치된 승진심사위원회는 제14조 제3항에 따라 작성된 계급별 승진심사대상자명부의 선순위자 순으로 승진임용하려는 결원의 5배수의 범위에서 승진후보자를 심사·선발한다(제2항).

③ 제2항에 따라 승진후보자로 선발된 사람에 대해서는 승진심사위원회가 설치된 소속기관의 장이 각 계급별로 심사승진후보자명부를 작성한다(제3항).

④ 승진심사위원회의 구성·관할 및 운영에 필요한 사항은 대통령령으로 정한다(제4항).

(2) **위원회의 관할**(소방공무원 승진임용 규정 제19조)

1. 소방청 중앙승진심사위원회	소방청과 그 소속기관 소방공무원 및 소방정인 지방소방학교장의 소방준감으로의 승진심사
2. 소방청 보통승진심사위원회	소방청과 그 소속기관 소방공무원의 소방정 이하 계급으로의 승진심사(제4호 및 제5호의 승진심사위원회에서 관할하는 경우는 제외)
3. 시·도의 보통승진심사위원회	「소방공무원 임용령」 제3조 제1항 및 같은 조 제5항 제1호·제3호에 따라 시·도지사가 임용권을 행사하는 소방공무원의 승진심사 [임용령 제3조 제1항] 대통령이 '시·도 소속 소방령 이상의 소방공무원(소방본부장 및 지방소방학교장은 제외)에 대한 임용권'을 사도지사에게 위임 [임용령 제5항 제1호] 소방청장이 '시·도 소속 소방령 이상 소방준감 이하의 소방공무원(소방본부장 및 지방소방학교장은 제외)에 대한 전보, 휴직, 직위해제, 강등, 정직 및 복직에 관한 권한'을 사도지사에게 위임 [임용령 제5항 제3호] 소방청장이 '시·도 소속 소방경 이하의 소방공무원에 대한 임용권'을 사도지사에게 위임
4. 중앙소방학교·중앙119구조본부의 보통승진심사위원회	소속 소방공무원의 소방경 이하 계급으로의 승진심사
5. 국립소방연구원의 보통승진심사위원회	소속 소방공무원의 소방령 이하 계급으로의 승진심사

(3) **위원회의 구성**

① 중앙승진심사위원회의 구성

㉠ 위원장을 포함한 위원 5명 이상 7명 이하로 구성한다(소방공무원 승진임용 규정 제17조 제1항).

㉡ 위원은 승진심사대상자보다 상위 계급의 소방공무원 또는 외부 전문가 중에서 소방청장이 임명하거나 위촉하며, 위원장은 위원 중 소방청장이 지명한다(제3항).

㉢ 위원은 당해 승진심사기간중에는 2이상의 계급의 승진심사위원을 겸할 수 없다. 다만, 위원이 될 대상자가 부족하거나 특별승진심사의 경우에는 그러하지 아니하다(제4항).

㉣ 위원장은 승진심사위원회를 대표하고, 승진심사위원회의 사무를 총괄하며, 위원장이 부득이한 사유로 직무를 수행할 수 없는 때에는 위원장이 미리 지명한 위원이 그 직무를 대행한다(제5항).

ⓜ 승진심사위원회에 간사 1인과 서기 약간인을 둔다. 간사와 서기는 소속 인사담당공무원 중에서 당해 승진심사위원회가 설치된 기관의 장이 임명한다. 간사는 위원장의 명을 받아 심사위원회의 사무를 처리하며, 서기는 간사를 보조한다(제21조).

② 보통승진심사위원회의 구성
  ㉠ 위원장을 포함하여 5명 이상 9명 이하의 위원으로 구성한다(제18조 제2항).
  ㉡ 위원장 및 위원은 해당 보통승진심사위원회가 설치된 기관의 장이 다음 각 호의 구분에 따른 사람 중에서 임명하거나 위촉한다(제3항).

> 1. 소방청의 보통승진심사위원회는 승진심사대상자보다 상위 계급의 소방공무원 또는 외부 전문가
> 2. 시·도의 보통승진심사위원회는 승진심사대상자보다 상위 계급의 소방공무원 또는 외부 전문가
> 3. 중앙소방학교, 중앙119구조본부 및 국립소방연구원의 보통승진심사위원회는 승진심사대상자보다 상위계급의 소방공무원

  ㉢ 보통승진심사위원회의 위원은 해당 승진심사기간 중에는 둘 이상의 계급에 대한 승진심사위원을 겸할 수 없다. 다만, 위원이 될 대상자가 부족한 경우 또는 특별승진심사나 근속승진심사를 하는 경우에는 그러하지 아니하다(제4항).
  ㉣ 위원장은 승진심사위원회를 대표하고, 승진심사위원회의 사무를 총괄하며, 위원장이 부득이한 사유로 직무를 수행할 수 없는 때에는 위원장이 미리 지명한 위원이 그 직무를 대행한다(제5항).
  ㉤ 간사와 서기에 관해서는 위에서 본 중앙승진심사위원회와 같다.

(4) 위원회의 운영
  ① 회의소집
     승진심사위원회가 설치된 기관의 장이 필요하다고 인정할 때에 소집한다(제20조 제1항).
  ② 비공개회의 및 의결
     ㉠ 회의는 비공개로 한다(제3항).
     ㉡ 회의는 재적위원 3분의 2이상의 출석과 출석위원 과반수의 찬성으로 의결한다(제2항).

4. 승진심사의 실시

(1) 승진심사의 기준등
  ① 승진심사위원회는 승진심사대상자가 승진될 계급에서의 직무수행 능력을 평가하기 위하여 다음 각호의 사항을 심사한다(소방공무원 승진임용 규정 제24조 제1항).

> 1. 근무성과 : 현 계급에서의 근무성적평정, 경력평정, 교육훈련성적평정 등
> 2. 경험한 직책 : 현 계급에서의 근무부서 및 담당업무 등
> 3. 업무수행능력 및 인품 : 직무수행능력, 발전성, 국가관, 청렴도 등

② 제1항의 규정에 의한 사항의 평가기준 기타 심사절차에 관하여 필요한 사항은 행정안전부령으로 정한다(제2항).

(2) 승진심사자료

승진심사를 하려는 경우 다음 각 호의 서류를 갖추어야 한다(소방공무원 승진임용 규정 시행규칙 제21조).

- 승진심사계획서
- 승진심사대상자명부
- 승진심사 사전심의표(별지 제7호서식)
- 역량평가·다면평가 결과(실시한 경우에 한정)
- 청렴도조사 결과
- 승진심사요소에 대한 평가기준
- 개인별 인사기록
- 승진심사 대상자 자기역량기술서(별지 제7호의2서식)
- 기타 승진심사에 필요한 서류

(3) 승진심사장소

승진심사는 비밀이 보장되는 장소에서 실시하여야 하며, 그 장소에는 승진심사위원(위원장을 포함)·간사 및 서기외의 자가 접근하지 아니하도록 하여야 한다(제22조).

(4) 승진심사위원등의 준수사항등

① 임명·소집된 승진심사위원·간사 및 서기는 회의개시와 동시에 승진심사위원회가 설치된 기관의 장에게 서약서를 제출하여야 한다(제23조 제1항).

> **[서약내용]** "본인은 (   )승진심사업무에 종사함에 있어서 추호의 편견이나 정실에 흐름이 없이 소방업무의 발전과 공익의 증진을 위하여 부여된 업무를 성실히 수행할 것과 본 위원회에서 심의된 내용에 대하여는 누구에게도 누설하지 아니할 것을 엄숙히 서약합니다."

② 승진심사위원·간사 및 서기는 승진심사를 종료할 때까지 심사장소외의 장소에 출입하거나 외부와의 연락을 하여서는 아니된다(제2항).
③ 간사는 승진심사개시전에 승진심사수칙을 심사위원에게 배부하여 이를 주지하게 하여야 한다(제3항).
④ 간사와 서기는 당해승진심사위원회의 의결에 영향을 미치는 행위나 발언을 하여서는 아니된다(제4항).

(5) 승진심사의 평가기준

승진심사요소에 대한 평가는 객관평가와 위원평가로 구분하여 점수로 평가하며, 세부평가 기준 및 방법은 소방청장이 정한다(제24조).

객관평가	• 근무성과 : 현 계급에서의 근무성적평정, 경력평정, 교육훈련성적평정 등 • 경험한 직책 : 현 계급에서의 근무부서 및 담당업무 등
위원평가	• 업무수행능력 및 인품 : 직무수행능력, 발전성, 국가관, 청렴도 등

🚒 소방공무원 승진심사 기준(소방청예규)

1. 적용범위(제2조)
소방준감 이하로의 승진심사에 관하여 다른 법령 등에서 따로 정한 경우를 제외하고는 이 기준을 적용한다.

2. 승진후보자 선발 절차(제3조)

> 사전예고 → 자기역량(성과)기술서 작성·공개 → 청렴도 조사 → 역량평가 또는 다면평가(생략 가능) → 승진심사

3. 사전예고(제4조)
인사부서의 장은 승진심사를 실시하기 전에 ① 승진심사 예정계급 및 승진인원, ② 승진심사 대상자 명단(가나다 순), ③ 승진심사 절차 및 일정 등을 사전에 예고하여야 한다.

4. 자기역량기술서(제5조)
① 승진심사대상자는 당해계급 업무추진 실적을 자기역량기술서에 작성·제출하여야 한다.
② 인사부서의 장은 제출받은 자기역량기술서를 공개하여야 한다.
③ 자기역량기술서에 허위 또는 과대 사실이 있는 경우 승진심사 시 불이익을 주어야 한다.

5. 청렴도 조사(제6조)
① 인사부서의 장은 심사대상자에 대한 청렴도 조사를 위하여 감사·감찰부서의 장에게 청렴도 조사를 요청하여야 한다.
② 감사·감찰부서의 장은 심사대상자의 다음 각 호를 조사하여 그 결과를 인사부서의 장에게 통보하여야 한다.

> 1. 당해 계급의 징계처분사항, 수사기관 통보사항 및 업무관련 비리 등
> 2. 심사대상자 자기역량기술서 허위 또는 과장 제보에 대한 사실 여부
> 3. 그 밖에 인사부서의 장이 요구하는 사항

③ 청렴도 조사부서의 장은 조사함에 있어 청렴도 및 인품과 관련이 없는 단순 업무 과실 등의 사항은 조사결과로 통보되어서는 아니 된다.
④ 인사부서의 장은 통보된 청렴도 조사결과를 해당 승진심사위원장에게 제출하여야 한다.

6. 역량평가(제7조)
① 역량평가는 소방행정에 관한 전문지식과 경험 등이 풍부한 내·외부 전문가로 구성된 역량평가위원회에서 실시한다.
② 역량평가위원회는 위원장을 포함한 위원 3인 이상 7인 이하로 하되 대학교수 등 외부위원을 30퍼센트 이상으로 구성한다. 다만, 역량평가위원은 해당 계급의 승진심사위원과 겸임할 수 없다.
③ 역량평가는 심사대상자의 기획·문제해결 등의 역량을 평가하기 위하여 서류작성·발표·토론 등의 형식으로 실시한다

소방승진 공무원법

7. 승진심사 평가기준(제9조)

① 객관평가 점수는 승진대상자명부의 총 점수로 한다.
② 위원평가는 심사대상자의 직무수행능력·발전성·국가관·청렴도 등에 대하여 수·우·미·양·가로 구분하여 점수를 부여 후 보정지수를 이용하여 환산점으로 계산한다.
③ 객관평가 점수와 위원평가 환산점 및 「소방공무원 승진임용 규정 시행규칙」 제25조(註 : 승진심사의 절차 및 방법) 제2항의 사전심의 단계 점수의 산정에 관한 세부 기준은 별표1과 같다.

사전심의 단계 점수산정 세부기준(소방공무원 승진심사 기준 별표1)

1. 심사 항목 및 배점
    가. 객관평가 점수 : 승진대상자명부 상의 총 점수
    나. 위원평가 점수 : 직무수행능력·발전성·국가관·청렴도 등에 대하여 위원평가점수 부여
    다. 위원평가 환산점 : 위원평가 점수를 보정지수를 이용하여 환산점 계산
    라. 사전심의위원회 점수 = 객관평가 점수 + 위원평가 환산점

2. 위원평가 점수 기준
    가. 각 위원별로 다음 등급별 분포비율에 맞추어 심사대상자별 점수 부여

등 급	수	우	미	양	가
점 수	5점	4점	3점	2점	1점
심사대상자 분포비율	20%	20%	20%	20%	20%

※ 심사대상자 분포비율 인원 분배

		수	우	미	양	가
2명 일때	→	수(5점) 1명				가(1점) 1명
3명 일때	→	수(5점) 1명		미(3점) 1명		가(1점) 1명
4명 일때	→	수(5점) 1명	우(4점) 1명	미(3점) 1명		가(1점) 1명
	또는	수(5점) 1명		미(3점) 1명	양(2점) 1명	가(1점) 1명
5명 일때	→	〃 1명	〃 1명	〃 1명	〃 1명	〃 1명
6명 일때	→	〃 1명	〃 2명	〃 1명	〃 1명	〃 1명
	또는	〃 1명	〃 1명	〃 1명	〃 2명	〃 1명
7명 일때	→	〃 1명	〃 2명	〃 1명	〃 2명	〃 1명
8명 일때	→	〃 2명	〃 1명	〃 2명	〃 1명	〃 2명
9명 일때	→	〃 2명	〃 2명	〃 2명	〃 1명	〃 2명
	또는	〃 2명	〃 1명	〃 2명	〃 2명	〃 2명
10명 일때	→	〃 2명	〃 2명	〃 2명	〃 2명	〃 2명
11명 일때	→	〃 2명	〃 3명	〃 2명	〃 2명	〃 2명
	또는	〃 2명	〃 2명	〃 2명	〃 3명	〃 2명
12명 일때	→	〃 2명	〃 3명	〃 2명	〃 3명	〃 2명
13명 일때	→	〃 3명	〃 2명	〃 3명	〃 2명	〃 3명

    나. 심사대상자별로 각 위원이 부여한 점수 중 최고점과 최저점을 제외한 나머지 점수 합산(A)
    다. 위원평가 환산점

> 위원평가 환산점 = 각 위원이 부여한 합산점수(A) × 보정지수(β)

※ A는 각 위원 중 최고점과 최저점 제외한 합산점수임

※ 보정지수(β) 산정
  ○ 객관평가 점수 편차 : 심사대상자 중 객관평가 최고점과 최저점 차이
  ○ 보정지수(β) 산정

$$\text{보정지수}(\beta) = \frac{\text{객관평가 점수 편차(최고점 - 최저점)}}{(\text{평가위원 수} - 2) \times 3.9}$$

※ 보정지수는 소수점 셋째자리에서 반올림

3. 사전심의위원회 점수
  사전심의위원회 점수(계) = 객관평가 점수 + 위원평가 환산점

(6) 승진심사의 절차 및 방법

① 승진심사는 제21조의 규정에 의한 승진심사자료를 기초로 하여 2단계로 구분하여 실시한다(소방공무원 승진임용 규정 시행규칙 제25조 제1항).
② 제1단계 심사는 사전심의 단계로 다음 각 호의 순서에 따라 평가한다(제2항).

> 1. 승진심사대상자에 대하여 별지 제7호서식의 승진심사 사전심의표에 소방청장이 정하는 기준에 따라 점수 평가
> 2. 제1호에서 평가된 위원들의 점수를 별지 제7호의3서식에 의하여 집계한 후 보정지수를 적용하여 환산점수를 계산(보정지수는 제24조의 객관평가 최고점과 최저점의 편차)
> 3. 제2호의 심사환산점수와 제24조의 객관평가점수를 합산하여 고득점자 순으로 승진심사선발인원의 2배수 내외를 선정하고 별지 제7호의4서식의 승진심사 사전심의 결과서를 작성하여 제2단계 심사에 회부

③ 제2단계 심사는 본심사 단계로 제1단계 사전심의에서 승진심사 선발인원의 2배수 내외로 회부된 심사대상자에 대하여 심사위원 전원합의로 최종승진임용예정자를 선발(전원합의가 이루어지지 않으면 투표로 결정)한다. 이 경우 별지 제8호서식에 따른 승진심사 종합평가결과서를 작성한다(제3항).
④ 제1항부터 제3항까지의 규정에도 불구하고 소방준감으로의 승진심사 또는 예정인원수가 2명 이내인 승진심사의 경우 제1단계 사전심의를 생략하고 제2단계 본심사만으로 승진임용예정자를 선발할 수 있다(제4항).

소방공무원 승진심사 절차 및 방법(소방공무원 승진심사 기준 별표2)

1. 1단계 사전심의
  ① 간사는 심의위원에게 다음의 심의자료 제시
    - 인사기록 조사표(별지서식), 평가 점수기준(별표1), 자기역량기술서, 청렴도 조사결과 등
  ② 각 위원별 위원평가 실시

- 평가 점수기준(별표1)의 "2번"에 따라 위원별로 심사대상자 점수 부여
③ 위원장은 각 위원이 부여한 점수를 심사대상자별로 집계(합산)
　※ 집계시 각 위원이 부여한 점수 중 최고점과 최저점을 제외한 나머지 점수 합산
④ 위원장은 보정지수(β)를 이용 심사대상자별로 위원평가 환산점 계산
⑤ 위원장은 "승진심사 사전심의 위원점수 집계표(시행규칙 별지 제7호의3)"를 작성하여 각 위원에게 확인시키고 위원평가 환산점 의결(1차 의결)
⑥ 환산점 의결(1차 의결) 후 간사는 객관평가점수를 위원장에게 제출

> ⇒ 위원평가 환산점 의결(1차 의결) 이전에 객관평가점수 비공개 철저 유지
> 　※ 1차 의결 이전에 객관평가점수 공개시 무효(→ 위원회 재구성)

⑦ 위원장은 사전심의위원회 점수 산정(객관평가점수 + 위원평가 환산점)
⑧ 위원장은 사전심의위원회 점수 고득점 순으로 2배수를 최종 결정하고 "승진심사 사전심의 결과서(시행규칙 별지 제7호의4)"를 작성하여 각 위원 확인 후 의결(2차 의결) → 본심사에 회부

- 사전심의 선발인원(소수점 첫째자리 반올림) = 승진심사 예정인원 × 1.53

2단계 본심사 선발 (승진심사 예정 인원)	1	2	3	4	5	6	7	8	9	10	11	…
↑ 1단계 사전심의 선발인원	2	3	5	6	8	9	11	12	14	15	17	…
↑ 승진심사 대상 (8명이상일 때 3배수)	5	8	12	16	18	20	22	24	27	30	33	…

※ 사전심의 평가결과 선발 최하순위 동점자 발생 시 전원 선발

2. 2단계 본심사
① 사전심의에서 회부된 심사대상자를 대상으로 상위계급에의 적격성 등을 종합적으로 평가하여 승진임용예정자 최종 결정
② 승진임용예정자 및 임용순위는 심사위원 전원 합의에 의하되, 합의에 이르지 못하는 경우에는 무기명 투표로 결정하되, 투표로 선발된 자는 전원합의로 선발된 자보다 후순위에 위치해야 한다.

(7) 승진심사결과의 보고
① 승진심사위원회는 승진심사를 완료한 때에는 지체 없이 다음 각호의 서류를 작성하여 중앙승진심사위원회에 있어서는 소방청장에게, 보통승진심사위원회에 있어서는 당해 위원회가 설치된 기관의 장에게 보고하여야 한다(소방공무원 승진임용 규정 제25조 제1항).

1. 승진심사의결서
2. 승진심사종합평가서
3. 승진임용예정자로 선발된 자 및 선발되지 아니한 자의 명부

② 제1항 제3호의 규정에 의한 승진임용예정자로 선발된 자의 명부는 승진심사종합평가성적이 우수한 자 순으로 작성하여야 한다(제2항).

(8) **심사승진후보자의 승진임용**
① 심사승진후보자명부의 작성
㉠ 임용권자 또는 임용제청권자는 승진심사위원회에서 승진임용예정자로 선발된 자에 대하여 제25조 제2항에 따른 승진임용예정자 명부의 순위에 따라 심사승진후보자명부를 작성하여야 한다(제26조 제1항).
㉡ 임용권자 또는 임용제청권자는 심사승진후보자명부에 등재된 자가 승진임용되기 전에 감봉이상의 징계처분을 받은 경우에는 심사승진후보자명부에서 이를 삭제하여야 한다(제2항).
② 승진후보자의 승진임용등
㉠ 심사승진후보자와 시험승진후보자가 있을 때에는 승진임용인원의 60퍼센트를 심사승진후보자로 하고, 40퍼센트를 시험승진후보자로 한다(제27조 제1항).
㉡ 소방공무원을 승진임용함에 있어서는 심사승진후보자명부 및 시험승진후보자명부에 등재된 순위에 따라 임용하되, 각 후보자명부에 등재된 동일 순위자를 각각 다른 시기에 임용할 경우에는 심사승진후보자를 우선 임용하고 시험승진후보자를 임용하여야 한다. 다만, 특별승진후보자는 심사승진후보자 및 시험승진후보자에 우선하여 임용할 수 있다(제2항).
㉢ 심사승진임용은 제26조의 규정에 의한 심사승진후보자명부에 등재된 순위에 의한다(제3항).

출·제·예·상·문·제

🔥 소방승진 공무원법

01 소방공무원 승진심사의 시기 및 횟수에 대한 설명으로 옳은 것은?

① 연 1회 이상 승진심사위원회가 설치된 기관의 장이 정하는 날
② 연 2회 이상 승진심사위원회가 설치된 기관의 장이 정하는 날
③ 연 1회 이상 소방청장이 정하는 날
④ 연 2회 이상 임용권자가 정하는 날

해설
소방공무원의 승진심사는 연 1회 이상 승진심사위원회가 설치된 기관의 장이 정하는 날에 실시한다(소방공무원 승진임용 규정 제16조).

02 승진심사는 승진대상자명부 또는 승진대상자통합명부의 순위가 높은 사람부터 차례로 다음의 구분에 따른 수만큼의 사람을 대상으로 실시한다. 빈칸에 들어갈 숫자를 모두 더하면?

승진임용예정 인원수	승진심사 대상인 사람의 수
1 ~ (㉠)명	승진임용예정 인원수 1명당 (㉡)배수
(㉢)명 이상	승진임용예정 인원수 (㉣)명을 초과하는 1명당 (㉤)배수 + (㉥)명

① 67
② 78
③ 89
④ 92

해설
차례대로 10, 5, 11, 10, 3, 50이다(소방공무원 승진임용 규정 제22조, 별표).

03 「소방공무원 승진임용 규정」상 소방공무원 승진심사 시 승진임용예정 인원수가 12명일 경우 승진심사 대상인 사람의 수로 옳은 것은?   *23 소방교

① 36명
② 56명
③ 60명
④ 110명

해설
승진임용예정 인원수가 11명 이상인 경우는 "승진임용예정 인원수 10명을 초과하는 1명당 3배수 + 50명"으로 한다. 따라서 (2×3)+50=56명.

정답 01. ① 02. ③ 03. ②

04 승진심사위원회가 승진심사대상에서 제외해야 할 사람을 모두 고르면?

> ㉠ 정직 징계처분의 집행이 끝난 날부터 20개월이 지난 자
> ㉡ 징계의결 요구 중인 자
> ㉢ 시보임용 기간 중에 있는 사람
> ㉣ 시험부정행위자
> ㉤ 「소방공무원교육훈련규정」에 따른 지휘역량교육을 이수하지 아니한 사람

① ㉠, ㉡, ㉢, ㉣, ㉤
② ㉡, ㉢, ㉣, ㉤
③ ㉠, ㉢, ㉣, ㉤
④ ㉠, ㉡

[해설]
승진심사대상에서의 제외되는 자는 제6조 제1항 각호의 1에 해당하는 자(註: 승진임용이 제한되는 자), 제36조 제1항의 규정에 의하여 승진시험에 응시할 수 없는 자(註: 시험부정행위자)이다(소방공무원 승진임용 규정 제23조).
㉠(×) 정직 징계처분의 집행이 끝난 날부터 원칙적으로 18개월이 지나지 않은 자가 제외된다(소극행정, 음주운전, 성폭력 등의 경우는 6개월 가산).

05 「소방공무원 승진임용 규정」상 승진심사에 관한 내용으로 옳은 것은?   *23 소방위

① 소방공무원의 승진심사는 연 2회 이상 승진심사위원회가 설치된 기관의 장이 정하는 날에 실시한다.
② 음주운전으로 정직 3개월 처분을 받은 소방공무원은 그 징계처분의 집행이 끝난 날부터 24개월이 지나지 않은 경우 승진임용을 할 수 없다.
③ 소방청과 그 소속기관 소방공무원 및 소방정인 지방소방학교장의 소방준감으로의 승진심사는 소방청 보통 승진심사위원회에서 실시한다.
④ 승진심사위원회의 회의는 재적위원 과반수 이상의 출석과 출석위원 과반수의 찬성으로 의결한다.

[해설]
① (×) 소방공무원의 승진심사는 연 1회 이상 승진심사위원회가 설치된 기관의 장이 정하는 날에 실시한다(소방공무원 승진임용 규정 제16조).
② (○) 정직의 승진임용 제한기간은 18개월이고, 음주운전의 경우 6개월을 더한다.
③ (×) 소방청 중앙승진심사위원회가 소방청과 그 소속기관 소방공무원 및 소방정인 지방소방학교장의 소방준감으로의 승진심사에 대한 관할을 갖는다(제19조 참고).
④ (×) 회의는 재적위원 3분의 2이상의 출석과 출석위원 과반수의 찬성으로 의결한다(제20조 제2항).

[정답] 04. ②   05. ②

소방승진 공무원법

06 소방공무원 승진심사위원회에 관한 내용으로 옳지 않은 것은?

① 시·도지사가 임용권을 행사하는 경우에는 시·도에 보통승진심사위원회를 둔다.
② 소방청, 중앙소방학교, 중앙119구조본부 및 국립소방연구원에 보통승진심사위원회를 둔다.
③ 승진심사위원회는 계급별 승진심사대상자명부의 선순위자 순으로 승진임용하려는 결원의 5배수의 범위에서 승진후보자를 심사선발한다
④ 승진후보자로 선발된 사람에 대해서는 소방청장이 각 계급별로 심사승진후보자명부를 작성한다.

해설
④ (×) 승진후보자로 선발된 사람에 대해서는 승진심사위원회가 설치된 소속기관의 장이 각 계급별로 심사승진후보자명부를 작성한다(소방공무원법 제16조 제3항).

07 소방청 보통승진심사위원회에서 승진심사할 수 있는 대상으로 옳은 것은?

① 중앙119구조본부 소속 소방공무원의 소방정으로의 승진심사
② 중앙소방학교 소속 소방공무원의 소방경으로의 승진심사
③ 소방정인 지방소방학교장의 소방준감으로의 승진심사
④ 국립소방연구원 소속 소방공무원의 소방령으로의 승진심사

해설
① (○) 소방청 보통승진심사위원회는 소방청과 그 소속기관 소방공무원의 소방정 이하 계급으로의 승진심사(단, 중앙소방학교, 중앙119구조본부, 국립소방연구원 보통승진심사위원회의 관할은 제외)
② (×) 중앙소방학교 소속 소방공무원의 소방경 이하 계급으로의 승진심사는 중앙소방학교 보통승진심사위원회
③ (×) 소방청 중앙승진심사위원회
④ (×) 국립소방연구원 소속 소방공무원의 소방령 이하 계급으로의 승진심사는 국립소방연구원 보통승진심사위원회

08 「소방공무원 승진임용 규정」상 소방공무원 승진심사위원회의 관할에 관한 내용으로 옳지 않은 것은?   *22 소방위

① 중앙소방학교 보통승진심사위원회에서는 소속 소방공무원의 소방경 이하 계급으로의 승진심사를 실시한다.
② 시·도지사가 임용권을 행사하는 시·도 소속 소방경 이하 소방공무원의 승진심사는 시·도의 보통승진심사위원회의 관할이다.
③ 국립소방연구원, 중앙119구조본부의 보통승진심사위원회에서는 소속 소방공무원의 소방령 이하 계급으로의 승진심사를 실시한다.
④ 소방청에 설치된 중앙승진심사위원회에서는 소방청과 그 소속기관 소방공무원 및 소방정인 지방소방학교장의 소방준감으로의 승진심사를 실시한다.

정답 06. ④ 07. ① 08. ③

해설
③ (×) 중앙119구조본부의 보통승진심사위원회는 소속 소방공무원의 소방경 이하 계급으로의 승진심사를 실시한다(소방공무원 승진임용 규정 제19조 참고).

09 소방공무원 중앙승진심사위원회의 구성 등에 관한 내용으로 옳지 않은 것은?

① 위원장을 포함한 위원 5명 이상 7명 이하로 구성한다.
② 위원은 승진심사대상자보다 상위 계급의 소방공무원 또는 외부 전문가 중에서 소방청장이 임명하거나 위촉하며, 위원장은 위원 중 소방청장이 지명한다.
③ 위원은 당해 승진심사기간중에는 원칙적으로 2이상의 계급의 승진심사위원을 겸할 수 없다.
④ 위원장이 부득이한 사유로 직무를 수행할 수 없는 때에는 소방청장이 지명하는 위원이 그 직무를 대행한다.

해설
④ (×) 원장이 부득이한 사유로 직무를 수행할 수 없는 때에는 위원장이 미리 지명한 위원이 그 직무를 대행한다(소방공무원 승진임용 규정 제17조 제5항).

10 소방공무원 승진심사위원회의 위원장 및 위원으로 임명 또는 위촉될 수 없는 사람은?

① 중앙승진심사위원회 : 외부 전문가
② 중앙소방학교, 중앙119구조본부의 보통승진심사위원회 : 외부 전문가
③ 시·도의 보통승진심사위원회 : 승진심사대상자보다 상위 계급의 소방공무원
④ 소방청의 보통승진심사위원회 : 외부 전문가

해설
① (○) 중앙승진심사위원회 : 승진심사대상자보다 상위 계급의 소방공무원 또는 외부 전문가
② (×) 중앙소방학교, 중앙119구조본부 및 국립소방연구원의 보통승진심사위원회 : 승진심사대상자보다 상위계급의 소방공무원
④ (○) 소방청의 보통승진심사위원회 : 승진심사대상자보다 상위 계급의 소방공무원 또는 외부 전문가
③ (○) 시도의 보통승진심사위원회 : 승진심사대상자보다 상위 계급의 소방공무원 또는 외부 전문가

정답 09. ④ 10. ②

소방승진 공무원법

11 「소방공무원 승진임용 규정」상 보통승진심사위원회의 구성에 관한 내용으로 옳지 않은 것은?

*24 소방위

① 중앙소방학교, 중앙119구조본부 및 국립소방연구원의 보통승진심사위원회는 위원장을 포함하여 5명 이상 9명 이하의 위원으로 구성한다.
② 시·도의 보통승진심사위원회는 승진심사대상자보다 상위 계급의 소방공무원 또는 외부 전문가 중에서 임명하거나 위촉한다.
③ 중앙소방학교, 중앙119구조본부 및 국립소방연구원의 보통승진심사위원회는 승진심사대상자보다 상위계급의 소방공무원 중에서 임명하거나 위촉한다.
④ 보통승진심사위원회의 위원은 해당 승진심사기간 중에는 둘 이상의 계급에 대한 승진심사위원을 겸할 수 있다. 다만, 특별승진심사나 근속승진심사를 하는 경우에는 그러하지 아니하다.

[해설]
④ (×) 보통승진심사위원회의 위원은 해당 승진심사기간 중에는 둘 이상의 계급에 대한 승진심사위원을 겸할 수 없다. 다만, 위원이 될 대상자가 부족한 경우 또는 특별승진심사나 근속승진심사를 하는 경우에는 그러하지 아니하다(소방공무원 승진임용 규정 제18조 제4항).

12 소방공무원 승진심사회원회의 구성 및 운영에 관한 내용으로 옳지 않은 것은?

① 시·도 보통승진심사위원회의 위원은 승진심사대상자보다 상위 계급의 소방공무원 또는 외부 전문가 중에서 위촉한다.
② 중앙승진심사위원회의 위원은 해당 승진심사기간 중에는 둘 이상의 계급에 대한 승진심사위원을 겸할 수 없다. 다만, 위원이 될 대상자가 부족한 경우 또는 특별승진심사나 근속승진심사를 하는 경우에는 그러하지 아니하다.
③ 승진심사위원회가 설치된 기관의 장이 필요하다고 인정할 때에 회의를 소집한다.
④ 회의는 비공개로 하며, 재적위원 3분의 2이상의 출석과 출석위원 과반수의 찬성으로 의결한다.

[해설]
② (×) 중앙승진심사위원회의 위원은 해당 승진심사기간중에는 2이상의 계급의 승진심사위원을 겸할 수 없다. 다만, 위원이 될 대상자가 부족하거나 특별승진심사의 경우에는 그러하지 아니하다(소방공무원 승진임용 규정 제17조 제4항).

정답 11. ④ 12. ②

13 「소방공무원 승진임용 규정」상 승진심사위원회의 회의 및 간사 등에 관한 내용으로 옳지 않은 것은?
*24 소방교

① 승진심사위원회에 간사 1인과 서기 약간인을 둔다.
② 회의는 재적위원 3분의 2 이상의 출석과 출석위원 과반수의 찬성으로 의결한다.
③ 승진심사위원회는 승진심사위원회가 설치된 기관의 장이 필요하다고 인정할 때에 소집한다.
④ 간사와 서기는 소속 인사담당공무원 중에서 당해 승진심사위원회가 설치된 위원장이 임명한다.

해설
④ (×) 간사와 서기는 소속 인사담당공무원중에서 당해 승진심사위원회가 설치된 기관의 장이 임명한다(소방공무원 승진임용 규정 제21조 제2항).

14 승진심사에 관한 설명으로 옳지 않은 것은?
*20 소방위

① 심사승진후보자명부에 등재된 자가 승진임용되기 전에 견책 이상의 징계처분을 받은 경우에는 심사승진후보자명부에서 이를 삭제하여야 한다.
② 심사승진후보자와 시험승진후보자가 있을 때에는 승진임용인원의 60퍼센트를 심사승진후보자로 하고, 40퍼센트를 시험승진후보자로 한다.
③ 승진심사요소에 대한 평가는 객관평가와 위원평가로 구분하여 점수로 평가하며, 세부평가 기준 및 방법은 소방청장이 정한다.
④ 위원평가의 기준으로 직무수행능력, 발전성, 국가관, 청렴도 등이 있다.

해설
① (×) 심사승진후보자명부에 등재된 자가 승진임용되기 전에 감봉 이상의 징계처분을 받은 경우에는 심사승진후보자명부에서 이를 삭제하여야 한다(소방공무원 승진임용 규정 제25조 제2항).

15 소방공무원 승진심사의 객관평가 내용이 아닌 것은?

① 교육훈련성적평정
② 현 계급에서의 근무부서 및 담당업무
③ 직무수행능력, 발전성, 국가관, 청렴도
④ 현 계급에서의 근무부서

해설

객관평가	• 근무성과 : 현 계급에서의 근무성적평정, 경력평정, 교육훈련성적평정 등 • 경험한 직책 : 현 계급에서의 근무부서 및 담당업무 등
위원평가	• 업무수행능력 및 인품 : 직무수행능력, 발전성, 국가관, 청렴도 등

정답 13. ④ 14. ① 15. ③

소방승진 공무원법

16 소방공무원 승진심사위원회의 심사기준으로 보기 어려운 것은? *20 소방교

① 현 계급에서의 근무성적평정
② 소방공무원으로서의 적성
③ 발전성, 국가관, 청렴도
④ 현 계급에서의 근무부서 및 담당업무

해설
승진심사위원회는 승진심사대상자가 승진될 계급에서의 직무수행 능력을 평가하기 위하여 다음 각호의 사항을 심사한다(소방공무원 승진임용 규정 제24조 제1항). * 위 문제 해설 참고

17 소방공무원의 승진심사는 연 1회 이상 승진심사위원회가 설치된 기관의 장이 정하는 날에 실시한다. 이에 따라 승진심사를 하려는 경우 갖추어야 할 승진심사자료에 해당하지 않는 것은?

① 승진심사 사전심의표
② 근무성적평정표
③ 승진심사 대상자 자기역량기술서
④ 청렴도조사 결과

해설
승진심사를 하려는 경우 다음 각 호의 서류를 갖추어야 한다(소방공무원 승진임용 규정 시행규칙 제21조).

- 승진심사계획서
- 승진심사대상자명부
- 승진심사 사전심의표
- 역량평가·다면평가 결과(실시한 경우에 한정)
- 기타 승진심사에 필요한 서류
- 승진심사요소에 대한 평가기준
- 개인별 인사기록
- 승진심사 대상자 자기역량기술서
- 청렴도조사 결과

18 소방공무원 승진심사에 관한 내용으로 옳지 않은 것은?

① 승진심사는 비밀이 보장되는 장소에서 실시하여야 하며, 그 장소에는 승진심사위원(위원장을 포함)·간사 및 서기외의 자가 접근하지 아니하도록 하여야 한다.
② 임명·소집된 승진심사위원·간사 및 서기는 회의개시와 동시에 승진심사위원회가 설치된 기관의 장에게 서약서를 제출하여야 한다.
③ 승진심사위원·간사 및 서기는 승진심사를 종료할 때까지 심사장소외의 장소에 출입하거나 외부와의 연락을 하여서는 아니된다.
④ 승진심사위원·간사 및 서기는 당해승진심사위원회의 의결에 영향을 미치는 행위나 발언을 하여서는 아니된다.

정답 16. ② 17. ② 18. ④

해설
④ (×) 간사와 서기는 당해승진심사위원회의 의결에 영향을 미치는 행위나 발언을 하여서는 아니된다(소방공무원 승진임용 규정 시행규칙 제23조 제4항).

19 「소방공무원 승진심사 기준」상 승진후보자 선발 절차로 옳은 것은?

① 사전예고 → 역량평가 또는 다면평가(생략 가능) → 자기역량(성과)기술서 작성·공개 → 청렴도 조사 → 승진심사
② 사전예고 → 청렴도 조사 → 자기역량(성과)기술서 작성·공개 → 역량평가 또는 다면평가(생략 가능) → 승진심사
③ 사전예고 → 자기역량(성과)기술서 작성·공개 → 청렴도 조사 → 역량평가 또는 다면평가(생략 가능) → 승진심사
④ 사전예고 → 자기역량(성과)기술서 작성·공개 → 역량평가 또는 다면평가(생략 가능) → 청렴도 조사 → 승진심사

해설
③ (○) 소방공무원 승진심사 기준 제3조

20 「소방공무원 승진심사 기준」상 승진심사 평가기준으로 옳지 않은 것은?

① 사전심의위원회 점수는 객관평가 점수와 위원평가 환산점을 합한 점수로 한다.
② 객관평가 점수는 승진대상자명부의 총 점수로 한다.
③ 위원평가는 심사대상자의 직무수행능력·발전성·국가관·청렴도 등에 대하여 수·우·미·양으로 구분하여 점수를 부여 후 보정지수를 이용하여 환산점으로 계산한다.
④ 위원평가 환산점 계산에 사용되는 합산점수는 각 위원이 부여한 점수 중 최고점과 최저점을 제외한 나머지 점수로 한다.

해설
③ (×) 위원평가는 심사대상자의 직무수행능력·발전성·국가관·청렴도 등에 대하여 수·우·미·양·가로 구분하여 점수를 부여 후 보정지수를 이용하여 환산점으로 계산한다(소방공무원 승진심사 기준 제9조).

정답 19. ③　20. ③

소방승진 공무원법

21 승진심사대상자가 7명일 때 각 위원별로 심사대상자별 점수부여 방식은?

	소	우	미	양	가
①	1명	2명	1명	2명	1명
②	2명	1명	1명	2명	1명
③	1명	1명	3명	1명	1명
④	1명	2명	2명	1명	1명

해설
① (○) 소방공무원 승진심사 기준 별표1

22 「소방공무원 승진임용 규정 시행규칙」상 승진심사 장소 등에 대한 내용으로 옳지 않은 것은?   *24 소방교

① 승진심사는 승진심사자료를 기초로 하여 2단계로 구분하여 실시한다.
② 위원장은 승진심사개시 전에 승진심사수칙을 심사위원에게 배부하여 이를 주지하게 하여야 한다.
③ 승진심사요소에 대한 평가는 객관평가와 위원평가로 구분하여 점수로 평가하며, 세부평가기준 및 방법은 소방청장이 정한다.
④ 승진심사는 비밀이 보장되는 장소에서 실시하여야 하며, 그 장소에는 승진심사위원(위원장 포함한다)·간사 및 서기 외의 자가 접근하지 아니하도록 하여야 한다.

해설
② (×) 간사는 승진심사개시전에 별표 7의 승진심사수칙을 심사위원에게 배부하여 이를 주지하게 하여야 한다(소방공무원 승진임용 규정 시행규칙 제23조 제3항).

23 승진심사절차에서 제1단계 사전심의를 생략하고 제2단계 본심사만으로 승진임용예정자를 선발할 수 있는 경우는?

① 소방정으로의 승진심사 또는 예정인원수가 2명 이내인 승진심사
② 소방정으로의 승진심사 또는 예정인원수가 3명 이내인 승진심사
③ 소방준감으로의 승진심사 또는 예정인원수가 2명 이내인 승진심사
④ 소방준감으로의 승진심사 또는 예정인원수가 3명 이내인 승진심사

정답 21. ①   22. ②   23. ③

해설
제2단계 심사는 본심사 단계로 제1단계 사전심의에서 승진심사 선발인원의 2배수 내외로 회부된 심사대상자에 대하여 심사위원 전원합의로 최종승진임용예정자를 선발(전원합의가 이루어지지 않으면 투표로 결정)한다(소방공무원 승진임용 규정 시행규칙 제25조 제3항). 제1항부터 제3항까지의 규정에도 불구하고 소방준감으로의 승진심사 또는 예정인원수가 2명 이내인 승진심사의 경우 제1단계 사전심의를 생략하고 제2단계 본심사만으로 승진임용예정자를 선발할 수 있다(제4항).

24 승진심사의 절차 및 방법에 관한 내용으로 옳지 않은 것은?

① 승진심사자료를 기초로 하여 2단계로 구분하여 실시한다.
② 1단계 심사에서는 심사환산점수와 객관평가점수를 합산하여 고득점자 순으로 승진심사선발인원의 2배수 내외를 선정하고 승진심사 사전심의 결과서를 작성하여 제2단계 심사에 회부한다.
③ 제2단계 심사는 회부된 심사대상자에 대하여 심사위원의 투표로 최종승진임용예정자를 선발한다.
④ 소방준감으로의 승진심사 또는 예정인원수가 2명 이내인 승진심사의 경우 제1단계 사전심의를 생략하고 제2단계 본심사만으로 승진임용예정자를 선발할 수 있다.

해설
③ (×) 제2단계 심사는 본심사 단계로 제1단계 사전심의에서 승진심사 선발인원의 2배수 내외로 회부된 심사대상자에 대하여 심사위원 전원합의로 최종승진임용예정자를 선발(전원합의가 이루어지지 않으면 투표로 결정)한다. 이 경우 별지 제8호서식에 따른 승진심사 종합평가결과서를 작성한다(소방공무원 승진임용 규정 시행규칙 제25조 제3항).

25 소방공무원 승진심사 절차 중 1단계 사전심의의 방법으로 옳지 않은 것은?

① 간사는 심의위원에게 인사기록 조사표, 평가 점수기준, 자기역량기술서, 청렴도 조사결과 등 심의자료를 제시한다.
② 위원장은 각 위원이 부여한 점수를 심사대상자별로 집계한다. 이 경우 각 위원이 부여한 점수 중 최고점과 최저점을 제외한 나머지 점수를 합산한다.
③ 위원장은 보정지수(β)를 이용하여 심사대상자별로 위원평가 환산점을 계산한다.
④ 간사가 객관평가점수를 위원장에게 제출한 후 위원장은 환산점 의결(1차 의결)을 한다.

해설
④ (×) 환산점 의결(1차 의결) 후 간사는 객관평가점수를 위원장에게 제출한다. 위원평가 환산점 의결 (1차 의결) 이전에 객관평가점수 비공개를 철저 유지하며, 1차 의결 이전에 객관평가점수 공개시 승진심사를 무효로 하고 위원회를 재구성한다.

정답 24. ③ 25. ④

> 소방승진 공무원법

26 소방공무원 승진임용 규정에 따른 승진심사결과의 보고에 관한 내용으로 옳지 않은 것은?

① 승진임용예정자로 선발된 자의 명부는 승진심사종합평가성적이 우수한 자 순으로 작성해야 한다
② 승진심사위원회는 승진심사를 완료한 때에는 5일 이내에 승진심사의결서, 승진심사종합평가서를 작성하여 보고해야 한다.
③ 중앙승진심사위원회에 있어서는 소방청장에게 승진심사결과를 보고해야 한다.
④ 보통승진심사위원회에 있어서는 당해 위원회가 설치된 기관의 장에게 보고해야 한다.

[해설]
② (×) 승진심사위원회는 승진심사를 완료한 때에는 지체 없이 다음 각호의 서류를 작성하여 중앙승진심사위원회에 있어서는 소방청장에게, 보통승진심사위원회에 있어서는 당해 위원회가 설치된 기관의 장에게 보고하여야 한다(소방공무원 승진임용 규정 제25조 제1항).

27 소방공무원 보통승진심사위원회가 승진심사를 완료한 때에 지체없이 당해 위원회가 설치된 기관의 장에게 보고하여야 할 서류가 아닌 것은?

① 승진심사의결서
② 승진심사종합평가서
③ 인사기록 조사표 등 심의자료
④ 승진임용예정자로 선발되지 아니한 자의 명부

[해설]
승진심사의결서, 승진심사종합평가서, 승진임용예정자로 선발된 자 및 선발되지 아니한 자의 명부를 보고한다(소방공무원 승진임용 규정 제25조 제1항).

28 소방공무원 승진임용 규정에서 정하는 심사승진후보자의 승진임용비율 등에 관한 내용으로 옳지 않은 것은?

① 심사승진후보자와 시험승진후보자가 있을 때에는 시험승진후보자의 인원을 6할로 한다.
② 심사승진후보자명부 및 시험승진후보자명부에 등재된 순위에 따라 임용한다.
③ 각 후보자명부에 등재된 동일 순위자를 각각 다른 시기에 임용할 경우에는 심사승진후보자를 우선 임용하고 시험승진후보자를 임용하여야 한다.
④ 특별승진후보자는 심사승진후보자 및 시험승진후보자에 우선하여 임용할 수 있다.

[해설]
① (×) 심사승진후보자와 시험승진후보자가 있을 때에는 승진임용인원의 60퍼센트를 심사승진후보자로 하고, 40퍼센트를 시험승진후보자로 한다(소방공무원 승진임용 규정 제27조).

정답 26. ② 27. ③ 28. ①

29 심사승진후보자의 승진임용에 관한 내용으로 옳지 않은 것은?

① 임용권자 또는 임용제청권자는 심사승진후보자명부에 등재된 자가 승진임용되기 전에 감봉 이상의 징계처분을 받은 경우에는 심사승진후보자명부에서 이를 삭제하여야 한다.
② 임용권자 또는 임용제청권자는 승진심사위원회에서 승진임용예정자로 선발된 자에 대하여 승진임용예정자 명부의 순위에 따라 심사승진후보자명부를 작성하여야 한다.
③ 심사승진후보자명부와 시험승진후보자명부에 등재된 동일 순위자를 각각 다른 시기에 임용할 경우에는 시험승진후보자를 우선 임용하고 심사승진후보자를 임용하여야 한다
④ 특별승진후보자는 심사승진후보자 및 시험승진후보자에 우선하여 임용할 수 있다.

[해설]
소방공무원을 승진임용함에 있어서는 심사승진후보자명부 및 시험승진후보자명부에 등재된 순위에 따라 안분하여 임용하되, 각 후보자명부에 등재된 동일 순위자를 각각 다른 시기에 임용할 경우에는 심사승진후보자를 우선 임용하고 시험승진후보자를 임용하여야 한다. 다만, 특별승진후보자는 심사승진후보자 및 시험승진후보자에 우선하여 임용할 수 있다(소방공무원 승진임용 규정 제27조 제2항).

정답 29. ③

CHAPTER 05 승진시험

1. 계급별 실시의 원칙

소방공무원의 승진시험은 계급별로 실시한다(소방공무원 승진임용 규정 제28조).

2. 시험실시기관

(1) 소방청장

소방공무원의 신규채용시험 및 승진시험과 소방간부후보생 선발시험은 소방청장이 실시한다. 다만, 소방청장이 필요하다고 인정할 때에는 대통령령으로 정하는 바에 따라 그 권한의 일부를 시·도지사 또는 소방청 소속기관의 장에게 위임할 수 있다(소방공무원법 제11조).

(2) 시·도지사

① 법 제11조 단서에 따라 소방청장은 시·도 소속 소방공무원의 소방장 이하 계급으로의 시험 실시에 관한 권한을 시·도지사에게 위임한다(소방공무원 승진임용 규정 제29조 제1항).
② 시·도지사는 제1항에 따라 시험을 실시하는 경우 시험의 문제출제를 소방청장에게 의뢰할 수 있다. 이 경우 문제출제를 위한 비용 부담 등에 필요한 사항은 시·도지사와 소방청장이 협의하여 정한다(제2항).

3. 응시자격

다음의 요건을 갖춘 사람은 해당 계급의 시험에 응시할 수 있다(소방공무원 승진임용 규정 제30조)

> 1. 제1차시험 실시일 현재 제5조 제1항의 규정에 의한 승진소요최저근무연수에 달할 것
>   * 3년(소방정), 2년(소방령, 소방경), 1년(소방위, 소방장, 소방교, 소방사)
> 2. 제6조 제1항의 규정에 의한 승진임용의 제한을 받은 자가 아닐 것

4. 시험의 시행 및 공고 등

(1) 시행일

시험은 소방청장 또는 소방공무원 승진임용 규정 제29조 제1항에 따라 시험실시권의 위임을 받은 자가 정하는 날에 실시한다(소방공무원 승진임용 규정 제31조 제1항).

(2) 시행공고

시험을 실시하고자 할 때에는 그 일시·장소 기타 시험의 실시에 관하여 필요한 사항을 시험실시 20일전까지 공고하여야 한다(제2항).

(3) 응시자와 소속기관장의 제출서류

승진시험에 응시하려는 사람은 응시원서를 기재하여 소속기관의 장 또는 시험실시권자에게 제출하고, 소속기관의 장은 승진시험요구서를 기재하여 시험실시권자에게 제출하여야 한다(소방공무원 승진임용 규정 시행규칙 제30조).

5. 시험의 실시

(1) 시험의 방법 및 절차
① 시험은 제1차시험과 제2차시험으로 구분하여 실시한다. 다만, 시험실시권자가 필요하다고 인정할 때에는 제2차시험을 실시하지 아니할 수 있다(소방공무원 승진임용 규정 제32조 제1항).
② 제1차시험은 선택형 필기시험으로 하는 것을 원칙으로 하되, 과목별로 기입형을 포함할 수 있다(제2항).
③ 제2차시험은 면접시험으로 하되, 직무수행에 필요한 응용능력과 적격성을 검정한다(제4항).
④ 제1차시험에 합격되지 아니하면 제2차시험에 응시할 수 없다(제5항).

(2) 필기시험과목(소방공무원 승진임용 규정 시행규칙 별표8)

구분	과목수	필기시험과목
소방령 및 소방경 승진시험	3	행정법, 소방법령Ⅰ·Ⅱ·Ⅲ, 선택1(행정학, 조직학, 재정학)
소방위 승진시험	3	행정법, 소방법령Ⅳ, 소방전술
소방장 승진시험	3	소방법령Ⅱ, 소방법령Ⅲ, 소방전술
소방교 승진시험	3	소방법령Ⅰ, 소방법령Ⅱ, 소방전술

■ 비고
  1. 소방법령Ⅰ : 소방공무원법(같은 법 시행령 및 시행규칙을 포함한다. 이하 같다)
  2. 소방법령Ⅱ : 소방기본법, 소방시설 설치 및 관리에 관한 법률 및 화재의 예방 및 안전관리에 관한 법률
  3. 소방법령Ⅲ : 위험물안전관리법, 다중이용업소의 안전관리에 관한 특별법
  4. 소방법령Ⅳ : 소방공무원법, 위험물안전관리법
  5. 소방전술 : 화재진압·구조·구급 관련 업무수행을 위한 지식·기술 및 기법 등

(4) 시험의 합격결정

(1) 단계별 결정 방식(소방공무원 승진임용 규정 제34조 제1항~제4항)

제1차시험	매과목 만점의 40퍼센트이상, 전과목 만점의 60퍼센트이상 득점한 자로 한다.
제2차시험	당해 계급에서의 상벌·교육훈련성적·승진할 계급에서의 직무수행능력등을 고려하여 만점의 60퍼센트이상 득점한 자 중에서 결정한다.
최종합격자 결정	제1차시험 성적 50퍼센트, 제2차시험 성적 10퍼센트 및 당해 계급에서의 최근에 작성된 승진대상자명부의 총평정점 40퍼센트를 합산한 성적의 고득점 순위에 의하여 결정한다. 다만, 제2차시험을 실시하지 아니하는 경우에는 제1차시험 성적을 60퍼센트의 비율로 합산한다.

(2) 동점자의 합격결정

최종합격자를 결정할 때 시험승진임용예정 인원수를 초과하여 동점자가 있는 경우에는 승진대상자명부 순위가 높은 순서에 따라 최종합격자를 결정한다(제5항).

6. 기타 사항

(1) 시험위원의 임명등

① 시험실시권자는 시험에 관한 출제·채점·면접시험·서류심사 기타 시험시행에 관하여 필요한 사항을 담당하게 하기 위하여 다음 각호의 1에 해당하는 자를 시험위원으로 임명 또는 위촉할 수 있다(소방공무원 승진임용 규정 제35조 제1항).

> 1. 당해 시험분야에 전문적인 학식 또는 능력이 있는 자
> 2. 임용예정직무에 대한 실무에 정통한 자

② 시험위원에 대하여는 예산의 범위 안에서 소방청장이 정하는 바에 따라 수당을 지급한다(제2항).

(2) 부정행위자에 대한 조치

① 시험에 있어서 부정행위를 한 소방공무원에 대하여는 당해 시험을 정지 또는 무효로 하며, 당해 소방공무원은 5년간 이 영에 의한 시험에 응시할 수 없다(제36조 제1항).
② 시험실시권자는 제1항의 규정에 의한 부정행위를 한 자의 명단을 그 임용권자에게 통보하여야 하며, 통보를 받은 임용권자는 관할징계의결기관에 징계의결을 요구하여야 한다(제2항).

(3) 시험승진후보자명부의 작성등

① 임용권자 또는 임용제청권자는 시험에 합격한 자에 대하여는 제34조 제4항의 규정에 의하여 각 계급별 시험승진후보자명부를 작성하여야 한다(제37조 제1항).
② 시험승진임용은 제1항의 규정에 의한 시험승진후보자명부의 등재순위에 의한다(제2항).
③ 임용권자 또는 임용제청권자는 시험승진후보자명부에 등재된 사람이 승진임용되기 전에 감봉 이상의 징계처분을 받은 경우에는 시험승진후보자명부에서 이를 삭제하여야 한다(제3항).

출·제·예·상·문·제

🚒 소방승진 **공무원법**

01 소방공무원의 승진시험의 실시에 대한 내용으로 옳지 않은 것은?

① 소방공무원의 승진시험은 계급별로 실시한다.
② 소방공무원의 신규채용시험 및 승진시험과 소방간부후보생 선발시험은 소방청장이 실시한다.
③ 소방청장은 시·도 소속 소방공무원의 소방경 이하 계급으로의 승진시험 실시에 관한 권한을 시·도지사에게 위임한다.
④ 시험은 소방청장 또는 시험실시권의 위임을 받은 자가 정하는 날에 실시한다.

해설
③ (×) 소방공무원법 제11조 단서에 따라 소방청장은 시·도 소속 소방공무원의 소방장 이하 계급으로의 시험 실시에 관한 권한을 시·도지사에게 위임한다(소방공무원 승진임용 규정 제29조 제1항). [비교] 소방청장은 법 제11조 단서에 따라 시·도 소속 소방경 이하 소방공무원을 신규채용하는 경우 신규채용시험의 실시권을 시·도지사에게 위임할 수 있다(소방공무원 임용령 제34조 제1항).

02 소방공무원 승진시험에 관한 내용으로 옳지 않은 것은?   *22 소방교

① 승진시험을 실시하고자 할 때에는 필요한 사항을 시험 실시 15일 전까지 공고하여야 한다.
② 소방청장은 시·도 소속 소방공무원의 소방장 이하 계급으로의 승진시험을 시·도지사에게 위임한다.
③ 제1차시험의 합격자는 전 과목 만점의 60퍼센트 이상, 매 과목 만점의 40퍼센트 이상 득점한 자로 한다.
④ 시·도지사는 시·도 소속 소방장 이하 계급으로의 승진시험을 실시하는 경우 시험의 문제출제를 소방청장에게 의뢰할 수 있다.

해설
① (×) 시험을 실시하고자 할 때에는 그 일시·장소 기타 시험의 실시에 관하여 필요한 사항을 시험실시 20일전까지 공고하여야 한다(소방공무원 승진임용 규정 제31조 제2항).

정답 01. ③   02. ①

소방승진 공무원법

03 소방청장이 시·도 소속 소방공무원의 승진시험 실시에 관한 권한을 시·도지사에게 위임할 수 있는 대상은?

① 소방령 이하 계급으로의 승진시험
② 소방장 이하 계급으로의 승진시험
③ 소방위 이하 계급으로의 승진시험
④ 소방경 이하 계급으로의 승진시험

해설
소방청장은 시·도 소속 소방공무원의 소방장 이하 계급으로의 시험 실시에 관한 권한을 시·도지사에게 위임한다(소방공무원 승진임용 규정 제29조 제1항).

04 다음 중 소방공무원 승진시험의 응시자격을 갖춘 사람으로 바르게 기술된 것은?

① 소방경으로서 직무와 관련된 전문교육을 받지 않았고 제1차시험 실시일 현재 3년간 재직하였으며 승진임용의 제한을 받지 아니한 사람
② 소방위로서 제1차시험 실시일 현재 2년간 재직하였고 징계의결 요구 중인 사람
③ 소방장으로서 제2차시험 실시일 현재 2년간 재직하였고 승진임용의 제한을 받지 아니한 사람
④ 소방교로서 제2차시험 실시일 현재 1년간 재직하였고 직위해제 중인 사람

해설
1. 제1차시험 실시일 현재 제5조 제1항의 규정에 의한 승진소요최저근무연수에 달할 것
   * 3년(소방정), 2년(소방령, 소방경), 1년(소방위, 소방장, 소방교, 소방사)
2. 제6조 제1항의 규정에 의한 승진임용의 제한을 받은 자가 아닐 것

05 소방공무원 승진시험에 관한 내용으로 옳지 않은 것은?

① 시험은 소방청장 또는 소방공무원 승진임용 규정에 따라 시험실시권의 위임을 받은 자가 정하는 날에 실시한다.
② 시험을 실시하고자 할 때에는 그 일시·장소 기타 시험의 실시에 관하여 필요한 사항을 시험실시 15일전까지 공고하여야 한다.
③ 승진시험에 응시하려면 제1차시험 실시일 현재 승진소요최저근무연수에 달해야 한다.
④ 정직의 징계처분의 집행이 끝난 날부터 15개월이 지난 시점에서는 응시할 수 없다.

해설
② (×) 시험을 실시하고자 할 때에는 그 일시·장소 기타 시험의 실시에 관하여 필요한 사항을 시험실시 20일전까지 공고하여야 한다(소방공무원 승진임용 규정 제31조 제2항).

정답 03. ② 04. ① 05. ②

06 소방공무원 승진시험에 대한 규정 내용으로 옳지 않은 것은?

① 제2차시험 실시일 현재 승진소요최저근무연수에 달하고, 승진임용의 제한을 받은 자가 아니어야 승진시험에 응시할 수 있다.
② 소방공무원의 승진시험은 계급별로 실시한다.
③ 시험은 소방청장 또는 시험실시권의 위임을 받은 자가 정하는 날에 실시한다.
④ 시험은 제1차시험과 제2차시험으로 구분하여 실시한다. 다만, 시험실시권자가 필요하다고 인정할 때에는 제2차시험을 실시하지 아니할 수 있다.

해설
① (×) 제1차시험 실시일 현재 승진소요최저근무연수에 달하고, 승진임용의 제한을 받은 자가 아니어야 승진시험에 응시할 수 있다(소방공무원 승진임용 규정 제30조).

07 소방공무원 승진시험의 실시 방법 등에 대한 설명으로 옳지 않은 것은?

① 시험은 제1차시험과 제2차시험으로 구분하여 실시하되, 시험실시권자가 필요하다고 인정할 때에는 제1차시험을 실시하지 아니할 수 있다.
② 제1차시험은 선택형 필기시험으로 하는 것을 원칙으로 하되, 과목별로 기입형을 포함할 수 있다.
③ 제2차시험은 면접시험으로 하되, 직무수행에 필요한 응용능력과 적격성을 검정한다.
④ 소방장 승진시험의 필기시험과목에는 소방공무원법이 포함되어 있지 아니하다.

해설
① (×) 시험은 제1차시험과 제2차시험으로 구분하여 실시한다. 다만, 시험실시권자가 필요하다고 인정할 때에는 제2차시험(면접시험)을 실시하지 아니할 수 있다(소방공무원 승진임용 규정 제32조 제1항).

08 소방공무원 승진시험의 합격자 결정에 대한 설명으로 옳지 않은 것은?

① 제1차 시험의 합격자는 매과목 만점의 40퍼센트 이상, 전과목 만점의 60퍼센트 이상 득점한 자로 한다.
② 제2차 시험의 합격자는 당해 계급에서의 상벌·교육훈련성적·승진할 계급에서의 직무수행능력등을 고려하여 만점의 60퍼센트이상 득점한 자 중에서 결정한다.
③ 최종합격자 결정은 제1차시험 성적 50퍼센트, 제2차시험 성적 10퍼센트 및 당해 계급에서의 최근에 작성된 승진대상자명부의 총평정점 40퍼센트를 합산한 성적의 고득점 순위에 의하여 결정한다. 다만, 제2차시험을 실시하지 아니하는 경우에는 제1차시험 성적 50퍼센트 및 승진대상자명부의 총평정점 50퍼센트를 합산한다.
④ 최종합격자를 결정할 때 시험승진임용예정 인원수를 초과하여 동점자가 있는 경우에는 승진대상자명부 순위가 높은 순서에 따라 최종합격자를 결정한다.

정답 06. ① 07. ① 08. ③

소방승진 공무원법

> **해설**
> ③ (×) 최종합격자 결정에서 제2차시험을 실시하지 아니하는 경우에는 제1차시험 성적을 60퍼센트의 비율로 합산한다(소방공무원 승진임용 규정 제34조 제4항).

09 소방공무원 승진시험의 실시에 대한 내용으로 옳은 것은?

① 시험실시권자는 당해 시험분야에 전문적인 학식 또는 능력이 있고 임용예정직무에 대한 실무에 정통한 자를 시험위원으로 임명 또는 위촉하여야 한다.
② 시험에 있어서 부정행위를 한 소방공무원에 대하여는 당해 시험을 정지 또는 무효로 하며, 당해 소방공무원은 3년간 소방공무원 승진임용 규정에 의한 시험에 응시할 수 없다.
③ 임용권자 또는 임용제청권자는 시험에 합격한 자에 대하여는 각 계급별 시험승진후보자명부를 작성하여야 하며, 시험승진임용은 시험승진후보자명부의 등재순위에 의한다.
④ 임용권자 또는 임용제청권자는 시험승진후보자명부에 등재된 사람이 승진임용되기 전에 징계처분을 받은 경우에는 시험승진후보자명부에서 이를 삭제하여야 한다.

> **해설**
> ① (×) '당해 시험분야에 전문적인 학식 또는 능력이 있는 자' 또는 '임용예정직무에 대한 실무에 정통한 자'를 시험위원으로 임명 또는 위촉할 수 있다(소방공무원 승진임용 규정 제35조 제1항).
> ② (×) 3년이 아니라 5년이다(제36조 제1항).
> ④ (×) 임용권자 또는 임용제청권자는 시험승진후보자명부에 등재된 사람이 승진임용되기 전에 감봉 이상의 징계처분을 받은 경우에는 시험승진후보자명부에서 이를 삭제하여야 한다(제37조 제3항).

정답 09. ③

CHAPTER 06 특별승진

1. 의의

소방공무원으로서 순직한 사람과 「국가공무원법」 제40조의4 제1항 제1호부터 제4호까지의 어느 하나에 해당되는 사람에 대해서는 제14조에도 불구하고 대통령령으로 정하는 바에 따라 1계급 특별승진시킬 수 있다. 다만, 소방위 이하의 소방공무원으로서 모든 소방공무원의 귀감이 되는 공을 세우고 순직한 사람에 대해서는 2계급 특별승진시킬 수 있다(소방공무원법 제17조).

> **국가공무원법 제40조의4(우수 공무원 등의 특별승진)** ① 공무원이 다음 각 호의 어느 하나에 해당하면 제40조 및 제40조의2에도 불구하고 특별승진임용하거나 일반 승진시험에 우선 응시하게 할 수 있다.
> 1. 청렴하고 투철한 봉사 정신으로 직무에 모든 힘을 다하여 공무 집행의 공정성을 유지하고 깨끗한 공직 사회를 구현하는 데에 다른 공무원의 귀감(龜鑑)이 되는 자
> 2. 직무수행 능력이 탁월하여 행정 발전에 큰 공헌을 한 자
> 3. 제53조에 따른 제안의 채택·시행으로 국가 예산을 절감하는 등 행정 운영 발전에 뚜렷한 실적이 있는 자
> 4. 재직 중 공적이 특히 뚜렷한 자가 제74조의2에 따라 명예퇴직 할 때

2. 소방공무원법령상 특별승진 대상자

(1) 1계급 특별승진 대상자

법 제17조에 따른 특별승진대상자는 다음 각 호의 어느 하나에 해당하는 소방공무원으로 한다(소방공무원 승진임용 규정 제38조 제1항).

> 1. 「국가공무원법」 제40조의4 제1항 제1호에 해당하는 경우 : 청렴과 봉사정신으로 직무에 정려하여 다른 공무원의 귀감이 되는 공적이 있다고 인정되는 사람 ☞ 당해 계급에서의 근무기간이 제5조의 규정에 의한 최저근무연수의 3분의2이상이 되고, 제6조의 규정에 의하여 승진임용이 제한되지 아니한 자이어야 함(제41조 제2항)
> 2. 「국가공무원법」 제40조의4 제1항 제2호에 해당하는 경우 : 다음 각 목의 어느 하나에 해당하는 사람 ☞ 제5조 제1항에 따른 승진소요최저근무연수를 적용하지 않되, 제6조에 따라 승진임용이 제한되지 않는 사람이어야 함(제41조 제3항)
>   가. 직무 수행능력이 탁월하여 소방행정발전에 지대한 공헌실적이 있다고 임용권자가 인정하는 사람
>   > **소방공무원 승진임용 규정 시행규칙 제33조(특별유공자의 범위)** 영 제38조 제1항 제2호 가목에 해당하는 특별승진대상자는 다음 각 호의 어느 하나에 해당하는 사람으로 한다.
>   > 1. 천재·지변·화재 기타 이에 준하는 재난에 있어서 위험을 무릅쓰고 헌신분투하여 다수의 인명을 구조하거나 재산의 피해를 방지한 사람

> 2. 창의적인 연구와 헌신적인 노력으로 소방제도의 개선 및 발전에 기여한 사람
> 3. 교관으로 3년 이상 근무한 사람으로서 소방교육발전에 현저한 공이 있는 사람
> 4. 기타 소방청장이 특별승진을 공약한 특별한 사항에 관하여 공을 세운 사람

　　나. 「공무원임용령」 제35조의2 제1항 제2호 나목에 따른 포상을 받은 사람(註 : 인사혁신처장이 정하는 포상을 받은 공무원)
3. 「국가공무원법」 제40조의4 제1항 제3호에 해당하는 경우 : 창안등급 동상 이상을 받은 사람으로서 소방행정발전에 기여한 실적이 뚜렷한 사람 ☞ 해당 계급에서의 근무기간이 제5조의 규정에 의한 최저근무연수의 3분의2이상이 되고, 제6조에 따라 승진임용이 제한되지 아니한 사람이어야 함(제41조 제2항)
4. 「국가공무원법」 제40조의4 제1항 제4호에 해당하는 경우 : 20년 이상 근속하고 정년퇴직일 전 1년 이상의 기간 중 자진하여 퇴직하는 사람으로서 재직 중 특별한 공적이 있다고 인정되는 사람 ☞ 제5조(승진소요최저근무연수)를 적용하지 아니하되, 제6조(신임교육과정을 졸업하지 못한 사람, 관리역량교육과정을 수료하지 못한 사람, 소방정책관리자교육과정을 수료하지 못한 사람은 제외)에 따라 승진임용이 제한되지 않는 사람이어야 함(제41조 제4항)

> **소방공무원 승진임용 규정 제41조의2(특별승진의 제한 및 취소)** ① 제38조 제1항 제4호에 따라 특별승진임용할 때에는 해당 소방공무원이 재직기간 중 중징계 처분 또는 다음 각 호의 어느 하나에 해당하는 사유로 경징계 처분을 받은 사실이 없어야 한다.
> 　　1. 「국가공무원법」 제78조의2 제1항 각 호의 징계 사유(註 : 금전, 물품, 부동산, 향응 또는 그 밖에 대통령령으로 정하는 재산상 이익을 취득하거나 제공한 경우+공금에 대한 횡령, 배임, 절도, 사기 또는 유용)
> 　　2. 「성폭력범죄의 처벌 등에 관한 특례법」 제2조에 따른 성폭력범죄
> 　　3. 「성매매알선 등 행위의 처벌에 관한 법률」 제2조 제1항 제1호에 따른 성매매
> 　　4. 「양성평등기본법」 제3조 제2호에 따른 성희롱
> 　　5. 「도로교통법」 제44조 제1항에 따른 음주운전 또는 같은 조 제2항에 따른 음주측정에 대한 불응
> ② 제38조 제1항 제4호에 따라 특별승진임용된 사람이 「국가공무원법」 제74조의2 제3항 제1호·제1호의2·제1호의3에 해당하여 명예퇴직수당을 환수하는 경우에는 특별승진임용을 취소해야 한다. 이 경우 특별승진임용이 취소된 사람은 그 특별승진임용 전의 계급으로 퇴직한 것으로 본다.
>
> **「국가공무원법」 제74조의2 제3항 제1호·제1호의2·제1호의3**
> 1. 재직 중의 사유로 금고 이상의 형을 받은 경우
> 1의2. 재직 중에 「형법」 제129조부터 제132조까지에 규정된 죄를 범하여 금고 이상의 형의 선고유예를 받은 경우
> 1의3. 재직 중에 직무와 관련하여 「형법」 제355조 또는 제356조에 규정된 죄를 범하여 300만원 이상의 벌금형을 선고받고 그 형이 확정되거나 금고 이상의 형의 선고유예를 받은 경우

5. 순직한 경우 : 천재·지변·화재 또는 그 밖에 이에 준하는 재난현장에서 직무수행 중 사망하였거나 부상을 입어 사망한 사람 ☞ 제4조(승진임용 구분별 임용비율과 승진임용예정 인원수의 책정), 제5조(승진소요최저근무연수), 제6조(승진임용의 제한)를 적용하지 아니함(제41조 제1항)

(2) 2계급 특별승진 대상자(소방공무원 승진임용 규정 제38조 제2항)

> 소방위 이하의 소방공무원으로서 천재·지변·화재 또는 그 밖에 이에 준하는 재난에 있어서 위험을 무릅쓰고 헌신 분투하여 현저한 공을 세우고 사망하였거나 부상을 입어 사망한 사람 또는 직무수행 중 다른 사람의 모범이 되는 공을 세우고 사망하였거나 부상을 입어 사망한 사람 ☞ 제4조(승진임용 구분별 임용비율과 승진임용예정 인원수의 책정), 제5조(승진소요최저근무연수), 제6조(승진임용의 제한)를 적용하지 아니함(제41조 제1항)

3. 공적요건의 기준 등

(1) 공적 인정 범위

제38조 제1항 제1호부터 제3호까지의 규정에 따른 특별유공자의 공적은 소방공무원이 해당 계급에서 이룩한 공적으로 한정한다(소방공무원 승진임용 규정 제38조 제3항).

(2) 포상자 승진시의 특례

제38조 제1항 제2호 나목에 해당하는 경우로서 「공무원임용령」 제35조의2 제5항에 따라 인사혁신처장이 정하는 국무총리 표창 이상의 포상을 받은 사람을 특별승진임용할 때에는 계급별 정원을 초과하여 임용할 수 있으며, 정원과 현원이 일치할 때까지 그 인원에 해당하는 정원이 해당 기관에 따로 있는 것으로 본다(제4항).

(3) 그 밖의 사항

제1항부터 제4항까지에서 규정한 사항 외에 특별승진임용의 절차 및 운영 등에 필요한 사항은 소방청장이 정한다(제5항).

4. 특별승진의 계급범위

특별승진은 다음 각 호의 구분에 따른 계급으로의 승진에 한정한다(제39조).

사유	승진범위
[승진임용규정 제38조 제1항 제1호부터 제3호] • 청렴과 봉사정신으로 직무에 정려하여 다른 공무원의 귀감이 되는 공적이 있다고 인정되는 사람 • 직무 수행능력이 탁월하여 소방행정발전에 지대한 공헌실적이 있다고 임용권자가 인정하는 사람 • 인사혁신처장이 정하는 포상을 받은 공무원 • 창안등급 동상 이상을 받은 사람으로서 소방행정발전에 기여한 실적이 뚜렷한 사람	소방령 이하 계급으로의 승진
[승진임용규정 제38조 제1항 제4호] 20년 이상 근속하고 정년퇴직일 전 1년 이상의 기간 중 자진하여 퇴직하는 사람으로서 재직 중 특별한 공적이 있다고 인정되는 사람	소방정감 이하 계급으로의 승진

5. 특별승진의 실시 등

(1) 시기

소방공무원의 특별승진은 소방청장 또는 시·도지사가 필요하다고 인정하면 수시로 실시할 수 있다(소방공무원 승진임용 규정 제40조).

(2) 특별승진심사의 관할

① 소방청과 그 소속기관 소방공무원, 소방본부장 및 지방소방학교장의 특별승진심사는 소방청 중앙승진심사위원회에서 실시한다(제42조 제1항).
② 「소방공무원 임용령」 제3조 제1항 및 같은 조 제5항 제1호·제3호에 따라 시·도지사가 임용권을 행사하는 소방공무원의 특별승진심사는 시·도에 설치된 보통승진심사위원회에서 실시한다(제2항).

(3) 특별승진심사의 생략

제38조 제1항 제5호(註: 천재·지변·화재 또는 그 밖에 이에 준하는 재난현장에서 직무수행 중 사망하였거나 부상을 입어 사망한 사람) 및 같은 조 제2항(註: 소방위 이하의 소방공무원으로 천재·지변·화재 또는 그 밖에 이에 준하는 재난에 있어서 위험을 무릅쓰고 헌신 분투하여 현저한 공을 세우고 사망하였거나 부상을 입어 사망한 사람 또는 직무수행 중 다른 사람의 모범이 되는 공을 세우고 사망하였거나 부상을 입어 사망한 사람)에 따른 특별승진의 경우에는 제1항 및 제2항에 불구하고 특별승진심사를 생략할 수 있다(제3항).

(4) 특별승진심사의 절차

① **관련자료 제출**: 소방기관의 장이 소속 소방공무원에 대하여 특별승진심사를 받게 하고자 할 때에는 당해소방공무원의 공적조서와 인사기록카드를 관할승진심사위원회가 설치되는 기관의 장에게 제출하여야 한다. 이 경우 승진심사위원회를 관할하는 기관의 장은 승진심사에 필요하다고 인정되는 공적의 내용을 현지 확인하게 하거나 그 공적을 증명할 수 있는 자료를 제출하게 할 수 있다(소방공무원 승진임용 규정 시행규칙 제35조 제1항).
② **특별승진임용예정자의 결정방법**: 승진임용예정자의 결정은 찬·반투표로써 하며, 결정된 자가 특별승진임용예정인원수보다 많을 경우에는 당해자만을 대상으로 재투표하여 결정한다(제2항, 제3항).
③ **보고**: 심사위원회 위원장은 특별승진임용예정자를 결정한 때에는 다음 각호의 서류를 첨부하여 승진심사위원회가 설치된 기관의 장에게 보고하여야 한다(제4항).

1. 승진심사의결서   2. 특별승진임용예정자명부   3. 특별승진심사탈락자명부

출·제·예·상·문·제

소방승진 공무원법

01 다음 중 순직으로 인한 2계급 특별승진의 대상으로 옳은 것은?　*20 소방교

① 소방정 이하의 소방공무원
② 소방령 이하의 소방공무원
③ 소방경 이하의 소방공무원
④ 소방위 이하의 소방공무원

해설
소방위 이하의 소방공무원으로서 천재·지변·화재 또는 그 밖에 이에 준하는 재난에 있어서 위험을 무릅쓰고 헌신 분투하여 현저한 공을 세우고 사망하였거나 부상을 입어 사망한 사람 또는 직무수행 중 다른 사람의 모범이 되는 공을 세우고 사망하였거나 부상을 입어 사망한 사람(소방공무원 승진임용 규정 제38조 제2항)

02 소방공무원 중 직무 수행능력이 탁월하여 소방행정발전에 지대한 공헌실적이 있다고 임용권자가 인정하는 사람에 해당하는 특별승진대상자의 범위에 속하지 않는 사람은?

① 창의적인 연구와 헌신적인 노력으로 소방제도의 개선 및 발전에 기여한 사람
② 천재·지변·화재 기타 이에 준하는 재난에 있어서 위험을 무릅쓰고 헌신분투하여 다수의 인명을 구조하거나 재산의 피해를 방지한 사람
③ 교관으로 2년 이상 근무한 사람으로서 소방교육발전에 현저한 공이 있는 사람
④ 소방청장이 특별승진을 공약한 특별한 사항에 관하여 공을 세운 사람

해설
③ (×) 2년 이상이 아니라 3년 이상이다(소방공무원 승진임용 규정 시행규칙 제33조).

정답 01. ④　02. ③

소방승진 공무원법

03 특별승진의 계급범위로서 옳은 것은?

① 순직한 경우 - 소방감 이하 계급으로의 승진
② 직무 수행능력이 탁월하여 소방행정발전에 지대한 공헌실적이 있다고 임용권자가 인정하는 사람 - 소방준감 이하 계급으로의 승진
③ 20년 이상 근속하고 정년퇴직일 전 1년 이상의 기간 중 자진하여 퇴직하는 사람으로서 재직 중 특별한 공적이 있다고 인정되는 사람 - 소방정감 이하 계급으로의 승진
④ 창안등급 동상 이상을 받은 사람으로서 소방행정발전에 기여한 실적이 뚜렷한 사람 - 소방정감 이하 계급으로의 승진

해설

사유	승진범위
[승진임용규정 제38조 제1항 제1호부터 제3호] • 청렴과 봉사정신으로 직무에 정려하여 다른 공무원의 귀감이 되는 공적이 있다고 인정되는 사람 • 직무 수행능력이 탁월하여 소방행정발전에 지대한 공헌실적이 있다고 임용권자가 인정하는 사람 • 인사혁신처장이 정하는 포상을 받은 공무원 • 창안등급 동상 이상을 받은 사람으로서 소방행정발전에 기여한 실적이 뚜렷한 사람	소방령 이하 계급으로의 승진
[승진임용규정 제38조 제1항 제4호] 20년 이상 근속하고 정년퇴직일 전 1년 이상의 기간 중 자진하여 퇴직하는 사람으로서 재직 중 특별한 공적이 있다고 인정되는 사람	소방정감 이하 계급으로의 승진

04 소방공무원의 특별승진에 관한 내용으로 옳지 않은 것은?

① 청렴과 봉사정신으로 직무에 정려하여 다른 공무원의 귀감이 되는 공적이 있다고 인정되는 특별유공자의 공적은 소방공무원이 해당 계급에서 이룩한 공적으로 한정한다.
② 20년 이상 근속하고 정년퇴직일 전 1년 이상의 기간 중 자진하여 퇴직하는 사람으로서 재직 중 특별한 공적이 있다고 인정되는 사람은 소방정감 이하 계급으로의 승진할 수 있다.
③ 소방경 이하의 소방공무원으로서 모든 소방공무원의 귀감이 되는 공을 세우고 순직한 사람에 대해서는 2계급 특별승진시킬 수 있다.
④ 직무 수행능력이 탁월하여 소방행정발전에 지대한 공헌실적이 있다고 임용권자가 인정하는 사람은 소방령 이하 계급으로 승진할 수 있다.

해설

③ (×) 소방위 이하의 소방공무원으로서 모든 소방공무원의 귀감이 되는 공을 세우고 순직한 사람에 대해서는 2계급 특별승진시킬 수 있다(소방공무원법 제17조 단서).

정답 03. ③ 04. ③

05 다음의 특별승진 사유 가운데 당해 계급에서의 근무기간이 최저근무연수의 3분의2 이상이 될 것을 요하는 경우는?

① 청렴과 봉사정신으로 직무에 정려하여 다른 공무원의 귀감이 되는 공적이 있다고 인정되는 사람
② 직무 수행능력이 탁월하여 소방행정발전에 지대한 공헌실적이 있다고 임용권자가 인정하는 사람
③ 인사혁신처장이 정하는 포상을 받은 공무원으로서 직무수행 능력이 탁월하여 행정 발전에 큰 공헌을 한 자
④ 20년 이상 근속하고 정년퇴직일 전 1년 이상의 기간 중 자진하여 퇴직하는 사람으로서 재직 중 특별한 공적이 있다고 인정되는 사람

[해설]
① (○) 청렴과 봉사정신으로 직무에 정려하여 다른 공무원의 귀감이 되는 공적이 있다고 인정되는 사람은 당해 계급에서의 근무기간이 제5조의 규정에 의한 최저근무연수의 3분의2 이상이 되고, 승진임용이 제한되지 아니한 자이어야 한다(소방공무원 승진임용 규정 제41조 제2항). ②·③·④는 승진소요최저근무연수 규정을 적용하지 아니한다.

06 특별유공자의 공적을 소방공무원이 해당 계급에서 이룩한 공적으로 한정하는 경우가 아닌 것은?

① 청렴과 봉사정신으로 직무에 정려하여 다른 공무원의 귀감이 되는 공적이 있다고 인정되는 사람
② 인사혁신처장이 정하는 포상을 받은 사람
③ 창안등급 동상 이상을 받은 사람으로서 소방행정발전에 기여한 실적이 뚜렷한 사람
④ 20년 이상 근속하고 정년퇴직일 전 1년 이상의 기간 중 자진하여 퇴직하는 사람으로서 재직 중 특별한 공적이 있다고 인정되는 사람

[해설]
④ (×) ④의 경우와 순직한 경우는 공적 인정 범위를 해당 계급에서 이룩한 것으로 한정하고 있지 않다(소방공무원 승진임용 규정 제38조 제3항 참고).

정답 05. ① 06. ④

소방승진 공무원법

07 소방공무원법령상 특별승진에 대한 설명으로 옳지 않은 것은?

① 소방위 이하의 소방공무원으로서 모든 소방공무원의 귀감이 되는 공을 세우고 순직한 사람에 대해서는 2계급 특별승진시킬 수 있다.
② 20년 이상 근속하고 정년퇴직일 전 1년 이상의 기간 중 자진하여 퇴직하는 사람으로서 재직 중 특별한 공적이 있다고 인정되는 사람은 특별승진할 수 있다.
③ 창안등급 동상 이상을 받은 사람으로서 소방행정발전에 기여한 실적이 뚜렷한 사람의 경우는 당해 계급에서의 근무기간이 최저근무연수의 3분의2 이상이 되고, 승진임용이 제한되지 아니한 사람이어야 한다.
④ 특별유공자의 공적은 소방공무원이 재직 중 전 계급에서 이룩한 공적을 감안한다.

[해설]
④ (×) 특별유공자의 공적은 소방공무원이 해당 계급에서 이룩한 공적으로 한정한다(소방공무원 승진임용 규정 제38조 제3항). 다만 예외는 있다.

08 20년 이상 근속하고 정년퇴직일 전 1년 이상의 기간 중 자진하여 퇴직하는 사람으로서 재직 중 특별한 공적이 있다고 인정되는 사람으로서 특별승진될 수 없는 사람은?

① 성매매 행위로 경징계처분을 받은 사람
② 신임교육 또는 관리역량교육을 이수하지 아니한 사람
③ 직무태만을 사유로 경징계처분을 받은 사람
④ 승진소요최저근무연수 요건을 갖추지 못한 사람

[해설]
제38조 제1항 제4호(註: 20년 이상 근속하고 정년퇴직일 전 1년 이상의 기간 중 자진하여 퇴직하는 사람으로서 재직 중 특별한 공적이 있다고 인정되는 사람)에 따라 특별승진임용할 때에는 해당 소방공무원이 재직기간 중 중징계 처분 또는 다음 각 호의 어느 하나에 해당하는 사유로 경징계 처분을 받은 사실이 없어야 한다(소방공무원 승진임용 규정 제41조의2 제1항).
1. 「국가공무원법」 제78조의2 제1항 각 호의 징계 사유(註: 금전, 물품, 부동산, 향응 또는 그 밖에 대통령령으로 정하는 재산상 이익을 취득하거나 제공한 경우+공금에 대한 횡령, 배임, 절도, 사기 또는 유용)
2. 「성폭력범죄의 처벌 등에 관한 특례법」 제2조에 따른 성폭력범죄
3. 「성매매알선 등 행위의 처벌에 관한 법률」 제2조 제1항 제1호에 따른 성매매
4. 「양성평등기본법」 제3조 제2호에 따른 성희롱
5. 「도로교통법」 제44조 제1항에 따른 음주운전 또는 같은 조 제2항에 따른 음주측정에 대한 불응

[정답] 07. ④ 08. ①

09 20년 이상 근속하고 정년퇴직일 전 1년 이상의 기간 중 자진하여 퇴직하는 사람으로서 재직 중 특별한 공적이 있다고 인정되는 사람으로서 특별승진된 사람의 특별승진임용을 취소해야 하는 경우로 가장 적절하지 않은 것은?

① 배임죄를 범하여 금고 이상의 형의 선고유예를 받은 경우
② 제삼자뇌물죄를 범하여 금고 이상의 형의 선고유예를 받은 경우
③ 재직 중의 사유로 벌금 이상의 형을 받은 경우
④ 업무상의 횡령죄를 범하여 300만원 이상의 벌금형을 선고받고 그 형이 확정된 경우

[해설]
㉠ 재직 중의 사유로 금고 이상의 형을 받은 경우, ㉡ 재직 중에 「형법」 제129조부터 제132조까지에 규정된 죄(註: 뇌물죄)를 범하여 금고 이상의 형의 선고유예를 받은 경우, ㉢ 재직 중에 직무와 관련하여 「형법」 제355조 또는 제356조에 규정된 죄(註: 횡령·뇌물죄)를 범하여 300만원 이상의 벌금형을 선고받고 그 형이 확정되거나 금고 이상의 형의 선고유예를 받은 경우가 이에 해당된다(소방공무원 승진임용 규정 제41조의2 제2항).

10 포상자 승진시의 특례에 관한 규정이다. 빈칸에 들어갈 내용을 짝지은 것은?

「공무원임용령」 제35조의2 제5항에 따라 (   )이 정하는 (   ) 표창 이상의 포상을 받은 사람을 특별승진임용할 때에는 계급별 정원을 초과하여 임용할 수 있으며, 정원과 현원이 일치할 때까지 그 인원에 해당하는 정원이 해당 기관에 따로 있는 것으로 본다.

① 인사혁신처장, 소방청장
② 인사혁신처장, 국무총리
③ 소방청장, 소방청장
④ 소방청장, 국무총리

[해설]
② (○) 소방공무원 승진임용 규정 제38조 제3항

11 소방공무원 승진임용 규정에 의한 소방공무원 특별승진의 시행 주기는?

① 매년 5월 1일에 연 1회 실시한다.
② 특별승진 요건에 해당하는 인원이 발생하면 연 2회 이내로 실시한다.
③ 소방청장 또는 시·도지사가 필요하다고 인정하면 수시로 실시할 수 있다.
④ 특별승진 요건에 해당하는 인원이 발생하면 임용권자가 정하는 날에 연 1회 실시한다.

[해설]
소방공무원의 특별승진은 소방청장 또는 시·도지사가 필요하다고 인정하면 수시로 실시할 수 있다(소방공무원 승진임용 규정 제40조).

정답 09. ③ 10. ② 11. ③

소방승진 공무원법

12 소방공무원 특별승진의 실시 등에 관한 설명으로 틀린 것은?

① 소방기관의 장이 소속 소방공무원에 대하여 특별승진심사를 받게 하고자 할 때에는 당해소방공무원의 공적조서와 인사기록카드를 관할승진심사위원회가 설치되는 기관의 장에게 제출하여야 한다.
② 소방본부장 및 지방소방학교장의 특별승진심사는 시·도에 설치된 보통승진심사위원회에서 실시한다.
③ 천재·지변·화재 또는 그 밖에 이에 준하는 재난에 있어서 위험을 무릅쓰고 헌신 분투하여 현저한 공을 세우고 사망하였거나 부상을 입어 사망한 사람에 해당하는 경우는 특별승진심사를 생략할 수 있다.
④ 소방공무원의 특별승진은 소방청장 또는 시·도지사가 필요하다고 인정하면 수시로 실시할 수 있다.

해설
② (×) 소방청과 그 소속기관 소방공무원, 소방본부장 및 지방소방학교장의 특별승진심사는 소방청 중앙승진심사위원회에서 실시한다(소방공무원 승진임용 규정 제42조 제1항).

13 소방공무원 특별승진 심사에 관한 내용으로 틀린 것은?

① 소방공무원의 특별승진은 소방청장 또는 시·도지사가 필요하다고 인정하면 수시로 실시할 수 있다.
② 승진임용예정자의 결정은 찬·반투표로써 하며, 결정된 자가 특별승진임용예정인원수보다 많을 경우에는 당해자만을 대상으로 재투표하여 결정한다.
③ 인사혁신처장이 정하는 국무총리 표창 이상의 포상을 받은 사람을 특별승진임용할 때에는 계급별 정원을 초과하여 임용할 수 없다.
④ 심사위원회 위원장은 특별승진임용예정자를 결정한 때에는 승진심사의결서, 특별승진임용예정자명부, 특별승진심사탈락자명부를 첨부하여 승진심사위원회가 설치된 기관의 장에게 보고하여야 한다.

해설
③ (×) 제1항 제2호 나목(註: 인사혁신처장이 정하는 포상을 받은 공무원)에 해당하는 경우로서 「공무원임용령」 제35조의2 제5항에 따라 인사혁신처장이 정하는 국무총리 표창 이상의 포상을 받은 사람을 특별승진임용할 때에는 계급별 정원을 초과하여 임용할 수 있으며, 정원과 현원이 일치할 때까지 그 인원에 해당하는 정원이 해당 기관에 따로 있는 것으로 본다(소방공무원 승진임용 규정 제38조 제4항).

정답 12. ② 13. ③

14 특별승진심사위원회 위원장이 특별승진임용예정자를 결정한 때 승진심사위원회가 설치된 기관의 장에게 보고하면서 첨부할 서류가 아닌 것은?

① 특별승진심사탈락자명부
② 승진심사의결서
③ 특별승진임용예정자명부
④ 개인별 인사기록

해설
④ (×) 개인별 인사기록은 승진심사자료의 하나이다.

정답 14. ④

CHAPTER 07 근속승진

1. 근속승진 대상자

해당 계급에서 다음 각 호의 기간 동안 재직한 사람은 소방교, 소방장, 소방위, 소방경으로 근속승진임용을 할 수 있다. 다만, 인사교류 경력이 있거나 주요 업무의 추진 실적이 우수한 공무원 등 소방행정 발전에 기여한 공이 크다고 인정되는 경우에는 대통령령으로 정하는 바에 따라 그 기간을 단축할 수 있다(소방공무원법 제15조 제1항).

> 1. 소방사를 소방교로 근속승진임용하려는 경우 : 해당 계급에서 4년 이상 근속자
> 2. 소방교를 소방장으로 근속승진임용하려는 경우 : 해당 계급에서 5년 이상 근속자
> 3. 소방장을 소방위로 근속승진임용하려는 경우 : 해당 계급에서 6년 6개월 이상 근속자
> 4. 소방위를 소방경으로 근속승진임용하려는 경우 : 해당 계급에서 8년 이상 근속자

2. 근속승진의 일반적 기준 및 절차

(1) 근속승진 기간의 계산

법 제15조에 따른 근속승진 기간은 제5조 제2항부터 제8항까지의 규정에 따른 승진소요최저근무연수의 계산 방법에 따라 계산한다(소방공무원 승진임용 규정 제6조의2 제1항).

(2) 근속승진 기간의 단축

① 다음 각 호의 소방공무원을 근속승진임용하는 경우에는 해당 각 호의 구분에 따른 기간을 근속승진 기간에서 단축할 수 있다(제2항).

> 1. 「공무원임용령」 제48조 제1항 제1호(註 : 인사혁신처장이 인력의 균형 있는 배치와 효율적인 활용, 행정기관 상호간의 협조체제 증진, 국가정책 수립과 집행의 연계성 확보 및 공무원의 종합적 능력발전 기회 부여 등을 위하여 필요한 경우 수립·실시)에 따른 인사교류 기간 중에 있거나 인사교류 경력이 있는 소방공무원 : 인사교류 기간의 2분의 1에 해당하는 기간
> 2. 국정과제 등 주요 업무의 추진실적이 우수한 소방공무원이나 적극행정 수행 태도가 돋보인 소방공무원 : 1년

② 제2항 제2호에 따라 근속승진 기간을 단축하는 소방공무원의 인원수는 인사혁신처장이 제한할 수 있다(제3항).

(3) 근속승진의 제한

① 근속승진 후보자는 제11조에 따른 승진대상자명부에 등재되어 있는 사람으로 한다(제4항).

② 임용권자는 소방경으로의 근속승진임용을 위한 심사를 할 때에는 연도별로 합산하여 해당 기관의 근속승진 대상자의 100분의 50에 해당하는 인원수(소수점 이하가 있는 경우에는 1명을 가산한다)를 초과하여 근속승진임용할 수 없다(제5항). 임용권자는 제5항에 따라 심사를 실시하려는 경우 근속승진임용일 20일 전까지 해당 기관의 근속승진 대상자 및 근속승진임용 예정인원을 소방청장에게 보고해야 한다(제6항).

(4) 승진대상자 명부의 구분 작성

임용권자는 인사의 원활한 운영을 위하여 필요하다고 인정되는 경우에는 소방위 재직기간별로 승진대상자 명부를 구분하여 작성할 수 있다(제7항).

(5) 승진심사 시기

근속승진 요건에 해당하는 경우에는 근속승진 기간에 도달하기 5일 전부터 승진심사를 할 수 있다(제8항).

(6) 그 밖의 사항

제1항부터 제8항까지에서 규정한 사항 외에 근속승진 방법 및 인사운영에 필요한 사항은 소방청장이 정한다(제9항).

소방공무원 근속승진 운영지침(소방청예규)

1. 근속승진 소요기간

소방위 이하 근속승진 대상자는 근속승진 임용일 전월 말일 기준으로, 소방경 근속승진 대상자는 매년 4월 30일, 10월 31일을 기준으로 「소방공무원법」 제15조 제1항에 따른 기간 동안 재직하여야 한다(제2조).

2. 근속승진임용의 방법 및 절차

① 소방경 근속승진임용을 위한 심사위원회의 구성 및 운영은 「소방공무원 승진임용 규정」 제18조부터 제21조(註 : 승진심사위원회)에 따른다(제3조 제2항 본문)

② 소방위 이하 근속승진을 위한 심사위원회의 구성과 운영(제2항 단서)

- 설치 : 임용권자가 설치
- 구성 : 위원장을 포함하여 5명 이상 7명 이하의 위원
- 위원장 및 위원 : 근속승진 대상자보다 상위 계급의 소방공무원
- 후보자 결정 : 「소방공무원 승진임용 규정 시행규칙」 제25조 제2항의 사전심의를 생략하고 본심사로 결정
- 회의 운영 : 회의는 비공개로 하며 재적위원 3분의 2 이상의 출석과 출석위원 과반수 찬성으로 의결
- 간사와 서기 임명 : 소속 인사담당공무원 중에서 해당 심사위원회가 설치된 소방기관의 장이 임명

③ 이 지침과 소방청장이 따로 정하는 방법과 절차 외에는 「소방공무원 승진임용 규정」 및 「소방공무원 승진임용 규정 시행규칙」에서 정한 승진심사의 방법과 절차에 의한다(제3항).

3. 승진임용의 제한

근속승진임용은 「소방공무원 승진임용 규정」 제6조 및 제23조 제3호(註 : 승진임용제한)에 따라 제한한다(제4조).

4. 승진대상자 명부의 작성

① 근속승진에 필요한 요건을 갖춘 소방위 이하 소방공무원에 대하여 「소방공무원 승진임용 규정」 제11조 제1항부터 제3항 및 제12조에 따른 승진대상자 명부 작성 방법을 준용하여 계급별로 근속승진대상자 명부를 작성한다(제5조 제1항).

② 소방위 이하 근속승진대상자 명부는 근속승진 임용일 전월 말일 기준으로 작성하고, 소방경 근속승진대상자 명부는 매년 4월 30일, 10월 31일을 기준으로 작성한다(제2항).

5. 정년퇴직 예정자에 대한 특례

제5조 제2항의 작성일을 기준으로 향후 1년 이내에 정년으로 퇴직이 예정되어있는 소방위는 우선하여 근속승진임용을 할 수 있다(제5조의2).

6. 근속승진임용 대상 및 시기

① 소방공무원 근속승진 임용대상자는 「소방공무원 승진임용 규정」 제6조의2에 따른다(제6조 제1항).

② 소방경 근속승진 인원은 「소방공무원 승진임용 규정」 제6조의2 제5항(註: 연도별로 합산하여 해당 기관의 근속승진 대상자의 100분의 40에 해당하는 인원수를 초과할 수 없음)에 따른다. 다만, 임용권자는 소속기관별 승진대상자 분포, 승진여건 등을 고려하여 소속관서별로 승진예정 인원을 조정할 수 있다(제2항).

③ 소방교, 소방장, 소방위 근속승진임용의 시기는 매월 1일로 하고, 소방경 근속승진임용의 시기는 매년 5월 1일, 11월 1일로 한다(제3항).

④ 제1항에도 불구하고 심사위원회의 근속승진 심사 결과 부적격자로 결정된 경우에는 근속승진 임용을 할 수 없다(제4항).

7. 근속승진에 따른 결원 충원

① 임용권자는 직제상의 정원에 해당하는 현원과 근속승진으로 인한 현원을 엄격하게 구분 관리하여야 하며, 근속승진자가 아닌 직제상의 정원에 해당하는 현원 중에서 통상적인 결원(퇴직·상위계급 승진 등)이 발생한 경우에는 동 결원의 범위 안에서 해당 계급으로의 신규채용이나 일반승진 등으로 충원할 수 있다(제7조 제1항).

② 임용권자는 근속승진임용 시 근속승진과 일반승진을 구분하여 심사절차를 거치도록 하여야 하며, 근속승진자에 대해서는 소방공무원인사기록카드 ⑭ 임용사항 중 "임용과정"란에 근속승진된 사람임을 표기(예시 : 근속승진)하여 근속승진자와 일반승진자를 구분하여 운영하여야 한다(제2항).

8. 근속승진 정원관리

① 「소방공무원 승진임용 규정」 제6조의2에 의하여 상위 계급으로 근속승진하는 경우, 근속승진

된 사람이 해당계급에 재직하는 기간 동안은 근속승진 된 인원만큼 근속승진 된 계급의 정원은 증가하고 종전 계급의 정원은 감축된 것으로 본다(제8조 제1항).

② 상위 계급으로 근속승진한 사람이 다시 차상위계급으로 근속승진하는 경우에는 당초 근속승진된 계급의 정원은 감축되고 차상위계급의 정원이 증원된 것으로 본다(제2항).

③ 근속승진 된 사람이 타 기관 전출, 승진 등으로 해당 계급에 재직하지 않은 경우에는 당초의 계급별 정원대로 환원되어야 한다(제3항).

9. 근속승진 우선 임용

「소방공무원 승진임용 규정」 제26조 또는 제37조의 규정에 따라 심사승진후보자 또는 시험승진후보자로 확정된 사람이 승진임용되기 전에 「소방공무원법」 제15조 및 「소방공무원 승진임용 규정」 제6조의2 제1항에 따른 근속승진 소요기간이 도래되어 근속승진 하는 것이 본인에게 유리한 경우에는 다른 승진임용에 우선하여 근속승진임용할 수 있다(제9조).

출·제·예·상·문·제

소방승진 공무원법

01 다음 중 법령상 허용되지 않는 것은?

① 소방감의 계급정년
② 소방경에서 소방령으로의 근속승진
③ 임기제공무원의 8세 이하의 자녀를 양육하기 위한 청원휴직
④ 시·도 소속 소방위의 연고지배치를 위한 시·도 상호 간 인사교류

해설

① (○) 계급정년 : 소방감 4년, 소방준감 6년, 소방정 11년, 소방령 14년
② (×) 근속승진 : 소방사(4년 이상)→소방교, 소방교(5년 이상)→소방장, 소방장(6년 6개월 이상)→소방위, 소방위(8년)→소방경
③ (○) 임기제공무원에 대하여 적용되는 직권휴직사유로 ㉠ 신체·정신상의 장애로 장기 요양이 필요할 때, ㉡ 「병역법」에 따른 병역 복무를 마치기 위하여 징집 또는 소집된 때가 있고, 청원휴직사유로 8세 이하 또는 초등학교 2학년 이하의 자녀를 양육하기 위하여 필요하거나 여성공무원이 임신 또는 출산하게 된 때가 있다.
④ (○) 사도 소속 소방경 이하의 연고지배치를 위한 사도 상호 간 인사교류

02 근속승진에 대한 설명으로 옳지 않은 것은?

① 근속승진 후보자는 승진대상자명부에 등재되어 있는 사람으로 한다.
② 근속승진 기간은 승진소요최저근무연수의 계산 방법에 따라 계산한다.
③ 국정과제 등 주요 업무의 추진실적이 우수한 소방공무원이나 적극행정 수행 태도가 돋보인 소방공무원의 경우는 근속승진 기간에서 1년을 단축할 수 있다.
④ 임용권자는 소방경으로의 근속승진임용을 위한 심사를 할 때에는 연도별로 합산하여 해당 기관의 근속승진 대상자의 100분의 40에 해당하는 인원수(소수점 이하가 있는 경우에는 1명을 가산한다)를 초과하여 근속승진임용할 수 없다.

해설

④ (×) 임용권자는 소방경으로의 근속승진임용을 위한 심사를 할 때에는 연도별로 합산하여 해당 기관의 근속승진 대상자의 100분의 50에 해당하는 인원수(소수점 이하가 있는 경우에는 1명을 가산한다)를 초과하여 근속승진임용할 수 없다(소방공무원 승진임용 규정 제6조의2 제5항).

정답 01. ② 02. ④

03 「소방공무원법」및 「소방공무원 승진임용 규정」상 근속승진에 관한 내용으로 옳은 것은?

*24 소방위

① 「공무원임용령」에 따른 인사교류 기간 중에 있는 소방공무원의 근속승진 기간을 단축하는 소방공무원의 인원수는 인사혁신처장이 제한할 수 있다.
② 「공무원임용령」에 따른 인사교류 경력이 있는 소방공무원을 근속승진임용하는 경우에는 근속승진기간에서 인사교류 기간의 2분의 1에 해당하는 기간을 단축할 수 있다.
③ 소방위는 해당 계급에서 근속승진기간으로 규정된 6년 6개월 근속한 경우, 소방경으로 근속승진임용된다.
④ 적극행정 수행 태도가 돋보인 소방공무원을 근속승진임용하는 경우에는 근속승진기간에서 2년을 단축할 수 있다.

해설

① (×) 제2항 제2호(註: 국정과제 등 주요 업무의 추진실적이 우수한 소방공무원이나 적극행정 수행 태도가 돋보인 소방공무원 - 1년)에 따라 근속승진 기간을 단축하는 소방공무원의 인원수는 인사혁신처장이 제한할 수 있다(소방공무원 승진임용 규정 제6조의2 제3항).
③ (×) 소방위는 해당 계급에서 근속승진기간으로 규정된 8년 근속한 경우, 소방경으로 근속승진임용된다(소방공무원법 제15조 제1항 제4호).
④ (×) 2년이 아니라 1년이다(소방공무원 승진임용 규정 제6조의2 제2항 제2호).

04 「소방공무원 승진임용 규정」상 근속승진에 대한 내용으로 옳지 않은 것은?

*24 소방교

① 근속승진 후보자는 승진대상자명부에 등재되어 있는 사람으로 한다.
② 근속승진 요건에 해당하는 경우에는 근속승진 기간에 도달하기 5일 전부터 승진심사를 할 수 있다.
③ 국정과제 등 주요 업무의 추진실적이 우수한 소방공무원이나 적극행정 수행 태도가 돋보인 소방공무원의 경우에 1년 근속승진 기간을 단축하는 소방공무원의 인원수는 소방청장이 제한할 수 있다.
④ 임용권자는 소방경으로의 근속승진임용을 위한 심사를 할 때에는 연도별로 합산하여 해당 기관의 근속승진 대상자의 100분의 50에 해당하는 인원수(소수점 이하가 있는 경우에는 1명을 가산한다)를 초과하여 근속승진임용할 수 없다.

해설

③ (×) 제2항 제2호(註: 국정과제 등 주요 업무의 추진실적이 우수한 소방공무원이나 적극행정 수행 태도가 돋보인 소방공무원 - 1년)에 따라 근속승진 기간을 단축하는 소방공무원의 인원수는 인사혁신처장이 제한할 수 있다(소방공무원 승진임용 규정 제6조의2 제3항).

정답 03. ② 04. ③

소방승진 공무원법

05 근속승진에 관하여 다음의 빈칸에 들어갈 말을 순서대로 열거한 것은?

> 인사교류 경력이 있거나 주요 업무의 추진 실적이 우수한 공무원 등 소방행정 발전에 기여한 공이 크다고 인정되는 경우에는 다음 구분에 따른 기간을 근속승진 기간에서 단축할 수 있다.
> 1. 「공무원임용령」 제48조 제1항 제1호에 따른 인사교류 기간 중에 있거나 인사교류 경력이 있는 소방공무원 : 인사교류 기간의 (   )에 해당하는 기간
> 2. 국정과제 등 주요 업무의 추진실적이 우수한 소방공무원이나 적극행정 수행 태도가 돋보인 소방공무원 : (   )

① 3분의 1, 1년
② 2분의 1, 1년
③ 3분의 1, 6개월
④ 2분의 1, 6개월

해설
② (○) 소방공무원 승진임용 규정 제6조의2 제2항

06 소방공무원 근속승진에 관한 내용으로 옳은 것은?   *22 소방교 변형

① 소방위를 소방경으로 근속승진 임용하려는 경우 해당 계급에서 6년 이상 근속자를 대상으로 한다.
② 근속승진 요건에 해당하는 경우에는 근속승진 기간에 도달하기 7일 전부터 승진심사를 할 수 있다.
③ 근속승진 후보자는 승진대상자명부에 등재되어 있고, 최근 3년간 평균 근무성적평정점이 "양" 이하에 해당하지 아니한 사람으로 한다.
④ 근속승진 기간을 단축하는 소방공무원(국정과제 등 주요업무의 추진실적이 우수한 소방공무원 등)의 인원수는 인사혁신처장이 제한할 수 있다.

해설
① (×) 8년 이상. ② (×) 5일 전부터.
③ (×) 근속승진 후보자는 승진대상자명부에 등재되어 있는 사람으로 한다.

정답 05. ② 06. ④

07 소방공무원의 근속승진에 대한 설명으로 옳은 것은?

① 소방사 계급에서 소방교로 근속승진임용하려는 경우에는 해당계급에서 5년 이상 근속자에 해당해야 한다.
② 임용권자는 소방경으로의 근속승진임용을 위한 심사를 연 1회 실시할 수 있고, 이 경우 소방경으로 근속승진임용을 할 수 있는 인원수는 연도별로 합산하여 해당 기관의 근속승진 대상자의 100분의 40에 해당하는 인원수(소수점 이하가 있는 경우에는 1명을 가산)를 초과할 수 없다.
③ 소방위 이하 근속승진 대상자는 근속승진 임용일 전월 말일 기준으로 근속승진 소요기간 동안 재직하여야 한다.
④ 근속승진 요건에 해당하는 경우에는 근속승진 기간에 도달하기 10일 전부터 승진심사를 할 수 있다.

해설

① (×) 5년이 아니라 4년 이상 근속자이다(소방공무원법 제15조 제1항).
② (×) 임용권자는 소방경으로의 근속승진임용을 위한 심사를 할 때에는 연도별로 합산하여 해당 기관의 근속승진 대상자의 100분의 50에 해당하는 인원수(소수점 이하가 있는 경우에는 1명을 가산한다)를 초과하여 근속승진임용할 수 없다(소방공무원 승진임용 규정 제6조의2 제5항).
③ (○) 소방위 이하 근속승진 대상자는 근속승진 임용일 전월 말일 기준으로, 소방경 근속승진 대상자는 매년 4월 30일, 10월 31일을 기준으로 「소방공무원법」 제15조 제1항에 따른 기간 동안 재직하여야 한다(소방공무원 근속승진 운영지침 제2조).
④ (×) 10일이 아니라 5일이다(소방공무원 승진임용 규정 제6조의2 제7항).

08 소방공무원의 근속승진에 대한 설명으로 틀린 것은?

*21 소방교

① 국정과제 등 주요 업무의 추진실적이 우수한 소방공무원이나 적극행정 수행 태도가 돋보인 소방공무원 중 근속승진 기간을 단축할 수 있는 인원수는 인사혁신처장이 제한할 수 있다.
② 근속승진 후보자는 승진대상자명부에 등재되어 있는 사람으로 한다.
③ 근속승진 요건에 해당하는 경우에는 근속승진 기간에 도달하기 10일 전부터 승진심사를 할 수 있다.
④ 임용권자는 인사의 원활한 운영을 위하여 필요하다고 인정되는 경우에는 소방위 재직기간별로 승진대상자 명부를 구분하여 작성할 수 있다.

해설

③ (×) 근속승진 요건에 해당하는 경우에는 근속승진 기간에 도달하기 5일 전부터 승진심사를 할 수 있다(소방공무원 승진임용 규정 제6조의2 제7항).

정답 07. ③ 08. ③

소방승진 공무원법

09 소방위 이하의 근속승진을 위한 심사위원회의 구성과 운영에 대한 설명으로 옳지 않은 것은?

① 임용권자가 설치한다.
② 위원장을 포함하여 5명 이상 7명 이하의 위원으로 구성한다.
③ 위원장과 위원은 근속승진 대상자보다 상위 계급의 소방공무원으로 한다.
④ 사전심의와 본심사를 거쳐 후보자를 결정한다.

[해설]
④ (×) 후보자 결정은 「소방공무원 승진임용 규정 시행규칙」 제25조 제2항의 사전심의를 생략하고 본심사로 한다(소방공무원 근속승진 운영지침 제3조 제2항 단서).

10 소방경인 소방공무원의 근속승진임용시기로 옳은 것은?

① 매년 1월 1일, 7월 1일
② 매월 1일
③ 매년 5월 1일, 11월 1일
④ 매년 7월 1일

[해설]
소방교, 소방장, 소방위 근속승진임용의 시기는 매월 1일로 하고, 소방경 근속승진임용의 시기는 매년 5월 1일, 11월 1일로 한다(소방공무원 근속승진 운영지침 제6조 제3항).

11 소방공무원의 근속승진에 대한 설명으로 옳은 것은?

① 근속승진대상자 명부 작성일을 기준으로 향후 2년 이내에 정년으로 퇴직이 예정되어있는 소방위는 우선하여 근속승진임용을 할 수 있다.
② 소방경 근속승진대상자 명부는 근속승진 임용일 전월 말일 기준으로 작성하고, 소방위 이하 근속승진대상자 명부는 매년 4월 30일, 10월 31일을 기준으로 작성한다.
③ 징계처분 요구 또는 징계의결 요구 중인 소방공무원도 근속승진할 수 있다.
④ 심사승진후보자 또는 시험승진후보자로 확정된 사람이 승진임용되기 전에 근속승진 소요기간이 도래되어 근속승진 하는 것이 본인에게 유리한 경우에는 다른 승진임용에 우선하여 근속승진임용할 수 있다.

[해설]
① (×) 2년 이내가 아니라 1년 이내이다(소방공무원 근속승진 운영지침 제5조의2).
② (×) 소방위 이하 근속승진대상자 명부는 근속승진 임용일 전월 말일 기준으로 작성하고, 소방경 근속승진대상자 명부는 매년 4월 30일, 10월 31일을 기준으로 작성한다(제5조 제2항).
③ (×) 근속승진임용은 「소방공무원 승진임용 규정」 제6조 및 제23조 제3호(註: 승진임용제한)에 따라 제한한다(제4조).
④ (○) 제9조

[정답] 09. ④ 10. ③ 11. ④

12 소방공무원 1명이 소방교로 근속승진 한 후 다시 소방장으로 근속승진하는 경우의 정원관리로 옳은 것은?

① 소방교 계급의 정원은 증원되고 소방장 계급의 정원이 감축된 것으로 본다.
② 소방교 계급의 정원은 감축되고 소방장 계급의 현원이 유지된 것으로 본다.
③ 소방교 계급의 정원은 현원이 유지되고 소방장 계급의 정원이 증원된 것으로 본다.
④ 소방교 계급의 정원은 감축되고 소방장 계급의 정원이 증원된 것으로 본다.

해설
상위 계급으로 근속승진한 사람이 다시 차상위계급으로 근속승진하는 경우에는 당초 근속승진된 계급의 정원은 감축되고 차상위계급의 정원이 증원된 것으로 본다(소방공무원 근속승진 운영지침 제8조 제2항).

정답 12. ④

CHAPTER 08 대우공무원제도

1. 의의

대우공무원제란 승진적체 해소와 공무원의 사기앙양을 위해 도입된 것으로, 현재의 직급에서 승진소요최저연수 이상 근무하고 승진 제한사유가 없는 우수공무원을 상위직급 대우공무원으로 임용하고 대우공무원수당(월 봉급액의 4.1%)을 지급하는 제도를 말한다.

임용권자 또는 임용제청권자는 소속 소방공무원 중 해당 계급에서 승진소요최저근무연수 이상 근무하고 승진임용의 제한 사유[제6호 제1항 제4호부터 제6호(註: 신임교육과정을 졸업하지 못한 사람, 관리역량교육과정을 수료하지 못한 사람, 소방정책관리자교육과정을 수료하지 못한 사람으로서 승진임용 제한)에 따른 제한 사유는 제외]가 없으며 근무실적이 우수한 사람을 바로 상위계급의 대우공무원으로 선발할 수 있다(소방공무원 승진임용 규정 제43조 제1항). 대우공무원의 선발에 필요한 사항은 행정안전부령으로 정한다(제2항).

2. 선발 요건

(1) 근무기간 요건

대우공무원으로 선발되기 위해서는 영 제5조 제1항에 따른 승진소요최저근무연수를 경과한 소방정 이하 계급의 소방공무원으로서 해당 계급에서 다음 각 호의 구분에 따른 기간 동안 근무해야 한다(소방공무원 승진임용 규정 시행규칙 제36조 제1항).

> 1. 소방정 및 소방령 : 7년 이상
> 2. 소방경, 소방위, 소방장, 소방교 및 소방사 : 4년 이상

(2) 근무기간 산정방식

제1항에 따른 근무기간의 산정은 영 제5조 제2항부터 제8항까지의 규정(註 : 승진소요최저근무연수 산정방식)에 따른다(제2항).

3. 대우공무원 선발 절차 및 시기

임용권자 또는 임용제청권자는 매월 말 5일 전까지 대우공무원 발령일을 기준으로 하여 대우공무원 선발요건에 적합한 대상자를 결정하여야 하고, 그 다음 월 1일에 일괄하여 대우공무원으로 발령하여야 한다(제37조 제1항). 대우공무원의 발령사항은 인사기록카드에 기록하여야 한다(제2항).

4. 대우공무원수당의 지급

(1) 수당 지급 원칙
대우공무원으로 선발된 소방공무원에 대하여는 「공무원 수당 등에 관한 규정」에 따라 대우공무원수당을 지급한다(제38조 제1항).

(2) 감액지급 사유
대우공무원이 징계 또는 직위해제 처분을 받거나 휴직하여도 대우공무원수당은 계속 지급한다. 다만, 「공무원 수당 등에 관한 규정」에서 정하는 바에 따라 대우공무원수당을 감액하여 지급한다(제2항).

(3) 착오시 소급 지급
대우공무원의 선발 또는 수당 지급에 중대한 착오가 발생한 경우에는 임용권자 또는 임용제청권자는 이를 정정하고 대우공무원수당을 소급하여 지급할 수 있다(제3항).

공무원수당 등에 관한 규정 제6조의2(대우공무원수당) ① 「공무원임용령」 제35조의3, 「군무원인사법 시행령」 제44조, 「경찰공무원 승진임용 규정」 제43조, 「해양경찰청 소속 경찰공무원 임용에 관한 규정」 제93조, 「소방공무원 승진임용 규정」 제43조에 따라 대우공무원으로 선발된 사람에게는 예산의 범위에서 해당 공무원 월봉급액의 4.1퍼센트를 대우공무원수당으로 지급할 수 있다. 다만, 대우공무원수당과 월봉급액을 합산한 금액이 상위직급으로 승진 시의 월봉급액을 초과할 경우에는 해당 직급 월봉급액과 상위 직급 월봉급액의 차액을 대우공무원수당으로 지급한다.
② 제1항의 경우 필수실무관으로 지정된 공무원에게는 예산의 범위에서 월 10만원을 가산하여 지급할 수 있다.
③ 정직·감봉·직위해제 및 휴직으로 봉급이 감액 지급되는 사람에게는 별표 4의 구분에 따라 대우공무원수당을 감액하여 지급한다.

대우공무원수당 감액 지급 구분표(공무원수당 등에 관한 규정 별표4)

구분	정직기간 및 강등에 따라 직무에 종사하지 못하는 3개월의 기간 중	감봉기간	직위해제기간 및 휴직기간 중				
			봉급의 80퍼센트 (연봉월액의 70퍼센트)가 지급되는 경우	봉급의 70퍼센트 (연봉월액의 60퍼센트)가 지급되는 경우	봉급의 50퍼센트 (연봉월액의 40퍼센트)가 지급되는 경우	봉급의 40퍼센트 (연봉월액의 30퍼센트)가 지급되는 경우	봉급의 30퍼센트 (연봉월액의 20퍼센트)가 지급되는 경우
감액할 금액	수당액의 100퍼센트	수당액의 $\frac{1}{3}$	수당액의 20퍼센트	수당액의 30퍼센트	수당액의 50퍼센트	수당액의 60퍼센트	수당액의 70퍼센트

5. 대우공무원의 자격상실 등

(1) 승진임용의 경우

대우공무원이 상위계급으로 승진임용되는 경우 승진임용일자에 대우공무원의 자격은 당연히 상실된다(제39조 제1항).

(2) 강임의 경우

대우공무원이 강임되는 경우 강임되는 일자에 상위계급의 대우자격은 당연히 상실된다. 다만, 강임된 계급의 근무기간에 관계없이 강임일자에 강임된 계급의 바로 상위계급의 대우공무원으로 선발할 수 있다(제2항).

출·제·예·상·문·제

🚒 소방승진 공무원법

01 「소방공무원 승진임용 규정 시행규칙」상 대우공무원 선발을 위한 계급별 근무기간으로 옳지 않은 것은?　*24 소방교

① 소방장 : 4년 이상
② 소방경 : 5년 이상
③ 소방령 : 7년 이상
④ 소방정 : 7년 이상

[해설]
- 소방정 및 소방령 : 7년 이상
- 소방경, 소방위, 소방장, 소방교 및 소방사 : 4년 이상

02 대우공무원의 선발 요건으로 옳지 않은 것은?

① 소방정은 해당 계급에서 7년 이상 근무해야 한다.
② 소방위는 해당 계급에서 4년 이상 근무해야 한다.
③ 해당 계급에서의 근무기간의 산정은 승진소요최저근무연수 산정방식에 따른다.
④ 승진임용의 제한 사유가 있으나 근무실적이 우수한 사람을 대우공무원으로 선발할 수 있다.

[해설]
④ (×) 임용권자 또는 임용제청권자는 소속 소방공무원 중 해당 계급에서 승진소요최저근무연수 이상 근무하고 승진임용의 제한 사유[제6조 제1항 제4호(註: 신임교육 또는 지휘역량교육을 이수하지 아니한 사람으로서 승진임용 제한)에 따른 제한 사유는 제외]가 없으며 근무실적이 우수한 사람을 바로 상위계급의 대우공무원으로 선발할 수 있다(소방공무원 승진임용 규정 제43조 제1항).

03 「소방공무원 승진임용 규정 시행규칙」상 대우공무원에 관한 내용으로 옳지 않은 것은?　* 22 소방교

① 소방장이 대우공무원으로 선발되기 위해서는 승진소요최저근무연수를 경과하고 해당 계급에서 7년 이상 근무해야 한다.
② 대우공무원이 강임되는 경우 강임된 계급의 근무기간에 관계없이 강임일자에 강임된 계급의 바로 상위계급의 대우공무원으로 선발할 수 있다.
③ 대우공무원이 징계 또는 직위해제 처분을 받거나 휴직하더라도 「공무원 수당 등에 관한 규정」에서 정하는 바에 따라 대우공무원수당을 감액하여 계속 지급한다.
④ 임용권자 또는 임용제청권자는 매월 말 5일 전까지 대우공무원 발령일을 기준으로 하여 대우공무원 선발요건에 적합한 대상자를 결정하여야 하고, 그 다음 월 1일에 일괄하여 대우공무원으로 발령하여야 한다.

[정답] 01. ②　02. ④　03. ①

소방승진 공무원법

> **해설**
> ① (×) 소방정 및 소방령는 7년 이상, 소방경, 소방위, 소방장, 소방교 및 소방사는 4년 이상이다.

04 대우공무원의 선발 절차 및 시기에 관한 내용이다. 빈칸에 순서대로 알맞은 것은?

> 임용권자 또는 임용제청권자는 ( ) 전까지 대우공무원 발령일을 기준으로 하여 대우공무원 선발요건에 적합한 대상자를 결정하여야 하고, ( )에 일괄하여 대우공무원으로 발령하여야 한다.

① 임용일 전월 말일 – 매월 1일
② 매월 말 5일 – 그 다음 월 1일
③ 매년 4월 30일 – 매년 5월 1일
④ 매월 20일 – 매월 말일

> **해설**
> ② (○) 소방공무원 승진임용 규정 시행규칙 제37조 제1항

05 다음 중 대우공무원 임용에 대한 설명으로 옳은 것은?

① 감봉 징계처분의 집행이 끝난 날부터 10개월째 되는 소방공무원은 대우공무원으로 임용될 수 있다.
② 신임교육 또는 관리역량교육을 이수할 것은 대우공무원 임용의 요건이 아니다.
③ 현재의 직급에서 승진소요최저연수 이상 근무할 것은 대우공무원 임용의 요건이 아니다.
④ 근무실적이 우수할 것은 대우공무원 임용의 요건이 아니다.

> **해설**
> 임용권자 또는 임용제청권자는 소속 소방공무원 중 해당 계급에서 승진소요최저근무연수 이상 근무하고 승진임용의 제한 사유[제6호 제1항 제4호부터 제6호(註: 신임교육과정을 졸업하지 못한 사람, 관리역량교육과정을 수료하지 못한 사람, 소방정책관리자교육과정을 수료하지 못한 사람으로서 승진임용 제한)에 따른 제한 사유는 제외]가 없으며 근무실적이 우수한 사람을 바로 상위계급의 대우공무원으로 선발할 수 있다(소방공무원 승진임용 규정 제43조 제1항).

정답 04. ② 05. ②

06 「소방공무원 승진임용 규정 시행규칙」상 대우공무원에 관한 내용으로 옳지 않은 것은?

*22 소방위

① 대우공무원이 징계를 받거나 휴직하더라도 「공무원 수당 등에 관한 규정」에서 정하는 바에 따라 감액하여 대우공무원수당을 계속 지급한다.
② 대우공무원이 강임되는 경우 강임되는 일자에 상위계급의 대우자격이 상실되므로 강임일자에 강임된 계급의 바로 상위계급의 대우공무원으로 선발되지는 못한다.
③ 소방위인 소방공무원으로서 대우공무원으로 선발되기 위해서는 「소방공무원 승진임용 규정」 제5조 제1항에 따른 승진소요최저근무연수를 경과해야 하며, 소방위 계급으로 5년 이상 근무해야 한다.
④ 임용권자나 임용제청권자는 매월 말 5일 전까지 대우공무원 발령일을 기준으로 하여 대우공무원 선발요건에 적합한 대상자를 결정하여야 하고, 그 다음 월 1일에 일괄하여 대우공무원에 발령하여야 한다.

해설
② (×) 대우공무원이 강임되는 경우 강임되는 일자에 상위계급의 대우자격은 당연히 상실된다. 다만, 강임된 계급의 근무기간에 관계없이 강임일자에 강임된 계급의 바로 상위계급의 대우공무원으로 선발할 수 있다(소방공무원 승진임용 규정 시행규칙 제39조 제2항).

07 대우공무원에 관한 설명으로 틀린 것은?

* 20 소방위

① 대우공무원이 징계 또는 직위해제 처분을 받거나 휴직하여도 대우공무원수당은 계속 지급한다.
② 정직·감봉·직위해제 및 휴직으로 봉급이 감액 지급되는 사람에게는 대우공무원수당을 감액하여 지급한다.
③ 대우공무원의 선발 또는 수당 지급에 중대한 착오가 발생한 경우에는 임용권자 또는 임용제청권자는 이를 정정하고 대우공무원수당을 소급하여 지급할 수 있다.
④ 대우공무원이 상위계급으로 승진임용되는 경우 임용일 다음날 대우공무원의 자격은 상실된다.

해설
④ (×) 대우공무원이 상위계급으로 승진임용되는 경우 승진임용일자에 대우공무원의 자격은 당연히 상실된다(소방공무원 승진임용 규정 시행규칙 제39조 제1항).

정답 06. ② 07. ④

소방승진 공무원법

08 다음은 대우공무원수당 감액 지급 구분표의 일부이다. ( ) 안에 적당한 것은?

구분	정직기간	강등에 따라 직무에 종사하지 못하는 3개월의 기간 중	감봉기간
감액할 금액	수당액의 (㉠)	수당액의 (㉡)	수당액의 (㉢)

	㉠	㉡	㉢
①	100퍼센트	100퍼센트	$\frac{1}{3}$
②	100퍼센트	$\frac{2}{3}$	$\frac{1}{3}$
③	100퍼센트	$\frac{2}{3}$	50퍼센트
④	$\frac{2}{3}$	50퍼센트	50퍼센트

[해설]
정직기간 및 강등에 따라 직무에 종사하지 못하는 3개월의 기간 중에는 수당의 100퍼센트를 감액하고, 감봉기간 동안 수당액의 1/3을 감액하여 지급한다(공무원수당 등에 관한 규정 별표4).

09 대우공무원수당에 대한 설명으로 옳지 않은 것은?

① 대우공무원으로 선발된 사람에게는 예산의 범위에서 해당 공무원 월봉급액의 4.1%를 대우공무원수당으로 지급할 수 있다.
② 대우공무원수당과 월봉급액을 합산한 금액이 상위직급으로 승진 시의 월봉급액을 초과할 경우에는 해당 직급 월봉급액과 상위 직급 월봉급액의 차액을 대우공무원수당으로 지급한다.
③ 감봉으로 봉급이 감액 지급되는 사람에게는 감봉기간 동안 수당액의 50%를 감액하여 지급한다.
④ 정직으로 봉급이 감액 지급되는 사람에게는 정직기간 동안 수당액의 100%를 감액하여 지급한다.

[해설]
③ (×) 50%가 아니라 1/3이다(공무원수당 등에 관한 규정 별표4).

정답 08. ① 09. ③

10 대우공무원에 대한 설명으로 옳지 않은 것은?

*21 소방교

① 임용권자 또는 임용제청권자는 매월 말 5일 전까지 대우공무원 발령일을 기준으로 하여 대우공무원 선발요건에 적합한 대상자를 결정하여야 하고, 그 다음 월 1일에 일괄하여 대우공무원으로 발령하여야 한다.
② 대우공무원의 선발 또는 수당 지급에 중대한 착오가 발생한 경우에는 임용권자 또는 임용제청권자는 이를 정정하고 대우공무원수당을 소급하여 지급할 수 있다.
③ 대우공무원이 직위해제 처분을 받으면 대우공무원수당의 지급을 중단한다.
④ 대우공무원이 강임되는 경우 강임되는 일자에 상위계급의 대우자격은 당연히 상실된다.

해설
③ (×) 대우공무원이 징계 또는 직위해제 처분을 받거나 휴직하여도 대우공무원수당은 계속 지급한다(소방공무원 승진임용 규정 시행규칙 제38조 제2항).

11 대우공무원 자격의 취득과 상실에 관한 내용으로 옳지 않은 것은?

① 소방정 및 소방령은 해당 계급에서 7년 이상 근무해야 한다.
② 대우공무원이 상위계급으로 승진임용되는 경우 승진임용일자에 대우공무원의 자격은 당연히 상실된다.
③ 대우공무원이 강임되는 경우 강임되는 일자에 상위계급의 대우자격은 당연히 상실된다.
④ 대우공무원이 강임되는 경우 강임된 계급에서 1년 이상 근무하여야 강임된 계급의 바로 상위계급의 대우공무원으로 선발할 수 있다.

해설
④ (×) 대우공무원이 강임되는 경우 강임되는 일자에 상위계급의 대우자격은 당연히 상실된다. 다만, 강임된 계급의 근무기간에 관계없이 강임일자에 강임된 계급의 바로 상위계급의 대우공무원으로 선발할 수 있다(소방공무원 승진임용 규정 시행규칙 제39조 제2항).

정답 10. ③ 11. ④

소방승진은 이패스 소방사관
www.kfs119.co.kr

PART 05

소방공무원의 행동규범

CHAPTER 01 소방공무원 복무규정
CHAPTER 02 교육훈련
CHAPTER 03 징계

CHAPTER 01 소방공무원 복무규정

1. 의의

헌법은 "공무원은 국민 전체에 대한 봉사자"(제7조 제1항)라고 하면서 공무원의 근무상의 기본 원칙을 천명하고 있다. 공무원의 의무는 공무원의 종류 또는 직무의 성질에 따라 내용이 다르고 각종 법령에서 개별적으로 규정하고 있는데, 소방공무원의 복무에 관하여는 「소방공무원법」이나 「국가공무원법」에 규정된 것을 제외하고는 대통령령으로 정한다(소방공무원법 제24조). 이에 따라 소방공무원의 복무에 관한 사항을 규정함을 목적으로 하는 「소방공무원 복무규정」이 마련되어 있다.

🔒 공무원의 의무(「국가공무원법」,「소방공무원법」)

1. 국가공무원법의 규정 내용

국가공무원법은 경력직 공무원에 공통된 의무를 규정하고 있다. 그리고 이를 구체화한 「국가공무원 복무규정」(대통령령)이 있다.

(1) 선서의무

공무원은 취임할 때에 소속 기관장 앞에서 대통령령등으로 정하는 바에 따라 선서하여야 한다. 다만, 불가피한 사유가 있으면 취임 후에 선서하게 할 수 있다(국가공무원법 제55조).

(2) 성실의무

모든 공무원은 법령을 준수하며 성실히 직무를 수행하여야 한다(제56조). 공무원의 성실의무는 공무원에게 부과된 가장 기본적이고 중요한 의무이다. 따라서 성실의무를 위반하면 징계사유가 된다. 성실의무는 각종의 개별적인 직무상의 의무는 물론이고 직무 외에서의 의무도 여기서 나오는 것이다. 또한 성실의무 위반은 법령위반을 전제로 하지 않는다.

(3) 법령준수의무

모든 공무원은 법령을 준수하며 성실히 직무를 수행하여야 한다(제56조). 법령이란 행정법의 법원이 되는 모든 법을 말하고 법규명령 외에 행정규칙도 포함된다. 법령위반은 위법행위 또는 불법행위로서, 취소·무효, 손해배상, 처벌, 징계 등의 사유가 된다.

(4) 복종의 의무

공무원은 직무를 수행할 때 소속 상관의 직무상 명령에 복종하여야 한다(제57조). 이는 계층적 조직체로서 행정조직의 원리상 필수적이다. 여기서 소속상관이란 당해 공무원의 직무에 관하여 지휘·감독권을 가진 자(즉, 신분상 소속상관이 아니라 직무상 소속상관을 의미)를 말하고, 직무명령은 상관이 직무에 관하여 부하에게 발하는 명령을 말한다.

(5) 직장이탈금지의무

공무원은 소속 상관의 허가 또는 정당한 사유가 없으면 직장을 이탈하지 못한다(제58조). 이 의무는 근무시간중에 성립하는 것이 원칙이나, 시간외근무명령이 있는 경우에도 성립한다. 이 의무에 위배하면 형법상의 직무유기죄를 구성한다.

(6) 친절·공정의무

공무원은 국민 전체의 봉사자로서 친절하고 공정하게 직무를 수행하여야 한다(제59조). 공무원의 친절·공정의무는 단순한 도덕상의 의무가 아니라 법적 의무이므로, 이에 위반하면 징계사유가 된다.

(7) 종교중립의무
공무원은 종교에 따른 차별 없이 직무를 수행하여야 하며, 소속 상관이 이에 위배되는 직무상 명령을 한 경우에는 이에 따르지 아니할 수 있다(제59조의2)· 이는 헌법이 보장하는 종교의 자유와 평등권 침해를 예방하고 정교분리의 원칙에 따른 정부와 종교의 바람직한 역할구분 및 협력관계를 위한 것이다.

(8) 비밀엄수의무
공무원은 재직 중은 물론 퇴직 후에도 직무상 알게 된 비밀을 엄수하여야 한다(제60조)· 비밀에는 자신이 처리하는 직무에 관한 비밀뿐만 아니라 직무와 관련하여 알게 된 비밀도 포함된다. 공무원의 비밀엄수의무로 인해 보호되는 이익은 특정한 개인의 이익이 아니라 국민 전체의 이익이다.

(9) 청렴의무
공무원은 직무와 관련하여 직접적이든 간접적이든 사례·증여 또는 향응을 주거나 받을 수 없으며, 직무상의 관계가 있든 없든 그 소속 상관에게 증여하거나 소속 공무원으로부터 증여를 받아서는 아니 된다(제61조). 청렴의무의 위반은 징계사유가 되고, 경우에 따라서는 형법상 뇌물에 관한 죄를 구성할 수도 있다.

(10) 영예제한
공무원이 외국 정부로부터 영예나 증여를 받을 경우에는 대통령의 허가를 받아야 한다(제62조). 이는 당해 영예 또는 증여가 우리나라의 국익에 저촉되는 여부 등 적정성을 심사하기 위한 것이다.

(11) 품위유지의무
공무원은 직무의 내외를 불문하고 그 품위가 손상되는 행위를 하여서는 아니 된다(제63조). 품위손상행위란 공직의 체면·위신에 영향을 미칠 수 있는 행위(예 축첩·도박·아편흡식·알콜중독)를 의미한다. 품위유지의무는 직무집행중뿐 아니라 직무집행과 관계없이도 존재하며, 이를 위반하면 징계사유가 된다.

(12) 영리업무 및 겸직금지의무
공무원은 공무 외에 영리를 목적으로 하는 업무에 종사하지 못하며 소속 기관장의 허가 없이 다른 직무를 겸할 수 없다(제64조).

(13) 정치운동금지의무
공무원은 정치적 중립성을 견지하여야 하므로(헌법 제7조 제2항) 공무원(대통령·국무총리·국무위원·국회의원·차관·처의 장, 정무차관 및 이들의 비서관 등 특수경력직 공무원은 제외)에게는 정치운동이 금지된다. 정치운동이 금지되는 공무원은 정당이나 그 밖의 정치단체의 결성에 관여하거나 이에 가입할 수 없다(제65조 제1항).

(14) 집단행위금지의무
공무원은 국민 전체의 이익을 위한 봉사자이므로 특정목적을 위한 다수인의 행위로써 공무의 본질을 해치지 않도록 집단행위가 금지된다. 공무원인 근로자는 법률이 정하는 자에 한하여 단결권·단체교섭권 및 단체행동권을 가진다(헌법 제33조 제2항). 다만, 사실상 노무에 종사하는 공무원은 예외로 한다(제66조 제1항).

2. 소방공무원법의 규정 내용
(1) 거짓 보고 등의 금지

① 소방공무원은 직무에 관한 보고나 통보를 거짓으로 하여서는 아니 된다(제21조 제1항).
② 소방공무원은 직무를 게을리하거나 유기(遺棄)해서는 아니 된다(제2항).

(2) 지휘권 남용 등의 금지

화재 진압 또는 구조·구급 활동을 할 때 소방공무원을 지휘·감독하는 사람은 정당한 이유 없이 그 직무수행을 거부 또는 유기하거나 소방공무원을 지정된 근무지에서 진출·후퇴 또는 이탈하게 하여서는 아니 된다(제22조).

(3) 복제(服制)

① 소방공무원은 제복을 착용하여야 한다(제23조 제1항).
② 소방공무원의 복제에 관한 사항은 행정안전부령으로 정한다(제2항).

> **소방공무원법 제34조(벌칙)** 다음 각 호의 어느 하나에 해당하는 자는 5년 이하의 징역 또는 금고에 처한다.
> 1. 화재 진압 업무에 동원된 소방공무원으로서 제21조 제1항을 위반하여 거짓 보고나 통보를 하거나 같은 조 제2항을 위반하여 직무를 게을리하거나 유기한 자
> 2. 화재 진압 업무에 동원된 소방공무원으로서 「국가공무원법」 제57조를 위반하여 상관의 직무상 명령에 불복하거나 같은 법 제58조 제1항을 위반하여 직장을 이탈한 자
> 3. 화재 진압 또는 구조·구급 활동을 할 때 소방공무원을 지휘·감독하는 자로서 제22조를 위반하여 정당한 이유 없이 그 직무수행을 거부 또는 유기하거나 소방공무원을 지정된 근무지에서 진출·후퇴 또는 이탈하게 한 자

2. 복무자세

(1) 예절 준수 등

소방공무원은 상급자·하급자 및 동료 간에 서로 예절을 지키고 상부상조의 동료애를 발휘하여야 한다(소방공무원 복무규정 제3조 제1항).

(2) 국민의 모범적 생활

소방공무원은 공적·사적 생활에서 국민의 모범이 되어야 하며, 다음 각 호와 같이 행동하여야 한다(제2항).

> 1. 다른 사람을 비방하거나 서로 다투어서는 아니 된다.
> 2. 건전하지 않은 오락행위를 해서는 아니 된다.
> 3. 품위를 유지하고 청렴하게 생활하여야 한다.

3. 복무규율

(1) 여행의 제한

① 소방공무원은 휴무일이나 근무시간 외에 공무가 아닌 사유로 3시간 이내에 직무에 복귀하

기 어려운 지역으로 여행하려는 경우에는 소속 소방기관의 장에게 신고하여야 한다(제4조 본문).

② 다만, 제5조에 따른 비상근무 등 소방업무상 특별한 사정이 있어 소방기관의 장이 정하는 기간 중에는 소속 소방기관의 장의 허가를 받아야 한다(제4조 단서).

(2) 비상소집 및 비상근무

① 소방기관의 장은 비상사태에 대처하기 위하여 필요하다고 인정할 때에는 소속 소방공무원을 긴급히 소집하여 일정한 장소에 대기 또는 특수한 근무를 하게 할 수 있다(제5조 제1항).

② 비상소집과 비상근무의 종류·절차 및 근무수칙 등에 관한 사항은 소방청장이 정한다(제2항).

「소방공무원 당직 및 비상업무규칙」(소방청훈령)

- 비상근무의 발령권자는 비상상황이 종료되는 즉시 비상근무를 해제하고, 비상근무 해제시 비상근무 발령권자가 소방본부장 또는 소방서장인 경우에는 6시간 이내에 해제일시, 사유 및 비상근무결과 등을 소방본부장은 소방청장에게, 소방서장은 소방본부장에게 보고하여야 한다(제16조 제1항).
- 비상소집명령을 받은 소방공무원은 지체 없이 소집장소로 응소하되, 필수요원은 1시간 이내 응소 또는 지휘선상 대기를 하여야 한다(제21조 제2항).
- 휴무일 또는 근무시간 외에 공무가 아닌 사유로 국외지역으로 여행하고자 할 경우에는 여행 시작 2일 전까지 소방관서의 장은 상급 소방관서의 장에게, 직원은 소속 소방관서의 장 또는 직근 상급감독자에게 신고하여야 한다(제24조).

(3) 교대제 근무

① 소방기관의 장은 화재를 예방·경계·진압하기 위하여 필요하거나 재난·재해 및 그 밖의 위급한 상황에서의 구조·구급 활동을 효과적으로 수행하기 위하여 필요한 경우에는 소속 소방공무원에게 다음 각 호의 어느 하나에 해당하는 방식에 따른 교대제 근무를 하게 할 수 있다(제6조 제1항).

> 1. 2조 교대제 : 2개 조로 나누어 24시간씩 교대로 근무하는 방식
> 2. 3조 교대제 : 3개 조로 나누어 일정한 시간마다 교대로 근무하는 방식
> 3. 4조 교대제 : 4개 조로 나누어 일정한 시간마다 교대로 근무하는 방식

② 소방기관의 장은 제1항 제1호에 따른 2조 교대제 근무를 하는 소방공무원에게는 순번을 정하여 주기적으로 근무일에 휴무하게 할 수 있다. 다만, 비상근무를 하는 경우에는 그러하지 아니하다(제2항).

③ 교대제 근무의 범위 및 방법, 그 밖에 교대제 근무에 필요한 사항은 소방청장이 정한다(제3항).

> **소방공무원 근무규칙 제44조(2조 교대제 근무자의 특례)** 소방기관의 장은 2조 교대제 근무자에 대하여는 순번을 정하여 2월 3회(1회 1근무일을 원칙으로 한다) 이상 근무일에 휴무하게 할 수 있다. 다만, 비상근무를 하는 경우에는 그러하지 아니하다.

(4) 현장 근무자의 근무수칙

화재진압 또는 구조·구급 활동의 현장에서 소방활동에 종사하는 소방공무원은 현장 지휘관의 정당한 명령을 이유 없이 거부하거나 현장 지휘관의 승인 없이 현장에서 이탈하거나 소방활동을 게을리하는 등 직무를 유기해서는 아니 된다(제7조).

(5) 안전사고의 방지

① 소방공무원은 소방활동 중 발생할 수 있는 안전사고에 유의하여야 한다(제8조 제1항).
② 소방활동 중의 안전사고를 방지하기 위하여 필요한 사항은 소방청장이 정한다(제2항).

4. 공가휴가

(1) 공가

소방기관의 장은 소방공무원이 다음 각 호의 어느 하나에 해당하는 때에는 이에 직접 필요한 기간을 공가로 승인해야 한다(제8조의2).

> 1. 「병역법」이나 그 밖의 다른 법령에 따른 병역판정검사·소집·검열점호 등에 응하거나 동원 또는 훈련에 참가할 때
> 2. 공무와 관련하여 국회, 법원, 검찰 또는 그 밖의 국가기관에 소환되었을 때
> 3. 법률에 따라 투표에 참가할 때
> 4. 승진시험·전직시험에 응시할 때
> 5. 원격지(遠隔地)로 전보 발령을 받고 부임할 때
> 6. 다음 각 목의 어느 하나에 해당하는 건강검진 또는 건강진단을 받을 때. 다만, 특별한 사정이 없으면 같은 날에 받는 경우로 한정한다.
>   가. 「국민건강보험법」 제52조에 따른 건강검진
>   나. 「소방공무원 보건안전 및 복지 기본법」 제16조에 따른 특수건강진단 또는 정밀건강진단
>   다. 「119구조·구급에 관한 법률 시행령」 제27조에 따른 건강검진
> 7. 「혈액관리법」에 따라 헌혈에 참가할 때
> 8. 「공무원 인재개발법 시행령」 제32조 제5호 또는 「소방공무원 교육훈련규정」 제38조 제5호에 따른 외국어능력에 관한 시험에 응시할 때
> 9. 올림픽, 전국체전 등 국가 또는 지방 단위의 주요 행사에 참가할 때
> 10. 천재지변, 교통 차단 또는 그 밖의 사유로 출근이 불가능할 때
> 11. 「공무원의 노동조합 설립 및 운영 등에 관한 법률」 제9조에 따른 교섭위원으로 선임(選任)되어 단체교섭 및 단체협약 체결에 참석하거나 같은 법 제17조 및 「노동조합 및 노동관계조정법」 제17조에 따른 대의원회(「공무원의 노동조합 설립 및 운영 등에 관한 법률」에 따라 설립된 공무원 노동조합의 대의원회를 말하며, 연 1회로 한정한다)에 참석할 때
> 12. 「검역법」 제5조 제1항에 따른 오염지역 또는 같은 법 제5조의2 제1항에 따른 오염인근지역으로 공무국외출장, 파견 또는 교육훈련을 가기 위하여 같은 법 제2조 제1호에 따른 검역감염병의 예방접종을 할 때

(2) 포상휴가

소방기관의 장은 근무성적이 뛰어나거나 다른 소방공무원의 모범이 될 공적이 있는 소방공무원에게 1회 10일 이내의 포상휴가를 줄 수 있다. 이 경우 포상휴가기간은 연가일수에 산입하지 아니한다(제9조).

소방공무원 근무규칙 제46조(실적평가와 포상) ② 우수소방관에 대하여 포상을 하는 경우에는 다음 각호의 어느 하나에 따라 포상휴가를 허가할 수 있다.
1. 화재진압·인명구조·구급활동 등에 탁월한 공적이 있는 자 : 3일 이상
2. 행정서비스 개선·대민업무 관련하여 특별한 공적이 있는 자 : 2일 이상
3. 그 밖의 봉사활동 등 타의 모범이 될 특별한 공적이 있는 자 : 1일 이상

---

(3) 시·도 소속 소방공무원의 특별휴가

시·도 소속 소방공무원의 특별휴가에 관하여는 「소방공무원 복무규정」 및 「국가공무원 복무규정」에서 규정한 사항 외에는 소속 지방자치단체의 특별휴가에 관한 조례를 적용한다(제11조).

5. 복무 실태의 확인·점검 등 ☞ 본서 발행일 현재 [입법 예정]인 사항

① 소방기관의 장은 근무기강을 확립하기 위하여 소속 소방공무원의 복무를 점검하고, 의무 위반행위를 방지하는 등의 조치를 해야 한다(제9조의2 제1항).
② 소방청장은 소방기관(소방청은 제외)에 대하여 제1항에 따른 조치의 적정성을 확인하기 위해 필요한 자료의 제출을 요구할 수 있다. 다만, 소방청장은 필요하다고 인정되는 경우에는 직접 제1항에 따른 조치를 할 수 있으며, 그 결과를 해당 소방기관에 통보해야 한다(제2항).
③ 소방청장은 제2항 본문에 따라 자료제출을 요구하거나 같은 항 단서에 따라 직접 조치를 한 경우 시정 또는 보완이 필요하다고 인정할 때에는 그 시정 또는 보완 등의 조치를 요구할 수 있다(제3항).
④ 제1항부터 제3항까지에서 규정한 사항 외에 복무 점검 및 의무위반 행위의 방지 등에 관하여 필요한 사항은 소방청장이 정한다(제4항).

6. 준용

소방공무원의 복무에 관하여 이 영에서 규정한 사항 외에는 「국가공무원 복무규정」을 준용한다. 다만, 특별시·광역시·특별자치시·도 및 특별자치도 소속 소방공무원에 대하여 준용하는 경우 "소속 기관의 장", "중앙행정기관의 장", "행정기관의 장" 및 "소속 장관"은 각각 "특별시장·광역시장·특별자치시장·도지사 및 특별자치도지사"로 본다(제10조).

출·제·예·상·문·제

01 소방공무원의 의무에 관한 설명 중 옳은 것은?

① 공무원은 정치적 중립의무가 있으므로 어떤 공무원도 정당에 가입할 수 없다.
② 성실의무가 가장 기본적인 의무이지만 그 위반만으로는 징계할 수 없다.
③ 공무원의 영리행위금지는 퇴근시간 후의 취업에도 효력이 미친다.
④ 명령복종의무가 있으므로 상관의 위법한 명령에도 복종하여야 한다.

해설
① (×) 정치적 중립의무는 특수경력직 공무원에게 적용하지 아니한다(국가공무원법 제3조 단서).
② (×) 성실의무는 공공이익의 증진을 위하여 최대한 노력을 하고 성실히 직무를 수행해야 하는 것으로서 '법적 의무'이다.
④ (×) 명백한 위법명령에 대하여는 복종을 거부하여야 하고, 만일 복종하게 되면 책임을 져야 한다.

02 소방공무원의 의무에 대한 설명으로 옳지 않은 것은?

① 소방공무원은 직무상 또는 직무와 관련된 비밀에 대하여 비밀유지의무를 지며, 퇴직 후에도 비밀유지의무를 엄수하여야 한다.
② 국가공무원법상의 성실의무는 근무시간외의 근무지 밖에까지 미친다.
③ 상관의 위법한 직무명령에 대하여 법령준수의무를 내세워 이를 거부하지 못한다.
④ 소방공무원이 성실의무를 위반한 것만으로도 징계사유가 된다.

해설
③ (×) 직무명령이 범죄를 구성하거나 위법성이 명백함에도 수명공무원이 이에 복종하는 경우에는 그 결과에 대한 책임(징계책임·민사책임·형사책임)을 지게 된다.

03 소방공무원법의 규정 내용으로 옳지 않은 것은?

① 소방공무원은 직무를 게을리하거나 유기(遺棄)해서는 아니 된다.
② 소방공무원은 직무에 관한 보고나 통보를 거짓으로 하여서는 아니 된다
③ 화재 진압 또는 구조·구급 활동을 할 때 소방공무원을 지휘·감독하는 사람은 정당한 이유 없이 그 직무수행을 거부 또는 유기하거나 소방공무원을 지정된 근무지에서 진출·후퇴 또는 이탈하게 하여서는 아니 된다.
④ 화재 진압 업무에 동원된 소방공무원으로서 상관의 직무상 명령에 불복하는 자는 벌금형에 처한다.

정답 01. ③ 02. ③ 03. ④

해설
④ (×) 5년 이하의 징역 또는 금고에 처한다(소방공무원법 제34조).

04 소방공무원의 복무규정에 대한 설명으로 옳은 것은?
*21 소방교

① 소방공무원은 휴무일이나 근무시간 외에 공무가 아닌 사유로 3시간 이내에 직무에 복귀하기 어려운 지역으로 여행하려는 경우에는 소속 소방기관의 장의 허가를 받아야 한다.
② 비상근무시 휴무일이나 근무시간 외에 공무가 아닌 사유로 3시간 이내에 직무에 복귀하기 어려운 지역으로 여행하려는 경우에는 소속 소방기관의 장의 허가를 받아야 한다.
③ 비상소집과 비상근무의 종류·절차 및 근무수칙 등에 관한 사항은 대통령령으로 정한다.
④ 소방활동 중의 안전사고를 방지하기 위하여 필요한 사항은 대통령령으로 정한다.

해설
① (×), ② (○) 소방공무원은 휴무일이나 근무시간 외에 공무가 아닌 사유로 3시간 이내에 직무에 복귀하기 어려운 지역으로 여행하려는 경우에는 소속 소방기관의 장에게 신고하여야 한다. 다만, 제5조에 따른 비상근무 등 소방업무상 특별한 사정이 있어 소방기관의 장이 정하는 기간 중에는 소속 소방기관의 장의 허가를 받아야 한다(소방공무원 복무규정 제4조).
③ (×) 비상소집과 비상근무의 종류·절차 및 근무수칙 등에 관한 사항은 소방청장이 정한다(제5조 제2항).
④ (×) 소방활동 중의 안전사고를 방지하기 위하여 필요한 사항은 소방청장이 정한다(제7조 제2항).

05 소방공무원의 복무에 관한 내용으로 옳지 않은 것은?
*22 소방교

① 소방공무원의 비상소집과 비상근무의 종류·절차 및 근무수칙 등에 관한 사항은 소방청장이 정한다.
② 소방기관의 장은 소방공무원이 승진시험·전직시험에 응시할 때에는 이에 직접 필요한 기간을 공가로 승인해야 한다.
③ 소방기관의 장은 2조 교대제 근무를 하는 소방공무원에게는 비상근무를 하는 경우 순번을 정하여 주기적으로 근무일에 휴무하게 할 수 있다.
④ 비상근무 등 소방업무상 특별한 사정이 있어 소방기관의 장이 정하는 기간 중 휴무일에 소방공무원이 공무가 아닌 사유로 3시간 이내에 직무에 복귀하기 어려운 지역으로 여행하려는 경우에는 소속 소방기관의 장의 허가를 받아야 한다.

해설
③ (×) 소방기관의 장은 2조 교대제 근무를 하는 소방공무원에게는 순번을 정하여 주기적으로 근무일에 휴무하게 할 수 있다. 다만, 비상근무를 하는 경우에는 그러하지 아니하다(소방공무원 복무규정 제6조 제2항).

정답 04. ② 05. ③

소방승진 공무원법

06 「소방공무원 당직 및 비상업무규칙」의 규정으로 옳지 않은 것은?

① 휴무일 또는 근무시간 외에 공무가 아닌 사유로 국외지역으로 여행하고자 할 경우에는 여행 시작 2일 전까지 소방관서의 장은 상급 소방관서의 장에게, 직원은 소속 소방관서의 장 또는 직근 상급감독자에게 신고하여야 한다.
② 비상소집명령을 받은 소방공무원은 지체 없이 소집장소로 응소하여야 한다.
③ 비상소집명령을 받은 필수요원은 2시간 이내 응소 또는 지휘선상 대기를 하여야 한다.
④ 비상근무의 발령권자는 비상상황이 종료되는 즉시 비상근무를 해제하고, 비상근무 해제시 비상근무 발령권자가 소방서장인 경우에는 6시간 이내에 해제일시, 사유 및 비상근무결과 등을 소방본부장에게 보고하여야 한다.

해설
③ (×) 2시간이 아니라 1시간이다(소방공무원 당직 및 비상업무규칙 제21조 제2항).

07 소방공무원의 교대제 근무에 관한 내용으로 옳지 않은 것은?

① 소방기관의 장은 화재를 예방·경계·진압하기 위하여 필요하거나 재난·재해 및 그 밖의 위급한 상황에서의 구조·구급 활동을 효과적으로 수행하기 위하여 필요한 경우에는 소속 소방공무원에게 다음 각 호의 어느 하나에 해당하는 방식에 따른 교대제 근무를 하게 할 수 있다.
② 교대제 근무 방식으로 2조 교대제, 3조 교대제, 4조 교대제가 가능하다.
③ 교대제 근무를 하는 소방공무원에게는 순번을 정하여 주기적으로 근무일에 휴무하게 할 수 있다.
④ 2조 교대제 근무자에 대하여는 순번을 정하여 2월 3회(1회 1근무일 원칙) 이상 근무일에 휴무하게 할 수 있다. 다만, 비상근무를 하는 경우에는 그러하지 아니하다.

해설
③ (×) 소방기관의 장은 2조 교대제 근무를 하는 소방공무원에게는 순번을 정하여 주기적으로 근무일에 휴무하게 할 수 있다. 다만, 비상근무를 하는 경우에는 그러하지 아니하다(소방공무원 복무규정 제6조 제2항).

08 소방공무원의 복무규정에 대한 설명으로 옳지 않은 것은? *21 소방위

① 소방공무원 복무규정에는 건전하지 않은 오락행위를 해서는 아니 된다는 것을 규정하고 있다.
② 소방공무원은 휴무일이나 근무시간 외에 공무가 아닌 사유로 3시간 이내에 직무에 복귀하기 어려운 지역으로 여행하려는 경우에는 소속 소방기관의 장에게 신고하여야 한다.
③ 소방기관의 장은 2조 교대제 근무를 하는 소방공무원에게는 순번을 정하여 주기적으로 근무일에 휴무하게 할 수 있다. 다만, 비상근무를 하는 경우에는 그러하지 아니하다
④ 소방기관의 장은 근무성적이 뛰어나거나 다른 소방공무원의 모범이 될 공적이 있는 소방공무원에게 1회 20일 이내의 포상휴가를 줄 수 있다.

정답 06. ③ 07. ③ 08. ④

해설
④ (×) 소방기관의 장은 근무성적이 뛰어나거나 다른 소방공무원의 모범이 될 공적이 있는 소방공무원에게 1회 10일 이내의 포상휴가를 줄 수 있다(소방공무원 복무규정 제9조).

09 「소방공무원 복무규정」상 소방공무원의 복무에 관한 내용으로 옳지 않은 것은? *23 소방교

① 소방공무원은 휴무일이나 근무시간 외에 공무가 아닌 사유로 3시간 이내에 직무에 복귀하기 어려운 지역으로 여행하려는 경우에는 소속 소방기관장에게 신고하여야 한다.
② 소방활동 중의 안전사고를 방지하기 위하여 필요한 사항은 소방서장이 정한다.
③ 소방기관의 장은 근무성적이 뛰어나거나 다른 소방공무원의 모범이 될 공적이 있는 소방공무원에게 1회 10일 이내의 포상휴가를 줄 수 있다.
④ 소방기관의 장은 소방공무원이 법률에 따라 투표에 참가할 때에는 이에 직접 필요한 기간을 공가로 승인해야 한다.

해설
② (×) 소방공무원은 소방활동 중 발생할 수 있는 안전사고에 유의하여야 한다(소방공무원 복무규정 제8조 제1항). 소방활동 중의 안전사고를 방지하기 위하여 필요한 사항은 소방청장이 정한다(제2항).

10 다음 중 소방기관의 장이 소방공무원에게 필요한 기간을 공가로 승인해야 할 사유로 옳지 않은 것은?

① 「국민건강보험법」상 건강검진, 「소방공무원 보건안전 및 복지 기본법」상 특수건강진단 또는 정밀건강진단, 「119구조·구급에 관한 법률 시행령」상 건강검진을 받을 때(특별한 사정이 없으면 같은 날에 받는 경우로 한정)
② 올림픽, 전국체전 등 국가 또는 지방 단위의 주요 행사에 참가할 때
③ 승진시험, 채용시험에 응시할 때
④ 「검역법」에 따른 오염지역으로 공무국외출장, 파견 또는 교육훈련을 가기 위하여 검역감염병의 예방접종을 할 때

해설
③ (×) 승진시험, 전직시험에 응시할 때(소방공무원 복무규정 제8조의2)

정답 09. ② 10. ③

소방승진 공무원법

11 「소방공무원 복무규정」상 소방기관의 장은 소방공무원이 필요한 기간을 공가로 직접 승인해야 하는데, 이러한 상황으로 옳지 않은 것은? *23 소방교

① 장기 등을 기증하기 위한 신체검사를 할 때
② 원격지(遠隔地)로 전보 발령을 받고 부임할 때
③ 천재지변, 교통 차단 또는 그 밖의 사유로 출근이 불가능 할 때
④ 공무와 관련하여 국회, 법원, 검찰 또는 그 밖의 국가 기관에 소환되었을 때

> [해설]
> 소방공무원 복무규정 제8조의2는 ①을 공가의 상황으로 규정하고 있지 않다. '건강검진 또는 건강진단을 받을 때', '헌혈에 참가할 때'는 규정되어 있다.

12 다음 중 소방기관의 장이 소방공무원에게 필요한 기간을 공가로 승인해야 할 사유로 옳은 것은?

① 공무와 관련하여 국회, 법원, 검찰 등 국가기관과 지방행정기관에 소환되었을 때
② 인근 소방관서로 전보 발령을 받고 부임할 때
③ 공무원 노동조합의 대의원회에 참석할 때(연 2회로 한정)
④ 천재지변, 교통 차단 또는 그 밖의 사유로 출근이 불가능할 때

> [해설]
> ① (×) 공무와 관련하여 국회, 법원, 검찰 또는 그 밖의 국가기관에 소환되었을 때
> ② (×) 원격지(遠隔地)로 전보 발령을 받고 부임할 때
> ③ (×) 「공무원의 노동조합 설립 및 운영 등에 관한 법률」 제9조에 따른 교섭위원으로 선임(選任)되어 단체교섭 및 단체협약 체결에 참석하거나 같은 법 제17조 및 「노동조합 및 노동관계조정법」 제17조에 따른 대의원회(「공무원의 노동조합 설립 및 운영 등에 관한 법률」에 따라 설립된 공무원 노동조합의 대의원회를 말하며, 연 1회로 한정한다)에 참석할 때

13 「소방공무원 복무규정」상 소방공무원의 복무규정에 관한 내용으로 옳지 않은 것은? *22 소방위

① 소방기관의 장은 소방공무원이 승진시험에 응시할 때에 직접 필요한 기간을 공가로 승인하여야 한다.
② 소방공무원의 복무에 관하여 「소방공무원 복무규정」에서 규정한 사항 외에는 「국가공무원 복무규정」을 준용한다.
③ 소방기관의 장은 다른 소방공무원의 모범이 될 공적이 있는 소방공무원에게 15일 이내의 포상휴가를 1회 줄 수 있다.
④ 소방공무원은 휴무일이나 근무시간 외에 공무가 아닌 사유로 3시간 이내에 직무에 복귀하기 어려운 지역으로 여행하려는 경우 원칙적으로 소속 소방기관의 장에게 신고하여야 한다.

> [해설]
> ③ (×) 소방기관의 장은 근무성적이 뛰어나거나 다른 소방공무원의 모범이 될 공적이 있는 소방공무원에게 1회 10일 이내의 포상휴가를 줄 수 있다. 이 경우 포상휴가기간은 연가일수에 산입하지 아니한다(소방공무원 복무규정 제9조).

정답 11. ① 12. ④ 13. ③

14 「소방공무원의 복무규정」에 대한 설명으로 옳지 않은 것은?

① 화재 진압 또는 구조·구급 활동을 할 때 소방공무원을 지휘·감독하는 사람은 정당한 이유 없이 그 직무수행을 거부 또는 유기하거나 소방공무원을 지정된 근무지에서 진출·후퇴 또는 이탈하게 하여서는 아니 된다.
② 소방기관의 장은 근무성적이 뛰어나거나 다른 소방공무원의 모범이 될 공적이 있는 소방공무원에게 1회 7일 이내의 포상휴가를 줄 수 있다.
③ 소방기관의 장은 2조 교대제 근무를 하는 소방공무원에게는 순번을 정하여 주기적으로 근무일에 휴무하게 할 수 있다. 다만, 비상근무를 하는 경우에는 그러하지 아니하다
④ 소방공무원은 휴무일이나 근무시간 외에 공무가 아닌 사유로 3시간 이내에 직무에 복귀하기 어려운 지역으로 여행하려는 경우에는 소속 소방기관의 장에게 신고하여야 한다.

해설
② (×) 소방기관의 장은 근무성적이 뛰어나거나 다른 소방공무원의 모범이 될 공적이 있는 소방공무원에게 1회 10일 이내의 포상휴가를 줄 수 있다(소방공무원 복무규정 제9조).

15 「소방공무원 근무규칙」 제46조에 따라 화재진압·인명구조·구급활동 등에 탁월한 공적이 있는 자에 대한 포상휴가를 며칠 이상 허가할 수 있는가?

① 3일 이상
② 5일 이상
③ 7일 이상
④ 10일 이상

해설
소방공무원 근무규칙 제46조(실적평가와 포상) ② 우수소방관에 대하여 포상을 하는 경우에는 다음 각호의 어느 하나에 따라 포상휴가를 허가할 수 있다.
1. 화재진압·인명구조·구급활동 등에 탁월한 공적이 있는 자 : 3일 이상
2. 행정서비스 개선·대민업무 관련하여 특별한 공적이 있는 자 : 2일 이상
3. 그 밖의 봉사활동 등 타의 모범이 될 특별한 공적이 있는 자 : 1일 이상

16 「소방공무원법」상 화재 진압 업무에 동원된 소방공무원으로서 직무를 수행할 때 소속 상관의 직무상 명령에 불복한 자의 벌칙으로 옳은 것은? *24 소방교

① 5년 이하의 징역 또는 금고
② 7년 이하의 징역 또는 금고
③ 5년 이하의 징역 또는 3천만 원 이하의 벌금
④ 7년 이하의 징역 또는 3천만 원 이하의 벌금

해설
화재 진압 또는 구조·구급 활동을 할 때 소방공무원을 지휘·감독하는 자로서 제22조를 위반하여 정당한 이유 없이 그 직무

정답 14. ② 15. ① 16. ①

> 소방승진 공무원법

수행을 거부 또는 유기하거나 소방공무원을 지정된 근무지에서 진출·후퇴 또는 이탈하게 한 자는 5년 이하의 징역 또는 금고에 처한다(소방공무원법 제34조 제1호).

17 소방공무원의 의무에 따른 벌칙으로 옳지 않은 것은?

① 화재 진압 또는 구조·구급 활동을 할 때 소방공무원을 지휘·감독하는 사람은 정당한 이유 없이 그 직무수행을 거부 또는 유기하거나 소방공무원을 지정된 근무지에서 진출·후퇴 또는 이탈하게 하여서는 아니 되며, 위반시 5년 이하의 징역 또는 금고에 처한다.
② 화재 진압 업무에 동원된 소방공무원이 거짓 보고나 통보를 하여서는 아니 되며, 위반시 5년 이하의 징역 또는 금고에 처한다.
③ 소방공무원은 직무를 게을리하거나 유기해서는 아니 되며, 위반시 5년 이하의 징역 도는 금고에 처한다.
④ 공무원은 직무를 수행할 때 소속 상관의 직무상 명령에 복종하여야 한다. 화재 진압 업무에 동원된 소방공무원으로서 이를 위반시 5년 이하의 징역 도는 금고에 처한다.

해설
③ (×) 소방공무원은 직무를 게을리하거나 유기해서는 아니 된다는 점은 옳으나(소방공무원법 제21조 제2항), 5년 이하의 징역 또는 금고에 처하는 벌칙의 구성요건의 하나는 '화재 진압 업무에 동원된 경우'이다.

18 소방공무원법상의 의무위반에 벌칙으로 5년 이하의 징역 또는 금고에 처하는 행위가 아닌 것은?
*21 소방위, 20 소방교

① 화재 진압 업무에 동원된 소방공무원으로서 거짓 보고나 통보를 하거나 직무를 게을리하거나 유기한 자
② 화재 진압 업무에 동원된 소방공무원으로서 상관의 직무상 명령에 불복하거나 직장을 이탈한 자
③ 화재 진압 업무에 동원된 소방공무원으로서 공무 외의 일을 위한 집단 행위를 한 자
④ 화재 진압 또는 구조·구급 활동을 할 때 소방공무원을 지휘·감독하는 자로서 정당한 이유 없이 그 직무수행을 거부 또는 유기하거나 소방공무원을 지정된 근무지에서 진출·후퇴 또는 이탈하게 한 자

해설
① (○), ② (○), ④ (○) 소방공무원법 제34조의 내용으로 타당
③ (×) 공무원은 노동운동이나 그 밖에 공무 외의 일을 위한 집단 행위를 하여서는 아니된다(국가공무원법 제66조 제1항). 이를 위반한 자는 다른 법률에 특별히 규정된 경우 외에는 1년 이하의 징역 또는 1천만원 이하의 벌금에 처한다(제84조의2).

정답 17. ③ 18. ③

CHAPTER 02 교육훈련

1. 의의

(1) 교육훈련의 개념

교육훈련은 일반적 지식을 제공하는 교육과 기술을 제공하는 훈련의 합성어로서 직무수행에 요구되는 필요한 지식과 기술을 제공하여 행정의 목표를 보다 효과적으로 달성하기 위한 인위적·의도적 행위라고 할 수 있다.

(2) 교육훈련의 중요성

구 분	내 용
사회적 변화	• 행정기능의 확대·강화와 전문화의 요청 • 복잡한 행정환경의 변동에 대한 대응성 향상의 필요
필요성	• 새로운 행정기술의 도입 • 조직의 쇄신과 분위기 전환 • 새로운 가치관·행정윤리의 변화 • 승진 대비와 책임의 확대 • 공무원 자신의 퇴화 방지 • 신규채용자의 직장 사회화 • 신규 업무 변화에 대한 적응 • 직무의 변동 및 조직목표의 내면화

2. 총칙

(1) 용어의 정의

소방기관	「소방공무원 임용령」 제2조 제3호에 따른 소방기관
교육훈련기관	「소방공무원법」(이하 "법") 제20조 제1항 및 제2항에 따라 소방청장과 특별시장·광역시장·특별자치시장·도지사·특별자치도지사(이하 "시·도지사")가 설치·운영하는 소방공무원 교육훈련기관
직장훈련	소방기관의 장이 소속 소방공무원의 직무수행능력을 향상시키기 위하여 일상업무를 수행하는 중에 실시하는 교육훈련
위탁교육훈련	법 제20조 제3항에 따라 국내외의 교육기관이나 「지방공무원 교육훈련법」 제8조에 따른 교육훈련기관에 위탁하여 실시하는 교육훈련

(2) 소방청장의 의무

소방청장은 모든 소방공무원에게 균등한 교육훈련의 기회가 주어지도록 교육훈련에 관한 종합적인 기획 및 조정을 하여야 하며, 소방공무원의 교육훈련을 위한 소방학교를 설치·운영하여야 한다(소방공무원법 제20조 제1항).

(3) **시·도지사의 권한**

시·도지사는 소속 소방공무원의 교육훈련을 위한 교육훈련기관을 설치·운영할 수 있다(제2항).

(4) **교육훈련의 위탁**

소방청장 또는 시·도지사는 교육훈련을 위하여 필요할 때에는 대통령령으로 정하는 바에 따라 소방공무원을 국내외의 교육기관에 위탁하거나 「지방공무원 교육훈련법」 제8조에 따른 교육훈련기관(註: 지방공무원교육원)에서 교육훈련을 받게 할 수 있다(제3항).

☞ 위 제1항과 제2항에 따른 소방공무원의 교육훈련에 관한 기획·조정, 교육훈련기관의 설치·운영에 필요한 사항과 제3항에 따라 교육훈련을 받은 소방공무원의 복무에 관한 사항은 대통령령으로 정한다(제4항).

(5) **소방교육훈련정책위원회**

① **심의 사항**

소방청장은 소방공무원의 교육훈련 정책 및 발전과 관련한 다음 각 호의 사항을 심의·조정하기 위하여 필요한 경우 소방교육훈련정책위원회(이하 "위원회")를 구성·운영할 수 있다[소방공무원 교육훈련규정(이하 "규정") 제3조 제1항].

> 1. 교육훈련 정책의 목표 및 추진방향에 관한 사항
> 2. 장·단기 교육훈련 발전 및 제도 개선에 관한 사항
> 3. 교육훈련 관련 시설·장비의 개선 및 예산확보에 관한 사항
> 4. 소방학교의 교육훈련과정 협의·조정에 관한 사항
> 5. 교육훈련과정의 교과목 및 교재의 공동개발·활용에 관한 사항
> 6. 교육훈련시설 및 교수요원 상호 활용에 관한 사항
> 7. 그 밖에 소방공무원 교육훈련 발전에 필요한 사항

② **위원회의 구성 및 운영**

㉠ 위원장 1명을 포함한 50명 이내의 위원으로 구성한다(제2항).

㉡ 위원회의 위원장은 소방청 차장이 되고, 위원은 다음 각 호의 사람이 된다(제3항).

> 1. 소방청 기획조정관
> 2. 소방청 소방공무원 교육훈련 담당 과장급 공무원
> 3. 중앙소방학교의 장
> 4. 특별시·광역시·특별자치시·도·특별자치도 소방본부의 소방공무원 교육훈련 담당 과장급 공무원
> 5. 각 지방소방학교의 장
> 6. 소방청 소속 과장급 직위의 공무원 중 소방청장이 지명하는 사람

㉢ 위원장은 제1항 각 호와 관련된 전문적·기술적 자문이 필요하다고 인정하는 경우에는 관계 전문가로 구성된 자문단을 구성·운영할 수 있다(제4항).

② 위원회의 회의는 재적위원 과반수의 출석으로 개의(開議)하고, 출석위원 과반수의 찬성으로 의결한다(제5항).
   ⑪ 소방청장은 위원회의 구성 목적을 달성했다고 인정하는 경우에는 위원회를 해산할 수 있다(제6항).
   ⑭ 제1항부터 제6항까지에서 규정한 사항 외에 위원회의 구성 및 운영에 필요한 사항은 소방청장이 정한다(제7항). ☞ 소방청훈령 「소방교육훈련정책위원회 운영규정」

(6) 교육훈련의 기회
   ① 교육훈련의 기회는 모든 소방공무원에게 균등하게 부여해야 한다(규정 제4조 제1항).
   ② 교육훈련기관을 관장하는 소방청장과 시·도지사는 교육과정별 우선 순위에 따라 소방기관별로 교육인원을 균등하게 배정해야 한다(제2항).

(7) 교육훈련의 구분·대상·방법 등
   ① 소방공무원의 교육훈련은 기본교육훈련, 전문교육훈련, 기타교육훈련 및 자기개발 학습으로 구분한다(규정 제5조 제1항).
   ② 소방공무원의 교육훈련은 교육훈련기관에서의 교육, 직장훈련 및 위탁교육훈련의 방법으로 한다(제2항).
   ③ 교육훈련의 구분·대상·방법에 관한 세부 내용은 [별표 1]과 같다(제3항).
   ④ 교육훈련기관의 장은 교육훈련을 실시할 때 국가기관, 공공단체 또는 민간기관의 교육과정이나 원격강의시스템 등 교육훈련용 시설을 최대한 활용해야 한다(제4항).

교육훈련의 구분·대상·방법(규정 [별표 1])

구분			대상	방법
기본 교육 훈련	신임교육	「소방공무원 임용령」 제24조 제1항에 따른 교육훈련	• 법 제10조에 따라 시보임용이 예정된 사람 • 법 제10조에 따라 시보임용된 사람으로서 시보임용 전에 신임교육을 받지 않은 사람	교육훈련기관에서의 교육으로 실시
	관리역량 교육	승진후보자(「소방공무원 승진임용 규정」 제26조 또는 제37조에 따른 승진후보자명부에 등재된 사람) 또는 승진임용된 사람이 받는 교육훈련	소방위 계급 (소방위 계급으로의 승진후보자를 포함)	
			소방경 계급 (소방경 계급으로의 승진후보자를 포함)	
			소방령 계급 (소방령 계급으로의 승진후보자를 포함)	
	소방정책		소방정 계급	

	관리자교육		(소방정 계급으로의 승진후보자를 포함)	
전문교육훈련		담당하고 있거나 담당할 직무 분야에 필요한 전문성을 강화하기 위한 교육훈련	소방령 이하	직장훈련으로 실시. 다만, 직장훈련으로 실시하기 곤란한 경우에는 교육훈련기관에서의 교육으로 실시하되, 교육훈련기관에서의 교육으로도 실시하기 곤란한 경우에는 위탁교육훈련으로 실시
기타교육훈련		기본교육훈련 및 전문교육훈련에 속하지 않는 교육훈련으로서 소속 소방기관의 장의 명에 따른 교육훈련	모든 계급	직장훈련으로 실시
자기개발 학습		소방공무원이 직무를 창의적으로 수행하고 공직의 전문성과 미래지향적 역량을 갖추기 위하여 스스로 하는 학습·연구활동	모든 계급	

■ 비고: 해당 계급에 임용되기 직전 또는 해당 계급에서 신임교육을 받은 사람은 해당 계급의 관리역량교육을 받은 것으로 본다.

(8) 자기개발 학습의 지원 등

소방기관의 장은 소속 소방공무원의 자기개발 학습을 위한 정보 제공 및 자기개발 학습 지원체계 구축을 위하여 노력해야 한다(규정 제6조).

(9) 교육훈련계획

① 소방청장은 매년 11월 30일까지 다음 각 호의 사항이 포함된 다음 연도의 소방공무원 교육훈련에 관한 기본정책 및 기본지침을 수립하여 시·도지사와 교육훈련기관의 장에게 통보해야 한다(규정 제7조 제1항).

> 1. 교육훈련의 목표
> 2. 교육훈련기관에서의 교육, 직장훈련, 위탁교육훈련에 관한 사항
> 3. 기본교육훈련, 전문교육훈련, 기타교육훈련, 자기개발 학습에 관한 사항
> 4. 그 밖에 교육훈련에 필요한 사항

② 시·도지사는 제1항에 따른 기본정책 및 기본지침에 따라 다음 연도의 시·도 교육훈련계획을

수립하여 매년 12월 31일까지 소방청장에게 제출해야 한다(제2항).
③ 교육훈련기관의 장은 제1항에 따른 기본정책 및 기본지침에 따라 다음 연도의 교육훈련계획을 수립하여 매년 12월 31일까지 소방청장에게 제출해야 한다. 이 경우 시·도에 설치된 교육훈련기관의 장은 시·도지사를 거쳐 제출해야 한다(제3항).
④ 교육훈련기관의 장은 제3항에 따른 교육훈련계획을 수립한 경우에는 교육훈련의 준비 및 교육훈련대상자의 선발을 위하여 지체 없이 이를 관계 소방기관의 장에게 통보해야 한다(제4항).

(10) **교육훈련기관 간 협업·개방**
① 소방청장은 국가 및 지방자치단체의 재난대응 역량을 제고하고, 교육훈련기관 운영의 효율성을 높이기 위하여 교육훈련기관의 장에게 다음 각 호의 사항에 관하여 협업·개방 등을 요청할 수 있다. 이 경우 시·도에 설치된 교육훈련기관의 장에게 요청할 때에는 시·도지사와 먼저 협의해야 한다(규정 제8조 제1항).

> 1. 각 교육훈련기관의 교육훈련과정을 전체 소방공무원에게 개방
> 2. 교육훈련기관별로 특성화된 전문교육훈련과정 지정
> 3. 교과목, 교재, 교육훈련용 콘텐츠 등 교육훈련과정의 공동 개발·활용
> 4. 교수요원, 교육훈련 시설 및 기자재 등의 상호 활용
> 5. 각 교육훈련기관의 교육훈련과정 및 교육훈련용 시설을 공공부문 및 민간부문에 개방
> 6. 그 밖에 각 교육훈련기관에 필요한 사항의 상호 지원

② 제1항에 따른 요청을 받은 교육훈련기관의 장은 특별한 사유가 없으면 그 요청에 적극 협조해야 한다(제2항).

(11) **교육훈련의 성과측정 등**
① 소방청장은 교육훈련기관에서의 교육, 직장훈련 및 위탁교육훈련의 내용·방법 및 성과 등을 정기 또는 수시로 확인·평가하여 이를 개선·발전시켜야 한다(규정 제9조 제1항).
② 제1항에 따른 확인·평가 등에 필요한 사항은 소방청장이 정한다(제2항).
☞ 소방청예규 「소방공무원 교육훈련성적 평정규정」

(12) **교육훈련비의 지급**
소방기관의 장은 교육훈련대상자로 선발된 소방공무원에게 예산의 범위에서 입학금·등록금 및 그 밖에 교육훈련에 드는 경비를 지급할 수 있다(규정 제10조).

(13) **의무복무**
① [별표 1] 제1호 가목에 따른 신임교육(이하 "신임교육")을 받고 임용된 사람은 그 교육기간에 해당하는 기간 이상을 소방공무원으로 복무해야 한다(규정 제11조 제1항).
② 임용권자(「소방공무원 임용령」 제3조 제1항부터 제6항까지의 규정에 따라 임용권을 위임받은 자를 포함) 또는 임용제청권자는 6개월 이상의 위탁교육훈련을 받은 소방공무원에 대해서는 특별한 경우를 제외하고 6년의 범위에서 교육훈련기간과 같은 기간(국외 위탁교육훈련의 경우에

는 교육훈련기간의 2배에 해당하는 기간) 동안 교육훈련 분야와 관련된 직무 분야에서 복무하게 해야 한다(제2항).

⑭ 의무위반 등에 대한 소요경비의 반납조치

임용권자 또는 임용제청권자는 신임교육 또는 위탁교육훈련을 받았거나 받고 있는 사람이 다음 각 호의 어느 하나에 해당하게 된 경우에는 [별표 2]의 기준에 따라 본인에게 해당 교육훈련에 든 경비(보수는 제외)의 전부 또는 일부의 반납을 명하거나 본인이 반납하지 않을 경우 그의 보증인(「보험업법」에 따라 보증보험증권을 발행한 보험회사를 포함)에게 보증채무의 이행을 청구할 수 있다(규정 제12조).

> 1. 정당한 사유 없이 훈련을 중도에 포기하거나 훈련에서 탈락된 경우
> 2. 제11조 제1항 및 제2항에 따른 의무복무를 이행하지 않은 경우
> 3. 제41조에 따른 복귀명령을 받고도 정당한 사유 없이 직무에 복귀하지 않은 경우

반납액의 산정기준표(규정 [별표 2])

구분	산정기준
1. 제12조 제1호에 해당하는 사람	소요경비 $\times \dfrac{1}{2}$
2. 제12조 제2호에 해당하는 사람	소요경비 $\times \dfrac{(\text{의무복무 개월수} - \text{근무 개월수})}{\text{의무복무 개월수}}$
3. 제12조 제3호에 해당하는 사람	소요경비 전액

■ 비고
1. 의무복무 개월수 및 근무 개월수를 계산할 때 15일 이상은 1개월로 계산한다.
2. 국외훈련을 위하여 지급받은 외화표시 소요경비는 제12조 각 호의 어느 하나에 해당하게 된 날의 현찰매도 환율을 적용하여 산정한다.
3. 제12조 제1호에 해당하는 사람이 다시 같은 조 제2호에 해당하게 된 경우 그 추가 반납액은 다음 계산식에 따라 산정한다.

$$\text{추가반납액} = \text{소요경비} \times \frac{1}{2} \times \frac{(\text{의무복무 개월수} - \text{근무 개월수})}{\text{의무복무 개월수}}$$

3. 교육훈련기관에서의 교육

(1) 교육훈련기관별 교육훈련과정

교육훈련기관에서 실시하는 교육훈련과정과 그 대상·기간·방법 등은 소방청장이 정한다(소방공무원 교육훈련규정 제13조).

☞ 소방청훈령 「소방공무원 교육훈련기관 교육훈련과정 운영 규정」

소방공무원 교육훈련기관별 교육훈련과정(소방공무원 교육훈련기관 교육훈련과정 운영 규정 [별표])

구분		교육훈련 과정명	교육훈련 대상	교육훈련 기간	교육훈련기관 중앙소방학교 (공주·천안)	지방소방학교
기본교육	신임교육	소방장 이하 공채·경채자 과정	소방장 이하 소방 공무원으로 임용될 사람 또는 임용된 사람	52주 이내	○	○
		소방위 이상 경채자 과정	소방위 이상 소방공무원으로 임용될 사람 또는 임용된 사람	12주 이상	○	
		소방간부 후보생과정	소방간부후보생 선발시험 합격자	52주	○	
	관리역량교육	소방위과정	소방위 및 소방위 승진후보자	1주 이내	○	○
		소방경·소방령과정	소방경·소방령 및 소방경·소방령 승진후보자	2주 이상	○	
	소방정책관리자교육		소방정 및 소방정 승진후보자	24주 이내	○	
전문교육훈련	자격취득관련과정	현장지휘관	초·중·고급지휘관	「현장지휘관 자격인증제 운영규정」에 따름	○	○
			전략 지휘관		○	
		화재대응능력	1급	「화재대응능력 평가제 운영에 관한 규정」에 따름	○	○
			2급			○
		인명구조사	1급·2급	「인명구조사 교육 및 운영에 관한 규정」에 따름	○	
			전문		○	
		응급구조사	1급·2급	「응급의료법」 및 같은 법 시행령·시행규칙에 따름	○	○
		화재조사관	-	「화재조사법」 및 같은 법 시행령·시행규칙에 따름	○	○
		화학사고	1급	「화학사고 대응능력 교육 및 평가에	○	○

그 밖에 과정	대응능력	2급	「관한 규정」에 따름			○
	특성화교육과정		영 제14조에 따른 교육훈련기관별 교육훈련계획에 따름	반일 (4시간) 이상	○	○
	심화과정				○	
	기초과정					○
민·관 교육 훈련	(民)대형대상, (官)중앙부처		영 제14조에 따른 교육훈련기관별 교육훈련계획에 따름		○	
	(民)중·소형대상, (官)지자체소속					○

(2) 교육훈련기관의 교육훈련계획

교육훈련기관의 장은 제7조 제1항에 따른 기본정책 및 기본지침에 따라 다음 각 호의 사항이 포함된 교육훈련계획을 수립해야 한다(소방공무원 교육훈련규정 제14조; 이하 '규정').

> 1. 교육훈련의 기본방향
> 2. 교육훈련과정
> 3. 과정별 교육훈련의 목표, 교수요목(教授要目), 기간, 대상 및 인원
> 4. 교육훈련 수요조사 결과 및 교육훈련대상자의 선발계획
> 5. 교재 편찬계획
> 6. 교육훈련성적의 평가방법
> 7. 그 밖에 교육훈련기관의 장이 필요하다고 인정하는 사항

(3) 교육훈련대상자의 선발

① 소방기관의 장이나 임용권자 또는 임용제청권자(이하 "소방기관장등")는 제14조에 따른 교육훈련계획에 따라 채용후보자명부 등재순위, 신규채용일 또는 승진임용일, 계급, 담당업무, 경력 및 건강상태 등을 고려하여 교육훈련과정별 목적에 적합한 사람을 교육훈련대상자로 선발해야 한다(규정 제15조 제1항).

② 교육훈련대상자 선발은 그로 인한 업무의 정체를 줄일 수 있는 방법으로 해야 한다(제2항).

③ 소방기관장등은 교육훈련 개시 10일 전까지 교육훈련대상자 명단을 해당 교육훈련기관의 장에게 통보해야 한다(제3항).

④ 교육훈련기관의 장은 제3항에 따라 통보받은 교육훈련대상자가 교육훈련과정별 목적에 적합하지 않다고 인정되는 경우에는 해당 소방기관장등에게 교육훈련대상자를 교체하여 줄 것을 요청할 수 있다. 이 경우 해당 소방기관장등은 지체 없이 교육훈련대상자를 다시 선발하여 통보해야 한다(제4항).

⑤ 교육훈련대상자로 선발된 소방공무원은 교육훈련이 시작되기 전까지 해당 교육훈련기관에

등록해야 하며, 교육훈련 기간 중 해당 교육훈련기관의 장의 지시에 따라야 한다(제5항).

(4) 교육훈련성적의 평가

① 교육훈련기관의 장은 객관적이고 공정한 평가기준과 평가방법을 수립하여 교육훈련성적을 평가해야 한다(규정 제16조 제1항).

② 교육훈련기관의 장은 교육훈련이 시작되기 전에 교육훈련대상자에게 과제를 부여하고 그 결과를 교육훈련성적에 반영할 수 있다(제2항).

③ 교육훈련기관의 장은 교육훈련을 받은 사람의 교육훈련성적을 교육훈련 수료 또는 졸업 후 10일 이내에 그 소속 소방기관장등에게 통보해야 한다(제3항).

(5) 수료 및 졸업

① 각 교육훈련과정은 교육훈련대상자가 100점 만점에 60점 이상의 성적을 받으면 수료요건을 갖춘 것으로 한다. 다만, 교육훈련기관의 장은 제16조 제1항에 따른 교육훈련성적 평가를 생략하고 교육훈련대상자의 교육훈련 참여도 등을 기준으로 수료 여부를 결정할 수 있다(규정 제17조 제1항).

② 제1항에도 불구하고 신임교육의 교육훈련과정은 교육훈련대상자가 다음 각 호의 요건을 모두 갖추고 교육훈련기관의 장이 정하는 별도의 졸업사정 절차를 통과하면 졸업요건을 갖춘 것으로 한다(제2항).

> 1. 전체 교육훈련성적이 100점 만점에 70점 이상인 사람일 것
> 2. 교육훈련기관의 장이 지정하는 각 과목의 교육훈련성적이 100점 만점에 60점 이상인 사람일 것

③ 교육훈련기관의 장은 제2항에 따른 졸업사정을 실시할 때 교육훈련대상자의 생활기록 등을 종합적으로 고려하여 졸업 적격 여부를 심사해야 하며, 졸업사정 결과 소방공무원으로서의 직무수행에 적합하지 않다고 인정되는 사람은 졸업시키지 않을 수 있다(제3항).

④ 제1항부터 제3항까지에서 규정한 사항 외에 수료 또는 졸업에 필요한 교육훈련 과정별 수강시간, 졸업사정의 절차와 방법 등에 관한 세부 사항은 교육훈련기관의 장이 정한다(제4항).

(6) 퇴교처분

① 교육훈련기관의 장은 교육훈련대상자가 다음 각 호의 어느 하나에 해당하는 경우에는 퇴교처분을 할 수 있고, 퇴교처분을 하는 경우 해당 교육훈련대상자의 소속 소방기관장등에게 이를 통보해야 한다(규정 제18조 제1항).

> 1. 다른 사람으로 하여금 대리로 교육훈련을 받게 한 경우
> 2. 정당한 사유 없이 결석한 경우
> 3. 수업을 매우 게을리한 경우
> 4. 생활기록이 매우 불량한 경우
> 5. 시험 중 부정한 행위를 한 경우

> 6. 교육훈련기관의 장의 교육훈련에 관한 지시에 따르지 않은 경우
> 7. 질병이나 그 밖에 교육훈련대상자의 부득이한 사정으로 인하여 교육훈련을 계속 받을 수 없게 된 경우

② 소방기관의 장은 제1항 제1호부터 제6호까지의 사유로 퇴교처분을 받은 사람 또는 정당한 사유 없이 제15조 제5항에 따른 등록을 하지 않은 사람이「국가공무원법」제78조 제1항 각 호(註: 징계사유) 어느 하나에 해당된다고 인정할 때에는 관할 징계위원회에 징계의결을 요구하거나 징계의결의 요구를 신청할 수 있다(제2항).

③ 소방기관의 장은 제2항에 따라 징계의결을 요구하거나 징계의결의 요구를 신청한 경우에는 그 사실을 해당 교육훈련기관의 장에게 통보해야 한다(제3항).

(7) 수료 또는 졸업요건을 갖추지 못한 사람에 대한 조치

① 소방기관장등은 제17조에 따른 수료 또는 졸업요건을 갖추지 못한 사람에 대해서는 한 차례에 한정하여 다시 교육훈련을 받게 할 수 있다(규정 제19조 제1항).

② 소방기관의 장은 제1항에 따라 다시 교육훈련을 받은 사람이 거듭 수료 또는 졸업요건을 갖추지 못한 경우로서 근무성적이 매우 불량하여「국가공무원법」제78조 제1항 각 호에 따른 징계 사유에 해당된다고 인정할 때에는 관할 징계위원회에 징계의결의 요구 또는 징계의결 요구의 신청 등의 조치를 할 수 있다(제2항).

③ 소방기관의 장은 제2항에 따른 조치를 한 경우에는 그 사실을 해당 교육훈련기관의 장에게 통보해야 한다(제3항).

(8) 교수요원의 운영

① 개요

㉠ 교육훈련기관에는 다음 각 호의 역할을 담당하는 교수요원을 둔다(규정 제20조 제1항).

> 1. 강의 또는 훈련
> 2. 교과연구 및 교재집필
> 3. 교육훈련과정의 설계·운영 및 교육훈련성적의 평가
> 4. 교육훈련대상자에 대한 상담·지도

㉡ 교육훈련기관의 장은 교수요원을 강의교수, 훈련교수, 교육운영교수, 생활지도교수로 구분하여 운영할 수 있다(제2항).

㉢ 교육훈련기관의 장은 제2항에 따른 교수요원을 임명하거나 위촉한다(제3항).

㉣ 교육훈련기관의 장은 소방공무원으로 퇴직한 사람 중에서 재직 중의 업적이 현저하고 교육훈련 분야의 전문지식과 경험이 풍부한 사람을 명예교수로 위촉할 수 있다(제4항).

㉤ 교육훈련기관의 장은 특정 분야 또는 교과목의 강의나 훈련 분임지도 등 교육훈련 분야의 전문지식과 경험이 풍부한 사람을 객원교수로 위촉할 수 있다(제5항).

② 교수요원의 겸직임용

㉠ 교육훈련기관의 장은 「공무원 인재개발법」 제11조 제1항 또는 「지방공무원 교육훈련법」 제14조 제1항에 따라 특수한 교과를 담당하게 하기 위하여 필요하면 정원과 관계없이 관련 분야의 공무원이나 민간 전문가를 교수요원으로 겸직임용할 수 있다. 이 경우 겸직 임용되는 교수요원이 공무원인 경우에는 미리 그 소속 기관의 장과 협의해야 한다(제21조 제1항).

㉡ 제1항에 따라 겸임하는 교수요원에게는 「공무원보수규정」 제21조 및 제32조 또는 「지방공무원 보수규정」 제20조 및 제31조에 따라 예산의 범위에서 겸임수당을 지급할 수 있다(제2항).

㉢ 소방기관의 장은 교육훈련기관의 장이 소속 공무원을 제1항에 따라 교수요원으로 겸직 임용하기 위하여 협의를 요청하는 경우 특별한 사유가 없으면 이에 응해야 한다(제3항).

③ **교수요원의 자격기준**

교수요원은 다음 각 호의 어느 하나에 해당하는 자격 또는 능력을 갖춘 사람이어야 한다(제22조).

1. 담당할 분야와 관련된 실무·연구 또는 강의 경력이 3년 이상인 사람
2. 담당할 분야와 관련된 자격증을 소지한 사람
3. 담당할 분야와 관련된 석사 이상의 학위를 소지한 사람
4. 담당할 분야와 관련된 6개월 이상의 교육훈련을 이수한 사람
5. 담당할 분야와 관련하여 「고등교육법」 제16조 및 「대학교원 자격기준 등에 관한 규정」 제2조에 따른 교수·부교수 또는 조교수의 자격을 갖춘 사람
6. 그 밖에 담당할 분야와 관련된 학식과 경험이 풍부한 사람으로서 교육훈련기관의 장이 인정하는 사람

④ **교수요원의 결격사유**

다음 각 호의 어느 하나에 해당하는 사람은 교수요원으로 임용될 수 없다(제23조).

1. 징계처분 기간 중인 사람
2. 징계처분을 받고 그 처분기간이 끝난 날부터 2년이 지나지 않은 사람
3. 직위해제 처분이 종료된 날부터 1년이 지나지 않은 사람

⑤ **교수요원 역량강화 및 평가**

㉠ 교육훈련기관의 장은 교수요원으로 임용될 사람 또는 임용된 사람에게 강의, 훈련, 교육운영 등에 관한 전문성과 역량을 강화할 수 있도록 관련 교육훈련과정을 주기적으로 이수하게 해야 한다(제24조 제1항).

㉡ 교육훈련기관의 장은 교수요원의 전문역량을 강화하고 강의 품질을 향상시키기 위해 교수요원의 체계적 관리·육성 방안을 마련해야 한다(제2항).

㉢ 교육훈련기관의 장은 교수요원의 교수역량을 평가하여 근무성적 평정, 교육훈련 선발, 연구비 지원 등에 반영할 수 있다(제3항).

⑥ 교수요원의 전보

「소방공무원 임용령」 제28조 제2항에 따른 필수보직기간이 끝난 교수요원을 전보할 때에는 본인의 희망을 고려해야 한다(제25조).

(9) **교육훈련시설**

소방청장과 시·도지사는 소방공무원이 교육훈련을 통하여 직무역량 및 현장대응능력을 효과적으로 향상시킬 수 있도록 교육훈련기관에 [별표 3]에 따른 교육훈련시설을 갖추어야 한다(규정 제26조).

교육훈련기관이 갖추어야 하는 교육훈련시설의 기준(규정 [별표 3])

구분	교육훈련시설	
1. 옥내 훈련시설	가. 전문구급 훈련장 다. 화재조사 훈련장 마. 가상현실 훈련장	나. 수난구조 훈련장 라. 소방시설 실습장
2. 옥외 훈련시설	가. 소방종합 훈련탑 다. 소방차량 및 장비조작 훈련장 마. 대응전술 훈련장	나. 산악구조 훈련장 라. 실물화재 훈련장
3. 교육지원시설	가. 업무시설 다. 관리시설 마. 주거시설	나. 강의시설 라. 편의시설 바. 저장시설

■ 비고
1. 교육훈련시설의 종류별 면적기준, 시설기준 및 보유장비기준은 소방청장이 정한다.
2. 교육훈련기관이 다른 기관과 업무협약 등을 통해 비고의 제1호에 따른 면적기준과 시설기준을 갖춘 훈련시설을 언제든지 사용할 수 있는 경우에는 해당 교육훈련시설을 갖춘 것으로 본다. 다만, 교육훈련시설별 보유장비기준은 각 교육훈련기관이 모두 갖추어야 한다.

(10) **학사운영에 관한 규정**

① 교육훈련기관의 장은 교육훈련에 관한 다음 각 호의 사항을 학칙 등 학사운영에 관한 규정으로 정한다(규정 제27조 제1항).

> 1. 입교·퇴교·상벌에 관한 사항
> 2. 교육훈련성적 평가 및 수료·졸업에 관한 세부 사항
> 3. 수업시간 및 휴무일에 관한 사항
> 4. 제28조에 따른 생활관 입실 및 생활에 관한 사항
> 5. 수탁교육생에 관한 사항
> 6. 교육훈련대상자의 표지(標識)에 관한 사항
> 7. 교수요원 등의 선발·위촉·관리에 관한 사항
> 8. 그 밖에 교육훈련기관의 장이 필요하다고 인정하는 사항

② 교육훈련기관의 장은 제1항 제1호 및 제2호에 관한 사항이 포함된 학사운영에 관한 규정을 제정·개정·폐지하려는 경우에는 소방청장과 협의해야 한다(제2항).

(11) 생활관 입실

교육훈련기관에서 교육훈련을 받는 소방공무원과 소방공무원으로 임용될 사람은 학사운영에 관한 규정에서 정하는 기간을 제외하고는 교육훈련기간 동안 생활관에 입실해야 한다. 다만, 교육훈련의 원활한 운영과 목적 달성을 위해 교육훈련기관의 장이 필요하다고 인정하는 경우에는 생활관에 입실하지 않을 수 있다(규정 제28조).

(12) 급여품 및 대여품의 지급

소방공무원으로 임용될 사람으로서 교육훈련기관에서 교육훈련을 받는 사람에게는 예산의 범위에서 소방공무원에 준하는 급여품 및 대여품을 지급할 수 있다(규정 제29조).

4. 직장훈련

(1) 직장훈련의 실시

① 소방기관의 장은 소속 소방공무원이 새로운 전문지식과 직무수행에 필요한 학식·기술 및 정보 등을 습득할 수 있도록 정기 또는 수시로 체계적인 직장훈련을 실시해야 한다(규정 제30조 제1항).

② 소방기관의 장은 시보임용 중인 소방공무원에 대하여 개인별 지도관을 임명하여 해당 기관의 조직과 임무, 직무수행에 필요한 지식·기술소양 등을 습득할 수 있도록 체계적인 직장훈련을 실시해야 한다(제2항).

③ 소방기관의 장은 소방공무원이 재난 현장에서 효과적으로 대응활동을 수행할 수 있도록 소속 소방공무원에게 직장 내 체계적인 체력훈련을 실시해야 한다(제3항).

(2) 직장훈련 시간 총량 관리

① 소방기관의 장은 실질적이고 체계적인 직장훈련을 실시하기 위하여 소속 소방공무원의 직장훈련 시간 총량 목표를 정하고 개인별로 관리해야 한다(규정 제31조 제1항).

② 제1항의 직장훈련 시간 총량 목표의 설정 및 관리에 필요한 세부 사항은 소방청장이 정한다(제2항).

(3) 직장훈련계획

소방기관의 장은 제7조 제1항에 따른 기본정책 및 기본지침에 따라 다음 각 호의 사항이 포함된 직장훈련계획을 수립해야 한다(규정 제32조 제1항).

1. 공직가치 확립 및 정부 시책에 대한 교육
2. 팀 단위 소방전술훈련 및 개인 직무 전문기술훈련
3. 신규채용자 및 보직변경자에 대한 실무적응교육훈련
4. 체력향상을 위한 훈련
5. 직장훈련 시간 총량 목표 및 관리에 관한 사항
6. 그 밖에 부서별·직무 분야별 전문성 강화를 위한 전문교육훈련

(4) 직장훈련담당관

① 소방공무원의 직장훈련에 관한 사항을 담당하기 위하여 소방기관에 직장훈련담당관을 둔다(규정 제33조 제1항).
② 제1항에 따른 직장훈련담당관은 해당 소방기관의 장이 지정한다(제2항).
③ 직장훈련담당관은 해당 소방기관의 장의 지휘·감독하에 다음 각 호에 따른 직무를 수행한다(규정 제34조 제1항).

> 1. 직장훈련 계획 수립과 심사 및 지도·감독
> 2. 직장훈련 결과에 대한 평가 및 확인
> 3. 직장훈련 실시를 위한 시설·교재 등의 준비
> 4. 그 밖에 직장훈련 실시에 필요한 사항

(5) 직장훈련의 성과측정

① 소방기관의 장은 정기 또는 수시로 소속 공무원들의 직장훈련 성과를 평가하여 인사관리에 반영해야 한다(규정 제35조 제1항).
② 제1항의 평가방법은 소방청장이 정한다(제2항). ☞ 소방청예규 「소방공무원 교육훈련성적 평정규정」

5. 위탁교육훈련

(1) 위탁교육훈련의 실시

① 임용권자 또는 임용제청권자는 교육훈련대상자가 소속 교육훈련기관에서 교육훈련을 실시하기 곤란하거나 부적당하다고 인정되는 경우에는 다른 행정기관이나 교육훈련기관에 위탁하여 교육훈련을 받게 할 수 있다(규정 제36조 제1항).
② 소방청장 및 시·도지사는 중앙행정기관의 장 또는 다른 시·도지사가 요청할 때에는 소속 교육훈련기관의 장으로 하여금 수탁교육을 실시하게 할 수 있다(제2항).
③ 소방청장은 모든 소방공무원에게 균등한 교육훈련의 기회가 주어지도록 교육훈련기관을 관장하는 시·도지사와 협의하여 시·도 간에 상호 위탁하여 교육훈련을 받게 할 수 있다(제3항).
④ 제2항 및 제3항에 따라 수탁교육훈련을 실시하는 교육훈련기관의 장은 그 위탁을 한 중앙행정기관의 장 또는 시·도지사에게 교수요원의 파견을 요청하거나 교육훈련에 드는 비용의 전부 또는 일부를 부담하게 할 수 있다(제4항).

(2) 위탁교육훈련계획

소방청장 또는 시·도지사는 위탁교육훈련을 실시하는 경우 다음 각 호의 사항이 포함된 위탁교육훈련계획을 작성해야 한다. 다만, 6개월 미만의 국내 위탁교육훈련의 경우는 제외한다(규정 제37조).

1. 훈련의 목적 및 내용
2. 훈련기관 및 훈련기간
3. 훈련의 종류별·분야별 인원
4. 훈련대상자의 자격요건, 선발방법 및 절차
5. 훈련대상자 및 훈련 이후의 보직 계획
6. 훈련비 명세 및 그 부담에 관한 사항
7. 의무복무에 관한 사항
8. 그 밖에 훈련에 필요한 사항

(3) 위탁교육훈련 대상자의 선발

소방청장 또는 시·도지사는 위탁교육훈련 대상자를 선발하는 경우 다음 각 호의 요건을 고려하여 선발해야 한다(규정 제38조).

1. 국가관과 직무에 대한 사명감이 투철한 사람
2. 근무성적이 우수한 사람
3. 훈련에 필요한 학력·경력을 갖춘 사람
4. 훈련 이수 후 훈련과 관련된 직무 분야에 상당 기간 근무가 가능한 사람
5. 국외훈련의 경우에는 필요한 외국어 능력을 갖춘 사람
6. 그 밖에 소방청장이나 시·도지사가 정하는 요건을 갖춘 사람

(4) 훈련과제의 부여

소방기관의 장은 위탁교육훈련 대상자(6개월 미만의 국내 위탁교육훈련 대상자는 제외)에게 업무와 관련되는 훈련과제를 부여해야 하며, 과제 연구에 필요한 지도와 지원을 해야 한다(규정 제39조).

(5) 위탁교육훈련 대상자에 대한 지도·감독

① 소방기관의 장은 위탁교육훈련의 목적을 달성하기 위하여 위탁교육훈련 대상자의 훈련상황을 정기 또는 수시로 파악하여 훈련 및 복무에 필요한 지도·감독을 해야 한다(규정 제40조 제1항).
② 위탁교육훈련 대상자는 훈련 목적을 달성하도록 노력하고, 훈련기간 중 공무원으로서의 품위 유지 및 교육훈련기관의 학칙 준수 등 훈련대상자로서의 의무와 소방청장 또는 시·도지사가 지시하는 사항을 이행해야 하며, 훈련 이수 후에는 지체 없이 직무에 복귀해야 한다(제2항).
③ 위탁교육훈련 대상자는 소방청장 또는 시·도지사에게 거주지, 신상, 훈련성적, 훈련진도, 훈련결과, 그 밖에 소방청장 또는 시·도지사가 요구하는 사항을 보고해야 한다(제3항).
④ 위탁교육훈련 대상자는 훈련기간 중 다음 각 호의 어느 하나에 해당하는 경우에는 소방청장 또는 시·도지사에게 즉시 보고하고 그 지시에 따라야 한다(제4항).

> 1. 훈련기관 또는 훈련기간 등을 변경하려는 경우
> 2. 훈련에 지장이 있을 정도의 질병·사고 등 신상의 변화가 생긴 경우
> 3. 국가 또는 지방자치단체에서 지급하는 교육훈련비 외의 장학금·기부금 또는 찬조금 등을 받으려는 경우

⑤ 국외에서 위탁교육훈련을 받고 있는 사람이 사직하려는 경우에는 귀국한 후에 소속 소방기관의 장에게 사직원을 제출해야 한다(제5항).

(6) 복귀명령

소방청장 또는 시·도지사는 위탁교육훈련을 받고 있는 사람이 다음 각 호의 어느 하나에 해당하는 경우에는 그 위탁교육을 받고 있는 사람에게 지체 없이 복귀를 명하고 그 사실을 수탁교육훈련기관의 장에게 알려야 한다(규정 제41조).

> 1. 제40조에 따른 의무나 지시를 위반하여 훈련 목적을 현저히 벗어난 경우
> 2. 질병·사고 등 부득이한 사유로 훈련을 계속할 수 없게 된 경우

(7) 위탁교육훈련과 교육훈련기관에서의 교육과의 관계

① 위탁교육훈련을 받은 사람은 해당 분야와 관련하여 제5조 제1항에 따른 전문교육훈련을 받은 것으로 본다. 이 경우 소방기관의 장은 해당 소방공무원의 위탁교육훈련성적을 확인해야 한다(규정 제42조 제1항).
② 위탁교육훈련기관에서 받은 포상 또는 퇴교처분은 교육훈련기관에서 받은 포상 또는 퇴교처분으로 본다(제2항).

(8) 위탁교육훈련 연구보고서의 제출 등

① 국외에서 위탁교육훈련을 받은 사람은 연구보고서를 작성하여 귀국보고일부터 30일 이내에 소방청장 또는 시·도지사에게 제출해야 한다(규정 제43조 제1항).
② 소방청장 또는 시·도지사는 제1항에 따라 제출된 연구보고서를 교육훈련기관에 배포하여 교육훈련의 자료로 활용하게 해야 한다(제2항).

6. 준용

소방공무원의 교육훈련에 관하여 이 영에서 규정한 사항 외에는 「공무원 인재개발법 시행령」을 준용한다(규정 제44조).

출·제·예·상·문·제

01 소방공무원의 교육훈련에 대한 설명으로 옳지 않은 것은?

① 소방청장은 매년 11월 30일까지 다음 연도의 소방공무원 교육훈련에 관한 기본정책 및 기본지침을 수립하여 시·도지사와 교육훈련기관의 장에게 통보해야 한다.
② 소방청장은 소방공무원의 교육훈련을 위한 소방학교를 설치·운영하여야 한다.
③ 시·도지사는 소속 소방공무원의 교육훈련을 위한 교육훈련기관을 설치·운영할 수 있다.
④ 소방청장 또는 소방본부장은 교육훈련을 위하여 필요할 때에는 대통령령으로 정하는 바에 따라 소방공무원을 국내외의 교육기관에 위탁하거나 지방공무원교육원에서 교육훈련을 받게 할 수 있다.

해설
④ (×) 소방청장 또는 시·도지사는 교육훈련을 위하여 필요할 때에는 대통령령으로 정하는 바에 따라 소방공무원을 국내외의 교육기관에 위탁하거나 「지방공무원 교육훈련법」 제8조에 따른 교육훈련기관(註: 지방공무원교육원)에서 교육훈련을 받게 할 수 있다(소방공무원법 제20조 제3항).

02 소방교육훈련정책위원회를 구성·운영할 수 있는 사람은?

① 소방청장
② 행정안전부장관
③ 중앙소방학교장
④ 시·도지사

해설
소방청장은 소방공무원의 교육훈련 정책 및 발전과 관련한 다음 각 호의 사항을 심의·조정하기 위하여 필요한 경우 소방교육훈련정책위원회를 구성·운영할 수 있다(소방공무원 교육훈련규정 제3조 제1항).

03 다음 중 소방교육훈련정책위원회의 심의·조정 사항으로 가장 거리가 먼 것은?

① 장·단기 교육훈련 발전 및 제도 개선에 관한 사항
② 교육훈련시설 및 교수요원 상호 활용에 관한 사항
③ 교육훈련의 성과에 대한 정기적 확인·평가에 관한 사항
④ 교육훈련과정의 교과목 및 교재의 공동개발·활용에 관한 사항

정답 01. ④ 02. ① 03. ③

> [해설]
>
> 소방교육훈련정책위원회 심의·조정 사항(소방공무원 교육훈련규정 제3조 제1항)
> 1. 교육훈련 정책의 목표 및 추진방향에 관한 사항
> 2. 장·단기 교육훈련 발전 및 제도 개선에 관한 사항
> 3. 교육훈련 관련 시설·장비의 개선 및 예산확보에 관한 사항
> 4. 소방학교의 교육훈련과정 협의·조정에 관한 사항
> 5. 교육훈련과정의 교과목 및 교재의 공동개발·활용에 관한 사항
> 6. 교육훈련시설 및 교수요원 상호 활용에 관한 사항
> 7. 그 밖에 소방공무원 교육훈련 발전에 필요한 사항

04 소방교육훈련정책위원회의 구성 등에 관한 내용으로 옳지 않은 것은?

① 소방청장은 소방공무원의 교육훈련 정책 및 발전과 관련한 사항을 심의·조정하기 위하여 필요한 경우 소방교육훈련정책위원회를 구성·운영할 수 있다.
② 위원회는 위원장 1명을 포함한 50명 이내의 위원으로 구성한다.
③ 위원회의 위원장은 소방청장이 된다.
④ 위원회의 회의는 재적위원 과반수의 출석으로 개의하고, 출석위원 과반수의 찬성으로 의결한다.

> [해설]
>
> ③ (×) 위원회의 위원장은 소방청 차장이 된다(소방공무원 교육훈련규정 제3조 제3항).

05 소방교육훈련정책위원회 위원의 자격으로 옳지 않은 것은?

① 소방청 기획조정관
② 각 지방소방학교의 장
③ 교육훈련기관의 교육훈련업무 담당 과장
④ 시·도 소방본부의 소방공무원 교육훈련 담당 과장급 공무원

> [해설]
>
> 소방교육훈련정책위원회 위원(소방공무원 교육훈련규정 제3조 제3항)
> 1. 소방청 기획조정관
> 2. 소방청 소방공무원 교육훈련 담당 과장급 공무원
> 3. 중앙소방학교의 장
> 4. 특별시·광역시·특별자치시·도·특별자치도 소방본부의 소방공무원 교육훈련 담당 과장급 공무원
> 5. 각 지방소방학교의 장
> 6. 소방청 소속 과장급 직위의 공무원 중 소방청장이 지명하는 사람

정답 04. ③ 05. ③

06 소방청장은 다음 연도의 소방공무원 교육훈련에 관한 기본정책 및 기본지침을 수립하여 특별시장·광역시장·특별자치시장·도지사·특별자치도지사와 교육훈련기관의 장에게 언제까지 통보해야 하는가?

① 매년 12월 31일
② 매년 11월 30일
③ 매년 10월 31일
④ 매년 12월 20일

해설
소방청장은 매년 11월 30일까지 다음 연도의 소방공무원 교육훈련에 관한 기본정책 및 기본지침을 수립하여 시·도지사와 교육훈련기관의 장에게 통보해야 한다(소방공무원 교육훈련규정 제7조 제1항).

07 소방공무원의 교육훈련의 계획 등에 관한 설명으로 옳지 않은 것은?

① 교육훈련의 기회는 모든 소방공무원에게 균등하게 부여하여야 한다.
② 교육훈련기관을 관장하는 소방청장과 시·도지사는 교육과정별 우선 순위에 따라 소방기관별로 교육인원을 균등히 배정해야 한다.
③ 교육훈련대상자 선발은 그로 인한 업무의 정체를 줄일 수 있는 방법으로 해야 한다.
④ 교육훈련기관의 장은 소방공무원 교육훈련에 관한 기본정책 및 기본지침에 따라 매년 12월 20일까지 다음 연도의 교육훈련계획을 수립하여 소방청장에게 보고해야 한다.

해설
④ (×) 교육훈련기관의 장은 기본정책 및 기본지침에 따라 다음 연도의 교육훈련계획을 수립하여 매년 12월 31일까지 소방청장에게 제출해야 한다. 이 경우 시·도에 설치된 교육훈련기관의 장은 시·도지사를 거쳐 제출해야 한다(소방공무원 교육훈련규정 제7조 제3항).

08 「소방공무원 교육훈련규정」상 교육훈련의 구분·대상·방법에서 승진후보자(승진후보자명부에 등재된 사람을 말한다) 또는 승진임용된 사람이 받는 관리역량교육의 대상자로 옳지 않은 것은? *24 소방교

① 소방위 계급(소방위 계급으로의 승진후보자를 포함한다)
② 소방경 계급(소방경 계급으로의 승진후보자를 포함한다)
③ 소방령 계급(소방령 계급으로의 승진후보자를 포함한다)
④ 소방정 계급(소방정 계급으로의 승진후보자를 포함한다)

해설
④ (×) 소방정 계급(소방정 계급으로의 승진후보자를 포함한다)은 소방정책관리자교육을 받는다(소방공무원 교육훈련규정 [별표 1]).

정답 06. ② 07. ④ 08. ①

소방승진 공무원법

09 소방공무원의 교육훈련 가운데 다음과 같이 실시하는 교육훈련은?

> 직장훈련으로 실시. 다만, 직장훈련으로 실시하기 곤란한 경우에는 교육훈련기관에서의 교육으로 실시하되, 교육훈련기관에서의 교육으로도 실시하기 곤란한 경우에는 위탁교육훈련으로 실시

① 관리역량교육
② 소방정책관리자교육
③ 전문교육훈련
④ 기타교육훈련

해설

기본교육훈련	신임교육, 관리역량교육, 소방정책관리자교육	교육훈련기관에서의 교육으로 실시
전문교육훈련		직장훈련으로 실시. 다만, 직장훈련으로 실시하기 곤란한 경우에는 교육훈련기관에서의 교육으로 실시하되, 교육훈련기관에서의 교육으로도 실시하기 곤란한 경우에는 위탁교육훈련으로 실시
기타교육훈련		직장훈련으로 실시
자기개발 학습		

10 「소방공무원 교육훈련규정」상 소방공무원의 교육훈련에 관한 내용으로 옳은 것은?

① 교육과정에 연계된 사이버교육은 전문교육성적 평정 시 1개 과정을 7시간으로 평정할 수 있다.
② 소방간부후보생 선발시험 합격자의 신임교육과정은 중앙소방학교에서 실시하며 교육기간은 1년이다.
③ 「화재조사법」에 따르는 화재조사관 자격취득 관련 교육과정은 중앙소방학교에서만 실시한다.
④ 교육훈련기관에서 실시하는 교육훈련과정과 그 대상·기간·방법 등은 소방청장과 시·도지사가 정한다.

해설
① (○) 교육과정을 집합교육과 사이버교육을 혼합하여 편성한 경우에는 사이버교육을 집합교육 7시간으로 평정한다(소방공무원 교육훈련성적 평정규정 제11조 제5항).
② (×) 52주이다.
③ (×) 중앙소방학교 또는 지방소방학교에서 실시한다.
④ (×) 교육훈련기관에서 실시하는 교육훈련과정과 그 대상·기간·방법 등은 소방청장이 정한다(소방공무원 교육훈련규정 제13조).

정답 09. ③ 10. ①

11 다음 중 중앙소방학교에서만 실시하는 교육훈련과정끼리 짝지은 것은?

① 소방장 이하 공채·경채자 과정의 신임교육 / 소방위과정의 관리역량교육
② 특성화교육과정 / 화학사고 대응능력 1급 과정
③ 인명구조사 1급·2급 과정 / 초·중·고급지휘관 과정
④ 소방간부후보생과정 / 소방경·소방령과정의 관리역량교육

[해설]
④는 중앙소방학교에서만 실시하고, ①·②·③은 중앙소방학교 또는 지방소방학교에서 실시한다(소방공무원 교육훈련기관 교육훈련과정 운영 규정 [별표]).

12 소방공무원 교육훈련기관의 기본교육 훈련기간으로 옳지 않은 것은?

① 소방장 이하 공채자 과정의 신임교육 – 52주 이내
② 소방위 이상 경채자 과정의 신임교육 – 24주 이상
③ 소방경 승진후보자의 관리역량교육 – 2주 이상
④ 소방정 승진후보자의 소방정책관리자교육 – 24주 이내

[해설]

기본교육훈련 과정명		교육훈련 대상	기간
신임교육	소방장 이하 공채·경채자 과정	소방장 이하 소방 공무원으로 임용될 사람 또는 임용된 사람	52주 이내
	소방위 이상 경채자 과정	소방위 이상 소방공무원으로 임용될 사람 또는 임용된 사람	12주 이상
	소방간부 후보생과정	소방간부후보생 선발시험 합격자	52주
관리역량 교육	소방위과정	소방위 및 소방위 승진후보자	1주 이내
	소방경·소방령과정	소방경·소방령 및 소방경·소방령 승진후보자	2주 이상
소방정책관리자교육		소방정 및 소방정 승진후보자	24주 이내

13 소방공무원 교육훈련기관 교육훈련과정별 교육기간으로 맞는 것은?

① 소방위의 관리역량교육과정 : 2주 이내
② 소방정책관리자교육 : 24주 이내
③ 소방간부 후보생과정 : 52주 이내
④ 특성화교육과정 : 1일

[해설]
① (×) 1주 이내, ③ (×) 52주, ④ (×) 반일(4시간) 이상

[정답] 11. ④ 12. ② 13. ②

소방승진 공무원법

14 「소방공무원 교육훈련규정」상 교육훈련기관이 갖추어야 하는 옥외 교육훈련시설의 기준으로 옳지 않은 것은?

*24 소방교

① 소방종합 훈련탑
② 수난구조 훈련장
③ 대응전술 훈련장
④ 소방차량 및 장비조작 훈련장

[해설]
② (×) 수난구조 훈련장은 옥내 훈련시설이다.
옥외 교육훈련시설 : 소방종합 훈련탑, 산악구조 훈련장, 소방차량 및 장비조작 훈련장, 실물화재 훈련장, 대응전술 훈련장

15 소방청장과 시·도지사가 소방공무원의 교육훈련기관에 갖추어야 옥내 훈련시설을 다음에서 모두 고르시오.

가. 전문구급 훈련장
나. 수난구조 훈련장
다. 화재조사 훈련장
라. 소방시설 실습장
마. 실물화재 훈련장

① 가, 나, 다, 라
② 다, 마
③ 가, 다, 마
④ 나, 라

[해설]
옥내 훈련시설로 전문구급 훈련장, 수난구조 훈련장, 화재조사 훈련장, 소방시설 실습장, 가상현실 훈련장이 있다. 옥외 훈련시설로 소방종합 훈련탑, 산악구조 훈련장, 소방차량 및 장비조작 훈련장, 실물화재 훈련장, 대응전술 훈련장이 있다(소방공무원 교육훈련규정 별표3).

16 「소방공무원 교육훈련규정」상 국내에서 위탁교육을 받은 경우 의무복무에 관한 내용이다. ( ) 안에 들어갈 내용으로 옳은 것은?

*23 소방위

> 임용제청권자는 (ㄱ)의 국내 위탁교육훈련을 받은 소방공무원에 대해서는 특별한 경우를 제외하고 (ㄴ)의 범위에서 교육훈련기간과 같은 기간동안 교육훈련 분야와 관련된 직무 분야에서 복무하게 해야 한다.

	ㄱ	ㄴ
①	3개월	3년
②	3개월	6년
③	6개월	3년
④	6개월	6년

정답 14. ② 15. ① 16. ④

해설
임용권자(「소방공무원 임용령」 제3조 제1항부터 제6항까지의 규정에 따라 임용권을 위임받은 자를 포함한다) 또는 임용제청권자는 6개월 이상의 위탁교육훈련을 받은 소방공무원에 대해서는 특별한 경우를 제외하고 6년의 범위에서 교육훈련기간과 같은 기간(국외 위탁교육훈련의 경우에는 교육훈련기간의 2배에 해당하는 기간으로 한다) 동안 교육훈련 분야와 관련된 직무 분야에서 복무하게 해야 한다(소방공무원 교육훈련규정 제11조 제2항).

17 소방공무원 甲은 2년 동안 국외 위탁교육을 받았다. 甲이 교육훈련분야와 관련된 직무분야에서 의무적으로 복무해야 하는 기간은?

① 1년 ② 2년
③ 3년 ④ 4년

해설
소방공무원 교육훈련규정 제11조 제2항 ☞ 앞의 문제 해설 참고
국외 위탁교육훈련의 경우에는 교육훈련기간의 2배에 해당하는 기간이므로 2×2=4년.

18 소방공무원의 교육훈련과 관련한 복무의무의 내용으로 옳지 않은 것은?

① 소방공무원으로 임용된 사람 중 신임교육과정의 교육을 받은 사람은 신임교육과정의 교육을 받은 기간에 해당하는 기간 이상을 소방공무원으로 복무하여야 한다.
② 6개월 이상의 위탁교육을 받은 소방공무원에 대하여는 특별한 경우를 제외하고 6년의 범위에서 교육훈련기간과 같은 기간 동안 교육훈련분야와 관련된 직무분야에서 복무하게 하여야 한다.
③ 위 ②에서 국외 위탁훈련의 경우에는 교육훈련기간의 2배에 해당하는 기간으로 한다.
④ 위탁교육훈련을 받은 사람이 정당한 사유 없이 훈련을 중도에 포기한 때에는 임용권자 또는 임용제청권자는 해당 교육훈련에 든 경비(보수는 제외) 전부의 반납을 명하거나 본인이 반납하지 않을 경우 그의 보증인에게 보증채무의 이행을 청구할 수 있다.

해설
④ (×) 경비의 '전부'가 아니라 2분의 1이다(소방공무원 교육훈련규정 제12조, [별표2]).

19 소방공무원 신임교육과정의 교육을 받은 사람이 복귀명령을 받고도 정당한 사유없이 직무에 복귀하지 아니한 때 소요경비의 반납액은 최대 얼마인가?(의무복무월수 2개월, 근무월수 1개월, 소요경비 100만 원을 전제)

① 50만 원 ② 65만 원
③ 75만 원 ④ 100만 원

정답 17. ④ 18. ④ 19. ④

소방승진 공무원법

해설

반납액의 산정기준표(소방공무원 교육훈련규정 [별표2])

정당한 사유없이 훈련을 중도에 포기하거나 탈락된 때	소요경비 × $\frac{1}{2}$
복무의무를 이행하지 아니한 때	소요경비 × $\frac{\text{의무복무월수} - \text{근무월수}}{\text{의무복무월수}}$
복귀명령을 받고도 정당한 사유없이 직무에 복귀하지 아니한 때	소요경비 전액

20 소방공무원 신임교육과정의 교육을 받은 사람이 정당한 사유없이 훈련을 중도에 포기하였고, 또한 교육 기간에 해당하는 기간 동안의 복무의무를 이행하지 아니한 때 소요경비의 반납액은 최대 얼마인가?(의무복무월수 3개월, 근무월수 1개월, 소요경비 120만 원을 전제)

① 120만 원
② 100만 원
③ 90만 원
④ 80만 원

해설

- 정당한 사유없이 훈련을 중도에 포기하거나 탈락된 때 : 소요경비 × $\frac{1}{2}$ = 60만 원
- 추가반납액(복무의무를 불이행) : 소요경비 × $\frac{1}{2}$ × $\frac{\text{의무복무월수} - \text{근무월수}}{\text{의무복무월수}}$ = 40만 원

21 교육훈련기관의 장이 매년 말일까지 소방청장에게 보고해야 하는 다음 연도의 교육훈련계획에 포함되는 내용이 아닌 것은?

① 교육훈련과정
② 교육훈련 수요조사의 결과 및 교육대상자의 선발계획
③ 교수요원의 상호 활용에 관한 사항
④ 교재 편찬계획

해설

교육훈련기관의 장은 제7조 제1항에 따른 기본정책 및 기본지침에 따라 다음 각 호의 사항이 포함된 교육훈련계획을 수립해야 한다(소방공무원 교육훈련규정 제14조).
1. 교육훈련의 기본방향
2. 교육훈련과정
3. 과정별 교육훈련의 목표, 교수요목(教授要目), 기간, 대상 및 인원
4. 교육훈련 수요조사 결과 및 교육훈련대상자의 선발계획
5. 교재 편찬계획
6. 교육훈련성적의 평가방법
7. 그 밖에 교육훈련기관의 장이 필요하다고 인정하는 사항

정답 20. ② 21. ③

22 교육훈련기관의 교육훈련계획과 교육대상자의 선발에 관한 내용으로 옳지 않은 것은?

① 교육훈련기관의 장은 다음 연도의 교육훈련계획을 수립하여 매년 12월 31일까지 소방청장에게 제출해야 한다. 이 경우 시·도에 설치된 교육훈련기관의 장은 시·도지사를 거쳐 제출해야 한다.
② 교육훈련기관의 장은 확정된 교육훈련계획에 따라 채용후보자명부 등재순위, 신규채용일 또는 승진임용일, 계급, 담당업무, 경력 및 건강상태 등을 고려하여 교육훈련과정별 목적에 적합한 사람을 교육훈련대상자로 선발해야 한다.
③ 소방기관장등은 교육훈련 개시 10일 전까지 교육훈련대상자 명단을 해당 교육훈련기관의 장에게 통보해야 한다.
④ 교육훈련기관의 장은 통보받은 교육훈련대상자가 교육훈련과정별 목적에 적합하지 않다고 인정되는 경우에는 해당 소방기관장등에게 교육훈련대상자를 교체하여 줄 것을 요청할 수 있다.

해설
② (×) 소방기관의 장이나 임용권자 또는 임용제청권자는 제14조에 따른 교육훈련계획에 따라 채용후보자명부 등재순위, 신규채용일 또는 승진임용일, 계급, 담당업무, 경력 및 건강상태 등을 고려하여 교육훈련과정별 목적에 적합한 사람을 교육훈련대상자로 선발해야 한다(소방공무원 교육훈련규정 제15조 제1항).

23 「소방공무원 교육훈련규정」상 교육훈련기관에서의 교육에서 교육훈련대상자의 선발과 교육훈련성적의 평가에 관한 내용으로 옳지 않은 것은?   *24 소방위

① 소방기관의 장이나 임용권자 또는 임용제청권자는 규정에 따른 교육훈련계획에 따라 채용후보자명부 등재순위, 신규채용일 또는 승진임용일, 계급, 담당업무, 경력 및 건강상태 등을 고려하여 교육훈련과정별 목적에 적합한 사람을 교육훈련대상자로 선발해야 한다.
② 교육훈련기관의 장은 통보받은 교육훈련대상자가 교육훈련과정별 목적에 적합하지 않다고 인정되는 경우에는 해당 소방기관장등에게 교육훈련대상자를 교체하여 줄 것을 요청할 수 있다.
③ 교육훈련기관의 장은 교육훈련이 시작되기 전에 교육훈련대상자에게 과제를 부여하고 그 결과를 교육훈련성적에 반영하여서는 아니 된다.
④ 교육훈련기관의 장은 교육훈련을 받은 사람의 교육훈련성적을 교육훈련 수료 또는 졸업 후 10일 이내에 그 소속 소방기관장등에게 통보해야 한다.

해설
③ (×) 교육훈련기관의 장은 교육훈련이 시작되기 전에 교육훈련대상자에게 과제를 부여하고 그 결과를 교육훈련성적에 반영할 수 있다(소방공무원 교육훈련규정 제16조 제2항).

정답 22. ② 23. ③

소방승진 공무원법

24 교육훈련기관에서의 교육훈련성적의 평가 및 수료에 관한 내용으로 틀린 것은?

① 각 교육훈련과정은 교육훈련대상자가 100점 만점에 60점 이상의 성적을 받으면 수료요건을 갖춘 것으로 한다.
② 교육훈련기관의 장은 교육훈련성적 평가를 생략하고 교육훈련대상자의 교육훈련 참여도 등을 기준으로 수료 여부를 결정할 수 있다.
③ 교육훈련기관의 장은 교육훈련을 받은 사람의 교육훈련성적을 교육훈련 수료 또는 졸업 후 10일 이내에 그 소속 소방기관장등에게 통보해야 한다.
④ 교육대상자가 다른 사람으로 하여금 대리로 교육훈련을 받게한 때 교육훈련기관의 장은 소속 소방기관의 장과 협의하여 퇴교처분을 할 수 있다.

[해설]
④ (×) 퇴교처분 사유에 해당하면 교육훈련기관의 장은 퇴교처분을 할 수 있고, 퇴교처분을 하는 경우 해당 교육훈련대상자의 소속 소방기관장등에게 이를 통보해야 한다(소방공무원 교육훈련규정 제18조 제1항).

25 「소방공무원 교육훈련규정」에 따른 퇴교처분 사유가 아닌 것은? *21 소방교

① 교육훈련기관의 장의 교육훈련에 관한 지시에 따르지 않은 경우
② 수료점수에 미달된 경우
③ 정당한 사유없이 결석한 경우
④ 질병이나 그 밖에 교육훈련대상자의 부득이한 사정으로 인하여 교육훈련을 계속 받을 수 없게 된 경우

[해설]
①, ③, ④와 다른 사람으로 하여금 대리로 교육훈련을 받게 한 경우, 수업을 매우 게을리한 경우, 생활기록이 매우 불량한 경우, 시험 중 부정한 행위를 한 경우가 있다(소방공무원 교육훈련규정 제18조 제1항).

26 「소방공무원 교육훈련규정」상 교육훈련기관의 교육에 관한 내용으로 옳지 않은 것은? *23 소방교

① 소방기관장등은 교육훈련 개시 10일 전까지 교육훈련 대상자 명단을 해당 교육훈련기관의 장에게 통보해야 한다.
② 각 교육훈련과정은 교육훈련대상자가 100점 만점에 60점 이상의 성적을 받으면 수료요건을 갖춘 것으로 한다.
③ 소방기관장등은 수료 또는 졸업요건을 갖추지 못한 사람에 대해서는 한 차례에 한정하여 다시 교육훈련을 받게 할 수 있다.
④ 교육훈련기관의 장은 교육훈련을 받은 사람의 교육훈련 성적을 교육훈련 수료 또는 졸업 후 30일 이내에 그 소속 소방기관장등에게 통보해야 한다.

[정답] 24. ④ 25. ② 26. ④

해설
④ (×) 교육훈련기관의 장은 교육훈련을 받은 사람의 교육훈련성적을 교육훈련 수료 또는 졸업 후 10일 이내에 그 소속 소방기관장등에게 통보해야 한다(소방공무원 교육훈련규정 제16조 제3항).

27 교육훈련기관에서의 교육훈련 결과에 대한 조치사항으로 옳지 않은 것은?

① 각 교육훈련과정은 교육훈련대상자가 100점 만점에 60점 이상의 성적을 받으면 수료요건을 갖춘 것으로 한다.
② 교육훈련기관의 장은 교육훈련을 받은 사람의 교육훈련성적을 교육훈련 수료 또는 졸업 후 10일 이내에 그 소속 소방기관장등에게 통보해야 한다.
③ 소방기관장등은 수료 또는 졸업요건을 갖추지 못한 사람에 대해서는 한 차례에 한정하여 다시 교육훈련을 받게 할 수 있다.
④ 교육훈련기관의 장은 위 ③에 따라 다시 교육훈련을 받은 사람이 거듭 수료 또는 졸업요건을 갖추지 못한 경우로서 근무성적이 매우 불량하여 「국가공무원법」상 징계 사유에 해당된다고 인정할 때에는 관할 징계위원회에 징계의결 요구 또는 징계의결 요구의 신청 등의 조치를 할 수 있다.

해설
④ (×) 교육훈련기관의 장이 아니라 소속기관의 장의 조치사항이다(소방공무원 교육훈련규정 제19조 제1항).

28 「소방공무원 교육훈련규정」상 교수요원의 자격 또는 능력을 갖춘 사람으로 옳은 것은? *24 소방교

① 담당할 분야와 관련된 학사 이상의 학위를 소지한 사람
② 담당할 분야와 관련된 3개월 이상의 교육훈련을 이수한 사람
③ 담당할 분야와 관련된 실무·연구 또는 강의 경력이 2년 이상인 사람
④ 담당할 분야와 관련하여 「고등교육법」 및 「대학교원 자격기준 등에 관한 규정」에 따른 교수·부교수 또는 조교수의 자격을 갖춘 사람

해설
교수요원은 다음 각 호의 어느 하나에 해당하는 자격 또는 능력을 갖춘 사람이어야 한다(소방공무원 교육훈련규정 제22조).
1. 담당할 분야와 관련된 실무·연구 또는 강의 경력이 3년 이상인 사람
2. 담당할 분야와 관련된 자격증을 소지한 사람
3. 담당할 분야와 관련된 석사 이상의 학위를 소지한 사람
4. 담당할 분야와 관련된 6개월 이상의 교육훈련을 이수한 사람
5. 담당할 분야와 관련하여 「고등교육법」 제16조 및 「대학교원 자격기준 등에 관한 규정」 제2조에 따른 교수·부교수 또는 조교수의 자격을 갖춘 사람
6. 그 밖에 담당할 분야와 관련된 학식과 경험이 풍부한 사람으로서 교육훈련기관의 장이 인정하는 사람

정답 27. ④ 28. ④

소방승진 공무원법

29 「소방공무원 교육훈련규정」상 교수요원의 결격사유로 옳지 않은 것은? *23 소방교

① 징계처분을 받고 그 처분기간이 끝난 날부터 2년이 지나지 않은 사람
② 교육훈련기관의 장이 실시한 교수요원의 교수역량평가 결과 부적격 판정을 받은 사람
③ 직위해제 처분이 종료된 날부터 1년이 지나지 않은 사람
④ 징계처분 기간 중인 사람

[해설]
소방공무원 교육훈련규정 제23조는 교수요원의 결격사유로 ①·③·④만 규정하고 있다.

30 소방공무원 교육훈련기관에 두는 교수요원에 대한 설명으로 옳지 않은 것은?

① 교육훈련기관의 장은 교수요원을 강의교수, 훈련교수, 교육운영교수, 생활지도교수로 구분하여 운영할 수 있다.
② 교육훈련기관의 장은 소방공무원으로 퇴직한 사람 중에서 재직 중의 업적이 현저하고 교육훈련 분야의 전문지식과 경험이 풍부한 사람을 객원교수로 위촉할 수 있다.
③ 교육훈련기관의 장은 특수한 교과를 담당하게 하기 위하여 필요하면 정원과 관계없이 관련 분야의 공무원이나 민간 전문가를 교수요원으로 겸직임용할 수 있다. 이 경우 겸직임용되는 교수요원이 공무원인 경우에는 미리 그 소속 기관의 장과 협의해야 한다.
④ 담당할 분야와 관련된 6개월 이상의 교육훈련을 이수한 사람은 교수요원이 될 수 있다.

[해설]
교육훈련기관의 장은 소방공무원으로 퇴직한 사람 중에서 재직 중의 업적이 현저하고 교육훈련 분야의 전문지식과 경험이 풍부한 사람을 명예교수로 위촉할 수 있다(소방공무원 교육훈련규정 제20조 제4항). 교육훈련기관의 장은 특정 분야 또는 교과목의 강의나 훈련 분임지도 등 교육훈련 분야의 전문지식과 경험이 풍부한 사람을 객원교수로 위촉할 수 있다(제5항).

31 소방공무원 교육훈련기관에서의 교육에 관한 다음의 사항들을 정하는 것은?

- 교수요원 등의 선발·위촉·관리에 관한 사항
- 교육훈련성적 평가 및 수료·졸업에 관한 세부 사항
- 수업시간 및 휴무일에 관한 사항
- 수탁교육생에 관한 사항

① 대통령령
② 소방청장의 훈령
③ 소방청장의 예규
④ 학칙 등 학사운영에 관한 규정

정답 29. ② 30. ② 31. ④

해설
④ (○) 교육훈련기관의 장이 학칙 등 학사운영에 관한 규정으로 정하는 사항들이다(소방공무원 교육훈련규정 제27조 제1항).

32 직장훈련담당관이 소방기관의 장의 지휘·감독하에 수행해야 하는 직무가 아닌 것은?

① 시보 소방공무원의 개인별 지도관 임명
② 직장훈련의 계획수립과 심사 및 지도감독
③ 직장훈련 실시를 위한 시설·교재등의 준비
④ 직장훈련 결과에 대한 평가 및 확인

해설
① (×) 소방기관의 장은 시보임용중의 소방공무원에 대하여 개인별 지도관을 임명하여 당해 기관의 조직과 임무·직무수행에 필요한 지식·기술·소양등을 습득할 수 있도록 체계적인 직장훈련을 실시해야 한다(소방공무원 교육훈련규정 제30조 제2항).

33 소방기관의 장이 수립하는 직장훈련계획에 포함되는 내용이 아닌 것은?

① 개인 직무 전문기술훈련
② 신규채용자 실무적응교육훈련
③ 체력향상을 위한 훈련
④ 리더십 향상 교육

해설
소방기관의 장은 기본정책 및 기본지침에 따라 다음 각 호의 사항이 포함된 직장훈련계획을 수립해야 한다(소방공무원 교육훈련규정 제32조 제1항).
1. 공직가치 확립 및 정부 시책에 대한 교육
2. 팀 단위 소방전술훈련 및 개인 직무 전문기술훈련
3. 신규채용자 및 보직변경자에 대한 실무적응교육훈련
4. 체력향상을 위한 훈련
5. 직장훈련 시간 총량 목표 및 관리에 관한 사항
6. 그 밖에 부서별·직무 분야별 전문성 강화를 위한 전문교육훈련

34 「소방공무원 교육훈련규정」상 소방기관의 장이 직장훈련계획을 수립할 때 포함할 사항으로 옳지 않은 것은?

*23 소방교

① 공직가치 확립 및 정부 시책에 대한 교육
② 직장훈련 시간 총량 목표 및 관리에 관한 사항
③ 신규채용자 및 보직변경자에 대한 실무적응교육훈련
④ 소방공무원 창의 사고 역량 및 인성 함양을 위한 교양 교육

정답 32. ① 33. ④ 34. ④

> **해설**
> ①·②·③을 비롯해, 팀 단위 소방전술훈련 및 개인 직무 전문기술훈련, 체력향상을 위한 훈련, 그 밖에 부서별·직무 분야별 전문성 강화를 위한 전문교육훈련이 있다.

35 소방청장 또는 시·도지사가 소방공무원에 대한 위탁교육훈련을 실시하는 경우 위탁교육훈련계획을 작성하지 않아도 되는 경우는?

① 6개월 미만의 국외 위탁교육훈련
② 6개월 미만의 국내 위탁교육훈련
③ 10개월 미만의 국외 위탁교육훈련
④ 10개월 미만의 국내 위탁교육훈련

> **해설**
> 소방청장 또는 시·도지사는 위탁교육훈련을 실시하는 경우 다음 각 호의 사항이 포함된 위탁교육훈련계획을 작성해야 한다. 다만, 6개월 미만의 국내 위탁교육훈련의 경우는 제외한다(소방공무원 교육훈련규정 제37조).

36 소방청장 또는 시·도지사가 위탁교육훈련 대상자를 선발하는 경우 고려해야 하는 사항이 아닌 것은?

① 국가관과 직무에 대한 사명감이 투철한 사람
② 훈련 이수 후 훈련과 관련된 직무 분야에 상당 기간 근무가 가능한 사람
③ 국외훈련의 경우에는 필요한 외국어 능력을 갖춘 사람
④ 훈련에 필요한 전문능력을 갖춘 사람

> **해설**
> ④ (×) 훈련에 필요한 학력·경력을 갖춘 사람이다(소방공무원 교육훈련규정 제38조). 이에 더하여 근무성적이 우수한 사람, 그 밖에 소방청장이나 시·도지사가 정하는 요건을 갖춘 사람이 있다.

37 위탁교육훈련 대상자가 훈련기간 중 소방청장 또는 시·도지사에게 즉시 보고하고, 그 지시에 따라야 할 사유가 아닌 것은?

① 훈련기관 또는 훈련기간 등을 변경하려는 경우
② 국외에서 위탁교육훈련을 받고 있는 자가 사직하려는 경우
③ 훈련에 지장이 있을 정도의 질병·사고등 신상의 변화가 생긴 경우
④ 국가 또는 지방자치단체에서 지급하는 교육훈련비 외의 장학금·기부금 또는 찬조금 등을 받으려는 경우

> **해설**
> ② (×) 국외에서 위탁교육훈련을 받고 있는 사람이 사직하려는 경우에는 귀국한 후에 소속 소방기관의 장에게 사직원을 제출해야 한다(소방공무원 교육훈련규정 제40조 제5항).

정답 35. ② 36. ④ 37. ②

38 소방공무원 위탁교육훈련에 대한 설명으로 옳지 않은 것은?

① 위탁교육훈련 대상자는 소방청장 또는 시·도지사에게 거주지, 신상, 훈련성적, 훈련진도, 훈련결과, 그 밖에 소방청장 또는 시·도지사가 요구하는 사항을 보고해야 한다.
② 위탁교육훈련 대상자가 국가 또는 지방자치단체에서 지급하는 교육훈련비 외의 장학금을 받고자 할 때 소방청장 또는 시·도지사에게 보고할 수 있다.
③ 위탁교육훈련기관에서 받은 포상 또는 퇴교처분은 교육훈련기관에서 받은 포상 또는 퇴교처분으로 본다.
④ 국외에서 위탁교육훈련을 받은 사람은 연구보고서를 작성하여 귀국보고일부터 30일 이내에 소방청장 또는 시·도지사에게 제출해야 한다.

[해설]
② (×) 그와 같은 경우에 소방청장 또는 시·도지사에게 즉시 보고하고, 그 지시에 따라야 한다(소방공무원 교육훈련규정 제40조 제4항).

39 「소방공무원 교육훈련규정」상 위탁교육훈련 대상자에 대한 지도·감독에 대한 설명으로 옳지 않은 것은?
*24 소방교

① 위탁교육훈련 대상자는 훈련 목적을 달성하도록 노력하고, 훈련 이수 후에는 지체 없이 직무에 복귀해야 한다.
② 국외에서 위탁교육훈련을 받고 있는 사람이 사직하려는 경우에는 지체 없이 소속 소방기관의 장에게 사직원을 제출해야 한다.
③ 위탁교육훈련 대상자는 소방청장 또는 시·도지사에게 거주지, 신상, 훈련성적, 훈련진도, 훈련결과, 그 밖에 소방청장 또는 시·도지사가 요구하는 사항을 보고해야 한다.
④ 소방기관의 장은 위탁교육훈련의 목적을 달성하기 위하여 위탁교육훈련 대상자의 훈련상황을 정기 또는 수시로 파악하여 훈련 및 복무에 필요한 지도·감독을 해야 한다.

[해설]
② (×) 국외에서 위탁교육훈련을 받고 있는 사람이 사직하려는 경우에는 귀국한 후에 소속 소방기관의 장에게 사직원을 제출해야 한다(소방공무원 교육훈련규정 제40조 제5항).

정답 38. ② 39. ②

CHAPTER 03 징계

1. 의의

징계란 공무원의 의무위반에 대하여 국가 또는 지방자치단체가 공무원관계의 질서유지를 위해 공무원법에 따라 해당 공무원에게 제재를 가하는 것을 말한다. 그 제재로서의 벌을 징계벌이라 하고 그 벌을 받아야 할 책임을 징계책임이라 한다.

2. 징계의 법적 특징

(1) 형벌과의 차이

	형벌	징계벌
직접목적	국가와 일반사회공공의 질서유지	행정조직 내부의 질서유지
상대방	일반 국민	공무원
대상	형법상의 의무위반	공무원법상의 의무위반
내용	신분적·재산적 이익은 물론 자유·생명까지도 박탈가능	공무원의 신분상의 이익의 일부 또는 전부를 박탈
고의·과실	요구됨	의무위반이라는 객관적 사실에 대한 제재이므로 불요
제재 시기	공무원의 퇴직 여하와 관련 없음	퇴직 후에는 문제되지 아니함
상관의 책임	문제되지 아니함	감독상의 책임 존재

(2) 징계와 일사부재리

동일한 징계원인으로 거듭 징계할 수 없다. 다만 징계처분과 직위해제는 그 성질이 상이하므로 직위해제의 사유로 징계처분을 할 수 있다.

(3) 징계벌과 법치주의

징계는 공무원의 의사에 반하여 그에게 불이익을 주는 처분이며 공무담임권을 침해할 우려가 있으므로 징계조치에는 당연히 법률상의 근거가 있어야 한다. 이에 따라 국가공무원법과 공무원징계령, 지방공무원법과 지방공무원징계령 및 소청규정, 교육공무원징계령·법관징계법·검사징계법·군인사법, 그리고 소방공무원법의 위임을 받은 「소방공무원 징계령」 등이 징계의 사유·종류·절차에 관하여 상세한 규정을 두고 있다.

3. 징계사유

(1) 국가공무원법상 징계사유

① 공무원이 다음 각 호의 어느 하나에 해당하면 징계 의결을 요구하여야 하고 그 징계 의결의 결과에 따라 징계처분을 하여야 한다(제78조 제1항).

> 1. 이 법 및 이 법에 따른 명령을 위반한 경우
> 2. 직무상의 의무(다른 법령에서 공무원의 신분으로 인하여 부과된 의무를 포함)를 위반하거나 직무를 태만히 한 때
> 3. 직무의 내외를 불문하고 그 체면 또는 위신을 손상하는 행위를 한 때

② 공무원(특수경력직공무원 및 지방공무원을 포함)이었던 사람이 다시 공무원으로 임용된 경우에 재임용 전에 적용된 법령에 따른 징계 사유는 그 사유가 발생한 날부터 이 법에 따른 징계 사유가 발생한 것으로 본다(제2항).

③ 제1항의 징계 의결 요구는 5급 이상 공무원 및 고위공무원단에 속하는 일반직공무원은 소속 장관이, 6급 이하의 공무원은 소속 기관의 장 또는 소속 상급기관의 장이 한다. 다만, 국무총리·인사혁신처장 및 대통령령등으로 정하는 각급 기관의 장은 다른 기관 소속 공무원이 징계 사유가 있다고 인정하면 관계 공무원에 대하여 관할 징계위원회에 직접 징계를 요구할 수 있다(제4항).

④ 제1항의 징계 의결을 요구하는 경우 제50조의2 제3항(註: 적극행정을 추진한 결과에 대하여 해당 공무원의 행위에 고의 또는 중대한 과실이 없다고 인정되는 경우)에 따른 징계 등의 면제 사유가 있는지를 사전에 검토하여야 한다(제5항).

(2) 감사원법상 징계사유

감사원은 「국가공무원법」과 그 밖의 법령에 규정된 징계 사유에 해당하거나 정당한 사유 없이 이 법에 따른 감사를 거부하거나 자료의 제출을 게을리한 공무원에 대하여 그 소속 장관 또는 임용권자에게 징계를 요구할 수 있다(제32조 제1항).

4. 징계의 종류

(1) 징계의 구분

징계의 종류는 법에 따라 다르나, 국가공무원법상 일반직공무원에 대한 징계는 파면·해임·강등·정직·감봉·견책으로 구분된다. 파면과 해임은 당해 공무원을 공무원관계에서 배제하는 '배제징계'이고, 강등·정직·감봉·견책은 신분적 이익의 일부를 일시적으로 박탈하는 '교정징계'이다. 그리고 파면, 해임, 강등, 정직은 중징계로, 감봉과 견책은 경징계로 분류된다(소방공무원징계령 제1조의2).

징계의 종류(국가공무원법 제79조)

	신분상 불이익	재산상 불이익
파면	공무원의 신분을 박탈. 5년간 공무원 임용결격사유	재직기간에 따라 퇴직급여 1/2 또는 1/4 감액. 퇴직수당 1/2 감액
해임	공무원의 신분을 박탈. 3년간 공무원 임용결격사유	재직기간에 따라 퇴직급여 1/4 또는 1/8 감액. 퇴직수당 1/4 감액
강등	1계급 아래로 직급을 내리고(고위공무원단에 속하는 공무원은 3급으로 임용하고, 연구관 및 지도관은 연구사 및 지도사로 임용), 공무원신분은 보유하나 3개월간 직무정지. 18개월 동안 승진임용 또는 승급제한.	보수 전액 감액
정직	공무원신분 보유하나 일정기간(1월~3월) 직무정지. 18개월 동안 승진임용과 승급 제한	보수 전액 감액
감봉	공무원의 신분보유. 12개월 동안 승진임용과 승급 제한.	1개월 이상 3개월 이하의 기간 보수의 3분의1 감액
견책	전과에 대하여 훈계하고 회개하게 함. 6개월간 승진임용과 승급 제한.	

* 승진임용과 승급 제한에 있어서, ① 징계처분의 집행이 끝난 날부터 기산하며, ② 재산상 이득행위, 소극행정, 음주운전, 성폭력, 성희롱 및 성매매로 인한 징계처분의 경우에는 6개월을 가산

(2) 징계 종류의 선택

어떤 종류의 징계를 할 것인지는 원칙적으로 징계권자의 재량적 판단에 속한다. 징계위원회가 징계등 사건을 의결할 때에는 징계등 혐의자의 혐의 당시 직급, 징계등 요구의 내용, 비위행위가 공직 내외에 미치는 영향, 평소 행실, 공적, 뉘우치는 정도 또는 그 밖의 정상을 참작해야 한다(공무원징계령 제17조). 공익의 원칙에 반하거나 비례의 원칙 또는 평등의 원칙에 반하는 징계처분은 재량권의 한계를 벗어난 위법한 처분이 된다.

5. 징계부가금

(1) 부과 사유

공무원의 징계 의결을 요구하는 경우 그 징계 사유가 다음 각 호의 어느 하나에 해당하는 경우에는 해당 징계 외에 다음 각 호의 행위로 취득하거나 제공한 금전 또는 재산상 이득(금전이 아닌 재산상 이득의 경우에는 금전으로 환산한 금액을 말한다)의 5배 내의 징계부가금 부과 의결을 징계위원회에 요구하여야 한다(국가공무원법 제78조의2 제1항).

> 1. 금전, 물품, 부동산, 향응 또는 그 밖에 대통령령으로 정하는 재산상 이익을 취득하거나 제공한 경우
> 2. 다음 각 목에 해당하는 것을 횡령, 배임, 절도, 사기 또는 유용한 경우

가. 「국가재정법」에 따른 예산 및 기금
나. 「지방재정법」에 따른 예산 및 「지방자치단체 기금관리기본법」에 따른 기금
다. 「국고금 관리법」 제2조 제1호에 따른 국고금
라. 「보조금 관리에 관한 법률」 제2조 제1호에 따른 보조금
마. 「국유재산법」 제2조 제1호에 따른 국유재산 및 「물품관리법」 제2조 제1항에 따른 물품
바. 「공유재산 및 물품 관리법」 제2조 제1호 및 제2호에 따른 공유재산 및 물품
사. 그 밖에 가목부터 바목까지에 준하는 것으로서 대통령령으로 정하는 것

(2) 징계부가금의 조정

징계위원회는 징계부가금 부과 의결을 하기 전에 징계부가금 부과 대상자가 제1항 각 호의 어느 하나에 해당하는 사유로 다른 법률에 따라 형사처벌을 받거나 변상책임 등을 이행한 경우(몰수나 추징을 당한 경우를 포함) 또는 다른 법령에 따른 환수나 가산징수 절차에 따라 환수금이나 가산징수금을 납부한 경우에는 대통령령으로 정하는 바에 따라 조정된 범위에서 징계부가금 부과를 의결하여야 한다(제2항).

(3) 징계부가금의 감면

징계위원회는 징계부가금 부과 의결을 한 후에 징계부가금 부과 대상자가 형사처벌을 받거나 변상책임 등을 이행한 경우(몰수나 추징을 당한 경우를 포함) 또는 환수금이나 가산징수금을 납부한 경우에는 대통령령으로 정하는 바에 따라 이미 의결된 징계부가금의 감면 등의 조치를 하여야 한다(제3항).

(4) 강제징수 등

① 제1항에 따라 징계부가금 부과처분을 받은 사람이 납부기간 내에 그 부가금을 납부하지 아니한 때에는 처분권자(대통령이 처분권자인 경우에는 처분 제청권자)는 국세강제징수의 예에 따라 징수할 수 있다. 이 경우 체납액의 징수가 사실상 곤란하다고 판단되는 경우에는 징수 대상자의 주소지를 관할하는 세무서장에게 징수를 위탁한다(제4항).

② 처분권자(대통령이 처분권자인 경우에는 처분 제청권자)는 제4항 단서에 따라 관할 세무서장에게 징계부가금 징수를 의뢰한 후 체납일부터 5년이 지난 후에도 징수가 불가능하다고 인정될 때에는 관할 징계위원회에 징계부가금 감면의결을 요청할 수 있다(제5항).

6. 징계 및 징계부가금 부과의 시효

(1) 징계시효

징계의결등의 요구는 징계 등 사유가 발생한 날부터 다음 각 호의 구분에 따른 기간이 지나면 하지 못한다(국가공무원법 제83조의2 제1항).

10년	• 「성매매알선 등 행위의 처벌에 관한 법률」 제4조에 따른 금지행위 • 「성폭력범죄의 처벌 등에 관한 특례법」 제2조에 따른 성폭력범죄 • 「아동·청소년의 성보호에 관한 법률」 제2조 제2호에 따른 아동·청소년대상 성범죄

	• 「양성평등기본법」 제3조 제2호에 따른 성희롱
5년	제78조의2 제1항 각 호(註 : ① 금전, 물품, 부동산, 향응 또는 그 밖에 대통령령으로 정하는 재산상 이익을 취득하거나 제공한 경우, ② 각종 공금의 횡령, 배임, 절도, 사기 또는 유용한 경우)의 어느 하나에 해당하는 경우
3년	그 밖의 징계 등 사유에 해당하는 경우

(2) 시효 연장(감사원 조사 또는 수사 사건의 경우)

제83조 제1항(註 : 감사원에서 조사) 및 제2항(註 : 검찰·경찰, 그 밖의 수사기관에서 수사)에 따라 징계 절차를 진행하지 못하여 제1항의 기간이 지나거나 그 남은 기간이 1개월 미만인 경우에는 제1항의 기간은 제83조 제3항(註 : 조사나 수사를 시작한 때와 이를 마친 때에는 10일 내에 소속 기관의 장에게 그 사실을 통보)에 따른 조사나 수사의 종료 통보를 받은 날부터 1개월이 지난 날에 끝나는 것으로 본다(국가공무원법 제83조의2 제2항).

(3) 징계의결 재요구

징계위원회의 구성·징계의결등, 그 밖에 절차상의 흠이나 징계양정 및 징계부가금의 과다(過多)를 이유로 소청심사위원회 또는 법원에서 징계처분등의 무효 또는 취소의 결정이나 판결을 한 경우에는 제1항의 기간이 지나거나 그 남은 기간이 3개월 미만인 경우에도 그 결정 또는 판결이 확정된 날부터 3개월 이내에는 다시 징계의결등을 요구할 수 있다(제3항).

7. 징계권자

(1) 원칙

소방공무원의 징계는 관할 징계위원회의 의결을 거쳐 그 징계위원회가 설치된 기관의 장이 하되, 「국가공무원법」에 따라 국무총리 소속으로 설치된 징계위원회에서 의결한 징계는 소방청장이 한다. 다만, 파면과 해임은 관할 징계위원회의 의결을 거쳐 그 소방공무원의 임용권자(임용권을 위임받은 사람은 제외)가 한다(소방공무원법 제29조 제1항).

(2) 시·도의 경우

제1항에도 불구하고 제6조 제3항 및 같은 조 제4항에 따라 시·도지사가 임용권을 행사하는 소방공무원의 징계는 관할 징계위원회의 의결을 거쳐 임용권자가 한다. 다만, 시·도 소속 소방기관에 설치된 소방공무원 징계위원회에서 의결한 정직·감봉 및 견책은 그 징계위원회가 설치된 기관의 장이 한다(제2항).

8. 징계위원회

(1) 설치기관

① 소방준감 이상의 소방공무원에 대한 징계의결은 「국가공무원법」에 따라 국무총리 소속으로 설치된 징계위원회에서 한다(소방공무원법 제28조 제1항).
② 소방정 이하의 소방공무원에 대한 징계의결을 하기 위하여 소방청 및 대통령령으로 정하는 소방기관(註 : 중앙소방학교, 중앙119구조본부 및 국립소방연구원)에 소방공무원 징계위원회를

둔다(제2항).
③ 제1항 및 제2항에도 불구하고 제6조 제3항(註 : 대통령이 임용권의 일부를 소방청장 또는 시·도지사에게 위임) 및 같은 조 제4항(註 : 소방청장이 임용권의 일부를 시·도지사에게 위임)에 따라 시·도지사가 임용권을 행사하는 소방공무원에 대한 징계의결을 하기 위하여 시·도 및 대통령령으로 정하는 소방기관(註 : 지방소방학교, 서울종합방재센터, 소방서, 119특수대응단 및 소방체험관)에 징계위원회를 둔다(제3항).
④ 소방공무원 징계위원회의 구성·관할·운영, 징계의결의 요구 절차, 징계 대상자의 진술권, 그 밖에 필요한 사항은 대통령령으로 정한다(제4항).

(2) 징계위원회의 관할
① **소방청에 설치된 소방공무원 징계위원회**
다음 각 호의 소방공무원에 대한 징계 또는 「국가공무원법」 제78조의2에 따른 징계부가금 부과 사건을 심의·의결한다(소방공무원 징계령 제2조 제1항).

---
1. 소방청 소속 소방정 이하의 소방공무원에 대한 징계 또는 징계부가금(이하 "징계등") 사건
2. 소방청 소속기관의 소방공무원에 대한 다음 각 목의 구분에 따른 징계등 사건
   가. 국립소방연구원 소속 소방공무원에 대한 다음의 어느 하나에 해당하는 징계등 사건
      1) 소방정에 대한 징계등 사건
      2) 소방령 이하 소방공무원에 대한 중징계 또는 중징계 관련 징계부가금(이하 "중징계등") 요구사건
   나. 소방청 소속기관(국립소방연구원은 제외) 소속 소방공무원에 대한 다음의 어느 하나에 해당하는 징계등 사건
      1) 소방정 또는 소방령에 대한 징계등 사건
      2) 소방경 이하 소방공무원에 대한 중징계등 요구사건
3. 소방정인 지방소방학교장에 대한 징계등 사건
---

② **중앙소방학교, 중앙119구조본부 및 국립소방연구원에 설치된 징계위원회**
다음 각 호의 구분에 따른 징계등 사건을 심의·의결한다. 다만, 제1항 제2호 가목2) 및 같은 호 나목2)에 따라 소방청에 설치된 소방공무원 징계위원회의 관할로 된 경우에는 그렇지 않다(제2항).

---
1. 중앙소방학교 및 중앙119구조본부에 설치된 징계위원회 : 소속 소방경 이하의 소방공무원에 대한 징계등 사건
2. 국립소방연구원에 설치된 징계위원회 : 소속 소방령 이하의 소방공무원에 대한 징계등 사건
---

③ **특별시·광역시·특별자치시·도 및 특별자치도에 설치된 징계위원회**
「소방공무원 임용령」 제3조 제1항 및 같은 조 제5항 제1호·제3호에 따라 특별시장·광역시장·특별자치시장·도지사 및 특별자치도지사가 임용권을 행사하는 소방공무원에 대한 징계등 사건(제4항의 징계위원회에서 심의·의결하는 사건은 제외)을 심의·의결한다(제3항).

④ 지방소방학교, 서울종합방재센터, 소방서, 119특수대응단, 소방체험관에 설치된 징계위원회
각 소방기관별 징계위원회는 소속 소방위 이하의 소방공무원에 대한 징계등 사건(중징계등 요구사건은 제외)을 심의·의결한다(제4항).

(3) 관련 사건의 관할

① 임용권자(「소방공무원 임용령」 제3조에 따라 임용권을 위임받은 사람을 포함)가 동일한 2명 이상의 소방공무원이 관련된 징계등 사건으로서 관할 징계위원회가 서로 다른 경우에는 제2조에도 불구하고 다음에 따라 관할한다(소방공무원 징계령 제3조 제1항).

> 1. 그중의 1인이 상급소방기관에 소속된 경우에는 그 상급소방기관에 설치된 징계위원회
> 2. 각자가 대등한 소방기관에 소속된 경우에는 그 소방기관의 상급소방기관에 설치된 징계위원회

② 제1항에 따라 관할 징계위원회를 정할 수 없을 때에는 소방서 간의 경우에는 시·도지사가, 시·도 간의 경우에는 소방청장이 정하는 징계위원회에서 관할한다(제2항).

(4) 징계위원회의 구성

① 위원의 구성

㉠ 징계위원회는 다음 각 호의 구분에 따라 공무원위원과 민간위원으로 구성한다. 이 경우 민간위원의 수는 위원장을 제외한 위원 수의 2분의 1 이상이어야 한다(제4조 제1항).

> 1. 소방청에 설치된 징계위원회 : 위원장 1명을 포함하여 17명 이상 33명 이하의 위원
> 2. 중앙소방학교, 중앙119구조본부, 국립소방연구원징계위원회, 시·도, 지방소방학교, 서울종합방재센터, 소방서, 119특수대응단 및 소방체험관에 설치된 징계위원회 : 위원장 1명을 포함하여 9명 이상 15명 이하의 위원

㉡ 징계위원회의 공무원위원은 다음 각 호의 어느 하나에 해당하는 공무원 중에서 해당 징계위원회가 설치된 기관의 장이 임명하되, 특별한 사유가 없으면 최상위 계급자부터 차례로 임명하여야 한다. 다만, 해당 기관에 공무원위원이 될 공무원의 수가 제1항에 따른 위원 수에 미달되는 경우에는 다른 소방기관의 소방공무원 중에서 그 소방기관의 장의 추천을 받아 임명할 수 있다(제3항).

> 1. 징계등 혐의자보다 상위계급의 소방위 이상의 소방공무원
> 2. 징계등 혐의자의 계급보다 상위의 계급에 상당하는 소속 6급 이상의 일반직 국가공무원(고위공무원단에 속하는 일반직공무원을 포함한다) 또는 일반직 지방공무원

㉢ 징계위원회가 설치된 소방기관의 장은 다음 각 호의 구분에 따라 해당 호 각 목의 사람 중에서 민간위원을 위촉한다. 이 경우 특정 성별의 위원이 민간위원 수의 10분의 6을 초과하지 않도록 해야 한다(제4항). 민간위원의 임기는 3년으로 하며, 한 차례만 연임할 수

있다(제5항).

> 1. 소방청 및 시·도에 설치된 징계위원회의 경우에는 다음 각 목에 해당하는 사람
>   가. 법관·검사 또는 변호사로 10년 이상 근무한 사람
>   나. 「고등교육법」 제2조에 따른 학교(이하 "대학")에서 법률학·행정학 또는 소방 관련 학문을 담당하는 부교수 이상으로 재직 중인 사람
>   다. 소방공무원으로 소방정 또는 법률 제16768호 소방공무원법 전부개정법률 제3조의 개정규정에 따라 폐지되기 전의 지방소방정 이상의 직위에서 근무하고 퇴직한 사람으로서 퇴직일부터 3년이 경과한 사람
>   라. 민간부문에서 인사감사 업무를 담당하는 임원급 또는 이에 상응하는 직위에 근무한 경력이 있는 사람
> 2. 중앙소방학교·중앙119구조본부·국립소방연구원·지방소방학교·서울종합방재센터·소방서·119특수대응단 및 소방체험관에 설치된 징계위원회의 경우에는 다음 각 목에 해당하는 사람
>   가. 법관·검사 또는 변호사로 5년 이상 근무한 사람
>   나. 대학에서 법률학·행정학 또는 소방 관련 학문을 담당하는 조교수 이상으로 재직 중인 사람
>   다. 소방공무원으로 20년 이상 근속하고 퇴직한 사람으로서 퇴직일부터 3년이 경과한 사람
>   라. 민간부문에서 인사감사 업무를 담당하는 임원급 또는 이에 상응하는 직위에 근무한 경력이 있는 사람

② 위원장
  ㉠ 위원장은 해당 징계위원회가 설치된 기관의 장의 차순위 계급자(동일계급의 경우에는 직위를 설치하는 법령에 규정된 직위의 순위를 기준으로 정한다)가 된다. 다만, 제2조 제3항에 따른 징계위원회(註 : 시·도에 설치)가 설치된 기관의 장은 해당 징계위원회의 위원장을 소방정 이상의 소방공무원 중에서 임명할 수 있다(제2항).
  ㉡ 위원장은 징계위원회의 사무를 총괄하며, 위원회를 대표한다(제7조 제1항).
  ㉢ 징계위원회의 회의는 위원장이 소집한다(제2항).
  ㉣ 위원장은 표결권을 가진다(제3항).
  ㉤ 위원장이 부득이한 사유로 직무를 수행할 수 없는 때에는 출석한 위원의 최상위 계급 또는 선임의 소방공무원이 그 직무를 대행한다(제4항).

③ 간사
  ㉠ 징계위원회에 간사 몇 명을 둔다(제6조 제1항).
  ㉡ 간사는 소속 공무원 중에서 해당 소방기관의 장이 임명한다(제2항).
  ㉢ 간사는 위원장의 명을 받아 징계등 사건에 관한 기록과 그 밖의 서류의 작성과 보관에 관한 사무에 종사한다(제3항).

④ 회의
  ㉠ 징계위원회의 심의·의결의 공정성을 보장하기 위하여 다음 각 호의 사항은 공개하지 않는다(제8조).

> 1. 징계위원회의 회의
> 2. 징계위원회의 회의에 참여할 또는 참여한 위원의 명단
> 3. 징계위원회의 회의에서 위원이 발언한 내용이 적힌 문서(전자적으로 기록된 문서를 포함)
> 4. 그 밖에 공개할 경우 징계위원회의 심의·의결의 공정성을 해칠 우려가 있다고 인정되는 사항

    ⓒ 징계위원회의 회의는 위원장과 위원장이 회의마다 지정하는 4명 이상 6명 이하의 위원으로 구성한다. 이 경우 제4항에 따른 민간위원이 위원장을 포함한 위원 수의 2분의 1 이상 포함되어야 하며, 제4항 제1호 각 목 또는 같은 항 제2호 각 목의 사람 중 동일한 자격요건에 해당하는 민간위원만 지정해서는 안 된다(제4조 제6항).
    ⓒ 징계 사유가 다음 각 호의 어느 하나에 해당하는 징계 사건이 속한 징계위원회의 회의를 구성하는 경우에는 피해자와 같은 성별의 위원이 위원장을 제외한 위원 수의 3분의 1 이상 포함되어야 한다(제7항).

> 가. 「성폭력범죄의 처벌 등에 관한 특례법」에 따른 성폭력범죄
> 나. 「양성평등기본법」에 따른 성희롱

9. 징계의 절차

(1) 징계의결등의 요구

① 요구권자
    ⓐ 소방공무원의 징계의결등 요구권자는 다음 각 호와 같다(소방공무원 징계령 제9조 제1항).

소방준감 이상	소방청장. 다만, 「소방공무원 임용령」 제3조 제1항 및 같은 조 제5항 제1호·제3호에 따라 시·도지사가 임용권을 행사하는 소방준감 이상의 소방공무원은 시·도지사를 말한다.
소방정 이하	해당 소방공무원의 징계등을 관할하는 징계위원회가 설치된 기관의 장

    ⓒ 소방기관의 장은 그 소속 소방공무원에 대한 징계등 사건이 상급기관에 설치된 징계위원회의 관할에 속할 때에는 그 상급기관의 장에게 징계의결등의 요구를 신청하여야 한다. 이 경우 신청을 받은 기관의 장은 지체 없이 관할 징계위원회에 징계의결등을 요구하여야 한다(제2항).

② 제출서류 등
    ⓐ 제1항 및 제2항에 따른 징계의결등을 요구하거나 신청할 때에는 징계 등 사유에 대한 충분한 조사를 한 후에 그 증명에 필요한 다음 각 호의 관계 자료를 관할 징계위원회에 제출하여야 하고, 중징계 또는 경징계로 구분하여 요구하거나 신청하여야 한다. 다만, 「감사원법」 제32조 제1항 및 제10항의 규정에 따라 감사원장이 「국가공무원법」 제79조에

서 정하는 징계의 종류를 구체적으로 지정하여 징계요구를 한 경우에는 그러하지 아니하다(제3항).

1. 공무원 인사기록카드 사본
2. 별지 제1호 서식의 소방공무원 징계의결등 요구(신청)서
2의2. 다음 각 목의 사항에 대해 소방청장이 정하는 확인서
   가. 비위행위 유형
   나. 징계등 혐의자의 공적(功績) 등에 관한 사항
   다. 그 밖에 소방청장이 징계의결등 요구를 위해 필요하다고 인정하는 사항
3. 혐의내용을 입증할 수 있는 공문서 등 관계 증거자료
4. 혐의내용에 대한 조사기록 또는 수사기록
5. 관련자에 대한 조치사항 및 그에 대한 증거자료
6. 관계법규·지시문서 등의 발췌문
7. 징계등 사유가 다음 각 목의 어느 하나에 해당하는 경우에는 정신건강의학과의사, 심리학자, 사회복지학자 또는 그 밖의 관련 전문가가 작성한 별지 제2호 서식의 전문가 의견서
   가. 「성폭력범죄의 처벌 등에 관한 특례법」 제2조에 따른 성폭력범죄
   나. 「양성평등기본법」 제3조 제2호에 따른 성희롱

ⓒ 징계의결등 요구권자는 징계의결등 요구와 동시에 별지 제1호 서식의 소방공무원 징계의결등 요구(신청)서 사본을 징계등 혐의자에게 보내야 한다. 다만, 징계등 혐의자가 그 수령을 거부하는 경우에는 그렇지 않다(제4항).

ⓒ 징계의결등 요구권자는 징계등 혐의자가 소방공무원 징계의결등 요구(신청)서 사본의 수령을 거부하는 경우에는 관할 징계위원회에 그 사실을 증명하는 서류를 첨부하여 문서로 통보하여야 한다(제5항).

(2) 우선심사

① 징계의결등 요구권자는 신속한 징계절차 진행이 필요하다고 판단되는 징계등 사건에 대하여 관할 징계위원회에 우선심사(다른 징계등 사건에 우선하여 심사하는 것)를 신청할 수 있다(제13조의3 제1항).

② 징계의결등 요구권자는 정년(계급정년을 포함)이나 근무기간 만료 등으로 징계등 혐의자의 퇴직 예정일이 2개월 이내에 있는 징계등 사건에 대해서는 관할 징계위원회에 우선심사를 신청해야 한다(제2항).

③ 징계등 혐의자는 혐의사실을 모두 인정하는 경우 관할 징계위원회에 우선심사를 신청할 수 있다(제3항).

④ 제1항부터 제3항까지의 규정에 따라 우선심사를 신청하려는 자는 소방청장이 정하는 우선심사 신청서를 관할 징계위원회에 제출해야 한다(제4항).

⑤ 제4항에 따른 우선심사 신청서를 접수한 징계위원회는 특별한 사유가 없으면 해당 징계등 사건을 우선심사해야 한다(제5항).

(3) 징계등 사건의 통지

① 소방기관의 장은 그 소속이 아닌 소방공무원에게 징계등 사유가 있다고 인정될 때에는 해당 소방기관의 장에게 그 사실을 증명할 만한 충분한 사유를 명확히 밝혀 통지하여야 한다(제10조 제1항).

② 소방기관의 장이 아닌 다른 행정기관의 장이 제1항에 따른 징계의결등 요구권을 갖지 아니하는 소방공무원에 대하여 징계등 사유가 있다고 인정하는 경우에는 그 행정기관의 장은 징계의결등 요구권을 갖는 소방기관의 장에게 그 징계등 사유를 증명할 수 있는 자료로서 다음의 어느 하나에 해당하는 관계 자료를 첨부하여 이를 통지하여야 한다(제2항).

감사원의 조사사건	공무원 징계처분등 요구서, 혐의자·관련자에 대한 문답서 및 확인서 등 조사기록
수사기관의 수사사건	공무원범죄처분결과통보서, 공소장, 혐의자·관련자·관련증인에 대한 신문조서 및 진술서 등 수사기록
그 밖의 다른 기관	징계등 혐의사실 통보서 및 혐의사실을 입증할 수 있는 관계자료

③ 제1항 및 제2항에 따라 징계 등 사유를 통지받은 소방기관의 장은 타당한 이유가 없으면 통지를 받은 날부터 30일 이내에 관할 징계위원회에 징계의결등을 요구하거나 신청하여야 한다. 다만, 「감사원법」 제32조 제1항에 따른 징계 요구 중 파면요구를 받은 경우에는 10일 이내에 관할 징계위원회에 요구하거나 신청하여야 한다(제3항).

④ 제1항 및 제2항에 따라 징계등 사유를 통지받은 소방기관의 장은 해당 사건의 처리 결과를 징계등 사유를 통지한 소방기관의 장 또는 다른 행정기관의 장에게 회답하여야 한다(제4항).

(4) 징계등 절차 진행 여부의 결정

소방기관의 장은 「국가공무원법」 제83조 제3항에 따라 수사개시 통보를 받으면 지체 없이 징계의결등의 요구나 그 밖에 징계등 절차의 진행 여부를 결정해야 한다. 이 경우 같은 조 제2항에 따라 그 절차를 진행하지 않기로 결정한 경우에는 이를 징계등 혐의자에게 통보해야 한다(제10조의2).

(5) 징계의결등 기한

① 징계의결등 요구를 받은 징계위원회는 그 요구서를 받은 날부터 30일 이내에 징계의결등을 해야 한다. 다만, 부득이한 사유가 있을 때에는 해당 징계위원회의 의결로 30일 이내의 범위에서 그 기한을 연기할 수 있다(제11조 제1항).

② 징계의결등이 요구된 사건에 대한 징계등 절차의 진행이 「국가공무원법」 제83조에 따라 중지되었을 때(註 : 감사원에서 조사 중이거나 검찰·경찰, 그 밖의 수사기관에서 수사 중인 경우)에는 그 중지된 기간은 제1항의 징계의결등 기한에서 제외한다(제2항).

(6) 징계등 혐의자의 출석

① 출석요구

㉠ 징계위원회가 징계등 혐의자의 출석을 요구할 때에는 별지 제3호 서식의 출석 통지서로 하되, 징계위원회 개최일 3일 전까지 그 징계등 혐의자에게 도달되도록 하여야 한다. 이

경우 제2항에 따라 출석 통지서를 징계등 혐의자의 소속 기관의 장에게 보내어 전달하게 한 경우를 제외하고는 출석 통지서 사본을 징계등 혐의자의 소속 기관의 장에게 보내야 하며, 소속 기관의 장은 징계등 혐의자를 출석시켜야 한다(제12조 제1항).
- ⓒ 징계위원회는 징계등 혐의자의 주소를 알 수 없거나 그 밖의 사유로 제1항에 따른 출석 통지서를 징계등 혐의자에게 직접 보내는 것이 곤란하다고 인정될 때에는 제1항의 출석 통지서를 징계등 혐의자의 소속 기관의 장에게 보내어 전달하게 할 수 있다. 이 경우 출석 통지서를 받은 소방기관의 장은 지체 없이 징계등 혐의자에게 전달한 후 전달 상황을 관할 징계위원회에 통지하여야 한다(제2항).

② 불출석 등 처리절차
- ㉠ 징계위원회는 징계등 혐의자가 그 징계위원회에 출석하여 진술하기를 원하지 아니할 때에는 진술권 포기서를 제출하게 하여 이를 기록에 첨부하고, 서면심사로 징계의결등을 할 수 있다(제3항).
- ㉡ 징계위원회는 출석 통지를 하였음에도 불구하고 징계등 혐의자가 정당한 사유 없이 출석하지 아니하였을 때에는 그 사실을 기록에 분명히 적고, 서면심사로 징계의결등을 할 수 있다(제4항).
- ㉢ 징계위원회는 징계등 혐의자가 국외 체류, 형사사건으로 인한 구속, 여행 또는 그 밖의 사유로 징계 의결 또는 징계부가금 부과 의결 요구(신청)서 접수일부터 50일 이내에 출석할 수 없는 경우에는 서면으로 진술하게 하여 징계의결등을 할 수 있다. 이 경우 서면으로 진술하지 아니할 때에는 그 진술 없이 징계의결등을 할 수 있다(제5항).
- ㉣ 징계등 혐의자가 있는 곳이 분명하지 않을 때에는 관보(시·도의 경우에는 공보)를 통해 출석통지를 한다. 이 경우 관보 또는 공보에 게재한 날부터 10일이 지나면 그 통지서가 송달된 것으로 본다(제6항).
- ㉤ 징계등 혐의자가 출석 통지서의 수령을 거부한 경우에는 징계위원회에 출석하여 진술할 권리를 포기한 것으로 본다. 다만, 징계등 혐의자는 출석 통지서를 거부한 경우에도 해당 징계위원회에 출석하여 진술할 수 있다(제7항).
- ㉥ 징계등 혐의자의 소속 기관의 장은 제2항 전단에 따라 출석 통지서를 전달할 때 징계등 혐의자가 출석 통지서의 수령을 거부하면 제2항 후단에 따라 출석 통지서 전달 상황을 통지할 때 수령을 거부한 사실을 증명하는 서류를 첨부하여야 한다(제8항).

(7) 심문과 진술권
① 심문 대상자
징계위원회는 제12조 제1항에 따라 출석한 징계등 혐의자에게 징계등 사유에 해당하는 사실에 관한 심문을 하고 심사를 위하여 필요하다고 인정될 때에는 관계인의 출석을 요구하여 심문할 수 있다(제13조 제1항).

② 진술 기회부여 등
징계위원회는 징계등 혐의자에게 진술할 수 있는 기회를 충분히 주어야 하며, 징계등 혐의자는 별지 제3호의2 서식의 의견서 또는 구술로 자기에게 이익이 되는 사실을 진술하거나 증거를 제출할 수 있다(제2항).

③ 증인의 심문

　징계등 혐의자는 증인의 심문을 신청할 수 있다. 이 경우 징계위원회는 의결로써 그 채택 여부를 결정하여야 한다(제3항).

④ 징계요구자 등의 진술

　징계의결등을 요구한 자 또는 징계의결등의 요구를 신청한 자는 징계위원회에 출석하여 의견을 진술하거나 서면으로 의견을 제출할 수 있다. 다만, 중징계등 요구사건의 경우에는 특별한 사유가 없는 한 징계위원회에 출석하여 의견을 진술해야 한다(제4항).

⑤ 사실조사 등

　징계위원회는 필요하다고 인정할 때에는 소속직원으로 하여금 사실 조사를 하게 하거나 특별한 학식·경험이 있는 자에게 검정 또는 감정을 의뢰할 수 있다(제5항).

⑥ 감사원 통보

　㉠ 징계의결등을 요구한 자는 「감사원법」 제32조 제1항 및 제10항에 따라 감사원이 파면, 해임, 강등 또는 정직 중 어느 하나의 징계처분을 요구한 사건에 대해서는 징계위원회 개최 일시·장소 등을 감사원에 통보해야 한다(제6항).

　㉡ 감사원은 제6항에 따른 통보를 받은 경우 소속 공무원의 징계위원회 출석을 관할 징계위원회에 요청할 수 있으며, 관할 징계위원회는 출석 허용 여부를 결정해야 한다(제7항).

⑦ 피해자의 진술권

　징계위원회는 중징계등 요구사건의 피해자가 신청하는 경우에는 그 피해자에게 징계위원회에 출석하여 해당 사건에 대해 의견을 진술할 기회를 주어야 한다. 다만, 다음 각 호의 어느 하나에 해당하는 경우에는 그렇지 않다(제13조의2).

> 1. 피해자가 이미 해당 사건에 관하여 징계의결등의 요구과정에서 충분히 의견을 진술하여 다시 진술할 필요가 없다고 인정되는 경우
> 2. 피해자의 진술로 징계위원회 절차가 현저하게 지연될 우려가 있는 경우

(8) 원격영상회의 방식의 활용

① 징계위원회는 위원과 징계등 혐의자, 징계의결등을 요구한 자, 증인, 피해자 등 회의에 출석하는 사람(이하 "출석자")이 동영상과 음성이 동시에 송수신되는 장치가 갖추어진 서로 다른 장소에 출석하여 진행하는 원격영상회의 방식으로 심의·의결할 수 있다. 이 경우 징계위원회의 위원 및 출석자가 같은 회의장에 출석한 것으로 본다(제14조의2 제1항).

② 징계위원회는 원격영상회의 방식으로 심의·의결하는 경우 징계등 혐의자 및 피해자 등의 신상정보, 회의 내용·결과 등이 유출되지 않도록 보안에 필요한 조치를 해야 한다(제2항).

③ 제1항 및 제2항에서 규정한 사항 외에 원격영상회의의 운영에 필요한 사항은 소방청장이 정한다(제3항).

(9) 제척·기피 및 회피

① 제척

　징계위원회의 위원이 다음 각 호의 어느 하나에 해당하는 경우에는 해당 징계등 사건의 심

의·의결에서 제척(除斥)된다(제15조 제1항).

---

1. 징계등 혐의자와 친족 관계에 있거나 있었던 경우
2. 징계등 혐의자의 직근 상급자이거나 징계 사유가 발생한 기간 동안 직근 상급자였던 경우
3. 해당 징계등 사건의 사유와 관계가 있는 경우

---

② 기피
  ㉠ 징계등 혐의자는 위원 중에서 불공정한 의결을 할 우려가 있다고 의심할 만한 타당한 이유가 있을 때에는 그 사실을 서면으로 소명(疏明)하고 해당 위원의 기피를 신청할 수 있다(제2항).
  ㉡ 징계위원회는 제2항의 기피신청이 있는 때에는 재적위원 과반수의 출석과 출석위원 과반수의 찬성으로 기피 여부를 의결하여야 한다. 이 경우 기피신청을 받은 위원은 그 의결에 참여하지 못한다(제3항).

③ 회피
  징계위원회의 위원은 제1항에 따른 제척 사유에 해당하면 스스로 해당 징계등 사건의 심의·의결을 회피하여야 하며, 제2항에 따른 기피 사유에 해당하면 회피할 수 있다(제4항).

④ 임시위원의 임명 또는 위촉
  ㉠ 징계위원회는 위원의 제척·기피 또는 회피로 인하여 제14조 제1항에 따른 심의·의결에 출석할 수 있는 위원 수가 과반수(과반수가 3명 미만인 경우에는 3명 이상)에 미달하는 경우에는 위원 과반수(과반수가 3명 미만인 경우에는 3명 이상)를 충족하는 때까지 해당 징계위원회가 설치된 기관의 장에게 해당 혐의자에 관한 안건에 한정하여 심의·의결에 참여할 임시위원의 임명 또는 위촉을 요청하여야 한다. 이 경우 해당 기관의 장은 지체 없이 임시위원을 임명 또는 위촉하여야 한다(제5항).
  ㉡ 임시위원을 임명 또는 위촉할 수 없는 부득이한 사유가 있을 때에는 그 징계의결등의 요구는 철회된 것으로 보고 그 상급기관의 장에게 징계의결등의 요구를 신청하여야 한다(제6항).

(10) 징계위원회 회의 참여자의 의무
  ① 비밀누설금지 : 징계위원회의 회의에 참여한 자는 직무상 알게 된 비밀을 누설하여서는 아니된다(소방공무원 징계령 제20조).
  ② 회의 참석자의 준수사항
    ㉠ 징계위원회의 회의에 참석하는 사람은 다음 각 호의 어느 하나에 해당하는 물품을 소지할 수 없다(제20조의2 제1항).

---

1. 녹음기, 카메라, 휴대전화 등 녹음·녹화·촬영이 가능한 기기
2. 흉기 등 위험한 물건
3. 그 밖에 징계등 사건의 심의와 관계없는 물건

ⓒ 징계위원회의 회의에 참석하는 사람은 다음 각 호의 어느 하나에 해당하는 행위를 해서는 안 된다(제2항).

> 1. 녹음, 녹화, 촬영 또는 중계방송
> 2. 회의실 내의 질서를 해치는 행위
> 3. 다른 사람의 생명·신체·재산 등에 위해를 가하는 행위

(11) **징계위원회의 의결**
① **심의·의결 사항**(소방공무원 징계양정 등에 관한 규칙 제8조)

> 1. 징계등 혐의자의 인적사항 확인
> 2. 징계등 사유에 해당하는 사항 및 입증자료의 심사
>   가. 징계등 사유에 대한 심문 및 징계등 혐의자에게 충분한 진술기회 부여
>   나. 심사 상 필요한 때에 관계인의 출석을 요구하여 심문
>   다. 증인의 심문을 신청한 때에는 그 채택 여부를 의결로써 결정
>   라. 심사 상 필요할 때에 소속직원의 사실조사, 검정 또는 감정을 의뢰
> 3. 정상참작 자료의 심사
>   가. 비위의 유형, 비위의 정도 및 과실의 경중
>   나. 혐의 당시 계급 및 공무원 근무경력, 비위행위가 공직 내외에 미치는 영향 및 공적(功績)
>   다. 평소 행실, 뉘우치는 정도 및 수사 중 공무원 신분을 감추거나 속인 정황
>   라. 규제개혁 및 국정과제 등 관련 업무 처리의 적극성 또는 그 밖의 정상
> 4. 적용법조 및 의결주문

② **의결방법**
  ㉠ 징계위원회는 위원 과반수(과반수가 3명 미만인 경우에는 3명 이상)의 출석으로 개의하고 출석위원 과반수의 찬성으로 의결하되, 의견이 나뉘어 출석위원 과반수의 찬성을 얻지 못한 경우에는 출석위원 과반수가 될 때까지 징계등 혐의자에게 가장 불리한 의견을 제시한 위원의 수를 그 다음으로 불리한 의견을 제시한 위원의 수에 차례로 더하여 그 의견을 합의된 의견으로 본다(소방공무원 징계령 제14조 제1항).
  ㉡ 제1항의 의결은 별지 제4호서식의 징계등 의결서로 하며, 의결서의 이유란에는 다음 각 호의 사항을 구체적으로 적어야 한다(제2항).

> 1. 징계등의 원인이 된 사실   2. 증거의 판단
> 3. 관계 법령   4. 징계등 면제 사유 해당 여부
> 5. 징계부가금 조정(감면) 사유

  ㉢ 징계위원회는 제1항에도 불구하고 제11조 제1항 단서(註 : 부득이한 사유시)에 따른 징계의결등의 기한 연기에 관한 사항에 대해서는 서면으로 의결할 수 있다(제3항).
  ㉣ 제3항에 따른 서면 의결의 절차·방법 등에 관한 사항은 소방청장이 정한다(제4항).

(12) 감사원의 조사와의 관계 등
① 감사원에서 조사 중인 사건에 대하여는 제3항에 따른 조사개시 통보를 받은 날부터 징계 의결의 요구나 그 밖의 징계 절차를 진행하지 못한다(국가공무원법 제83조 제1항).
② 검찰·경찰, 그 밖의 수사기관에서 수사 중인 사건에 대하여는 제3항에 따른 수사개시 통보를 받은 날부터 징계 의결의 요구나 그 밖의 징계 절차를 진행하지 아니할 수 있다(제2항).
③ 감사원과 검찰·경찰, 그 밖의 수사기관은 조사나 수사를 시작한 때와 이를 마친 때에는 10일 내에 소속 기관의 장에게 그 사실을 통보하여야 한다(제3항).

10. 징계등의 정도

(1) 기준 설정자
징계등의 정도에 관한 기준은 소방청장이 정한다(소방공무원 징계령 제16조 제1항).

(2) 징계의결시 고려사항
징계위원회는 징계등 사건을 의결할 때에는 징계등 혐의자의 혐의 당시 계급, 징계등 요구의 내용, 비위행위가 공직 내외에 미치는 영향, 평소 행실, 공적(功績), 뉘우치는 정도 또는 그 밖의 사정을 고려해야 한다(제2항).

「소방공무원 징계양정 등에 관한 규칙」(소방청훈령)

1. 용어의 정의
① "행위자" : 비위실행자 또는 비위와 직접 관련이 있는 자
② "감독자" : 소관업무에 대하여 직접 지휘·감독 할 위치에 있거나 직무수행 상황을 확인·감독할 책임이 있는 자
③ "중점관리대상 비위"

　가. 「국가공무원법」 제78조의2 제1항 각 호의 어느 하나에 해당하는 행위
　나. 「국가공무원법」 제78조의2 제1항 각 호의 어느 하나에 해당하는 비위를 신고하지 않거나 고발하지 않은 행위
　다. 「성폭력범죄의 처벌 등에 관한 특례법」 제2조에 따른 성폭력범죄
　라. 「성매매알선 등 행위의 처벌에 관한 법률」 제2조 제1항 제1호에 따른 성매매
　마. 「양성평등기본법」 제3조 제2호에 따른 성희롱
　바. 「도로교통법」 제44조 제1항에 따른 음주운전 또는 같은 조 제2항에 따른 음주측정에 대한 불응
　사. 「공직자윤리법」 제8조의2 제1항 제4호 또는 제22조에 따라 등록의무자에 대하여 재산등록 및 주식의 매각·신탁과 관련한 의무 위반
　아. 부작위 또는 직무태만(자목에 따른 소극행정은 제외)
　자. 「적극행정 운영규정」 제2조 제2호에 따른 소극행정
　차. 「부정청탁 및 금품등 수수의 금지에 관한 법률」 제5조에 따른 부정청탁
　카. 「부정청탁 및 금품등 수수의 금지에 관한 법률」 제6조의 부정청탁에 따른 직무수행

타. 「공무원 행동강령」 제13조의3에 따른 부당한 행위
파. 성 관련 비위나 「공무원 행동강령」 제13조의3에 따른 부당한 행위에 대응하지 않거나 은폐한 행위
하. 특정인의 공무원 채용에 대한 특혜를 요청하거나, 그 요청 등에 따라 부정한 방법으로 채용관리를 한 경우
거. 동일한 사건으로 3회 이상 징계를 받은 경우에 해당하는 행위
너. 「공무원수당 등에 관한 규정」 제15조부터 제17조까지의 규정에 따른 수당 및 「공무원 여비 규정」에 따른 출장여비를 거짓이나 부정한 방법으로 지급받은 행위
더. 직무상 비밀 또는 미공개정보를 이용한 부당행위
러. 우월적 지위 등을 이용하여 다른 공무원 등에게 신체적·정신적 고통을 주는 등의 부당행위

2. 관련 사건의 처리

동일사건으로 관할이 서로 다른 징계위원회에 행위자와 감독자에 대하여 서로 다른 시기에 징계 또는 「국가공무원법」 제78조의2에 따른 징계부가금 사건을 요구할 때에는 먼저 징계의결 또는 징계부가금 부과 의결(이하 "징계의결등")된 자의 의결서 사본을 첨부하여 징계의결등을 요구할 수 있다.

3. 징계의결등 요구기준

① 징계의결등 요구권자가 징계 또는 징계부가금(이하 "징계등") 혐의자에 대하여 징계의결등을 요구할 때는 별표 1, 별표 1의2, 별표 1의3, 별표 2, 별표 4 및 별표 5의 기준과 「공무원 징계령 시행규칙」의 징계부가금 부과기준을 따른다(제4조 제1항).

② 제1항에 따라 징계의결등을 요구할 때는 징계위원회가 징계등 사건을 의결할 때에 참고할 수 있도록 별표 2의 업무의 성질에 따른 업무 관련도, 징계등 혐의자의 혐의 당시 계급 및 공무원 근무경력, 비위행위가 공직 내외에 미치는 영향, 수사 중 공무원 신분을 감추거나 속인 정황, 평소 행실, 공적(功績), 뉘우치는 정도, 규제개혁 및 국정과제 등 관련 업무 처리의 적극성 또는 그 밖의 정상을 구체적으로 밝히고 관계 증거자료를 첨부해야 한다(제2항).

③ 징계의결등 요구권자는 같은 사건에 관련된 행위자와 감독자에 대해서는 업무의 성질 및 업무와의 관련 정도 등을 참작하여 별표 2의 행위자와 감독자에 대한 문책기준에 따라 징계의결등을 요구해야 한다. 다만, 감독자가 행위자의 비위를 교사방조하거나 은폐·비호하였을 때에는 감독자의 별표 2에 따른 문책 정도의 순위가 행위자보다 낮은 경우라도 감독자에 대하여 행위자와 동일한 양정으로 징계의결등을 요구해야 한다(제3항).

④ 징계의결등 요구권자는 행위자와 감독자에게 다음 각 호의 구분에 따라 정상 참작사유가 있을 경우에는 이를 증명하는 관련 자료를 첨부하여 징계의 감경의결을 요청할 수 있다(제4항).

1. 행위자(중점관리대상 비위행위자는 제외한다)
   가. 대형화재·사회이목이 집중된 소방업무에 관해 큰 공로가 있는 경우
   나. 발생한 비위에 대한 사후조치에 최선을 다해 원상회복에 기여한 경우
   다. 비위가 성실하고 능동적인 업무처리 과정에서 과실로 인하여 생긴 것으로 인정되는 경우
   라. 직무와 관련이 없는 단순 사고 등 그 밖에 부득이한 사유로 인한 비위라고 인정되는 경우
2. 감독자(별표 2에 따른 문책 정도의 순위 1에 해당하는 자는 제외한다)

가. 행위자의 비위를 발견하여 보고하였거나, 이를 적법·타당하게 조치한 경우
나. 행위자의 비위가 근무시간 이외 또는 휴가 중 발생하는 등 감독자의 감독범위를 벗어났다고 인정되는 경우
다. 행위자의 비위가 소관업무와 직접적인 관련이 없거나, 감독자의 부임기간이 2개월 미만으로 짧은 등 실질적인 감독이 곤란한 경우
라. 행위자에 대하여 철저하게 감독하였다고 인정되는 경우

징계양정 기준(별표1)

비위의 유형 \ 비위의 정도 및 과실 여부	비위의 정도가 심하고 고의	비위의 정도가 심하고 중과실 비위의 정도가 약하고 고의	비위의 정도가 심하고 경과실 비위의 정도가 약하고 중과실인 경우	비위의 정도가 약하고 경과실
1. 성실 의무 위반				
가. 「국가공무원법」 제78조의2제1항 제2호에 해당하는 비위(자목 제외)	파면	파면–해임	해임–강등	정직–감봉
나. 직권남용으로 타인 권리침해	파면	해임	강등–정직	감봉
다. 부작위·직무태만(라목에 따른 소극행정은 제외한다) 또는 회계질서 문란	파면	해임	강등–정직	감봉–견책
라. 「적극행정 운영규정」 제2조 제2호에 따른 소극행정	파면	파면–해임	강등–정직	감봉–견책
마. 「국가공무원법」 제78조의2제1항 각 호의 어느 하나에 해당하는 비위를 신고하지 않거나 고발하지 않은 행위	파면–해임	강등–정직	정직–감봉	감봉–견책
바. 「부정청탁 및 금품등 수수의 금지에 관한 법률」 제5조에 따른 부정청탁	파면	해임–강등	정직–감봉	견책
사. 「부정청탁 및 금품등 수수의 금지에 관한 법률」 제6조에 따른 부정청탁에 따른 직무수행	파면	파면–해임	강등–정직	감봉–견책
아. 「공무원 수당 등에 관한 규정」 제7조의2 제11항에 따른 성과상여금을 거짓이나 부정한 방법으로 지급받은 경우	파면–해임	강등–정직	정직–감봉	감봉–견책
자. 「공무원수당 등에 관한 규정」 제5조부터 제17조까지의 규정에 따른 수당 또는 「공무원 여비 규정」에 따른 여비를 거짓이나 부정한 방법으로 지급받은 경우	별표 5와 같음			
차. 「공무원 행동강령」 제13조의3에 따른 부당한 행위	파면	파면–해임	강등–정직	감봉
카. 성 관련 비위나 「공무원 행동강령」 제13조의3에 따른 부당한 행위에 대응하지 않거나 은폐한 행위	파면	파면–해임	강등–정직	감봉–견책

	타. 성 관련 비위 피해자 등에게 2차 피해를 입힌 경우	파면	파면–해임	강등–정직	감봉–견책
	파. 직무상 비밀 또는 미공개정보를 이용한 부당행위	파면	파면–해임	강등–정직	정직–감봉
	하. 「소방공무원 복무규정」 제3조에 따른 내부결속 저해행위	파면~해임	강등~정직	감봉	견책
	거. 기타	파면–해임	강등–정직	감봉	견책
2. 복종의 의무 위반					
	가. 지시사항 불이행으로 업무추진에 중대한 차질을 준 경우	파면	해임	강등–정직	감봉–견책
	나. 기타	파면–해임	강등–정직	감봉	견책
3. 직장 이탈 금지 위반					
	가. 집단행위를 위한 직장 이탈	파면	해임	강등–정직	감봉–견책
	나. 무단결근	파면	해임–강등	정직–감봉	견책
	다. 기타	파면–해임	강등–정직	감봉	견책
4. 친절·공정의 의무 위반		파면–해임	강등–정직	감봉	견책
5. 비밀 엄수의 의무 위반					
	가. 비밀의 누설·유출	파면	파면–해임	강등–정직	감봉–견책
	나. 개인정보 부정이용 및 무단유출	파면–해임	해임–강등	정직	감봉–견책
	다. 비밀 분실 또는 해킹 등에 의한 비밀 침해 및 비밀유기 또는 무단방치	파면–해임	강등–정직	정직–감봉	감봉–견책
	라. 개인정보 무단조회·열람 및 관리 소홀 등	파면–해임	강등–정직	감봉	견책
	마. 그 밖의 보안관계 법령 위반	파면–해임	강등–정직	감봉	견책
6. 청렴의 의무 위반		별표 4와 같음			
7. 품위 유지의 의무 위반					
	가. 음주운전	별표 1의2와 같음			
	나. 성 관련 비위	별표 1의3과 같음			
	다. 우월적 지위 등을 이용하여 다른 공무원 등에게 신체적·정신적 고통을 주는 등의 부당행위	파면–해임	강등–정직	정직–감봉	감봉–견책
	라. 마약류 관련 비위	파면	파면–해임	해임–강등	정직–감봉
	마. 기타	파면–해임	강등–정직	감봉	견책
8. 영리 업무 및 겸직 금지 의무 위반		파면–해임	강등–정직	감봉	견책
9. 정치 운동의 금지 위반		파면	해임	강등–정직	감봉–견책
10. 집단 행위의 금지 위반		파면	해임	강등–정직	감봉–견책

■ 비고

1. 제1호 다목에서 "부작위"란 공무원이 상당한 기간 내에 이행해야 할 직무상 의무가 있는데도 이를 이행하지 아니하는 것을 말한다.
2. 제1호 타목에서 "피해자 등"이란 성 관련 비위 피해자와 그 배우자, 직계친족, 형제자매 및 해당 피해 발생 사실을 신고한 사람을 말하고, "2차 피해"란 「여성폭력방지기본법」 제3조 제3호 가목·나목에

따른 피해(피해자가 남성인 경우를 포함한다) 및 「성희롱·성폭력 근절을 위한 공무원 인사관리규정」 제7조 각 호의 불이익 조치를 말하며, 2차 피해가 성 관련 비위에 해당하는 경우에는 제7호 나목을 적용한다. 적용한다.

3. 제1호 파목에서 "직무상 비밀 또는 미공개정보를 이용한 부당행위"란 다음 각 목의 행위를 말한다.
   가. 직무수행 중 알게 된 비밀 또는 소속된 기관의 미공개정보(재물 또는 재산상 이익의 취득 여부의 판단에 중대한 영향을 미칠 수 있는 정보로서 불특정 다수인이 알 수 있도록 공개되기 전의 것을 말한다. 이하 같다)를 이용하여 재물 또는 재산상의 이익을 취득하거나 제3자로 하여금 재물 또는 재산상의 이익을 취득하게 하는 행위
   나. 다른 공무원으로부터 직무상 비밀 또는 소속된 기관의 미공개정보임을 알면서도 제공받거나 부정한 방법으로 취득한 공무원이 이를 이용하여 재물 또는 재산상의 이익을 취득하는 행위
   다. 직무수행 중 알게 된 비밀 또는 소속된 기관의 미공개정보를 사적 이익을 위하여 이용하거나 제3자로 하여금 이용하게 하는 행위

4. 제7호 다목에서 "우월적 지위 등을 이용하여 다른 공무원 등에게 신체적·정신적 고통을 주는 등의 부당행위"란 공무원이 자신의 우월적 지위나 관계 등의 우위를 이용하여 업무상 적정범위를 넘어 다음 각 목의 사람에게 신체적·정신적 고통을 주거나 근무환경을 악화시키는 행위를 말한다.
   가. 다른 공무원
   나. 다음의 어느 하나에 해당하는 기관·단체의 직원
      1) 징계처분등의 대상자가 소속된 기관(해당 기관의 소속기관을 포함한다)
      2) 「공공기관의 운영에 관한 법률」 제4조제1항에 따른 공공기관 중 1)의 기관이 관계 법령에 따라 업무를 관장하는 공공기관
      3) 「공직자윤리법」 제3조의2 제1항에 따른 공직유관단체 중 1)의 기관이 관계 법령에 따라 업무를 관장하는 공직유관단체
   다. 「공무원 행동강령」 제2조 제1호에 따른 직무관련자(직무관련자가 법인 또는 단체인 경우에는 그 법인 또는 단체의 소속 직원을 말한다)

5. 제7호 라목의 "마약류 관련 비위"란 「마약류 관리에 관한 법률」에 따른 범죄에 해당하는 행위를 말한다.

음주운전 징계기준(별표1의2)

유 형 별	처리기준
1. 최초 음주운전을 한 경우	
가. 자전거등 음주운전의 경우	감봉 – 견책
나. 자전거등 외 음주운전의 경우	
1) 혈중알코올 농도가 0.08% 미만인 경우	정직 – 감봉
2) 혈중알코올 농도가 0.08% 이상 0.2% 미만인 경우	강등 – 정직
3) 혈중알코올 농도가 0.2% 이상인 경우	해임 – 정직
다. 음주측정에 불응하는 경우	해임 – 정직
2. 2회 음주운전을 한 경우	파면 – 강등
3. 3회 이상 음주운전을 한 경우	파면 – 해임
4. 음주운전으로 운전면허가 정지 또는 취소된 상태에서 운전을 한 경우	강등 – 정직
5. 음주운전으로 운전면허가 정지 또는 취소된 상태에서 음주운전을 한 경우	파면 – 강등

6. 음주운전으로 인적·물적 피해가 있는 교통사고를 일으킨 경우		
가. 상해 또는 물적 피해의 경우		해임 – 정직
나. 사망사고의 경우		파면 – 해임
다. 사고 후 「도로교통법」 제54조제1항에 따른 조치를 하지 않은 경우		
1) 인적 피해 후 도주		파면 – 해임
2) 물적 피해 후 도주		해임 – 정직
7. 운전업무 관련 공무원이 음주운전을 한 경우		
가. 운전면허 취소처분을 받은 경우		파면 – 해임
나. 운전면허 정지처분을 받은 경우		해임 – 정직

■ 비고
1. 음주운전이란 「도로교통법」 제44조제1항을 위반하여 운전한 것을 말한다.
2. "자전거등"이란 「도로교통법」 제2조제21호의2에 따른 자전거등을 말한다.
3. "음주측정 불응"이란 「도로교통법」 제44조제2항을 위반하여 음주측정에 불응한 것을 말하며, 음주운전으로 운전면허가 취소된 경우에는 음주측정 불응으로 운전면허가 취소된 경우를 포함한다.
4. "운전업무 관련 공무원"이란 운전분야로 채용되어 필수보직기간 중 소방자동차 운전업무를 수행하는 공무원을 말한다. 다만, 운전업무 관련 공무원이 음주운전을 하였더라도 운전면허취소나 운전면허정지 처분을 받지 않은 경우에는 혈중알코올농도에 따른 징계 처리기준을 적용한다.
5. 음주운전 횟수를 산정할 때에는 행정안전부령 제253호 공무원 징계령 시행규칙 일부개정령의 시행일인 2011년 12월 1일 이후 행한 음주운전(음주측정 불응의 경우를 포함한다)부터 산정한다.
6. 하나의 음주운전이 위 표 제1호부터 제7호까지의 음주운전 유형 중 두 개 이상의 유형에 해당하는 경우에는 각각의 처리기준 중 가장 무거운 처리기준을 적용한다.
7. 위 표에도 불구하고 자전거등 음주운전은 같은 표 제1호다목, 제2호부터 제5호까지(제2호 또는 제3호에 해당하는 경우로서 자전거등 외의 음준운전 이력이 있는 경우는 제외한다), 제6호가목 및 다목에 해당하는 경우에는 같은 표에 따른 처리기준보다 한 단계 낮은 징계로 의결할 수 있다.

성 관련 비위 징계기준 (별표1의3)

비위의 유형 \ 비위의 정도 및 과실 여부	비위의 정도가 심하고 고의	비위의 정도가 심하고 중과실 / 비위의 정도가 약하고 고의	비위의 정도가 심하고 경과실 / 비위의 정도가 약하고 중과실	비위의 정도가 약하고 경과실
1. 성폭력범죄				
가. 미성년자 또는 장애인 대상 성폭력범죄	파면	파면	파면~해임	해임
나. 업무상 위력 등에 의한 성폭력범죄	파면	파면	파면~해임	해임
다. 공연(公然)음란행위	파면	파면~해임	해임~강등	강등~정직
라. 통신매체를 이용한 음란행위	파면	파면~해임	해임~강등	강등~정직
마. 카메라 등을 이용한 촬영 등 행위	파면	파면~해임	해임~강등	강등~정직

바. 가목부터 마목까지 외의 성폭력범죄	파면	파면~해임	해임~강등	정직
2. 성희롱				
가. 반복·상습적이거나 피해자가 다수인 성희롱, 우월적 지위를 이용한 성희롱	파면	파면~해임	해임~강등	강등~정직
나. 가목 외의 성희롱	파면	파면~해임	강등~정직	정직~감봉
3. 성매매				
가. 미성년자 또는 장애인 대상 성매매	파면	파면	파면~해임	해임
나. 가목 외의 성매매	파면	파면~해임	강등~정직	정직~감봉

■ 비고
1. 제1호에서 "성폭력범죄"란 「성폭력범죄의 처벌 등에 관한 특례법」 제2조에 따른 성폭력범죄를 말한다.
2. 제1호 나목에서 "업무상 위력 등"이란 업무, 고용이나 그 밖의 관계로 인하여 자기의 보호 또는 감독을 받는 사람에 대하여 위계 또는 위력을 행사한 경우를 말한다.
3. 제1호 라목에서 "통신매체를 이용한 음란행위"란 「성폭력범죄의 처벌 등에 관한 특례법」 제13조에 따른 범죄에 해당하는 행위를 말한다.
4. 제1호 마목에서 "카메라 등을 이용한 촬영 등 행위"란 「성폭력범죄의 처벌 등에 관한 특례법」 제14조에 따른 범죄에 해당하는 행위를 말한다.
5. 제2호에서 "성희롱"이란 「양성평등기본법」 제3조 제2호에 따른 성희롱을 말한다.
6. 제3호에서 "성매매"란 「성매매알선 등 행위의 처벌에 관한 법률」 제2조 제1항 제1호에 따른 성매매를 말한다.

행위자와 감독자에 대한 문책기준(별표2)

업무의 성질 \ 업무와의 관련도	비위행위자 (담당자)	직상감독자	차상감독자	최고감독자 (결재권자)
○ 정책결정 사항				
• 중요사항 (고도의 정책사항)		3	2	1
• 일반적인 사항	3	1	2	4
○ 단순·반복업무				
• 중요사항	1	2	3	4
• 경미사항	1	2	3	
○ 단독행위	1	2		

■ 비고
1. 1, 2, 3, 4는 문책 정도의 순위를 말한다.
2. "고도의 정책사항"이란 국정과제 등 주요 정책결정으로 확정된 사항 및 다수 부처 관련 과제로 정책조정을 거쳐 결정된 사항 등을 말한다.

금품 등 수수금지 위반 징계양정 기준(별표4)

비위의 유형	금품·향응 등 재산상 이익 100만원 미만 수동	금품·향응 등 재산상 이익 100만원 미만 능동	100만원 이상
1. 위법·부당한 처분과 직접적인 관계없이 금품·향응 등 재산상 이익을 직무관련자 또는 직무관련공무원으로부터 받거나 직무관련공무원에게 제공한 경우	강등–감봉	해임–정직	파면–강등
2. 직무와 관련하여 금품·향응 등 재산상 이익을 받거나 제공하였으나, 그로 인하여 위법·부당한 처분을 하지 아니한 경우	해임–정직	파면–강등	파면–해임
3. 직무와 관련하여 금품·향응 등 재산상 이익을 받거나 제공하고, 그로 인하여 위법·부당한 처분을 한 경우	파면–강등	파면–해임	파면

■ 비고
1. "금품·향응 등 재산상 이익"이란 「국가공무원법」 제78조의2 제1항 제1호에 따른 금전, 물품, 부동산, 향응 또는 그 밖에 「공무원 징계령」 제17조의2 제1항에서 정하는 재산상 이익(금전이 아닌 재산상 이득의 경우에는 금전으로 환산한 금액을 말한다)을 말한다.
2. "직무관련자"와 "직무관련공무원"이란 「공무원 행동강령」 제2조 제1호에 따른 직무관련자와 같은 조 제2호에 따른 직무관련공무원을 말한다.
3. 액수가 소액이더라도 횟수가 많은 경우, 소방사법 사건 무마용인 경우 및 인사 청탁 관련 수수인 경우는 징계양정을 가중하여 의결할 수 있다.

초과근무수당 및 출장여비 부당수령 징계기준(별표5)

비위의 유형	부당수령 금액	비위의 정도가 약하고 과실	비위의 정도가 심하거나, 고의
「공무원수당 등에 관한 규정」 제15조부터 제17조까지의 규정에 따른 수당 또는 「공무원 여비 규정」에 따른 여비를 거짓이나 부정한 방법으로 지급받은 경우	100만원 미만	정직–견책	파면–정직
	100만원 이상	강등–감봉	파면–강등

■ 비고
1. 부당수령 금액은 해당 비위로 취득한 총 금액을 말한다.
2. 비위의 정도 및 과실 여부는 해당 비위의 동기, 경위, 방법 및 행위 정도 등으로 판단한다.

4. 공무원 범죄사건에 대한 징계의결등 요구

「국가공무원법」 제83조 제3항에 따라 수사기관으로부터 공무원의 범죄사건에 대한 결과통보를 받아 다음 각 호에 정하는 기준에 따라 징계의결등 요구를 할 때는 별표 1, 별표 1의2, 별표 1의3, 별표 4 및 별표 5와 「공무원 징계령 시행규칙」의 징계부가금 부과 기준을 따른다. 이 경우 제1호 또는 제2호의 경우 해당 사건에 대한 징계 또는 징계부가금 부과를 의결하기 전에 다시 수사 또는 기소되는 경우에는 그 수사 또는 기소 결과에 따라 처리해야 한다(제5조).

> 1. 혐의없음 또는 죄가 안됨 결정 : 내부종결 처리. 다만, 「국가공무원법」상의 징계사유에 해당하는 경우에는 징계의결등 요구

2. 공소권없음 결정, 기소중지 결정 또는 참고인중지 결정 또는 수사중지 결정 : 비위의 정도 및 과실의 경중, 고의성 유무 등 사안에 따라 혐의사실이 인정되는 경우에는 징계의결등 요구
3. 기소유예 결정, 공소제기 결정 및 그 밖의 결정 : 징계의결등 요구

5. 징계양정 기준

① 징계위원회는 징계등 혐의자의 비위의 유형, 비위의 정도 및 과실의 경중과 혐의 당시 계급 및 공무원 근무경력, 비위행위가 공직 내외에 미치는 영향, 수사 중 공무원 신분을 감추거나 속인 정황, 평소 행실, 공적, 뉘우치는 정도, 규제개혁 및 국정과제 등 관련 업무 처리의 적극성, 그 밖의 정상과 징계의결등을 요구한 자의 의견을 고려하여 별표 1, 별표 1의2, 별표 1의3, 별표 2, 별표 4 및 별표 5와 「공무원 징계령 시행규칙」의 징계부가금 부과기준에 따라 징계등 사건을 의결해야 한다(제10조 제1항).
② 징계위원회가 징계등 사건을 의결할 때에는 비위와 부조리를 척결함으로써 공무집행의 공정성 유지와 깨끗한 공직사회의 구현 및 기강 확립에 주력하고, 그 의결 대상이 다음 각 호의 어느 하나에 해당하는 경우에는 그 비위행위자는 물론 각 호에 규정된 사람에 대해서도 엄중히 책임을 물어야 한다(제2항).

1. 의결 대상이 직무와 관련한 금품수수 비위 사건인 경우 : 해당 비위와 관련된 감독자 및 그 비위행위의 제안·주선자
2. 부작위 또는 직무태만으로 국민의 권익을 침해하거나 국가 재정상의 손실을 발생하게 한 비위 사건인 경우 : 해당 비위와 관련된 감독자

③ 같은 사건에 관련된 행위자와 감독자에 대해서는 업무의 성질 및 업무와의 관련 정도 등을 참작하여 별표 2의 행위자와 감독자에 대한 문책기준에 따라 징계의결등을 하여야 한다. 다만, 감독자가 행위자의 비위를 교사·방조하거나 은폐·비호하였을 때에는 감독자의 별표 2에 따른 문책 정도의 순위가 행위자보다 낮은 경우라도 감독자에 대하여 행위자와 동일한 양정으로 징계의결등을 할 수 있다(제3항).
④ 제3항에도 불구하고 별표 2에 따른 문책 정도의 순위 1에 해당하지 않는 행위자와 감독자에 대해서는 다음 각 호의 구분에 따라 징계의결등을 하지 아니할 수 있다(제4항).

1. 행위자 : 비위의 정도가 약하고 경과실인 경우
2. 감독자 : 제4조 제4항 제2호 각 목에 해당하는 경우

⑤ 각급 징계위원회에서는 제1항의 징계양정기준에 따라 당해 징계위원회 의결을 거쳐 구체적인 세부 기준을 정하여 시행할 수 있다(제5항).

징계양정 감경기준(별표3)

구분	제10조의 규정에 의하여 인정되는 징계양정	제12조의 규정에 의하여 감경된 징계양정
1	파면	해임
2	해임	강등
3	강등	정직
4	정직	감봉
5	감봉	견책
6	견책	불문(경고)

6. 적극행정 등에 대한 징계면제

① 제10조에도 불구하고 징계위원회는 고의 또는 중과실에 의하지 않은 비위로서 다음 각 호의 어느 하나에 해당되는 경우에는 징계등 부과 의결을 하지 아니한다(제11조 제1항).

> 1. 국가적으로 이익이 되고 국민생활에 편익을 주는 정책 또는 소관 법령의 입법목적을 달성하기 위하여 필수적인 정책 등을 수립·집행하거나, 정책목표의 달성을 위하여 업무처리 절차·방식을 창의적으로 개선하거나 현장업무 수행 과정에서 국민의 생명·신체·재산을 효과적으로 보호하기 위하여 상당한 노력을 한 경우 등 성실하고 능동적으로 업무를 처리하는 과정에서 발생한 것으로 인정되는 경우
> 2. 국가의 이익이나 국민생활에 큰 피해가 예견되어 이를 방지하기 위하여 정책을 적극적으로 수립·집행하는 과정에서 발생한 것으로서 정책을 수립·집행할 당시의 여건 또는 그 밖의 사회통념에 비추어 적법하게 처리될 것이라고 기대하기가 극히 곤란했던 것으로 인정되는 경우
> 3. 불합리한 규제를 개선하거나 공익사업을 추진하는 등 공공의 이익을 증진하기 위하여 성실하고 능동적으로 업무를 처리하는 과정에서 발생한 것으로 인정되는 경우

② 징계위원회는 징계등 혐의자가 다음 각 호의 사항에 모두 해당되는 경우에는 해당 비위가 고의 또는 중과실에 의하지 않은 것으로 추정한다(제2항).

> 1. 징계등 혐의자와 비위 관련 직무 사이에 사적인 이해관계가 없을 것
> 2. 해당 직무를 처리하면서 중대한 절차상의 하자가 없었을 것

③ 제1항에도 불구하고 징계등 혐의자가 감사원이나 「공공감사에 관한 법률」 제2조 제5호에 따른 자체감사기구(이하 "자체감사기구")로부터 사전에 받은 의견대로 업무를 처리한 경우에는 징계의결등을 하지 아니한다. 다만, 대상 업무와 징계등 혐의자 사이에 사적인 이해관계가 있거나 감사원이나 자체감사기구가 의견을 제시하는데 필요한 정보를 충분히 제공하지 않은 경우에는 그러하지 아니하다(제3항).

④ 제1항에도 불구하고 징계등 혐의자가 「적극행정 운영규정」 제13조에 따라 같은 영 제11조에 따른 적극행정위원회(이하 "적극행정위원회")가 제시한 의견대로 업무를 처리한 경우에는 징계의결등을 하지 않는다. 다만, 대상 업무와 징계등 혐의자 사이에 사적인 이해관계가 있거나 적극행정위원회가 심의하는데 필요한 정보를 충분히 제공하지 않은 경우에는 그러하지 아니하다(제4항).

⑤ 징계위원회는 제2조 제4호에 따른 중점관리대상 비위가 아닌 비위 중 직무와 관련이 없는 사고로 인한 비위로서 사회통념에 비추어 공무원의 품위를 손상하지 아니하였다고 인정되는 경우에는 징계등 부과 의결을 하지 않을 수 있다(제5항).

7. 징계의 감경

징계위원회는 징계의결이 요구된 자가 다음 각 호의 어느 하나에 해당하는 경우 별표 3의 기준에 따라 징계를 감경할 수 있다. 다만, 당해 소방공무원이 징계처분이나 징계위원회의 권고에 의한 경고처분을 받은 사실이 있는 경우에는 그 징계처분이나 경고처분 전의 공적은 감경 대상 공적에서 제외하며, 중점관리대상 비위에 대해서는 제5호를 제외하고는 징계를 감경할 수 없다(제12조).

1. 「상훈법」에 의한 훈장 또는 포장을 받은 공적
2. 「정부 표창 규정」에 의해 국무총리 이상의 표창(공적에 대한 표창만 해당한다. 이하 이 호에서 같다)을 받은 공적. 다만, 비위행위 당시 소방경 이하 소방공무원은 차관급 상당 중앙행정기관의 장(시·도지사를 포함한다) 이상의 표창을 받은 공적
3. 「모범공무원 규정」에 의해 모범공무원으로 선발된 공적
4. 행위자가 제4조 제4항 제1호 각 목의 어느 하나에 해당할 경우
5. 감독자가 제4조 제4항 제2호 각 목의 어느 하나에 해당할 경우

8. 징계의 가중

① 징계위원회는 서로 관련 없는 2개 이상의 비위가 경합될 때와 하나의 행위로 동시에 여러 종류의 비위가 발생한 때에는 그 중 책임이 무거운 비위에 해당하는 징계보다 1단계 위의 징계로 의결할 수 있다(제13조 제1항).

② 징계위원회는 징계처분을 받은 사람에 대하여 징계처분일부터 기산하여 다음 각 호의 기간을 합산한 기간(이하 "징계가중기간") 중에 발생한 비위로 다시 징계의결이 요구된 경우에는 그 비위에 해당하는 징계보다 최대 2단계 위의 징계로 의결할 수 있고, 징계가중기간이 끝난 후부터 1년 이내에 발생한 비위로 징계의결이 요구된 경우에는 1단계 위의 징계로 의결할 수 있다. 다만, 「국가공무원법」 제80조 제6항에 따라 징계처분의 집행이 정지되더라도 징계가중기간은 정지되지 않고 진행되는 것으로 보아 계산한다(제2항).

1. 징계처분 기간(강등의 경우 3개월)
2. 다음 각 목의 구분에 따른 징계처분의 종류에 따라 해당 목에서 정하는 기간. 다만 「국가공무원법」 제78조의2 제1항 각 호의 어느 하나에 해당하는 사유로 인한 징계처분(註: 징계부가금 사건)과 소극행정, 음주운전(음주측정에 응하지 않은 경우를 포함), 성폭력, 성희롱 및 성매매로 인한 징계처분의 경우에는 각 목에 따른 기간에 6개월을 더한 기간으로 한다.
   가. 강등·정직 : 18개월
   나. 감봉 : 12개월
   다. 견책(근신·군기교육이나 그 밖에 이와 유사한 징계처분) : 6개월

③ 제2항에 따른 징계가중기간 중에 있는 사람이 다시 징계처분을 받는 경우에는 전 처분에 대한 징계가중기간이 끝난 날부터 다음 징계가중기간을 계산한다(제3항).

④ 소방공무원이 징계처분을 받은 후 해당 계급에서 훈장, 포장, 모범공무원포상, 국무총리 이상의 표창을 받거나 제안의 채택·시행으로 포상을 받는 경우에는 최근에 받은 가장 무거운 징계처분에 대해서만 제2항 제2호에서 규정한 기간의 2분의 1을 단축할 수 있다(제4항).

9. 의결서 작성 요령

① 징계위원회가 제12조, 제13조에 따라 징계를 감경 또는 가중하여 의결한 때에는 징계등 의결서의 이유란에 그 사실을 명시한다(제14조 제1항).

② 징계위원회가 제1항에 따라 "견책"에 해당하는 비위를 감경하여 불문으로 의결하였거나, 불문으로 의결하였으나 경고할 필요가 있다고 인정하는 경우에는 징계등 의결서의 의결주문란에 "불문하기로 의결한다. 다만, 경고할 것을 권고한다."라고 기재한다(제2항).

10. 서류 등

징계위원회는 다음 서류 및 비품을 둔다(제15조).

> 1. 징계등 처리대장(영 별지 제6호 서식)
> 2. 징계위원 명부(별지 제1호 서식)
> 3. 징계위원회의 직인(당해 소방기관의 장의 직인과 동일규격)
> 4. 징계의결등에 관한 서류철
> 5. 징계위원회 청인(廳印)과 접수인(당해 소방기관의 청인과 접수인의 규격을 준용)

11. 인사기록 등

① 징계의결의 통지를 받은 소방기관의 장은 지체 없이 소속 소방공무원 인사기록카드에 징계처분 사항을 기재해야 한다(제16조 제1항).
② 제14조 제2항(註 : 금품수수 비위 사건, 국민의 권익을 침해사건 등)의 경우에 징계처분권자는 징계등 의결서 사본을 첨부하여 경고 조치하고 소방공무원 인사기록카드에 그 사실을 기재한다(제2항).

12. 준용 등

이 규칙에 규정되지 않은 징계위원회에서 의결에 관한 사항 및 기타 징계 및 징계부가금 부과 절차에 관한 사항은 「공무원 징계령 시행규칙」을 준용하고, 열거되지 않은 비위가 징계사유로 될 때에는 그 비위와 가장 유사한 항에 정한 징계의 기준을 적용한다(제17조).

「(소방) 경고 등 처분에 관한 규칙」(소방청훈령)

1. 적용대상

이 규정은 다음 각 호에 속한 소방공무원, 일반직·별정직 공무원, 공무직 근로자에게 적용한다.(이하 '공무원 등')(제2조)

> 1. 소방청 및 그 소속기관
> 2. 특별시, 광역시, 특별자치시·도·특별자치도(이하 '시·도')
> 3. 「소방기본법」 제3조 제1항에 따라 설치된 소방기관

2. 처분의 종류 및 요건

① 경고 등 처분은 경고, 기관·부서 경고, 주의(이하 "경고 등")로 구분한다(제3조 제1항).
② 경고와 주의는 기관장 및 모든 소속 공무원 등에게, 기관·부서 경고는 기관(시·도 소방본부를 포함)·부서(기관 내 직제 단위로 한다)에 행한다(제2항).
③ 경고는 다음 각 호의 어느 하나에 해당하는 경우에 행한다(제3항).

> 1. 징계책임을 물을 정도에 이르지 아니하지만 비위의 정도가 주의보다 중하여 과오를 반성하도록 엄중히 훈계할 필요가 있는 경우
> 2. 시효의 완성으로 징계사유가 소멸되어 다른 조치가 곤란할 경우
> 3. 주의처분을 받은 자가 1년 이내에 동일 사유 또는 다른 비위 사유로 다시 주의에 해당되는 비위를 저질렀을 경우 중 이에 대하여 엄중 경고 할 필요가 있는 경우

④ 주의는 비위의 정도가 경미하다고 판단되어 그 잘못을 반성하게 하고 앞으로는 그러한 행위를 다시 하지 않도록 지도할 필요가 있는 경우에 행한다(제4항).

3. 처분의 효력
① 경고를 받은 공무원 등에 대하여는 처분일로부터 1년간 근무성적평정, 전보인사, 교육훈련, 성과상여금 지급, 표창, 포상대상자 추천, 해외연수 대상자 선발 등에 있어 불이익을 줄 수 있다(제4조 제1항).
② 1년 이내에 2회의 경고를 받은 자가 마지막 경고를 받은 날로부터 1년 내에 다시 경고에 해당하는 사유가 있는 경우에는 징계위원회에 의결을 요구할 수 있다. 다만, 감독책임으로 인한 경우는 제외한다(제2항).
③ 기관부서 경고 처분을 받은 기관부서에 대해서는 특별감사 대상기관부서로 지정하여 특별감사를 실시할 수 있다(제3항).
④ 주의를 받은 공무원 등에 대해서는 처분일로부터 1년간 포상대상자 추천, 해외연수 대상자 선발 등 기타 수혜적 조치를 함에 있어 불이익을 줄 수 있다(제4항).

4. 처분권자
제2조 제1호의 공무원 등에 대한 경고 등 처분은 소방청장이, 제2조 제2호와 제2조 제3호의 공무원 등에 대한 경고 등 처분은 시·도지사가 행함을 원칙으로 하되 소방공무원 임용령에 따라 소방청장에게 임용권이 위임된 경우 소방청장이 행한다. 다만, 소방청장 및 시·도 지사는 소속기관장 및 시·도 소방본부장으로 하여금 소속 공무원 등에 대한 경고 등 처분을 하도록 할 수 있다(제5조).

5. 처분방법
① 경고 등 처분은 처분권자가 처분대상자 또는 그 처분대상자가 소속한 기관에 별지 제1호 서식에 의한 처분장을 교부함으로써 행한다. 다만, 소청심사위원회로부터 불문경고 결정을 통보받은 때에는 결정문으로 경고장을 갈음한다(제6조 제1항).
② 기관부서 경고 처분은 처분권자가 해당 기관부서의 장에게 경고장을 교부함으로써 행한다(제2항).

6. 기록유지 및 통보
① 소방청 및 사도와 그 소속기관에서는 별지 제2호 서식에 의한 경고 등 처분대장을 비치하고 처분상황을 기록 유지하여야 한다(제7조 제1항).
② 소속기관장이 경고 등 처분을 한 경우에는 상급부서의 감사담당부서 및 인사담당부서에 통보하여야 하며, 제1항의 경고 등 처분대장은 해당 기관의 감사담당부서(감사담당부서가 없는 기관은 인사담당부서)에서 이를 관리하여야 한다(제2항).
③ 소방청 소속기관과 사도 소방본부는 매 분기 단위로 실시한 경고 등의 처분 내역을 별지 제2호 서식으로 소방청 감사담당부서에 통보하여야 한다(제3항).

7. 처분기록의 삭제
경고·주의를 받은 공무원 등이 다음 각 호의 어느 하나에 해당되는 경우에는 제2호 서식의 경고 등 처분대장에 등재된 경고·주의의 기록을 삭제하여야 하고, 비고란에 그 사유를 기재하여야 한다(제8조).

1. 경고·주의를 받은 날부터 1년이 경과한 때
2. 소청심사위원회이나 법원에서 경고·주의의 무효 또는 취소의 결정이나 판결이 확정되는 경우
3. 경고·주의에 대한 일반사면이 있는 경우

8. 유효기간

이 훈령은 「훈령·예규 등의 발령 및 관리에 관한 규정」에 따라 이 훈령을 발령한 후 법령이나 현실 여건의 변화 등을 검토하여야 하는 2025년 6월 30일까지 효력을 가진다(제9조).

11. 징계의결등의 통지

징계위원회는 징계의결등을 하였을 때에는 지체 없이 징계의결등을 요구한 자에게 의결서 정본을 보내어 통지하여야 한다(소방공무원 징계령 제17조).

🏛 징계의결서의 유형

- 간사는 위원회의 회의록과 징계등 의결서 원본을 작성하되 징계등 의결서는 다음 각 호와 같이 구분하여 관리한다(소방공무원 징계양정 등에 관한 규칙 제8조 제3항 1~3호).

징계등 의결서 원본	징계위원회에서 최초 작성하여 징계위원회에 비치·보관
징계등 의결서 정본	징계위원회 위원장이 징계의결등을 요구한 기관의 장에게 통보하기 위하여 작성
징계등 의결서 사본	징계등 처분권자가 징계등 의결된 자에게 교부하거나 임용권자에게 보고 또는 대외에 제출하기 위하여 작성

- 징계등 의결서 정본 또는 사본의 작성시 징계등 의결된 자가 위원회의 정족수 또는 대리인의 참석여부 등을 확인할 수 있도록 징계등 의결서 원본과 동일하게 작성하여야 하며, 징계등 의결서 하단 "란 외"에 정본 또는 사본을 명시하고 작성자의 지위 및 계급을 기재하고 서명·날인해야 한다(제3항 4호).

12. 심사(재심사) 청구

(1) 사유 및 관할

소방공무원의 징계의결을 요구한 기관의 장은 관할 징계위원회의 의결이 경(輕)하다고 인정할 때에는 그 처분을 하기 전에 직근 상급기관에 설치된 징계위원회(다음 각 호의 어느 하나에 해당하는 징계위원회의 의결에 대해서는 그 구분에 따른 징계위원회를 말한다)에 심사 또는 재심사를 청구할 수 있다. 이 경우 소속 공무원을 대리인으로 지정할 수 있다(소방공무원법 제29조 제3항).

1. 「국가공무원법」에 따라 국무총리 소속으로 설치된 징계위원회의 의결 : 국무총리 소속으로 설치된 징계위원회
2. 소방청 및 그 소속기관에 설치된 소방공무원 징계위원회의 의결 : 소방청에 설치된 소방공무원 징계위원회
3. 시·도에 설치된 소방공무원 징계위원회의 의결 : 소방청에 설치된 소방공무원 징계위원회
4. 시·도 소속 소방기관에 설치된 소방공무원 징계위원회의 의결 : 시·도에 설치된 소방공무원 징계위원회

(2) 청구방법

징계의결등을 요구한 기관의 장은 심사 또는 재심사를 청구하려면 징계의결등을 통지받은 날부터 15일 이내에 다음의 사항을 적은 징계의결등 심사(재심사) 청구서에 의결서 사본 및 사건 관계 기록을 첨부하여 관할 징계위원회에 제출해야 한다(소방공무원 징계령 제19조의3).

1. 심사 또는 재심사청구 취지
2. 심사 또는 재심사청구의 이유 및 그 입증방법
3. 제16조 제2항에 따른 고려 사항(註 : 혐의 당시 계급, 징계등 요구의 내용, 비위행위가 공직 내외에 미치는 영향, 평소 행실, 뉘우치는 정도 또는 그 밖의 사정)

13. 징계처분등

(1) 처분방법

① 공무원에 대하여 징계처분등을 할 때나 강임·휴직·직위해제 또는 면직처분을 할 때에는 그 처분권자 또는 처분제청권자는 처분사유를 적은 설명서를 교부하여야 한다. 다만, 본인의 원(願)에 따른 강임·휴직 또는 면직처분은 그러하지 아니하다(국가공무원법 제75조 제1항).

② 징계처분등의 처분권자는 징계의결등의 통지를 받은 날(제2항의 경우에는 그 요청을 받은 날)부터 15일 이내에 별지 제5호 서식의 징계처분등 사유설명서에 의결서 사본을 첨부하여 징계처분등의 대상자에게 교부(소방청과 그 소속기관의 소방령 이상 소방공무원, 소방본부장 및 지방소방학교장에 대한 파면, 해임 또는 강등의 경우에는 임용제청권자가 교부)해야 한다(소방공무원 징계령 제18조 제1항).

③ 징계의결등을 요구한 자는 징계위원회로부터 파면, 해임 또는 강등의 의결을 통지 받았을 때에는 그 처분권자가 상급기관인 경우에는 지체 없이 의결서 정본을 보내어 그 처분권자에게 파면, 해임 또는 강등 처분을 요청해야 한다(제2항).

(2) 피해자에 대한 징계처분결과 통보

① 처분권자 또는 처분제청권자는 피해자가 요청하는 경우 다음 각 호의 어느 하나에 해당하는 사유로 처분사유 설명서를 교부할 때에는 그 징계처분결과를 피해자에게 함께 통보하여야 한다(국가공무원법 제75조 제2항).

1. 「성폭력범죄의 처벌 등에 관한 특례법」 제2조에 따른 성폭력범죄
2. 「양성평등기본법」 제3조 제2호에 따른 성희롱
3. 직장에서의 지위나 관계 등의 우위를 이용하여 업무상 적정범위를 넘어 다른 공무원 등에게 부당한 행위를 하거나 신체적·정신적 고통을 주는 등의 행위로서 대통령령등으로 정하는 행위
※ "대통령령으로 정하는 행위" (소방공무원 징계령 제18조 제3항)

1. 「공무원 행동강령」 제13조의3 각 호의 어느 하나에 해당하는 부당한 행위(피해자가 개인인 경우로 한정)

> 2. 다음 각 목의 사람에 대하여 직장에서의 지위나 관계 등의 우위를 이용하여 업무상 적정
> 범위를 넘어 신체적·정신적 고통을 주거나 근무환경을 악화시키는 행위
> 가. 다른 공무원
> 나. 다음의 어느 하나에 해당하는 기관·단체의 직원
> 1) 징계처분등의 대상자가 소속된 기관(해당 기관의 소속기관을 포함)
> 2) 「공공기관의 운영에 관한 법률」 제4조 제1항에 따른 공공기관 중 1)의 기관이 관계
> 법령에 따라 업무를 관장하는 공공기관
> 3) 「공직자윤리법」 제3조의2 제1항에 따른 공직유관단체 중 1)의 기관이 관계 법령에
> 따라 업무를 관장하는 공직유관단체
> 다. 「공무원 행동강령」 제2조 제1호에 따른 직무관련자(직무관련자가 법인 또는 단체인
> 경우에는 그 법인 또는 단체의 소속 직원)

② 처분권자는 징계처분의 사유가 「국가공무원법」 제75조 제2항 각 호의 어느 하나에 해당하는 경우에는 그 피해자에게 징계처분결과의 통보를 요청할 수 있다는 사실을 안내할 수 있다(소방공무원 징계령 제18조 제4항).

③ 징계처분결과를 통보받은 피해자는 그 통보 내용을 공개해서는 안 된다(제6항).

④ 그 밖에 징계처분결과의 통보에 관한 사항은 소방청장이 정한다(제7항).

(3) 보고 및 통지

임용권자와 징계처분등 처분권자가 다를 경우 징계처분등 처분권자가 강등, 정직, 감봉 또는 견책의 징계처분등을 하였을 때에는 지체 없이 그 결과에 의결서 사본을 첨부하여 임용권자와 그 소방공무원이 소속한 소방기관의 장에게 통지하여야 한다(제19조).

(4) 징계등 처리대장

징계위원회는 징계등 사건의 접수·처리상황을 관리하기 위하여 별지 제6호 서식의 징계등 처리대장을 갖추어 두어야 한다(제21조).

14. 징계에 대한 불복

(1) 소청심사

① 의의

소청이란 공무원의 징계처분 기타 그 의사에 반한 불리한 처분에 대한 불복신청을 말한다(국가공무원법 제9조 제1항). 그러나 훈계, 권고, 내부적 결정 등은 소청의 대상이 되는 처분이 아니다. 행정심판에 대한 특례로 소청제도를 마련한 것은 공무원의 신분을 보다 강하게 보장하는데 있다. 징계처분에 대한 소청은 처분사유설명서를 받은 날로부터 30일 이내에 청구하여야 한다(국가공무원법 제75조). 징계처분, 강임·휴직·직위해제·면직처분, 그 밖에 본인의 의사에 반한 불리한 처분이나 부작위에 관한 행정소송은 소청심사위원회의 심사·결정을 거치지 아니하면 제기할 수 없다(제16조 제1항).

> **소방공무원법 제26조(심사청구)** 「국가공무원법」 제75조에 따라 처분사유 설명서를 받은 소방공무원이 그 처분에 불복할 때에는 그 설명서를 받은 날부터 30일 이내에, 같은 조에서 정한 처분 외에 본인의 의사에 반한 불리한 처분을 받은 소방공무원은 그 처분이 있음을 안 날부터 30일 이내에 같은 법에 따라 설치된 소청심사위원회에 이에 대한 심사를 청구할 수 있다. 이 경우 변호사를 대리인으로 선임할 수 있다.

② 소청심사위원회

소청사항의 심사는 소청심사위원회가 행한다. 행정기관 소속 공무원의 징계처분, 그 밖에 그 의사에 반하는 불리한 처분이나 부작위에 대한 소청을 심사·결정하게 하기 위하여 인사혁신처에 소청심사위원회를 두며(국가공무원법 제9조 제1항), 국회, 법원, 헌법재판소 및 선거관리위원회 소속 공무원의 소청에 관한 사항을 심사·결정하게 하기 위하여 국회사무처, 법원행정처, 헌법재판소사무처 및 중앙선거관리위원회사무처에 각각 해당 소청심사위원회를 둔다(제2항).

③ 소청절차

㉠ 심사 방법

소청심사위원회는 소청을 접수하면 지체 없이 심사하여야 한다(국가공무원법 제12조 제1항). 소청심사위원회는 필요하면 검증·감정, 그 밖의 사실조사를 하거나 증인을 소환하여 질문하거나 관계 서류를 제출하도록 명할 수 있다(제2항). 소청심사위원회가 소청 사건을 심사하기 위하여 징계 요구 기관이나 관계 기관의 소속 공무원을 증인으로 소환하면 해당 기관의 장은 이에 따라야 하고(제3항), 소청심사위원회는 필요하다고 인정하면 소속 직원에게 사실조사를 하게 하거나 특별한 학식·경험이 있는 자에게 검증이나 감정을 의뢰할 수 있다(제4항).

㉡ 소청인의 진술권

소청심사위원회가 소청 사건을 심사할 때에는 대통령령등으로 정하는 바에 따라 소청인 또는 대리인에게 진술 기회를 주어야 하며, 이러한 진술 기회를 주지 아니한 결정은 무효이다(제13조).

㉢ 결정

소청심사위원회는 제76조 제3항에 따른 임시결정을 한 경우 외에는 소청심사청구를 접수한 날부터 60일 이내에 이에 대한 결정을 하여야 한다. 다만 불가피하다고 인정되면 소청심사위원회의 의결로 30일을 연장할 수 있다(국가공무원법 제76조 제5항). 소청 사건의 결정은 재적 위원 3분의 2 이상의 출석과 출석 위원 과반수의 합의에 따르되, 의견이 나뉘어 출석 위원 과반수의 합의에 이르지 못하였을 때에는 과반수에 이를 때까지 소청인에게 가장 불리한 의견에 차례로 유리한 의견을 더하여 그중 가장 유리한 의견을 합의된 의견으로 본다(제14조 제1항). 결정에는 각하, 기각, 취소 또는 변경, 취소 또는 변경 명령, 무효 또는 존재여부 확인, 의무이행결정이 있다(제6항). 소청심사위원회의 결정은 그 이유를 구체적으로 밝힌 결정서로 하여야 한다(제9항).

④ 결정의 효력
소청심사위원회의 결정은 처분 행정청을 기속한다(국가공무원법 제15조). 소청심사위원회의 취소명령 또는 변경명령 결정은 그에 따른 징계나 그 밖의 처분이 있을 때까지는 종전에 행한 징계처분 또는 제78조의2에 따른 징계부가금 부과처분에 영향을 미치지 아니한다(제14조 제6항).

⑤ 불이익변경금지의 원칙
소청인의 이익을 보호하고 소청의 권리를 보장하기 위하여, 소청심사위원회가 원징계처분에서 한 징계보다 중한 징계를 하는 결정을 하지 못하도록 하였다(국가공무원법 제14조 제8항·지방공무원법 제19조 제8항).

⑥ 후임자 보충발령

> **국가공무원법 제76조(심사청구와 후임자 보충 발령)**
> ② 본인의 의사에 반하여 파면 또는 해임이나 제70조 제1항 제5호에 따른 면직처분을 하면 그 처분을 한 날부터 40일 이내에는 후임자의 보충발령을 하지 못한다. 다만, 인력 관리상 후임자를 보충하여야 할 불가피한 사유가 있고, 제3항에 따른 소청심사위원회의 임시결정이 없는 경우에는 국회사무총장, 법원행정처장, 헌법재판소사무처장, 중앙선거관리위원회사무총장 또는 인사혁신처장과 협의를 거쳐 후임자의 보충발령을 할 수 있다.
> ③ 소청심사위원회는 제1항에 따른 소청심사청구가 파면 또는 해임이나 제70조 제1항 제5호에 따른 면직처분으로 인한 경우에는 그 청구를 접수한 날부터 5일 이내에 해당 사건의 최종 결정이 있을 때까지 후임자의 보충발령을 유예하게 하는 임시결정을 할 수 있다.
> ④ 제3항에 따라 소청심사위원회가 임시결정을 한 경우에는 임시결정을 한 날부터 20일 이내에 최종 결정을 하여야 하며 각 임용권자는 그 최종 결정이 있을 때까지 후임자를 보충발령하지 못한다.

(2) 행정소송
소청을 제기한 자는 소청위원회의 결정에 불복이 있는 때 행정소송을 제기할 수 있다. 행정소송의 대상은 원처분주의에 따라 원징계처분을 소송의 대상으로 하여야 하는데, 소청심사위원회의 결정에 고유한 위법이 있다면 소청심사위원회의 결정을 소송의 대상으로 할 수 있다.

> **소방공무원법 제30조(행정소송의 피고)** 징계처분, 휴직처분, 면직처분, 그 밖에 의사에 반하는 불리한 처분에 대한 행정소송의 경우에는 소방청장을 피고로 한다. 다만, 제6조 제3항 및 제4항에 따라 시·도지사가 임용권을 행사하는 경우에는 관할 시·도지사를 피고로 한다.
>
> ※ 시도지사에 대한 위임 범위
> 1. 대통령의 위임
>   시·도 소속 소방령 이상의 소방공무원(소방본부장 및 지방소방학교장은 제외)에 대한 임용권
> 2. 소방청장의 위임
>   • 시·도 소속 소방령 이상 소방준감 이하의 소방공무원(소방본부장 및 지방소방학교장은 제외한다)에 대한 전보, 휴직, 직위해제, 강등, 정직 및 복직에 관한 권한
>   • 소방정인 지방소방학교장에 대한 휴직, 직위해제, 정직 및 복직에 관한 권한
>   • 시·도 소속 소방경 이하의 소방공무원에 대한 임용권

출·제·예·상·문·제

소방승진 공무원법

01 국가공무원법상 징계사유에 해당하지 않는 것은?

① 국가공무원법 법 및 국가공무원법에 따른 명령을 위반한 경우
② 직무상의 의무(다른 법령에서 공무원의 신분으로 인하여 부과된 의무를 포함)를 위반하거나 직무를 태만히 한 때
③ 직무수행 능력이 부족하거나 근무성적이 극히 나쁠 때
④ 직무의 내외를 불문하고 그 체면 또는 위신을 손상하는 행위를 한 때

[해설]
③ (×) 직무수행 능력이 부족하거나 근무성적이 극히 나쁜 경우는 징계가 아니라 직위해제의 사유이다(국가공무원법 제73조의3 제1항).

02 징계에 관한 국가공무원법의 내용으로 옳지 않은 것은?

① 공무원이 국가공무원법 제78조에 규정된 징계사유의 어느 하나에 해당하면 징계 의결을 요구할 수 있고 그 징계 의결의 결과에 따라 징계처분을 하여야 한다.
② 공무원이었던 사람이 다시 공무원으로 임용된 경우에 재임용 전에 적용된 법령에 따른 징계 사유는 그 사유가 발생한 날부터 국가공무원법에 따른 징계 사유가 발생한 것으로 본다.
③ 징계 의결 요구는 5급 이상 공무원 및 고위공무원단에 속하는 일반직공무원은 소속 장관이, 6급 이하의 공무원은 소속 기관의 장 또는 소속 상급기관의 장이 한다.
④ 감사원은 「국가공무원법」과 그 밖의 법령에 규정된 징계 사유에 해당하거나 정당한 사유 없이 이 법에 따른 감사를 거부하거나 자료의 제출을 게을리한 공무원에 대하여 그 소속 장관 또는 임용권자에게 징계를 요구할 수 있다.

[해설]
① (×) 징계사유에 해당하면 징계의결을 '요구하여야' 한다(국가공무원법 제78조 제1항 참고).

[정답] 01. ③ 02. ①

소방승진 공무원법

03 징계의 종류에 관한 내용으로 옳은 것은?

① 파면, 해임, 강등은 중징계로, 정직, 감봉 및 견책은 경징계로 분류된다.
② 파면은 배제징계의 하나로서 3년간 공무원으로 임용될 수 없으며, 재직기간에 따라 퇴직급여의 1/2 또는 1/4이 감액된다.
③ 정직은 공무원신분 보유하나 3개월간 직무가 정지되고 보수의 전액을 감액한다.
④ 견책은 전과에 대하여 훈계하고 회개하게 하는 것으로, 6개월간 승진임용과 승급이 제한된다.

[해설]
① (×) 파면, 해임, 강등, 정직은 중징계로, 감봉과 견책은 경징계로 분류된다
② (×) 파면은 5년간 임용결격사유가 있게 된다
③ (×) 정직은 1개월 내지 3개월간 직무가 정지된다.

04 징계의 효력으로 옳지 않은 것은? *22 소방교

① 파면 - 5년간 공무원 임용 제한
② 해임 - 3년간 공무원 임용 제한
③ 강등 - 1개월 이상 3개월 이하 기간의 직무종사 금지
④ 감봉 - 1개월 이상 3개월 이하의 기간 동안 보수의 3분의 1을 감함

[해설]
③ (×) 강등은 3개월간 직무종사 금지의 효력이 있다.

05 소방공무원의 징계에 관한 내용으로 옳지 않은 것은?

① 해임의 경우 3년간 공무원 임용을 제한하고, 재직기간에 따라 퇴직급여의 1/4 또는 1/8을 감액한다.
② 감봉의 경우 12개월 동안 승진임용과 승급을 제한한다.
③ 강등은 1계급 아래로 직급을 내리고, 1개월 내지 3개월간 직무를 정지하며 그 기간 중 보수의 전액을 감한다.
④ 공무원(특수경력직공무원 및 지방공무원을 포함)이었던 사람이 다시 공무원이 된 경우에는 재임용 전에 적용된 법령에 따라 받은 징계처분은 그 처분일부터 이 법에 따른 징계처분을 받은 것으로 본다.

[해설]
③ (×) 강등은 1계급 아래로 직급을 내리고(고위공무원단에 속하는 공무원은 3급으로 임용하고, 연구관 및 지도관은 연구사 및 지도사로 한다) 공무원신분은 보유하나 3개월간 직무에 종사하지 못하며 그 기간 중 보수는 전액을 감한다(국가공무원법 제80조 제1항).

[정답] 03. ④ 04. ③ 05. ③

06 소방공무원이 금전, 물품, 부동산, 향응 또는 그 밖에 대통령령으로 정하는 재산상 이익을 취득하거나 제공한 경우 취득하거나 제공한 금전 또는 재산상 이득의 몇 배 내의 징계부가금을 부과하여야 하는가?

① 1.5배
② 2배
③ 3배
④ 5배

해설
금전, 물품, 부동산, 향응 또는 그 밖에 대통령령으로 정하는 재산상 이익을 취득하거나 제공한 경우이거나, 공금을 횡령, 배임, 절도, 사기 또는 유용한 경우에 5배 내의 징계부가금 부과 의결을 징계위원회에 요구하여야 한다(국가공무원법 제78조의2 제1항 참고).

07 국가공무원법에 따른 징계부가금의 내용으로 옳지 않은 것은?

① 징계위원회는 징계부가금 부과 의결을 하기 전에 징계부가금 부과 대상자가 다른 법률에 따라 형사처벌을 받거나 변상책임 등을 이행한 경우 또는 다른 법령에 따른 환수나 가산징수 절차에 따라 환수금이나 가산징수금을 납부한 경우에는 대통령령으로 정하는 바에 따라 조정된 범위에서 징계부가금 부과를 의결하여야 한다.
② 징계위원회는 징계부가금 부과 의결을 한 후에 징계부가금 부과 대상자가 형사처벌을 받거나 변상책임 등을 이행한 경우 또는 환수금이나 가산징수금을 납부한 경우에는 대통령령으로 정하는 바에 따라 이미 의결된 징계부가금의 감면 등의 조치를 하여야 한다.
③ 징계부가금 부과처분을 받은 사람이 납부기간 내에 그 부가금을 납부하지 아니한 때에는 처분권자는 국세강제징수의 예에 따라 징수할 수 있으며, 이 경우 체납액의 징수가 사실상 곤란하다고 판단되는 경우에는 징수 대상자의 주소지를 관할하는 세무서장에게 징수를 위탁한다.
④ 처분권자는 관할 세무서장에게 징계부가금 징수를 의뢰한 후 체납일부터 5년이 지난 후에도 징수가 불가능하다고 인정될 때에는 징계부가금을 감면할 수 있다.

해설
④ (×) 처분권자(대통령이 처분권자인 경우에는 처분 제청권자)는 제4항 단서에 따라 관할 세무서장에게 징계부가금 징수를 의뢰한 후 체납일부터 5년이 지난 후에도 징수가 불가능하다고 인정될 때에는 관할 징계위원회에 징계부가금 감면 의결을 요청할 수 있다(국가공무원법 제78조의2 제5항).

정답 06. ④　07. ④

소방승진 공무원법

08 징계의 시효에 관한 내용으로 옳지 않은 것은?

① 금전, 물품, 부동산, 향응 또는 그 밖에 대통령령으로 정하는 재산상 이익을 취득하거나 제공한 경우 시효기간은 5년이다.
② 「아동·청소년의 성보호에 관한 법률」에 따른 아동·청소년대상 성범죄의 시효기간은 10년이다.
③ 감사원에서의 조사 및 검찰·경찰, 그 밖의 수사기관에서 수사함에 따라 징계 절차를 진행하지 못하여 시효기간 지난 경우 시효는 조사나 수사의 종료 통보를 받은 날부터 3개월이 지난 날에 끝나는 것으로 본다.
④ 징계위원회의 구성·징계의결등, 그 밖에 절차상의 흠이나 징계양정 및 징계부가금의 과다를 이유로 소청심사위원회 또는 법원에서 징계처분등의 무효 또는 취소의 결정이나 판결을 한 경우에는 시효기간이 지나거나 그 남은 기간이 3개월 미만인 경우에도 그 결정 또는 판결이 확정된 날부터 3개월 이내에는 다시 징계의결등을 요구할 수 있다.

[해설]
③ (×) 국가공무원법 제83조 제1항(註: 감사원에서 조사) 및 제2항(註: 검찰·경찰, 그 밖의 수사기관에서 수사)에 따라 징계 절차를 진행하지 못하여 제1항의 기간이 지나거나 그 남은 기간이 1개월 미만인 경우에는 제1항의 기간은 제83조 제3항(註: 조사나 수사를 시작한 때와 이를 마친 때에는 10일 내에 소속 기관의 장에게 그 사실을 통보)에 따른 조사나 수사의 종료 통보를 받은 날부터 1개월이 지난 날에 끝나는 것으로 본다(국가공무원법 제83조의2 제2항).

09 소방공무원 징계위원회에 관한 내용으로 옳지 않은 것은?

① 소방준감 이상의 소방공무원에 대한 징계의결은 소방청에 설치된 징계위원회에서 한다.
② 소방정 이하의 소방공무원에 대한 징계의결을 하기 위하여 소방청 및 대통령령으로 정하는 소방기관에 소방공무원 징계위원회를 둔다.
③ 시·도지사가 임용권을 행사하는 소방공무원에 대한 징계의결을 하기 위하여 시·도 및 대통령령으로 정하는 소방기관에 징계위원회를 둔다.
④ 소방공무원 징계위원회의 구성·관할·운영, 징계의결의 요구 절차, 징계 대상자의 진술권, 그 밖에 필요한 사항은 대통령령으로 정한다.

[해설]
① (×) 소방준감 이상의 소방공무원에 대한 징계의결은 「국가공무원법」에 따라 국무총리 소속으로 설치된 징계위원회에서 한다(소방공무원법 제28조 제1항).

정답 08. ③   09. ①

10 소방공무원에 대한 징계권자의 설명으로 옳지 않은 것은?

① 소방공무원의 징계는 관할 징계위원회의 의결을 거쳐 그 징계위원회가 설치된 기관의 장이 한다.
② 국무총리 소속으로 설치된 징계위원회에서 의결한 징계는 소방청장이 한다. 다만, 파면과 해임은 관할 징계위원회의 의결을 거쳐 그 소방공무원의 임용권자(임용권을 위임받은 사람은 제외)가 한다.
③ 시·도지사가 임용권을 행사하는 소방공무원의 징계는 관할 징계위원회의 의결을 거쳐 임용권자가 한다.
④ 시·도 소속 소방기관에 설치된 소방공무원 징계위원회에서 의결한 강등·정직·감봉 및 견책은 그 징계위원회가 설치된 기관의 장이 한다.

해설

④ (×) 사도지사가 임용권을 행사하는 소방공무원의 징계는 관할 징계위원회의 의결을 거쳐 임용권자가 한다. 다만, 사도 소속 소방기관에 설치된 소방공무원 징계위원회에서 의결한 정직·감봉 및 견책은 그 징계위원회가 설치된 기관의 장이 한다(소방공무원법 제29조 제2항).

11 소방준감 甲에 대한 파면의 징계의결을 하는 곳과 징계권자를 바르게 연결한 것은?

① 국무총리 소속으로 설치된 징계위원회 – 대통령
② 국무총리 소속으로 설치된 징계위원회 – 소방청장
③ 소방청에 설치된 소방공무원 징계위원회 – 대통령
④ 소방청에 설치된 소방공무원 징계위원회 – 소방청장

해설

① (○) 소방준감 이상의 소방공무원에 대한 징계의결은 「국가공무원법」에 따라 국무총리 소속으로 설치된 징계위원회에서 한다(소방공무원법 제28조 제1항). 「국가공무원법」에 따라 국무총리 소속으로 설치된 징계위원회에서 의결한 징계는 소방청장이 한다. 다만, 파면과 해임은 관할 징계위원회의 의결을 거쳐 그 소방공무원의 임용권자(임용권을 위임받은 사람은 제외)가 한다(소방공무원법 제29조 제1항). 따라서 소방준감에 대한 파면의 경우 임용권자인 대통령이 징계권자이다.

정답 10. ④ 11. ①

> 소방승진 공무원법

12 「소방공무원 징계령」상 소방공무원 징계위원회에 관한 설명으로 옳지 않은 것은?

*23 소방교

① 소방청 소속 소방준감 이하 소방공무원의 징계사건은 소방청에 설치된 소방공무원 징계위원회에서 심의·의결 한다.
② 임용권자(임용권을 위임받은 사람을 포함)가 동일한 2명 이상의 소방공무원이 관련된 징계 등 사건으로서 관할 징계위원회가 서로 다르고, 그 중의 1인이 상급소방 기관에 소속된 경우에는 그 상급소방기관에 설치된 징계위원회에서 관할한다.
③ 중앙119구조본부에 설치된 징계위원회는 위원장 1명을 포함하여 9명 이상 15명 이하의 위원으로 구성한다.
④ 변호사로 7년 근무한 사람은 중앙소방학교에 설치된 징계위원회의 민간위원으로 위촉될 수 있다.

해설
① (×) 소방준감 이상의 소방공무원에 대한 징계의결은 「국가공무원법」에 따라 국무총리 소속으로 설치된 징계위원회에서 한다(소방공무원법 제28조 제1항). 소방정 이하의 소방공무원에 대한 징계의결을 하기 위하여 소방청 및 대통령령으로 정하는 소방기관에 소방공무원 징계위원회를 둔다(제2항).

13 다음의 소방공무원에 대한 징계 사건 가운데 소방청에 설치된 소방공무원 징계위원회의 관할이 아닌 것은?

① 소방청 소속 소방정 이하의 소방공무원에 대한 경징계 사건
② 국립소방연구원 소속 소방령 이하 소방공무원에 대한 중징계 사건
③ 중앙119구조본부 소속 소방경 이하의 소방공무원에 대한 경징계 사건
④ 소방정인 지방소방학교장에 대한 중징계 사건

해설
③ (×) 중앙119구조본부 소속 소방경 이하의 소방공무원에 대한 중징계등 사건이다.
소방청에 설치된 소방공무원 징계위원회의 관할(소방공무원 징계령 제2조 제1항)
1. 소방청 소속 소방정 이하의 소방공무원에 대한 징계 또는 징계부가금(이하 "징계등"이라 한다) 사건
2. 소방청 소속기관의 소방공무원에 대한 다음 각 목의 구분에 따른 징계등 사건
   가. 국립소방연구원 소속 소방공무원에 대한 다음의 어느 하나에 해당하는 징계등 사건
     1) 소방정에 대한 징계등 사건
     2) 소방령 이하 소방공무원에 대한 중징계 또는 중징계 관련 징계부가금(이하 "중징계등"이라 한다) 요구사건
   나. 소방청 소속기관(국립소방연구원은 제외한다) 소속 소방공무원에 대한 다음의 어느 하나에 해당하는 징계등 사건
     1) 소방정 또는 소방령에 대한 징계등 사건
     2) 소방경 이하 소방공무원에 대한 중징계등 요구사건
3. 소방정인 지방소방학교장에 대한 징계등 사건

정답 12. ① 13. ③

14 「소방공무원 징계령」상 징계를 심의·의결하는 징계위원회 관할에 관한 내용으로 옳은 것만을 모두 고른 것은?

*23 소방위 변형

> 가. 중앙소방학교 소속 소방경 이하의 소방공무원에 대한 징계(단, 중징계는 제외) : 중앙소방학교에 설치된 징계위원회
> 나. 서울종합방재센터 소속 소방위 이하의 소방공무원에 대한 징계(단, 중징계는 제외) : 서울종합방재센터에 설치된 징계위원회
> 다. 소방체험관 소속 소방위 이하의 소방공무원에 대한 징계(단, 중징계는 제외) : 소방체험관에 설치된 징계위원회
> 라. 중앙119구조본부 소속 소방경 이하의 소방공무원에 대한 징계(단, 중징계는 제외) : 중앙119구조본부에 설치된 징계위원회

① 가, 나, 다, 라
② 가, 나
③ 다
④ 라

[해설]
가. (○), 라. (○) 중앙소방학교 및 중앙119구조본부에 설치된 징계위원회 : 소속 소방경 이하의 소방공무원에 대한 징계등 사건(단, 중징계등 요구사건은 소방청에 설치된 소방공무원 징계위원회의 관할)
나. (○), 다. (○) 지방소방학교, 서울종합방재센터, 소방서, 119특수대응단, 소방체험관에 설치된 징계위원회는 : 소속 소방위 이하의 소방공무원에 대한 징계등 사건(중징계등 요구사건은 시·도에 설치된 징계위원회의 관할)

15 소방서 소속 소방위 甲에 대한 중징계등 요구사건을 심의·의결하는 곳은?

① 소방서에 설치된 징계위원회
② 시·도에 설치된 징계위원회
③ 소방청에 설치된 징계위원회
④ 국무총리 소속으로 설치된 설치된 징계위원회

[해설]
특별시·광역시·특별자치시·도 및 특별자치도에 설치된 징계위원회는 「소방공무원 임용령」 제3조 제1항 및 같은 조 제5항 제1호·제3호에 따라 특별시장·광역시장·특별자치시장·도지사 및 특별자치도지사가 임용권을 행사하는 소방공무원에 대한 징계등 사건(제4항의 징계위원회에서 심의·의결하는 사건은 제외)을 심의·의결한다(소방공무원 징계령 제2조 제3항). 지방소방학교, 서울종합방재센터, 소방서, 119특수대응단, 소방체험관에 설치된 징계위원회는 각 소방기관별 징계위원회는 소속 소방위 이하의 소방공무원에 대한 징계등 사건(중징계등 요구사건은 제외한다)을 심의·의결한다(제4항).

[정답] 14. ① 15. ②

소방승진 공무원법

16 중앙소방학교 소속 소방경인 소방공무원에 대한 중징계등 사건의 관할은 어디인가?
① 국무총리 소속 징계위원회
② 소방청에 설치된 징계위원회
③ 시·도에 설치된 징계위원회
④ 중앙소방학교에 설치된 징계위원회

[해설]
중앙소방학교에 설치된 징계위원회는 소속 소방경 이하의 소방공무원에 대한 징계등 사건을 관할하나, 소방경 이하 소방공무원에 대한 중징계등 요구사건은 소방청에 설치된 소방공무원 징계위원회의 관할이다.

17 임용권자가 동일한 2명 이상의 소방공무원이 관련된 징계등 사건으로서 관할 징계위원회가 서로 다른 경우의 관할에 관한 내용으로 옳지 않은 것은?
① 그중의 1인이 상급소방기관에 소속된 경우에는 그 상급소방기관에 설치된 징계위원회가 관할한다.
② 각자가 대등한 소방기관에 소속된 경우에는 그 소방기관 간의 협의로 관할 징계위원회를 결정한다.
③ 관할 징계위원회를 정할 수 없을 때에는 소방서 간의 경우에는 시·도지사가 정하는 징계위원회에서 관할한다.
④ 관할 징계위원회를 정할 수 없을 때에는 시·도 간의 경우에는 소방청장이 정하는 징계위원회에서 관할한다.

[해설]
② (×) 각자가 대등한 소방기관에 소속된 경우에는 그 소방기관의 상급소방기관에 설치된 징계위원회가 관할한다(소방공무원 징계령 제3조 제1항).

18 소방서 간의 2인 이상의 소방공무원이 관련된 징계 또는 징계부가금 부과 사건으로서 관할 징계위원회를 정할 수 없을 때의 관할 징계위원회에 대한 설명으로 옳은 것은?
① 시·도지사가 정하는 징계위원회에서 관할한다.
② 소방청장이 정하는 징계위원회에서 관할한다.
③ 행정안전부장관이 정하는 징계위원회에서 관할한다.
④ 대통령이 정하는 징계위원회에서 관할한다.

[해설]
① (○) 임용권자가 동일한 2명 이상의 소방공무원이 관련된 징계등 사건으로서 관할 징계위원회가 서로 다른 경우에, 관할 징계위원회를 정할 수 없을 때에는 소방서 간의 경우에는 시·도지사가, 시·도 간의 경우에는 소방청장이 정하는 징계위원회에서 관할한다(소방공무원 징계령 제3조 제2항).

정답 16. ② 17. ② 18. ①

19. 인천소방본부 소속 甲과 인천 A소방서 소속 乙이 관련된 징계 사건의 경우 어느 징계위원회에서 관할하는가?

① 소방청 소방공무원징계위원회
② 인천시 소방공무원징계위원회
③ 인천 A소방서 소방공무원징계위원회
④ 인천시장이 정하는 소방공무원징계위원회

해설
그중의 1인이 상급소방기관에 소속된 경우에는 그 상급소방기관에 설치된 징계위원회가 관할한다(소방공무원 징계령 제3조 제1항).

20. 소방서에 설치된 징계위원회의 구성으로 옳은 것은?

① 위원장 1명을 포함하여 17명 이상 33명 이하의 공무원위원
② 위원장 1명을 포함하여 15명 이상 29명 이하의 공무원위원과 민간위원
③ 위원장 1명을 포함하여 13명 이상 17명 이하의 공무원위원
④ 위원장 1명을 포함하여 9명 이상 15명 이하의 공무원위원과 민간위원

해설
징계위원회는 다음 각 호의 구분에 따라 공무원위원과 민간위원으로 구성한다. 이 경우 민간위원의 수는 위원장을 제외한 위원 수의 2분의 1 이상이어야 한다(소방공무원 징계령 제4조 제1항).

1. 소방청에 설치된 징계위원회 : 위원장 1명을 포함하여 17명 이상 33명 이하의 위원
2. 중앙소방학교, 중앙119구조본부, 국립소방연구원징계위원회, 시·도, 지방소방학교, 서울종합방재센터, 소방서, 119특수대응단 및 소방체험관에 설치된 징계위원회 : 위원장 1명을 포함하여 9명 이상 15명 이하의 위원

21. 「소방공무원법」 및 「소방공무원 징계령」상 소방공무원의 징계에 관한 내용으로 옳은 것은?

*22 소방위

① 징계처분에 대한 행정소송의 피고는 원칙적으로 소방청장이다.
② 소방공무원에 대한 징계의 정도에 관한 기준은 대통령령으로 정한다.
③ 징계 의결 요구를 받은 징계위원회는 그 요구서를 받은 날부터 20일 이내에 징계 의결을 해야 한다.
④ 징계사유가 「양성평등기본법」에 따른 성희롱에 해당하는 징계 사건이 속한 징계위원회의 회의를 구성하는 경우에는 피해자와 같은 성별의 위원이 위원장을 제외한 위원 수의 2분의 1 이상 포함되어야 한다.

정답 19. ② 20. ④ 21. ①

해설
② (×) 「소방공무원 징계양정 등에 관한 규칙」(소방청훈령)으로 정한다.
③ (×) 징계의결등 요구를 받은 징계위원회는 그 요구서를 받은 날부터 30일 이내에 징계의결등을 해야 한다. 다만, 부득이한 사유가 있을 때에는 해당 징계위원회의 의결로 30일 이내의 범위에서 그 기한을 연기할 수 있다(소방공무원 징계령 제11조 제1항).
④ (×) 2분의 1이 아니라 3분의 1이다(제4조 제7항).

22 소방공무원 징계위원회의 구성 등에 관한 내용으로 옳지 않은 것은?

① 징계위원회의 공무원위원은 해당 징계위원회가 설치된 기관의 장이 임명하되, 특별한 사유가 없으면 최상위 계급자부터 차례로 임명하여야 한다.
② 해당 기관에 공무원위원이 될 공무원의 수가 법정 위원 수에 미달되는 경우에는 다른 소방기관의 소방공무원 중에서 그 소방기관의 장의 추천을 받아 임명할 수 있다.
③ 위원장은 해당 징계위원회가 설치된 기관의 장이 민간위원 중에서 임명한다.
④ 징계위원회의 회의는 위원장이 소집하며, 위원장은 표결권을 가진다.

해설
③ (×) 위원장은 해당 징계위원회가 설치된 기관의 장의 차순위 계급자(동일계급의 경우에는 직위를 설치하는 법령에 규정된 직위의 순위를 기준으로 정한다)가 된다. 다만, 제2조 제3항에 따른 징계위원회(註: 시·도에 설치)가 설치된 기관의 장은 해당 징계위원회의 위원장을 소방정 이상의 소방공무원 중에서 임명할 수 있다(소방공무원 징계령 제4조 제2항).

23 소방공무원 징계위원회의 위원 구성에 관한 설명으로 틀린 것은?

① 민간위원의 수는 위원장을 제외한 위원 수의 2분의 1 이상이어야 한다.
② 민간위원을 위촉할 때 특정 성별의 위원이 민간위원 수의 10분의 6을 초과하지 않도록 해야 한다.
③ 징계등 혐의자보다 상위계급의 소방령 이상의 소방공무원을 공무원위원으로 임명한다.
④ 징계등 혐의자의 계급보다 상위의 계급에 상당하는 소속 6급 이상의 일반직 국가공무원 또는 일반직 지방공무원을 공무원위원으로 임명할 수 있다.

해설
③ (×) 소방령 이상이 아니라 소방위 이상이다(소방공무원 징계령 제4조 제3항).

정답 22. ③ 23. ③

24 「소방공무원 징계령」상 징계위원회 구성에 관한 내용으로 옳은 것은?

*23 소방위

① 징계위원회는 공무원위원과 민간위원으로 구성하며, 민간위원의 수는 위원장을 포함한 위원수의 2분의 1 이상이어야 한다.
② 징계위원회에 위촉되는 민간위원의 임기는 3년으로 하며, 한 차례만 연임할 수 있다.
③ 징계위원회의 회의는 위원장과 위원장이 회의마다 지정하는 4명 이상 6명 이하의 위원으로 구성하며, 이 경우 민간위원은 위원장을 제외한 위원수의 2분의 1 이상 포함되어야 한다.
④ 시·도에 설치된 징계위원회의 위원장은 소방령 이상의 소방공무원 중에서 임명할 수 있다.

해설

① (×) 징계위원회는 다음 각 호의 구분에 따라 공무원위원과 민간위원으로 구성한다. 이 경우 민간위원의 수는 위원장을 제외한 위원 수의 2분의 1 이상이어야 한다(소방공무원 징계령 제4조 제1항).
② (○) 제4항에 따라 위촉되는 민간위원의 임기는 3년으로 하며, 한 차례만 연임할 수 있다(제4조 제5항).
③ (×) 징계위원회의 회의는 위원장과 위원장이 회의마다 지정하는 4명 이상 6명 이하의 위원으로 구성한다. 이 경우 제4항에 따른 민간위원이 위원장을 포함한 위원 수의 2분의 1 이상 포함되어야 하며, 제4항 제1호 각 목 또는 같은 항 제2호 각 목의 사람 중 동일한 자격요건에 해당하는 민간위원만 지정해서는 안 된다(제4조 제6항).
④ (×) 징계위원회의 위원장은 해당 징계위원회가 설치된 기관의 장의 차순위 계급자(동일계급의 경우에는 직위를 설치하는 법령에 규정된 직위의 순위를 기준으로 정한다)가 된다. 다만, 제2조 제3항(* 사도지사가 임용권을 행사)에 따른 징계위원회가 설치된 기관의 장은 해당 징계위원회의 위원장을 소방정 이상의 소방공무원 중에서 임명할 수 있다(제4조 제2항).

25 소방청 및 시·도에 설치된 징계위원회의 민간위원에 대한 설명으로 옳지 않은 것은?

① 특정 성별의 위원이 민간위원 수의 10분의 6을 초과하지 않도록 해야 한다.
② 임기는 3년으로 하며, 한 차례만 연임할 수 있다.
③ 법관·검사 또는 변호사인 경우 10년 이상 근무한 사람이어야 한다.
④ 소방공무원으로 소방령 이상의 직위에서 근무하고 퇴직한 사람으로서 퇴직일부터 3년이 경과한 사람을 위촉할 수 있다.

해설

소방청 및 시·도에 설치된 징계위원회의 경우의 민간위원은 ㉠ 법관·검사 또는 변호사로 10년 이상 근무한 사람, ㉡ 「고등교육법」 제2조에 따른 학교에서 법률학·행정학 또는 소방 관련 학문을 담당하는 부교수 이상으로 재직 중인 사람, ㉢ 소방공무원으로 소방정 또는 법률 제16768호 소방공무원법 전부개정법률 제3조의 개정규정에 따라 폐지되기 전의 지방소방정 이상의 직위에서 근무하고 퇴직한 사람으로서 퇴직일부터 3년이 경과한 사람, ㉣ 민간부문에서 인사·감사 업무를 담당하는 임원급 또는 이에 상응하는 직위에 근무한 경력이 있는 사람 중에서 위촉한다(소방공무원 징계령 제4조 제4항 제1호).

정답 24. ② 25. ④

소방승진 공무원법

26 소방서에 설치된 징계위원회의 민간위원으로 위촉할 수 없는 사람은?

① 검사로 5년 이상 근무한 사람
② 민간부문에서 인사감사 업무를 담당하는 임원급 또는 이에 상응하는 직위에 근무한 경력이 있는 사람
③ 대학에서 소방 관련 학문을 담당하는 조교수로 재직 중인 사람
④ 소방공무원 소방장으로 20년 이상 근속하고 퇴직한 사람으로서 퇴직일부터 2년이 경과한 사람

해설
중앙소방학교·중앙119구조본부·국립소방연구원·지방소방학교·서울종합방재센터·소방서·119특수대응단 및 소방체험관에 설치된 징계위원회의 경우에는 ⊙ 법관·검사 또는 변호사로 5년 이상 근무한 사람, ⓒ 대학에서 법률학·행정학 또는 소방 관련 학문을 담당하는 조교수 이상으로 재직 중인 사람, ⓒ 소방공무원으로 20년 이상 근속하고 퇴직한 사람으로서 퇴직일부터 3년이 경과한 사람, ⓔ 민간부문에서 인사·감사 업무를 담당하는 임원급 또는 이에 상응하는 직위에 근무한 경력이 있는 사람 중에서 위촉한다(소방공무원 징계령 제4조 제4항 제2호).

27 「소방공무원 징계령」상 소방공무원 징계위원회 위원장의 권한 및 직무대행에 관한 내용으로 옳지 않은 것은?

*24 소방교

① 위원장은 표결권을 가진다.
② 징계위원회의 회의는 위원장이 소집한다.
③ 위원장은 징계위원회의 사무를 총괄하며, 위원회를 대표한다.
④ 위원장이 부득이한 사유로 직무를 수행할 수 없는 때에는 출석한 위원 중 위원장의 지명으로 그 직무를 대행한다.

해설
④ (×) 위원장이 부득이한 사유로 직무를 수행할 수 없는 때에는 출석한 위원의 최상위 계급 또는 선임의 소방공무원이 그 직무를 대행한다(소방공무원 징계령 제7조 제4항).

28 소방공무원 징계위원회의 구성과 운영에 관한 내용으로 옳은 것은?

① 징계위원회의 회의에서 위원이 발언한 내용이 적힌 문서(전자적으로 기록된 문서는 제외)는 공개하지 아니한다.
② 위원장이 부득이한 사유로 직무를 수행할 수 없는 때에는 소속 기관장이 민간위원 가운데 직무대행자를 지정한다.
③ 징계위원회의 회의는 위원장과 위원장이 회의마다 지정하는 4명 이상 6명 이하의 위원으로 구성한다. 이 경우 민간위원이 위원장을 포함한 위원 수의 3분의 1 이상 포함되어야 한다
④ 징계사유가 「양성평등기본법」에 따른 성희롱에 해당하는 징계 사건이 속한 징계위원회의 회의를 구성하는 경우에는 피해자와 같은 성별의 위원이 위원장을 제외한 위원 수의 3분의 1 이상 포함되어야 한다.

정답 26. ④　27. ④　28. ④

[해설]
① (×) 징계위원회의 회의, 징계위원회의 회의에 참여할 또는 참여한 위원의 명단, 징계위원회의 회의에서 위원이 발언한 내용이 적힌 문서(전자적으로 기록된 문서를 포함), 그 밖에 공개할 경우 징계위원회의 심의·의결의 공정성을 해칠 우려가 있다고 인정되는 사항등은 공개하지 아니한다(소방공무원 징계령 제8조).
② (×) 위원장이 부득이한 사유로 직무를 수행할 수 없는 때에는 출석한 위원의 최상위 계급 또는 선임의 소방공무원이 그 직무를 대행한다(제7조 제4항).
③ (×) 3분의 1이 아니라 2분의 1이다(제4조 제6항).

29 소방감인 甲에 대한 징계의결등 요구권자는?

① 국무총리
② 행정안전부장관
③ 소방청장
④ 소방청차장

[해설]
소방공무원 징계령 제9조(징계의결등의 요구) ① 소방공무원의 징계의결등 요구권자는 다음 각 호와 같다.
1. 소방준감 이상의 소방공무원은 소방청장. 다만, 「소방공무원 임용령」 제3조 제1항 및 같은 조 제5항 제1호·제3호에 따라 시·도지사가 임용권을 행사하는 소방준감 이상의 소방공무원은 시·도지사를 말한다.
2. 소방정 이하의 소방공무원은 해당 소방공무원의 징계등을 관할하는 징계위원회가 설치된 기관의 장

30 소방공무원의 징계의결등 요구에 대한 설명으로 옳지 않은 것은?

① 소방준감 이상에 대하여는 소방청장이 요구권자이다.
② 「소방공무원 임용령」의 위임규정에 따라 시·도지사가 임용권을 행사하는 소방준감 이상의 소방공무원은 시·도지사가 요구권자이다.
③ 소방정 이하에 대하여는 해당 소방공무원의 징계등을 관할하는 징계위원회가 설치된 기관의 장이 요구권자이다.
④ 소방기관의 장은 그 소속 소방공무원에 대한 징계등 사건이 상급기관에 설치된 징계위원회의 관할에 속할 때에는 그 징계위원회에 징계의결등을 요구하여야 한다.

[해설]
④ (×) 소방기관의 장은 그 소속 소방공무원에 대한 징계등 사건이 상급기관에 설치된 징계위원회의 관할에 속할 때에는 그 상급기관의 장에게 징계의결의 요구를 신청하여야 한다. 이 경우 신청을 받은 기관의 장은 지체 없이 관할 징계위원회에 징계의결등을 요구하여야 한다(소방공무원 징계령 제9조 제2항).

[정답] 29. ③ 30. ④

소방승진 공무원법

31 소방공무원의 징계절차에 관한 내용으로 옳지 않은 것은?

① 징계의결등 요구권자는 관할 징계위원회에 중징계 또는 경징계로 구분하여 요구 또는 신청하여야 한다.
② 징계위원회가 징계등 혐의자의 출석을 요구할 때에는 출석 통지서로 하되, 징계위원회 개최일 5일 전까지 그 징계등 혐의자에게 도달되도록 하여야 한다.
③ 징계위원회는 중징계등 요구사건의 피해자가 신청하는 경우에는 그 피해자에게 징계위원회에 출석하여 해당 사건에 대해 의견을 진술할 기회를 주어야 한다.
④ 징계의결등 요구를 받은 징계위원회는 그 요구서를 받은 날부터 30일 이내에 징계의결등을 해야 한다. 다만, 부득이한 사유가 있을 때에는 해당 징계위원회의 의결로 30일 이내의 범위에서 그 기한을 연기할 수 있다.

해설
② (×) 5일이 아니라 3일이다(소방공무원 징계령 제12조 제1항).

32 소방공무원의 징계 등 절차에 관한 내용으로 옳지 않은 것은? *22 소방교

① 감사원은 조사를 시작한 때와 이를 마친 때에는 10일 내에 소속 기관의 장에게 그 사실을 통보하여야 한다.
② 수사기관은 수사를 시작한 때와 이를 마친 때에는 10일 내에 소속 기관의 장에게 그 사실을 통보하여야 한다.
③ 감사원에서 조사 중인 사건은 조사개시 통보를 받은 날부터 징계 의결의 요구나 그 밖의 징계 절차를 진행하지 아니할 수 있다.
④ 수사기관에서 수사 중인 사건은 수사개시 통보를 받은 날부터 징계 의결의 요구나 그 밖의 징계 절차를 진행하지 아니할 수 있다.

해설
③ (×) 감사원에서 조사 중인 사건에 대하여는 제3항에 따른 조사개시 통보를 받은 날부터 징계 의결의 요구나 그 밖의 징계 절차를 진행하지 못한다(국가공무원법 제83조 제1항).

정답 31. ② 32. ③

33 징계의결등 요구절차에 관한 내용으로 옳지 않은 것은?

① 징계의결등을 요구하거나 신청할 때에는 징계등 사유에 대한 충분한 조사를 한 후에 그 증명에 필요한 관계 자료를 관할 징계위원회에 제출하여야 한다.
② 징계의결등 요구서 외에 제출할 자료로 혐의내용을 입증할 수 있는 공문서 등 관계 증거자료, 혐의내용에 대한 조사기록 또는 수사기록, 관련자에 대한 조치사항 및 그에 대한 증거자료, 관계법규·지시문서 등의 발췌문 등이 있다.
③ 징계의결등 요구권자는 징계의결 요구 이후 3일 이내에 소방공무원 징계의결등 요구(신청)서 사본을 징계등 혐의자에게 보내야 한다.
④ 징계의결등 요구권자는 징계등 혐의자가 소방공무원 징계의결등 요구(신청)서 사본의 수령을 거부하는 경우에는 관할 징계위원회에 그 사실을 증명하는 서류를 첨부하여 문서로 통보하여야 한다.

해설

③ (×) 징계의결등 요구권자는 징계의결등 요구와 동시에 별지 제1호 서식의 소방공무원 징계의결등 요구(신청)서 사본을 징계등 혐의자에게 보내야 한다. 다만, 징계등 혐의자가 그 수령을 거부하는 경우에는 그렇지 않다(소방공무원 징계령 제9조 제4항).

34 징계등 사건의 통지에 대한 내용으로 옳지 않은 것은?

① 소방기관의 장은 그 소속이 아닌 소방공무원에게 징계등 사유가 있다고 인정될 때에는 해당 소방기관의 장에게 그 사실을 증명할 만한 충분한 사유를 명확히 밝혀 통지하여야 한다.
② 소방기관의 장이 아닌 다른 행정기관의 장이 징계의결등 요구권을 갖지 아니하는 소방공무원에 대하여 징계등 사유가 있다고 인정하는 경우에는 그 행정기관의 장은 징계의결등 요구권을 갖는 소방기관의 장에게 그 징계등 사유를 증명할 수 있는 자료를 첨부하여 통지하여야 한다.
③ 징계 등 사유를 통지받은 소방기관의 장은 타당한 이유가 없으면 통지를 받은 날부터 20일 이내에 관할 징계위원회에 징계의결등을 요구하거나 신청하여야 한다.
④ 「감사원법」 제32조 제1항에 따른 징계 요구 중 파면요구를 받은 경우에는 10일 이내에 관할 징계위원회에 요구하거나 신청하여야 한다.

해설

③ (×) 20일이 아니라 30일 이내이다(소방공무원 징계령 제10조 제3항).

정답 33. ③ 34. ③

소방승진 공무원법

35 수사기관의 장이 소방공무원에 대하여 징계등 사유가 있다고 인정하는 경우에 징계의결등 요구권을 갖는 소방기관의 장에게 그 징계등 사유를 증명할 수 있는 자료로서 첨부하여 통지하는 서류가 아닌 것은?

① 공무원범죄처분결과통보서
② 공소장
③ 공무원 징계처분등 요구서
④ 증인의 진술서

해설

③ (×) 수사기관의 수사사건인 경우는 공무원범죄처분결과통보서, 공소장, 혐의자·관련자·관련증인에 대한 신문조서 및 진술서 등 수사기록을 첨부한다. 감사원의 조사사건인 경우는 공무원 징계처분등 요구서, 혐의자·관련자에 대한 문답서 및 확인서 등 조사기록을 첨부한다.

36 징계의결등에 관한 내용으로 틀린 것은?

① 징계위원회는 위원 과반수(과반수가 3명 미만인 경우에는 3명 이상)의 출석으로 개의하고 출석위원 과반수의 찬성으로 의결한다.
② 징계의결등 요구를 받은 징계위원회는 그 요구서를 받은 날부터 30일 이내에 징계의결등을 해야 한다.
③ 징계위원회는 부득이한 사유가 있을 때에는 해당 징계위원회의 의결로 30일 이내의 범위에서 의결 기한을 연기할 수 있다.
④ 징계등 절차의 진행이 감사원에서 조사 중이거나 검찰·경찰, 그 밖의 수사기관에서 수사 중인 경우에 해당하여 중지되었을 때에는 그 중지된 기간은 징계의결등 기한에 포함한다.

해설

④ (×) 징계의결등이 요구된 사건에 대한 징계등 절차의 진행이 「국가공무원법」 제83조에 따라 중지되었을 때(註: 감사원에서 조사 중이거나 검찰·경찰, 그 밖의 수사기관에서 수사 중인 경우)에는 그 중지된 기간은 제1항의 징계의결등 기한에서 제외한다(소방공무원 징계령 제11조 제2항).

정답 35. ③ 36. ④

37 다음은 「소방공무원 징계령」상 징계등 혐의자의 출석에 대한 내용이다. ( ) 안에 들어갈 내용으로 옳은 것은?

*24 소방교

> 징계위원회가 징계등 혐의자의 출석을 요구할 때에는 출석 통지서로 하되, 징계위원회 개최일 ( )일 전까지 그 징계등 혐의자에게 도달되도록 하여야 한다.

① 3 ② 5
③ 10 ④ 15

해설
징계위원회가 징계등 혐의자의 출석을 요구할 때에는 별지 제3호서식의 출석 통지서로 하되, 징계위원회 개최일 3일 전까지 그 징계등 혐의자에게 도달되도록 하여야 한다. 이 경우 제2항에 따라 출석 통지서를 징계등 혐의자의 소속 기관의 장에게 보내어 전달하게 한 경우를 제외하고는 출석 통지서 사본을 징계등 혐의자의 소속 기관의 장에게 보내야 하며, 소속 기관의 장은 징계등 혐의자를 출석시켜야 한다(소방공무원 징계령 제12조 제1항).

38 징계등 혐의자의 출석 절차에 관한 내용이다. 빈칸에 들어갈 숫자의 합은?

> • 징계위원회가 징계등 혐의자의 출석을 요구할 때에는 출석 통지서로 하되, 징계위원회 개최일 (㉠)일 전까지 그 징계등 혐의자에게 도달되도록 하여야 한다.
> • 징계위원회는 징계등 혐의자가 국외 체류, 형사사건으로 인한 구속, 여행 또는 그 밖의 사유로 징계의결등 요구(신청)서 접수일부터 (㉡)일 이내에 출석할 수 없는 경우에는 서면으로 진술하게 하여 징계의결등을 할 수 있다.
> • 징계등 혐의자가 있는 곳이 분명하지 않을 때에는 관보(시·도의 경우에는 공보)를 통해 출석통지를 한다. 이 경우 관보 또는 공보에 게재한 날부터 (㉢)일이 지나면 그 통지서가 송달된 것으로 본다

① 55 ② 57
③ 63 ④ 65

해설
순서대로 3, 50, 100이다(소방공무원 징계령 제12조 참고).

정답 37. ① 38. ③

> 소방승진 공무원법

39 징계등 혐의자의 출석 및 불출석 절차에 관한 내용으로 옳지 않은 것은?

① 징계위원회는 징계등 혐의자의 주소를 알 수 없거나 그 밖의 사유로 출석 통지서를 징계등 혐의자에게 직접 보내는 것이 곤란하다고 인정될 때에는 출석 통지서를 징계등 혐의자의 소속 기관의 장에게 보내어 전달하게 할 수 있다.
② 징계위원회는 징계등 혐의자가 그 징계위원회에 출석하여 진술하기를 원하지 아니할 때에는 진술권 포기서를 제출하게 하여 이를 기록에 첨부하고, 서면심사로 징계의결등을 할 수 있다.
③ 징계위원회는 출석 통지를 하였음에도 불구하고 징계등 혐의자가 정당한 사유 없이 출석하지 아니하였을 때에는 그 사실을 기록에 분명히 적고, 서면심사로 징계의결등을 할 수 있다.
④ 징계등 혐의자가 출석 통지서의 수령을 거부한 경우에는 징계위원회에 출석하여 진술할 권리를 포기한 것으로 본다. 따라서 이 경우 해당 징계위원회에 출석하여 진술할 수 없다.

[해설]
④ (×) 징계등 혐의자가 출석 통지서의 수령을 거부한 경우에는 징계위원회에 출석하여 진술할 권리를 포기한 것으로 본다. 다만, 징계등 혐의자는 출석 통지서를 거부한 경우에도 해당 징계위원회에 출석하여 진술할 수 있다(소방공무원 징계령 제12조 제7항).

40 징계의결등을 요구한 자는 감사원이 어떠한 종류의 징계처분을 요구한 사건에 대해서 징계위원회 개최 일시·장소 등을 감사원에 통보해야 하는가?

① 파면, 해임
② 파면, 해임, 강등
③ 파면, 해임, 강등, 정직
④ 모든 종류의 징계처분

[해설]
징계의결등을 요구한 자는 「감사원법」 제32조 제1항 및 제10항에 따라 감사원이 파면, 해임, 강등 또는 정직 중 어느 하나의 징계처분을 요구한 사건에 대해서는 징계위원회 개최 일시·장소 등을 감사원에 통보해야 한다(소방공무원 징계령 제13조 제6항).

정답 39. ④ 40. ③

41 징계절차에서의 심문과 진술권에 대한 설명으로 틀린 것은?

① 중징계 또는 중징계 관련 징계부가금 요구사건의 경우, 징계의결등을 요구한 자 또는 징계의결등의 요구를 신청한 자는 특별한 사유가 없는 한 징계위원회에 출석하여 의견을 진술해야 한다.
② 징계위원회는 출석한 징계등 혐의자에게 징계등 사유에 해당하는 사실에 관한 심문을 하고 심사를 위하여 필요하다고 인정될 때에는 관계인의 출석을 요구하여 심문할 수 있다.
③ 징계위원회는 필요하다고 인정할 때에는 소속직원으로 하여금 사실조사를 하게 하거나 특별한 학식·경험이 있는 자에게 검정 또는 감정을 의뢰할 수 있다.
④ 징계등 혐의자는 징계위원회의 요구에 따라 증인의 심문을 신청할 수 있다.

[해설]
④ (×) 징계등 혐의자는 증인의 심문을 신청할 수 있다. 이 경우 징계위원회는 의결로써 그 채택 여부를 결정하여야 한다(소방공무원 징계령 제13조 제3항). 징계위원회의 요구가 필요한 것은 아니다.

42 징계절차에서 피해자 및 징계등 혐의자의 진술권에 관한 내용으로 옳지 않은 것은?

① 징계위원회는 징계등 요구사건의 피해자가 신청하는 경우에는 그 피해자에게 징계위원회에 출석하여 해당 사건에 대해 의견을 진술할 기회를 주어야 한다.
② 징계등 혐의자는 의견서 또는 구술로 자기에게 이익이 되는 사실을 진술하거나 증거를 제출할 수 있다
③ 피해자가 이미 해당 사건에 관하여 징계의결등의 요구과정에서 충분히 의견을 진술하여 다시 진술할 필요가 없다고 인정되는 경우에는 징계위원회에 출석하여 진술할 기회를 주지 않아도 된다.
④ 피해자의 진술로 징계위원회 절차가 현저하게 지연될 우려가 있는 경우에는 징계위원회에 출석하여 진술할 기회를 주지 않아도 된다.

[해설]
① (×) 징계위원회는 중징계등 요구사건의 피해자가 신청하는 경우에는 그 피해자에게 징계위원회에 출석하여 해당 사건에 대해 의견을 진술할 기회를 주어야 한다(소방공무원 징계령 제13조의2).

정답 41. ④ 42. ①

43 징계위원의 제척·기피 및 회피에 관한 설명으로 틀린 것은? *20 소방교

① 징계위원회의 위원 중 징계등 혐의자의 친족 또는 직근 상급자나 그 징계등 사유와 관계가 있는 사람은 그 징계등 사건의 심의·의결에 관여하지 못한다
② 징계위원회는 기피신청이 있는 때에는 재적위원 과반수의 출석과 출석위원 과반수의 찬성으로 기피 여부를 의결하여야 한다.
③ 기피신청을 받은 위원은 위 ③의 의결에 참여하지 못한다.
④ 징계위원회의 위원은 불공정한 의결을 할 우려가 있다고 의심할 만한 타당한 이유가 있을 때에는 스스로 해당 징계등 사건의 심의·의결을 회피하여야 한다.

[해설]
④ (×) 징계위원회의 위원은 제1항(註: 혐의자의 친족 또는 직근 상급자나 그 징계등 사유와 관계가 있는 사람)에 따른 제척 사유에 해당하면 스스로 해당 징계등 사건의 심의·의결을 회피하여야 하며, 제2항(註: 불공정한 의결을 할 우려가 있다고 의심할 만한 타당한 이유가 있을 때)에 따른 기피 사유에 해당하면 회피할 수 있다(소방공무원 징계령 제15조 제4항).

44 「소방공무원 징계령」상 소방공무원에 대한 징계위원회에서 징계위원의 제척·기피 및 회피에 관한 내용으로 (가)~(라)에서 옳은 것만을 있는 대로 모두 고른 것은? *24 소방위

(가) 징계위원회의 위원이 징계등 혐의자와 친족 관계에 있는 경우 뿐만 아니라 친족관계에 있었던 경우에도 해당 징계등 사건의 심의·의결에서 제척된다.
(나) 징계위원회의 위원이 징계등 혐의자의 직근 상급자이거나 해당 징계등 사건의 사유와 관계가 있는 경우에도 해당 징계등 사건의 심의·의결에서 제척된다.
(다) 징계위원회의 위원이 해당 징계등 사건이 제척 사유에 해당하면 스스로 해당 징계등 사건의 심의·의결을 회피하여야 한다.
(라) 징계등 혐의자는 위원 중에서 불공정한 의결을 할 우려가 있다고 의심할 만한 타당한 이유가 있을 때에는 그 사실을 서면으로 소명하고 해당 위원의 기피를 신청할 수 있다.

① (가), (나), (다), (라) ② (나), (다), (라)
③ (다), (라) ④ (가), (나)

[해설]
소방공무원 징계령 제15조 제1항의 제척·기피 및 회피에 관한 내용으로 모두 타당하다.

정답 43. ④ 44. ①

45 징계위원회의 심의·의결 사항 중 정상참작 자료의 심사 대상이 아닌 것은?

① 비위의 유형, 비위의 정도 및 과실의 경중
② 피해자에 대한 관계 및 비위행위 후의 정황
③ 혐의 당시 계급, 비위행위가 공직 내외에 미치는 영향 및 공적(功績)
④ 규제개혁 및 국정과제 등 관련 업무 처리의 적극성 또는 그 밖의 정상

해설
② (×) ①③④와 '평소 행실, 뉘우치는 정도 및 수사 중 공무원 신분을 감추거나 속인 정황'을 심사할 수 있다(소방공무원 징계양정 등에 관한 규칙 제8조).

46 소방공무원 징계위원회의 의결절차에 관한 설명으로 틀린 것은?

① 징계위원회는 위원 과반수(과반수가 3명 미만인 경우에는 3명 이상)의 출석으로 개의하고 출석위원 과반수의 찬성으로 의결한다.
② 의견이 나뉘어 출석위원 과반수의 찬성을 얻지 못한 경우에는 출석위원 과반수가 될 때까지 징계등 혐의자에게 가장 불리한 의견을 제시한 위원의 수를 그 다음으로 불리한 의견을 제시한 위원의 수에 차례로 더하여 그 의견을 합의된 의견으로 본다.
③ 감사원에서 조사 중인 사건에 대하여는 조사개시 통보를 받은 날부터 징계 의결의 요구나 그 밖의 징계 절차를 진행하지 못한다.
④ 검찰·경찰, 그 밖의 수사기관에서 수사 중인 사건에 대하여는 수사개시 통보를 받은 날부터 징계 의결의 요구나 그 밖의 징계 절차를 진행하지 못한다.

해설
④ (×) 검찰·경찰, 그 밖의 수사기관에서 수사 중인 사건에 대하여는 제3항에 따른 수사개시 통보를 받은 날부터 징계 의결의 요구나 그 밖의 징계 절차를 진행하지 아니할 수 있다(국가공무원법 제83조 제2항).

정답 45. ② 46. ④

소방승진 공무원법

47 소방공무원의 징계절차에 있어서 감사원 등의 조사와 관련된 내용으로 옳지 않은 것은?

① 감사원과 검찰·경찰, 그 밖의 수사기관은 조사나 수사를 시작한 때와 이를 마친 때에는 10일 내에 소속 기관의 장에게 그 사실을 통보하여야 한다.
② 감사원에서 조사 중인 사건에 대하여는 조사개시 통보를 받은 날부터 징계 의결의 요구나 그 밖의 징계 절차를 진행하지 아니할 수 있다.
③ 검찰·경찰, 그 밖의 수사기관에서 수사 중인 사건에 대하여는 수사개시 통보를 받은 날부터 징계 의결의 요구나 그 밖의 징계 절차를 진행하지 아니할 수 있다.
④ 징계의결등이 요구된 사건에 대한 징계등 절차의 진행이 감사원에서 조사 중이거나 검찰·경찰, 그 밖의 수사기관에서 수사 중인 경우에 해당되어 중지되었을 때에는 그 중지된 기간은 징계의결등 기한에서 제외한다.

[해설]
② (×) 감사원에서 조사 중인 사건에 대하여는 제3항에 따른 조사개시 통보를 받은 날부터 징계 의결의 요구나 그 밖의 징계 절차를 진행하지 못한다(국가공무원법 제83조 제1항).

48 위원장을 포함한 징계위원 7명이 출석한 징계위원회에서 의견이 강등 1명, 정직 2월 2명, 정직 1월 2명, 감봉 2월 2명으로 나뉘어 어느 의견도 과반수가 되지 못했을 때 합의된 의견으로 보는 것은? *21 소방위

① 강등
② 정직 2월
③ 정직 1월
④ 감봉 2월

[해설]
의견이 나뉘어 출석위원 과반수의 찬성을 얻지 못한 경우에는 출석위원 과반수가 될 때까지 징계등 혐의자에게 가장 불리한 의견을 제시한 위원의 수를 그 다음으로 불리한 의견을 제시한 위원의 수에 차례로 더하여 그 의견을 합의된 의견으로 본다(소방공무원 징계령 제14조 제1항). 사안에서 1명(강등)+2명(정직 2월)+2명(정직1월)으로 과반수에 이른다.

49 「징계등 의결서」의 이유란에 적는 사항이 아닌 것은?

① 불복사유
② 관계 법령
③ 징계부가금 조정(감면) 사유
④ 징계등 면제 사유 해당 여부

[해설]
징계의결서의 이유란에는 징계등의 원인이 된 사실, 증거의 판단, 관계 법령, 징계등 면제 사유 해당 여부, 징계부가금 조정(감면) 사유를 구체적으로 적어야 한다(소방공무원 징계령 제14조 제2항).

정답 47. ② 48. ③ 49. ①

50 「소방공무원 징계양정 등에 관한 규칙」상 중점관리대상 비위에 해당하지 않는 것은?

① 부작위 또는 직무태만
② 출장여비를 거짓이나 부정한 방법으로 지급받은 행위
③ 동일한 사건으로 2회 이상 징계를 받은 경우에 해당하는 행위
④ 우월적 지위 등을 이용하여 다른 공무원 등에게 신체적·정신적 고통을 주는 등의 부당행위

해설
③ (×) 동일한 사건으로 3회 이상 징계를 받은 경우에 해당하는 행위(소방공무원 징계양정 등에 관한 규칙 제2조 제4호 거목)

51 소방공무원 징계양정 등에 관한 내용으로 옳지 않은 것은?

① 동일사건으로 관할이 서로 다른 징계위원회에 행위자와 감독자에 대하여 서로 다른 시기에 징계를 요구할 때에는 먼저 징계의결 된 자의 의결서 사본을 첨부하여 징계의결을 요구할 수 있다.
② 행위자에 대한 징계의결등을 요구할 때는 징계혐의자의 비위의 유형, 비위의 정도 및 과실의 경중과 혐의 당시 계급, 비위행위가 공직 내외에 미치는 영향, 평소 행실, 공적, 뉘우치는 정도, 수사 중 공무원 신분을 감추거나 속인 정황, 규제개혁 및 국정과제 등 관련 업무 처리의 적극성 또는 그 밖의 정상 등을 고려한다.
③ 비위가 성실하고 능동적인 업무처리 과정에서 과실로 인하여 생긴 것으로 인정될 때에는 징계의결등을 요구하지 않고 주의 또는 경고 등의 조치를 할 수 있다.
④ 직무상 비밀 또는 미공개정보를 이용한 부당행위를 한 행위자가 발생한 비위에 대한 사후조치에 최선을 다해 원상회복에 기여한 경우, 관련 자료를 첨부하고 징계책임을 감경하여 징계의결을 요구할 수 있다.

해설
④ (×) 직무상 비밀 또는 미공개정보를 이용한 부당행위는 '중점관리대상 비위'에 해당하여 징계책임을 감경하여 징계의결을 요구할 수 없다(소방공무원 징계양정 등에 관한 규칙 제4조 제4항).

52 「소방공무원 징계양정 등에 관한 규칙」상 비위의 유형이 '소방공무원 복무규정 제3조에 따른 내부결속 저해행위' 또는 '우월적 지위 등을 이용하여 다른 공무원 등에게 신체적·정신적 고통을 주는 등의 부당행위'로서 비위의 정도가 심하고 고의에 해당하는 경우의 징계양정 기준은?

① 파면
② 파면~해임
③ 강등~정직
④ 해임~강등

해설
양자는 최근에 신설된 항목으로서 비위의 정도가 심하고 고의에 해당하는 경우는 파면~해임에 해당한다.

정답 50. ③ 51. ④ 52. ②

소방승진 공무원법

53 「소방공무원 징계양정 등에 관한 규칙」상 최초 음주운전을 한 경우로서 혈중알코올 농도가 0.08% 이상 0.2% 미만인 경우의 징계기준으로 옳은 것은?

① 파면~해임
② 강등~정직
③ 해임~정직
④ 해임~강등

해설

유 형 별		처리기준
최초 음주운전을 한 경우		
가. 자전거등 음주운전의 경우		감봉 – 견책
나. 자전거등 외 음주운전의 경우		
	1) 혈중알코올 농도가 0.08% 미만인 경우	정직 – 감봉
	2) 혈중알코올 농도가 0.08% 이상 0.2% 미만인 경우	강등 – 정직
	3) 혈중알코올 농도가 0.2% 이상인 경우	해임 – 정직
다. 음주측정에 불응하는 경우		해임 – 정직

54 「소방공무원 징계양정 등에 관한 규칙」상 직무와 관련하여 금품·향응 등 재산상 이익 100만원 이상 받거나 제공하고, 그로 인하여 위법·부당한 처분을 한 경우의 징계양정으로 옳은 것은?

① 파면-강등
② 파면-해임
③ 해임
④ 파면

해설
④ (O) 이 경우는 파면으로만 규정되어 있다(소방공무원 징계양정 등에 관한 규칙 별표4).

55 「소방공무원 징계양정 등에 관한 규칙」상 성실의무 위반의 유형에 해당하지 않은 것은?

① 개인정보 부정이용 및 무단유출
② 성과상여금을 거짓이나 부정한 방법으로 지급받은 경우
③ 성 관련 비위 피해자 등에게 2차 피해를 입힌 경우
④ 「적극행정 운영규정」 제2조 제2호에 따른 소극행정

해설
① (X) 개인정보 부정이용 및 무단유출은 개인정보 무단조회·열람 및 관리 소홀 등과 함께 '비밀 엄수의 의무 위반'의 하나로 유형화되어 있다.

정답 53. ② 54. ④ 55. ①

56 「소방공무원 징계양정 등에 관한 규칙」상 단순·반복업무이고 경미한 사항에 있어서 행위자와 감독자에 대한 문책정도의 순위를 바르게 나타낸 것은?(다만, 감독자가 행위자의 비위를 교사·방조하거나 은폐·비호한 경우가 아님을 전제)

	1순위	2순위	3순위
①	담당자	직상감독자	차상감독자
②	직상감독자	차상감독자	담당자
③	차상감독자	최고감독자	직상감독자
④	직상감독자	담당자	차상감독자

[해설] <행위자와 감독자에 대한 문책기준>

업무의 성질	업무와의 관련도	비위행위자 (담당자)	직상감독자	차상감독자	최고감독자 (결재권자)
○ 정책결정 사항 • 중요사항 (고도의 정책사항)			3	2	1
• 일반적인 사항		3	1	2	4
○ 단순·반복업무 • 중요사항		1	2	3	4
• 경미사항		1	2	3	
○ 단독행위		1	2		

■ 비고
1. 1, 2, 3, 4는 문책 정도의 순위를 말한다.
2. "고도의 정책사항"이란 국정과제 등 주요 정책결정으로 확정된 사항 및 다수 부처 관련 과제로 정책조정을 거쳐 결정된 사항 등을 말한다.

57 수사기관으로부터 공무원의 범죄사건에 대한 결과통보를 다음과 같이 받았을때, 비위의 정도 및 과실의 경중, 고의성 유무 등 사안에 따라 혐의사실이 인정되는 경우에 징계의결을 요구하는 것은?

① 죄가안됨 결정 ② 기소유예 결정
③ 기소중지 결정 ④ 공소제기 결정

[해설]
③ (○) 공소권 없음 결정, 기소중지 결정, 참고인중지 결정 또는 수사중지 결정된 경우에는 비위의 정도 및 과실의 경중, 고의성 유무 등 사안에 따라 혐의사실이 인정되는 경우에 징계의결 요구한다. 반면, 기소유예 결정, 공소제기 결정 및 그 밖의 결정의 경우에는 징계의결 등을 요구한다.

정답 56. ① 57. ③

소방승진 공무원법

58 소방공무원에 대한 징계양정이 강등으로 인정되었으나 훈장 또는 포장을 받은 공적이 있어 감경하는 경우 징계양정은?

① 정직
② 정직 또는 감봉 3월
③ 감봉 3월
④ 정직 또는 감봉

해설
① (○) 소방공무원 징계양정 등에 관한 규칙 (별표3)

59 소방공무원의 징계양정 기준에 관한 내용으로 옳지 않은 것은?

① 징계위원회는 서로 관련 없는 2개 이상의 비위가 경합될 때와 하나의 행위로 동시에 여러 종류의 비위가 발생한 때에는 그 중 책임이 무거운 비위에 해당하는 징계로 의결해야 한다.
② 의결 대상이 직무와 관련한 금품수수 비위 사건인 경우, 해당 비위와 관련된 감독자 및 그 비위행위의 제안·주선자도 엄중히 책임을 물어야 한다.
③ 부작위 또는 직무태만으로 국민의 권익을 침해하거나 국가 재정상의 손실을 발생하게 한 비위 사건인 경우, 해당 비위와 관련된 감독자도 엄중히 책임을 물어야 한다.
④ 각급 징계위원회에서는 징계양정기준에 따라 당해 징계위원회 의결을 거쳐 구체적인 세부기준을 정하여 시행할 수 있다.

해설
① (✕) 징계위원회는 서로 관련 없는 2개 이상의 비위가 경합될 때와 하나의 행위로 동시에 여러 종류의 비위가 발생한 때에는 그 중 책임이 무거운 비위에 해당하는 징계보다 1단계 위의 징계로 의결할 수 있다(소방공무원 징계양정 등에 관한 규칙 제13조 제2항).

60 징계의 가중의결에 관한 내용이다. 빈칸에 순서대로 들어갈 숫자는?

- 서로 관련 없는 2개 이상의 비위가 경합될 때와 하나의 행위로 동시에 여러 종류의 비위가 발생한 때에는 그 중 책임이 무거운 비위에 해당하는 징계보다 (　)단계 위의 징계로 의결할 수 있다.
- 징계처분을 받은 사람에 대하여 징계가중기간 중에 발생한 비위로 다시 징계의결이 요구된 경우에는 그 비위에 해당하는 징계보다 최대 (　)단계 위의 징계로 의결할 수 있다.
- 징계처분을 받은 사람에 대하여 징계가중기간이 끝난 후부터 1년 이내에 발생한 비위로 징계의결이 요구된 경우에는 (　)단계 위의 징계로 의결할 수 있다.

① 2, 2, 1
② 1, 2, 1
③ 2, 1, 2
④ 1, 1, 2

정답 58. ① 59. ① 60. ②

> **해설**
> ② (○) 소방공무원 징계양정 등에 관한 규칙 제13조 제1항, 제2항

61 징계위원회가 징계의결이 요구된 자의 공적에 의한 감경을 할 수 있는 경우로 옳지 않은 것은?

① 「상훈법」에 의한 훈장 또는 포장을 받은 공적
② 「모범공무원 규정」에 의해 모범공무원으로 선발된 공적
③ 「정부 표창 규정」에 의해 국무총리 이상의 표창을 받은 공적
④ 경고처분을 받은 사실이 있는 경우에 그 경고처분 전의 공적

> **해설**
> ④ (×) 당해 소방공무원이 징계처분이나 징계위원회의 권고에 의한 경고처분을 받은 사실이 있는 경우에는 그 징계처분이나 경고처분 전의 공적은 감경대상 공적에서 제외한다(소방공무원 징계양정 등에 관한 규칙 제12조).

62 소방공무원의 적극행정 등에 대한 징계면제에 관한 내용으로 옳지 않은 것은?

① 고의 또는 중과실에 의하지 않은 비위로서 국가의 이익이나 국민생활에 큰 피해가 예견되어 이를 방지하기 위하여 정책을 적극적으로 수립·집행하는 과정에서 발생한 것으로서 정책을 수립·집행할 당시의 여건 또는 그 밖의 사회통념에 비추어 적법하게 처리될 것이라고 기대하기가 극히 곤란했던 것으로 인정되는 경우에는 징계등 부과 의결을 하지 아니한다.
② 고의 또는 중과실에 의하지 않은 비위로서 불합리한 규제를 개선하거나 공익사업을 추진하는 등 공공의 이익을 증진하기 위하여 성실하고 능동적으로 업무를 처리하는 과정에서 발생한 것으로 인정되는 경우에는 징계등 부과 의결을 하지 아니한다.
③ 징계등 혐의자와 비위 관련 직무 사이에 사적인 이해관계가 없거나 해당 직무를 처리하면서 중대한 절차상의 하자가 없었던 경우에는 해당 비위가 고의 또는 중과실에 의하지 않은 것으로 추정한다.
④ 중점관리대상 비위가 아닌 비위 중 직무와 관련이 없는 사고로 인한 비위로서 사회통념에 비추어 공무원의 품위를 손상하지 아니하였다고 인정되는 경우에는 징계등 부과 의결을 하지 않을 수 있다.

> **해설**
> ③ (×) ⊙ 징계등 혐의자와 비위 관련 직무 사이에 사적인 이해관계가 없을 것, ⓒ 해당 직무를 처리하면서 중대한 절차상의 하자가 없었을 것, 두 가지의 요건을 모두 갖추어야 한다(소방공무원 징계양정 등에 관한 규칙 제11조 제2항).

정답 61. ④ 62. ③

소방승진 공무원법

63 「(소방) 경고 등 처분에 관한 규정」상 경고처분을 하는 경우에 해당하지 않는 것은?

① 시효의 완성으로 징계사유가 소멸되어 다른 조치가 곤란할 경우
② 징계책임을 물을 정도에 이르지 아니하지만 비위의 정도가 주의보다 중하여 과오를 반성하도록 엄중히 훈계할 필요가 있는 경우
③ 비위의 정도가 경미하다고 판단되어 그 잘못을 반성하게 하고 앞으로는 그러한 행위를 다시 하지 않도록 지도할 필요가 있는 경우
④ 주의처분을 받은 자가 1년 이내에 동일 사유 또는 다른 비위 사유로 다시 주의에 해당되는 비위를 저질렀을 경우 중 이에 대하여 엄중 경고 할 필요가 있는 경우

해설
③은 '주의'에 해당하는 사유이다.

64 「(소방) 경고 등 처분에 관한 규정」상 경고 등 처분의 설명으로 옳지 않은 것은?

① 경고와 주의는 기관장 및 모든 소속 공무원 등에게, 기관·부서 경고는 기관(시·도 소방본부를 포함)·부서(기관 내 직제 단위로 한다)에 행한다.
② 소속기관장이 경고 등 처분을 한 경우에는 상급부서의 감사담당부서 및 인사담당부서에 통보하여야 한다.
③ 경고를 받은 자가 1년 이내에 다시 경고에 해당하는 사유가 있는 경우에는 징계위원회에 회부할 수 있다.
④ 주의를 받은 공무원 등에 대해서는 처분일로부터 1년간 포상대상자 추천, 해외연수 대상자 선발 등 기타 수혜적 조치를 함에 있어 불이익을 줄 수 있다.

해설
③ (×) 1년 이내에 2회의 경고를 받은 자가 마지막 경고를 받은 날로부터 1년 내에 다시 경고에 해당하는 사유가 있는 경우에는 징계위원회에 의결을 요구할 수 있다. 다만, 감독책임으로 인한 경우는 제외한다(제4조 제2항).

정답 63. ③　64. ③

65 「소방공무원 징계령」상 징계의결등의 통지 등에 대한 내용으로 옳지 않은 것은? *24 소방교

① 징계등의 정도에 관한 기준은 소방청장이 정한다.
② 징계위원회는 징계의결등을 했을 때에는 10일 이내에 징계의결등을 요구한 자에게 의결서 정본(正本)을 보내어 통지하여야 한다.
③ 임용권자와 징계처분등 처분권자가 다를 경우 징계처분등 처분권자가 강등, 정직, 감봉 또는 견책의 징계처분등을 했을 때에는 지체 없이 그 결과에 의결서 사본을 첨부하여 임용권자와 그 소방공무원이 소속한 소방기관의 장에게 통지하여야 한다.
④ 징계의결등을 요구한 기관의 장은 「소방공무원법」에 따라 심사 또는 재심사를 청구하려면 징계의결등을 통지받은 날부터 15일 이내에 징계의결등 심사(재심사) 청구서에 의결서 사본 및 사건 관계 기록을 첨부하여 관할 징계위원회에 제출해야 한다.

해설

② (×) 징계위원회는 징계의결등을 했을 때에는 지체 없이 징계의결등을 요구한 자에게 의결서 정본(正本)을 보내어 통지하여야 한다(소방공무원 징계령 제17조).

66 「소방공무원법」및「소방공무원 징계령」상 소방공무원의 징계절차에 관한 내용으로 옳지 않은 것은? *24 소방위

① 「소방공무원 징계령」에 의하면 소방기관의 장은 「국가공무원법」에 따라 수사개시 통보를 받으면 지체 없이 징계의결등의 요구나 그 밖에 징계등 절차의 진행 여부를 결정해야 한다.
② 「소방공무원 징계령」에 의하면 징계의결등 요구를 받은 징계위원회는 그 요구서를 받은 날부터 30일 이내에 징계의결등을 해야 한다. 다만, 부득이한 사유가 있을 때에는 해당 징계위원회의 의결로 30일의 범위에서 그 기한을 연기할 수 있다.
③ 「소방공무원법」에 의하면 시·도지사가 임용권을 행사하는 소방공무원의 징계는 관할 징계위원회의 의결을 거쳐 임용권자가 한다. 다만, 시·도 소속 소방기관에 설치된 소방공무원 징계위원회에서 의결한 정직·감봉 및 견책은 그 징계위원회가 설치된 기관의 장이 한다.
④ 「소방공무원법」에 의하면 소방공무원의 징계의결을 요구한 기관의 장은 관할 시·도에 설치된 소방공무원 징계위원회의 의결이 경(輕)하다고 인정할 때에는 그 처분을 하기 전에 국무총리 소속으로 설치된 징계위원회에 심사 또는 재심사를 청구할 수 있다.

해설

④ (×) 소방공무원의 징계의결을 요구한 기관의 장은 관할 징계위원회의 의결이 경(輕)하다고 인정할 때에는 그 처분을 하기 전에 직근(直近) 상급기관에 설치된 징계위원회(다음 각 호의 어느 하나에 해당하는 징계위원회의 의결에 대해서는 그 구분에 따른 징계위원회를 말한다)에 심사 또는 재심사를 청구할 수 있다. 이 경우 소속 공무원을 대리인으로 지정할 수 있다(소방공무원법 제29조 제3항).
  1. 「국가공무원법」에 따라 국무총리 소속으로 설치된 징계위원회의 의결 : 국무총리 소속으로 설치된 징계위원회
  2. 소방청 및 그 소속기관에 설치된 소방공무원 징계위원회의 의결 : 소방청에 설치된 소방공무원 징계위원회
  3. 시·도에 설치된 소방공무원 징계위원회의 의결 : 소방청에 설치된 소방공무원 징계위원회
  4. 시·도 소속 소방기관에 설치된 소방공무원 징계위원회의 의결 : 시·도에 설치된 소방공무원 징계위원회

정답 65. ②   66. ④

소방승진 공무원법

67 소방공무원 징계위원회의 징계의결기한과 징계처분기한을 순서대로 바르게 나열한 것은?

① 15일, 15일
② 15일, 30일
③ 30일, 15일
④ 30일, 30일

해설
징계의결등 요구를 받은 징계위원회는 그 요구서를 받은 날부터 30일 이내에 징계의결등을 해야 한다(소방공무원 징계령 제11조 제1항 본문).
징계처분등의 처분권자는 징계의결등의 통지를 받은 날부터 15일 이내에 별지 제5호 서식의 징계처분등 사유설명서에 의결서 사본을 첨부하여 징계처분등의 대상자에게 교부(소방청과 그 소속기관의 소방령 이상 소방공무원, 소방본부장 및 지방소방학교장에 대한 파면, 해임 또는 강등의 경우에는 임용제청권자가 교부)해야 한다(제18조 제1항).

68 소방공무원의 징계처분에 관한 설명으로 옳지 않은 것은? *18 소방교

① 공무원에 대하여 징계처분등을 할 때나 강임·휴직·직위해제 또는 면직처분을 할 때에는 그 처분권자 또는 처분제청권자는 처분사유를 적은 설명서를 교부하여야 한다. 다만, 본인의 원(願)에 따른 강임·휴직 또는 면직처분은 그러하지 아니하다.
② 징계처분등의 처분권자는 징계의결등의 통지를 받은 날부터 15일 이내에 징계처분등 사유설명서에 의결서 사본을 첨부하여 징계처분등의 대상자에게 교부해야 한다.
③ 징계의결등을 요구한 자는 징계위원회로부터 파면, 해임 또는 강등의 의결을 통지 받았을 때에는 그 처분권자가 상급기관인 경우에는 지체 없이 의결서 정본을 보내어 그 처분권자에게 파면, 해임 또는 강등 처분을 요청해야 한다.
④ 직장에서의 지위나 관계 등의 우위를 이용하여 업무상 적정범위를 넘어 다른 공무원 등에게 부당한 행위를 하거나 신체적·정신적 고통을 주는 등의 행위의 사유로 처분사유 설명서를 교부할 때에는 피해자의 요청이 없어도 그 징계처분결과를 피해자에게 함께 통보하여야 한다.

해설
④ (×) 성폭력범죄, 성희롱, 직장에서의 지위나 관계 등의 우위를 이용하여 업무상 적정범위를 넘어 다른 공무원 등에게 부당한 행위를 하거나 신체적·정신적 고통을 주는 등의 행위에 있어서 피해자가 요청하는 경우에 징계처분결과를 피해자에게 함께 통보하여야 한다(국가공무원법 제75조 제2항 참고).

정답 67. ③ 68. ④

69 공무원에 대한 징계의 집행절차에 대한 설명으로 옳지 않은 것은?

① 임용권자와 징계처분등 처분권자가 다를 경우 징계처분등 처분권자가 강등, 정직, 감봉 또는 견책의 징계처분등을 하였을 때에는 지체 없이 그 결과에 의결서 사본을 첨부하여 임용권자와 그 소방공무원이 소속한 소방기관의 장에게 통지하여야 한다.

② 징계위원회는 징계등 사건의 접수·처리상황을 관리하기 위하여 별지 제6호서식의 징계등 처리대장을 갖추어 두어야 한다.

③ 공무원에 대하여 징계처분등을 할 때나 강임·휴직·직위해제 또는 면직처분(본인의 원에 따른 면직처분 포함)을 할 때에는 그 처분권자 또는 처분제청권자는 처분사유를 적은 설명서를 교부하여야 한다.

④ 처분권자는 피해자가 요청하는 경우 「성폭력범죄의 처벌 등에 관한 특례법」 제2조에 따른 성폭력범죄 및 「양성평등기본법」 제3조 제2호에 따른 성희롱에 해당하는 사유로 처분사유 설명서를 교부할 때에는 그 징계처분결과를 피해자에게 함께 통보하여야 한다.

[해설]
③ (×) 공무원에 대하여 징계처분등을 할 때나 강임·휴직·직위해제 또는 면직처분을 할 때에는 그 처분권자 또는 처분제청권자는 처분사유를 적은 설명서를 교부하여야 한다. 다만, 본인의 원(願)에 따른 강임·휴직 또는 면직처분은 그러하지 아니하다(국가공무원법 제75조 제1항).

70 소방공무원법상 심사청구에 관한 사항으로 빈칸에 들어갈 수 있는 것은?   *21 소방교

> 「국가공무원법」 제75조에 따라 처분사유 설명서를 받은 소방공무원이 그 처분에 불복할 때에는 그 설명서를 받은 날부터 (   ) 이내에, 같은 조에서 정한 처분 외에 본인의 의사에 반한 불리한 처분을 받은 소방공무원은 그 처분이 있음을 안 날부터 (   ) 이내에 같은 법에 따라 설치된 소청심사위원회에 이에 대한 심사를 청구할 수 있다. 이 경우 변호사를 대리인으로 선임할 수 있다.

① 30일, 30일 ② 30일, 15일
③ 15일, 15일 ④ 15일, 30일

[해설]
징계처분에 대한 소청은 처분사유설명서를 받은 날로부터 30일 이내에 청구하여야 한다(국가공무원법 제75조). 위 설문은 소방공무원법 제26조의 내용이다.

정답 69. ③   70. ①

71. 소청심사위원회의 소청 제도에 관한 내용으로 옳은 것은?

① 징계처분, 강임·휴직·직위해제·면직처분, 그 밖에 본인의 의사에 반한 불리한 처분이나 부작위에 관한 행정소송은 소청심사위원회의 심사·결정을 거치지 아니하고 직접 제기할 수 있다.
② 행정기관 소속 공무원의 징계처분, 그 밖에 그 의사에 반하는 불리한 처분이나 부작위에 대한 소청을 심사·결정하게 하기 위하여 행정안전부에 소청심사위원회를 둔다.
③ 소청심사위원회가 소청 사건을 심사할 때에는 대통령령등으로 정하는 바에 따라 소청인 또는 대리인에게 진술 기회를 주어야 하며, 이러한 진술 기회를 주지 아니한 결정은 취소될 수 있다.
④ 소청심사위원회는 원징계처분에서 한 징계보다 중한 징계를 하는 결정을 하지 못한다.

[해설]
① (×) 소청심사위원회의 심사·결정을 거쳐야 행정소송을 제기할 수 있다.
② (×) 인사혁신처에 소청심사위원회를 둔다.
③ (×) 취소사유가 아니라 무효이다.

72. 소청심사위원회의 소청 제도에 관한 내용으로 옳지 않은 것은?

① 소청심사위원회는 임시결정을 한 경우 외에는 소청심사청구를 접수한 날부터 60일 이내에 이에 대한 결정을 하여야 한다. 다만 불가피하다고 인정되면 소청심사위원회의 의결로 30일을 연장할 수 있다
② 소청 사건의 결정은 재적 위원 3분의 2 이상의 출석과 출석 위원 과반수의 합의에 따르되, 의견이 나뉘어 출석 위원 과반수의 합의에 이르지 못하였을 때에는 과반수에 이를 때까지 소청인에게 가장 불리한 의견에 차례로 유리한 의견을 더하여 그중 가장 유리한 의견을 합의된 의견으로 본다.
③ 결정에는 각하, 기각, 취소 또는 변경, 취소 또는 변경명령, 무효 또는 존재여부 확인, 의무이행결정이 있다.
④ 소청심사위원회의 취소명령 또는 변경명령 결정으로 종전에 행한 징계처분 또는 징계부가금 부과처분은 취소 또는 변경된다.

[해설]
④ (×) 소청심사위원회의 취소명령 또는 변경명령 결정은 그에 따른 징계나 그 밖의 처분이 있을 때까지는 종전에 행한 징계처분 또는 제78조의2에 따른 징계부가금 부과처분에 영향을 미치지 아니한다(국가공무원법 제14조 제6항).

정답 71. ④ 72. ④

73 행정소송의 피고에 관한 내용이다. ( ) 안에 들어갈 피고로 옳은 것은? *22 소방교

"시·도지사가 임용권에 대한 위임을 받은 경우를 제외하고 소방공무원에 대한 징계처분, 휴직처분, 면직처분, 그 밖에 의사에 반하는 불리한 처분에 대한 행정소송의 경우에는 ( )을 피고로 한다."

① 행정안전부 장관
② 소방서장
③ 시·도 소방본부장
④ 소방청장

해설
징계처분, 휴직처분, 면직처분, 그 밖에 의사에 반하는 불리한 처분에 대한 행정소송의 경우에는 소방청장을 피고로 한다. 다만, 제6조 제3항 및 제4항에 따라 시·도지사가 임용권을 행사하는 경우에는 관할 시·도지사를 피고로 한다(소방공무원법 제30조).

74 충남 ○○소방서 소속 소방령에 대한 직위해제처분의 행정소송에서 피고는?

① 소방청장
② 충남지사
③ 충남소방본부장
④ 충남 ○○소방서장

해설
시·도 소속 소방령 이상 소방준감 이하의 소방공무원(소방본부장 및 지방소방학교장은 제외)에 대한 전보, 휴직, 직위해제, 강등, 정직 및 복직에 관한 권한은 소방청장이 시·도지사에게 위임한 권한이므로 시·도지사를 피고로 한다.

75 소방공무원법령상 소방정인 지방소방학교장의 휴직처분에 대한 행정소송의 피고로 옳은 것은? *23 소방교

① 국무총리
② 소방청장
③ 행정안전부장관
④ 관할 시·도지사

해설
징계처분, 휴직처분, 면직처분, 그 밖에 의사에 반하는 불리한 처분에 대한 행정소송의 경우에는 소방청장을 피고로 한다. 다만, 권한의 위임에 따라 시·도지사가 임용권을 행사하는 경우에는 관할 시·도지사를 피고로 한다. 소방청장은 소방정인 지방소방학교장에 대한 휴직, 직위해제, 정직 및 복직에 관한 권한을 시·도지사에게 위임한다.

정답 73. ④　74. ②　75. ④

소방승진 공무원법

76 중앙소방학교 소속 소방령의 의사에 반하는 불리한 처분에 대한 행정소송의 경우 피고는?

① 대통령
② 소방청장
③ 행정안전부장관
④ 중앙소방학교장

해설
징계처분, 휴직처분, 면직처분, 그 밖에 의사에 반하는 불리한 처분에 대한 행정소송의 경우에는 소방청장을 피고로 한다. 다만, 제6조 제3항 및 제4항에 따라 시·도지사가 임용권을 행사하는 경우에는 관할 시·도지사를 피고로 한다(소방공무원법 제30조).

77 소방정인 지방소방학교장에 대한 정직처분에 대하여 제기하는 행정소송에서의 피고는?

① 소방청장
② 행정안전부장관
③ 인사혁신처장
④ 시·도지사

해설
소방정인 지방소방학교장에 대한 휴직, 직위해제, 정직 및 복직에 관한 권한은 소방청장이 시·도지사에게 위임한 권한이므로 시·도지사를 피고로 한다.

정답 76. ② 77. ④

소방승진은 이패스 소방사관
www.kfs119.co.kr

PART 06

공무원법관계의 변동

CHAPTER 01 무직위 변경(휴직, 직위해제)과 강임
CHAPTER 02 공무원법관계의 소멸(당연퇴직 등, 면직)

CHAPTER 01 무직위 변경(휴직, 직위해제)과 강임

1. 휴직

(1) 의의

휴직이란 공무원의 신분을 보유하면서 직무담임을 일시적으로 해제하는 행위를 말한다. 휴직에는 임용권자가 행하는 직권휴직과 공무원 본인의 원에 의한 청원휴직이 있다.

① 직권휴직사유

공무원이 다음의 어느 하나에 해당하면 임용권자는 본인의 의사에도 불구하고 휴직을 명하여야 한다(국가공무원법 제71조 제1항).

휴직사유	휴직기간
1. 신체·정신상의 장애로 장기 요양이 필요할 때	1년 이내로 하되, 부득이한 경우 1년의 범위에서 연장 가능
2. 「병역법」에 따른 병역 복무를 마치기 위하여 징집 또는 소집된 때	그 복무 기간이 끝날 때까지
3. 천재지변이나 전시·사변, 그 밖의 사유로 생사 또는 소재가 불명확하게 된 때	3개월 이내
4. 그 밖에 법률의 규정에 따른 의무를 수행하기 위하여 직무를 이탈하게 된 때	그 복무 기간이 끝날 때까지
5. 「공무원의 노동조합 설립 및 운영 등에 관한 법률」 제7조에 따라 노동조합 전임자로 종사하게 된 때	그 전임 기간

※ 임기제공무원에 대하여는 ⟨1⟩, ⟨2⟩에 한정하여 적용한다.
※ 공상소방공무원의 휴직기간

> 소방공무원이 「공무원 재해보상법」 제5조(註: 위험직무순직공무원의 요건에 해당하는 재해) 제2호 각 목에 해당하는 직무를 수행하다가 「국가공무원법」 제72조 제1호 각 목의 어느 하나에 해당하는 공무상 질병 또는 부상을 입어 휴직하는 경우 그 휴직기간은 같은 호 단서에도 불구하고 5년 이내로 하되, 의학적 소견 등을 고려하여 대통령령으로 정하는 바에 따라 3년의 범위에서 연장할 수 있다(소방공무원법 제24조의2).

- 「공무원 재해보상법」 제5조(위험직무순직공무원의 요건에 해당하는 재해) 위험직무순직공무원의 요건에 해당하는 재해는 다음 각 호의 어느 하나에 해당하는 재해를 말한다.
  2. 소방공무원이 다음 각 목의 직무를 수행하다가 입은 재해
    가. 재난·재해 현장에서의 화재진압, 인명구조·구급작업 또는 이를 위한 지원활동(그 업

무수행을 위한 긴급한 출동·복귀 및 부수활동을 포함)
나. 위험 제거를 위한 생활안전활동

- 「소방공무원 임용령」 제61조(공상소방공무원의 휴직기간 연장) 소방공무원법 제24조의2에 따른 공상소방공무원의 휴직기간 연장에 관하여는 「공무원임용령」 제57조의7 제3항 및 제5항을 준용한다. 이 경우 「공무원임용령」 제57조의7 제3항 전단 중 "3년"은 "5년"으로 본다.

- 「공무원임용령」 제57조의7(질병휴직)
  ③ 임용권자 또는 임용제청권자는 공무상질병휴직을 명한 공무원에게 당초 휴직 사유와 같은 사유로 그 휴직기간 연장을 명하려는 경우로서 총휴직기간이 3년(註: 공상소방공무원의 경우는 5년)을 초과하는 경우에는 임용심사위원회의 의결을 거쳐야 한다. 이 경우 제10조의4 제3항 및 제4항에도 불구하고 임용심사위원회의 위원으로 관계 전문가 1명 이상이 포함되어야 한다.
  ⑤ 공무상요양·재요양승인이나 요양급여·재요양결정을 받은 기간(연장된 요양기간을 포함한다)이 끝난 후에는 그 사유와 같은 사유로 공무상질병휴직을 새로 명하거나 그 휴직기간의 연장을 명할 수 없다.

② 청원휴직사유

임용권자는 공무원이 다음 각 호의 어느 하나에 해당하는 사유로 휴직을 원하면 휴직을 명할 수 있다. 다만, 〈4〉의 경우에는 대통령령으로 정하는 특별한 사정이 없으면 휴직을 명하여야 한다(국가공무원법 제71조 제2항).

휴직사유	휴직기간
1. 국제기구, 외국 기관, 국내외의 대학·연구기관, 다른 국가기관 또는 대통령령으로 정하는 민간기업, 그 밖의 기관에 임시로 채용될 때	그 채용 기간. 다만, 민간기업이나 그 밖의 기관에 채용되면 3년 이내
2. 국외 유학을 하게 된 때	3년 이내로 하되, 부득이한 경우에는 2년의 범위에서 연장 가능
3. 중앙인사관장기관의 장이 지정하는 연구기관이나 교육기관 등에서 연수하게 된 때	2년 이내
4. 8세 이하 또는 초등학교 2학년 이하의 자녀를 양육하기 위하여 필요하거나 여성공무원이 임신 또는 출산하게 된 때	자녀 1명에 대하여 3년 이내
5. 조부모, 부모(배우자의 부모를 포함), 배우자, 자녀 또는 손자녀를 부양하거나 돌보기 위하여 필요한 경우(다만, 조부모나 손자녀의 돌봄을 위하여 휴직할 수 있는 경우는 본인 외에 돌볼 사람이 없는 등 대통령령등으로 정하는 요건을 갖춘 경우로 한정)	1년 이내로 하되, 재직 기간 중 총 3년을 넘을 수 없음

6. 외국에서 근무·유학 또는 연수하게 되는 배우자를 동반하게 된 때	3년 이내로 하되, 부득이한 경우에는 2년의 범위에서 연장할 수 있다.
7. 대통령령등으로 정하는 기간(註: 5년 이상) 동안 재직한 공무원이 직무 관련 연구과제 수행 또는 자기개발을 위하여 학습·연구 등을 하게 된 때	1년 이내

※ 임기제공무원에 대하여는 〈4〉에 한정하여 적용한다.
　임용권자는 〈4〉에 따른 휴직을 이유로 인사에 불리한 처우를 하여서는 아니 된다.
※ 국가공무원법 제71조 제2항 단서의 "대통령령으로 정하는 특별한 사정" : 공무원임용령에 따른 공무원과는 다른 법률의 적용을 받는 공무원이 공무원임용령에 따른 공무원이 된 경우 종전의 신분에서 사용한 육아휴직 기간과 위 표의 〈4〉에 따라 사용하는 육아휴직 기간을 합한 기간이 자녀 1명에 대하여 3년 이상인 경우

(2) 효력

휴직 중인 공무원은 신분은 보유하나 직무에 종사하지 못한다(제73조 제1항). 만약 휴직 기간 중 그 사유가 없어지면 30일 이내에 임용권자 또는 임용제청권자에게 신고하여야 하며, 임용권자는 지체 없이 복직을 명하여야 한다(제2항). 그리고 휴직 기간이 끝난 공무원이 30일 이내에 복귀 신고를 하면 당연히 복직된다(제3항).

2. 직위해제

(1) 의의

직위해제란 공무원에게 직무수행을 계속하게 할 수 없는 사유가 발생한 경우, 공무원의 신분은 보유하나 보직을 해제하여 직무담당을 하지 못하게 하는 것을 말한다. 직위해제는 복직이 보장되지 않는다는 점에서 휴직과 구별되고, 휴직과 달리 본인에게 귀책사유가 있는 때에 행하는 것이므로 제재적인 성격을 갖는다.

(2) 성질

직위해제는 징계처분과는 법적 기초를 달리하므로 시효의 적용을 받지 않으며, 직위해제 후 동일한 사유로 징계나 직권면직처분을 하여도 일사부재리의 원칙에 반하지 않는다. 직위해제는 징계위원회의 동의·의결 등을 거칠 필요가 없다. 위법한 직위해제에 대하여는 행정소송법상 항고소송(취소소송 또는 무효확인소송)으로 다툴 수 있다.

(3) 직위해제의 사유 (국가공무원법 제73조의3 제1항)

1. 직무수행 능력이 부족하거나 근무성적이 극히 나쁜 자
2. 파면·해임·강등 또는 정직에 해당하는 징계 의결이 요구 중인 자
3. 형사 사건으로 기소된 자(약식명령이 청구된 자는 제외)
4. 고위공무원단에 속하는 일반직공무원으로서 제70조의2 제1항 제2호부터 제5호까지의 사유로 적격심사를 요구받은 자 등

> 제70조의2(적격심사)
> ① 고위공무원단에 속하는 일반직공무원은 다음 각 호의 어느 하나에 해당하면 고위공무원으로서 적격한지 여부에 대한 심사를 받아야 한다.
>   1. 삭제
>   2. 근무성적평정에서 최하위 등급의 평정을 총 2년 이상 받은 때. 이 경우 고위공무원단에 속하는 일반직공무원으로 임용되기 전에 고위공무원단에 속하는 별정직공무원으로 재직한 경우에는 그 재직기간 중에 받은 최하위등급의 평정을 포함한다.
>   3. 대통령령으로 정하는 정당한 사유 없이 직위를 부여받지 못한 기간이 총 1년에 이른 때
>   4. 다음 각 목의 경우에 모두 해당할 때
>   가. 근무성적평정에서 최하위 등급을 1년 이상 받은 사실이 있는 경우. 이 경우 고위공무원단에 속하는 일반직공무원으로 임용되기 전에 고위공무원단에 속하는 별정직공무원으로 재직한 경우에는 그 재직기간 중에 받은 최하위 등급을 포함한다.
>   나. 대통령령으로 정하는 정당한 사유 없이 6개월 이상 직위를 부여받지 못한 사실이 있는 경우
>   5. 제3항 단서에 따른 조건부 적격자가 교육훈련을 이수하지 아니하거나 연구과제를 수행하지 아니한 때

5. 금품비위, 성범죄 등 대통령령으로 정하는 비위행위로 인하여 감사원 및 검찰·경찰 등 수사기관에서 조사나 수사 중인 자로서 비위의 정도가 중대하고 이로 인하여 정상적인 업무수행을 기대하기 현저히 어려운 자

(4) 직위해제의 효력

① 임용권자는 제1항 〈1〉(註: 직무수행 능력이 부족하거나 근무성적이 극히 나쁜 자)에 해당하여 직위해제된 자에게 3개월의 범위에서 대기를 명한다(제73조의3 제3항). 그리고 임용권자 또는 임용제청권자는 제3항에 따라 대기 명령을 받은 자에게 능력 회복이나 근무성적의 향상을 위한 교육훈련 또는 특별한 연구과제의 부여 등 필요한 조치를 하여야 한다(제4항). 대기 명령을 받은 자가 그 기간에 능력 또는 근무성적의 향상을 기대하기 어렵다고 인정된 때에는 임용권자가 징계위원회의 동의를 얻어 직권면직할 수 있다(제70조 제1항·제2항).

② 직위해제 사유가 소멸되면 임용권자는 지체 없이 직위를 부여하여야 한다(제73조의3 제2항).

(5) 직위해제 사유의 경합

공무원에 대하여 제1항 〈1〉의 직위해제 사유와 같은 항 〈2〉·〈3〉 또는 〈5〉의 직위해제 사유가 경합(競合)할 때에는 같은 항 〈2〉·〈3〉 또는 〈5〉의 직위해제 처분을 하여야 한다(제73조의3 제5항).

3. 강임

(1) 의의

강임이란 같은 직렬 내에서 하위 직급에 임명하거나 하위 직급이 없어 다른 직렬의 하위 직급으로 임명하거나 고위공무원단에 속하는 일반직공무원을 고위공무원단 직위가 아닌 하위 직위에

임명하는 것을 말한다(국가공무원법 제5조).

(2) 강임의 사유

임용권자는 직제 또는 정원의 변경이나 예산의 감소 등으로 직위가 폐직되거나 하위의 직위로 변경되어 과원이 된 경우 또는 본인이 동의한 경우에는 소속 공무원을 강임할 수 있다(국가공무원법 제73조의4 제1항).

(3) 강임의 범위

소방공무원을 강임할 때에는 바로 하위계급에 임용하여야 한다(소방공무원 임용령 제54조).

(4) 우선 임용

강임된 공무원은 상위 직급 또는 고위공무원단 직위에 결원이 생기면 제40조(註 : 승진)·제40조의2(註 : 승진임용의 방법)·제40조의4(註 : 우수공무원 등의 특별승진) 및 제41조(註 : 승진시험방법)에도 불구하고 우선 임용된다. 다만, 본인이 동의하여 강임된 공무원은 본인의 경력과 해당 기관의 인력 사정 등을 고려하여 우선 임용될 수 있다(국가공무원법 제73조의4 제1항).

> **소방공무원 임용령 제55조(강임자의 우선승진 임용방법)** 동일계급에 강임된 자가 2인 이상인 경우의 우선 승진임용 순위는 강임일자 순으로 하되, 강임일자가 같은 경우에는 강임되기 전의 계급에 임용된 일자의 순에 의한다.

(5) 승진소요최저연수

강등되거나 강임되었던 사람이 원 계급으로 승진된 경우에는 강등 또는 강임 전의 기간은 재직연수에 합산한다(공무원임용령 제31조 제4항).

(6) 강임 시의 봉급 보전

① 강임된 사람에게는 강임된 봉급이 강임되기 전보다 많아지게 될 때까지는 강임되기 전의 봉급에 해당하는 금액을 지급한다(공무원보수규정 제6조 제1항).
② 강임 시의 호봉획정 방법이 변경되어 재획정한 호봉이 획정방법 변경 전의 호봉보다 낮아지는 경우에는 재획정한 호봉의 봉급이 종전 호봉의 봉급보다 많아지게 될 때까지는 종전 호봉의 봉급에 해당하는 금액을 지급한다(제2항).

출·제·예·상·문·제

🚒 소방승진 공무원법

01 소방공무원의 청원휴직 기간으로 옳지 않은 것은?

① 8세 이하 또는 초등학교 2학년 이하의 자녀를 양육하기 위하여 필요하거나 여성공무원이 임신 또는 출산하게 된 때 : 자녀 1명에 대하여 3년 이내
② 5년 이상 재직한 공무원이 직무 관련 연구과제 수행 또는 자기개발을 위하여 학습·연구 등을 하게 된 때 : 1년 이내
③ 외국에서 근무·유학 또는 연수하게 되는 배우자를 동반하게 될 때 : 3년 이내로 하되, 부득이한 경우에는 2년의 범위에서 연장 가능
④ 국제기구, 외국 기관, 국내외의 대학·연구기관, 다른 국가기관 또는 대통령령으로 정하는 민간기업, 그 밖의 기관에 임시로 채용될 때 : 그 채용 기간. 다만, 민간기업이나 그 밖의 기관에 채용되면 2년 이내

해설
④ (×) 이 경우 휴직 기간은 그 채용 기간으로 한다. 다만, 민간기업이나 그 밖의 기관에 채용되면 3년 이내로 한다(국가공무원법 제72조 제4호).

02 다음 중 국가공무원법상 직권휴직 사유가 아닌 것은?

① 「병역법」에 따른 병역 복무를 마치기 위하여 징집 또는 소집된 때
② 천재지변이나 전시·사변, 그 밖의 사유로 생사 또는 소재가 불명확하게 된 때
③ 국제기구, 외국 기관, 국내외의 대학·연구기관, 다른 국가기관 또는 대통령령으로 정하는 민간기업, 그 밖의 기관에 임시로 채용될 때
④ 「공무원의 노동조합 설립 및 운영 등에 관한 법률」에 따라 노동조합 전임자로 종사하게 된 때

해설
③ (×) 청원휴직사유이다(국가공무원법 제71조 제2항 제1호).

정답 01. ④ 02. ③

소방승진 공무원법

03 다음의 공무원 휴직기간 중 원칙적으로 3년 이내가 아닌 것은?

① 국외 유학을 하게 된 때
② 중앙인사관장기관의 장이 지정하는 연구기관이나 교육기관 등에서 연수하게 된 때
③ 8세 이하 또는 초등학교 2학년 이하의 자녀(1명)를 양육하기 위하여 필요하거나 여성공무원이 임신 또는 출산하게 된 때
④ 외국에서 근무·유학 또는 연수하게 되는 배우자를 동반하게 된 때

해설
② (×) 2년 이내이다.

04 「국가공무원법」상 임기제공무원에게 적용되는 휴직사유가 아닌 것은?

① 「공무원의 노동조합 설립 및 운영 등에 관한 법률」에 따라 노동조합 전임자로 종사하게 된 때 : 전임 기간
② 신체·정신상의 장애로 장기 요양이 필요할 때
③ 「병역법」에 따른 병역 복무를 마치기 위하여 징집 또는 소집된 때
④ 8세 이하 또는 초등학교 2학년 이하의 자녀를 양육하기 위하여 필요하거나 여성공무원이 임신 또는 출산하게 된 때

해설
임기제공무원에 대하여는 ②·③·④에 대하여만 국가공무원법상 휴직 규정이 적용된다.

05 소방공무원의 직권휴직 기간으로 적절하지 않은 것은? *20 소방위 변형

① 「공무원의 노동조합 설립 및 운영 등에 관한 법률」에 따라 노동조합 전임자로 종사하게 된 때 : 전임 기간
② 「병역법」에 따른 병역 복무를 마치기 위하여 징집 또는 소집된 때 : 복무 기간이 끝날 때까지
③ 천재지변이나 전시·사변, 그 밖의 사유로 생사 또는 소재가 불명확하게 된 때 : 6개월 이내
④ 법률의 규정에 따른 의무를 수행하기 위하여 직무를 이탈하게 된 때 : 복무 기간이 끝날 때까지

해설
③ (×) 천재지변이나 전시·사변, 그 밖의 사유로 생사 또는 소재가 불명확하게 된 때 : 3개월 이내(국가공무원법 제71조, 제72조)

정답 03. ② 04. ① 05. ③

06 소방공무원의 휴직에 관한 내용으로 옳지 않은 것은?

① 휴직 중인 공무원은 신분은 보유하나 직무에 종사하지 못한다.
② 휴직 기간이 끝난 공무원이 30일 이내에 복귀 신고를 하면 당연히 복직된다.
③ 휴직 기간 중 휴직 사유가 없어진 공무원이 30일 이내에 임용권자 또는 임용제청권자에게 신고하면 당연히 복직된다.
④ 중앙인사관장기관의 장이 지정하는 연구기관이나 교육기관 등에서 연수하게 되어 휴직을 원하면 임용권자는 휴직을 명할 수 있다.

해설
③ (×) 휴직 기간 중 그 사유가 없어지면 30일 이내에 임용권자 또는 임용제청권자에게 신고하여야 하며, 임용권자는 지체 없이 복직을 명하여야 한다(국가공무원법 제73조 제2항).

07 「국가공무원법」상 직위해제 사유에 해당하지 않는 것은?

① 직무수행 능력이 부족하거나 근무성적이 극히 나쁜 자
② 파면·해임·강등·정직 또는 감봉에 해당하는 징계 의결이 요구 중인 자
③ 형사 사건으로 기소된 자(약식명령이 청구된 자는 제외)
④ 금품비위, 성범죄 등 대통령령으로 정하는 비위행위로 인하여 감사원 및 검찰·경찰 등 수사기관에서 조사나 수사 중인 자로서 비위의 정도가 중대하고 이로 인하여 정상적인 업무수행을 기대하기 현저히 어려운 자

해설
직위해제의 사유(국가공무원법 제73조의3 제1항)
1. 직무수행 능력이 부족하거나 근무성적이 극히 나쁜 자.
2. 파면·해임·강등 또는 정직에 해당하는 징계 의결이 요구 중인 자.
3. 형사 사건으로 기소된 자(약식명령이 청구된 자는 제외).
4. 고위공무원단에 속하는 일반직공무원으로서 제70조의2 제1항 제2호부터 제5호까지의 사유로 적격심사를 요구받은 자
5. 금품비위, 성범죄 등 대통령령으로 정하는 비위행위로 인하여 감사원 및 검찰·경찰 등 수사기관에서 조사나 수사 중인 자로서 비위의 정도가 중대하고 이로 인하여 정상적인 업무수행을 기대하기 현저히 어려운 자

정답 06. ③ 07. ②

소방승진 공무원법

08 소방공무원의 직위해제에 관한 내용으로 옳지 않은 것은?

① 직위해제는 시효의 적용을 받지 않으며, 직위해제 후 동일한 사유로 징계나 직권면직처분을 하여도 일사부재리의 원칙에 반하지 않는다.
② 파면·해임·강등 또는 정직에 해당하는 징계 의결이 요구 중인 자에게는 직위를 부여하지 아니하여야 한다.
③ 직무수행 능력이 부족하거나 근무성적이 극히 나쁜 자에 해당하여 직위해제된 후 대기 명령을 받은 자가 그 기간에 능력 또는 근무성적의 향상을 기대하기 어렵다고 인정된 때에는 임용권자가 징계위원회의 동의를 얻어 직권면직할 수 있다.
④ '직무수행 능력이 부족하거나 근무성적이 극히 나쁜 자'와 '형사 사건으로 기소된 자'의 사유가 경합하면 '형사 사건으로 기소된 자'의 사유로 직위해제 처분을 하여야 한다.

[해설]
② (×) 국가공무원법 제73조의3(직위해제) ① 임용권자는 다음 각 호의 어느 하나에 해당하는 자에게는 직위를 부여하지 아니할 수 있다. (각 호 생략) ☞ '아니하여야' 부분이 틀림

09 소방공무원의 직위해제 사유에 관한 설명으로 적절하지 않은 것은?

① 신체·정신상의 이상으로 직무를 감당하지 못할 만한 지장이 있는 자는 직위를 부여하지 아니할 수 있다.
② 정직에 해당하는 징계 의결이 요구 중인 자는 직위를 부여하지 아니할 수 있다.
③ 직무수행 능력이 부족하거나 근무성적이 극히 나쁜 자는 직위를 부여하지 아니할 수 있다.
④ 약식명령 청구 형식으로 기소된 경우는 직위해제 사유가 아니다.

[해설]
① (×) 국가공무원법 제73조의3(직위해제)에 규정된 사유가 아니다.

10 소방공무원의 직위해제에 관한 내용으로 옳지 않은 것은?

① 직위해제 사유가 소멸되면 임용권자는 지체 없이 직위를 부여하여야 한다.
② 임용권자는 직무수행 능력이 부족하거나 근무성적이 극히 나쁜 자에 해당하여 직위해제된 자에게 3개월의 범위에서 대기를 명한다.
③ 대기 명령을 받은 자가 그 기간에 능력 또는 근무성적의 향상을 기대하기 어렵다고 인정된 때에는 임용권자가 징계위원회의 의견을 들어 직권면직할 수 있다.
④ '직무수행 능력이 부족하거나 근무성적이 극히 나쁜 자'와 '형사 사건으로 기소된 자'의 사유가 경합하면 '형사 사건으로 기소된 자'의 사유로 직위해제 처분을 하여야 한다.

[정답] 08. ② 09. ① 10. ③

해설
③ (×) 대기 명령을 받은 자가 그 기간에 능력 또는 근무성적의 향상을 기대하기 어렵다고 인정된 때에는 임용권자가 징계위원회의 '동의를 얻어' 직권면직할 수 있다(국가공무원법 제70조 제1항·제2항).

11 강임에 대한 설명으로 옳은 것은?

① 임용권자는 직제 또는 정원의 변경이나 예산의 감소 등으로 직위가 폐직되거나 상위의 직위로 변경되어 과원이 된 경우 또는 본인이 동의한 경우에는 소속 공무원을 강임할 수 있다.
② 소방공무원을 강임할 때에는 2단계 하위계급에 임용하여야 한다.
③ 3개월간 직무를 정지하며 18개월 동안 승진임용 또는 승급이 제한된다.
④ 강임된 사람에게는 강임된 봉급이 강임되기 전보다 많아지게 될 때까지는 강임되기 전의 봉급에 해당하는 금액을 지급한다.

해설
① (×) 상위의 직위로 변경되는 것이 아니라 하위의 직위로 변경된 경우이다.
② (×) 바로 하위계급에 임용하여야 한다(소방공무원 임용령 제54조).
③ (×) 지문은 징계처분으로서 강등에 대한 설명이다.

12 소방공무원의 강임에 관한 내용으로 옳지 않은 것은?

① 소방공무원을 강임할 때에는 바로 하위계급에 임용하여야 한다.
② 강임된 공무원은 상위 직급에 결원이 생기면 승진 규정에도 불구하고 우선 임용된다.
③ 동일계급에 강임된 자가 2인 이상인 경우의 우선 승진임용 순위는 강임일자 순으로 하되, 강임일자가 같은 경우에는 강임되기 전의 계급에 임용된 일자의 순에 의한다.
④ 강등되거나 강임되었던 사람이 원 계급으로 승진된 경우에 강등 또는 강임 전의 기간은 재직연수에 합산하지 아니한다.

해설
④ (×) 강등되거나 강임되었던 사람이 원 계급으로 승진된 경우에는 강등 또는 강임 전의 기간은 재직연수에 합산한다(공무원임용령 제31조 제4항).

정답 11. ④ 12. ④

소방승진 공무원법

13 소방공무원의 강임에 관한 내용으로 옳지 않은 것은?

① 임용권자는 직제 또는 정원의 변경이나 예산의 감소 등으로 직위가 폐직되거나 하위의 직위로 변경되어 과원이 된 경우 또는 본인이 동의한 경우에는 소속 공무원을 강임할 수 있다.

② 강임된 공무원은 상위 직급에 결원이 생기면 우선 임용된다. 다만, 본인이 동의하여 강임된 공무원은 본인의 경력과 해당 기관의 인력 사정 등을 고려하여 우선 임용될 수 있다.

③ 동일계급에 강임된 자가 2인 이상인 경우의 우선 승진임용 순위는 강임일자 순으로 한다.

④ 동일계급에 강임된 자가 2인 이상으로서 강임일자가 같은 경우에는 강임된 계급에 임용된 일자의 순에 의한다.

해설

④ (×) 동일계급에 강임된 자가 2인 이상인 경우의 우선 승진임용 순위는 강임일자 순으로 하되, 강임일자가 같은 경우에는 강임되기 전의 계급에 임용된 일자의 순에 의한다(소방공무원 임용령 제55조).

정답 13. ④

CHAPTER 02 공무원법관계의 소멸(당연퇴직 등, 면직)

1. 정년

(1) 의의

법률규정에 의하여 공무원관계가 소멸하는 사유로는 사망, 임기만료, 정년, 국적상실이 있다. 이들은 모두 당연퇴직의 사유이기도 하다. 그 가운데 공무원의 연령정년은 다른 법률에 특별한 규정이 있는 경우를 제외하고는 60세로 한다(국가공무원법 제74조 제1항).

그 밖의 정년제도로 계급정년, 근속정년이 있다. 계급정년은 특정계급에서 일정기간 승진하지 못하면 자동퇴직하는 제도로서 행정기관이 외부와 인사를 비교류하는 폐쇄형 인사제도하에서 주로 등장하는데, 우리의 경우 군인, 소방공무원, 검찰, 경찰 등 일부 특정직의 상위직에 적용되고 있다. 그리고 근속정년은 일정한 법정 근속연한에 달하면 당연퇴직되는 제도이다.

(2) 소방공무원의 정년

① **정년의 구분**

소방공무원의 정년은 다음과 같다(소방공무원법 제25조 제1항).

> 1. 연령정년 : 60세
> 2. 계급정년 : •소방감 : 4년 •소방준감 : 6년 •소방정 : 11년 •소방령 : 14년

② **정년퇴직 발령**

연령정년의 경우, 소방공무원은 그 정년이 되는 날이 1월에서 6월 사이에 있는 경우에는 6월 30일에 당연히 퇴직하고, 7월에서 12월 사이에 있는 경우에는 12월 31일에 당연히 퇴직한다(소방공무원법 제25조 제5항). 이는 국가공무원법의 규정과 동일하다(제74조 제2항).

③ **계급정년의 산정**

㉠ 계급정년을 산정할 때에는 근속 여부와 관계없이 소방공무원 또는 경찰공무원으로서 그 계급에 상응하는 계급으로 근무한 연수(年數)를 포함한다(소방공무원법 제25조 제2항).

㉡ 징계로 인하여 강등(소방경으로 강등된 경우를 포함)된 소방공무원의 계급정년은 다음 각 호에 따른다(제3항).

> 1. 강등된 계급의 계급정년은 강등되기 전 계급 중 가장 높은 계급의 계급정년으로 한다.
> 2. 계급정년을 산정할 때에는 강등되기 전 계급의 근무연수와 강등 이후의 근무연수를 합산한다.

ⓒ 소방청장은 전시, 사변, 그 밖에 이에 준하는 비상사태에서는 2년의 범위에서 제1항 제2호에 따른 계급정년을 연장할 수 있다. 이 경우 소방령 이상의 소방공무원에 대해서는 행정안전부장관의 제청으로 국무총리를 거쳐 대통령의 승인을 받아야 한다(제4항).

2. 당연퇴직

(1) 의의

당연퇴직이란 앞에서 본 정년을 포함하여 일정한 사유의 발생으로 별도의 행위를 요하지 않고 당연히 공무원관계가 소멸하는 경우이다. 따라서 퇴직발령은 퇴직의 유효요건이 아니라 퇴직된 사실을 알리는 관념의 통지에 불과하다. 따라서 당연퇴직은 공무원의 신분을 상실시키는 새로운 형성적 행위가 아니므로 행정소송의 대상이 되는 독립한 행정처분이라고 할 수 없다(대판 1995.11.14. 95누2036).

(2) 당연퇴직 사유(국가공무원법 제69조)

공무원이 다음의 어느 하나에 해당할 때에는 당연히 퇴직한다.
① 제33조 각 호(임용 결격사유)의 어느 하나에 해당하는 경우

> 1. 피성년후견인 ☞ 위헌결정(2020헌가8, 2022.12.22.)
> 2. 파산선고를 받고 복권되지 아니한 자 ☞ 파산선고를 받은 사람으로서 「채무자 회생 및 파산에 관한 법률」에 따라 신청기한 내에 면책신청을 하지 아니하였거나 면책불허가 결정 또는 면책 취소가 확정된 경우만 해당
> 3. 금고 이상의 실형을 선고받고 그 집행이 끝나거나(집행이 끝난 것으로 보는 경우를 포함한다) 집행이 면제된 날부터 5년이 지나지 아니한 자
> 4. 금고 이상의 형을 선고받고 그 집행유예 기간이 끝난 날부터 2년이 지나지 아니한 자
> 5. 금고 이상의 형의 선고유예를 받은 경우에 그 선고유예 기간 중에 있는 자 ☞ 「형법」 제129조부터 제132조까지(註: 뇌물죄등), 「성폭력범죄의 처벌 등에 관한 특례법」 제2조, 「정보통신망 이용촉진 및 정보보호 등에 관한 법률」 제74조 제1항 제2호·제3호, 「스토킹범죄의 처벌 등에 관한 법률」 제2조 제2호, 「아동·청소년의 성보호에 관한 법률」 제2조 제2호 및 직무와 관련하여 「형법」 제355조(註: 횡령·배임죄) 또는 제356조(註: 업무상 횡령·배임죄)에 규정된 죄를 범한 사람으로서 금고 이상의 형의 선고유예를 받은 경우만 해당
> 6. 법원의 판결 또는 다른 법률에 따라 자격이 상실되거나 정지된 자
> 6의2. 공무원으로 재직기간 중 직무와 관련하여 「형법」 제355조 및 제356조에 규정된 죄를 범한 자로서 300만원 이상의 벌금형을 선고받고 그 형이 확정된 후 2년이 지나지 아니한 자
> 6의3. 다음 각 목의 어느 하나에 해당하는 죄를 범한 사람으로서 100만원 이상의 벌금형을 선고받고 그 형이 확정된 후 3년이 지나지 아니한 사람
>   가. 「성폭력범죄의 처벌 등에 관한 특례법」 제2조에 따른 성폭력범죄
>   나. 「정보통신망 이용촉진 및 정보보호 등에 관한 법률」 제74조 제1항 제2호 및 제3호에 규정된 죄
>   다. 「스토킹범죄의 처벌 등에 관한 법률」 제2조 제2호에 따른 스토킹범죄
> 6의4. 미성년자에 대하여 「성폭력범죄의 처벌 등에 관한 특례법」 제2조에 따른 성폭력범죄 또는

「아동·청소년의 성보호에 관한 법률」 제2조 제2호에 따른 아동·청소년대상 성범죄를 범한 사람으로서 다음 각 목의 어느 하나에 해당하는 날부터 20년이 지나지 아니한 사람

가. 금고 이상의 실형을 선고받고 그 집행이 끝나거나(집행이 끝난 것으로 보는 경우를 포함한다) 집행이 면제된 날

나. 금고 이상의 형의 집행유예를 선고받고 그 집행유예가 확정된 날

다. 벌금 이하의 형을 선고받고 그 형이 확정된 날

라. 치료감호를 선고받고 그 집행이 끝나거나 집행이 면제된 날

마. 징계로 파면처분 또는 해임처분을 받은 날

7. 징계로 파면처분을 받은 때부터 5년이 지나지 아니한 자
8. 징계로 해임처분을 받은 때부터 3년이 지나지 아니한 자

② 임기제공무원의 근무기간이 만료된 경우

3. 면직

(1) 의의

특별한 행위에 의하여 공무원관계가 소멸되는 경우를 면직이라 한다. 특별한 행위가 필요하다는 점에서 법정사유로 인한 당연퇴직과 다르다. 면직에는 의원면직과 강제면직이 있다. 면직처분을 할 때에는 그 처분권자 또는 처분제청권자는 처분사유를 적은 설명서를 교부하여야 하되, 의원면직의 경우는 그러하지 아니하다(국가공무원법 제75조, 지방공무원법 제67조).

(2) 의원면직

① 개념

공무원 자신의 사직의 의사표시에 의거하여 임용권자가 공무원관계를 종료시키는 행위를 말한다. 이는 상대방의 신청을 요하는 행정행위이므로 사의표시만으로 공무원관계가 소멸하지 않고 면직처분이 있기까지는 공무원관계가 유지된다.

② 사직의 의사표시

사직의 의사표시는 행정요건적 사인의 공법행위로서 정상적인 의사에 의해 행해진 것이어야 한다. 판례는 사직원의 제출이 의사결정의 자유를 박탈할 정도의 강박에 의한 것이라면 무효가 되며, 또한 사직의 의사표시에 민법 제107조(비진의 의사표시)가 적용되지 아니한다는 입장이다. 사직의 의사표시는 사직원이 수리되기 전까지 철회될 수 있다.

③ 수리의무

공무담임은 권리이지 의무만은 아니므로 임용권자에게 수리의무가 있다. 다만 수리시기에 대하여는 당해 업무의 공백사태나 의원면직 제도의 악용 등을 방지하기 위하여 일정한 한도에서 재량이 인정된다.

④ 명예퇴직제

공무원으로 20년 이상 근속한 자가 정년 전에 스스로 퇴직(임기제공무원이 아닌 경력직공무원이 임기제공무원으로 임용되어 퇴직하는 경우로서 대통령령으로 정하는 경우를 포함)하면 예산의

범위에서 명예퇴직 수당을 지급할 수 있다. 또한 직제와 정원의 개폐 또는 예산의 감소 등에 따라 폐직 또는 과원이 되었을 때에 20년 미만 근속한 자가 정년 전에 스스로 퇴직하면 예산의 범위에서 수당을 지급할 수 있다(국가공무원법 제74조의2).

(3) 강제면직(일방적 면직)

① 개념

공무원 본인의 의사에 관계없이 임용권자가 일방적으로 공무원관계를 소멸시키는 행위이다. 이에는 징계면직과 직권면직이 있다.

② 징계면직

공무원법상 요구되는 의무를 위반한 경우 그에 대하여 가해지는 제재로서 당해 공무원의 신분을 박탈하는 행위이다. 이에는 파면과 해임이 있다.

③ 직권면직

㉠ 직권면직 사유

임용권자는 공무원이 다음의 어느 하나에 해당하면 직권으로 면직시킬 수 있다(국가공무원법 제70조 제1항).

> 1. 직제와 정원의 개폐 또는 예산의 감소 등에 따라 폐직(廢職) 또는 과원(過員)이 되었을 때
> 2. 휴직 기간이 끝나거나 휴직 사유가 소멸된 후에도 직무에 복귀하지 아니하거나 직무를 감당할 수 없을 때
> 3. 제73조의3 제3항에 따라 대기 명령을 받은 자가 그 기간에 능력 또는 근무성적의 향상을 기대하기 어렵다고 인정된 때
> 4. 전직시험에서 세 번 이상 불합격한 자로서 직무수행 능력이 부족하다고 인정된 때
> 5. 병역판정검사·입영 또는 소집의 명령을 받고 정당한 사유 없이 이를 기피하거나 군복무를 위하여 휴직 중에 있는 자가 군복무 중 군무(軍務)를 이탈하였을 때
> 6. 해당 직급·직위에서 직무를 수행하는데 필요한 자격증의 효력이 없어지거나 면허가 취소되어 담당 직무를 수행할 수 없게 된 때
> 7. 고위공무원단에 속하는 공무원이 제70조의2에 따른 적격심사 결과 부적격 결정을 받은 때

㉡ 절차 및 효력

ⓐ 임용권자는 제1항 〈2〉부터 〈6〉까지의 규정에 따라 면직시킬 경우에는 미리 관할 징계위원회의 의견을 들어야 한다. 다만, 〈3〉에 따라 면직시킬 경우에는 징계위원회의 동의를 받아야 한다(제2항). 이 경우 소방공무원에 대한 직권면직에 관한 징계위원회의 동의절차에 관하여는 소방공무원 징계령에 따른 징계등 절차를 준용한다(소방공무원 징계령 제19조의2).

ⓑ 임용권자나 임용제청권자는 〈1〉에 따라 소속 공무원을 면직시킬 때에는 임용 형태, 업무 실적, 직무수행 능력, 징계처분 사실 등을 고려하여 면직 기준을 정하여야 한다(국가공무원법 제70조 제3항).

ⓒ 제3항에 따른 면직 기준을 정하거나 〈1〉에 따라 면직 대상자를 결정할 때에는 임용권자 또는 임용제청권자(임용권자나 임용제청권자가 분명하지 아니하면 중앙인사관장기관

의 장을 말한다)별로 심사위원회를 구성하여 그 심사위원회의 심의·의결을 거쳐야 한다(제4항).

ⓓ 제4항에 따른 심사위원회의 위원장은 임용권자 또는 임용제청권자가 되며, 위원은 면직 대상자보다 상위 계급자 또는 고위공무원단에 속하는 일반직공무원 중에서 위원장이 지명하는 5명 이상 7명 이하로 구성하되, 면직 대상자의 상위 계급자 또는 고위공무원단에 속하는 일반직공무원을 우선하여 지명하여야 한다. 다만, 상위 계급자 또는 고위공무원단에 속하는 일반직공무원이 부족하면 4명 이내로 구성할 수 있다(제5항).

ⓔ 〈2〉에 따른 직권 면직일은 휴직 기간이 끝난 날 또는 휴직 사유가 소멸한 날로 한다(제6항).

출·제·예·상·문·제

🚒 소방승진 공무원법

01 소방공무원의 정년에 관한 내용으로 옳지 않은 것은? ＊22 소방교

① 소방정의 계급정년은 11년으로 한다.
② 소방청장은 전시, 사변, 그 밖에 이에 준하는 비상사태에서는 3년의 범위에서 계급정년을 연장할 수 있다.
③ 징계로 인하여 강등된 소방공무원의 계급정년을 산정할 때에는 강등되기 전 계급의 근무연수와 강등 이후의 근무연수를 합산한다.
④ 소방공무원은 그 정년이 되는 날이 1월에서 6월 사이에 있는 경우에는 6월 30일에 당연히 퇴직하고, 7월에서 12월 사이에 있는 경우에는 12월 31일에 당연히 퇴직한다.

[해설]
② (×) 소방청장은 전시, 사변, 그 밖에 이에 준하는 비상사태에서는 2년의 범위에서 제1항 제2호에 따른 계급정년을 연장할 수 있다. 이 경우 소방령 이상의 소방공무원에 대해서는 행정안전부장관의 제청으로 국무총리를 거쳐 대통령의 승인을 받아야 한다(소방공무원법 제25조 제4항).

02 소방공무원의 계급정년에 대한 설명으로 틀린 것은? ＊20 소방교

① 소방정의 계급정년은 11년, 소방령의 계급정년은 14년이다.
② 징계로 강등된 계급의 계급정년은 강등되기 전 계급 중 가장 높은 계급의 계급정년으로 한다.
③ 계급정년을 산정할 때에는 경찰공무원으로서 그 계급에 상응하는 계급으로 근무한 연수의 2분의1을 합산한다.
④ 소방청장은 전시, 사변, 그 밖에 이에 준하는 비상사태에서는 2년의 범위에서 계급정년을 연장할 수 있다. 이 경우 소방령 이상의 소방공무원에 대해서는 행정안전부장관의 제청으로 국무총리를 거쳐 대통령의 승인을 받아야 한다.

[해설]
③ (×) 계급정년을 산정할 때에는 근속 여부와 관계없이 소방공무원 또는 경찰공무원으로서 그 계급에 상응하는 계급으로 근무한 연수(年數)를 포함한다(제2항).

정답 01. ② 02. ③

03 「소방공무원법」상 소방공무원의 정년에 관한 내용으로 옳은 것은? *24 소방위

① 소방준감의 계급정년은 4년이다.
② 계급정년을 산정할 때에는 근속여부와 관계없이 소방공무원 또는 경찰공무원으로서 그 계급에 상응하는 계급으로 근무한 연수(年數)를 포함한다.
③ 징계로 인하여 소방경으로 강등된 소방공무원의 계급정년은 강등되기 전 계급 중 가장 높은 계급의 계급정년으로 하며, 그 기간의 산정은 강등되기 전 계급의 근무연수를 기준으로 계산한다.
④ 소방청장은 전시, 사변, 그 밖에 이에 준하는 비상사태에서 소방공무원의 계급정년을 2년의 범위에서 연장할 수 있되, 소방경 이상의 소방공무원에 대하여는 행정안전부장관의 제청으로 국무총리를 거쳐 대통령의 승인을 받아야 한다.

해설
① (×) 소방감 4년, 소방준감 6년, 소방정 11년, 소방령 14년
③ (×) 강등된 계급의 계급정년은 강등되기 전 계급 중 가장 높은 계급의 계급정년으로 하며, 계급정년을 산정할 때에는 강등되기 전 계급의 근무연수와 강등 이후의 근무연수를 합산한다(소방공무원법 제25조 제3항).
④ (×) 소방청장은 전시, 사변, 그 밖에 이에 준하는 비상사태에서는 2년의 범위에서 제1항 제2호에 따른 계급정년을 연장할 수 있다. 이 경우 소방령 이상의 소방공무원에 대해서는 행정안전부장관의 제청으로 국무총리를 거쳐 대통령의 승인을 받아야 한다(제4항).

04 소방령, 소방정, 소방준감, 소방감의 계급정년을 모두 합한 숫자로 옳은 것은? *22 소방교

① 30
② 33
③ 35
④ 37

해설
4년(소방감)+6년(소방준감)+11년(소방정)+14년(소방령)

정답 03. ② 04. ③

소방승진 공무원법

07 「국가공무원법」상 당연퇴직사유로 옳지 않은 것은?

① 음주운전으로 금고 이상의 형의 선고유예를 받은 자
② 금고 이상의 실형이 확정된 자
③ 법원의 판결 또는 다른 법률에 따라 자격이 상실되거나 정지된 자
④ 공무원으로 재직기간 중 직무와 관련하여 「형법」 제355조 및 제356조에 규정된 죄를 범한 자로서 300만원 이상의 벌금형을 선고받고 그 형이 확정된 자

해설
① (×) 금고 이상의 형의 선고유예를 받은 경우 당연퇴직사유가 되는 것은, 「형법」 제129조부터 제132조까지(註: 뇌물죄 등), 「성폭력범죄의 처벌 등에 관한 특례법」 제2조, 「정보통신망 이용촉진 및 정보보호 등에 관한 법률」 제74조 제1항 제2호·제3호, 「스토킹범죄의 처벌 등에 관한 법률」 제2조 제2호, 「아동·청소년의 성보호에 관한 법률」 제2조 제2호 및 직무와 관련하여 「형법」 제355조(註: 횡령·배임죄) 또는 제356조(註: 업무상 횡령·배임죄)에 규정된 죄를 범한 경우만 해당된다(국가공무원법 제69조).

08 「국가공무원법」상 당연퇴직사유가 아닌 것은?

① 파산선고를 받은 자
② 해당 직급·직위에서 직무를 수행하는데 필요한 자격증의 효력이 없어진 자
③ 공무원으로 재직기간 중 직무와 관련하여 「형법」상 업무상 횡령죄를 범한 자로서 300만원 이상의 벌금형을 선고받고 그 형이 확정된 자
④ 「성폭력범죄의 처벌 등에 관한 특례법」 제2조에 규정된 죄를 범한 사람으로서 100만원 이상의 벌금형을 선고받고 그 형이 확정된 자

해설
② (×) 직권면직사유에 해당한다.

09 소방공무원의 직권면직 사유로 가장 적절하지 않은 것은?

① 직제와 정원의 개폐 또는 예산의 감소 등에 따라 폐직(廢職) 또는 과원(過員)이 되었을 때
② 직무수행 능력이 부족하거나 근무성적이 극히 나쁠 때
③ 휴직 기간이 끝나거나 휴직 사유가 소멸된 후에도 직무에 복귀하지 아니하거나 직무를 감당할 수 없을 때
④ 해당 직급·직위에서 직무를 수행하는데 필요한 자격증의 효력이 없어지거나 면허가 취소되어 담당 직무를 수행할 수 없게 된 때

해설
② (×) 직무수행 능력이 부족하거나 근무성적이 극히 나쁜 자는 '직위해제'될 수 있다(국가공무원법 제73조의3 제1항). 그 사유로 직위해제된 자에게 3개월의 범위에서 대기를 명한다(제3항). 그리고 그 대기 명령을 받은 자가 그 기간에 능력 또는 근무성적의 향상을 기대하기 어렵다고 인정된 때 직권면직될 수 있다(제70조 제1항 제3호).

정답 07. ① 08. ② 09. ②

10 다음의 직권면직사유 가운데 징계위원회의 동의를 받아야 하는 것은?

① 휴직 기간이 끝나거나 휴직 사유가 소멸된 후에도 직무에 복귀하지 아니하거나 직무를 감당할 수 없을 때
② 병역판정검사·입영 또는 소집의 명령을 받고 정당한 사유 없이 이를 기피하거나 군복무를 위하여 휴직 중에 있는 자가 군복무 중 군무(軍務)를 이탈하였을 때
③ 직무수행능력이 부족하거나 근무성적이 극히 나쁜 자에 해당하여 대기 명령을 받은 자가 그 기간에 능력 또는 근무성적의 향상을 기대하기 어렵다고 인정된 때
④ 해당 직급·직위에서 직무를 수행하는데 필요한 자격증의 효력이 없어지거나 면허가 취소되어 담당 직무를 수행할 수 없게 된 때

해설
③은 징계위원회의 동의를 받아야 하고, ①·②·④는 미리 관할 징계위원회의 의견을 들어야 한다(국가공무원법 제70조 제2항).

11 다음의 직권면직 사유 가운데 임용 형태, 업무 실적, 직무수행 능력, 징계처분 사실 등을 고려하여 면직 기준을 정하여야 하고, 임용권자 또는 임용제청권자별로 심사위원회를 구성하여 그 심사위원회의 심의·의결을 거쳐야 하는 것은?

① 직제와 정원의 개폐 또는 예산의 감소 등에 따라 폐직(廢職) 또는 과원(過員)이 되었을 때
② 전직시험에서 세 번 이상 불합격한 자로서 직무수행 능력이 부족하다고 인정된 때
③ 대기 명령을 받은 자가 그 기간에 능력 또는 근무성적의 향상을 기대하기 어렵다고 인정된 때
④ 고위공무원단에 속하는 공무원이 적격심사 결과 부적격 결정을 받은 때

해설
① (○) 국가공무원법 제70조 제3항, 제4항

12 휴직 기간이 끝나거나 휴직 사유가 소멸된 후에도 직무에 복귀하지 아니하거나 직무를 감당할 수 없을 때에 해당하여 직권면직되는 경우 직권 면직일은?

① 직권면직 사실 통보일
② 징계위원회의 의결일
③ 직무복귀명령에서 정한 기한의 만료일
④ 휴직 기간이 끝난 날 또는 휴직 사유가 소멸한 날

해설
④ (○) 국가공무원법 제70조 제6항

정답 10. ③ 11. ① 12. ④

소방승진은 이패스 소방사관
www.kfs119.co.kr

PART 07

소방공무원의 유지관리

CHAPTER 01 보수청구권
CHAPTER 02 고충처리제도
CHAPTER 03 보훈 및 특별위로금
CHAPTER 04 소방공무원 보건안전 및 복지 기본법
CHAPTER 05 소방공무원 기장령

CHAPTER 01 보수청구권

1. 의의

(1) 보수의 의의

공무원은 국가나 지방자치단체에 대하여 보수를 청구할 권리를 갖는다. 보수란 봉급과 기타 각종 수당을 합산한 금액을 말한다. 다만, 연봉제 적용대상 공무원은 연봉과 그 밖의 각종 수당을 합산한 금액을 말한다(공무원보수규정 제4조 제1호). 보수는 노동력에 대한 반대급부의 성격과 생활보장을 위한 생활자료의 성격을 모두 갖는다.

반대급부적 성격	• 공무원의 보수는 직무의 곤란성과 책임의 정도에 맞도록 계급별·직위별 또는 직무등급별로 정함(국가공무원법 제46조) • 결근한 자·휴직중인 자·직위해제중인 자에 대한 봉급 감액지급(공무원보수규정 제27조~제29조)
생활자료적 성격	• 공무원의 보수는 일반의 표준 생계비, 물가 수준, 그 밖의 사정을 고려하여 정함(국가공무원법 제46조) • 공무원에 대한 청렴의무·영리업무 및 겸직금지의무 부과

(2) 보수의 종류

① **봉급**: 직무의 곤란성 및 책임의 정도에 따라 직책별로 지급되는 기본급여 또는 직무의 곤란성 및 책임의 정도와 재직기간등에 따라 계급별·호봉별로 지급되는 기본급여를 말한다(공무원보수규정 제4조 제2호).

② **수당**: 직무여건 및 생활여건 등에 따라 지급되는 부가급여를 말한다(제3호). 수당에는 시간외근무수당, 야간근무수당, 휴일근무수당, 특수근무수당, 상여수당, 봉급조정수당, 가족수당, 겸임수당 및 명예퇴직수당 등이 있다.

(3) 보수청구권의 법적 성질

보수청구권은 공무원법관계에서 발생하는 것이므로 보수청구소송은 공법상 당사자소송에 의한다(통설). 공무원의 보수는 임의로 양도 또는 포기할 수 없다. 그리고 보수청구권의 소멸시효는 국가재정법 제96조에 의하여 5년이라는 견해도 있으나, 판례는 3년으로 본다.

(4) 부정한 보수 수령에 대한 제재

보수를 거짓이나 부정한 방법 등으로 수령한 경우는 수령 금액의 5배의 범위에서 가산하여 징수할 수 있다(국가공무원법 제47조 제3항).

2. 「공무원보수규정」의 주요 내용

(1) 총칙

① **목적** : 공무원보수규정(대통령령)은 「국가공무원법」, 「헌법재판소법」, 「외무공무원법」, 「경찰공무원법」, 「의무경찰대 설치 및 운영에 관한 법률」, 「소방공무원법」, 「의무소방대설치법」, 「교육공무원법」, 「군인보수법」, 「군무원인사법」, 「국가정보원직원법」 및 「군법무관 임용 등에 관한 법률」에 따라 국가공무원의 보수에 관한 사항을 규정함을 목적으로 한다(제1조).

② **적용범위** : 국가공무원(이하 "공무원")의 보수는 다른 법령에 규정된 것을 제외하고는 이 영에 따른다(제2조).

③ **보수자료 조사**
  ㉠ 인사혁신처장은 보수를 합리적으로 책정하기 위하여 민간의 임금, 표준생계비 및 물가의 변동 등에 대한 조사를 한다(제3조 제1항).
  ㉡ 인사혁신처장은 각 중앙행정기관의 장에게 소속 공무원과 그 기관의 감독을 받는 「공공기관의 운영에 관한 법률」 제4조에 따른 공공기관 등의 임직원의 보수에 관한 자료를 제출할 것을 요청할 수 있다(제2항).
  ㉢ 인사혁신처장은 제1항에 따른 민간의 임금에 대한 조사를 하기 위하여 필요하면 세무행정기관이나 그 밖의 관련 행정기관의 장에게 협조를 요청할 수 있다(제3항).

④ **공무원처우 개선계획**
  인사혁신처장은 기획재정부장관과 협의하여 공무원처우 개선계획을 수립한다(제3조의2).

⑤ **용어 정의**(제4조)

보수	봉급과 그 밖의 각종 수당을 합산한 금액(단, 연봉제 적용대상 공무원은 연봉과 그 밖의 각종 수당을 합산한 금액)
봉급	직무의 곤란성과 책임의 정도에 따라 직책별로 지급되는 기본급여 또는 직무의 곤란성과 책임의 정도 및 재직기간 등에 따라 계급(직무등급이나 직위를 포함)별, 호봉별로 지급되는 기본급여
수당	직무여건 및 생활여건 등에 따라 지급되는 부가급여
승급	일정한 재직기간의 경과나 그 밖에 법령의 규정에 따라 현재의 호봉보다 높은 호봉을 부여하는 것
승격	외무공무원이 현재 임용된 직위의 직무등급보다 높은 직무등급의 직위(고위공무원단 직위는 제외)에 임용되는 것
연봉	매년 1월 1일부터 12월 31일까지 1년간 지급되는 다음 각 목의 기본연봉과 성과연봉을 합산한 금액(단, 고정급적 연봉제 적용대상 공무원의 경우에는 해당 직책과 계급을 반영하여 일정액으로 지급되는 금액) • 기본연봉 : 개인의 경력, 누적성과와 계급 또는 직무의 곤란성 및 책임의 정도를 반영하여 지급되는 기본급여의 연간 금액 • 성과연봉 : 전년도 업무실적의 평가 결과를 반영하여 지급되는 급여의 연간 금액
연봉월액	연봉에서 매월 지급되는 금액으로서 연봉을 12로 나눈 금액

(2) 봉급

① **공무원의 봉급** : 공무원의 봉급월액은 별표 1 공무원별 봉급표 구분표에 따른 별표 3, 별표 3의2, 별표 4부터 별표 6까지, 별표 8 및 별표 10(註 : 소방공무원·경찰공무원)부터 별표 14까지의 해당 봉급표에 명시된 금액으로 한다(제5조).

② **강임 시 등의 봉급 보전**

㉠ 강임된 사람에게는 강임된 봉급이 강임되기 전보다 많아지게 될 때까지는 강임되기 전의 봉급에 해당하는 금액을 지급한다(제6조 제1항).

㉡ 「공무원임용령」제29조 제1항 제2호(註 : 직제나 정원의 개정·폐지로 해당 직의 인원을 조정할 필요가 있는 경우)에 따라 전직하는 사람의 봉급이 전직하기 전보다 적어지는 경우에는 전직하기 전보다 많아지게 될 때까지는 전직하기 전의 봉급에 해당하는 금액을 지급한다(제2항).

(3) 승급

① **정기승급**

㉠ 공무원의 호봉 간 승급에 필요한 기간(이하 "승급기간")은 1년으로 한다.(단서 생략)(제13조 제1항).

㉡ 공무원의 호봉은 매달 1일자로 승급한다(제3항).

㉢ 제14조에 따라 승급제한을 받고 있는 공무원은 승급제한 기간이 끝난 날의 다음 날에 승급한다. 이 경우 그 공무원이 제14조에 따른 승급제한 사유 없이 계속 근무하였을 때 획정되는 호봉을 초과할 수 없다(제5항).

② **승급의 제한**

다음 각 호의 어느 하나에 해당하는 사람은 해당 기간 동안 승급시킬 수 없다(제14조 제1항).

1. 징계처분, 직위해제 또는 휴직(공무상 질병 또는 부상으로 인한 휴직은 제외한다) 중인 사람
2. 징계처분의 집행이 끝난 날(강등의 경우에는 직무에 종사하지 못하는 3개월이 끝난 날을 말한다. 이하 같다)부터 다음 각 목의 기간[「국가공무원법」제78조의2 제1항 각 호의 어느 하나의 사유로 인한 징계처분과 소극행정, 음주운전(음주측정에 응하지 않은 경우를 포함), 성폭력, 성희롱 및 성매매로 인한 징계처분의 경우에는 각각 6개월을 가산한 기간]이 지나지 않은 사람
    가. 강등·정직 : 18개월(강등의 경우는 별표 13의 봉급표를 적용받는 공무원에게는 적용하지 아니한다)
    나. 감봉 : 12개월
    다. 영창, 근신 또는 견책 : 6개월
3. 법령의 규정에 따른 근무성적평정점이 최하등급에 해당되는 사람(「공무원 성과평가 등에 관한 규정」의 적용을 받지 아니하는 사람의 경우에는 상급감독자가 근무성적이 불량하다고 인정하는 사람) 또는 「군근무성적평정규정」에 따른 평정결과가 각 군 참모총장이 정하는 기준에 미달되는 사람 : 최초 정기승급 예정일부터 6개월
4.~5. 생략

③ 특별승급

다음 각 호의 어느 하나에 해당하는 사람에 대하여 1호봉을 특별승급시킬 수 있다(제16조 제1항).

1. 국정과제 등 주요 업무의 추진실적이 우수한 사람
2. 관련 법령의 규정에 따라 인사상 특전 부여가 가능한 사람
3. 그 밖에 업무실적이 탁월하여 행정발전에 크게 기여한 사람

(4) 보수지급

① 보수지급의 방법
㉠ 보수는 다른 법령에 특별한 규정이 있는 경우를 제외하고는 현금 또는 요구불예금으로 지급한다(제19조 제1항).
㉡ 보수는 본인에게 직접 지급하되, 출장, 항해, 그 밖의 부득이한 사유로 본인에게 직접 지급할 수 없을 때에는 본인이 지정하는 자에게 지급할 수 있다(제2항).

② 원천징수 등의 금지
㉠ 보수지급기관은 다음 각 호의 어느 하나에 해당하는 경우를 제외하고는 보수에서 일정 금액을 정기적으로 원천징수, 특별징수 또는 공제(이하 "원천징수등")할 수 없다(제19조의2 제1항).

1. 법령에 따라 원천징수등을 하여야 하는 경우
2. 「고용보험 및 산업재해보상보험의 보험료징수 등에 관한 법률」 제16조에 따른 고용보험료에 대하여 원천징수등을 하는 경우
3. 법률에 따라 설립된 공제회의 부담금 등에 대하여 원천징수등을 하는 경우
4. 법원의 재판에 따라 원천징수등을 하여야 하는 경우
5. 본인이 선택한 기간의 범위에서 서면 제출 또는 전자인사관리시스템(공무원의 인사기록을 데이터베이스화하여 관리하고 인사 업무를 전자적으로 처리할 수 있는 시스템을 말함)을 통하여 「회계관계 직원 등의 책임에 관한 법률」 제2조 제1호 가목에 따른 지출관(대리지출관, 분임지출관 및 대리분임지출관은 제외한다) 또는 같은 조 제2호 가목에 따른 지출원(대리지출원, 분임지출원 및 대리분임지출원은 제외한다)에게 동의한 사항에 대하여 원천징수등을 하는 경우

㉡ 제1항에 따른 원천징수등의 방법, 운영 및 그 밖에 필요한 사항은 인사혁신처장이 정한다(제2항).

③ 보수 지급일
㉠ 보수의 지급일은 별표 30 기관별 보수 지급일표에 따른다. 다만, 특별한 사정이 있는 경우에는 소속 장관은 그 기관 소속의 전부 또는 일부 공무원의 보수 지급일을 달리 정할 수 있다(제20조 제1항).
㉡ 보수 지급일이 토요일이거나 공휴일이면 그 전 날 지급한다(제2항).
㉢ 면직 또는 보수가 지급되지 않는 휴직의 경우에는 제1항에도 불구하고 면직일 또는 휴직

일에 보수를 지급할 수 있다(제3항).

④ 보수지급 기관
  ㉠ 보수는 해당 공무원의 소속 기관에서 지급하되, 보수의 지급기간 중에 전보 등의 사유로 소속 기관이 변동되었을 때에는 보수 지급일 현재의 소속기관에서 지급한다. 다만, 전 소속기관에서 이미 지급한 보수액은 그러하지 아니하다(제21조 제1항).
  ㉡ 법령의 규정에 따라 파견된 공무원에게는 원소속기관에서 파견기간 중의 보수를 지급한다. 다만, 다른 법령에 특별한 규정이 있거나 원소속기관과 파견 받을 기관이 협의하여 따로 정한 경우에는 그러하지 아니하다(제2항).

⑤ 보수 계산
  ㉠ 공무원의 보수는 법령에 특별한 규정이 있는 경우를 제외하고는 신규채용, 승진, 전직, 전보, 승급, 감봉, 그 밖의 모든 임용에서 발령일을 기준으로 그 월액을 일할계산하여 지급한다(제22조 제1항).
  ㉡ 법령의 규정에 따라 감액된 봉급을 지급받는 사람의 봉급을 다시 감액하려는 경우(동시에 두 가지 이상의 사유로 봉급을 감액하고자 하는 경우를 포함한다)에는 중복되는 감액기간에 대해서만 이미 감액된 봉급을 기준으로 계산한다(제2항).

⑥ 퇴직 후의 실제 근무 등에 대한 보수 지급
  ㉠ 법령에 따라 퇴직 또는 직위해제처분이 소급 적용되는 사람에게는 그 소급 적용된 날 이후의 근무에 대한 보수를 지급한다(제25조 제1항).
  ㉡ 교통의 불편 등의 사유로 면직 통지서의 송달이 지연되어 면직일을 초과하여 근무한 사람에게는 면직일부터 그 통지서를 받은 날까지의 근무에 대한 보수를 일할계산하여 지급한다. 이 경우 제24조 제1항에 따라 지급하는 면직된 날이 속하는 달의 말일까지의 봉급과 중복되는 봉급은 지급하지 아니한다(제2항).
  ㉢ 면직된 사람이 법령의 규정에 따라 사무인계 또는 잔무처리를 위하여 계속 근무한 경우에는 15일을 초과하지 아니하는 범위에서 실제 근무일에 따라 면직 당시의 보수를 일할 계산하여 지급할 수 있다(제3항).

⑦ 징계처분기간의 보수 감액
  ㉠ 징계처분에 따른 보수의 감액은 「국가공무원법」 제80조 등에 따른다(제26조 제1항).
  ㉡ 징계처분기간 중에 있는 사람이 징계에 관하여 다른 법령을 적용받게 된 경우에는 징계처분 당시의 법령에 따라 보수를 감액 지급한다(제2항).

⑧ 휴직기간 중의 봉급 감액
  ㉠ 「국가공무원법」 제71조 제1항 제1호(註 : 신체·정신상의 장애로 장기 요양이 필요할 때)에 또는 「교육공무원법」 제44조 제1항 제1호(註: 신체상·정신상의 장애로 장기요양이 필요할 때)·제7호의3(註: 불임·난임으로 인하여 장기간의 치료가 필요한 경우)에 따라 휴직한 공무원에게는 다음 각 호의 구분에 따라 봉급의 일부를 지급한다. 다만, 공무상 질병 또는 부상으로 휴직한 경우에는 그 기간 중 봉급 전액을 지급한다(제28조 제1항).

> 1. 휴직 기간이 1년 이하인 경우 : 봉급의 70퍼센트
> 2. 휴직 기간이 1년 초과 2년 이하인 경우 : 봉급의 50퍼센트

　　ⓒ 외국유학 또는 1년 이상의 국외연수를 위하여 휴직한 공무원에게는 그 기간 중 봉급의 50퍼센트를 지급할 수 있다. 이 경우 교육공무원을 제외한 공무원에 대한 지급기간은 2년을 초과할 수 없다(제2항).

⑨ 직위해제기간 중의 봉급 감액

　직위해제된 사람에게는 다음 각 호의 구분에 따라 봉급의 일부를 지급한다(제29조).

> 1. 「국가공무원법」 제73조의3 제1항 제2호(註 : 직무수행 능력이 부족하거나 근무성적이 극히 나쁜 자)에 따라 직위해제된 사람 : 봉급의 80퍼센트
> 2. 「국가공무원법」 제73조의3 제1항 제5호(註 : 고위공무원단에 속하는 일반직공무원으로서 적격심사를 요구받은 자)에 따라 직위해제된 사람 : 봉급의 70퍼센트. 다만, 직위해제일부터 3개월이 지나도 직위를 부여받지 못한 경우에는 그 3개월이 지난 후의 기간 중에는 봉급의 40퍼센트를 지급한다.
> 3. 「국가공무원법」 제73조의3 제1항 제3호(註 : 파면·해임·강등 또는 정직에 해당하는 징계 의결이 요구 중인 자)·제4호(註 : 형사 사건으로 기소된 자)·제6호(註 : 금품비위, 성범죄 등 대통령령으로 정하는 비위행위로 인하여 감사원 및 검찰·경찰 등 수사기관에서 조사나 수사 중인 자로서 비위의 정도가 중대하고 이로 인하여 정상적인 업무수행을 기대하기 현저히 어려운 자)에 따라 직위해제된 사람 : 봉급의 50퍼센트. 다만, 직위해제일부터 3개월이 지나도 직위를 부여받지 못한 경우에는 그 3개월이 지난 후의 기간 중에는 봉급의 30퍼센트를 지급한다.

⑩ 근속가봉

　　㉠ 공무원 중 최고호봉을 받고 근무성적이 양호한 사람에게는 승급기간을 초과할 때마다 정기승급일이 속하는 달부터 봉급에 근속가봉을 가산할 수 있다(제30조의2 제1항).

　　ⓒ 유치원·초등학교·중학교·고등학교 교원 등에게는 7만8300원을, 별표 12의 봉급표를 적용받는 공무원(국립대학의 교원은 제외)에게는 8만원을 근속가봉으로 지급하되, 가산하는 횟수는 10회를 초과하지 못한다(제2항).

　　ⓒ 군인에게는 계급별 승급액에 해당하는 금액을 근속가봉으로 지급한다. 다만, 대위·중위·중사 및 하사의 경우 최종 승급액을 기준으로 한다(제3항).

(5) 수당

　① 공무원에게는 예산의 범위에서 봉급 외에 필요한 수당을 지급할 수 있다(제31조 제1항).

　② 수당의 종류, 지급범위, 지급액, 그 밖에 수당 지급에 필요한 사항은 따로 대통령령으로 정한다(제2항).(註 : 「공무원수당 등에 관한 규정」)

(6) 소방공무원에 대한 적용 특례

　이 영을 「소방공무원 임용령」 제3조 제1항 및 같은 조 제5항 제1호·제3호에 따라 특별시장·광

소방승진 공무원법

역시장·특별자치시장·도지사·특별자치도지사(이하 "시·도지사"라 한다)가 임용권을 행사하는 소방공무원에게 적용할 때에는 다음 각 호에 따른다(제75조).

1. 제16조 제3항(註 : 특별승급심사위원회) 단서 중 "소속 장관의 소속기관의 장별로"는 "시·도지사 별로"로, "소속기관의 장이 지명하는"은 "시·도지사가 지명하는"으로 본다.
2. 제20조 제1항(註 : 보수지급일) 단서 중 "소속 장관"은 "시·도지사"로 본다.
3. 제28조 제3항(註 : 휴직기간 중의 봉급 감액) 및 제47조 제3항(註 : 휴직기간 중의 연봉 감액) 중 "각급 행정기관의 장"은 각각 "해당 소방기관의 장"으로 본다.

출·제·예·상·문·제

소방승진 공무원법

01 「공무원보수규정」상 보수자료의 조사 등에 관한 내용으로 옳지 않은 것은?

① 인사혁신처장은 보수를 합리적으로 책정하기 위하여 민간의 임금, 최저생계비 및 물가의 변동 등에 대한 조사를 한다.
② 인사혁신처장은 각 중앙행정기관의 장에게 소속 공무원과 그 기관의 감독을 받는 「공공기관의 운영에 관한 법률」 제4조에 따른 공공기관 등의 임직원의 보수에 관한 자료를 제출할 것을 요청할 수 있다.
③ 인사혁신처장은 제1항에 따른 민간의 임금에 대한 조사를 하기 위하여 필요하면 세무행정기관이나 그 밖의 관련 행정기관의 장에게 협조를 요청할 수 있다.
④ 인사혁신처장은 기획재정부장관과 협의하여 공무원처우 개선계획을 수립한다.

해설
① (×) 인사혁신처장은 보수를 합리적으로 책정하기 위하여 민간의 임금, 표준생계비 및 물가의 변동 등에 대한 조사를 한다(공무원보수규정 제3조 제1항).

02 「공무원보수규정」상 승급의 제한에 해당되지 않는 소방공무원은? (단, 징계처분의 집행이 끝난 날을 기준으로 하고, 별도의 징계사유로 인한 가산기간은 산입하지 않는다) * 23 소방위

① 강등의 징계처분 집행이 끝난 날을 기준으로 24개월이 되는 소방공무원
② 정직의 징계처분 집행이 끝난 날을 기준으로 12개월이 되는 소방공무원
③ 감봉의 징계처분 집행이 끝난 날을 기준으로 6개월이 되는 소방공무원
④ 견책의 징계처분 집행이 끝난 날을 기준으로 3개월이 되는 소방공무원

해설
승급제한 기간은 징계처분의 집행이 끝난 날로부터 강등·정직은 18개월, 감봉은 12개월, 영창, 근신 또는 견책은 6개월이다(공무원보수규정 제14조 제1항).
따라서 ②·③·④는 승급제한 기간 내에 있으나 ①은 그 기간이 경과되었다.

정답 01. ① 02. ①

소방승진 공무원법

03 「공무원보수규정」에 따른 승급에 대한 설명으로 옳지 않은 것은?

① 공무원의 승급기간은 1년으로 한다.
② 소극행정으로 인한 정직의 징계처분의 집행이 끝난 날부터 24개월이 지나지 않은 사람은 승급이 제한된다.
③ 근무성적평정점이 최하등급에 해당되는 사람은 최초 정기승급 예정일부터 10개월간 승급이 제한된다.
④ 국정과제 등 주요 업무의 추진실적이 우수한 사람에 대하여 1호봉을 특별승급시킬 수 있다.

[해설]
③ (×) 10개월간이 아니라 6개월간이다(공무원보수규정 제14조 제1항).

04 「공무원보수규정」상 보수지급에 관한 내용으로 옳지 않은 것은? *22 소방교

① 보수지급기관은 법령에 따라 원천징수등을 하여야 하는 경우 등을 제외하고는 보수에서 일정 금액을 정기적으로 원천징수, 특별징수 또는 공제할 수 없다.
② 보수는 해당 공무원의 소속 기관에서 지급하되, 보수의 지급기간 중에 전보 등의 사유로 소속 기관이 변동되었을 때에는 보수 지급일 현재의 소속 기관에서 지급한다. 다만, 전 소속 기관에서 이미 지급한 보수액은 그러하지 아니하다.
③ 공무원의 보수는 법령에 특별한 규정이 있는 경우를 제외하고는 신규채용, 승진, 전직, 전보, 승급, 감봉, 그 밖의 모든 임용에서 발령일을 기준으로 그 월액을 일할계산하여 지급한다.
④ 면직된 사람이 법령의 규정에 따라 사무인계 또는 잔무처리를 위하여 계속 근무한 경우에는 30일을 초과하지 아니하는 범위에서 실제 근무일에 따라 면직 당시의 보수를 일할계산하여 지급할 수 있다.

[해설]
면직된 사람이 법령의 규정에 따라 사무인계 또는 잔무처리를 위하여 계속 근무한 경우에는 15일을 초과하지 아니하는 범위에서 실제 근무일에 따라 면직 당시의 보수를 일할계산하여 지급할 수 있다(공무원보수규정 제25조 제3항).

05 「공무원보수규정」상 보수지급에 관한 설명으로 옳은 것은?

① 보수의 지급기간 중에 전보 등의 사유로 소속 기관이 변동되었을 때에는 변동 전 소속 기관에서 지급한다.
② 법령의 규정에 따라 파견된 공무원에게는 파견된 기관에서 파견기간 중의 보수를 지급한다.
③ 공무상 질병 또는 부상으로 휴직한 경우 그 휴직 기간이 1년 이하인 경우에는 봉급의 70퍼센트를 지급한다.
④ 직무수행 능력이 부족하거나 근무성적이 극히 나쁜 자라는 사유로 직위해제된 사람은 봉급의 80퍼센트를 지급한다.

[정답] 03. ③ 04. ④ 05. ④

[해설]
① (×) 보수는 해당 공무원의 소속 기관에서 지급하되, 보수의 지급기간 중에 전보 등의 사유로 소속 기관이 변동되었을 때에는 보수 지급일 현재의 소속기관에서 지급한다(제21조 제1항).
② (×) 법령의 규정에 따라 파견된 공무원에게는 원소속기관에서 파견기간 중의 보수를 지급한다(제2항).
③ (×) 공무상 질병 또는 부상으로 휴직한 경우에는 그 기간 중 봉급 전액을 지급한다(제28조 제1항).

06 「공무원보수규정」의 내용으로 옳은 것은?

① 강임된 사람에게는 강임된 봉급이 강임되기 전보다 많아지게 될 때까지는 강임된 후의 봉급에 해당하는 금액을 지급한다.
② 시간선택제전환소방공무원에게는 해당 공무원이 통상적인 근무시간을 근무할 경우 받을 봉급월액(연봉제 적용대상 공무원의 경우에는 연봉월액을 말한다)을 기준으로 60퍼센트의 범위에서 근무시간에 비례하여 봉급월액을 지급한다.
③ '신체·정신상의 장애로 장기 요양이 필요할 때'에 해당되어 휴직한 공무원의 휴직 기간이 1년 이하인 경우는 연봉월액의 40퍼센트를 지급한다.
④ '직무수행 능력이 부족하거나 근무성적이 극히 나쁜 자'에 해당되어 직위해제된 사람에게는 봉급의 80퍼센트를 지급한다.

[해설]
① (×) 강임된 사람에게는 강임된 봉급이 강임되기 전보다 많아지게 될 때까지는 강임되기 전의 봉급에 해당하는 금액을 지급한다(제6조 제1항).
② (×) 시간선택제전환소방공무원에게는 해당 공무원이 통상적인 근무시간을 근무할 경우 받을 봉급월액(연봉제 적용대상 공무원의 경우에는 연봉월액을 말한다)을 기준으로 근무시간에 비례하여 봉급월액을 지급한다(제30조의3).
③ (×) 「국가공무원법」 제71조 제1항 제1호(* 신체·정신상의 장애로 장기 요양이 필요할 때)에 따라 휴직한 공무원에게는 다음 각 호의 구분에 따라 연봉월액(성과연봉은 제외한다)의 일부를 지급한다. 다만, 공무상 질병 또는 부상으로 휴직한 경우에는 그 기간 중 연봉월액 전액을 지급한다(제47조 제1항).
  1. 휴직 기간이 1년 이하인 경우 : 연봉월액의 60퍼센트
  2. 휴직 기간이 1년 초과 2년 이하인 경우 : 연봉월액의 40퍼센트
④ (○) 직위해제된 사람에게는 다음 각 호의 구분에 따라 봉급(외무공무원의 경우에는 직위해제 직전의 봉급을 말한다)의 일부를 지급한다(제29조).
  1. 「국가공무원법」 제73조의3 제1항 제2호(* 직무수행 능력이 부족하거나 근무성적이 극히 나쁜 자),「교육공무원법」 제44조의2제 1항 제1호 또는 「군무원인사법」 제29조 제1항 제1호에 따라 직위해제된 사람: 봉급의 80퍼센트

07 신체·정신상의 장애로 장기 요양이 필요하여 휴직(공무상 질병 또는 부상으로 휴직한 경우제외)한 공무원에게 지급하는 봉급액에 관하여 빈칸에 들어갈 숫자를 순서대로 기재한 것은?

1. 휴직 기간이 1년 이하인 경우 : 봉급의 (　)퍼센트
2. 휴직 기간이 1년 초과 2년 이하인 경우 : 봉급의 (　)퍼센트

① 70, 50　　　② 50, 70　　　③ 80, 60　　　④ 60, 80

[해설]
① (○) 공무원보수규정 제28조 제1항

[정답] 06. ④　07. ①

CHAPTER 02 고충처리제도

1. 고충처리제도의 의의

고충처리제도는 고충심사와 상담을 통해 인사·조직·처우 등 각종 직무 조건과 그 밖에 신상 문제와 관련한 공무원의 고충을 해소하는 제도이다. 이는 공무원이 갖는 불만이나 어려움을 해소함으로써 근무의욕을 높여 직무에 보다 충실을 기하도록 하는 것을 목적으로 한다. 법적 근거로는 국가공무원법 제76조의2, 지방공무원법 제67조의2, 소방공무원법 제27조, 경찰공무원법 제31조, 교육공무원법 제49조 등이 있다.

2. 고충처리대상 등

(1) 고충처리대상

공무원은 누구나 인사·조직·처우 등 직무 조건과 관련된 신상 문제와 「성폭력범죄의 처벌 등에 관한 특례법」 제2조에 따른 성폭력범죄(이하 "성폭력범죄")·「양성평등기본법」 제3조 제2호에 따른 성희롱(이하 "성희롱") 및 「공무원 행동강령」 제13조의3에 따른 부당한 행위 등으로 인한 신상 문제와 관련된 고충의 처리를 요구할 수 있다(공무원고충처리규정 제2조 제1항). 이 경우 상담 신청이나 심사 청구 또는 신고를 이유로 불이익한 처분이나 대우를 받지 아니한다(국가공무원법 제76조의2 제1항).

> **양성평등기본법 제3조(정의)** 이 법에서 사용하는 용어의 뜻은 다음과 같다.
> 2. **"성희롱"**이란 업무, 고용, 그 밖의 관계에서 국가기관·지방자치단체 또는 대통령령으로 정하는 공공단체(이하 "국가기관등"이라 한다)의 종사자, 사용자 또는 근로자가 다음 각 목의 어느 하나에 해당하는 행위를 하는 경우를 말한다.
>   가. 지위를 이용하거나 업무 등과 관련하여 성적 언동 또는 성적 요구 등으로 상대방에게 성적 굴욕감이나 혐오감을 느끼게 하는 행위
>   나. 상대방이 성적 언동 또는 성적 요구에 따르지 아니한다는 이유로 불이익을 주거나 그에 따르는 것을 조건으로 이익 공여의 의사표시를 하는 행위
>
> **공무원 행동강령 제13조의3(직무권한 등을 행사한 부당 행위의 금지)** 공무원은 자신의 직무권한을 행사하거나 지위·직책 등에서 유래되는 사실상 영향력을 행사하여 다음 각 호의 어느 하나에 해당하는 부당한 행위를 해서는 안 된다.
> 1. 인가·허가 등을 담당하는 공무원이 그 신청인에게 불이익을 주거나 제3자에게 이익 또는 불이익을 주기 위하여 부당하게 그 신청의 접수를 지연하거나 거부하는 행위
> 2. 직무관련공무원에게 직무와 관련이 없거나 직무의 범위를 벗어나 부당한 지시·요구를 하는 행위
> 3. 공무원 자신이 소속된 기관이 체결하는 물품·용역·공사 등 계약에 관하여 직무관련자에게 자신이 소속된 기관의 의무 또는 부담의 이행을 부당하게 전가하거나 자신이 소속된 기관이 집행해

야 할 업무를 부당하게 지연하는 행위
   4. 공무원 자신이 소속된 기관의 소속 기관 또는 산하기관에 자신이 소속된 기관의 업무를 부당하게 전가하거나 그 업무에 관한 비용·인력을 부담하도록 부당하게 전가하는 행위
   5. 그 밖에 직무관련자, 직무관련공무원, 공무원 자신이 소속된 기관의 소속 기관 또는 산하기관의 권리·권한을 부당하게 제한하거나 의무가 없는 일을 부당하게 요구하는 행위

(2) 인사혁신처장 등의 고충처리 의무

인사혁신처장, 임용권자 또는 임용제청권자는 공무원의 고충을 예방하고 고충이 발생한 경우 신속하고 공정하게 처리하기 위해 노력해야 한다(공무원고충처리규정 제2조 제2항).

3. 설치기관

(1) 원칙

공무원의 고충을 심사하기 위하여 중앙인사관장기관(註 : 인사혁신처)에 중앙고충심사위원회를, 임용권자 또는 임용제청권자 단위로 보통고충심사위원회를 두되, 중앙고충심사위원회의 기능은 소청심사위원회에서 관장한다(국가공무원법 제76조의2 제4항).

> **소방공무원법 제27조(고충심사위원회)** ② 소방공무원 고충심사위원회의 심사를 거친 소방공무원의 재심청구와 소방령 이상의 소방공무원의 인사상담 및 고충은 「국가공무원법」에 따라 설치된 중앙고충심사위원회에서 심사한다.

(2) 소방공무원의 경우
   ① 소방공무원의 인사상담 및 고충을 심사하기 위하여 소방청, 시·도 및 대통령령으로 정하는 소방기관(註 : 중앙소방학교·중앙119구조본부·국립소방연구원·지방소방학교·서울종합방재센터·소방서·119특수대응단 및 소방체험관)에 소방공무원 고충심사위원회를 둔다(소방공무원법 제27조 제1항). 소방공무원 고충심사위원회는 소방경 이하 소방공무원에 대한 인사상담 및 고충심사를 담당한다.
   ② 소방공무원 고충심사위원회의 구성, 심사 절차 및 운영에 필요한 사항은 대통령령(註 : 공무원고충처리규정)으로 정한다(제3항).

4. 소방공무원 고충심사위원회의 구성

(1) 위원
   ① 위원의 수
      소방공무원 고충심사위원회는 위원장 1명을 포함하여 7명 이상 15명 이내의 공무원위원과 민간위원으로 구성한다. 이 경우 민간위원의 수는 위원장을 제외한 위원 수의 2분의 1 이상이어야 한다(공무원고충처리규정 제3조의3 제2항).

② **공무원위원**: 공무원위원은 청구인보다 상위 계급 또는 이에 상당하는 소속 공무원(지방공무원을 포함) 중에서 설치기관의 장이 임명한다(제4항).

③ **민간위원**: ㉠ 민간위원은 다음 각 호의 사람 중에서 설치기관의 장이 위촉한다(제5항).

> 1. 소방공무원으로 20년 이상 근무하고 퇴직한 사람
> 2. 대학에서 법학·행정학·심리학·정신건강의학 또는 소방학을 담당하는 사람으로서 조교수 이상으로 재직 중인 사람
> 3. 변호사 또는 공인노무사로 5년 이상 근무한 사람
> 4. 「의료법」에 따른 의료인

㉡ 민간위원의 임기는 2년으로 하며, 한 번만 연임할 수 있다(제6항).

(2) 위원장

소방공무원 고충심사위원회의 위원장은 설치기관 소속 공무원 중에서 인사 또는 감사 업무를 담당하는 과장 또는 이에 상당하는 직위를 가진 사람이 된다(제3항).

(3) 회의

소방공무원 고충심사위원회의 회의는 위원장과 위원장이 회의마다 지정하는 5명 이상 7명 이내의 위원으로 성별을 고려하여 구성한다. 이 경우 민간위원이 3분의 1 이상 포함되어야 한다(제7항).

> **제3조의7(고충심사위원회 구성의 특례)**
> ① 보통고충심사위원회, 경찰공무원고충심사위원회 또는 소방공무원고충심사위원회 설치기관의 장은 제3조 제2항, 제3조의2 제2항 및 제3조의3 제2항에도 불구하고, 소속 직원의 수, 조직 규모 및 관할 범위 등을 고려하여 필요한 경우 인사혁신처장과의 협의를 거쳐 위원장 1명을 포함하여 5명 이상 7명 이내의 공무원위원과 민간위원으로 위원회를 구성할 수 있다.
> ② 제1항에 따라 보통고충심사위원회, 경찰공무원고충심사위원회 또는 소방공무원고충심사위원회를 구성한 경우 위원회의 회의는 제3조 제7항, 제3조의2 제7항 및 제3조의3 제7항에도 불구하고 위원장과 위원장이 회의마다 지정하는 3명 이상 5명 이내의 위원으로 성별을 고려하여 구성할 수 있다.

(4) 민간위원의 해촉

소방공무원 고충심사위원회 설치기관의 장은 위원회의 민간위원이 다음의 어느 하나에 해당하는 경우에는 해당 위원을 해촉할 수 있다(제8항).

> 1. 심신장애로 직무를 수행할 수 없게 된 경우
> 2. 직무와 관련된 비위사실이 있는 경우
> 3. 직무태만, 품위손상이나 그 밖의 사유로 위원으로 적합하지 않다고 인정되는 경우
> 4. 위원 스스로 직무를 수행하는 것이 곤란하다고 의사를 밝히는 경우

(5) 간사

① 고충심사위원회에 간사 몇 명을 두며, 간사는 소속 공무원(지방공무원을 포함) 중에서 설치기관의 장이 임명한다(제3조의5 제1항).
② 간사는 위원장의 명을 받아 다음 각 호의 사항을 처리한다(제2항).

> 1. 고충심사 의안의 작성 및 처리
> 2. 회의 진행에 필요한 준비
> 3. 회의록 작성과 보관
> 4. 그 밖에 고충심사위원회 운영에 필요한 사항

5. 고충심사 청구

(1) 고충심사청구서 제출

공무원이 고충심사를 청구할 때에는 설치기관의 장에게 다음 각호의 사항을 기재한 고충심사청구서(이하 "청구서")를 제출하여야 하며, 재심을 청구하는 경우에는 당해 고충심사위원회의 고충심사결정서(이하 "결정서") 사본을 첨부하여야 한다(공무원고충처리규정 제4조 제1항).

> 1. 주소·성명 및 생년월일
> 2. 소속기관명 및 직급 또는 직위
> 3. 고충심사청구의 취지 및 이유

(2) 심사 부의 의무

고충심사의 청구를 받은 설치기관의 장은 이를 지체 없이 소속 고충심사위원회 회의에 부쳐 심사하게 해야 한다(제2항).

6. 보완요구

고충심사위원회는 청구서에 흠결이 있다고 인정할 때에는 청구서를 접수한 날부터 7일 이내에 상당한 기간을 정하여 청구인에게 보완을 요구할 수 있으며, 청구인은 그 기간 내에 이를 보완해야 한다. 다만, 그 흠결이 경미한 때에는 직권으로 보완할 수 있다(공무원고충처리규정 제5조 제1항).

청구인이 제1항에 따른 보완기간 내에 청구서를 보완하지 않은 때에는 고충심사의 청구를 취하한 것으로 본다(제2항).

고충심사위원회는 청구인의 소재가 분명하지 않은 경우에는 제1항의 보완 요구를 관보에 게재해야 한다. 이 경우 게재한 날부터 10일이 경과하는 날에 그 보완 요구는 청구인에게 도달된 것으로 본다(제3항).

제1항에 따라 보완을 요구한 고충심사 청구사건에 대한 처리기간은 그 보완이 완료된 날부터 기산한다(제4항).

7. 회피 및 기피

(1) 회피
고충심사위원회의 위원중 청구인의 친족이거나 청구사유와 밀접한 관계가 있는 자는 그 고충심사를 회피할 수 있다(공무원고충처리규정 제6조 제1항).

(2) 기피신청
고충심사위원회의 위원에게 고충심사의 공정을 기대하기 어려운 사정이 있을 때에는 청구인은 그 위원의 기피를 신청할 수 있으며, 고충심사위원회는 의결로 그 위원의 기피여부를 결정하여야 한다(제2항).

8. 고충심사절차

(1) 심사결정 기한
고충심사위원회가 청구서를 접수한 때에는 30일 이내에 고충심사에 대한 결정을 해야 한다. 다만, 부득이하다고 인정되는 경우에는 고충심사위원회의 의결로 30일의 범위에서 그 기한을 연기할 수 있다(공무원고충처리규정 제7조 제1항).

(2) 청구서 송부 및 답변서 제출
① 고충심사위원회가 청구서를 접수한 때에는 지체 없이 처분청이나 관계 기관의 장에게 청구서 부본을 송부해야 한다(제2항).
② 청구서 부본을 송부받은 처분청이나 관계 기관의 장은 청구서 부본을 송부받은 날부터 14일 이내에 고충심사청구에 대한 답변서와 청구인 수만큼의 부본을 제출해야 한다(제3항).
③ 고충심사위원회는 제3항에 따라 제출된 답변서의 내용이 충분하지 않거나 입증자료가 필요한 경우에는 처분청이나 관계 기관의 장에게 기간을 정하여 답변 내용의 보충이나 입증자료의 제출을 요구할 수 있다. 이 경우 요구를 받은 처분청이나 관계 기관의 장은 특별한 사유가 없으면 그 기간 내에 답변 내용을 보충하거나 입증자료를 제출해야 한다(제4항).
④ 처분청이나 관계 기관의 장은 제3항 및 제4항에 따라 답변서 및 입증자료를 제출할 때 관계인 등의 개인정보가 공개되지 않도록 조치해야 한다(제5항).

(3) 답변서 등의 송달
고충심사위원회는 제3항 및 제4항에 따라 제출된 답변서 부본, 추가 제출된 답변 내용 및 입증자료를 지체 없이 청구인에게 송달해야 한다(제6항).

(5) 사실조사
고충심사위원회는 고충심사에 필요하다고 인정하는 경우에는 다음 각 호의 방법에 따라 사실조사를 할 수 있다(제7항).

1. 청구인, 설치기관의 장, 청구인이 소속된 기관의 장 또는 그 대리인 및 관계인을 출석하게 하여 진술하게 하는 방법
2. 관계 기관에 심사 자료의 제출을 요구하는 방법
3. 전문 분야에 관한 학식과 경험이 있는 사람에게 검정·감정 또는 자문을 의뢰하는 방법
4. 그 밖에 소속 공무원이 사실조사를 하는 방법

(6) 청취서와 문답서 작성

고충심사위원회는 제7항 및 제8조 제2항에 따라 청구인 또는 관계인의 진술을 청취하거나 구두로 문답하는 경우에는 그 청취서 또는 문답서를 작성해야 한다(제8항).

(7) 심사일의 통지 등

① 고충심사위원회는 심사일 5일 전까지 청구인 및 처분청에 심사일시 및 장소를 알려야 한다. 이 경우 통지를 받은 자가 정당한 사유로 출석할 수 없거나 심사를 연기할 필요가 있는 경우에는 서면으로 심사의 연기를 요청할 수 있고, 고충심사위원회는 심사일을 다시 정할 수 있다(제8조 제1항).
② 고충심사위원회는 제1항에 따른 통지를 하는 경우 청구인 및 처분청에 심사에 출석하여 의견을 진술하거나 서면으로 의견을 제출할 기회를 주어야 한다(제2항).
③ 고충심사위원회는 제1항에 따른 통지를 받은 청구인 및 처분청이 심사일에 특별한 이유 없이 출석하지 아니한 때에는 진술 없이 심사·결정할 수 있다. 다만, 서면으로 진술할 때에는 결정서에 서면진술의 요지를 기재하여야 한다(제3항).
④ 제1항에 따른 통지를 받고 출석하는 사람이 공무원인 경우에는 그 소속 기관의 장은 공가를 허가해야 한다(제4항).
⑤ 고충심사위원회는 청구인의 소재가 분명하지 않은 경우에는 제1항의 통지를 관보에 게재해야 한다. 이 경우 게재한 날부터 10일이 경과하는 날에 그 통지는 청구인에게 도달된 것으로 본다(제5항).

(8) 증거제출권

① 청구인 및 처분청이나 관계 기관의 장은 증거물 또는 그 밖의 심사자료를 고충심사위원회에 제출할 수 있다(제9조 제1항).
② 청구인 및 처분청이나 관계 기관의 장은 다음 각 호의 사항을 고충심사위원회에 신청할 수 있다(제2항).

1. 참고인의 소환
2. 참고인에 대한 질문
3. 증거물 또는 그 밖의 심사자료의 제출요구

③ 고충심사위원회는 제2항의 신청에 대한 채택 여부를 결정해야 한다(제3항).

④ 청구인 및 처분청이나 관계 기관의 장이 신청한 참고인의 여비는 신청인의 부담으로 한다(제4항).
⑤ 고충심사위원회가 채택한 참고인이 공무원인 경우에는 그 소속 기관의 장은 그 참고인에게 공가를 허가해야 한다(제5항).
⑥ 고충심사위원회는 고충심사 청구사건이 결정된 후 제1항 또는 제2항에 따라 증거물 또는 그 밖의 심사자료를 제출한 자의 반환 신청이 있는 때에는 해당 증거물 또는 그 밖의 심사자료를 반환할 수 있다(제6항).

9. 고충심사위원회의 결정

(1) 합의에 필요한 위원 수

① 보통고충심사위원회의 결정은 제3조 제7항 전단, 제3조의2 제7항 전단, 제3조의3 제7항 전단 또는 제3조의4 제6항 전단에 따른 위원 5명 이상의 출석과 출석위원 과반수의 합의에 따른다(제10조 제1항).(註 : '전단'의 내용은 모두 '회의는 위원장과 위원장이 회의마다 지정하는 5명 이상 7명 이하의 위원으로 성별을 고려하여 구성함')

② 중앙고충심사위원회의 결정은 위원(「국가공무원법」 제9조 제3항에 따라 인사혁신처에 설치된 소청심사위원회의 상임위원과 비상임위원) 3분의 2 이상의 출석과 출석 위원 과반수의 합의에 따른다(제2항).

③ 제3조의7 제2항에 따라 보통고충심사위원회, 경찰공무원고충심사위원회 또는 소방공무원고충심사위원회 회의의 구성 위원의 수를 조정한 경우(註 : 3명 이상 5명 이내의 위원으로 구성) 위원회의 결정은 제1항에도 불구하고 위원 전원의 출석과 출석위원 과반수의 합의에 따른다(제4항).

(2) 결정의 구분

고충심사위원회의 결정은 다음 각 호와 같이 구분한다(제3항).

> 1. 고충심사청구가 상당한 이유가 있다고 인정되는 경우 : 처분청이나 관계 기관의 장에게 시정을 요청하는 결정
> 2. 시정을 요청할 정도에 이르지 아니하나, 제도나 정책 등의 개선이 필요하다고 인정되는 경우 : 처분청이나 관계 기관의 장에게 이에 대한 합리적인 개선을 권고하거나 의견을 표명하는 결정
> 3. 고충심사청구가 이유 없다고 인정되는 경우 : 청구를 기각(棄却)하는 결정
> 4. 고충심사청구가 다음 각 목의 어느 하나에 해당하는 경우 : 청구를 각하(却下)하는 결정
>> 가. 고충심사청구가 적법하지 아니한 경우
>> 나. 사안이 종료된 경우, 같은 사안에 관하여 이미 소청 또는 고충심사 결정이 이루어진 경우 등 명백히 고충심사의 실익이 없는 경우

(3) 결정 기한의 연기 방식

제1항 및 제4항에도 불구하고 제7조 제1항 단서(註 : 부득이한 경우 30일의 범위에서 연기)에 따른

고충심사 결정 기한의 연기에 관한 사항은 서면으로 의결할 수 있다(제5항).

10. 결정서 작성 및 송부

(1) 결정서 작성

고충심사위원회가 고충심사청구에 대하여 결정을 한 때에는 결정서를 작성하고, 위원장과 출석한 위원이 서명·날인하여야 한다(공무원고충처리규정 제11조 제1항).

(2) 송부

결정서가 작성된 경우에는 지체 없이 이를 설치기관의 장에게 송부하여야 한다(제2항).

11. 고충심사의 결과 처리

(1) 심사결과 통보

결정서를 송부받은 설치기관의 장은 청구인, 처분청 또는 관계 기관의 장에게 심사결과를 통보하여야 한다(공무원고충처리규정 제12조 제1항).

(2) 시정요청 등 사항의 이행

① 심사결과 중 제10조 제3항 제1호(註 : 고충심사청구가 상당한 이유가 있다고 인정되는 경우)에 따른 시정을 요청받은 처분청 또는 관계 기관의 장은 특별한 사유가 없으면 이를 이행하고, 시정 요청을 받은 날부터 30일 이내에 그 처리 결과를 설치기관의 장에게 알려야 한다. 다만, 특별한 사유로 이행할 수 없는 경우 그 사유를 설치기관의 장에게 문서로 통보하여야 한다(제2항).

② 심사결과 중 제10조 제3항 제2호(註 : 시정을 요청할 정도에 이르지 아니하나, 제도나 정책 등의 개선이 필요하다고 인정되는 경우)에 따른 개선 권고를 받은 처분청 또는 관계 기관의 장은 이를 이행하도록 노력해야 한다(제3항).

(3) 이행 결과의 조사 및 공개

인사혁신처장 또는 설치기관의 장은 제2항 및 제3항에 따른 이행 결과를 정기적으로 조사하여 인터넷 홈페이지에 공개할 수 있다. 다만, 설치기관의 장은 공개 내용에 다른 기관의 이행 결과가 포함되는 경우에는 해당 기관의 사전 동의를 받아야 한다(제4항).

(4) 이행 결과의 통보 요청

① 청구인은 처분청 또는 관계 기관의 장에게 제2항에 따른 이행 결과의 통보를 요청할 수 있다(제5항).

② 제5항에 따른 통보 요청을 받은 처분청 또는 관계 기관의 장은 특별한 사유가 없으면 문서로 이행 결과를 통보해야 한다. 이 경우 관계인 등의 개인정보가 공개되지 않도록 조치해야 한다(제6항).

③ 청구인은 제6항에 따라 이행 결과를 통보받은 고충심사 청구사건이 성폭력범죄, 성희롱이나 「공무원 행동강령」 제13조의3에 따른 부당한 행위 등으로 인한 신상 문제와 관련된 경우에는 그 통보받은 내용을 공개해서는 안 된다(제7항).

12. 재심 청구기간

보통고충심사위원회등의 고충심사 결정에 불복하여 중앙고충심사위원회 또는 「교육공무원법」 제49조 제3항에 따른 교육공무원 중앙고충심사위원회에 재심을 청구하는 경우에는 그 심사결과를 통보받은 날부터 30일 이내에 청구서를 제출해야 한다(공무원고충처리규정 제13조).

13. 고충상담의 처리

(1) 임용권자등의 조치사항

고충상담의 처리를 위해 임용권자등은 다음 각 호의 조치를 해야 한다(공무원고충처리규정 제14조 제1항).

> 1. 4급 이상 또는 이에 상당하는 공무원을 장으로 하는 기관별 고충처리 전담부서의 설치 및 고충상담원 지정
> 2. 고충상담 창구 마련
> 3. 상담 신청인의 인적사항 누출을 방지하기 위한 조치
> 4. 상담처리대장 마련 등 상담 내용을 기록하고 관리하기 위한 조치
> 5. 연 1회 이상 고충실태 조사 및 현황 보고

(2) 인사혁신처장의 조치사항 등

① 인사혁신처장은 고충상담의 처리를 위해 제1항 제2호부터 제4호까지의 조치를 해야 한다(제2항).
② 제1항 및 제2항에서 규정한 사항 외에 고충상담의 처리를 위해 필요한 사항은 인사혁신처장이 정한다(제3항).

14. 성폭력범죄·성희롱 신고 및 조사

(1) 신고

누구나 기관 내 성폭력범죄 또는 성희롱 발생 사실을 알게 된 경우 이를 인사혁신처장 및 임용권자등에게 신고할 수 있다(공무원고충처리규정 제15조 제1항).

(2) 조사

① 인사혁신처장은 제1항에 따른 신고를 받은 경우 지체 없이 신고 내용을 확인하고 해당 임용권자등이 「성희롱·성폭력 근절을 위한 공무원 인사관리규정」 제4조에 따른 조사를 실시했는지 여부를 확인하여 조사를 실시하지 않은 경우에는 조사 실시 및 그 결과 제출을 요구할 수 있다(제2항).
② 인사혁신처장은 제2항에 따라 조사 실시 요구를 했음에도 임용권자등이 조사를 실시하지 않거나 조사가 미흡하다고 판단될 경우에는 다음 각 호의 방법으로 제1항에 따른 신고에 대하여 직접 조사해야 한다(제3항).

1. 성폭력범죄·성희롱과 관련하여 피해자나 피해를 입었다고 주장하는 사람(이하 "피해자등"이라 한다), 성폭력범죄·성희롱과 관련하여 가해행위를 했다고 신고된 사람(이하 "피신고자"라 한다) 또는 관계인에 대한 출석 요구, 진술 청취 또는 진술서 제출 요구
2. 피해자등, 피신고자, 관계인 또는 관계기관 등에 대하여 조사 사항과 관련이 있다고 인정되는 자료의 제출 요구
3. 전문가의 자문

③ 제2항 및 제3항에 따른 조사를 위해 출석 또는 자료의 제출을 요구받은 사람이나 관계기관은 정당한 사유가 없는 한 이에 따라야 한다(제4항).

④ 인사혁신처장은 제2항 및 제3항에 따른 조사 실시 확인 과정 또는 조사 과정에서 피해자등이 성적 불쾌감 등을 느끼지 않도록 하고, 사건 내용이나 인적사항의 누설 등으로 인한 피해가 발생하지 않도록 해야 한다(제5항).

(3) 조치

① 인사혁신처장은 조사 기간 동안 피해자등이 요청하는 경우로서 피해자등을 보호하기 위해 필요하다고 인정하는 경우 그 피해자등이나 피신고자에 대하여 다음 각 호의 조치를 하도록 임용권자등에게 요청할 수 있다(제6항).

1. 근무 장소의 변경
2. 휴가 사용 권고
3. 그 밖에 인사혁신처장이 필요하다고 판단하는 적절한 조치

② 인사혁신처장은 신고의 원인이 된 사실이 범죄행위에 해당한다고 믿을만한 상당한 이유가 있는 경우 검찰 또는 수사기관에 수사를 의뢰할 수 있다(제7항).

③ 인사혁신처장은 조사결과 공직 내 성폭력범죄·성희롱 발생 사실이 확인된 경우에는 임용권자등에게 「성희롱·성폭력 근절을 위한 공무원 인사관리규정」 제5조 및 제6조에 따른 조치를 요청할 수 있다(제8항).

> 「성희롱·성폭력 근절을 위한 공무원 인사관리규정」 제5조(피해자 또는 신고자의 보호)
> ① 임용권자등은 제4조 제1항에 따른 조사 결과 공직 내 성희롱 또는 성폭력 발생 사실이 확인되면 피해자에게 다음 각 호의 어느 하나에 해당하는 조치를 할 수 있다. 다만, 임용권자등은 피해자의 의사에 반(反)하여 조치를 하여서는 아니 된다.
> 1. 「공무원임용령」 제41조에 따른 교육훈련 등 파견근무
> 2. 「공무원임용령」 제45조에도 불구하고 다른 직위에의 전보
> 3. 근무 장소의 변경, 휴가 사용 권고 및 그 밖에 임용권자등이 필요하다고 인정하는 적절한 조치
> ② 임용권자등은 성희롱 또는 성폭력 발생 사실을 신고한 사람(이하 "신고자"라 한다)이 그 신고를 이유로 집단 따돌림, 폭행 또는 폭언으로 인한 정신적·신체적 피해를 호소하는 경우에는 제1항 각 호의 어느 하나에 해당하는 조치를 할 수 있다. 다만, 임용권자등은 신고자의 의사에 반하여 조치를 하여서는 아니 된다.

> **제6조(가해자에 대한 인사조치)** 임용권자등은 제4조 제1항에 따른 조사 결과 공직 내 성희롱 또는 성폭력 발생 사실이 확인되면 가해자에게 다음 각 호의 어느 하나에 해당하는 조치를 할 수 있다.
> 1. 「국가공무원법」 제73조의3에 따른 직위해제 사유에 해당된다고 인정하는 경우에는 직위해제
> 2. 「국가공무원법」 제78조에 따른 징계 사유에 해당된다고 인정하는 경우에는 관할 징계위원회에 징계 의결 요구
> 3. 제2호에 따른 징계 의결 요구 전 승진임용 심사 대상에서 제외
> 4. 「공무원임용령」 제45조에도 불구하고 다른 직위에의 전보
> 5. 「공무원 성과평가 등에 관한 규정」 제10조 제3항 또는 제16조 제1항에 따른 최하위등급 부여
> 6. 감사·감찰·인사·교육훈련 분야 등의 보직 제한

④ 임용권자등이 제1항에 따른 신고를 받은 경우에는 「성희롱·성폭력 근절을 위한 공무원 인사관리규정」 제4조에 따른 사실 확인을 위한 조사를 해야 하고, 같은 영 제5조 및 제6조에 따른 조치를 할 수 있다(제9항).

15. 관련인의 의무

(1) 공개금지 의무

인사혁신처장 및 임용권자등은 청구인이 제출한 자료 및 인적사항이 포함된 자료를 본인의 동의 없이 공개해서는 안 된다(공무원고충처리규정 제16조 제1항).

(2) 비밀유지 의무

이 영에 따라 고충상담 및 성폭력범죄·성희롱 신고 조사를 진행하거나 고충심사에 관여한 사람은 직무상 알게 된 비밀을 누설해서는 안 된다(제2항).

16. 고충처리 지원

인사혁신처장은 임용권자등의 고충처리 실태 및 재발방지 활동을 조사·점검하고 고충처리에 필요한 지원을 할 수 있다(공무원고충처리규정 제17조).

17. 준용규정

이 영에 규정되지 아니한 사항으로서 고충심사위원회의 심사에 필요한 사항에 대하여는 소청절차규정(대통령령)을 준용한다(공무원고충처리규정 제18조).

출·제·예·상·문·제

01 공무원이 자신의 신상문제와 관련되어 고충처리의 대상이 되는 '직무권한 등을 행사한 부당행위'(공무원 행동강령 제13조의3)에 해당하지 않는 것은?

① 인가·허가 등을 담당하는 공무원이 그 신청인에게 불이익을 주거나 제3자에게 이익 또는 불이익을 주기 위하여 부당하게 그 신청의 접수를 지연하거나 거부하는 행위
② 직무관련공무원에게 직무와 관련이 없거나 직무의 범위를 벗어나 부당한 지시·요구를 하는 행위
③ 공무원 자신이 소속된 기관의 소속 기관 또는 산하기관에 자신이 소속된 기관의 업무를 부당하게 전가하거나 그 업무에 관한 비용·인력을 부담하도록 부당하게 전가하는 행위
④ 상대방이 성적 언동 또는 성적 요구에 따르지 아니한다는 이유로 불이익을 주거나 그에 따르는 것을 조건으로 이익 공여의 의사표시를 하는 행위

[해설]
④ (×) 양성평등기본법에서 말하는 성희롱의 한 유형으로서 고충처리의 대상이 된다.

02 소방공무원 고충심사위원회에 대한 설명으로 틀린 것은?   *20 소방교

① 소방공무원의 인사상담 및 고충을 심사하기 위하여 소방청, 시·도 및 대통령령으로 정하는 소방기관에 소방공무원 고충심사위원회를 둔다.
② 민간위원의 수는 위원장을 제외한 위원 수의 2분의 1 이상이어야 한다.
③ 민간위원의 임기는 3년으로 하며, 한 번만 연임할 수 있다.
④ 간사는 소속 공무원 중에서 설치기관의 장이 임명한다.

[해설]
③ (×) 민간위원의 임기는 2년으로 하며, 한 번만 연임할 수 있다(공무원고충처리규정 제3조의3 제6항).

정답 01. ④   02. ③

03 고충심사위원회의 관할에 관한 내용으로 옳지 않은 것은?

① 소방위인 소방공무원에 대한 인사상담 및 고충심사는 소방공무원 고충심사위원회에서 담당한다.
② 소방경인 소방공무원에 대한 인사상담 및 고충은 「국가공무원법」에 따라 설치된 중앙고충심사위원회에서 심사한다.
③ 소방공무원 고충심사위원회의 심사를 거친 소방공무원의 재심청구는 중앙고충심사위원회에서 심사한다.
④ 국가공무원법의 적용을 받는 자와 다른 법률의 적용을 받는 자가 서로 관련되는 고충심사의 청구에 대하여는 중앙고충심사위원회가 이를 심사·결정할 수 있다.

해설
① (○), ② (×), ③ (○) 소방공무원 고충심사위원회의 심사를 거친 소방공무원의 재심청구와 소방령 이상의 소방공무원의 인사상담 및 고충은 「국가공무원법」에 따라 설치된 중앙고충심사위원회에서 심사한다.
④ (○) 공무원고충처리규정 제3조의6 제4항

04 소방공무원 고충심사위원회의 심사를 거친 소방공무원의 재심청구와 소방령 이상의 소방공무원의 인사상담 및 고충을 심사하는 곳은?

① 중앙고충심사위원회
② 시·도 소방공무원 고충심사위원회
③ 소방청 소방공무원 고충심사위원회
④ 국민권익위원회

해설
소방공무원의 인사상담 및 고충을 심사하기 위하여 소방청, 시·도 및 대통령령으로 정하는 소방기관에 소방공무원 고충심사위원회를 둔다(소방공무원법 제27조 제1항). 소방공무원 고충심사위원회의 심사를 거친 소방공무원의 재심청구와 소방령 이상의 소방공무원의 인사상담 및 고충은 「국가공무원법」에 따라 설치된 중앙고충심사위원회에서 심사한다(제2항).

05 「소방공무원법」 및 「공무원고충처리규정」상 소방공무원 고충심사위원회에 관한 설명으로 옳지 않은 것은?
*23 소방교

① 소방공무원의 인사상담 및 고충을 심사하기 위하여 소방청, 시·도 및 대통령령으로 정하는 소방기관에 소방공무원 고충심사위원회를 둔다.
② 소방공무원 고충심사위원회의 심사를 거친 소방공무원의 재심청구와 소방령 이상의 소방공무원의 인사상담 및 고충은 「국가공무원법」에 따라 설치된 중앙고충심사위원회에서 심사한다.
③ 소방공무원 고충심사위원회의 구성, 심사 절차 및 운영에 필요한 사항은 행정안전부령으로 정한다.
④ 소방공무원 고충심사위원회는 위원장 1명을 포함하여 7명 이상 15명 이내의 공무원원과 민간위원으로 구성하고 민간위원의 수는 위원장을 제외한 위원 수의 2분의 1 이상이어야 한다.

정답 03. ② 04. ① 05. ③

해설

③ (×) 소방공무원 고충심사위원회의 구성, 심사 절차 및 운영에 필요한 사항은 대통령령으로 정한다(소방공무원법 제27조 제3항). ☞ 대통령령인 「공무원고충처리규정」

06 소방공무원 고충심사위원회에 대한 설명으로 틀린 것은? *21 소방교

① 위원장 1명을 포함하여 7명 이상 15명 이내의 공무원위원과 민간위원으로 구성하고, 민간위원의 수는 위원장을 제외한 위원 수의 3분의 1 이상이어야 한다
② 위원장은 설치기관 소속 공무원 중에서 인사 또는 감사 업무를 담당하는 과장 또는 이에 상당하는 직위를 가진 사람이 된다.
③ 공무원위원은 청구인보다 상위 계급 또는 이에 상당하는 소속 공무원 중에서 설치기관의 장이 임명한다.
④ 회의는 위원장과 위원장이 회의마다 지정하는 5명 이상 7명 이내의 위원으로 성별을 고려하여 구성하고, 민간위원이 3분의 1 이상 포함되어야 한다

해설

① (×) 소방공무원 고충심사위원회는 위원장 1명을 포함하여 7명 이상 15명 이내의 공무원위원과 민간위원으로 구성한다. 이 경우 민간위원의 수는 위원장을 제외한 위원 수의 2분의 1 이상이어야 한다(공무원고충처리규정 제3조의3 제2항).

07 소방공무원 고충심사위원회 설치기관의 장은 소속 직원의 수, 조직 규모 및 관할 범위 등을 고려하여 필요한 경우 인사혁신처장과의 협의를 거쳐 위원장 1명을 포함하여 몇 명 이내의 위원으로 위원회를 구성할 수 있는가?

① 7명 이상 15명 이내
② 6명 이상 9명 이내
③ 5명 이상 7명 이내
④ 3명 이상 5명 이내

해설

③ (○) 공무원고충처리규정 제3조의7 제1항이 정한 특례이다.

08 소방공무원 고충심사위원회 민간위원의 자격으로 옳지 않은 것은? *22 소방교

① 「의료법」에 따른 의료인
② 변호사 또는 법무사로 5년 이상 근무한 사람
③ 소방공무원으로 20년 이상 근무하고 퇴직한 사람
④ 대학에서 법학·행정학·심리학·정신건강의학 또는 소방학을 담당하는 사람으로서 조교수 이상으로 재직 중인 사람

정답 06. ① 07. ③ 08. ②

[해설]
소방공무원 고충심사위원회 민간위원의 자격(공무원고충처리규정 제3조의3 제5항)
1. 소방공무원으로 20년 이상 근무하고 퇴직한 사람
2. 대학에서 법학·행정학·심리학·정신건강의학 또는 소방학을 담당하는 사람으로서 조교수 이상으로 재직 중인 사람
3. 변호사 또는 공인노무사로 5년 이상 근무한 사람
4. 「의료법」에 따른 의료인

09 「공무원고충처리규정」상 소방공무원고충심사위원회에 위촉할 수 있는 민간위원으로 옳은 것은? *23 소방위

① 소방공무원으로 15년 근무하고 퇴직한 사람
② 대학에서 정신건강의학을 담당했던 사람으로서, 교수로 퇴직한 사람
③ 공인노무사로 3년 근무한 사람
④ 「의료법」에 따른 의료인

[해설]
공무원고충처리규정 제3조의3 ☞ 앞의 문제 해설 참고

10 소방공무원 고충심사위원회의 민간위원의 자격요건으로 틀린 것은? *21 소방교

① 소방공무원으로 20년 이상 근무하고 퇴직한 사람
② 대학에서 법학·행정학·심리학·정신건강의학 또는 소방학을 담당하는 사람으로서 정교수 이상으로 재직 중인 사람
③ 변호사 또는 공인노무사로 5년 이상 근무한 사람
④ 「의료법」에 따른 의료인

[해설]
대학에서 법학·행정학·심리학·정신건강의학 또는 소방학을 담당하는 사람으로서 조교수 이상으로 재직 중인 사람(공무원고충처리규정 제3조의3 제5항)

11 소방공무원 고충심사위원회 설치기관의 장이 민간위원을 해촉할 수 있는 사유가 아닌 것은?

① 관할 구역 내에 거주하지 아니하게 된 경우
② 심신장애로 직무를 수행할 수 없게 된 경우
③ 위원 스스로 직무를 수행하는 것이 곤란하다고 의사를 밝히는 경우
④ 직무태만, 품위손상이나 그 밖의 사유로 위원으로 적합하지 않다고 인정되는 경우

정답 09. ④ 10. ② 11. ①

해설
②·③·④와 함께 '직무와 관련된 비위사실이 있는 경우'가 있다(공무원고충처리규정 제3조의3 제8항).

12 소방공무원 고충심사위원회에 대한 설명으로 옳은 것은?

*21 소방위

> ㉠ 소방청, 시·도 소방본부 및 대통령령으로 정하는 소방기관(중앙소방학교·중앙119구조본부·국립소방연구원·지방소방학교·서울종합방재센터·소방서·119특수대응단 및 소방체험관)에 소방공무원 고충심사위원회를 둔다.
> ㉡ 위원장은 설치기관 소속 공무원 중에서 인사 또는 감사 업무를 담당하는 과장 또는 이에 상당하는 직위를 가진 사람이 된다.
> ㉢ 공무원위원은 청구인보다 상위 계급 또는 이에 상당하는 소속 공무원(지방공무원을 포함) 중에서 설치기관의 장이 임명한다.
> ㉣ 회의는 위원장과 위원장이 회의마다 지정하는 5명 이상 7명 이내의 위원으로 성별을 고려하여 구성한다. 이 경우 민간위원이 2분의 1 이상 포함되어야 한다.

① ㉠, ㉡
② ㉡, ㉢
③ ㉢, ㉣
④ ㉠, ㉣

해설
㉠ (×) 시·도 소방본부가 아니라 시·도에 둔다(소방공무원법 제27조 제1항).
㉣ (×) 회의는 위원장과 위원장이 회의마다 지정하는 5명 이상 7명 이내의 위원으로 성별을 고려하여 구성한다. 이 경우 민간위원이 3분의 1 이상 포함되어야 한다(공무원고충처리규정 제3조의3 제7항).

13 고충심사의 청구절차와 관련된 내용으로 옳지 않은 것은?

① 공무원은 고충심사위원회의 설치기관의 장에게 서면 또는 구두로 고충심사를 청구할 수 있다.
② 재심을 청구하는 경우에는 당해 고충심사위원회의 고충심사결정서 사본을 첨부하여야 한다.
③ 고충심사의 청구를 받은 설치기관의 장은 이를 지체 없이 소속 고충심사위원회 회의에 부쳐 심사하게 해야 한다.
④ 고충심사위원회는 청구서에 흠이 있다고 인정할 때에는 청구서를 접수한 날로부터 7일이내에 상당한 기간을 정하여 청구인에게 이의 보완을 요구할 수 있으며, 청구인은 동기간내에 이를 보완하여야 한다.

해설
① (×) 공무원이 고충심사를 청구할 때에는 설치기관의 장에게 고충심사청구서를 제출하여야 한다(공무원고충처리규정 제4조 제1항).

정답 12. ② 13. ①

소방승진 공무원법

14 고충심사위원회의 위원에게 고충심사의 공정을 기대하기 어려운 사정이 있어 청구인이 그 위원의 기피를 신청할 때 기피여부의 결정절차는?

① 위원장의 결정
② 고충심사위원회의 의결
③ 상위의 고충심사위원회의 의결
④ 위촉권자인 설치기관장의 결정

해설

② (O) 고충심사위원회의 위원에게 고충심사의 공정을 기대하기 어려운 사정이 있을 때에는 청구인은 그 위원의 기피를 신청할 수 있으며, 고충심사위원회는 의결로 그 위원의 기피여부를 결정하여야 한다(공무원고충처리규정 제6조 제2항).

15 고충심사위원회의 고충심사절차에 대한 내용으로 옳지 않은 것은?

① 고충심사위원회가 청구서를 접수한 때에는 지체 없이 처분청이나 관계 기관의 장에게 청구서 부본을 송부해야 한다.
② 청구서 부본을 송부받은 처분청이나 관계 기관의 장은 청구서 부본을 송부받은 날부터 14일 이내에 고충심사청구에 대한 답변서와 청구인 수만큼의 부본을 제출해야 한다.
③ 고충심사위원회는 심사일 3일 전까지 청구인 및 처분청에 심사일시 및 장소를 알려야 한다.
④ 고충심사위원회가 청구서를 접수한 때에는 30일 이내에 고충심사에 대한 결정을 해야 한다. 다만, 부득이하다고 인정되는 경우에는 고충심사위원회의 의결로 30일의 범위에서 그 기한을 연기할 수 있다.

해설

③ (×) 3일 전이 아니라 5일 전이다(공무원고충처리규정 제8조 제1항).

16 고충심사위원회의 결정 등에 대한 설명으로 옳지 않은 것은?

① 회의를 위원장과 위원장이 회의마다 지정하는 5명 이상 7명 이하의 위원으로 성별을 고려하여 회의를 구성하는 경우 소방공무원 고충심사위원회의 결정은 위원 과반수의 출석과 출석위원 과반수의 합의에 따른다.
② 소방공무원고충심사위원회 회의의 구성 위원의 수를 특례규정에 따라 3명 이상 5명 이내의 위원으로 조정한 경우의 결정은 위원 전원의 출석과 출석위원 과반수의 합의에 따른다.
③ 고충심사청구가 이유 없다고 인정되는 경우 청구를 기각(棄却)하는 결정을 한다.
④ 같은 사안에 관하여 이미 소청 또는 고충심사 결정이 이루어진 경우 등 명백히 고충심사의 실익이 없는 경우 청구를 각하(却下)하는 결정을 한다.

정답 14. ② 15. ③ 16. ①

[해설]
① (×) 보통고충심사위원회, 경찰공무원고충심사위원회, 소방공무원고충심사위원회 및 교육공무원보통고충심사위원회의 결정은 제3조 제7항 전단, 제3조의2 제7항 전단, 제3조의3 제7항 전단 또는 제3조의4 제6항 전단에 따른 위원 5명 이상의 출석과 출석위원 과반수의 합의에 따른다(공무원고충처리규정 제10조 제1항).(註: '전단'의 내용은 모두 '회의는 위원장과 위원장이 회의마다 지정하는 5명 이상 7명 이하의 위원으로 성별을 고려하여 구성함')

17. 「소방공무원법」 및 「공무원고충처리규정」상 고충심사위원회의 결정에 관한 내용으로 (가)~(라)에서 옳은 것만을 있는 대로 모두 고른 것은? *24 소방위

(가) 고충심사청구가 이유 없다고 인정되는 경우에는 청구를 각하하는 결정을 한다.
(나) 고충심사청구가 상당한 이유가 있다고 인정되는 경우에는 처분청이나 관계 기관의 장에게 시정을 요청하는 결정을 한다.
(다) 고충심사청구가 같은 사안에 관하여 이미 소청 또는 고충심사 결정이 이루어진 경우 등 명백히 고충심사의 실익이 없는 경우에는 청구를 기각하는 결정을 한다.
(라) 시정을 요청할 정도에 이르지 아니하나, 제도나 정책 등의 개선이 필요하다고 인정되는 경우에는 처분청이나 관계 기관의 장에게 이에 대한 합리적인 개선을 권고하거나 의견을 표명하는 결정을 한다.

① (가), (다), (라)
② (가), (나)
③ (나), (라)
④ (나), (다), (라)

[해설]
(가) (×) 고충심사청구가 이유 없다고 인정되는 경우 : 청구를 기각(棄却)하는 결정
(다) (×) ⅰ) 충심사청구가 적법하지 아니한 경우, ⅱ) 사안이 종료된 경우, 같은 사안에 관하여 이미 소청 또는 고충심사 결정이 이루어진 경우 등 명백히 고충심사의 실익이 없는 경우 : 청구를 각하(却下)하는 결정

18. 고충심사위원회의 심사결과 고충심사청구가 상당한 이유가 있다고 인정되어 시정을 요청받은 처분청 또는 관계 기관의 장은 시정 요청을 받은 날부터 며칠 이내에 그 처리 결과를 설치기관의 장에게 알려야 하는가?

① 7일
② 15일
③ 20일
④ 30일

[해설]
④ (○) 시정을 요청받은 처분청 또는 관계 기관의 장은 특별한 사유가 없으면 이를 이행하고, 시정 요청을 받은 날부터 30일 이내에 그 처리 결과를 설치기관의 장에게 알려야 한다. 다만, 특별한 사유로 이행할 수 없는 경우 그 사유를 설치기관의 장에게 문서로 통보하여야 한다(공무원고충처리규정 제12조 제2항).

[정답] 17. ③ 18. ④

> 소방승진 공무원법

19 보통고충심사위원회등의 고충심사 결정에 불복하여 중앙고충심사위원회에 재심을 청구하는 경우에는 그 심사결과를 통보받은 날부터 며칠 이내에 청구서를 제출해야 하는가?

① 14일
② 20일
③ 30일
④ 60일

해설
③ (○) 공무원고충처리규정 제13조

20 「공무원고충처리규정」상 성폭력범죄·성희롱의 신고 및 조사 절차의 내용으로 옳지 않은 것은?

① 누구나 기관 내 성폭력범죄 또는 성희롱 발생 사실을 알게 된 경우 이를 인사혁신처장 및 임용권자등에게 신고할 수 있다.
② 인사혁신처장은 제1항에 따른 신고를 받은 경우 지체 없이 신고 내용을 확인하고 해당 임용권자등이 조사를 실시했는지 여부를 확인하여 조사를 실시하지 않은 경우에는 조사 실시 및 그 결과 제출을 요구할 수 있다.
③ 인사혁신처장은 피해자나 피해를 입었다고 주장하는 사람 또는 관계인에 대한 출석 요구, 진술 청취 또는 진술서 제출 요구할 수 있고, 가해행위를 했다고 신고된 사람에 대하여는 먼저 진술서 제출 요구를 하여야 한다.
④ 인사혁신처장은 조사 실시 확인 과정 또는 조사 과정에서 피해자등이 성적 불쾌감 등을 느끼지 않도록 하고, 사건 내용이나 인적사항의 누설 등으로 인한 피해가 발생하지 않도록 해야 한다.

해설
③ (×) 가해행위를 했다고 신고된 사람에 대하여도 출석 요구, 진술 청취 또는 진술서 제출 요구할 수 있다(공무원고충처리규정 제15조 제3항).

21 공직 내 성희롱 또는 성폭력 발생 사실이 확인된 후 임용권자등이 취할 수 있는 조치로 가장 적절하지 않은 것은?

① 가해자에 대한 교육훈련 등 파견근무
② 가해자에 대한 다른 직위에의 전보
③ 피해자에 대한 근무 장소의 변경
④ 피해자에 대한 휴가 사용 권고

해설
피해자에 대하여는 교육훈련 등 파견근무, 다른 직위에의 전보, 근무 장소의 변경, 휴가 사용 권고 등 조치가 가능하고, 가해자에 대하여는 직위해제, 징계 의결 요구, 승진임용 심사 대상 제외, 다른 직위에의 전보, 「공무원 성과평가 등에 관한 규정」에 따른 최하위등급 부여, 감사·감찰·인사·교육훈련 분야 등의 보직 제한 등 조치가 가능하다.

정답 19. ③ 20. ③ 21. ①

22 성폭력범죄·성희롱의 신고 및 조사 절차의 내용으로 옳지 않은 것은?

① 누구나 기관 내 성폭력범죄 또는 성희롱 발생 사실을 알게 된 경우 이를 인사혁신처장 및 임용권자등에게 신고할 수 있다.
② 인사혁신처장은 신고를 받은 경우 지체 없이 신고 내용을 확인하고 해당 임용권자등이 조사를 실시했는지 여부를 확인하여 조사를 실시하지 않은 경우에는 조사 실시 및 그 결과 제출을 요구할 수 있다.
③ 인사혁신처장은 피해자나 피해를 입었다고 주장하는 사람 또는 관계인에 대한 출석 요구, 진술 청취 또는 진술서 제출 요구할 수 있고, 요구받은 사람이나 관계기관은 이에 따를 수 있다.
④ 인사혁신처장은 인사혁신처장은 조사 기간 동안 피해자등이 요청하는 경우로서 피해자등을 보호하기 위해 필요하다고 인정하는 경우 그 피해자등이나 피신고자에 대하여 근무 장소의 변경, 휴가 사용 권고, 그 밖에 인사혁신처장이 필요하다고 판단하는 적절한 조치를 하도록 임용권자등에게 요청할 수 있다.

[해설]
③ (×) 조사를 위해 출석 또는 자료의 제출을 요구받은 사람이나 관계기관은 정당한 사유가 없는 한 이에 따라야 한다(공무원고충처리규정 제15조 제4항).

정답 22. ③

CHAPTER 03 보훈 및 특별위로금

1. 보훈의 의의

보훈은 넓은 의미로 '국가나 사회를 위해서 신체적, 정신적 희생을 당하거나 뚜렷한 공훈을 세운 사람 또는 그 유족에 대하여 국가나 사회가 적절한 보상을 하는 것'을 말한다.

종래 원호관계법률의 체계가 군사원호보상법·국가유공자등특별원호법등으로 복잡하여 1984년 「(구) 국가유공자예우등에관한법률」로 통합되었다가, 2011년 「보훈보상대상자 지원에 관한 법률」을 별도로 제정하여 '국가의 수호·안전보장 또는 국민의 생명·재산보호와 직접 관련이 없는 보훈보상대상자의 희생'에 대해서는 국가유공자와 구분되는 보훈보상을 하는 체계로 개편이 되었다.

소방공무원법 제18조는 "소방공무원으로서 교육훈련 또는 직무수행 중 사망한 사람(공무상의 질병으로 사망한 사람을 포함) 및 상이(공무상의 질병을 포함)를 입고 퇴직한 사람과 그 유족 또는 가족은 「국가유공자 등 예우 및 지원에 관한 법률」(이하 '국가유공자법'이라 함) 또는 「보훈보상대상자 지원에 관한 법률」('이하 보훈보상자법'이라 함)에 따른 예우 또는 지원을 받는다"라고 규정하고 있다.

2. 보훈 대상자

(1) 국가유공자법상 적용 대상

순직군경	군인이나 경찰·소방 공무원으로서 국가의 수호·안전보장 또는 국민의 생명·재산 보호와 직접적인 관련이 있는 직무수행이나 교육훈련 중 사망한 사람(질병으로 사망한 사람을 포함)
공상군경	군인이나 경찰·소방 공무원으로서 국가의 수호·안전보장 또는 국민의 생명·재산 보호와 직접적인 관련이 있는 직무수행이나 교육훈련 중 상이(질병을 포함)를 입고 전역하거나 퇴직한 사람 또는 6개월 이내에 전역이나 퇴직하는 사람으로서 그 상이정도가 국가보훈부장이 실시하는 신체검사에서 상이등급으로 판정된 사람

※ 위 법은 군인과 경찰·소방 공무원 이외의 경우를 「순직공무원」과 「공상공무원」으로 별도로 구분한다.

(2) 보훈보상자법상 적용 대상

재해사망군경	군인이나 경찰·소방 공무원으로서 국가의 수호·안전보장 또는 국민의 생명·재산 보호와 직접적인 관련이 없는 직무수행이나 교육훈련 중 사망한 사람(질병으로 사망한 사람을 포함)
재해부상군경	군인이나 경찰·소방 공무원으로서 국가의 수호·안전보장 또는 국민의 생명·재산 보호와 직접적인 관련이 없는 직무수행이나 교육훈련 중 상이(질병을 포함)를 입고 전역(퇴역·면역 또는 상근예비역 소집해제를 포함)하거나 퇴직(면직을 포함)한 사람

| | 또는 6개월 이내에 전역이나 퇴직하는 사람으로서 그 상이정도가 국가보훈부장관이 실시하는 신체검사에서 제6조에 따른 상이등급으로 판정된 사람 |

※ 위 법은 군인과 경찰·소방 공무원 이외의 경우를 「재해사망공무원」과 「재해부상공무원」으로 별도로 구분한다.

3. 보훈 내용

국가유공자법	보상금, 수당(생활조정수당, 간호수당, 무공영예수당, 6·25전몰군경자녀수당, 부양가족수당, 중상이 부가수당, 4·19혁명공로수당 등), 사망일시금, 교육지원, 취업지원, 의료지원, 대부, 주택의 우선공급, 양로지원, 양육지원, 수송시설 이용지원, 고궁 등 이용지원, 생업지원, 연수교육 등
보훈보상자법	보상금, 수당(생활조정수당, 간호수당, 부양가족수당, 중상이 부가수당 등), 사망일시금, 교육지원, 취업지원, 의료지원, 대부, 주택의 우선공급 등

4. 보훈의 결정절차

(1) 등록신청

예우 또는 지원을 받으려는 사람은 「국가유공자 등 예우 및 지원에 관한 법률」 제6조 또는 「보훈보상대상자 지원에 관한 법률」 제4조에 따라 등록신청을 하여야 한다(소방공무원 임용령 제59조 제1항).

(2) 사실확인 및 통보

소방청장은 등록신청과 관련하여 「국가유공자 등 예우 및 지원에 관한 법률 시행령」 제9조 제2항 또는 「보훈보상대상자 지원에 관한 법률 시행령」 제6조 제2항에 따라 국가보훈부장관으로부터 국가유공자 또는 보훈보상대상자 요건과 관련된 사실의 확인에 대한 요청을 받으면 그 요건과 관련된 사실을 확인하여 지체 없이 국가보훈부장에게 통보하여야 한다(제2항).

(3) 보훈심사위원회의 심의·의결

① 국가보훈부장관은 국가유공자, 그 유족 또는 가족에 해당하는 사람으로 결정할 때에는 보훈심사위원회의 심의·의결을 거쳐야 한다. 다만, 국가유공자, 그 유족 또는 가족의 요건이 객관적인 사실에 의하여 확인된 경우로서 대통령령으로 정하는 경우에는 보훈심사위원회의 심의·의결을 거치지 아니할 수 있다(국가유공자법 제6조 제4항).

② 국가보훈부장관이 보훈보상대상자 등으로 지정할 때에도 동일하게 보훈심사위원회의 심의·의결을 거치도록 되어 있다(보훈보상자법 제4조 제4항 참고).

5. 보상금을 받을 유족의 지급순위

국가유공자법은 ① 보상을 받는 국가유공자의 유족이나 가족의 범위(제5조), ② 「보상금」을 받을 유족의 순위(제13조)를 정하고 있고, 이는 보훈보상자법에도 동일하게 적용된다(제3조, 제12조).

(1) 원칙

지급순위	부가적 요건
배우자	사실혼 관계에 있는 사람을 포함한다. 다만, 배우자 및 사실혼 관계에 있는 사람이 국가유공자와 혼인 또는 사실혼 후 그 국가유공자가 아닌 다른 사람과 사실혼 관계에 있거나 있었던 경우는 제외한다.
자녀	양자는 국가유공자가 직계비속이 없어 입양한 사람 1명만을 자녀로 본다.
부모	생부 또는 생모 외에 국가유공자를 양육하거나 부양한 사실이 있는 부 또는 모의 배우자가 있는 때에는 국가유공자를 주로 양육하거나 부양한 사람 1명을 부 또는 모로 본다.
성년인 직계비속이 없는 조부모	성년인 직계비속이 ① 대통령령으로 정하는 생활능력이 없는 정도의 장애인이거나 ② 「병역법」에 따라 입영된 현역병(본인이 지원하지 아니하고 임용된 부사관을 포함), 「병역법」에 따라 소집된 상근예비역, 「병역법」에 따라 전환복무된 의무경찰 및 의무소방원, 「병역법」에 따른 사회복무요원 및 대체복무요원으로 소집된 사람으로서 의무복무 중인 경우에는 성년인 직계비속이 없는 것으로 본다.
60세 미만의 직계존속과 성년인 형제자매가 없는 미성년 제매	60세 미만의 직계존속과 성년인 형제자매가 있더라도 ① 대통령령으로 정하는 생활능력이 없는 정도의 장애인이거나 ② 「병역법」에 따라 입영된 현역병(본인이 지원하지 아니하고 임용된 부사관을 포함), 「병역법」에 따라 소집된 상근예비역, 「병역법」에 따라 전환복무된 의무경찰 및 의무소방원, 「병역법」에 따른 사회복무요원 및 대체복무요원으로 소집된 사람으로서 의무복무 중인 경우에는 60세 미만의 직계존속과 성년인 형제자매가 없는 것으로 본다.

(3) 같은 순위자가 2명 이상인 경우 등의 처리

① 보상금을 받을 유족 중 같은 순위자가 2명 이상이면 다음 각 호의 순서에 따라 보상금을 지급한다.

> 1. 같은 순위 유족 간 협의에 의하여 같은 순위 유족 중 1명을 보상금을 받을 사람으로 지정한 경우에는 그 사람에게 보상금을 지급한다. 이 경우 유족 간 협의의 방법 및 효력 등에 관하여 필요한 사항은 대통령령으로 정한다.
> 2. 제1호에 해당하는 사람이 없는 경우에는 국가유공자를 주로 부양하거나 양육한 사람에게 보상금을 지급한다.
> 3. 제1호 및 제2호에 해당하는 사람이 없는 경우에는 나이가 많은 사람에게 보상금을 지급하되, 같은 순위자가 국가유공자의 부모인 때에는 제12조 제1항에도 불구하고 보상금을 균등하게 분할하여 지급한다. 이 경우 보상금의 분할 지급방법 등에 필요한 사항은 대통령령으로 정한다.

② 보상금을 받을 유족이 다음 각 호의 어느 하나에 해당하면 그 다음 순위의 유족에게 대통령령으로 정하는 바에 따라 보상금을 지급한다.

1. 사망한 경우
2. 제5조 제1항 각 호[註 : 1순위(배우자)~5순위(제매)]의 어느 하나에 해당하지 아니하게 된 경우
3. 1년 이상 계속하여 행방불명인 경우

③ 위 ①의 제3호에 따라 분할하여 보상금을 지급받는 사람이 ②의 어느 하나에 해당하는 경우에는 남아 있는 부 또는 모에게 보상금 전액을 지급한다.

6. 특별위로금

(1) 의의

소방공무원이 공무상 질병 또는 부상으로 인하여 치료 등의 요양을 하는 경우에는 특별위로금을 지급할 수 있다(소방공무원법 제19조 제1항). 특별위로금의 지급 기준 및 방법 등은 대통령령으로 정한다(제2항).

(2) 지급대상

특별위로금은 다음 각 호의 어느 하나에 해당하는 활동이나 교육·훈련으로 인하여 질병에 걸리거나 부상을 입어「공무원 재해보상법」제9조에 따라 요양급여의 지급대상자로 결정된 소방공무원에게 지급한다(소방공무원 임용령 제60조 제1항).

1. 「소방기본법」 제16조 제1항에 따른 소방활동
2. 「소방기본법」 제16조의2에 따른 소방지원활동
3. 「소방기본법」 제16조의3에 따른 생활안전활동
4. 「소방기본법」 제17조 제1항에 따른 소방교육·훈련

공무상 재해의 인정기준(공무상 재해보상법 제4조)

1. 공무원이 다음 각 호의 어느 하나에 해당하는 부상을 당하거나 질병에 걸리는 경우와 그 부상 또는 질병으로 장해를 입거나 사망한 경우에는 공무상 재해로 본다. 다만, 공무와 재해 사이에 상당한 인과관계가 없는 경우에는 공무상 재해로 보지 아니한다.
   ① 공무상 부상 : 다음 각 목의 어느 하나에 해당하는 사고(이하 "공무상 사고"라 한다)로 인한 부상
      ㉠ 공무수행 또는 그에 따르는 행위를 하던 중 발생한 사고
      ㉡ 통상적인 경로와 방법으로 출퇴근하던 중 발생한 사고
      ㉢ 그 밖에 공무수행과 관련하여 발생한 사고
   ② 공무상 질병 : 다음 각 목의 어느 하나에 해당하는 질병
      ㉠ 공무수행 과정에서 물리적·화학적·생물학적 요인에 의하여 발생한 질병
      ㉡ 공무수행과정에서 신체적·정신적 부담을 주는 업무가 원인이 되어 발생한 질병
      ㉢ 공무상 부상이 원인이 되어 발생한 질병
      ㉣ 그 밖에 공무수행과 관련하여 발생한 질병

> 2. 공무원의 자해행위가 원인이 되어 부상·질병·장해를 입거나 사망한 경우 공무상 재해로 보지 아니한다. 다만, 그 자해행위가 공무와 관련한 사유로 정상적인 인식능력 등이 뚜렷하게 저하된 상태에서 한 행위로서 대통령령으로 정하는 사유가 있으면 공무상 재해로 본다.
> 3. 공무상 재해로 요양 중인 공무원에게 그 공무상 재해로 인한 부상이나 질병이 추가로 발견되어 요양이 필요한 경우 그 추가로 발견된 부상이나 질병은 공무상 재해로 본다.
> 4. 공무상 부상이나 질병의 치료과정에서 그 부상 또는 질병이 주된 원인이 되어 합병증이 유발된 경우 그 합병증은 공무상 질병으로 본다. 다만, 합병증이 기초 질환이나 체질적 원인에 의하여 자연적으로 유발되었거나 악화된 경우에는 공무상 질병으로 보지 아니한다.
> 5. 공무상 질병에 대한 결정을 하는 경우에는 공무원이거나 공무원이었던 사람의 업무 특성, 성별, 나이, 체질, 평소의 건강상태, 기존의 질병 유무, 병가, 휴직, 퇴직 등을 고려하여야 한다.
> 6. 공무상 재해의 구체적인 인정기준은 대통령령으로 정한다.(註 : 시행령 별표2)

(3) 신청절차

위로금을 지급받으려는 소방공무원 또는 그 유족은 행정안전부령으로 정하는 특별위로금 지급 신청서에 공무상요양 승인결정서 사본 등 행정안전부령으로 정하는 서류를 첨부하여 다음 각 호의 어느 하나에 해당하는 날부터 6개월 이내에 소방기관의 장에게 신청하여야 한다(임용령 제60조 제4항).

> 1. 업무에 복귀한 날
> 2. 요양 중 사망하거나 퇴직한 경우는 각각 사망일 또는 퇴직일
> 3. 「공무원 재해보상법」에 따른 요양급여의 결정에 대한 불복절차가 인용 결정으로 최종 확정된 경우에는 확정된 날

위에서 "공무상요양 승인결정서 사본 등 행정안전부령으로 정하는 서류"란 다음 각 호의 서류를 말한다(임용령 시행규칙 제43조의2).

> 1. 공무상요양 승인결정서 사본
> 2. 입·퇴원확인서
> 3. 개인별근무상황부 사본

(4) 지급범위

① 위로금은 공무상요양으로 소방공무원이 요양하면서 출근하지 아니한 기간에 대하여 지급하되, 36개월을 넘지 아니하는 범위에서 지급한다(임용령 제60조 제2항).
② 위로금은 「공무원수당 등에 관한 규정」 제15조 제3항에 따른 기준호봉을 기준으로 산정하되, 구체적인 산정방법은 별표 8에 따른다(제3항).

특별위로금 지급금액 산정방식(소방공무원 임용령 별표8)

1. 미출근기간이 6개월 이하인 경우

$$지급금액 = \frac{계급별\ 기준호봉}{180일} \times 1.5 \times 미출근일수$$

2. 미출근기간이 6개월을 초과하는 경우

$$지급금액 = \frac{계급별\ 기준호봉}{180일} \times 1.5 \times 180일 + \frac{계급별\ 기준호봉}{900일} \times 2 \times (미출근일수 - 180일)$$

- 비고 : 1개월은 30일로 계산한다.

출·제·예·상·문·제

소방승진 공무원법

01 「소방공무원법」상 「국가유공자 등 예우 및 지원에 관한 법률」 또는 「보훈보상대상자 지원에 관한 법률」에 따른 예우 또는 지원을 받는 경우로 옳지 않은 것은? *23 소방교

① 소방공무원으로서 직무수행 중 공무상 질병으로 인해 휴직한 사람
② 소방공무원으로서 교육훈련 중 상이를 입고 퇴직한 사람
③ 소방공무원으로서 교육훈련 중 사망한 사람의 유족
④ 소방공무원으로서 직무수행 중 사망한 사람의 유족

[해설]
소방공무원으로서 교육훈련 또는 직무수행 중 사망한 사람(공무상의 질병으로 사망한 사람을 포함한다) 및 상이(공무상의 질병을 포함한다)를 입고 퇴직한 사람과 그 유족 또는 가족은 「국가유공자 등 예우 및 지원에 관한 법률」 또는 「보훈보상대상자 지원에 관한 법률」에 따른 예우 또는 지원을 받는다(소방공무원법 제18조).

02 소방공무원법에 따른 보훈에 대한 설명으로 옳은 것은?

① 소방공무원으로서 국가의 수호·안전보장 또는 국민의 생명·재산 보호와 직접적인 관련이 없는 직무수행이나 교육훈련 중 사망한 사람은 국가유공자의 예우 또는 지원을 받는다.
② 예우 또는 지원을 받으려는 사람은 「국가유공자 등 예우 및 지원에 관한 법률」 또는 「보훈보상대상자 지원에 관한 법률」에 따라 등록신청을 하여야 한다.
③ 국가유공자의 요건이 객관적인 사실에 의하여 확인된 경우에는 보훈심사위원회의 심의·의결을 거쳐 국가유공자에 해당하는 사람으로 결정하여야 한다.
④ 보훈보상대상자로 지정할 때에는 보훈심사위원회와 별도로 설치된 보훈보상대상자심사위원회의 심의·의결을 거친다.

[해설]
① (×) 국가유공자가 아니라 보훈보상자법상 보훈보상대상자로서 예우 또는 지원을 받는다.
② (○) 소방공무원 임용령 제59조 제1항
③ (×) 국가보훈부장관은 국가유공자, 그 유족 또는 가족에 해당하는 사람으로 결정할 때에는 보훈심사위원회의 심의·의결을 거쳐야 한다. 다만, 국가유공자, 그 유족 또는 가족의 요건이 객관적인 사실에 의하여 확인된 경우로서 대통령령으로 정하는 경우에는 보훈심사위원회의 심의·의결을 거치지 아니할 수 있다(국가유공자법 제6조 제4항).
④ (×) 국가보훈부장관이 보훈보상대상자 등으로 지정할 때에도 국가유공자의 경우와 마찬가지로 보훈심사위원회의 심의·의결을 거친다(보훈보상자법 제4조 제4항 참고).

정답 01. ① 02. ②

03 다음은 「보훈보상대상자 지원에 관한 법률」상 「재해사망군경」의 개념 정의이다. 잘못 기술된 곳은?

> ㉠군인이나 경찰·소방 공무원으로서 ㉡국가의 수호·안전보장 또는 국민의 생명·재산 보호와 직접적인 관련이 있는 ㉢직무수행이나 교육훈련 중 사망한 사람(㉣질병으로 사망한 사람을 포함)

① ㉠
② ㉡
③ ㉢
④ ㉣

해설
② (×) 국가의 수호·안전보장 또는 국민의 생명·재산 보호와 직접적인 관련이 '있는' 것은 「국가유공자 등 예우 및 지원에 관한 법률」상 순직군경이나 공상군경의 요건이다. 「보훈보상대상자 지원에 관한 법률」상 재해사망군경이나 재해부상군경은 직접적인 관련이 '없는' 경우이다.

04 국가보훈부장관으로부터 국가유공자 또는 보훈보상대상자 요건과 관련된 사실의 확인에 대한 요청을 받으면 그 요건과 관련된 사실을 확인하여 지체 없이 국가보훈부장관에게 통보하여야 할 사람은?

① 소방청장
② 소속 시·도지사
③ 행정안전부장관
④ 소속 기관장

해설
소방청장은 등록신청과 관련하여 「국가유공자 등 예우 및 지원에 관한 법률 시행령」 제9조 제2항 또는 「보훈보상대상자 지원에 관한 법률 시행령」 제6조 제2항에 따라 국가보훈부장관으로부터 국가유공자 또는 보훈보상대상자 요건과 관련된 사실의 확인에 대한 요청을 받으면 그 요건과 관련된 사실을 확인하여 지체 없이 국가보훈부장관에게 통보하여야 한다(소방공무원 임용령 제59조 제2항).

05 「국가유공자 등 예우 및 지원에 관한 법률」상 보상을 받는 국가유공자의 유족이나 가족의 범위를 잘못 기술한 것은?

① 자녀(양자는 국가유공자가 직계비속이 없어 입양한 사람 1명만을 자녀로 본다)
② 배우자(사실혼 관계에 있는 사람을 포함한다)
③ 부모(생부 또는 생모 외에 국가유공자를 양육하거나 부양한 사실이 있는 부 또는 모의 배우자가 있는 때에는 국가유공자를 주로 양육하거나 부양한 사람 1명을 부 또는 모로 본다)
④ 60세 이상의 직계존속과 성년인 형제자매가 없는 미성년 제매

해설
④ (×) 60세 미만의 직계존속과 성년인 형제자매가 없는 미성년 제매(동법 제5조 제1항 제5호)

정답 03. ② 04. ① 05. ④

소방승진 공무원법

06 「국가유공자 등 예우 및 지원에 관한 법률」상 보상금을 받을 유족의 순위로 옳은 것은?

> ㉠ 자녀
> ㉡ 부모
> ㉢ 배우자
> ㉣ 성년인 직계비속이 없는 조부모
> ㉤ 60세 미만의 직계존속과 성년인 형제자매가 없는 미성년 제매

① ㉡ → ㉢ → ㉠ → ㉤ → ㉣
② ㉡ → ㉢ → ㉠ → ㉣ → ㉤
③ ㉢ → ㉠ → ㉡ → ㉣ → ㉤
④ ㉢ → ㉠ → ㉡ → ㉤ → ㉣

해설
보상금 지급순위는 배우자, 자녀, 부모, 성년인 직계비속이 없는 조부모, 60세 미만의 직계존속과 성년인 형제자매가 없는 미성년 제매의 순이다(국가유공자 등 예우 및 지원에 관한 법률 제13조 제1항).

07 「보훈보상대상자 지원에 관한 법률」상 보상금을 받을 유족 중 같은 순위자가 2명 이상일 때 보상금을 지급하는 순서의 기준은?

> ㉠ 같은 순위 유족 간 협의에 의하여 같은 순위 유족 중 1명을 보상금을 받을 사람으로 지정한 경우에는 그 사람
> ㉡ 보훈대상자를 주로 부양하거나 양육한 사람
> ㉢ 나이가 많은 사람(단, 같은 순위자가 보훈대상자의 부모인 때에는 보상금을 균등하게 분할하여 지급)

① ㉠ → ㉡ → ㉢
② ㉢ → ㉠ → ㉡
③ ㉠ → ㉢ → ㉡
④ ㉢ → ㉡ → ㉠

해설
① (○) 동법 제12조 제2항의 내용으로 타당

정답 06. ③   07. ①

08 「국가유공자 등 예우 및 지원에 관한 법률」상 보상금을 받을 유족에게 어떤 사유가 발생하면 그 다음 순위의 유족에게 보상금을 지급한다. 그 사유에 해당하지 않는 것은?

① 사망한 경우
② 6개월 이상 계속하여 행방불명인 경우
③ 60세 미만의 직계존속과 성년인 형제자매가 있게 된 경우
④ 사실혼 관계에 있는 사람이 국가유공자와 혼인 또는 사실혼 후 다른 사람과 사실혼 관계에 있었던 경우

해설
② (×) 1년 이상 계속하여 행방불명인 경우이다(국가유공자 등 예우 및 지원에 관한 법률 제13조 제3항).

09 소방공무원법에 따른 특별위로금에 대한 설명으로 옳은 것은?

① 소방공무원이 공무상 질병 또는 부상으로 인하여 치료 등의 요양을 하는 경우에는 특별위로금을 지급해야 한다.
② 특별위로금의 지급 기준 및 방법 등은 소방청장이 정한다.
③ 요양 중 사망하거나 퇴직한 경우 위로금을 지급받으려는 소방공무원 또는 그 유족은 사망일 또는 퇴직일로부터 3개월 이내에 소방기관의 장에게 신청하여야 한다.
④ 위로금은 공무상요양으로 소방공무원이 요양하면서 출근하지 아니한 기간에 대하여 지급하되, 36개월을 넘지 아니하는 범위에서 지급한다.

해설
① (×) 소방공무원이 공무상 질병 또는 부상으로 인하여 치료 등의 요양을 하는 경우에는 특별위로금을 지급할 수 있다(소방공무원법 제19조 제1항).
② (×) 특별위로금의 지급 기준 및 방법 등은 대통령령으로 정한다(제2항).
③ (×) 3개월이 아니라 6개월 이내이다(소방공무원 임용령 제60조 제4항).

정답 08. ② 09. ④

소방승진 공무원법

10 소방공무원의 특별위로금에 관한 내용으로 옳지 않은 것은? *20 소방교

① 생활안전활동(위해동물, 벌 등의 포획 및 퇴치 활동 등)으로 인하여 질병에 걸리거나 부상을 입은 경우도 위로금의 지급대상이 될 수 있다.
② 위로금은 공무상요양으로 소방공무원이 요양하면서 출근하지 아니한 기간에 대하여 지급하되, 36개월을 넘지 아니하는 범위에서 지급한다.
③ 위로금을 지급받으려는 소방공무원은 업무에 복귀한 날부터 1년 이내에 소방기관의 장에게 신청하여야 한다.
④ 위로금은 「공무원수당 등에 관한 규정」에 따른 기준호봉을 기준으로 산정한다.

해설
③ (×) 1년이 아니라 6개월이다(소방공무원 임용령 제60조 제4항).

11 소방공무원이 질병에 걸리거나 부상을 입어 특별위로금을 지급받는 원인이 될 수 있는 활동이 아닌 것은?

① 화재진압과 인명구조·구급 등 소방에 필요한 활동
② 붕괴, 낙하 등이 우려되는 고드름, 나무, 위험 구조물 등의 제거활동
③ 집회·공연 등 각종 행사 시 사고에 대비한 근접대기 등 지원활동
④ 소속 기관장이 참가하도록 지시한 운동경기·야유회

해설
①은 소방활동, ②는 생활안전활동, ③은 소방지원활동으로, 이로 인하여 질병에 걸리거나 부상을 입어 「공무원 재해보상법」 제9조에 따라 요양급여의 지급대상자로 결정된 소방공무원에게 특별위로금을 지급한다(소방공무원 임용령 제60조 제1항).

12 다음 중 특별위로금이 지급될 수 있는 「공무원 재해보상법」상 요양급여의 지급대상이 아닌 경우는?

① 공무수행 과정에서 물리적·화학적·생물학적 요인에 의하여 발생한 질병
② 공무와 관련한 사유의 자해행위가 원인이 되어 부상·질병·장해를 입거나 사망한 경우로서, 그 자해행위가 정상적인 인식능력 등이 있는 상태에서 한 행위
③ 공무상 재해로 요양 중인 공무원에게 그 공무상 재해로 인한 부상이나 질병이 추가로 발견되어 요양이 필요한 경우
④ 공무상 부상이나 질병의 치료과정에서 그 부상 또는 질병이 주된 원인이 되어 합병증이 유발된 경우

정답 10. ③ 11. ④ 12. ②

해설
② (×) 공무원의 자해행위가 원인이 되어 부상·질병·장해를 입거나 사망한 경우 공무상 재해로 보지 아니한다. 다만, 그 자해행위가 공무와 관련한 사유로 정상적인 인식능력 등이 뚜렷하게 저하된 상태에서 한 행위로서 대통령령으로 정하는 사유가 있으면 공무상 재해로 본다(공무상 재해보상법 제4조).

13 소방공무원의 특별위로금에 관한 내용으로 옳지 않은 것은?

① 「공무원 재해보상법」에 따라 요양급여의 지급대상자로 결정된 소방공무원이 지급받을 수 있으며, 공무와 재해 사이에 상당한 인과관계가 있어야 한다.
② 위로금은 공무상요양으로 소방공무원이 요양하면서 출근하지 아니한 기간에 대하여 지급하되, 24개월을 넘지 아니하는 범위에서 지급한다.
③ 위로금을 지급받으려는 소방공무원이 요양 중 퇴직한 경우는 퇴직일로부터 6개월 이내에 소방기관의 장에게 신청하여야 한다.
④ 특별위로금의 지급 기준 및 방법 등은 대통령령으로 정한다.

해설
② (×) 24개월이 아니라 36개월이다(소방공무원 임용령 제60조 제2항).

14 소방공무원 甲이 소방활동 중 부상을 입어 30일간 출근하지 못하였다. 甲의 기준호봉이 180만 원이라면 지급될 특별위로금은 얼마인가?(다른 요건을 충족한다고 전제)

① 45만 원   ② 70만 원
③ 90만 원   ④ 135만 원

해설
$$지급금액 = \frac{계급별\ 기준호봉}{180일} \times 1.5 \times 미출근일수 = 45만\ 원$$

정답 13. ②   14. ①

CHAPTER 04 소방공무원 보건안전 및 복지 기본법

1. 총칙

(1) 목적

소방공무원에 대한 보건안전 및 복지 정책의 수립·시행 등에 필요한 사항을 규정함으로써 소방공무원의 근무여건 개선과 삶의 질 향상을 도모하는 한편, 소방공무원이 긍지와 자부심을 갖고 소방업무에 전념할 수 있도록 하여 소방서비스의 질 향상에 이바지함을 목적으로 한다(제1조).

(2) 용어 정의(제2조)

소방활동	「소방기본법」 제16조 제1항의 소방활동 **소방기본법 제16조(소방활동)** ① 소방청장, 소방본부장 또는 소방서장은 화재, 재난·재해, 그 밖의 위급한 상황이 발생하였을 때에는 소방대를 현장에 신속하게 출동시켜 화재진압과 인명구조·구급 등 소방에 필요한 활동(이하 이 조에서 "소방활동"이라 한다)을 하게 하여야 한다.
소방활동재해	소방공무원이 화재진압, 구조·구급 등 소방활동 중 유해인자에 노출되거나 그 밖의 소방업무로 인하여 사망 또는 부상하거나 질병에 걸리는 것
소방공무원	「소방공무원법」의 적용을 받는 소방공무원
소방관서	중앙·지방 소방학교, 중앙119구조단, 소방본부, 소방서
복지시설	소방공무원의 복지를 증진하기 위하여 소방청장 또는 특별시장·광역시장·특별자치시장·도지사·특별자치도지사가 운영하는 다음 각 목의 시설 　가. 소방관서 매점, 식당, 주유소 　나. 수련원, 보육시설 　다. 가목에 따른 시설에 부수되는 시설
체력단련시설	소방공무원의 체력을 향상하고 유지시키기 위하여 설치된 시설

(3) 국가 등의 책무

① 국가와 지방자치단체는 소방공무원이 직무에 전념할 수 있도록 소방공무원의 보건안전 및 복지 증진을 위한 여건을 조성하여야 한다(제3조 제1항).
② 국가와 지방자치단체는 소방공무원의 보건안전 및 복지 증진에 관하여 필요한 시책을 수립하고 시행하여야 한다(제2항).
③ 국가와 지방자치단체는 소방공무원의 근무환경 개선을 통하여 소방공무원의 신체적 피로와 정신적 스트레스 등으로 인한 건강장애 예방에 노력하여야 한다(제3항).
④ 국가와 지방자치단체는 소방활동재해로 부상하거나 질병에 걸린 소방공무원의 치료와 생활안정 지원에 적극 노력하여야 한다(제4항).

⑤ 국가와 지방자치단체는 소방공무원의 보건안전 및 복지 증진에 소요되는 재원확보에 적극 노력하여야 한다(제5항).

(4) 소방관서의 장의 의무

① 소방관서의 장은 소방활동재해 예방을 위하여 제14조에 따른 소방공무원 보건안전관리 규정 등 각종 안전에 관한 기준을 준수하고 따라야 한다(제4조 제1항).
② 소방관서의 장은 해당 소방활동 현장의 보건안전에 관한 정보를 소방활동 현장에 출동한 소방공무원에게 제공하여야 한다(제2항).
③ 소방관서의 장은 소속 소방공무원의 보건안전 및 복지 증진에 노력하여야 한다(제3항).

(5) 소방공무원의 의무

소방공무원은 소방활동재해 예방을 위하여 제14조에 따른 소방공무원 보건안전관리 규정을 준수하여야 하며, 소방관서의 장이 실시하는 소방활동재해 예방 등을 위한 조치에 따라야 한다(제5조).

2. 소방공무원 보건안전 및 복지 기본계획 등

(1) 소방공무원 보건안전 및 복지 기본계획 등의 수립·시행

① 소방청장은 5년마다 제9조에 따른 소방공무원 보건안전 및 복지정책심의위원회의 심의를 거쳐 소방공무원 보건안전 및 복지 기본계획(이하 "기본계획")을 작성하고 관계 중앙행정기관의 장과 협의한 후 대통령의 승인을 받아 이를 시행하여야 한다. 수립된 기본계획을 변경하고자 하는 때에도 또한 같다(제7조 제1항).
② 기본계획에는 다음 각 호의 사항이 포함되어야 한다(제2항).

> 1. 소방공무원 보건안전 및 복지 기본목표 및 추진방향 등에 관한 사항
> 2. 소방공무원 보건안전 및 복지 관련 연구 등에 관한 사항
> 3. 소방공무원 근무여건 개선에 관한 사항
> 4. 특수건강진단과 정신건강관리 등에 관한 사항
> 5. 소방활동재해로 부상하거나 질병에 걸린 소방공무원의 치료와 생활안정 지원에 관한 사항
> 6. 소방공무원 복지시설 및 체력단련시설의 설치·운영에 관한 사항
> 7. 소방공무원 보건안전 및 복지 증진 사업에 사용되는 재원조달 및 운영에 관한 사항
> 8. 그 밖에 소방공무원 보건안전 및 복지 증진을 위하여 필요한 사항

③ 소방청장은 기본계획에 따라 매년 연도별 소방공무원 보건안전 및 복지 계획(이하 "연도별계획")을 수립·시행하여야 한다(제3항).
④ 소방청장은 제1항 및 제3항에 따라 수립된 기본계획 및 연도별계획을 관계 중앙행정기관의 장, 특별시장·광역시장·특별자치시장·도지사·특별자치도지사에게 통보하여야 한다(제4항).
⑤ 소방청장은 5년마다 소방공무원의 보건안전 및 복지에 관한 실태를 조사하고 그 결과를 기본계획에 반영하여야 한다(제5항). 실태조사에 관한 사항 및 방법 등에 필요한 사항은 대통령령으로 정한다(제6항).

(2) 소방공무원 보건안전 및 복지 집행계획의 수립·시행

① 시·도지사는 기본계획 및 연도별계획에 따라 해당 특별시·광역시·특별자치시·도·특별자치도 소속 소방공무원의 보건안전 및 복지 향상을 위하여 매년 보건안전 및 복지 집행계획(이하 "집행계획")을 수립하여 소방청장에게 제출하여야 한다(제8조 제1항).

② 집행계획의 수립시기·내용, 그 밖에 필요한 사항은 대통령령으로 정한다(제2항).

3. 소방공무원 보건안전 및 복지 정책심의위원회 등

(1) 소방공무원 보건안전 및 복지 정책심의위원회

① **목적** : 소방공무원에 대한 보건안전 및 복지에 관한 정책수립과 그 시행 등에 관한 사항을 심의하기 위하여 소방청에 소방공무원 보건안전 및 복지 정책심의위원회(이하 "위원회")를 둔다(제9조 제1항).

② **구성**
　㉠ 위원회는 위원장 1명을 포함하여 10명 이내의 위원으로 구성한다(제2항).
　㉡ 위원장은 소방청 차장이 되고, 위원은 소방공무원의 보건안전 및 복지에 관하여 학식과 경험이 풍부한 사람과 고위공무원단에 속하는 관계 중앙행정기관의 일반직공무원 및 소방청 소속 공무원 중에서 소방청장이 위촉하거나 임명한다(제3항).
　㉢ 위원회의 사무를 처리하기 위하여 위원회에 간사 1명을 두되, 간사는 소방청 소속 소방공무원 중에서 위원장이 지명한다(제5항).

③ **심의사항**(제4항)

> 1. 소방공무원 보건안전 및 복지 정책의 목표 및 기본방향에 관한 사항
> 2. 소방공무원 보건안전 및 복지 증진을 위한 법령 및 제도개선과 예산지원에 관한 사항
> 3. 기본계획 수립에 관한 사항
> 4. 제7조 제5항에 따른 소방공무원의 보건안전 및 복지에 관한 실태조사에 관한 사항
> 5. 그 밖에 소방공무원 보건안전 및 복지 증진과 관련하여 위원장이 제안하는 사항

④ **위원회의 운영**
　㉠ 위원회의 위원장은 위원회의 회의를 소집하고 그 의장이 된다(소방공무원 보건안전 및 복지 기본법 시행령 제6조 제1항).
　㉡ 위원장이 부득이한 사유로 그 직무를 수행할 수 없을 때에는 위원장이 미리 지명한 위원이 그 직무를 대행한다(제2항).
　㉢ 위원회의 회의는 위원장을 포함한 재적위원 과반수의 출석으로 개의하고, 출석위원 과반수의 찬성으로 의결한다(제3항).
　㉣ 위원회는 직무를 수행하기 위하여 필요한 경우에는 관계 중앙행정기관의 장, 연구기관, 단체 등에 자료 또는 의견의 제출 등을 요구할 수 있으며, 관계 공무원 또는 전문가를 참석하게 하여 의견을 들을 수 있다(제4항).

ⓜ 위원회는 제4항에 따른 사항을 심의함에 있어 대통령령으로 정하는 바에 따라 「소방공무원법」 제3조에 따른 소방경 이하 계급의 소방공무원의 의견을 들어야 한다(제5항).

> **소방공무원 보건안전 및 복지 기본법 시행령 제6조(위원회의 운영)** ⑤ 위원회는 법 제9조 제4항 각 호의 사항을 심의하는 경우에는 다음 각 호의 어느 하나에 해당하는 방법으로 소방공무원의 의견을 들어야 한다
> 1. 다음 각 목의 소방공무원의 의견을 서면으로 제출하게 하는 방법
>   가. 소방청 소속 소방경 이하 계급의 소방공무원
>   나. 특별시·광역시·특별자치시·도 및 특별자치도(이하 "시·도"라 한다) 소속 소방경 이하 계급의 소방공무원
> 2. 다음 각 목의 소방공무원을 위원회에 참석하게 하는 방법
>   가. 소방청 소속 소방경 이하 계급의 소방공무원을 대표할 수 있는 소방공무원
>   나. 각 시·도 소속 소방경 이하 계급의 소방공무원을 대표할 수 있는 소방공무원

ⓗ 제1항부터 제5항까지에서 규정한 사항 외에 위원회 운영에 필요한 사항은 위원회의 의결을 거쳐 위원장이 정한다(제6항).

(2) 소방공무원의 건강관리 등

① 의료지원 제공

국가는 소방공무원의 건강관리를 위한 진단 및 진료와 업무적 특성을 고려한 심신건강연구 등의 의료지원을 제공할 수 있다(제10조 제1항).

② 소방전문 의료기관 설치·운영

㉠ 제1항에 따른 의료지원을 위하여 국가는 소방전문 의료기관을 설치·운영할 수 있으며, 소방청장은 대통령령으로 정하는 의료기관을 소방전문치료센터로 지정·운영할 수 있다(제2항).

㉡ 제2항에 따라 지정된 소방전문치료센터의 운영비용은 국가 또는 지방자치단체가 부담한다(제3항).

㉢ 제2항에 따른 소방전문치료센터의 지정·운영에 필요한 사항 및 제3항에 따른 운영비용의 부담기준에 관한 사항은 대통령령으로 정한다(제4항).

> **중앙소방전문치료센터**
> **1. 지정**
> 소방청장은 경찰병원을 소방전문치료센터로 지정한다(소방공무원 보건안전 및 복지 기본법 시행령 제7조 제1항).
> **2. 담당 업무(제2항)**
> - 소방공무원의 진료
> - 소방공무원의 특수근무환경에 따른 건강유해인자 분석 및 질병연구
> - 법 제16조에 따른 소방공무원의 특수건강진단
> - 그 밖에 소방공무원의 건강관리에 관하여 소방청장 또는 시·도지사가 요청하는 사항

3. 운영
① 운영비용은 국가 또는 시·도가 부담한다(제3항).
② 소방공무원의 진료 시작 시기 등 중앙소방전문치료센터의 운영에 필요한 사항은 소방청장이 경찰청장과 협의하여 정한다(제4항).

지역소방전문치료센터
1. 지정
소방청장은 시·도지사 등 관계 기관과 협의하여 ① 「한국보훈복지의료공단법」에 따른 보훈병원과 그 밖의 국공립병원, ② 그 외의 의료기관으로서 시·도지사가 소방전문치료센터로 적합하다고 인정한 의료기관을 소방전문치료센터로 지정·운영할 수 있다. 이 경우 ②의 의료기관은 해당 시·도에 국공립병원이 없거나 국공립병원이 소방전문치료센터로 적합하지 아니한 경우에만 소방전문치료센터로 지정할 수 있다(제8조 제1항, 제2항).

2. 담당 업무(제3항)

- 소방공무원의 진료
- 법 제16조에 따른 소방공무원의 특수건강진단
- 그 밖에 소방공무원의 건강관리에 관하여 소방청장 또는 시·도지사가 요청하는 사항

3. 운영
지역소방전문치료센터의 운영비용은 시·도가 부담하며, 그 밖에 지역소방전문치료센터의 운영에 필요한 사항은 시·도지사 등 관계기관의 의견을 들어 소방청장이 정한다(제4항).

③ 보건안전관리책임자
㉠ 소방청장 또는 시·도지사는 화재진압, 구조·구급 등 소방활동 중 안전사고를 방지하기 위하여 소방관서에 보건안전관리책임자를 두어야 한다(제5항).
㉡ 제5항에 따른 보건안전관리책임자의 자격과 업무, 그 밖에 필요한 사항은 대통령령으로 정한다(제6항).

보건안전관리책임자
1. 자격(소방공무원 보건안전 및 복지 기본법 시행령 제9조 제1항)

- 보건안전관리총괄책임자 : 소방관서에서 보건안전관리 업무를 총괄하는 과장급 소방공무원
- 보건안전관리책임자 : 소방관서에서 보건안전관리총괄책임자를 보조하는 소방공무원 중 소방관서의 장이 지정하는 소방공무원
- 현장보건안전관리책임자 : 소방활동 현장의 지휘 책임을 지는 소방공무원 중 최상위 소방공무원

2. 수행 직무
① **보건안전관리총괄책임자**(제2항)

- 법 제14조에 따른 소방공무원 보건안전관리 규정의 작성 및 이행 상황 점검·평가
- 보건안전관리 관련 교육계획의 수립·시행 및 평가
- 소방활동 안전사고 사례 분석 및 지역 특성별 안전사고 방지대책의 수립
- 안전보호장비의 점검
- 현장보건안전관리책임자의 교육 및 관리
- 소방활동 안전사고 관련 기록 유지 및 통계자료 관리
- 그 밖에 소방활동 안전사고 방지와 관련된 업무

② **보건안전관리책임자**(제3항)
직무에 관하여 보건안전관리총괄책임자를 보조

③ **현장보건안전관리책임자**(제4항)

- 소방활동 현장의 보건안전관리에 관하여 보건안전관리총괄책임자가 지시하는 사항
- 소방활동 현장에 출동하는 대원의 장비 착용 및 신체·정신 건강 상태의 확인
- 그 밖에 소방활동 현장의 보건안전관리에 관한 사항

(3) 소방보건의

① 소방청장 또는 시·도지사는 소방공무원의 건강 관리·상담 및 정신건강프로그램 운영 등을 위하여 소방본부에 소방보건의를 두어야 한다. 다만, 소방공무원의 건강 관리·상담 및 정신건강프로그램 운영 등을 제10조 제2항에 따른 소방전문치료센터에 위탁하는 경우에는 그러하지 아니하다(제11조 제1항).

② 소방보건의는 다음 각 호의 직무를 수행한다(소방공무원 보건안전 및 복지 기본법 시행령 제10조 제2항).

- 소방공무원에 대한 정기 또는 수시 순회 진료·상담
- 소방공무원의 직업성질환 예방을 위한 프로그램의 운영
- 법 제15조에 따른 소방업무환경측정 등
- 법 제16조에 따른 소방공무원 특수건강진단 실시결과의 분석
- 그 밖에 소방공무원의 건강 관리·상담 및 정신건강프로그램의 운영

③ 소방보건의는 소방공무원의 건강 관리·상담 및 정신건강프로그램 운영 결과, 질병의 치료나 전문가의 상담이 필요한 사람에 대하여 소방본부장에게 필요한 조치를 하도록 건의하여야 한다(제3항).

(4) 복지시설 등의 설치·운영

① 국가와 지방자치단체는 소방공무원의 복지 증진과 체력의 유지·향상을 위하여 기본계획과 집행계획에 따라 복지시설, 체력단련시설 등을 설치·운영할 수 있다. 다만, 체력단련시설을 설치할 수 없는 경우에는 민간시설, 국가 또는 지방자치단체에서 운영하는 시설을 이용할

수 있는 비용을 지원할 수 있다(제12조 제1항).

② 소방기관의 장은 복지시설 등의 효율적인 운용을 위하여 필요한 경우에는 소방공무원과 소방공무원 가족(배우자, 본인 및 배우자의 직계 존속·비속) 외의 사람에게 복지시설 등을 이용하게 할 수 있다(제2항).

③ 소방기관의 장은 복지시설 등의 효율적 운용을 위하여 필요한 경우에는 민간업체에 위탁하여 운영할 수 있다(제3항).

④ 복지시설 등의 관리책임자 지정 및 위탁 운영 등 복지시설 등의 관리·운영에 필요한 사항은 대통령령(註 : 소방관서의 장은 해당 소방관서의 후생복지 업무를 담당하는 공무원을 소관 복지시설 및 체력단련시설의 관리책임자로 지정하여야 한다)으로 정한다(제4항).

(5) 퇴직소방공무원 취업 등 지원

① 국가와 지방자치단체는 퇴직소방공무원(퇴직 예정자를 포함한다. 이하 이 조에서 같다)의 원활한 사회복귀와 생활안정을 위하여 퇴직소방공무원에게 진로·직업 상담, 취업알선, 채용박람회 개최 등 취업지원을 할 수 있다(제13조 제1항).

② 소방청장 또는 시·도지사는 퇴직소방공무원에게 사회적응교육 및 직업교육훈련을 실시할 수 있다(제2항).

③ 소방청장 또는 시·도지사는 예산의 범위에서 퇴직소방공무원의 창업을 지원하기 위하여 창업상담, 창업교육 등의 사업을 실시할 수 있다(제3항).

4. 소방공무원 보건안전관리 규정 등

(1) 소방공무원 보건안전관리 규정

① 소방관서의 장은 소방공무원이 각종 재난현장에서 소방활동 중 유해인자에 노출되거나 안전사고를 당하는 것을 방지하기 위하여 다음 각 호의 사항이 포함되는 소방공무원 보건안전관리 규정을 작성하여 소속 소방공무원에게 정기 또는 수시 교육 등의 방법을 통하여 알려야 한다(제14조 제1항).

> 1. 보건안전관리 조직과 그 직무에 관한 사항
> 2. 보건안전교육에 관한 사항
> 3. 소방활동 현장 안전관리에 관한 사항
> 4. 소방활동 현장 보건관리에 관한 사항
> 5. 소방활동 현장 유해인자 관리 등에 관한 사항
> 6. 소방활동 안전사고 조사 및 대책수립에 관한 사항
> 7. 그 밖에 소방공무원 보건안전에 관한 사항

② 소방공무원 보건안전관리 규정에 포함되어야 할 세부적인 사항, 작성 및 변경 등에 필요한 사항은 소방청장이 정한다(제2항).(註 : 소방청훈령 「소방공무원 보건안전관리 규정」)

(2) 소방업무환경측정 등

① 소방청장은 재난현장의 유해인자로부터 소방공무원의 건강을 보호하기 위하여 해당 현장

소방공무원 또는 소방활동 현장에 대한 환경을 측정하고 분석·평가(이하 "소방업무환경측정"이라 한다)를 할 수 있다. 이 경우 필요하면 전문가로 하여금 소방활동 현장에 대하여 유해인자 발생 등 소방업무환경을 측정하게 할 수 있다(제15조 제1항).

② 소방청장은 소방업무환경측정 결과를 기본계획에 반영하는 등 소방공무원의 건강을 보호하기 위한 필요한 조치를 하여야 한다(제2항).

(3) 소방공무원의 특수건강진단

① 소방청장 또는 시·도지사는 소방공무원의 건강 보호·유지를 위하여 제10조 제2항에 따른 소방전문 의료기관·소방전문치료센터,「국민건강보험법」에 따른 건강진단을 실시하는 기관 또는「의료법」제3조에 따른 의료기관(이하 "건강진단기관"이라 한다)에서 소방공무원에 대한 특수건강진단을 실시하여야 한다(제16조 제1항).

② 소방관서의 장은 제1항에 따른 특수건강진단 결과 특정 소방공무원의 건강을 보호하기 위하여 필요한 경우 해당 소방공무원에 대하여 정밀건강진단 실시 등 필요한 명령을 할 수 있다(제2항).

③ 소방관서의 장은 제1항 및 제2항 또는 다른 법령에 따른 건강진단 결과 특별히 관리를 필요로 하는 소속 소방공무원에 대하여는 보직변경, 질병치료를 위한 병가 명령 등의 조치를 하여야 한다(제3항).

④ 소방관서의 장은 제1항 및 제2항에 따른 건강진단 결과를 해당 소방공무원의 건강 보호·유지 외의 목적으로 사용하여서는 아니 된다(제4항).

⑤ 제1항의 특수건강진단 및 제2항의 정밀건강진단의 시기·항목 등 필요한 사항은 소방청장이 정한다(제5항).(註 : 소방청훈령「소방공무원 보건안전관리 규정」)

(4) 역학조사

① 소방청장은 직업성질환의 진단 및 발생원인 규명 또는 그 예방을 위하여 필요한 경우에는 소방공무원의 질병과 소방활동 현장의 유해요인의 상관관계에 관하여 직업성질환역학조사를 실시할 수 있다(제17조 제1항).

② 소방관서의 장과 소방공무원은 역학조사에 적극 협조하여야 한다(제2항).

③ 역학조사의 방법, 대상, 절차, 그 밖에 필요한 사항은 소방청장이 정한다(제3항).(註 : 소방청훈령「소방공무원 보건안전관리 규정」)

(5) 질병소견자에 대한 소방업무 수행의 제한

① 소방관서의 장은 전염병, 정신질환 또는 계속적으로 소방업무를 수행할 경우 질병이 현저히 악화될 우려가 있다는 의사의 소견이 있는 경우에는 소방업무 수행의 전부 또는 일부를 제한할 수 있다(제18조 제1항).

② 소방관서의 장은 제1항에 따라 소방업무 수행을 제한받은 소방공무원이 건강을 회복한 때에는 본인의 의견을 들어 7일 이내에 소방업무에 복귀시켜야 한다(제2항).

③ 소방관서의 장은 제2항에 따라 복귀한 소방공무원에 대하여 질병전력을 이유로 어떠한 불이익도 주어서는 아니 된다(제3항).

출·제·예·상·문·제

01 「소방공무원 보건안전 및 복지 기본법」상 각 주체의 책무로 옳지 않은 것은?

① 국가와 지방자치단체는 소방공무원의 보건안전 및 복지 증진에 관하여 필요한 시책을 수립하고 시행하여야 한다.
② 국가와 지방자치단체는 소방공무원의 보건안전 및 복지 증진에 소요되는 재원확보에 적극 노력하여야 한다.
③ 지방자치단체장은 5년마다 소방공무원 보건안전 및 복지 기본계획을 작성하고 관계 중앙행정기관의 장과 협의한 후 이를 시행하여야 한다.
④ 소방관서의 장은 해당 소방활동 현장의 보건안전에 관한 정보를 소방활동 현장에 출동한 소방공무원에게 제공하여야 한다.

해설
③ (×) 소방청장은 5년마다 제9조에 따른 소방공무원 보건안전 및 복지정책심의위원회의 심의를 거쳐 소방공무원 보건안전 및 복지 기본계획을 작성하고 관계 중앙행정기관의 장과 협의한 후 대통령의 승인을 받아 이를 시행하여야 한다. 수립된 기본계획을 변경하고자 하는 때에도 또한 같다(동법 제7조 제1항).

02 소방공무원 보건안전 및 복지 기본법령상 소방공무원의 보건안전 및 복지에 관한 내용으로 옳은 것은? *22 소방위

① 지역소방전문치료센터의 운영비용은 국가가 부담한다.
② 소방공무원을 위한 복지시설은 소방공무원 본인만 이용할 수 있다.
③ 「소방공무원 보건안전 및 복지 기본법」에 따른 소방공무원 보건안전 및 복지 집행계획은 시·도지사가 수립한다.
④ 소방청장은 10년마다 소방공무원 보건안전 및 복지 기본계획을 작성하고 관계 중앙행정기관의 장과 협의한 후 이를 시행하여야 한다.

해설
① (×) 중앙소방전문치료센터는 국가 또는 시·도가 부담하고, 지역소방전문치료센터는 시·도가 부담한다.
② (×) 소방기관의 장은 복지시설 등의 효율적인 운용을 위하여 필요한 경우에는 소방공무원과 소방공무원 가족(배우자, 본인 및 배우자의 직계 존속비속) 외의 사람에게 복지시설 등을 이용하게 할 수 있다(소방공무원 보건안전 및 복지 기본법 제12조 제2항).
④ (×) 소방청장은 5년마다 제9조에 따른 소방공무원 보건안전 및 복지정책심의위원회의 심의를 거쳐 소방공무원 보건안전 및 복지 기본계획을 작성하고 관계 중앙행정기관의 장과 협의한 후 대통령의 승인을 받아 이를 시행하여야 한다. 수립된 기본계획을 변경하고자 하는 때에도 또한 같다(제7조 제1항).

정답 01. ③ 02. ③

03 소방청장이 5년마다 작성하는 「소방공무원 보건안전 및 복지 기본계획」에 포함되는 사항이 아닌 것은?

① 소방공무원 근무여건 개선에 관한 사항
② 특수건강진단과 정신건강관리 등에 관한 사항
③ 소방활동재해 방지를 위한 인력·장비 보강 및 교육훈련에 관한 사항
④ 소방활동재해로 부상하거나 질병에 걸린 소방공무원의 치료와 생활안정 지원에 관한 사항

[해설]
③ (×) 시·도지사가 매년 수립하는 「보건안전 및 복지 집행계획」의 내용이다(소방공무원 보건안전 및 복지 기본법 시행령 제4조).

04 소방공무원 보건안전 및 복지 정책심의위원회에 대한 설명으로 옳지 않은 것은?

① 소방공무원에 대한 보건안전 및 복지에 관한 정책수립과 그 시행 등에 관한 사항을 심의하기 위하여 소방청에 소방공무원 보건안전 및 복지 정책심의위원회를 둔다.
② 위원회는 위원장 1명을 포함하여 10명 이내의 위원으로 구성한다.
③ 위원장은 소방청장이 되고, 위원은 소방공무원의 보건안전 및 복지에 관하여 학식과 경험이 풍부한 사람과 고위공무원단에 속하는 관계 중앙행정기관의 일반직공무원 및 소방청 소속 공무원 중에서 소방청장이 위촉하거나 임명한다.
④ 위원회의 사무를 처리하기 위하여 위원회에 간사 1명을 두되, 간사는 소방청 소속 소방공무원 중에서 위원장이 지명한다.

[해설]
③ (×) 위원장은 소방청 차장이 되고, 위원은 소방공무원의 보건안전 및 복지에 관하여 학식과 경험이 풍부한 사람과 고위공무원단에 속하는 관계 중앙행정기관의 일반직공무원 및 소방청 소속 공무원 중에서 소방청장이 위촉하거나 임명한다(소방공무원 보건안전 및 복지 기본법 제9조 제3항).

05 「소방공무원 보건안전 및 복지 정책심의위원회」의 심의사항을 모두 고르면?

> ㉠ 소방공무원 보건안전 및 복지 정책의 목표 및 기본방향에 관한 사항
> ㉡ 소방공무원 보건안전 및 복지 증진을 위한 법령 및 제도개선과 예산지원에 관한 사항
> ㉢ 소방공무원 보건안전 및 복지 집행계획 수립에 관한 사항
> ㉣ 공무원 재해보상제도에 관한 사항

① ㉠
② ㉠, ㉡
③ ㉠, ㉡, ㉢
④ ㉠, ㉡, ㉢, ㉣

[정답] 03. ③ 04. ③ 05. ②

> [해설]
> ⓒ (×) 집행계획이 아니라 기본계획 수립에 관한 사항이다.
> ⓓ (×) 공무원 재해보상법에 따라 인사혁신처에 두는 공무원재해보상심의회의 소관사항이다.

06 「소방공무원 보건안전 및 복지 정책심의위원회」가 심의함에 있어 서면제출 또는 위원회 참석의 방법으로 의견을 들어야 하는 소방공무원의 계급으로 옳은 것은?

① 소방령 이하
② 소방경 이하
③ 소방위 이하
④ 소방장 이하

> [해설]
> 위원회는 제4항에 따른 사항을 심의함에 있어 대통령령으로 정하는 바에 따라 「소방공무원법」 제3조에 따른 소방경 이하 계급의 소방공무원의 의견을 들어야 한다(소방공무원 보건안전 및 복지 기본법 시행령 제6조 제5항).

07 「소방공무원 보건안전 및 복지 기본법」상 중앙소방전문치료센터에 관한 내용으로 옳지 않은 것은?

① 소방청장은 경찰병원을 소방전문치료센터로 지정한다.
② 중앙소방전문치료센터의 운영비용은 국가가 전액 부담한다.
③ 중앙소방전문치료센터는 소방공무원의 건강관리에 관하여 소방청장 또는 시·도지사가 요청하는 사항도 담당한다.
④ 소방공무원의 진료 시작 시기 등 중앙소방전문치료센터의 운영에 필요한 사항은 소방청장이 경찰청장과 협의하여 정한다.

> [해설]
> ② (×) 중앙소방전문치료센터의 운영비용은 국가 또는 사도가 부담한다(동법 제7조 제3항). 참고로 지역소방전문치료센터의 운영비용은 사도가 부담한다.

08 소방청장은 시·도지사 등 관계 기관과 협의하여 보훈병원과 그 밖의 국공립병원을 소방전문치료센터로 지정·운영할 수 있다. 이러한 소방전문치료센터의 법정 담당업무가 아닌 것은?

① 소방공무원의 진료
② 소방공무원의 특수건강진단
③ 소방공무원의 특수근무환경에 따른 건강유해인자 분석 및 질병연구
④ 그 밖에 소방공무원의 건강관리에 관하여 소방청장 또는 시·도지사가 요청하는 사항

정답 06. ② 07. ② 08. ③

해설
③ (×) 설문은 지역소방전문치료센터에 관한 것이다. ③은 중앙소방전문치료센터의 담당 업무이다.

09 「소방공무원 보건안전 및 복지 기본법」상 보건안전관리책임자의 자격에 관한 내용으로 옳지 않은 것은?

① 보건안전관리책임자는 보건안전관리총괄책임자, 보건안전관리책임자, 현장보건안전관리책임자로 구분한다.
② 보건안전관리총괄책임자는 소방관서에서 보건안전관리 업무를 총괄하는 과장급 소방공무원으로 한다.
③ 보건안전관리책임자는 소방관서에서 보건안전관리총괄책임자를 보조하는 소방공무원 중 최상위 소방공무원으로 한다.
④ 현장보건안전관리책임자는 소방활동 현장의 지휘 책임을 지는 소방공무원 중에 둔다.

해설
③ (×) 보건안전관리책임자는 소방관서에서 보건안전관리총괄책임자를 보조하는 소방공무원 중 소방관서의 장이 지정하는 소방공무원으로 한다(동법 시행령 제9조 제1항).

10 보건안전관리총괄책임자의 수행 직무로 가장 옳지 않은 것은? *20 소방교

① 보건안전관리 관련 교육계획의 수립·시행 및 평가
② 소방활동 안전사고 사례 분석 및 지역 특성별 안전사고 방지대책의 수립
③ 소방활동 안전사고 관련 기록 유지 및 통계자료 관리
④ 소방활동 현장에 출동하는 대원의 장비 착용 및 신체·정신 건강 상태의 확인

해설
④ (×) 현장보건안전관리책임자의 수행 직무이다(소방공무원 보건안전 및 복지 기본법 시행령 제9조 제4항).

정답 09. ③ 10. ④

소방승진 공무원법

11 다음 중 소방청장의 책무인 것은?

① 재난현장의 유해인자로부터 소방공무원의 건강을 보호하기 위하여 해당 현장 소방공무원 또는 소방활동 현장에 대한 환경을 측정하고 분석·평가하는 것
② 소방공무원이 각종 재난현장에서 소방활동 중 유해인자에 노출되거나 안전사고를 당하는 것을 방지하기 위하여 소방공무원 보건안전관리 규정을 작성하여 소방공무원에게 정기 또는 수시 교육 등의 방법을 통하여 알리는 것
③ 전염병, 정신질환 또는 계속적으로 소방업무를 수행할 경우 질병이 현저히 악화될 우려가 있다는 의사의 소견이 있는 경우 소방업무 수행의 전부 또는 일부를 제한하는 것
④ 건강진단 결과 특별히 관리를 필요로 하는 소속 소방공무원에 대하여는 보직변경, 질병치료를 위한 병가 명령 등의 조치를 하는 것

해설
①은 소방청장의 역할이고, 나머지는 소방관서의 장의 역할이다.

12 다음의 빈칸에 '소방관서의 장'이 들어가는 것을 모두 고르면?

- (㉠)은/는 소방공무원이 각종 재난현장에서 소방활동 중 유해인자에 노출되거나 안전사고를 당하는 것을 방지하기 위하여 소방공무원 보건안전관리 규정을 작성하여 소속 소방공무원에게 정기 또는 수시 교육 등의 방법을 통하여 알려야 한다.
- (㉡)은/는 재난현장의 유해인자로부터 소방공무원의 건강을 보호하기 위하여 해당 현장 소방공무원 또는 소방활동 현장에 대한 환경을 측정하고 분석·평가를 할 수 있다.
- (㉢)은/는 소방공무원의 건강 보호·유지를 위하여 소방전문 의료기관·소방전문치료센터, 「국민건강보험법」에 따른 건강진단을 실시하는 기관 또는 「의료법」 제3조에 따른 의료기관에서 소방공무원에 대한 특수건강진단을 실시하여야 한다.
- (㉣)은/는 특수건강진단 결과 특정 소방공무원의 건강을 보호하기 위하여 필요한 경우 해당 소방공무원에 대하여 정밀건강진단 실시 등 필요한 명령을 할 수 있다.
- (㉤)은/는 직업성질환의 진단 및 발생원인 규명 또는 그 예방을 위하여 필요한 경우에는 소방공무원의 질병과 소방활동 현장의 유해요인의 상관관계에 관하여 직업성질환역학조사를 실시할 수 있다.

① ㉠, ㉡, ㉤
② ㉡, ㉢, ㉣
③ ㉠, ㉣
④ ㉢, ㉤

해설
㉠—소방관서의장, ㉡—소방청장, ㉢—소방청장 또는 시·도지사, ㉣—소방관서의장, ㉤—소방청장

정답 11. ① 12. ③

CHAPTER 05 소방공무원 기장령

1. 목적

소방공무원기장의 수여 및 패용에 관하여 필요한 사항을 규정함을 목적으로 한다(제1조).

2. 소방공무원기장의 수여대상자별 종류

(1) 구분

소방공무원기장(이하 "소방기장")은 다음 각 호의 구분에 따라 수여하며, 수여대상자의 세부기준은 소방청장이 정한다(제2조).

소방지휘관장	소방령 이상인 소방기관의 장에게 수여
소방근속기장	소방공무원으로 일정 기간 이상 근속한 사람에게 수여
소방공로기장	표창을 받은 사람 또는 화재진압 및 인명구조·구급 등 소방활동 시 공로가 인정된 사람에게 수여
소방경력기장	각 보직에서 일정 기간 이상 근무한 경력이 있는 사람에게 수여
소방기념장	국가 주요행사 또는 주요사업과 관련된 업무 수행 시 공헌한 사람에게 수여

(2) 대리 수령

소방기장의 수여대상자가 사망 기타 부득이한 사유로 소방기장을 직접 받을 수 없는 경우에는 그 유족 또는 대리인이 본인을 위하여 이를 받을 수 있다(제2항).

3. 소방기장의 도형 및 제작 양식

소방기장의 도형 및 제작 양식은 소방청장이 정한다(제3조).(註 : 소방청훈령 「소방공무원 기장의 수여 및 패용에 관한 규정」)

4. 수여권자등

(1) 수여권자

소방기장은 소방청장이 이를 수여한다(제4조 제1항).

(2) 수여시기(제2항)

소방지휘관장	소방기관의 장으로 임명된 때
소방근속기장, 소방공로기장, 소방경력기장	특별한 사정이 없는 한 매년 11월 1일
소방기념장	소방청장이 정하는 때

(3) 증서교부

소방기장을 수여받은 자에게는 별지 제1호서식에 의한 증서를 교부한다(제3항).

5. 수여대상자의 추천

소방청장이 소방기장의 수여대상자를 선정할 때에는 소방청 소속기관의 장, 특별시장·광역시장·특별자치시장·도지사 및 특별자치도지사로부터 추천을 받을 수 있다(제4조의2).

6. 그 밖의 사항

(1) 패용

① 소방기장은 이를 받은 자가 소방공무원으로 재직중에 한하여 패용할 수 있으며, 퇴직한 후에는 본인이 이를 보유한다(제5조 제1항).
② 소방기장은 정복을 착용한 때에 패용한다. 다만, 직무수행상 패용하기 곤란한 경우에는 패용하지 않을 수 있다(제2항).

(2) 소방공무원기장 수여대장

① 소방청장은 별지 제2호서식의 소방공무원기장 수여대장을 작성·관리해야 한다(제6조 제1항).
② 소방공무원기장 수여대장은 전자적 처리가 불가능한 특별한 사유가 없으면 전자적 처리가 가능한 방법으로 작성·관리해야 한다(제2항).

(3) 운영규정

이 영에서 규정한 사항 외에 소방기장의 수여 및 패용 등에 필요한 세부사항은 소방청장이 정한다(제7조).(註 : 소방청훈령「소방공무원 기장의 수여 및 패용에 관한 규정」)

출·제·예·상·문·제

🚒 소방승진 공무원법

01 소방공무원 기장령에 의한 기장의 종류와 수여대상자의 구분으로 옳은 것은?

① 소방지휘관장 : 소방준감 이상인 소방기관의 장에게 수여
② 소방공로기장 : 소방공무원으로 일정 기간 이상 근속한 사람에게 수여
③ 소방근속기장 : 표창을 받은 사람 또는 화재진압 및 인명구조·구급 등 소방활동 시 공로가 인정된 사람에게 수여
④ 소방기념장 : 국가 주요행사 또는 주요사업과 관련된 업무 수행 시 공헌한 사람에게 수여

해설
소방공무원기장의 수여대상자별 종류(소방공무원 기장령 제2조)

소방지휘관장	소방령 이상인 소방기관의 장에게 수여
소방근속기장	소방공무원으로 일정 기간 이상 근속한 사람에게 수여
소방공로기장	표창을 받은 사람 또는 화재진압 및 인명구조·구급 등 소방활동 시 공로가 인정된 사람에게 수여
소방경력기장	각 보직에서 일정 기간 이상 근무한 경력이 있는 사람에게 수여
소방기념장	국가 주요행사 또는 주요사업과 관련된 업무 수행 시 공헌한 사람에게 수여

02 「소방공무원기장령」상 소방공무원기장의 종류 및 수여 대상자에 관한 설명으로 옳지 않은 것은?　　　　　　　　　　　　　　　　　*23 소방교

① 소방지휘관장은 소방정 이상인 소방기관의 장에게 수여
② 소방근속기장은 소방공무원으로 일정 기간 이상 근속한 사람에게 수여
③ 소방공로기장은 표창을 받은 사람 또는 화재진압 및 인명구조·구급 등 소방활동 시 공로가 인정된 사람에게 수여
④ 소방기념장은 국가 주요행사 또는 주요사업과 관련된 업무 수행 시 공헌한 사람에게 수여

해설
① (×) 소방지휘관장은 소방령 이상인 소방기관의 장에게 수여한다.

정답 01. ④　02. ①

소방승진 공무원법

03 소방공무원 기장령의 내용으로 옳지 않은 것은? ＊21 소방교

① 소방기장은 소방지휘관장, 소방근속기장, 소방공로기장, 소방경력기장, 소방기념장으로 구분한다.
② 소방기장은 정복을 착용한 때에 패용하나, 직무수행상 패용하기 곤란한 경우에는 패용하지 않을 수 있다.
③ 소방지휘관장은 소방기관의 장으로 임명된 때 수여하며, 소방근속기장·소방공로기장·소방경력기장은 특별한 사정이 없는 한 매년 11월 1일에 수여한다.
④ 소방기장은 이를 받은 자가 소방공무원으로 재직중에 한하여 패용할 수 있으며, 퇴직한 후에는 이를 반납한다.

해설
④ (×) 소방기장은 이를 받은 자가 소방공무원으로 재직중에 한하여 패용할 수 있으며, 퇴직한 후에는 본인이 이를 보유한다(소방공무원기장령 제5조 제1항).

04 「소방공무원 기장령」상 소방공무원 기장에 관한 내용으로 옳지 않은 것은? ＊22 소방교

① 소방기장의 수여대상자가 사망 기타 부득이한 사유로 소방기장을 직접 받을 수 없는 경우에는 그 유족 또는 대리인이 본인을 위하여 이를 받을 수 있다.
② 소방공무원기장 수여대장은 전자적 처리가 불가능한 특별한 사유가 없으면 전자적 처리가 가능한 방법으로 작성·관리해야 한다.
③ 소방청장이 소방기장의 수여대상자를 선정할 때에는 소방청 소속기관의 장, 특별시장·광역시장·특별자치시장·도지사 및 시장·군수·구청장으로부터 추천을 받아야 한다.
④ 소방지휘관장은 소방기관의 장으로 임명된 때에 수여하고, 소방근속기장, 소방공로기장 및 소방경력기장은 특별한 사정이 없는 한 매년 11월 1일에 수여하며, 소방기념장은 소방청장이 정하는 때에 수여한다.

해설
소방청장이 소방기장의 수여대상자를 선정할 때에는 소방청 소속기관의 장, 특별시장·광역시장·특별자치시장·도지사 및 특별자치도지사로부터 추천을 받을 수 있다(소방공무원 기장령 제4조의2).

정답 03. ④ 04. ③

05 소방공무원 기장령의 내용으로 틀린 것은?

① 소방기장의 수여대상자가 사망 기타 부득이한 사유로 소방기장을 직접 받을 수 없는 경우에는 그 유족 또는 대리인이 본인을 위하여 이를 받을 수 있다.
② 소방기념장은 국가 주요행사 또는 주요사업과 관련된 업무 수행 시 공헌한 사람에게 수여한다.
③ 소방기장은 예복을 착용한 때에 패용한다. 다만, 직무수행상 패용하기 곤란한 경우에는 패용하지 않을 수 있다.
④ 소방공무원기장 수여대장은 전자적 처리가 불가능한 특별한 사유가 없으면 전자적 처리가 가능한 방법으로 작성·관리해야 한다.

해설
③ (×) 소방기장은 정복을 착용한 때에 패용한다. 다만, 직무수행상 패용하기 곤란한 경우에는 패용하지 않을 수 있다(소방공무원 기장령 제5조 제2항).

06 「소방공무원기장령」상 소방공무원의 기장에 관한 내용으로 옳은 것은? *22 소방위

① 소방지휘관장, 소방근속기장은 특별한 사정이 없는 한 매년 11월 1일에 수여한다.
② 소방기장의 수여대상자가 사망한 경우에는 그 유족 또는 대리인이 본인을 위하여 이를 받을 수 있다.
③ 소방기장은 이를 받은 자가 소방공무원으로 재직 중에 한하여 패용할 수 있으며, 퇴직한 경우에는 이를 반환하여야 한다.
④ 소방청장이 소방기장의 수여대상자를 선정할 때에는 소방청 소속기관의 장, 특별시장·광역시장·도지사 및 시장·군수·구청장으로부터 추천을 받을 수 있다.

해설
① (×) 특별한 사정이 없는 한 매년 11월 1일에 수여하는 것은 소방근속기장, 소방공로기장, 소방경력기장이다. 소방지휘관장은 소방기관의 장으로 임명된 때 수여한다.
③ (×) 퇴직한 후에는 본인이 이를 보유한다(소방공무원 기장령 제5조 제1항).
④ (×) 소방청장이 소방기장의 수여대상자를 선정할 때에는 소방청 소속기관의 장, 특별시장·광역시장·특별자치시장·도지사 및 특별자치도지사로부터 추천을 받을 수 있다(제4조의2).

07 소방공무원 기장령에 대한 설명으로 옳지 않은 것은? *21 소방위

① 소방지휘관장은 소방정 이상인 소방기관의 장에게 수여한다.
② 소방기장의 수여대상자가 사망 기타 부득이한 사유로 소방기장을 직접 받을 수 없는 경우에는 그 유족 또는 대리인이 본인을 위하여 이를 받을 수 있다.
③ 소방기장의 도형 및 제작 양식은 소방청장이 정한다.
④ 소방기장은 소방청장이 이를 수여한다.

해설
① (×) 소방지휘관장은 소방령 이상인 소방기관의 장에게 수여한다(소방공무원기장령 제2조).

정답 05. ③ 06. ② 07. ①

편저자 박이준

〈약력〉
서울대 사회학과, 서울대 행정대학원 졸업
행정고시 합격

[현] 이패스소방사관 소방공무원법 강사
    이패스소방사관 행정법 강사

[전] 행정사무관(규제개혁, 對의회, 문화관광,
    국무총리실 감사반 등)
    강남박문각 행정고시학원,
    노량진 박문각고시학원, 종로공무원·경찰학원
    김재규 경찰학원, 로앤피로스쿨학원,
    종로육서당 고시학원, 슈페리어법학원
    메가고시, 인천시공무원교육원, 인천대학교,
    제주대학교 강사

〈주요저서〉
- 소방승진 소방공무원법(이패스코리아)
- 소방승진 행정법(이패스코리아)
- 소방공무원 소방관계법규(이패스코리아)
- 행정법총론·각론(교컴)
- 행정절차론(이패스코리아)
- 경찰행정법(경찰공제회)
- 공인노무사 행정쟁송법 사례연습(이패스코리아)
- 공인노무사 행정쟁송법 기본서(이패스코리아)
- 헌법 기본서 및 1500제(교컴)
- 7급 헌법 기출문제해설집(예응)
- 공기업 법학(이패스코리아)
- 경찰승진행정학(경찰공제회)
- 경비지도사 법학개론(이패스코리아) 등 다수

2025 소방승진 소방공무원법

개정 2판 1쇄 인쇄	2025년 1월 20일
개정 2판 1쇄 발행	2025년 2월 1일
지 은 이	박이준
발 행 인	이재남
발 행 처	(주)이패스코리아
	[본사] 서울특별시 영등포구 경인로 775 에이스하이테크시티 2동 1104호
전 화	02-511-4212
팩 스	02-6345-6701
홈페이지	www.kfs119.co.kr
이 메 일	newsguy78@epasskorea.com
등록번호	제318-2003-000119호(2003년 10월 15일)

* 편저자와 협의하여 인지는 생략했습니다.
* 이 책을 무단으로 전재 또는 복제하면 [저작권법] 제136조에 의해 5년 이하의 징역 또는 5천만원 이하의 벌금에 처해지거나 병과될 수 있습니다.
* 파본은 구입처에서 교환해 드립니다.